LICITAÇÃO PÚBLICA

EGON BOCKMANN MOREIRA
FERNANDO VERNALHA GUIMARÃES

LICITAÇÃO PÚBLICA

*A Lei Geral de Licitações/LGL
e o Regime Diferenciado de Contratações/RDC*

*2ª edição,
atualizada, revista e aumentada*

LICITAÇÃO PÚBLICA

A Lei Geral de Licitações/LGL e o Regime Diferenciado de Contratações/RDC

© EGON BOCKMANN MOREIRA
e FERNANDO VERNALHA GUIMARÃES

1ª edição: 03.2012.

ISBN: 978-85-392-0305-5

Direitos reservados desta edição por
MALHEIROS EDITORES LTDA.
Rua Paes de Araújo, 29, conjunto 171
CEP 04531-940 — São Paulo — SP
Tel.: (11) 3078-7205 — Fax: (11) 3168-5495
URL: www.malheiroseditores.com.br
e-mail: malheiroseditores@terra.com.br

Composição
Acqua Estúdio Gráfico Ltda.

Capa
Criação: Vânia L. Amato
Arte: PC Editorial

Impresso no Brasil
Printed in Brazil
06.2015

Para Leila e Rodrigo
EGON

Para Flávia e Felipe
FERNANDO

SUMÁRIO

Nota à 2ª Edição 27

Introdução à 1ª Edição 29

    Capítulo 1 – Licitação Pública:
    Aspectos Conceituais e Enquadramentos Legislativos

1.1 O conceito de "licitação" e sua finalidade 33
1.2 A licitação como sucessão de atos administrativos formais .. 36
1.3 O enquadramento normativo da licitação 37
1.4 A Lei Geral de Licitações (Lei 8.666/1993) 38
1.5 As normas gerais de licitação e contratação 39
    1.5.1 O conteúdo jurídico das normas gerais 41
    1.5.2 Normas gerais não equivalem a princípios 42
    1.5.3 O Regime Diferenciado de Contratações como norma geral: sua autonomia hermenêutica 43
    1.5.4 Normas gerais e competências regulamentares (especialmente no RDC) 48
1.6 Quem se submete ao dever de licitar 50
    1.6.1 As autarquias e fundações (de direito público e de direito privado) 52
    1.6.2 As fundações de apoio 54
    1.6.3 As "autarquias especiais": agências reguladoras e agências executivas 56

1.6.4 Os "fundos especiais" 57
1.6.5 A Emenda Constitucional 19/1998 e as licitações
envolvendo empresas estatais 58
1.6.6 Os consórcios públicos 60
1.6.7 A "primeira" e a "segunda fase" do Regime
Diferenciado de Contratações, suas hipóteses fáticas e
respectivos limites 61

    1.6.7.1 A primeira fase do Regime Diferenciado de
Contratações e a experiência do consórcio
público "Autoridade Pública Olímpica/APO"... 63

    1.6.7.2 A primeira fase do Regime Diferenciado de
Contratações e a experiência do Grupo
Executivo – Gecopa 2014 67

    1.6.7.3 A segunda fase do Regime Diferenciado de
Contratações e a ampliação de escopo 69

**1.7 Contratos submetidos ao dever de licitar: a amplitude
do conceito de "contrato administrativo"** 72

1.7.1 A amplitude dos sujeitos contratantes 73

1.7.2 Parcerias público-privadas, concessões e permissões
de serviço público 75

1.7.3 Concessões e permissões de uso de bem público 76

**1.8 Direito subjetivo público à observância da Lei Geral de
Licitações** 78

1.9 A participação cidadã 80

Capítulo 2 – **Princípios e Diretrizes da Licitação**

2.1 Licitações e os princípios do direito administrativo 82

**2.2 Os princípios da legalidade, impessoalidade, moralidade,
igualdade, publicidade e probidade** 83

2.2.1 O princípio da igualdade e as discriminações
expressamente proibidas 90

2.2.2 Ainda o princípio da igualdade: limitações subjetivas
às licitações e contratações (impedimentos) 91

SUMÁRIO

2.3 Os princípios da vinculação ao instrumento convocatório e do julgamento objetivo 93

2.4 A proposta mais vantajosa 98

2.5 Os objetivos da licitação e o desenvolvimento nacional sustentável 99

    2.5.1 O conceito-chave de "desenvolvimento sustentável" e seus três componentes 103

    2.5.2 A licitação pública sustentável 106

2.6 Licitações, o princípio da boa-fé e a base objetiva do negócio 109

2.7 Licitação e o abuso de direito 112

2.8 Licitações, o princípio da livre concorrência e o combate à corrupção 113

2.9 O dever de licitar, o princípio da eficiência e o Value for Money (VfM) 118

2.10 As licitações eficientes e os custos de transação 120

Capítulo 3 – Estrutura da Licitação:
Modalidades e Tipos

3.1 Estrutura procedimental da licitação 124

3.2 Modalidades de licitação: tipologia processual 124

    3.2.1 A concorrência 126

    3.2.2 A tomada de preços 128

    3.2.3 O convite 130

    3.2.4 O concurso 133

    3.2.5 O leilão 134

    3.2.6 As licitações extravagantes à Lei Geral de Licitações .. 135

        3.2.6.1 *O pregão* 136

        3.2.6.2 A *"concorrência-pregão"* 137

        3.2.6.3 *O Regime Diferenciado de Contratações* 138

3.3 A Lei Geral de Licitações, o Regime Diferenciado de Contratações e a escolha da modalidade de licitação 141

10 LICITAÇÃO PÚBLICA

3.4 O parcelamento da licitação (com vistas à ampliação da competitividade) 143

   3.4.1 Dever de adequada motivação das hipóteses de exceção .. 145

   3.4.2 A aplicação restritiva do § 1º do art. 23 da LGL aos "contratos administrativos gerais" 146

   3.4.3 A indivisibilidade do objeto: o consórcio empresarial e a mitigação da concentração 147

   3.4.4 Preservação da modalidade licitatória pertinente à integralidade do objeto 148

   3.4.5 A disposição do § 5º do art. 23 da LGL e o somatório de valores 149

      3.4.5.1 Parcelas de uma mesma obra ou serviço 150

      3.4.5.2 Obras e serviços da mesma natureza e no mesmo local 150

   3.4.6 Dever de adequado planejamento da contratação 152

   3.4.7 Consequência jurídica da infração ao disposto no § 5º do art. 23 da LGL 155

3.5 Tipos de licitação (critérios de julgamento) 156

   3.5.1 Os tipos de preço: (i) menor preço e (ii) maior lance ou oferta 157

      3.5.1.1 O tipo menor preço e as exigências de qualidade técnica do objeto 158

      3.5.1.2 Restrições à escolha do tipo menor preço 160

   3.5.2 Os tipos de técnica: (i) técnica e preço e (ii) melhor técnica 161

   3.5.3 A avaliação das propostas técnicas sob critérios objetivos e proporcionais 162

   3.5.4 O tipo melhor técnica 164

   3.5.5 O tipo técnica e preço 165

   3.5.6 Tipos de técnica e técnica e preço: obras e serviços predominantemente intelectuais 167

   3.5.7 O tipo técnica e preço, bens e serviços de informática e o Decreto 7.174/2010 168

   3.5.8 Os critérios de julgamento no Regime Diferenciado de Contratações 169

Capítulo 4 – Processamento da Licitação: Etapa Interna – Requisitos e Documentação

4.1 Etapa interna versus etapa externa da licitação 172
4.2 Providências atinentes à etapa interna 174
4.3 Cronologia: projeto básico, projeto executivo e execução do objeto 174
4.4 Exigência de projeto básico aprovado pela autoridade competente 175
    4.4.1 Definição de "projeto básico" 175
    4.4.2 Projeto básico, princípio da isonomia e competitividade das propostas 178
    4.4.3 Projeto básico e delimitação restritiva do objeto 179
    4.4.4 Padronização de projetos 180
    4.4.5 O conteúdo mínimo do projeto básico (e do projeto executivo) de obras e serviços 181
    4.4.6 Impacto ambiental: Avaliação (AIA), Estudo (EIA) e Relatório (RIMA) 182
    4.4.7 Licenciamento ambiental e licença prévia ambiental 184
    4.4.8 Impacto ambiental e o princípio da eficiência 187
    4.4.9 A Portaria Interministerial 419/2011: licenciamento ambiental eficiente 188
4.5 Projeto executivo 189
4.6 Exigência de projetos disponibilizados aos licitantes 191
4.7 Orçamento detalhado em planilhas que expressem custos unitários 192
    4.7.1 A relevância da indicação dos custos unitários 192
    4.7.2 Nota sobre o orçamento sigiloso previsto pelo Regime Diferenciado de Contratações 194
        4.7.2.1 O orçamento como providência preliminar ao lançamento da licitação 197
        4.7.2.2 Necessidade de ampla divulgação dos quantitativos 198

4.7.2.3 Inexistência de ofensa ao princípio da
publicidade no sigilo do Regime Diferenciado
de Contratações 199
4.7.2.4 Divulgação permanente do orçamento às
instâncias de controle 199
4.7.2.5 A regra do sigilo, as licitações na modalidade
pregão e o entendimento do TCU 200
4.7.2.6 A regra do sigilo, as licitações do BIRD e o
entendimento do TCU 201
4.8 Dotação orçamentária 202
4.9 Inclusão no plano plurianual 203
4.10 Vedação à inclusão no objeto da licitação de recursos financeiros para sua execução 204
4.11 A previsão obrigatória de quantidades e a regra da prevalência do projeto 204
4.12 O conteúdo do instrumento convocatório da licitação e de seus anexos 205

4.12.1 Caracterização do objeto: vedação ao excesso de
especificação técnica 206
4.12.2 Cláusulas econômicas que devem constar do edital .. 206
4.12.2.1 O critério de reajuste 207
4.12.2.2 A restrição temporal imposta pelo Plano Real .. 209
4.12.2.3 O reajuste de contratos com prazo inferior
a 12 meses 210
4.12.3 As condições de pagamento 212
4.12.3.1 O adimplemento do contratado como termo
de contagem do prazo do pagamento 213
4.12.3.2 Consequências jurídicas da mora da
Administração 215
4.12.3.3 Aplicação de correção monetária e juros de
mora 215
4.12.3.4 A quantificação dos juros moratórios e sua
delimitação temporal 218

SUMÁRIO   13

4.12.3.5   A correção monetária no período de mora
           e o Plano Real 220
4.12.3.6   Dever de previsão no edital das
           compensações financeiras 221
4.12.3.7   Os efeitos da omissão quanto a compensações
           e penalizações aos atrasos no pagamento .. 222
4.12.3.8   O silêncio do edital não impede a atualização
           monetária e os juros moratórios 224
4.12.3.9   Ressarcimento por perdas e danos gerados
           pela mora 226
4.12.3.10 A cláusula penal 228
4.12.3.11 Ressarcimento pelos atrasos no pagamento
           das compensações financeiras 228
4.12.4   Ainda as cláusulas econômicas: o Regime
           Diferenciado de Contratações e a remuneração
           variável vinculada ao desempenho 229
           4.12.4.1   Dever de motivação para a hipótese 232
           4.12.4.2   Respeito ao limite orçamentário 232
           4.12.4.3   A concreta aferição dos índices de
                      desempenho 233
4.13 Definição do regime de execução adequado 234
     4.13.1   A noção jurídica de "empreitada" 235
     4.13.2   Empreitada por preço global 236
     4.13.3   Empreitada por preço unitário 239
     4.13.4   Tarefa 240
     4.13.5   Empreitada integral 241
     4.13.6   Regime de contratação integrada: aplicação
              restritiva ao Regime Diferenciado de Contratações .. 242
              4.13.6.1   Similaridade com o modelo Engineering,
                         Procurement and Construction Contract/EPC .. 245
              4.13.6.2   As hipóteses de cabimento da contratação
                         integrada 247
              4.13.6.3   Contratação integrada: contratação de
                         resultados 250

4.13.6.4 *O regime de contratação integrada e a transferência de riscos ao contratado* 253
4.13.6.5 *As cautelas fundamentais na aplicação do regime de contratação integrada* 253
4.13.6.6 *Momento da confecção do projeto básico* ... 255
4.13.6.7 *A obrigatória disponibilização de anteprojeto de engenharia* 256
4.13.6.8 *A dificuldade quanto ao dimensionamento do valor da contratação* 257
4.13.6.9 *A regra da vedação dos termos aditivos* 258
4.14 A submissão das minutas do edital à assessoria jurídica e eventual responsabilidade 262

Capítulo 5 – **Processamento da Licitação:
Etapa Externa – Fase de Divulgação**

5.1 Etapa externa 267
5.2 Divulgação da licitação 268
5.3 A audiência pública 268
5.4 Prazos mínimos de divulgação (a fase de divulgação da licitação) 271
5.5 A publicação do aviso do edital 271
  5.5.1 O veículo de imprensa adequado 271
  5.5.2 A divulgação eletrônica da licitação 272
    5.5.2.1 *A preferência pela licitação eletrônica no Regime Diferenciado de Contratações* 273
  5.5.3 Início da contagem do prazo de divulgação 274
  5.5.4 Alteração no conteúdo do edital 275
  5.5.5 Os esclarecimentos ao edital e a introdução de novas condições à disputa 276
5.6 O pedido de esclarecimentos 277
  5.6.1 O provimento ao pedido de esclarecimentos, seus limites e efeitos 279
  5.6.2 O pedido de esclarecimentos e a preclusão processual .. 281

5.7 A disciplina da divulgação da licitação no Regime Diferenciado de Contratações 283

5.7.1 *A publicação do aviso do edital* 283

5.7.2 *O veículo de imprensa adequado* 284

5.7.3 *Dispensa da publicação na imprensa oficial (física) para licitações menos expressivas* 284

5.7.4 *A divulgação eletrônica da licitação* 285

5.7.5 *Início da contagem do prazo de divulgação* 285

5.7.6 *Alteração no conteúdo do edital (§ 4º do art. 15 do RDC)* .. 286

5.7.7 *Os esclarecimentos veiculados pela Administração e a introdução de novas condições à disputa* 287

Capítulo 6 – **Processamento da Licitação: Etapa Externa – Fase de Habilitação**

6.1 O exame da habilitação dos licitantes 289

6.1.1 *A fase de habilitação* 291

6.1.2 *O ato de habilitação* 291

6.2 Exigências de habilitação: tipologia 293

6.2.1 *Exigências de habilitação: elenco* numerus clausus 294

6.2.2 *Habilitação e universalidade da licitação: o máximo exigível é o mínimo necessário* 294

6.3 Requisitos de habilitação e condições de participação 296

6.4 A formulação das exigências de habilitação pela Administração 297

6.5 Habilitação, diligências e convalidação 298

6.6 Habilitação jurídica 299

6.6.1 *Necessidade de interpretação do art. 28 da LGL à luz do Código Civil* 300

6.6.2 *A delimitação das exigências de habilitação jurídica* ... 301

6.6.3 *As exigências atinentes ao empresário individual* 302

6.6.4 *As exigências atinentes às sociedades empresárias em geral* 302

6.6.5 *As exigências atinentes às sociedades simples* 303
6.6.6 *As exigências atinentes às sociedades por ações* 304
6.6.7 *As exigências atinentes às sociedades estrangeiras* 305
6.6.8 *Participação de empresas em regime de consórcio* 306
    6.6.8.1 *O conceito de "consórcio"* 306
    6.6.8.2 *Os consórcios e a Lei Geral de Licitações* 308
    6.6.8.3 *A participação através de consórcios: interpretação restrita* 308
    6.6.8.4 *O termo de compromisso de constituição do consórcio* 311
    6.6.8.5 *Forma societária dos consorciados* 312
    6.6.8.6 *Consórcios "homogêneos" e "heterogêneos"* .. 313
    6.6.8.7 *A "empresa líder" do consórcio* 314
    6.6.8.8 *Consórcio entre empresas brasileiras e estrangeiras: a liderança* 315
    6.6.8.9 *Legitimidade do consórcio em juízo: a capacidade de ser parte* 316
    6.6.8.10 *Qualificação técnica e econômico-financeira do consórcio* 317
    6.6.8.11 *A licitação, os consórcios e empresas do mesmo grupo econômico* (holdings *e* coligadas) 319
    6.6.8.12 *Responsabilidade solidária dos consorciados* ... 323
    6.6.8.13 *Constituição e registro do consórcio prévios à assinatura do contrato* 324
6.6.9 *Habilitação jurídica e flexibilização do formalismo* 327
6.7 Regularidade fiscal 328
  6.7.1 *Regularidade fiscal tardia para microempresas/ME e empresas de pequeno porte/EPP* 329
    6.7.1.1 *A Lei Complementar 123/2006* 330
    6.7.1.2 *A (des)necessidade de regulamentação* 331
    6.7.1.3 *A regularização fiscal tardia* 332
    6.7.1.4 *O prazo para a regularização fiscal* 332

6.7.1.5 *A falta de regularização pela microempresa ou pela empresa de pequeno porte no prazo estabelecido: decadência do direito de contratar e sujeição a sanção administrativa* 333

6.7.1.6 *A convocação dos licitantes remanescentes* 333

6.7.1.7 *A ressalva quanto à revogabilidade da licitação* .. 334

6.7.1.8 *O dever de apresentar documentação fiscal na fase própria da licitação* 334

6.8 Habilitação técnica 335

6.8.1 *A habilitação técnica é mera aferição com cunho eliminatório* 336

6.8.2 *Rol de exigências de habilitação técnica* 336

6.8.3 *Registro na entidade profissional competente* 337

6.8.4 *Capacitação técnico-operacional* 338

6.8.4.1 *A capacitação técnico-operacional e os atestados de experiência técnica* 339

6.8.4.2 *Os atestados poderão ser fornecidos por pessoa de direito público ou privado* 341

6.8.4.3 *O conteúdo da capacitação técnico-operacional: ângulos qualitativo e quantitativo* 341

6.8.4.4 *A capacitação técnica (operacional e profissional) adstrita às parcelas de maior relevância e de valor significativo* 342

6.8.4.5 *O direito do licitante à comprovação de experiência equivalente ou superior* 343

6.8.4.6 *A estipulação de quantitativos mínimos para a qualificação técnico-operacional* 344

6.8.4.7 *Compatibilidade dos quantitativos com a dimensão do objeto licitado* 344

6.8.4.8 *O somatório de atestados de experiência técnica* .. 345

6.8.4.8.1 A (in)viabilidade do somatório de atestados para a experiência técnico--operacional quantitativa 346

6.8.4.8.2 A conjugação de atestados para a
experiência técnico-operacional
qualitativa 348
6.8.4.9 A experiência técnica de licitante adquirida em
regime de consórcio 350
6.8.4.10 A "cessão" de acervo técnico 352
6.8.5 Capacitação técnico-profissional 356
6.8.5.1 O que se deve entender por "quadro permanente" .. 357
6.8.5.2 Exigência de participação do profissional na
execução do objeto 359
6.8.6 As instalações e o aparelhamento necessários; o pessoal
técnico adequado e disponível e a vedação às exigências
de propriedade e de localização 360
6.8.7 Vedação à exigência de aptidão técnica com limitações
de tempo, época ou local 361
6.8.8 Exigência de metodologia de execução 361
6.9 Habilitação econômico-financeira 362
6.9.1 A exigência de índices contábeis 364
*6.9.2 As exigências de garantia de proposta, capital social
mínimo e patrimônio líquido mínimo* 365

**Capítulo 7 – Processamento da Licitação:
Etapa Externa – Fases de Julgamento de Propostas,
Adjudicação e Homologação**

7.1 Fase de julgamento de propostas 367
**7.2 Estruturação da fase de avaliação e julgamento de
propostas nos tipos de técnica** 369
7.3 O conteúdo econômico das propostas 369
*7.3.1 A composição econômica das propostas: os custos
unitários* 370
7.3.2 Correção da proposta na execução do contrato: limites .. 373
7.3.2.1 Inalterabilidade da proposta: a tutela da
equação econômico-financeira 374

7.3.2.2 A "alterabilidade" unilateral da proposta e a
        inutilidade da licitação 377
7.4 A aferição da exequibilidade das propostas 379
   7.4.1 Inexistência de mera presunção relativa quanto à
         inexequibilidade sob o critério aritmético 381
   7.4.2 A inexequibilidade de proposta no Regime Diferenciado
         de Contratações 384
7.5 Exigência de amostras e testes 386
7.6 Diligências na licitação 388
   7.6.1 Vícios sanáveis versus vícios insanáveis 391
   7.6.2 O uso de diligência para a composição de preços da
         proposta: limites 392
   7.6.3 (Im)Possibilidade de introduzir documento pela via da
         diligência 393
   7.6.4 Processamento das diligências 394
7.7 Critérios de desempate e margem de preferência 395
**7.8 Critérios de desempate, as microempresas/ME e as
     empresas de pequeno porte/EPP** 398
7.9 O empate e a solução via sorteio 400
7.10 Classificação, homologação, adjudicação e controle judicial 401
7.11 A negociação pré-contratual 404
   7.11.1 As negociações pré-contratuais na Lei Geral de
          Licitações e na Lei do Pregão 405
   7.11.2 As peculiaridades da negociação pré-contratual no
          Regime Diferenciado de Contratações 406

Capítulo 8 – **Processamento da Licitação
no Regime Diferenciado de Contratações**

**8.1 O tipo licitatório fechado do Regime Diferenciado de
     Contratações** 412
**8.2 As fases do processo de licitação no Regime Diferenciado de
     Contratações** 413

8.3 A fase preparatória 414
8.4 A fase de publicação do instrumento convocatório 415
8.5 A fase de apresentação de propostas ou lances e julgamento 415
8.6 Os modos de disputa no Regime Diferenciado de Contratações 416
   8.6.1 O modo aberto 417
   8.6.2 O modo fechado 418
   8.6.3 Os modos combinados 418
   8.6.4 O reinicio da fase de lances abertos 419
   8.6.5 Reelaboração pelo licitante vencedor das demonstrações financeiras exigidas com a proposta – Necessidade de adaptação da composição de custos 420
8.7 A fase de habilitação 422
8.8 As fases recursal e de encerramento 423
8.9 A excepcional validade da inversão de fases 423

Capítulo 9 – Licitação (e Contratação Direta) para Alienações

9.1 A alienação de bens públicos: condições e requisitos 425
9.2 Alienação, desafetação e extracomercialidade de bens públicos 427
9.3 Dação em pagamento, doação e permuta 429
9.4 As exceções à licitação: quando ela é dispensada 432
9.5 Alienação e modalidade licitatória 433
9.6 A alienação de bens públicos e o Programa Nacional de Desestatização 433
9.7 Alienação de bens de empresas estatais 435
9.8 Alienação de bens públicos e Lei de Responsabilidade Fiscal 436
9.9 Habilitação para a compra e venda de imóveis 437

Capítulo 10 – Licitação para Compras

10.1 A disciplina jurídica das compras 440

10.2 A exigência da adequada caracterização do objeto 440
10.3 O dever de padronização 441
    10.3.1 Padronização e preferência por marca 442
    10.3.2 Indicação de marca comercializada por mais de um fornecedor 443
    10.3.3 Indicação de marca e inexigibilidade de licitação 444
    10.3.4 A melhor identificação do objeto pela indicação de marca ou modelo de referência 445
10.4 Indicação de recursos orçamentários para pagamento 445
10.5 O registro de preços (Sistema de Registro de Preços/SRP) .. 445
    10.5.1 Regulamentação do Sistema de Registro de Preços ... 447
    10.5.2 Modalidades aplicáveis ao Sistema de Registro de Preços, objeto e hipóteses de utilização 447
    10.5.3 Processamento do registro de preços 448
    10.5.4 O "efeito carona" no registro de preços 450
    10.5.5 A Ata de Registro de Preços 452
    10.5.6 Validade do registro de preços e prazo do contrato 453
    10.5.7 A prorrogação da Ata de Registro de Preços 453
    10.5.8 A ausência de obrigação quanto às aquisições no Sistema de Registro de Preços e o direito de preferência .. 453
10.6 A submissão às condições de aquisição e pagamento semelhantes às do setor privado 454
10.7 O parcelamento com fins de economicidade 455
    10.7.1 Preservação da modalidade licitatória mais exigente .. 456
    10.7.2 Compra de bens de natureza divisível: cotação de quantidade inferior e fracionamento no âmbito da própria licitação 457
10.8 O dever de transparência das compras 457
10.9 Dos casos de dispensa de licitação 460
10.10 Outras exigências atinentes às compras e a carta de solidariedade 460
10.11 As aquisições submetidas ao Regime Diferenciado de Contratações 461

10.12 A indicação de marca em razão de padronização do objeto .. 461

10.13 Indicação de marca (ou modelo) comercializada por mais de um fornecedor como a única capaz de atender às necessidades da Administração 462

10.14 Quando a descrição do objeto a ser licitado puder ser mais bem compreendida pela identificação de determinada marca ou modelo de referência 462

10.15 Exigência de amostra do bem no procedimento de pré-qualificação, na fase de julgamento das propostas ou de lances, desde que justificada a necessidade da sua apresentação 463

10.16 Certificação da qualidade do produto ou do processo de fabricação, inclusive sob o aspecto ambiental, por qualquer instituição oficial competente ou por entidade credenciada 463

10.17 Exigência de carta de solidariedade emitida pelo fabricante, que assegure a execução do contrato, no caso de licitante revendedor ou distribuidor 464

Capítulo 11 – **Contratação Direta: Dispensa e Inexigibilidade de Licitação**

11.1 Contratação direta: tipologia 467
11.2 Contratação direta e o respeito ao caso concreto 469
11.3 Dispensa de licitação e suas categorias legislativas 470

11.3.1 A dispensa devido ao valor da contratação e economicidade 471
11.3.2 A dispensa devido a situações sociais críticas 473
11.3.3 A dispensa devido à ausência de propostas efetivas .. 479
11.3.4 A dispensa devido a negócios interadministrativos ... 480
11.3.5 A dispensa devido à ausência de competitividade 484
11.3.6 A dispensa devido a atividades de ensino e pesquisa .. 485
11.3.7 A dispensa devido a escolhas militares 487
11.3.8 A dispensa devido a acordos internacionais 487
11.3.9 A dispensa devido a casos esparsos previstos em lei .. 488

SUMÁRIO

11.4 Inexigibilidade de licitação 489
   11.4.1 Elenco exemplificativo das hipóteses tipificadas 489
   11.4.2 O caráter vinculante dos incisos do art. 25 da LGL .. 490
   11.4.3 O pressuposto da inexigibilidade: o conceito de "competição inviável" 491
   11.4.4 Competição inviável pela unicidade de fornecedor ... 491
      11.4.4.1 A demonstração da unicidade do fornecedor 492
      11.4.4.2 Os monopólios e os privilégios 492
      11.4.4.3 A vedação à preferência por marca 495
   11.4.5 Competição inviável pelas condições peculiares do sujeito 495
   11.4.6 Competição inviável pela ausência de condições objetivas entre propostas 496
   11.4.7 Contratação de serviços técnicos: singularidade e notório saber 497
      11.4.7.1 Os serviços técnicos profissionais especializados: categoria normativa especial .. 497
          11.4.7.1.1 Os graus de serviços técnicos profissionais especializados 498
          11.4.7.1.2 A cessão de direitos patrimoniais relativos ao serviço 499
          11.4.7.1.3 Contratações personalíssimas e a estabilidade do corpo técnico 500
      11.4.7.2 *Pressupostos à configuração da inexigibilidade para serviços técnicos* 503
          11.4.7.2.1 A singularidade do objeto 503
          11.4.7.2.2 Notória especialização do prestador 505
          11.4.7.2.3 Contratação de profissional do setor artístico 506
          11.4.7.2.4 A responsabilidade solidária entre contratado e agente público 508
   11.4.8 Inexigibilidade pela contratação de todos: o credenciamento 511

**11.5 Procedimentalização (ou processualização) da
contratação direta** 512

    11.5.1 Necessidade de aferição da habilitação 513

    *11.5.2 Comunicação à autoridade superior, ratificação e
publicidade da contratação direta: condição de sua
eficácia* 513

    *11.5.3 Publicação do ato autorizativo da contratação direta
como condição de eficácia* 514

    *11.5.4 Consequências jurídicas da violação do dever de
publicação do ato autorizativo* 514

    11.5.5 A instrução do processo de contratação direta 516

    11.5.6 A demonstração da razoabilidade do preço 516

Capítulo 12 – O Controle das Licitações
pelos Tribunais de Contas

**12.1 O controle dos atos e contratos administrativos:
generalidades** 518

12.2 O regime constitucional do Tribunal de Contas 520

12.3 O controle exercido pelo Tribunal de Contas e seus limites ... 522

**12.4 A divisão federativa das competências dos Tribunais de
Contas** 523

**12.5 A divisão federativa das competências: os convênios e os
consórcios públicos** 524

**12.6 Despesas públicas, dever de prova da legitimidade e direito
à participação** 525

12.7 A representação ao Tribunal de Contas 527

12.8 O exame prévio do ato convocatório da licitação 528

12.9 A sustação de atos e contratos pelo Tribunal de Contas 529

**12.10 A natureza dos atos praticados pelo Tribunal de Contas:
consequências** 533

**12.11 A competência do TCU e a Portaria Interministerial
507/2011** 535

Bibliografia 537

Apêndices

I – Lei 8.666, de 21.6.1993 (Lei Geral de Licitações/LGL) 567

*II – Lei 12.462, de 4.8.2011 (Regime Diferenciado de
Contratações Públicas/RDC)* 632

*III – Decreto 7.581, de 11.10.2011 (Regulamenta o Regime
Diferenciado de Contratações/RDC)* 666

*Índice por Artigos da Lei Geral de Licitações/LGL)
(Lei 8.666/1993)* 706

Índice por Artigos do RDC (Lei 12.462, de 4.8.2011) 710

*Índice por Artigos do Decreto 7.581, de 11.10.2011
(Regulamenta o RDC)* 712

Índice Alfabético-Remissivo 713

NOTA À 2ª EDIÇÃO

Esta 2ª edição vem a lume num momento histórico muito importante para a licitação pública brasileira. Existem, quando menos, três conjuntos de informações que merecem ser postos em evidência.

Por um lado, alguns dos mais importantes fatos políticos da atualidade (e seus desdobramentos jurídicos, inclusive penais) dizem respeito a licitações e contratos administrativos. Quem quiser entender o que se passa – e o que não deveria se passar – nos contratos administrativos brasileiros precisa se aprofundar no estudo da Lei Geral de Licitações e do Regime Diferenciado de Contratações.

Por outro, as demandas socioambientais exigem que a licitação pública assuma novos contornos, pois instalam visão prospectiva, de desenvolvimento sustentável. Já fazem parte do passado as licitações que têm como princípios apenas a isonomia, a concorrência, o julgamento objetivo e a contratação mais vantajosa. Hoje, todos eles convivem com o desenvolvimento nacional sustentável – que também é um dos pilares da licitação pública brasileira.

Por fim, os projetos de lei que tramitavam no Congresso Nacional foram submetidos a novos impactos (sobretudo em decorrência dos dois primeiros conjuntos de fatos), a inspirar maiores reflexões e cuidados. Algumas das certezas que inspiraram a modelagem legislativa estão em xeque. Logo, e mais uma vez, somente por meio do estudo que hoje existe – e de sua cristalização histórica – é que se pode cogitar de alterações legislativas.

Tudo isso em um cenário em que a conjugação de novos temas – *Value for Money*; Lei Anticorrupção; licitações sustentáveis; contratos regulatórios; contratação integrada; contratos de longo prazo; custos de transação; alocação de riscos; contratos de *performance* etc. – confere especial complexidade às contratações públicas brasileiras, que precisa ser enfrentada e esclarecida para todos aqueles que interpretam e aplicam a Lei Geral de Licitações e o Regime Diferenciado de Contratações. O que se revela no tratamento minucioso de todos estes temas nesta 2ª edição.

Como não poderia deixar de ser, a legislação brasileira vem experimentando intensamente estes impactos – tanto em sede da Lei Geral de Licitações como no Regime Diferenciado de Contratações (bem como nos respectivos regulamentos administrativos). Tais modificações exigem a renovação dos estudos e da compreensão das contratações públicas brasileiras. Esta 2ª edição não descurou de pesquisar, pormenorizadamente, todas as alterações legislativas e regulamentares, trazendo-as a exame minucioso.

Em suma: hoje, a licitação pública convive mais intensamente com temas que estavam a se esboçar quando da 1ª edição deste *Licitação Pública*. Daí a ampla revisão, a atualização e o significativo aumento dos temas tratados.

O que se pretende é apresentar ao leitor um livro prático mas, ao mesmo tempo, profundo e apto a enfrentar os desafios dos dias atuais. Também por isso foi dada especial atenção à jurisprudência das Cortes de Contas e do Poder Judiciário.

Aos leitores agradecemos a gentil acolhida da 1ª edição e aguardamos críticas e sugestões. Como sempre, serão elas o combustível para os devidos aperfeiçoamentos das futuras edições.

Curitiba, abril de 2015

EGON BOCKMANN MOREIRA
egon@xvbm.com.br

FERNANDO VERNALHA GUIMARÃES
vernalha@vgpadvogados.com.br

INTRODUÇÃO À 1ª EDIÇÃO

Como todos os diplomas normativos, a Lei 8.666/1993 (doravante LGL) é retrato fiel de seu tempo. Foi originalmente promulgada depois de período conturbado da História brasileira. Menos de um ano antes, havia se dado a exposição pública de vários casos de corrupção, culminando no *impeachment* do Presidente da República – que representou um teste de força da Constituição e instituições brasileiras. O País passava por uma reorganização político-administrativa e uma busca de paradigmas éticos para a Administração Pública.

À época, era notório que parte das licitações e contratos administrativos envolvia desvios de verba pública.[1] Talvez daí advenha a aridez do tratamento legislativo de alguns temas, que resultou em críticas negativas: a LGL tida como rígida, supérflua e enigmática – a aumentar os custos, públicos e privados, naquelas que representam algumas das mais importantes contratações brasileiras. Muitas vezes tentou-se solucionar os problemas das contratações públicas (sociais, éticos, econômicos, gerenciais etc.) com recurso ao formalismo. Também esses excessos deram razão às lamentações de juristas do porte de Carlos Ari Sundfeld, que inicialmente qualificou a versão original da Lei como "um martírio para os milhares de profissionais obrigados a cumpri-la cotidianamente".[2] Mas fato é que a atual interpretação da LGL pode aprender com o passado.

1. Fatos registrados na obra coordenada por Modesto Carvalhosa (*O Livro Negro da Corrupção*, São Paulo, Paz e Terra, 1995), bem como na coletânea de acórdãos publicados em livro cujo título é *Impeachment*, com apresentação do então Presidente do Supremo Tribunal Federal, Min. Sepúlveda Pertence (Brasília, Imprensa Nacional, 1995).

2. *Licitação e Contrato Administrativo*, 2ª ed., São Paulo, Malheiros Editores, 1995, p. 11.

Ora, já decorreram quase vinte anos desde a promulgação da LGL, que foi objeto de sensíveis modificações (em especial a Medida Provisória 495/2010, convertida, com algumas alterações, na Lei 12.349, de 15.12.2010) e limitações, estas decorrentes da positivação de novos diplomas legislativos, a gerar *normas gerais de contratação pública* em campos específicos: leis que são *gerais* em termos *verticais* (Constituição e legislação ordinária de incidência nacional) e, ao mesmo tempo, *especiais* em termos *horizontais* (as leis ordinárias relacionando-se entre si).

Atualmente, existem três espécies normativas extravagantes à LGL: o *pregão*, a *concorrência-pregão* e o *Regime Diferenciado de Contratação-RDC,* cujas características exigem o seu exame neste livro (sobretudo o RDC). Isso porque, com o passar do tempo, a racionalidade destas três ordens de licitação tenderá a substituir aquela celebrada pela LGL, cujo centro de gravidade é a modalidade concorrência. Isto é, a tradicional LGL está em processo de extinção, por meio da expulsão normativa do seu habitat natural. Há cada vez menos espaço fático para a LGL viver: atualmente, ela continua sendo um animal forte e robusto, resistente ao máximo, mas com ambiente de aplicação muito menor e, por isso mesmo, pouco tempo de sobrevivência. Os ventos sopram no sentido da sua extinção.

E o mesmo se diga quanto à construção doutrinária e à aplicação da LGL pelo Poder Judiciário e Tribunais de Contas, onde a norma assume o seu real significado. Aqui, muito embora ela tenha experimentado significativa evolução, fato é que a experiência concreta comprovou que a LGL não tem condições de transpor determinadas barreiras. Fez-se necessário, portanto, aprender com a experiência jurisprudencial e acadêmica, e assim cultivar novas espécies licitatórias.

Neste livro, o que se propõe é a hermenêutica pragmática e contextualizada: devido à importância da LGL, ela deve ser aplicada com eficiência, parcimônia e sensatez, sempre à luz da atual Constituição. As modificações, muitas delas resultantes da experiência prática, autorizam a sua renovada construção. Afinal, e na justa medida em que os dispositivos legais explicam-se uns aos outros, a edição de alterações normativas produz equivalente transmutação sistemática e confere nova racionalidade à LGL, exigindo-se do intérprete a aplicação por inteiro da norma segundo sua atual configuração (pense-se no princípio do desenvolvimento nacional sustentável). O mesmo se diga do *pregão,* da *con-*

corrência-pregão e do cometa chamado *RDC*: o seu estudo atual permite entender como serão as licitações do futuro.

Logo, pode-se dizer que a principal preocupação deste livro deriva da constatação de que a evolução da licitação pública brasileira é nítida e resulta não só do *aperfeiçoamento interno* da LGL, mas também da criação de *novas lógicas licitatórias* (classificação por preço antes da habilitação, concentração de recursos, pregão eletrônico etc.). É de se aplaudir o esforço do poder público como um todo (legislativo – por meio da criação de normas – e tribunais de contas – com decisões que conferem maior eficiência a tais previsões; executivo – com o treinamento de pessoal e instalação de outras perspectivas; judiciário – que controla e atribui maior precisão ao conteúdo e limites das previsões normativas e de seu exercício administrativo).

Com tais conquistas, a licitação pública brasileira vem se tornando mais representativa do que se passa no mundo atual (eficiência, economicidade, sustentabilidade, diálogo com outras ciências, cooperação público-privada, boa-fé objetiva etc.) e menos representativa de um mundo que já não mais pode existir (burocracia, formalismos inúteis, cartelização, aversão a soluções econômicas e ambientais, repulsa público *vs.* privado etc.). É o que se constata; é o que se espera e é no que se pretende colaborar com a escrita deste livro.

O livro foi escrito a quatro mãos em vista da amizade e comprometimento acadêmico que une os autores. Porém, fato é que outras pessoas os auxiliaram, direta ou indiretamente. Por isso, os autores agradecem à Mariana Brandão, à Renata Carlos Steiner e à Mariana Almeida Kato – que, em momentos diversos, desenvolveram parcelas da pesquisa e da revisão.

Dos leitores, são aguardadas críticas e sugestões. Serão elas o combustível para os devidos aperfeiçoamentos das futuras edições.

EGON BOCKMANN MOREIRA
egon@xvbm.com.br

FERNANDO VERNALHA GUIMARÃES
vernalha@vgpadvogados.com.br

Capítulo 1
LICITAÇÃO PÚBLICA: ASPECTOS CONCEITUAIS E ENQUADRAMENTOS LEGISLATIVOS

1.1 O conceito de "licitação" e sua finalidade. 1.2 A licitação como sucessão de atos administrativos formais. 1.3 O enquadramento normativo da licitação. 1.4 A Lei Geral de Licitações (Lei 8.666/1993). 1.5 As normas gerais de licitação e contratação: 1.5.1 O conteúdo jurídico das normas gerais – 1.5.2 Normas gerais não equivalem a princípios – 1.5.3 O Regime Diferenciado de Contratações como norma geral: sua autonomia hermenêutica – 1.5.4 Normas gerais e competências regulamentares (especialmente no RDC). 1.6 Quem se submete ao dever de licitar: 1.6.1 As autarquias e fundações (de direito público e de direito privado) – 1.6.2 As fundações de apoio – 1.6.3 As "autarquias especiais": agências reguladoras e agências executivas – 1.6.4 Os "fundos especiais" – 1.6.5 A Emenda Constitucional 19/1998 e as licitações envolvendo empresas estatais – 1.6.6 Os consórcios públicos – 1.6.7 A "primeira" e a "segunda fase" do Regime Diferenciado de Contratações, suas hipóteses fáticas e respectivos limites: 1.6.7.1 A primeira fase do Regime Diferenciado de Contratações e a experiência do consórcio público "Autoridade Pública Olímpica/APO" – 1.6.7.2 A primeira fase do Regime Diferenciado de Contratações e a experiência do Grupo Executivo – Gecopa 2014 – 1.6.7.3 A segunda fase do Regime Diferenciado de Contratações e a ampliação do escopo. 1.7 Contratos submetidos ao dever de licitar: a amplitude do conceito de "contrato administrativo": 1.7.1 A amplitude dos sujeitos contratantes – 1.7.2 Parcerias público-privadas, concessões e permissões de serviço público – 1.7.3 Concessões e permissões de uso de bem público. 1.8 Direito subjetivo público à observância da Lei Geral de Licitações. 1.9 A participação cidadã.

1.1 O conceito de "licitação" e sua finalidade

A licitação é o processo administrativo por meio do qual a Administração Pública seleciona pessoas aptas a bem executar determinados contratos administrativos. É uma relação jurídica processual instalada entre sujeitos de direito (públicos e privados) – o que significa dizer que dá nascimento a conjunto de deveres e direitos públicos subjetivos.[1] Seu objetivo é o de propiciar à Administração a seleção da proposta mais vantajosa para a contratação administrativa, a partir de uma competição isonômica entre interessados. Através deste processo administrativo obtém-se a seleção objetiva do licitante que, tendo em vista os requisitos do edital e em confronto com as propostas dos demais concorrentes, presume-se, executará com maior eficiência o objeto contratual (elevada qualidade técnica unida ao menor custo).

A licitação tem como finalidade a seleção do interessado para a futura celebração do contrato mais vantajoso possível à Administração, em vista da necessidade pública previamente definida pela autoridade competente. Por meio da licitação dá-se o chamamento público a que os interessados ofereçam propostas. A *escolha pública* dá-se quanto à alocação de verbas orçamentárias no tipo de compra, obra e/ou serviço a ser executado – conjugada com a definição objetiva dos característicos que, na visão técnica da Administração, autorizam que certa pessoa execute tal contrato. Esta escolha, oriunda da *capacidade de gestão* de determinados órgãos públicos, definirá o *objeto* e o *conteúdo* do futuro contrato administrativo.

Todos os contratos administrativos têm como pressuposto um juízo fundamentado quanto à sua necessidade, utilidade e moralidade. A instalação do processo de licitação pressupõe essa definição prévia. Como consignou Sérvulo Correia: "O *acto inicial* – que denominamos *decisão ou deliberação de contratar* – envolve necessariamente a apreciação de um ou mais interesses públicos cuja prossecução represente atribuição do Estado e a identificação do contrato e, dentro deste amplo género, de um contrato com determinada causa-função, como meio mais idóneo para satisfazê-los".[2] Esta deliberação de contratar define o

---

1. Por isso que Hely Lopes Meirelles consignou que a licitação se realiza "através de uma sucessão ordenada de atos vinculantes para a Administração e para os licitantes" – isto é, está-se diante de série preordenada de atos e fatos que geram direitos e deveres, sempre sujeitos aos efeitos da preclusão (*Licitação e Contrato Administrativo*, 15ª ed., São Paulo, Malheiros Editores, 2010, p. 28).
2. Sérvulo Correia, *Legalidade e Autonomia Contratual nos Contratos Administrativos*, Coimbra, Livraria Almedina, 2003, pp. 537-538.

objeto e o conteúdo do contrato a ser celebrado, bem como a verba pública a ser nele despendida (e respectiva fonte de custeio). Procura-se, portanto, realizar processo eficiente que possa resultar na contratação mais vantajosa para a Administração, tendo em vista o previamente estudado e definido. Ademais, hoje é firme na Lei Geral de Licitações/LGL o dever de realizar contratações públicas que privilegiem o desenvolvimento nacional sustentável – seja por meio de empresas brasileiras, seja por meio de empresas estrangeiras que invistam em projetos brasileiros de pesquisa e tecnologia.

O ato que fundamenta a conveniência da contratação reporta-se ao motivo de decisão administrativa antecedente. Aqui, a competência da Administração é eminentemente discricionária, instruída pelas razões dos estudos técnicos que autorizam a implementação do futuro contrato administrativo. Além de deliberar pelo modelo contratual, o órgão público define a modalidade de licitação que será mais eficiente para a seleção da proposta. Mas, como todos os atos administrativos, a decisão há de ser motivada e tornada pública (e, em determinados casos, submetida a audiência prévia). O agente tem o dever de declinar a motivação que justifique aquela específica contratação como útil, adequada e vantajosa, revelada como o *meio idôneo* para atendimento do interesse público no caso concreto.

A licitação presta-se também a estimular a competição entre os potenciais interessados. A Administração tem o dever de instalar a disputa *ex ante*, a fim de obter o melhor resultado técnico e econômico-financeiro. Parte-se da ideia de que, quanto maior o número de participantes, maior a competição e menores os preços a serem ofertados. Todos devem ter acesso à mesma quantidade e qualidade de informações disponibilizadas pelo futuro contratante. Os particulares são estimulados a incrementar a própria eficiência gerencial, a fim de fornecer obras e serviços de alta qualidade ao mais baixo preço.

Mas atenção: para que a licitação ocorra é necessário preexistir situação fática que permita a efetiva competição entre os interessados em contratar com a Administração. Isto é: o dever de licitar somente surgirá caso (i) haja mais de um potencial interessado e (ii) haja a real possibilidade de competição, objetiva e isonômica, entre tais interessados. Para os casos em que tais condições não existam o que se instala é o dever de decretar a inexigibilidade de licitação e efetivar a contratação direta.

As contratações públicas envolvem este dever de deflagração da competição entre as pessoas privadas, de molde a não privilegiar detentores de poder econômico e a evitar a formação de grupos cartelizados. A Lei Geral de Licitações igualmente procura impedir eventuais barreiras de entrada ao setor de compras, obras e serviços públicos. Por isso que os requisitos das licitações só podem ser aqueles efetivamente essenciais à boa prestação do contrato que se pretende celebrar.

Enfim, como a conceitua Marçal Justen Filho, a licitação "é um procedimento administrativo disciplinado por lei e por um ato administrativo prévio, que determina critérios objetivos visando à seleção da proposta de contratação mais vantajosa e à promoção do desenvolvimento nacional sustentável, com observância do princípio da isonomia, conduzido por um órgão dotado de competência específica".[3] Ou, na síntese de Celso Antônio Bandeira de Mello, "é um certame que as entidades governamentais devem promover e no qual abrem disputa entre os interessados em com elas travar determinadas relações de conteúdo patrimonial, para escolher as propostas mais vantajosas às conveniências públicas".[4]

1.2 A licitação como sucessão de atos administrativos formais

Os atos praticados no processo licitatório são, para todos os efeitos de direito, *atos administrativos formais* – pouco importa quem os pratique. É o quanto basta para o controle – administrativo e judicial – da integralidade dos atos praticados no seio da licitação.

Mas note-se: onde está escrito "ato administrativo formal" não se pode ler "ato administrativo formalista". O formalismo é a degeneração das formalidades úteis e necessárias à licitação: somente estas podem ser restritivamente aceitas como válidas, compreendidas devido à sua

---

3. Marçal Justen Filho, *Curso de Direito Administrativo*, 10ª ed., São Paulo, Ed. RT, 2014, p. 495.

4. Celso Antônio Bandeira de Mello, *Curso de Direito Administrativo*, 32ª ed., São Paulo, Malheiros Editores, 2015, p. 536.

razão de existir. Como leciona Celso Antônio Bandeira de Mello: "O procedimento licitatório é cintado de cautelas e formalidades que visam a assegurar o sigilo das propostas, a fiscalização dos licitantes e o direito à interposição de recursos, tudo com a finalidade de garantir absoluta lisura ao certame".⁵ A licitação não é, portanto, um fim em si mesmo: ela é instrumental à contratação definida na escolha pública que deu origem ao edital. As formalidades destinam-se a possibilitar a celebração de contrato válido e eficiente ao interesse público; nada mais. Caso supervalorizada a forma em detrimento da substância, o excesso deverá ser inibido administrativa ou judicialmente.

1.3 O enquadramento normativo da licitação

No Direito Brasileiro a licitação é exigência constitucional para as contratações do Poder Público com terceiros. Apenas a depender da situação de fato, e nos termos da legislação, a Constituição autorizou a contratação direta, sem licitação — dispensa ou inexigibilidade —, bem como a celebração de contratos de direito privado. Nos termos do art. 37, XXI, da CF, excepcionadas as hipóteses de contratação direta definidas pelo legislador, "as obras, serviços, compras e alienações serão contratados mediante processo de licitação pública que assegure igualdade de condições a todos os concorrentes, com cláusulas que estabeleçam obrigações de pagamento, mantidas as condições efetivas da proposta, nos termos da lei, o qual somente permitirá as exigências de qualificação técnica e econômica indispensáveis à garantia do cumprimento das obrigações".

Já, no inciso XXVII do art. 22 a CF outorgou competência privativa para a União legislar sobre "normas gerais de licitação e contratação, em todas as modalidades, para as Administrações Públicas diretas, autárquicas e fundacionais da União, Estados, Distrito Federal e Municípios, obedecido o disposto no art. 37, XXI, e para as empresas públicas e sociedades de economia mista, nos termos do art. 173, § 1º, III". Fazendo uso desta competência, a União editou a Lei 8.666/1993 — a LGL —, que estabeleceu *normas gerais* sobre licitações

---

5. Celso Antônio Bandeira de Mello, *Licitação*, 1ª ed., 2ª tir., São Paulo, Ed. RT, 1985, p. 4.

e contratos administrativos a serem observadas pelas Administrações no Direito Brasileiro.

Além disso, diversas outras leis e decretos prescrevem disciplina jurídica especial às licitações (constituindo os respectivos universos normativos setoriais especiais). Assim se passa com a Lei 10.520/2002 (que criou e disciplinou a modalidade de pregão), com a Lei 8.987/1995 (que disciplina o regime da concessão de serviço público), com a Lei 11.079/2004 (que disciplina o regime das parcerias público-privadas) e, finalmente, com a Lei 12.462/2011 (que criou o chamado RDC – Regime Diferenciado de Contratações). Cada um desses diplomas legais estabeleceu o regime de normas gerais para determinado subsistema de licitações públicas.

1.4 A Lei Geral de Licitações (Lei 8.666/1993)

A LGL é um dos diplomas normativos infraconstitucionais mais importantes no direito público brasileiro. Fornece as normas gerais relativas à quase totalidade das contratações públicas – de todas as pessoas políticas, da Administração direta e indireta (exceção feita às normas especiais – como, *v.g.*, a Lei 8.987/1995 – a Lei Geral de Concessões; a Lei 10.520/2002 – a modalidade "pregão" para aquisição de bens e serviços comuns; a Lei 11.079/2004 – a Lei de Parcerias Público-Privadas/PPPs; a Lei 12.462/2011 – o Regime Diferenciado de Contratações/RDC).

A LGL envolve o dispêndio de elevada quantia de verbas públicas, pois trata dos contratos administrativos "de desembolso": aqueles nos quais o pagamento é feito com lastro em previsões orçamentárias públicas (em outras palavras: é o contribuinte quem arca com tais dispêndios). De sua aplicação resultam a construção e o aperfeiçoamento de boa parte da infraestrutura nacional, bem como o funcionamento da máquina administrativa das três funções de todas as esferas políticas (Legislativo, Executivo e Judiciário). Parcela significativa da economia brasileira depende, direta ou indiretamente, desta Lei Geral de Licitações e Contratos Administrativos/LGL.

Mais ainda, e com especial intensidade, depois da Medida Provisória 495/2010 (convertida na Lei 12.349/2010), a LGL tem significativo relevo para projetos de *desenvolvimento nacional sustentável*. Em cumprimento ao princípio constitucional da isonomia e tendo em vista a necessidade de ações afirmativas de desenvolvimento sustentável, as empresas brasileiras – ou as estrangeiras que aqui instalem investimentos em pesquisa e tecnologia – são materialmente distinguidas e detêm preferência nas contratações públicas. Trata-se de meio de concretizar políticas de ação afirmativa, institucionalizadas, sobretudo, no art. 3º da LGL. Esta escolha pública relativa à alocação de verbas representa um sistema de incentivos ao investimento e ao desenvolvimento em território brasileiro (e/ou correlato ao MERCOSUL).

A boa aplicação da LGL importa ganhos públicos – não só na economia de verbas, mas especialmente no desempenho das funções administrativas do Estado e na instalação de projetos que permitam o desenvolvimento socioeconômico do País, respeitoso do dever de defesa e preservação do meio ambiente (CF do Brasil, art. 225).

1.5 As normas gerais de licitação e contratação

Como referido, as normas veiculadas pela LGL, todas elas, pretendem-se "normas gerais": aquelas que, não obstante oriundas da União, se aplicam à generalidade das pessoas políticas (e respectivas Administrações diretas e indiretas). Assim está consignado no corpo da LGL, logo no *caput* do seu art. 1º, sem qualquer distinção ("Esta Lei estabelece normas gerais sobre licitações e contratos administrativos pertinentes a obras, serviços, inclusive de publicidade, compras, alienações e locações no âmbito dos Poderes da União, dos Estados, do Distrito Federal e dos Municípios"). Mas isso não necessariamente significa que todas estas normas sejam automática e juridicamente enquadráveis na noção constitucional de *norma geral*. Isso pressupõe contrastar o conteúdo daquelas normas com a noção de *norma geral* extraível da Constituição. A definição destas normas como gerais ou especiais é relevante para o fim de delimitar sua vinculação às demais esferas federadas que não a União. As normas que não forem assim consideradas serão aplicáveis restritivamente à Administração federal, consideradas exclusivamente especiais ou federais.

Logo, é relevante buscar uma noção jurídica para as chamadas *normas gerais*. Lembre-se que a locução "normas gerais" é expressa no inciso XXVII do art. 22 da CF brasileira, o qual prevê que compete privativamente à União legislar sobre "normas gerais de licitação e contratação, em todas as modalidades, para as Administrações Públicas diretas, autárquicas e fundacionais da União, Estados, Distrito Federal e Municípios, obedecido o disposto no art. 37, XXI, e para as empresas públicas e sociedades de economia mista, nos termos do art. 173, § 1º, III" (redação dada pela Emenda Constitucional 19/1998).

A outorga constitucional de competências autônomas às diversas pessoas políticas da Federação exigiu a recíproca estabilização. Uma noção associada à de norma geral é a de *lei nacional* – locução empregada para designar a abrangência do conteúdo veiculado por lei vinculante de todos os entes federados. As *leis nacionais* são leis que, editadas pelo poder central (União), vinculam União, Estados-membros e Municípios (bem como as respectivas Administrações indiretas).

Em termos de licitações e contratações administrativas a União detém duas ordens de competências privativas: a de editar normas gerais de incidência nacional e a relativa a normas especiais, estas aplicáveis somente ao nível federal.[6] A constatação resulta no âmbito de incidência dos dispositivos da LGL – alguns vincularão os Poderes Públicos estaduais, municipais, distrital e federal; outros, só o Poder Público federal.

A referência à expressão "normas gerais" tem *duplo efeito*. Por um lado, a União está proibida de legislar sobre normas especiais com abrangência nacional, pois o texto constitucional resguarda a competência das outras entidades federativas. Por outro lado, Estados, Municípios e o Distrito Federal estão impedidos de legislar em sentido contrário às normas gerais de licitação. Em outras palavras, tais normas "possuem *características diferenciadas das normas, com hierarquia*

---

6. Nesse sentido, importante é o exame da norma constitucional a respeito da legislação concorrente:
"Art. 24. Compete à União, aos Estados e ao Distrito federal legislar concorrentemente sobre: (...).
"§ 1º. No âmbito da legislação concorrente, a competência da União limitar-se-á a estabelecer normas gerais.
"§ 2º. A competência da União para legislar sobre normas gerais não exclui a competência suplementar dos Estados.
"§ 3º. Inexistindo lei federal sobre normas gerais, os Estados exercerão a competência legislativa plena, para atender a suas peculiaridades.
"§ 4º. A superveniência de lei federal sobre normas gerais suspende a eficácia da lei estadual, no que lhe for contrário."

normativa inibitória ao legislador ordinário, se estadual ou municipal, *de disporem de forma diferente*. E as matérias, que devam ser objeto de normas gerais, não podem ser legisladas por outros entes políticos, a não ser nas hipóteses constitucionais de suplementação (art. 24, § 2º, da Constituição)".[7]

1.5.1 O conteúdo jurídico das normas gerais

Por maior que seja o avanço na construção de critérios a ampliar as zonas de certeza positiva e negativa na aplicação do conceito de "normas gerais", é inevitável a sobrevivência de espaços cinzentos, de zonas de indeterminação. Daí Floriano Marques Neto afirmar que o máximo possível é a delimitação genérica do conceito, "o estabelecimento de um *standard* jurídico" que permita, diante de situações concretas, concluir pelo caráter geral ou especial da norma.[8]

Sob um ângulo teleológico, a existência da norma geral justifica-se no federalismo cooperativo, que vê na necessidade de uniformização de certos interesses um ponto básico da colaboração, como refere Tércio Sampaio Ferraz Jr. Assim, "toda matéria que extravase o interesse circunscrito de uma unidade (estadual, em face da União; municipal, em face do Estado) ou porque é comum (todos têm o mesmo interesse) ou porque envolve tipologias, conceituações que, se particularizadas num âmbito autônomo, engendrariam conflitos ou dificuldades no intercâmbio nacional, constitui matéria de norma geral".[9]

Decorre que, enquanto o *efeito* jurídico da norma geral editada pela União, no âmbito da repartição vertical de competências, está em vincular as competências legislativas dos demais entes federados (caracterizando-se como *lei nacional*), sua *finalidade* é estabelecer a uniformidade regulatória acerca de aspectos centrais de matérias afetas

---

7. Lúcia Valle Figueiredo, "Competências administrativas dos Estados e Municípios – Licitações", *RTDP* 8/31, São Paulo, Malheiros Editores, 1994.
8. Floriano Marques Neto, "Normas gerais de licitação – Doação e permuta de bens de Estados e de Municípios – Aplicabilidade de disposições da Lei federal 8666/1993 aos entes federados", *RTDP* 12/176, São Paulo, Malheiros Editores, 1995.
9. Tércio Sampaio Ferraz Jr., "Normas gerais e competência concorrente – Uma exegese do art. 24 da CF", *RTDP* 7/19, São Paulo, Malheiros Editores, 1994.

à competência legislativa (complementar) dos demais entes. A ideia de que a norma geral se presta à uniformização de certos temas permite compreender que, considerada em sua essência e seu conteúdo, apresenta-se abrangente, mas não absoluta. Seus temas-objeto não devem receber configuração exaustiva, a ponto de esvaziar por completo ou além de certos limites as competências concorrentes das outras esferas federadas. Logo, normas desta natureza não só não excluem como pressupõem o exercício de competência legislativa suplementar por outros entes federados.

Dois aspectos podem ser destacados a propósito da configuração jurídica das normas gerais: (i) são genéricas e unificadoras, pois envolvem matérias cuja relevância permeia todas as esferas federadas, que merecem tratamento harmônico, para reduzir o risco de tensões; (ii) são incompletas, pois exigem, como regra, a suplementação de regulação pelos demais entes federados, que exercerão competência legislativa complementar a partir do tratamento legislativo de questões de interesse regionalizado ou local.

Deve-se pontuar, contudo, que a característica da incompletude da norma geral não há de ser acolhida como seu *pressuposto de validade*. Afirma-se sua feição abrangente e não exaustiva como uma característica, mas não se nega a hipótese de a norma geral alcançar nível acentuado de absorção de dado microcampo temático (desde que subjacente a ele se tenha um interesse nacional que exija a regulação uniformizada pelos entes federados). O que se quer referir é que, para que seja válida, a disciplina da norma geral deverá recobrir valores nacionalmente relevantes. Eventualmente haverá norma geral válida sem que se reserve espaço regulatório à competência legiferante dos outros entes federados.

1.5.2 Normas gerais não equivalem a princípios

É relevante perceber que as normas gerais não se esgotam na positivação de princípios e diretrizes. Vão além, pois muitas vezes veiculam disciplina *genérica* mas não necessariamente *principiológica*. Adotada a distinção entre *regras* e *princípios*, pode-se afirmar que normas gerais veiculam tanto uma como outra espécie de norma jurídica – a depender da escolha do legislador. Ainda que os princípios possam ser compreendidos como dotados de alto grau de abstração e generalidade (ou com estrutura lógica-aplicativa diferenciada), as regras também poderão ter por objeto a disciplina geral (uma norma-regra geral). Será lícito à União legislar, sob o formato fechado e condicional das regras, assuntos de interesse nacional.

Por exemplo, a regra inserta no art. 65 da LGL, que fixa parâmetros para a alterabilidade dos contratos, há de ser tomada por norma geral, porquanto subjaz à sua disciplina um interesse nacional (a inibição de desvios quanto à estabilidade qualitativa/quantitativa dos contratos). Mas seu formato – e sua lógica de aplicação – é o de regra jurídica, pois apresenta hipótese de incidência rígida, formada por conceitos determinados e percentuais predefinidos.

Por isso, norma geral não é apenas equiparável a norma-princípio. Melhor é referir a uma *disciplina de base*, própria a regular aspectos essenciais e centrais de certa matéria, deixando-se margem para a regência de assuntos periféricos pelos demais entes federados. Limita-se a esfera de competência legislativa das normas gerais às matérias essenciais e gerais acerca de certo campo temático.

1.5.3 O Regime Diferenciado de Contratações como norma geral: sua autonomia hermenêutica

Muito embora a Lei 12.462/2011, que instituiu o RDC, estabeleça *regime diferenciado*, ele é diferente em relação à LGL (e demais diplomas que regem as licitações e contratações públicas brasileiras), aplicando-se, sim, a todas as pessoas federativas.[10] Isto é: o RDC é uma lei especial (diferenciada) no que respeita ao fenômeno da sucessão de leis no

---

10. A propósito, v. as lições de Vera Monteiro quanto à natureza de norma geral da Lei 10.520/2002 (*pregão*), as quais se aplicam à perfeição quanto à qualificação de norma geral para o RDC (*Licitação na Modalidade de Pregão*, 2ª ed., São Paulo, Malheiros Editores, 2010, pp. 81 ss.). Defendendo o regime de norma geral para a Lei 12.462/2011, v. Alécia Paolucci Nogueira Bicalho e Carlos Pinto Coelho Motta, *RDC – Comentários ao Regime Diferenciado de Contratações*, 2ª ed., Belo Horizonte, Fórum, 2014, pp. 39-43. Em sentido contrário, v. Maurício Zockun, para quem o RDC não é norma geral, mas, sim, norma federal especial ("Apontamentos do Regime Diferenciado de Contratação à luz da Constituição da República", in Márcio Cammarosano, Augusto Neves Dal Pozzo e Rafael Valim (coords.), *Regime Diferenciado de Contratações Públicas – RDC (Lei 12.462/2011): Aspectos Fundamentais*, Belo Horizonte, Fórum, 2011, pp. 19-25).

tempo: não revogou a LGL, mas instalou novas hipóteses de incidência para determinados processos de contratação pública. Em termos federativo-verticais, é uma lei geral (de incidência nacional); já, em termos cronológico-horizontais, é uma lei especial (sucessão de leis no tempo).

Logo, o RDC é uma norma geral diferenciada de licitação e contratação administrativa – aplicando-se a ele, de modo autônomo, o que ficou acima consignado a propósito das normas gerais. Afinal, a distinção constitucional entre *normas gerais* e *normas federais, estaduais, distritais e municipais* não diz respeito ao Direito Intertemporal e à solução das pseudoantinomias porventura constatadas pelo intérprete (em que se poderia cogitar da distinção, que ocupa outra categoria hermenêutica, entre *normas gerais* e *normas especiais*, distinguidas devido à abrangência da matéria legislada). Desta forma, o RDC é *norma geral-especial*, pois configura, ao mesmo tempo, uma *norma geral de licitações públicas* e uma *norma especial em relação às demais leis que disciplinam licitações públicas.*

Constatação que permite a fixação de premissa que deve orientar a hermenêutica de toda a Lei 12.462/2011: o RDC é regime excepcional de licitações e contratos administrativos que tem a natureza de norma geral e que, por isso mesmo, tem autonomia interpretativa – tanto em relação às licitações e contratos ordinários da LGL como no que respeita às demais licitações e contratos extraordinários (pregão, concessões comuns e parcerias público-privadas). Isto significa dizer que não se deve ler a Lei 12.462/2011 com a lente da LGL (e/ou demais diplomas pretéritos). Sublinhe-se que o legislador foi expresso nesse sentido, ao consignar que a opção pelo RDC "resultará no afastamento das normas contidas na Lei n. 8.666, de 21 de junho de 1993, exceto nos casos expressamente previstos nesta Lei" (Lei 12.462/2011, art. 1º, § 2º).

A LGL permanece válida e eficaz, exceção feita ao RDC (e demais normas especiais – como, por exemplo, a Lei 10.520/2002 – que instituiu o pregão). Mais ainda: na justa medida em que se trata de leis com a mesma hierarquia normativa (leis ordinárias com dispositivos de natureza geral), a sucessão de leis no tempo confere autonomia específica ao RDC.

A não ser nas hipóteses expressas, as demais leis (especiais ou ordinárias) não se aplicam à tipologia criada pela Lei 12.462/2011.[11] E

---

11. Aliás, tal constatação é reforçada ao se analisar a evolução da redação das medidas provisórias e respectivos projetos legislativos de conversão no que respeita

quais são as hipóteses de aplicação da LGL que a Lei do RDC previu? São 11 as incidências: (i) o art. 65, na celebração de termo aditivo para alteração do projeto no caso de contratação integrada (Lei 12.462/2011, art. 9º, § 4º, II); (ii) os arts. 27 a 33 para as habilitações, mas só "no que couber" (Lei 12.462/2011, art. 14); (iii) o § 2º do art. 3º como critério de desempate (Lei 12.462/2011, art. 25, III); (iv) a dos arts. 24, 25 e 26 para a dispensa e inexigibilidade, mas só "no que couber" (Lei 12.462/2011, arts. 35, parágrafo único, e 41); (v) o art. 3º, quanto às as preferências para fornecedores ou tipos de bens, serviços e obras (Lei

às referências feitas à Lei 8.666/1993. Confiram-se: (i) o art. 24 da Medida Provisória 489/2010 consignava: "Os dispositivos da Lei n. 8.666, de 1993, aplicam-se subsidiariamente às contratações referidas no art. 11, naquilo que não conflitarem com o disposto nesta Medida Provisória"; (ii) o § 2o do art. 3o do PLV da Medida Provisória 521/2010 tinha a seguinte redação: "A adoção do RDC deverá constar de forma expressa do instrumento convocatório e resultará no afastamento das normas contidas na Lei n. 8.666, de 21 de junho de 1993, exceto nos casos expressamente previstos nesta Lei"; (iii) do § 2o do art. 1o do PLV da Medida Provisória 527/2011, que foi convertido nesta Lei 12.462/2011, consta que: "A opção pelo RDC deverá constar de forma expressa do instrumento convocatório e resultará no afastamento das normas contidas na Lei n. 8.666, de 21 de junho de 1993, exceto nos casos expressamente previstos nesta Lei". Se na primeira versão dava-se a "aplicação subsidiária" da LGL, naquela que em lei se converteu foram celebradas a exclusão da Lei 8.666/1993 como regra e sua aplicação como exceção (subordinada à respectiva previsão expressa). O PLC da Medida Provisória 527 foi apelidado de "Medida Provisória Frankenstein", pois agregou muitos artigos versando sobre temas diversos daqueles oriundos do ato da Presidência da República – e este fato deu origem a duas ações diretas de inconstitucionalidade (ADI 4.645 e ADI 4.655, ambas de relatoria do Min. Luiz Fux). Porém, como consigna Clèmerson Merlin Clève: "Se é certo que o constituinte de 1988 não vedou a possibilidade de o Congresso Nacional modificar o texto normativo adotado pela medida provisória, também é certo que não ofereceu condicionantes expressos a essa faculdade. Do ponto de vista estritamente constitucional, os limites seriam aqueles que, igualmente, vinculam o Congresso na sua atividade legiferante ordinária (art. 166, §§ 3º e 4º, e art. 63, I e II, da CF)" (*Medidas Provisórias*, 3ª ed., São Paulo, Ed. RT, 2010, pp. 207-208). Ou, como já decidiu o STF: "As medidas provisórias configuram, no direito constitucional positivo brasileiro, uma categoria especial de atos normativos primários emanados do Poder Executivo, que se revestem de força, eficácia e valor de lei. Como a função legislativa ordinariamente pertence ao Congresso Nacional, que a exerce por direito próprio, com observância da estrita tipicidade constitucional, que define a natureza das atividades estatais, torna-se imperioso assinalar – e advertir – que a utilização da medida provisória, por constituir exceção derrogatória do postulado da divisão funcional do Poder, subordina-se, em seu processo de conversão legislativa, à vontade soberana do Congresso Nacional" (ADI 293, Min. Celso de Mello, *DJU* 16.4.1993).

12.462/2011, art. 35); (vi) a regência geral dos contratos administrativos, exceção feita às regras específicas do RDC (Lei 12.462/2011, art. 39); (vii) as normas previstas pela LGL nos casos de anulação e revogação da licitação (Lei 12.462/2011, arts. 40, I, e 44); (viii) o art. 57, para os contratos de obras previstos em plano plurianual (Lei 12.462/2011, arts. 42 e 43); (ix) o inciso I do art. 79, para a contagem do prazo de determinados recursos administrativos (Lei 12.462/2011, art. 45, II, "f"); (x) o art. 113, referente ao controle pelo Tribunal de Contas competente (Lei 12.462/2011, art. 46); (xi) todo o Capítulo IV (arts. 81 a 108), referente a sanções administrativas e criminais (Lei 12.462/2011, art. 47, § 2º).

O RDC deve ser, sim, compreendido na condição de norma do ordenamento jurídico brasileiro e interpretado de forma harmônica e integrada – não se trata de diploma desconectado do sistema. Porém, outra coisa é a compreensão da autorreferência que devem possuir as normas do "microssistema autônomo RDC": seu fundamento normativo é a Constituição do Brasil e a competência legiferante do Congresso Nacional. Leis ordinárias que são, a Lei 8.666/1993 e a Lei 12.462/2011 relacionam-se nos limites das previsões expressas desta, lei especial e posterior que é. Isto significa dizer – reitere-se – que não se pode compreender o RDC com lastro nas premissas hermenêuticas da LGL – como se aquele regime especial fosse mais um capítulo da lei geral (isto é: como se o regime diferenciado fosse igual!). Afinal, se se pudesse falar de aproximação e similitude normativas como critérios hermenêuticos, o RDC está muito mais perto e é muito mais simpático à Lei 10.520/2002 (*pregão*) que à LGL.

Enfim, está-se diante de técnica de transposição de antinomias e de compreensão interna dos diplomas normativos, dirigida à amplitude da matéria legislada, a qual envolve a consideração de uma lei em relação à outra. Como leciona J. Oliveira Ascensão: "Uma regra é especial em relação a outra quando, sem contrariar substancialmente o princípio nela contido, a adapta a um domínio particular".[12] Este "domínio particular" é representado exatamente pelo microssistema do RDC e respectivas hipóteses fáticas de incidência. O que remete ao critério hermenêutico que governa o relacionamento entre as normas sucessivas no tempo. "O cânone da to-

---

12. José de Oliveira Ascensão, *Introdução à Ciência do Direito*, 3ª ed., Rio de Janeiro, Renovar, 2005, p. 512.

talidade – descreveu Betti – impõe uma perene referência das partes ao todo e por essa razão também uma referência das normas singulares ao seu complexo orgânico: portanto, impõe uma atuação unitária das avaliações legislativas e uma decisão uniforme de todos aqueles conflitos de interesses que, medidos segundo essas avaliações, mostram possuir, por assim dizer, uma idêntica localização. A aplicação do cânone em comento nada mais é que as velhas regras escolares sobre conflito entre normas contraditórias com a prevalência da *lex posterior* sobre a *lex anterior* ou da *lex specialis* sobre a *lex generalis*: *lex posterior derogat legi priori*, com a reserva de que *lex posterior generalis non derogat legi priori speciali*".[13]

Desta forma, é nítido que a Lei 12.462/2011 diz respeito à configuração de nova e especial *tipologia das licitações e contratações públicas*, pois ordena num só diploma normativo o específico conjunto de preceitos jurídicos que apenas a este instituto são singulares. Com isso, esta lei especial instalou dissociação específica entre o RDC e as demais licitações e contratações administrativas. Apesar de eventuais semelhanças e remissões, fato é que foi criado regime jurídico inaugural mediante a positivação de conjunto certo de preceitos normativos, visando a fim diverso daqueles já positivados em outras normas (ou conjunto de). Aplica-se a previsão do art. 2º, § 2º, da Lei de Introdução às Normas do Direito Brasileiro (Decreto-lei 4.657/1942).[14]

Mas note-se que o RDC não revogou quaisquer disposições de leis anteriores referentes a licitações e contratações ordinárias (por isso nelas não incide), mas, sim, estabeleceu um novo e especial regime, aplicado a conjunto expressamente limitado de licitações e contratações públicas. Desta forma, a promulgação do RDC só vem a confirmar o vaticínio de Orlando Gomes, lançado há tantos anos: trata-se da "maré montante das leis especiais", que passam a constituir "distintos 'universos normativos', de menor porte, denominados por um autor, com muita proprieda-

13. Emilio Betti, *Interpretazione della Legge e degli Atti Giuridici*, 2ª ed., Milão, Giuffrè, 1971, p. 119 (tradução livre).
14. "Art. 2º. Não se destinando à vigência temporária, a lei terá vigor até que outra a modifique ou revogue.
"§ 1º. A lei posterior revoga a anterior quando expressamente o declare, quando seja com ela incompatível ou quando regule inteiramente a matéria de que tratava a lei anterior.
"§ 2º. A lei nova, que estabeleça disposições gerais ou especiais a par das já existentes, não revoga nem modifica a lei anterior."

de, 'microssistemas' (...) refratários à unidade sistemática dos códigos porque têm a sua própria filosofia e enraízam em solo irrigado com águas tratadas por outros critérios, influxos e métodos distintos".[15] Assim deve ser compreendida a autonomia hermenêutica do RDC.

1.5.4 Normas gerais e competências regulamentares (especialmente no RDC)

Ao contrário da LGL, e reproduzindo a lógica da Lei 10.520/2002 (*pregão*) e da Lei 11.079/2004 (*parcerias público-privadas*), o RDC valoriza ao máximo o *espaço normativo regulamentar*. Ora, quais são as previsões normativas da LGL que se referem a regulamentos? Apenas cinco matérias: (i) o sistema de registro de preços (art. 15, § 3º); (ii) o sistema de registros cadastrais (art. 34); (iii) o funcionamento dos concursos (art. 52); (iv) as sanções administrativas e consequências da inexecução dos contratos (art. 82); e, mais recentemente; (v) as margens de preferência e o desenvolvimento nacional sustentável (art. 3º). São espaços regulamentares estreitos, que dizem respeito à execução de alguns pontos específicos da lei. Ao contrário do RDC, que tem sua aplicabilidade dependente de um regulamento

Isto é: Regulamento do RDC (Decreto 7.581/2011) tem significativa força normativa, a estabelecer e disciplinar a racionalidade prática do regime diferenciado. O que significa dizer que o regulamento ocupa espaço mais largo que aquele outrora cogitado, semelhante à evolução comparativa entre a LGL e a Lei 10.520/2002 – em que esta, a Lei do Pregão, tem Regulamento muito mais decisivo e aquela, a LGL, pouco se preocupava com o exercício dessa competência administrativa. Pois este *dever-poder* normativo decorre de autorização legal expressa e, por isso, vincula os agentes públicos e os particulares que pretendam contratar com a Administração.

Além disso, os regulamentos não podem simplesmente criar, de forma *autônoma* e *inédita*, obrigações e deveres aos agentes privados. É necessário que haja fundamento legal, que haja prévia e expressa autorização em lei. Ou seja: o RDC fornece um *standard*, e a partir daí

---

15. Orlando Gomes, "A caminho dos microssistemas", in *Novos Temas de Direito Civil*, Rio de Janeiro, Forense, 1983, p. 47.

autoriza a autoridade administrativa a expedir atos com caráter normativo que, inclusive, gerem direitos, deveres e obrigações aos administrados. Daí por que, se não podem substituir a lei, os atos regulamentares também não se limitam à sua mera e automática execução. Conforme estabelece José dos Santos Carvalho Filho, "os regulamentos também contêm novidades – que são exatamente as regras que dão completude às leis, e que, por isso, não se alojam em seu texto".[16] Ora, se o regulamento não pudesse inovar em nenhum aspecto, ou todos seriam dispensáveis em face das leis ou nulos. O que renova as questões das competências estadual, distrital e municipal para editar as respectivas normas disciplinadoras do RDC.

Por um lado – e conforme acima já consignado –, as normas gerais nacionais estabelecem uma pauta e um sistema limitador para as normas (legais e regulamentares) de todos os entes da Federação. O Distrito Federal, Estados e Municípios podem editar leis que deem especificidade ao seu regime diferenciado, desde que respeitadoras das normas gerais da LGL e do RDC (respectivamente).

Por outro lado, cabe o alerta de Carlos Ari Sundfeld quanto aos decretos regulamentares: cada qual vincula só e tão somente a Administração interna à esfera política da autoridade que o emanou. "Em linha de consequência, um decreto editado pelo Presidente da República com o intuito de regulamentar a lei federal de licitações e contratos administrativos só pode dirigir-se aos próprios entes federais, que estão submetidos ao seu poder hierárquico ou tutelar, chefe que é do Poder Executivo federal. Pelas mesmas razões, os Municípios não devem acatamento aos decretos regulamentares editados pelos governos dos Estados cujo território integrem."[17] O mesmo se diga em relação ao

16. José dos Santos Carvalho Filho, "Agências reguladoras e poder normativo", in Alexandre Santos de Aragão (coord.), *O Poder Normativo das Agências Reguladoras*, Rio de Janeiro, Forense, 2006, p. 77.
17. Carlos Ari Sundfeld, *Licitação e Contrato Administrativo*, 2ª ed., São Paulo, Malheiros Editores, 1995, p. 34. No mesmo sentido, quanto ao Decreto 5.450/2005 e à Lei 10.520/2002 (pregão), v.: Vera Monteiro, *Licitação na Modalidade de Pregão*, cit., 2ª ed., pp. 94-105 e 201-211; Marçal Justen Filho, *Pregão*, 5ª ed., São Paulo, Dialética, 2009, pp. 22-24. Em sentido contrário, quanto ao Decreto 6.017/2007 e à Lei 11.107/05 (*consórcios públicos*), v. Andreas Joachim Krell, "A constitucionalidade da regulamentação da Lei de Consórcios Públicos (n. 11.107/2005) por decreto presidencial", *RDE* 5/341-395, Rio de Janeiro, Renovar, janeiro-março/2007. Note-se

Decreto 7.581/2011, que regulamenta o RDC: sua incidência, vez que emanado pela Presidência da República, é exclusiva à Administração Pública federal.

1.6 Quem se submete ao dever de licitar

Todos os órgãos e entidades dos três Poderes do Estado, em todas as esferas políticas e níveis hierárquicos, devem obediência ao dever de licitar. Não há setores ou pessoas imunes à LGL, que envolve a integralidade da estrutura administrativa do Estado, a respeito da qual a legislação brasileira – em especial o Decreto-lei 200/1967 – estabeleceu a distinção entre Administração direta (ou central) e Administração indireta (ou descentralizada). As atribuições da Administração são tamanhas, e tão diversas entre si, que a *desconcentração* (órgãos administrativos) e a *descentralização* (entidades administrativas) são necessárias para o bom funcionamento da máquina estatal.[18]

O conceito de "desconcentração" é célebre: repartir, na intimidade da pessoa administrativa, as competências e encargos a ela atribuídos. Na lição de Laubadère, Venezia e Gaudemet, é "uma técnica de organização, no seio de uma mesma pessoa pública, consistente em distribuir os agentes e em repartir as competências entre uma administração central e os serviços desconcentrados, ditos também serviços exteriores".[19] Importa a construção de hierarquia interna à Administração e gama decrescente de atribuições, deveres e responsabilidades. Como esclarece Almiro do Couto e Silva, a desconcentração "significa que os poderes contidos nas competências sejam racionalmente distribuídos entre os

---

que essa competência regulamentar federal tem sido exacerbada, a gerar as respectivas consequências de excessiva centralização – como anota Carlos Ari Sundfeld ("O caminho do desenvolvimento na Lei dos Portos – Centralizar para privatizar?", in Egon Bockmann Moreira (coord.), *Portos e seus Regimes Jurídicos*, Belo Horizonte, Fórum, 2014, pp. 25-31).

18. Nos termos da Lei 9.784/1999, *órgão* é "a unidade de atuação integrante da estrutura da Administração direta e da estrutura da Administração indireta", ao passo que *entidade* é "a unidade de atuação dotada de personalidade jurídica" (art. 1º, § 2º, I e II).

19. Laubadère, Venezia e Gaudemet, *Traité de Droit Administratif*, 15ª ed., t. 1, Paris, LGDJ, 1999, p. 102 (tradução livre).

órgãos, evitando-se, desse modo, o desequilíbrio do conjunto, pela sua excessiva aglutinação nos órgãos superiores da pirâmide hierárquica".[20] Em nível federal o ápice é ocupado pela Presidência da República (CF do Brasil, arts. 76 e ss.) – concepção que é reproduzida frente às Administrações estaduais e municipais, cujos cargos máximos são os de governador e prefeito (CF do Brasil, arts. 28 e 29).

Já, a *descentralização* implica a criação de pessoas jurídicas. Determinado feixe de encargos públicos é retirado da estrutura administrativa interna do Estado e conferido a entidade diversa, criada para deles curar. Para a configuração dessa pessoa é necessário: "(1º) que ela tenha uma personalidade jurídica própria e eventualmente, de acordo com a configuração clássica, atribuições próprias; (2º) que administre ela mesma suas atribuições, através de seus órgãos internos; (3º) que tais órgãos, embora não sejam independentes do poder central, não estejam submetidos a um controle muito estrito por parte dele".[21] Ou seja: a descentralização envolve a atribuição de competências específicas a pessoa diversa da Administração central. Transferência que atenua o método de controle: ao invés de hierarquia, dá-se supervisão e tutela.

A Administração indireta brasileira, resultante da descentralização, é formada por autarquias, fundações, empresas públicas e sociedades de economia mista (CF, art. 37, XIX). São entidades submetidas ao regime jurídico de direito público (autarquias e fundações de direito público) ou de direito privado administrativo (fundações de direito privado, sociedades de economia mista e empresas públicas). A descentralização deve ser feita diretamente por lei (autarquias) ou meramente autorizada por lei (fundações, sociedades de economia mista e empresas públicas).

Mais recentemente foram disciplinados os *consórcios públicos* – figura híbrida que conjuga várias pessoas da Administração direta para a criação de uma entidade integradora das pessoas criadoras, comum e autônoma a todas elas (como será minudenciado no § 1.6.6, abaixo).

20. Almiro do Couto e Silva, "A Administração direta e as autarquias: autarquias especiais, agências reguladoras e agências executivas", in Paulo Modesto (coord.), *Nova Organização Administrativa Brasileira*, Belo Horizonte, Fórum, 2009, p. 34.

21. Laubadère, Venezia e Gaudemet, *Traité de Droit Administratif*, cit., 15ª ed., t. 1, p. 123 (tradução livre).

1.6.1 As autarquias e fundações
(de direito público e de direito privado)

Autarquias são pessoas jurídicas de direito público interno, integrantes da Administração indireta, criadas por lei com o objetivo de desenvolver atividades administrativas típicas e específicas. Têm administração, pessoal, receitas e patrimônio próprios. São entes autônomos, mas não independentes (exceção às especiais), pois vinculados à Administração direta que lhes deu origem e submetidos ao controle tutelar (supervisão da pessoa jurídica da qual a autarquia se destacou).

As fundações são constituídas pela afetação de determinado patrimônio a fim específico. Derivam da estratificação, personificação e funcionalização de conjunto de bens, direitos e deveres. Podem ser *públicas* ou *privadas* (como será a seguir examinado). À semelhança das autarquias, as *fundações públicas* são pessoas jurídicas de direito público interno cuja instituição é autorizada por lei, integrantes da Administração indireta, com o objetivo de desenvolver atividades administrativas específicas. Celso Antônio Bandeira de Mello destaca que nem mesmo a Emenda Constitucional 19/1998 modificou tal panorama ao disciplinar que as fundações seriam dependentes de autorização legislativa, ao lado das empresas públicas e sociedades de economia mista (CF, art. 37, XIX), pois no texto constitucional permanecem as seguintes peculiaridades para as fundações públicas: (i) submissão ao regime de "normas gerais de licitação e contratação" editadas pela União (art. 22, XXVII, c/c art. 37, XXI); (ii) submissão ao teto remuneratório referente ao subsídio dos ministros do STF (art. 37, XI); (iii) regime especial para os servidores no exercício de mandato eletivo (art. 38, *caput* e incisos); (iv) disciplina legal específica acerca da "aplicação de recursos orçamentários proveniente da economia com despesas" (art. 39, § 7º); (v) regime de previdência (art. 40, *caput*); (vi) imunidade tributária (art. 150, § 2º); (vii) submissão aos limites de despesas com pessoal ativo (art. 169, §§ 1º e 3º); (viii) estabilidade extraordinária (ADCT, art. 19).[22] A interpretação sistemática da Lei Maior revela que permanece

---

22. Celso Antônio Bandeira de Mello, *Curso de Direito Administrativo*, cit., 32ª ed., pp. 188-191. V. também Paulo N. Lôbo, para quem: "No Brasil, além de serem utilizadas para fins econômicos encobertos ou abertos, as fundações também passaram a ter personalidade de direito público, como entidades autônomas vinculadas à

íntegra a natureza autárquica das fundações públicas. Porém, há dois pontos da legislação ordinária que merecem especial atenção.

O primeiro deles está na Lei 7.596/1987, que alterou dispositivos do Decreto-lei 200/1967, definindo *fundação pública* como "a entidade dotada de personalidade jurídica de direito privado, sem fins lucrativos, criada em virtude de autorização legislativa, para o desenvolvimento de atividades que não exijam execução por órgãos ou entidades de direito público, com autonomia administrativa, patrimônio próprio gerido pelos respectivos órgãos de direção, e funcionamento custeado por recursos da União e de outras fontes". Por outro lado, o art. 41, V, do CC estabelece que são pessoas de direito público interno as "demais entidades de caráter público criadas por lei".

Por conseguinte, é de se mencionar a construção de Diogo de Figueiredo Moreira Neto, para quem o texto constitucional alberga entidades de direito público as quais podem ser classificadas como autarquias fundacionais: "*entidades instituídas por lei, com personalidade jurídica de direito público*, com certas semelhanças organizativas ou operativas com as fundações que lhes justifiquem a qualificação". Além disso, há as fundações de direito privado: "entidades paraestatais que revestem a forma fundacional civil; portanto, *pessoas jurídicas de direito privado* nas quais recursos, que podem ser total ou parcialmente públicos, são *personificados* e *afetados* a atividades específicas impróprias do Estado, notadamente no campo do ordenamento social, por delegação da lei que as institui".[23] Qual seria o fundamento para as diferenciar? Não apenas a eventual qualificação oriunda da lei que as crie (o *nomen iuris*), mas – como acentua Almiro do Couto e Silva – "o critério determinante para essa definição serão as *competências* outorgadas à entidade, as quais são, obviamente, condicionadas pelos fins perseguidos".[24]

Administração Pública. Todavia, as fundações de direito público são ontologicamente espécies do gênero autarquia, pois têm por objetivo o exercício de atividades descentralizadas da Administração Pública" (*Direito Civil: Parte Geral*, 2ª ed., São Paulo, Saraiva, 2010, p. 192).

23. Diogo de Figueiredo Moreira Neto, *Curso de Direito Administrativo*, 15ª ed., Rio de Janeiro, Forense, 2009, pp. 288 e 300.

24. Almiro do Couto e Silva, "A Administração direta e as autarquias: autarquias especiais, agências reguladoras e agências executivas", cit., in Paulo Modesto (co-

Na síntese de Paulo Modesto: "As fundações são de direito público se manejam prerrogativas de direito público, se titularizam poderes de autoridade, independentemente da atividade que desempenham, pois semelhante autorização legal é incompatível com a aplicação geral do regime das entidades de direito privado. Neste caso, devem receber tratamento equivalente ao das autarquias, em sintonia com diversas disposições constitucionais (...)". Já, se "a fundação estatal é de direito privado, predominam no seu funcionamento normas de direito privado, em sintonia também com diversas normas constitucionais antes referidas (arts. 37, XIX, e 167, VIII; art. 61 do ADCT), porém com diversas derrogações de direito publico (...)".[25] Tudo vai depender, portanto, do exame, minucioso e caso a caso, do regime jurídico definido pela legislação criadora da respectiva fundação.

1.6.2 As fundações de apoio

Em vista do tratamento do tema das fundações, merece destaque a redação dada às Leis 8.958/1994 (*relações entre as instituições federais de ensino e as fundações de apoio*) e 10.973/2004 (*incentivos à inovação e à pesquisa científica e tecnológica no ambiente produtivo*), decorrente da Lei 12.349/2010 (a Medida Provisória 495/2010, convertida). Aqui se trata de fundações de direito privado as quais são constituídas para auxiliar as instituições de ensino superior – e, assim, permitir o desenvolvimento das atividades próprias das universidades sem os limites do direito público das autarquias. Isto em especial por meio da celebração de contratos e convênios com dispensa de licitação, nos termos da Lei 8.958/1994 (regulamentada pelo Decreto 7.423/2010), da Lei 12.863/2013 e da Lei 10.973/2004.

Note-se que as fundações de apoio, como já decidiu o TRF-4ª Região, "são necessariamente constituídas sob a forma de fundações de

ord.), *Nova Organização Administrativa Brasileira*, p. 40. O que aqui merece destaque é a incidência do regime de *direito privado administrativo* (v. Egon Bockmann Moreira, *Direito das Concessões de Serviço Público: Inteligência da Lei 8.987/1995 (Parte Geral)*, São Paulo, Malheiros Editores, 2010, pp. 61-70, 281-285 e 374-387).

25. Paulo Modesto, "As fundações estatais de direito privado e o debate sobre a nova estrutura orgânica da Administração Pública", *RERE* 14, junho-agosto/2008 (disponível em *www.direitodoestado.com.br/rere.asp*, acesso em 1.10.2011).

direito privado sem fins lucrativos, com a finalidade específica de dar apoio a projetos de pesquisa, ensino e extensão, além do desenvolvimento institucional, científico e tecnológico em face da universidade contratante" (APELREEX 5004846-77.2011.404.7101, Des. federal Joel Ilan Paciornik, *DJe* 14.12.2012). No mesmo sentido, o STJ asseverou que: "As fundações de apoio às universidades públicas têm personalidade jurídica de direito privado, com patrimônio e administração próprios, não fazendo parte da Administração Pública indireta (...)" (CComp 89.935, Min. Francisco Falcão, *DJe* 10.11.2008).

O que aqui se desenvolve é um vínculo interorgânico entre a instituição pública de ensino e a pessoa de direito privada criada com a função de lhe dar sustentação. Essa diretriz orienta com precisão as atividades a serem desenvolvidas pela pessoa de apoio: ela não é uma pessoa criada para ser livremente contratada no mercado e implementar projetos os mais variados, a seu talante (ou de seus dirigentes), mas, sim, é funcionalizada ao apoio à instituição-mãe.

Ainda no que respeita a tais fundações de apoio, a redação da Lei 12.349/2010 provavelmente teve inspiração no Acórdão 2731/2008 do TCU (relatoria do Min. Aroldo Cedraz), que traz levantamento aprofundado da realidade das fundações de apoio brasileiras, seus desvios e propostas de soluções – temas de há muito tratados nos órgãos de controle. Afinal, conforme já havia consignado o TCU: "(1º) as ações desempenhadas pelas fundações de apoio às instituições federais de ensino e pesquisa podem ser legítimas e necessárias para a promoção científica e tecnológica do País, devendo, porém, se limitar a essa finalidade específica; (2º) representam, as fundações de apoio, um intermediário importante entre a universidade e o ambiente externo, devendo-se considerar que a pesquisa nacional – tanto básica quanto aplicada – ainda ocorre fundamentalmente em instituições públicas, que precisam de mais flexibilidade e agilidade operacional para bem cumprirem essa missão; (3º) é preciso, no entanto, estar alerta ante os desvirtuamentos da aplicação da Lei n. 8.958/1994, por a norma não ter mecanismos de autocontrole: tanto às instituições contratantes quanto às fundações contratadas interessa, justamente em função dessa maior flexibilidade e agilidade, estender o permissivo legal para abarcar situações distintas daquelas que a lei pretendeu compreender".[26]

26. TCU, Plenário, Decisão 655/2002, Min. Valmir Campelo, *DOU* 8.7.2002. Sobre a *contratação das fundações de apoio*, v. Benjamin Zymler, "Licitações e con-

Logo, é preciso toda cautela para dispensar a licitação para convênios e contratos com fundações privadas de apoio – em especial devido ao inciso XIII do art. 24 da LGL (o tema será aprofundado abaixo, no Capítulo 11).

1.6.3 As "autarquias especiais": agências reguladoras e agências executivas

Como "autarquias especiais" dotadas de autonomia em face da Administração, as *agências reguladoras* e as *agências executivas* podem firmar contratos administrativos com terceiros. Algumas das agências reguladoras são aptas, inclusive, a celebrar contratos de concessão de serviço público e parcerias público-privadas/PPPs com os privados, figurando como concedentes na relação concessionária.[27] "Em relação a alguns setores regulados – consigna Leila Cuéllar –, de usual são atribuídas à respectiva entidade reguladora as competências de poder concedente, a ela cabendo a elaboração dos editais de licitação para contratações públicas, a promoção da licitação, a celebração do contrato em nome do poder concedente (União, Estado, Distrito Federal ou Município), bem como a fiscalização de sua execução".[28]

Por exemplo, a Lei Geral de Telecomunicações reserva à ANATEL um plexo de competências e atribuições próprias de concedente, sobretudo as de celebrar e gerenciar os respectivos contratos (Lei 9.472/

tratos administrativos", in *Direito Administrativo e Controle*, Belo Horizonte, Fórum, 2005, pp. 129-141.

27. Por todos, consulte-se Fernando Vernalha Guimarães, *Concessão de Serviço Público*, 2ª ed., São Paulo, Saraiva, 2013, pp. 153-157; e *PPP – Parceria Público-Privada*, 2ª ed., São Paulo, Saraiva, 2013, pp. 131-132.

28. Leila Cuéllar, *Introdução às Agências Reguladoras Brasileiras*, Belo Horizonte, Fórum, 2008, p. 55. Aprofundar em: Almiro do Couto e Silva, "A administração direta e as autarquias: autarquias especiais, agências reguladoras e agências executivas", cit., in Paulo Modesto (coord.), *Nova Organização Administrativa Brasileira*, pp. 45-53; Paulo Modesto, "Globalização e Administração Pública indireta: agências executivas e a transplantação linguística", *Revista Eletrônica de Direito Administrativo Econômico/REDAE* 7, agosto-outubro/2006 (disponível em www.direitodoestado.com.br, acesso em 22.8.2011); Egon Bockmann Moreira, "As agências executivas brasileiras e os 'contratos de gestão'", in Leila Cuéllar e Egon Bockmann Moreira, *Estudos de Direito Econômico*, 1ª ed., 1ª reimpr., vol. I, Belo Horizonte, Fórum, 2010, pp. 231-257.

1997, art. 19, VI). A ANEEL, por sua vez, conforme lhe autoriza a Lei 9.247/1996 (com as alterações da Lei 9648/1998, observado ainda o Decreto 2.335/1997), detém os poderes de outorga para concessões e autorizações de serviços públicos de energia elétrica. A vocação destes entes para ocupar certas posições jurídicas de poder concedente já foi reconhecida como válida pelo TCU (*v.g.*, a competência da ANTT e o Acórdão 2.299/2005).

Ao seu tempo, as *agências executivas* surgiram com a Lei 9.649/1998, cujos arts. 51 e 52 disciplinam os requisitos para sua instalação (plano estratégico de reestruturação e desenvolvimento c/c contrato de gestão celebrado com o respectivo Ministério supervisor).[29] A matéria é regulada no Decreto 2.487/1998. O tema das agências executivas assume especial relevância no que respeita à dispensa de licitação (art. 24, parágrafo único, da LGL – v. Capítulo 11).

1.6.4 Os "fundos especiais"

A LGL estende sua aplicação aos *fundos especiais* enquanto entes hábeis à celebração de contratos administrativos. Estes fundos não têm perfil rigidamente definido no Direito Brasileiro: há fundos dotados de personalidade jurídica, assim como há aqueles que não a têm. Quando o fundo tiver personalidade jurídica, será ele mesmo sujeito de um contrato administrativo (da mesma forma que as empresas estatais o são). Mas, se estiver destituído desta condição, o agente administrador do fundo (dotado de personalidade jurídica) é quem figurará como ente contratante. Heleno Tôrres explica que, do ponto de vista de sua gestão, não tendo o fundo *personalidade jurídica*, ou (i) usará de atribuição a órgão já constituído, dotado de capacidade administrativa, executiva e processual, com representação autônoma, portanto, mesmo que se mantenha com escritura contábil e dotação patrimonial própria; ou (ii) consolidar-se-á como simples condomínio administrado por gestores.[30]

29. A respeito dos contratos de gestão, e por todos, v. Gustavo Justino de Oliveira, *Contrato de Gestão*, São Paulo, Ed. RT, 2008, *passim*.
30. Heleno Tôrres, "Fundos especiais para prestação de serviços públicos e os limites da competência reservada em matéria financeira", in A. Pires e Heleno Tôrres (coords.), *Princípios de Direito Financeiro e Tributário*, Rio de Janeiro, Renovar, 2006, p. 39.

Os fundos especiais têm previsão constitucional no art. 167, IX, e infraconstitucional na Lei 4.320/1964 (*normas gerais de direito financeiro*), sendo nela definidos como "o produto de receitas especificadas que por lei se vinculam à realização de determinados objetivos ou serviços, facultada a adoção de normas peculiares de aplicação" (art. 71). As normas peculiares de controle, prestação e tomada de contas deverão ser definidas pela respectiva lei instituidora. Os fundos são regulados, ainda, pelo Decreto-lei 200/1967 e pelo Decreto 93.872/1986.

O tema merece o alerta de que os fundos especiais retratam, todos eles, natureza jurídica e econômica, como já decidiu o TCU: "O fato de um fundo ter natureza contábil não implica dizer que não tenha natureza jurídica e econômica. Consoante se depreende do § 2º do art. 172 do Decreto-lei n. 200/1967, fundos de natureza contábil podem ser instituídos nos casos em que o Poder Executivo pretenda conceder autonomia administrativa e financeira a determinado órgão autônomo encarregado da execução de atividades específicas definidas em lei".[31]

1.6.5 A Emenda Constitucional 19/1998 e as licitações envolvendo empresas estatais

A redação dada pela Emenda Constitucional 19/1998 ao art. 22, XXVII, c/c o art. 173, § 1º, gerou controvérsias – inclusive quanto à aplicabilidade da LGL às empresas estatais. Como leciona Cintra do Amaral: "A lei a que se refere o § 1º do art. 173 da Constituição deverá estabelecer o estatuto jurídico das empresas estatais que exercem *atividade econômica*. Mas a interpretação sistemática da Constituição leva ao entendimento de que, *por força do disposto no inciso XXVII do art. 22*, o inciso III desse parágrafo abrange também as empresas estatais que prestam *serviço público*, assim como aquelas que exercem atividade de *suporte à Administração Pública* (empresas de planejamento, desenvolvimento, processamento de dados, urbanismo, pesquisa etc.)". Logo, para o autor, a ausência do diploma normativo exigido pelo texto constitucional desde 1998 "deixa uma dúvida no mínimo inquietante: a Lei 8.666/1993 continua juridicamente aplicável às empresas estatais (sociedades de economia mista e empresas públicas)? Pessoalmente entendo que não".[32]

---

31. TCU, AC 1.435-08/10-1, Min. Augusto Nardes, *DOU* 26.3.2010.
32. Antônio Carlos Cintra do Amaral, *Comentando as Licitações Públicas*, Rio de Janeiro, Temas & Ideias, 2002, p. 16. No mesmo sentido Adilson Abreu

O importante é ter-se em vista que, enquanto não editada(s) a(s) lei(s) prevista(s) no art. 173, § 1º, da CF do Brasil, o espaço normativo persiste preenchido pelo art. 119 da LGL.[33] E o mesmo se diga quanto às empresas estatais subsidiárias (CF, art. 37, XX; Lei 6.404/1976, arts. 232 a 242). Caso a respectiva lei – geral, setorial ou especial – seja publicada, solucionado está o dilema.

Esta situação de regime simplificado é o que se passa no caso da PETROBRÁS a partir da edição da Lei 9.478/1997 (em especial seu art. 67[34]) e do Decreto 2.745/1998 (*regulamento do procedimento licitatório simplificado da PETROBRÁS*).

Dallari, para quem o mínimo de eficácia decorrente da edição da Emenda Constitucional 19/1998 "torna inconstitucionais disposições de leis ordinárias já existentes e com ela incompatíveis" (*Aspectos Jurídicos da Licitação*, 7ª ed., São Paulo, Saraiva, 2006, p. 79).
33. "Art. 119. As sociedades de economia mista, empresas e fundações públicas e demais entidades controladas direta ou indiretamente pela União e pelas entidades referidas no artigo anterior editarão regulamentos próprios devidamente publicados, ficando sujeitas às disposições desta Lei."
34. Eis o texto da Lei 9.478/1997: "Art. 67. Os contratos celebrados pela PETROBRÁS, para aquisição de bens e serviços, serão precedidos de procedimento licitatório simplificado, a ser definido em decreto do Presidente da República". O STF já apreciou a constitucionalidade do Decreto 2.745/1998 e da Lei 9.478/1997. Num dos casos deferiu efeito suspensivo a recurso extraordinário e, assim, manteve eficazes os diplomas (AC/MC/QO 1.193, Min. Gilmar Mendes, *RTJ* 205/1.084). Noutro, deferiu liminar em mandado de segurança contra ato do TCU e manteve o procedimento licitatório simplificado (MS/MC 25.888, Min. Gilmar Mendes, *DJU* 29.3.2006). No que respeita ao julgamento da aplicabilidade (ou não) da LGL à PETROBRÁS, os Mins. Menezes Direito e Ricardo Lewandowski consignaram que "a submissão legal da PETROBRÁS a um regime diferenciado de licitação estaria justificado pelo fato de que, com a relativização do monopólio do petróleo trazida pela Emenda Constitucional n. 9/1995, a empresa passou a exercer a atividade econômica de exploração do petróleo em regime de livre competição com as empresas privadas concessionárias da atividade, as quais, frise-se, não estão submetidas às regras rígidas de licitação e contratação da Lei n. 8.666/1993". Já, os Mins. Cármen Lúcia e Carlos Britto abriram divergência (RE 441.280, *Informativo STF* 522). Sobre o tema, v. os pareceres de Luís Roberto Barroso ("Regime jurídico da PETROBRÁS, delegação legislativa e poder regulamentar: validade constitucional do procedimento licitatório simplificado instituído pelo Decreto 2.745/1998", in *Temas de Direito Constitucional*, t. V, Rio de Janeiro, Renovar, 2009, pp. 295-323) e Gustavo Binenbojm ("Regulamentos simplificados de licitações das empresas estatais: o caso da PETROBRÁS", *Biblioteca Digital Fórum de Contratação e Gestão Pública – FCGP* 68, Belo Horizonte, Fórum, agosto/2007, disponível em *www.bidforum.com*).

1.6.6 Os consórcios públicos

Os consórcios públicos foram introduzidos no Direito Brasileiro a partir da Lei 11.107/2005 (e Decreto 6.017/2007), que regulamentou o art. 241 da CF.[35] São pessoas jurídicas de direito público ou privado, criadas por leis específicas, formadas a partir da conjugação de duas ou mais pessoas políticas para a gestão associada de atividades estatais. Os consórcios públicos têm personalidade jurídica própria, pois deverão ser instituídos sob a forma de associação pública ou pessoa jurídica de direito privado (Lei 11.107/2005, art. 1º, § 1º, c/c CC, arts. 41, IV, e 53 a 61). Como sujeitos de direito encarregados da gestão do interesse associativo de outros entes (inclusive a gestão e prestação de serviços públicos), podem celebrar contratos administrativos com terceiros. Nesta condição, devem obediência à LGL, à Lei 10.520/2002 (*pregão*) e à Lei 12.462/2011 (*RDC*) – a depender do caso.

Subsumindo os objetivos legais às normas constitucionais, Odete Medauar e Gustavo Justino de Oliveira traçaram duas fronteiras aos consórcios públicos: (i) a autonomia dos entes federativos ("a formação dos consórcios públicos jamais poderá afetar ou ferir a autonomia dos entes federativos") e (ii) a repartição constitucional das competências (objetivos "adstritos às competências constitucionais dos entes federativos que os integram"; impossibilidade de renúncia a competências; impossibilidade de "transferência total e definitiva dessas atribuições constitucionais"). Em suma, "os objetivos dos consórcios públicos cingem-se às atividades essencialmente administrativas e operacionais".[36]

Note-se que o art. 17 da Lei 11.107/2005 conferiu redação específica ao § 1º do art. 112 da LGL, estabelecendo que o consórcio público pode promover licitação de futuros contratos a serem celebrados pelos entes consorciados (gerando, em tese, ganhos de escala ou medidas de racionalização administrativa e fiscal, em decorrência da desnecessidade

---

35. "Art. 241. A União, os Estados, o Distrito Federal e os Municípios disciplinarão por meio de lei os consórcios públicos e os convênios de cooperação entre os entes federados, autorizando a gestão associada de serviços públicos, bem como a transferência total ou parcial de encargos, serviços, pessoal e bens essenciais à continuidade dos serviços transferidos."

36. Odete Medauar e Gustavo Justino de Oliveira, *Consórcios Públicos*, São Paulo, Ed. RT, 2006, pp. 34-35.

de transferência de receitas públicas).³⁷ O que instala discussão quanto à abrangência e limites da *licitação compartilhada* (ou *plurilicitação*), a qual – na dicção de Cristiana Fortini e Maria Fernanda Pires de Carvalho Pereira – "equivaleria àquela promovida pelo consórcio público, embora os contratos daí derivados sejam celebrados com os entes consorciados ou com suas entidades da Administração indireta".³⁸ Isso porque os consórcios públicos prestam-se ao desenvolvimento de atividades de *interesse comum* aos consorciados, as quais não poderiam ser prestadas de modo mais eficiente caso o consórcio não existisse. Logo, eles se dirigem a gerar benefícios públicos a todos os consorciados especificamente nesse projeto comum – e não no dia a dia das respectivas administrações.

1.6.7 A "primeira" e a "segunda fase" do RDC, suas hipóteses fáticas e respectivos limites

Nos termos originais do art. 1º da Lei 12.462/2011, o RDC aplicava-se exclusivamente a três hipóteses fáticas: (i) Jogos Olímpicos e Paraolímpicos de 2016; (ii) Copa das Confederações de 2013 e Copa do Mundo de 2014; (iii) obras de infraestrutura e serviços para aeroportos de Capitais (respeitada a distância fixada no inciso III do art. 1º).³⁹ Com

---

37. Eis o texto do § 1º do art. 112 da LGL, com a redação que lhe foi dada pela Lei 11.107/2005: "Os consórcios públicos poderão realizar licitação da qual, nos termos do edital, decorram contratos administrativos celebrados por órgãos ou entidades dos entes da Federação consorciados".

38. Cristiana Fortini e Maria Fernanda Pires de Carvalho Pereira, "Licitação compartilhada e dispensa de licitação", in M. C. S. Pires e M. E. B. Barbosa (coords.), *Consórcios Públicos: Instrumentos do Federalismo Cooperativo*, Belo Horizonte, Fórum, 2008, p. 236. V. também Marçal Justen Filho, *Comentários à Lei de Licitações e Contratos Administrativos*, 16ª ed., São Paulo, Ed. RT, 2014, pp. 1.205-1.206.

39. Sobre o *RDC*, v. os artigos de Jorge Ulisses Jacoby Fernandes e Jaques Fernando Reolon, "Regime Diferenciado de Contratações Públicas (RDC)", *Fórum de Contratação e Gestão Pública* 117/20-43, Belo Horizonte, Fórum, setembro/2011; Daniel Ferreira e José Anacleto Abduch Santos, "Licitações para a Copa do Mundo e Olimpíadas – Comentários sobre algumas inovações da Lei 12.462/2011", *Fórum de Contratação e Gestão Pública* 117/46-58, Belo Horizonte, Fórum, setembro/2011; Ivan Barbosa Rigolin, "RDC (Regime Diferenciado de Contratações Públicas)", *Fórum de Contratação e Gestão Pública* 117/59-64, Belo Horizonte, Fórum, setembro/2011; Egon Bockmann Moreira e Fernando Vernalha Guimarães, "Regime Diferenciado de Contratações: alguns apontamentos", *RCP* 1/81-124, Belo Horizonte, Fórum, março-agosto/2012.

o passar do tempo, em leis esparsas, foram acrescidas oito alternativas fáticas para aplicação do RDC, que teve sua incidência ampliada no tempo e no espaço. Hoje pode-se falar em "primeira fase" (Olimpíadas e Copas) e "segunda fase" do RDC (Programa de Aceleração de Crescimento/PAC; obras e serviços de engenharia no Sistema Público de Ensino, no Sistema Único de Saúde, na Secretaria de Aviação Civil e em estabelecimentos penais e unidades de atendimento socioeducativo; Programa Nacional de Dragagem Portuária e Hidroviária; licitações de porto organizado e de arrendamento de instalação portuária; casos específicos a cargo da Cia. Nacional de Abastecimento/CONAB).

Porém, já na primeira fase e conforme consta do *caput* do art. 1º, *in fine*, da Lei 12.462/2001, só as licitações e contratos "necessários à realização de tais eventos" podem ser submetidos, de modo fundamentado, ao RDC.[40] Excepcional que é, desde o seu nascedouro o RDC deve ser interpretado restritivamente. Originalmente, somente era aplicável àquelas obras e serviços *indispensáveis*, *essenciais* aos eventos esportivos mundiais. São as licitações e contratos *sem os quais tais eventos não poderiam ser realizados a contento*; são, portanto, *forçosos, inevitáveis*. Em vista do comprometimento estatal com as instituições internacionais, a Administração Pública brasileira viu-se obrigada a satisfazer um mínimo de condições materiais que permitissem – atendidos os parâmetros e exigências de tal ordem de eventos – a realização adequada dos Jogos Olímpicos, Paraolímpicos e das Copas de futebol.

Excluídos estão do RDC, portanto, licitações e contratos que, muito embora se relacionem com tais eventos esportivos, não lhes sejam imprescindíveis. Se os jogos podem ser realizados sem esta ou aquela obra, quem vai definir isso (de modo fundamentado) são as autoridades que administram tais eventos (em cooperação e colaboração com as instituições e autoridades internacionais). No caso dos Jogos Olímpi-

40. Como anotam Ricardo Barreto de Andrade e Vitor Lanza Veloso, "a expressão 'licitações e contratos necessários à realização' (art. 1º, *caput*) dá margem a larga interpretação, pelo quê o RDC poderia abranger desde as obras nos estádios, passando por intervenções de mobilidade urbana e até mesmo investimentos em saúde, educação profissionalizante e segurança pública" ("Uma visão geral sobre o regime diferenciado de contratações públicas: objeto, objetivos, definições, princípios e diretrizes", in, Marçal Justen Filho e Cesar A. Guimarães Pereira (coords.), *O Regime Diferenciado de Contratações Públicas: Comentários à Lei 12.462 e ao Decreto 7.581*, Belo Horizonte, Fórum, 2012, p. 29).

cos e Paraolímpicos, a definição da "carteira de projetos" é atribuída à "Autoridade Pública Olímpica – APO". Já, para a Copa das Confederações de 2013 e para a Copa do Mundo de 2014 competente é o "Grupo Executivo – Gecopa 2014" (restringindo-se as obras públicas às constantes da "Matriz de Responsabilidades" celebrada entre a União, Estados, Distrito Federal e Municípios). Mas estão desde logo descartadas as obras e serviços que possam ser dispensados sem ofuscar o brilho ou dificultar a realização dos eventos mundiais.

O mesmo se diga quanto às obras de infraestrutura e serviços para os aeroportos das Capitais dos Estados-membros. Será válida a aplicação do RDC desde que o aeroporto efetivamente necessite de tais intervenções e esteja situado a, no mínimo, 350km das cidades sedes dos eventos.

A seguir serão examinados, autonomamente, os eventos da primeira e da segunda fase do RDC.

1.6.7.1 *A primeira fase do Regime Diferenciado de Contratações e a experiência do consórcio público "Autoridade Pública Olímpica/APO"*

Nos termos da Lei federal 12.396/2011, da Lei estadual 5.949/2011 e da Lei municipal 5.260/2011, a Autoridade Pública Olímpica/APO é um *consórcio público* formado pela União, Estado do Rio de Janeiro e Município do Rio de Janeiro, qualificado normativamente de *autarquia em regime especial*. A rigor, as leis das três esferas políticas *ratificaram* o Protocolo de Intenções dantes firmado entre os chefes dos respectivos Poderes Executivos com a específica finalidade de constituir o consórcio público APO e lhe atribuir determinadas competências.

Fixadas estas premissas, cabe examinar algumas das peculiaridades do consórcio público APO. A primeira delas é a "forma de autarquia em regime especial" instaurada pela Lei federal 12.396/2011, em seus arts. 1º e 2º.[41] A expressão "autarquia em regime especial" remete à

---

41. A Lei estadual 5.949/2011 (Estado do Rio de Janeiro) e a Lei municipal 5.260/2011 (Município do Rio de Janeiro), nada mencionam a respeito do regime autárquico especial da APO nem a propósito da estabilidade do mandato de seu presidente. Apenas o art. 1º da Lei municipal fala em "consórcio público de regime espe-

ideia institucionalizada no Brasil a partir das agências reguladoras independentes – autarquias cuja especialidade reside na autonomia de seus dirigentes, garantida sobretudo pelo respectivo mandato e impossibilidade de demissão *ad nutum* (v., acima, § 1.6.3). Isto implica dizer que a direção da APO terá mandato insuscetível de cassação por ato dos chefes da Administração federal, estadual e municipal, bem como as respectivas decisões não poderão ser revisadas ou reformadas pela Administração Pública Central.[42] Isto blinda o dirigente da APO contra eventuais investidas de ordem política, as quais possam porventura contaminar as metas estabelecidas no compromisso assumido perante as autoridades internacionais (Comitê Olímpico Internacional/COI). Em tese, o presidente da APO está imune a interferências e tem dimensão institucional que permite o cumprimento eficiente do propósito específico do consórcio.

Nos termos do Protocolo de Intenções firmado pelos chefes dos respectivos Poderes Executivos (e ratificados nas leis federal, estadual e municipal), a APO "tem por objetivo coordenar a participação da União, do Estado do Rio de Janeiro e do Município do Rio de Janeiro na preparação e realização dos Jogos Olímpicos e Paraolímpicos de 2016, especialmente para assegurar o cumprimento das obrigações por eles assumidas perante o COI para esses fins" (Cláusula Quarta). Dentre as competências estabelecidas na Cláusula Quarta do Protocolo, assumem especial relevância as de *coordenar* as "ações governamentais para o planejamento e entrega das obras e serviços necessários à realização dos Jogos" (inciso I); *monitorar* a "execução das obras e serviços referentes aos Projetos Olímpicos" (inciso II); *consolidar* "o planeja-

---

cial" ("Art. 1º. Fica o Município do Rio de Janeiro, através do Poder Executivo, autorizado a integrar, na forma de consórcio público de regime especial, a Autoridade Pública Olímpica – APO"), o que não remete de imediato à ideia de "autarquia em regime especial" prevista na Lei federal 12.396/2011.

42. O que é reforçado pela redação do art. 2º da Lei 12.396/2011:
"Art. 2º. O Presidente da APO somente perderá o mandato em virtude de: I – renúncia; II – condenação penal transitada em julgado; ou III – decisão definitiva em processo administrativo disciplinar, assegurados o contraditório e a ampla defesa.

"Parágrafo único. Sem prejuízo do disposto nas legislações penal e relativa à punição de atos de improbidade administrativa no serviço público, será causa da perda do mandato do presidente da APO a inobservância dos deveres e proibições inerentes ao cargo que ocupa, apurada na forma do inciso III do *caput* deste artigo."

mento integrado das obras e serviços necessários aos Jogos, incluindo os cronogramas físico e financeiro e as fontes de financiamento" (inciso III); *elaborar* a "Matriz de Responsabilidades junto aos consorciados e ao COMITÊ RIO 2016, visando definir obrigações das partes para a realização dos eventos, face às obrigações assumidas perante o COI" (inciso VI); *homologar* previamente os "termos de referência, projetos básicos e executivos relativos à preparação e realização dos Jogos com a estrita finalidade de verificar se atendem aos compromissos assumidos junto ao COI, a serem contratados pelos entes consorciados, inclusive por seus órgãos e entidades da Administração direta e indireta, nos casos de utilização do regime diferenciado de licitações e contratos para as obras e serviços, estabelecido em lei federal" (inciso VII).[43]

Logo, quem irá promover as licitações e realizar as contratações serão os entes consorciados – União, Estado do Rio de Janeiro e Município do Rio de Janeiro –, não a APO.[44] Esta deverá consolidar e/ou fiscalizar, *ex ante* (planejamento das obras e serviços, Matriz de Responsabilidades, termos de referência, projetos básico e executivo) e *ex post* (supervisão, cronograma etc.), as contratações a serem implementadas pela Administração direta das respectivas pessoas políticas. Suas competências giram em torno dos atos e contratos a serem praticados, com intensa capacidade de interação e até de alteração daquilo que for projetado e implementado pelas pessoas políticas.

Porém, fato é que a APO poderá "contratar, manter ou executar obras e serviços referentes à Carteira de Projetos Olímpicos, mediante

---

43. A Matriz de Responsabilidades, todas as suas alterações, bem como a integralidade da legislação (leis, decretos, portarias, resoluções, comunicados, acordos e convênios) a respeito dos Jogos Olímpicos de 2016 estão disponíveis em *http://www.apo.gov.br* (acesso em 29.12.2014).
44. Note-se que a Lei 11.107/2005, que instituiu os consórcios públicos, incluiu os §§ 1º e 2º no art. 112 da LGL, que ficou com a seguinte redação:
"Art. 112. Quando o objeto do contrato interessar a mais de uma entidade pública, caberá ao órgão contratante, perante a entidade interessada, responder pela sua boa execução, fiscalização e pagamento.
"§ 1º. Os consórcios públicos poderão realizar licitação da qual, nos termos do edital, decorram contratos administrativos celebrados por órgãos ou entidades dos entes da Federação consorciados.
"§ 2º. É facultado à entidade interessada o acompanhamento da licitação e da execução do contrato."

convênio com os entes consorciados, nos casos previstos no parágrafo segundo, inclusive por meio do regime diferenciado de licitações e contratos para as obras e serviços, estabelecido em lei federal" (Protocolo, Cláusula Quarta, parágrafo primeiro, inciso III), e, também em caráter excepcional, poderá, "por decisão unânime do Conselho Público Olímpico, assumir o planejamento e a execução de obras ou de serviços sob a responsabilidade dos órgãos e das entidades da Administração direta ou indireta dos entes consorciados, desde que a medida se justifique para a adimplência das obrigações contraídas perante o COI para a realização dos Jogos" (Protocolo, Cláusula Quarta, parágrafo segundo), e "realizar novas licitações, contratações ou celebração de convênios para a execução das obras e serviços previstos no parágrafo segundo, caso seja imprescindível para assegurar o cumprimento das obrigações assumidas perante o COI" (Protocolo, Cláusula Quarta, parágrafo quarto).

Isto significa dizer que a APO tem, além da imunidade política oriunda do mandato, igualmente a competência para avocar, produzir os atos e contratos que permitam atingir os objetivos referentes aos Jogos Olímpicos e Paraolímpicos de 2016. Nesta caso, quem promove a licitação é a APO, mas quem firma o contrato é(são) o(s) ente(s) consorciado(s).

O Decreto 7.560/2011 (alterado parcialmente pelo Decreto 7.615/2011) dispõe sobre os procedimentos a serem observados pelos órgãos da Administração federal quanto às ações no âmbito da APO (regulamentando o art. 8º da Lei 12.396/2011). Por meio deste decreto é reforçada a autonomia administrativa e financeira da APO, que passa a ser vinculada ao Ministério do Planejamento, Orçamento e Gestão (art. 2º). Na medida em que a Cláusula Vigésima do contrato de consórcio público prevê a divisão dos recursos financeiros entre os entes consorciados, o § 2º do art. 2º do Decreto 7.560/2011 estabelece que quaisquer adiantamentos "serão deduzidos quando da entrega dos valores devidos pela União à APO conforme contrato de rateio".[45] O *contrato de rateio*, que vem pre-

---

45. Diz a Cláusula Vigésima:
"A Administração direta ou indireta de ente da Federação consorciado somente entregará recursos à APO quando houver assumido a obrigação de transferi-los por meio de contrato de rateio.

visto no art. 8º da Lei 11.107/2005 ("Os entes consorciados somente entregarão recursos ao consórcio público mediante contrato de rateio"), é assim definido pelo art. 2º, VII, do Decreto 6.017/2007: "contrato por meio do qual os entes consorciados comprometem-se a fornecer recursos financeiros para a realização das despesas do consórcio público".[46]

Nos termos da Cláusula Vigésima Quarta do Protocolo, a APO extinguir-se-á em 31.12.2018 (mas pode ser extinta antes ou ser prorrogada por no máximo dois anos, ambos os casos dependentes de decisão unânime do órgão Conselho Público Olímpico – órgão colegiado permanente, constituído pelos chefes dos Poderes Executivos da União, Estado do Rio de Janeiro e Município do Rio de Janeiro). Isto se explica pelo fato de a APO ter um propósito específico: uma vez realizados os Jogos Olímpicos e Paraolímpicos, ela perde sua razão de existir. Daí a conveniência da previsão, desde o seu nascimento, da data relativa à sua extinção.

1.6.7.2 *A primeira fase do Regime Diferenciado de Contratações e a experiência do Grupo Executivo – Gecopa 2014*

O Gecopa 2014 foi instituído pelo Decreto Presidencial de 26.7.2011, que se reporta ao Decreto Presidencial de 14.1.2010, o qual instituiu o Comitê Gestor para definir, aprovar e supervisionar as ações previstas no Plano Estratégico das Ações do Governo Brasileiro para a Realização da

---

"Parágrafo primeiro. As despesas da APO serão custeadas pelos 3 (três) entes consorciados, conforme contrato de rateio a ser estabelecido.
"Parágrafo segundo. O contrato de rateio deverá considerar o ressarcimento dos custos de que trata o parágrafo terceiro da Cláusula Quarta.
"Parágrafo terceiro. Caso não haja o pagamento da parte devida no contrato de rateio pelo ente consorciado, a União, com fundamento no art. 160, parágrafo único, da Constituição, poderá reter quotas dos respectivos fundos de participação dos demais entes consorciados até o adimplemento do respectivo crédito."
46. Segundo Marçal Justen Filho, *contrato de rateio* "é outra espécie de convênio prevista na Lei 11.107/2005. É um acordo de vontades pactuado por entes da Federação tendo por objeto a disciplina da partilha e da transferência dos recursos financeiros necessários à constituição e ao funcionamento do consórcio público" (*Curso de Direito Administrativo*, cit., 10ª ed., p. 473). Aprofundar em Alice Gonzalez Borges, "A Instrumentalização dos consórcios Intermunicipais", *RERE* 28, Salvador/BA, dezembro/2011-fevereiro/2012 (disponível em *http://www.direitodoestado.com/ revista/RERE-28-FEVEREIRO-2012-ALICE-GONZALES-BORGES.pdf*, acesso em 29.12.2014).

Copa do Mundo FIFA 2014 – CGCOPA.[47-48] Trata-se de atos administrativos praticados pela Presidência da República, os quais constituem novos órgãos administrativos federais colegiados. Isto é, está-se diante da técnica de *desconcentração administrativa* (v., acima, § 1.6).

Na justa medida em que nem o CGCOPA nem o Gecopa 2014 tinham personalidade jurídica, estes órgãos receberam a delegação de competências da Presidência da República, em específico para praticar todos os atos necessários e suficientes à realização dos eventos esportivos, nos exatos termos do "Plano Estratégico das Ações do Governo Brasileiro" e da "Matriz de Responsabilidades" (Lei 12.462/2011, art. 1º, II).

Em específico, a atribuição do CGCOPA foi a "de estabelecer as diretrizes do Plano Estratégico das Ações do Governo Brasileiro para a Realização da Copa do Mundo FIFA 2014" (art. 1º do Decreto de 14.1.2010, com redação dada pelo Decreto de 26.7.2011). Ele é constituído pelos titulares de 25 Ministérios e/ou Secretarias da Presidência da República (enumerados no art. 2º do Decreto de 27.7.2011), coordenados pelo Ministério do Esporte.

Ao seu tempo, o Gecopa 2014 foi vinculado ao CGCOPA e teve como atribuições "instituir o Plano Estratégico das Ações do Governo Brasileiro para a Realização da Copa do Mundo FIFA 2014"; "estabelecer metas e monitorar os resultados de implementação e execução do Plano"; "discriminar as ações do Orçamento Geral da União vinculadas às atividades governamentais relacionadas à Copa do Mundo FIFA 2014" e "coordenar e aprovar as atividades governamentais referentes à Copa do Mundo FIFA 2014 desenvolvidas por órgãos e entidades da Administração federal direta e indireta ou financiadas com recursos

---

47. O evento Copa do Mundo de 2014 foi objeto do Levantamento TC-028.514/2009-0, de relatoria do Min. Valmir Campelo, produzido pela Secretaria de Fiscalização e Avaliação de Programas de Governo/SEPROG, do TCU. O relatório desse levantamento aponta alguns dos riscos a serem enfrentados, bem como descreve com precisão as autoridades responsáveis e a cronologia de eventos (disponível em *http://portal2.tcu.gov.br/portal/page/portal/TCU/comunidades/programas_governo/ areas_atuacao/esportes/Levantamento_COPA_2014_Relat%C3%B3rio%20 FINAL_20-05-2010.pdf*, acesso em 2.8.2011).

48. Os dados oficiais da Copa do Mundo 2014 bem como a integralidade da legislação do evento estão disponíveis em *http://www.copa2014.gov.br/pt-br* (acesso em 29.12.2014).

da União, inclusive mediante patrocínio, incentivos fiscais, subsídios, subvenções e operações de crédito" (Decreto de 26.7.2011, art. 3º e incisos). Ele é formado por oito membros, cada qual indicado por um Ministério e/ou Secretaria da Presidência da República (rol constante do art. 4º do Decreto de 26.7.2011), todos coordenados pelo Ministério do Esporte.

O Gecopa 2014, portanto, tem a natureza de órgão colegiado precipuamente executivo, coordenado pelo Ministério do Esporte. Sua função foi a de uniformizar o encaminhamento dos trabalhos que deram substância ao "Plano Estratégico das Ações do Governo Brasileiro" para a Copa do Mundo de 2014 e também para a Copa das Confederações. Este Plano Estratégico foi definido pelo CGCOPA, ao qual o Gecopa 2014 se subordinou.

1.6.7.3 A segunda fase do Regime Diferenciado de Contratações e a ampliação de escopo

Conforme acima consignado, hoje já existem mais oito hipóteses aplicativas ao RDC – que têm em comum a ausência de limitações substanciais e cronológicas, caracterizadoras da "primeira fase" do regime diferenciado. Em outras palavras: por meio do acréscimo de novos dispositivos (incisos e parágrafo) ao art. 1º da Lei 12.462/2011 bem como através de legislação esparsa, esta segunda fase fez com que o RDC fosse libertado das amarras materiais e cronológicas que lhe deram nascimento.

Atualmente são várias as opções de que dispõe o administrador público para a escolha fundamentada e aplicação do RDC. Diretamente na Lei 12.462/2011, foram estas as inovações: (i) ações do Programa de Aceleração do Crescimento/PAC (art. 1º, IV[49]); (ii) obras e serviços de engenharia no âmbito do Sistema Único de Saúde/SUS (art. 1º, V[50]);

---

49. Dispositivo positivado no art. 28 da Lei 12.688/2012, oriunda da Medida Provisória 559/2012, cuja redação original, com apenas quatro artigos, autorizava a Centrais Elétricas Brasileiras S/A-ELETROBRÁS a adquirir participação na Celg Distribuição S/A-CELG D, mas nada a propósito do RDC.

50. Dispositivo positivado no art. 4º da Lei 12.745/2012, oriunda da Medida Provisória 580/2012, cuja redação original alterava as Leis 11.759/ 2008 (autoriza a criação da empresa pública Centro Nacional de Tecnologia Eletrônica Avançada S/A-

(iii) obras e serviços de engenharia para construção, ampliação e reforma de estabelecimentos penais e unidades de atendimento socioeducativo (art. 1º, VI[51]); (iv) obras e serviços de engenharia no âmbito dos sistemas públicos de ensino (Lei 12.462/2001, art. 1º, § 3º[52]); (v) aquisição de bens, contratação de obras e serviços de engenharia e de técnicos especializados pela Secretaria de Aviação Civil da Presidência da República quando utilizados recursos do Fundo Nacional de Aviação Civil/FNAC (art. 63-A, § 1º[53]). Aqui, as modificações supervenientes se deram ao interno do RDC – incorporando outros casos de subsunção a este excepcional regime.

Na legislação esparsa, a Lei 12.815/2013, que "dispõe sobre a exploração direta e indireta pela União de portos e instalações portuárias",[54] trouxe a previsão do RDC em dois de seus dispositivos: (i) art. 54, § 4º ("As contratações das obras e serviços no âmbito do Programa Nacional de Dragagem Portuária e Hidroviária II poderão ser feitas por meio de licitações internacionais e utilizar o Regime Diferenciado de Contratações Públicas, de que trata a Lei n. 12.462, de 4 de agosto de 2011"); e (ii) art. 66 ("Aplica-se subsidiariamente às licitações de concessão de porto organizado e de arrendamento de instalação portuária o disposto

---

CEITEC) e 11.578/2007 (transferência obrigatória de recursos financeiros para a execução pelos Estados, Distrito Federal e Municípios de ações do Programa de Aceleração do Crescimento/PAC), mas nada a propósito do RDC.

51. Dispositivo positivado no art. 1o da Lei 12.980/2012, oriunda da Medida Provisória 630/2012, cuja redação original se destinava exclusivamente a alterar a Lei 12.462/2011, que instituiu o RDC.

52. Dispositivo positivado no art. 14 da Lei 12.722/2012, oriunda da Medida Provisória 570/2012, cuja redação original alterava a Lei 10.836/2001 (apoio financeiro da União aos Municípios e ao Distrito federal para a ampliação da oferta da educação infantil), mas nada a propósito do RDC.

53. Trata-se de dispositivo positivado no art. 4o da Lei 12.833/2013, oriunda da Medida Provisória 600/2012, cuja redação original alterava, simultânea e pontualmente, várias leis esparsas (alterou a Lei 12.409/2011; a Medida Provisória 581/2012; constituiu fonte adicional de recursos para ampliação de limites operacionais da Caixa Econômica Federal; alterou a Leis 12.462/2011 e 8.399/1992; a Medida Provisória 12.096/2009; e a Lei 12.663/2012). Mas note-se que o art. 63-A está localizado no Capítulo II da Lei 12.462/2011 ("Outras Disposições", que não o RDC), em sua Seção VII ("Da Criação do Fundo Nacional de Aviação Civil – FNAC"). O FNAC vem disciplinado no Decreto 8.024/2013.

54. A respeito da Lei 12.815/2013 e por todos, v. Egon Bockmann Moreira (coord.), *Portos e seus Regimes Jurídicos*, Belo Horizonte, Fórum, 2014, passim.

nas Leis ns. 12.462, de 4 de agosto de 2011, 8.987, de 13 de fevereiro de 1995, e 8.666, de 21 de junho de 1993"). Se no primeiro caso a previsão é adequada, o mesmo não se pode dizer da tentativa de simultânea "aplicação subsidiária" de legislações antagônicas – como se dá no caso do RDC em vista da LGL.[55] O que importa dizer que se dará a subsidiariedade *ou* da Lei 12.462/2011 ou da Lei 8.666/1993 – cada uma delas combinada (se for o caso) com a Lei 8.987/1995. A escolha deverá ser fundamentada.

Também na legislação esparsa, a Lei 12.873/2013 autorizou a Cia. Nacional de Abastecimento/CONAB a se valer do RDC "para a contratação de todas as ações relacionadas à reforma, modernização, ampliação ou construção de unidades armazenadoras próprias destinadas às atividades de guarda e conservação de produtos agropecuários em ambiente natural".[56]

Isto é: a Lei 12.462/2011 teve sua vigência prolongada no tempo e no espaço por meio da inserção de novas hipóteses de incidência – que não se referem a fatos com data marcada para terminar, mas a práticas usuais da Administração, algumas com limites objetivos específicos. Porém, uma destas alterações parece ser a mais significativa, pois se refere às ações do PAC.

O PAC é um programa governamental lançado em 2007, por meio da Medida Provisória 387, convertida na Lei 11.578 ("transferência obrigatória de recursos financeiros para a execução pelos Estados, Distrito Federal e Municípios de ações do Programa de Aceleração do

---

55. Note-se que o art. 1º, § 2º, da Lei 12.462/2011 é expresso ao consignar que a opção pelo RDC "resultará no afastamento das normas contidas na Lei n. 8.666, de 21 de junho de 1993, exceto nos casos expressamente previstos nesta Lei". Isso importa dizer que a escolha de um regime implica o automático afastamento do outro (salvo nos casos de remissão expressa).

56. A Lei 12.873/2013 é oriunda da Medida Provisória 619/2013, cujo art. 1º autorizava a CONAB a "contratar o Banco do Brasil S/A ou suas subsidiárias para atuar na gestão e na fiscalização de obras e serviços de engenharia relacionados à modernização, construção, ampliação ou reforma de armazéns destinados às atividades de guarda e conservação de produtos agropecuários". Ao seu tempo, os §§ 2º e 3º desse dispositivo determinavam que o Banco do Brasil deveria realizar licitações para o cumprimento dos objetivos do *caput*, que poderiam se dar através do RDC. Logo, a lei em que foi convertida a medida provisória suprimiu a necessidade de as licitações serem feitas através do Banco do Brasil, outorgando tal competência imediatamente à CONAB.

Crescimento – PAC"[57]), que foi objeto de regulamentação por meio do Decreto 8.152/2013. O PAC é apresentado como um planejamento estratégico que envolve obras estaduais, distritais e municipais (além de desoneração tributária e modernização das licitações – onde se encaixa o RDC). Tais obras passaram a ser financiadas por meio de transferência dita obrigatória de recursos federais, depois de serem definidas em decreto da Presidência da República. Isto significa dizer que existe uma pessoa que pode definir, em termos federativos, a amplitude da aplicação do inciso IV do art. 1º da Lei 12.462/2011. Caso a Presidência inclua determinadas obras no PAC, aberta está a possibilidade de aplicação do RDC pelas autoridades estaduais, distritais e municipais.

Estas oito hipóteses demonstram a perspectiva ampliativa do RDC – que, antes, limitado material e cronologicamente, hoje se espalha em várias frentes e amplia a respectiva incidência. Esta tendência permite denotar que o RDC – ou, ao menos, a lógica do RDC – irá ocupar os espaços da LGL.

1.7 Contratos submetidos ao dever de licitar: a amplitude do conceito de "contrato administrativo"

É extraível da legislação (parágrafo único do art. 2º da LGL) um conceito largo de "contrato administrativo", que abrange todos os *negócios jurídicos bilaterais geradores de obrigações*, os quais dão origem ou modificam uma *relação jurídica administrativa material*. Para que isto se instale, de ordinário é imperioso que ao menos um de seus *sujeitos* seja a Administração Pública (direta ou indireta) e que se esteja diante de um *acordo de vontades*. Mas só isto não basta, pois, "pelo menos, um dos sujeitos do contrato tem de ser *membro da Administração Pública* e tem de celebrar o contrato nessa qualidade (*enquanto tal*), e não no exercício de uma capacidade jurídica de direito privado" – como leciona Pedro Costa Gonçalves.[58] Logo, a LGL aplica-se a

---

57. Os termos do PAC (1 e 2) bem como toda a legislação e atos administrativos pertinentes podem ser conhecidos em *http://www.pac.gov.br* (acesso em 29.12.2014).

58. Pedro Costa Gonçalves, *O Contrato Administrativo*, Coimbra, Livraria Almedina, 2003, p. 27. Lição escrita para o Direito Português, que se aplica ao Direito Brasileiro – pois também aqui as pessoas administrativas podem celebrar contratos de direito privado. Sobre este assunto (e respectivo debate brasileiro), v. Fernando Ver-

todo o universo das contratações administrativas do Estado (exceção feita àquelas regidas por leis especiais – como, por exemplo, o pregão, o RDC e as PPPs).

A norma do parágrafo único do art. 2º da LGL é clara ao descartar validade a nomes extravagantes com os quais porventura se apelide o documento firmado entre Administração e pessoas privadas. Pouco importa o título que a ele se outorgue: basta a constatação fática da existência de um *ajuste* (pacto, convenção, trato, acordo etc.) revelador da estipulação voluntária que dê nascimento a específica relação jurídica material entre a Administração e uma (ou mais) pessoa(s) privada(s).

Descartados estão os fatos e atos não voluntários que porventura façam surgir relações jurídicas entre a Administração e terceiros. Não havendo manifestação espontânea de vontade das partes (em especial da pessoa privada), está-se diante de qualquer coisa, menos de um contrato administrativo. Pode-se falar de obrigação tributária, de expropriação ou de deveres fundamentais (voto, proteção ao meio ambiente etc.), mas não do instituto jurídico "contrato administrativo".

1.7.1 A amplitude dos sujeitos contratantes

A LGL traz rol exemplificativo de prestações que, "quando contratadas com terceiros", exigem prévia licitação (art. 2º, *caput*). Além disso, consigna que *contrato* é "todo e qualquer ajuste entre órgãos ou entidades da Administração Pública e particulares". A amplitude da previsão normativa autoriza seu exame mais detido, sob duas perspectivas: aquela do polo ativo da relação (o *contratante*) e a do respectivo polo passivo (o *contratado*).

Sob o ângulo do *contratante* não há restrições. Conforme já consignado atrás, todos os órgãos e entidades da Administração Pública devem obediência a este dever constitucional. Nada obstante esta certeza, o tema autoriza breve digressão.

Afinal, há casos em que a Administração tem participação minoritária em empresas privadas – que não chegam a configurar as tradicionais sociedades de economia mista, mas, sim, participações estatais em

nalha Guimarães, *Alteração Unilateral do Contrato Administrativo*, São Paulo, Malheiros Editores, 2003, pp. 74-109.

projetos de investimento privado (técnicas de fomento, empreendimentos de desenvolvimento nacional, composição societária minoritária etc.). Aqui se está diante de casos nos quais a Administração não detém o poder de controle do empreendimento,[59] mas apenas parcela minoritária do capital social, eventualmente combinada com uma ação de classe especial.[60] Em ambos os casos, e salvo exceções, não existe o dever de licitar. As empresas puramente privadas que contem com participação estatal minoritária (financeira ou acionária) não se subsumem ao conceito previsto neste art. 2º da LGL. Aliás, a constatação é confirmada pela definição de "Administração Pública" constante do art. 6º, XI, da LGL, onde consta expressamente que o conceito contém "as entidades com personalidade jurídica de direito privado sob controle do Poder Público" – logo, excluídas estão as que não sejam controladas.

Sob o ângulo do *contratado* a norma abrange também as sociedades de economia mista e empresas públicas (salvo as exceções dos monopólios naturais ou de privilégios legais por elas detidos). O mesmo se diga

59. Como prescreve o art. 116 da Lei 6.404/1976: "Entende-se por acionista controlador a pessoa, natural ou jurídica, ou o grupo de pessoas vinculadas por acordo de voto, ou sob controle comum, que: a) é titular de direitos de sócio que lhe assegurem, de modo permanente, a maioria dos votos nas deliberações da assembleia-geral e o poder de eleger a maioria dos administradores da companhia; e b) usa efetivamente seu poder para dirigir as atividades sociais e orientar o funcionamento dos órgãos da companhia". Assim, *controlar uma empresa* "significa poder dispor dos bens que lhe são destinados, de tal arte que o controlador se torna senhor de sua atividade econômica" (Fábio Konder Comparato e Calixto Salomão Filho, *O Poder de Controle na Sociedade Anônima*, 4ª ed., Rio de Janeiro, Forense, 2005, p. 124).

60. *Ação de classe especial* é a parcela do poder de controle da sociedade anônima atribuída ao sócio minoritário com a finalidade de intervir em determinadas decisões-chave. Diz respeito a aspectos específicos do poder de controle técnico e administrativo. Contempla não só o direito negativo de veto em determinados temas, mas, também, a depender de previsão estatutária, o direito de participar ativamente em decisões de superlativa importância. O assunto deve ser previsto no estatuto, submetendo-se a interpretação restritiva (Lei 9.491/1997, art. 8º, c/c Lei 6.404/1976, art. 17). Aprofundar em: Modesto Carvalhosa, *Comentários à Lei de Sociedades Anônimas*, 4ª ed., 1º vol., São Paulo, Saraiva, 2002, pp. 163-166; Calixto Salomão Filho, "*Golden share*: utilidade e limites", in *O Novo Direito Societário*, 4ª ed., 2ª tir., São Paulo, Malheiros Editores, 2015, pp. 141-148; Nuno Cunha Rodrigues, **Golden Shares**: *as Empresas Participadas e os Privilégios do Estado Enquanto Acionista Minoritário*, Coimbra, Coimbra Editora, 2004, *passim*; Egon Bockmann Moreira, *Direito das Concessões de Serviço Público: Inteligência da Lei 8.987/1995 (Parte Geral)*, cit., pp. 20-23.

quanto a concessionários de serviços públicos prestados em regime de competição. Isto é, para que a Administração contrate empresa estatal, concessionária, permissionária ou autorizada – ou mesmo uma fundação pública de direito privado – faz-se necessário prévia licitação.[61] A exceção está nos casos dos arts. 24 e 25 da LGL. Não é devido ao fato de o Estado deter poder de controle numa empresa estatal que se poderia cogitar da dispensa ou inexigibilidade da licitação – este dado, por si só, não é hábil a preencher os requisitos da contratação direta (e o mesmo se diga quanto a estatais controladas por pessoas políticas diversas do contratante). Idêntico raciocínio se aplica para as contratações feitas entre pessoas da Administração indireta (por exemplo, empresa pública a contratar sociedade de economia mista). O ponto central está em que a Administração indireta está abrangida na expressão legal "terceiros".

Enfim – e tal como destacou Carlos Pinto Coelho Motta –, a palavra "terceiros" é "mais ampla e mais apropriada que 'particulares'. Ela significa qualquer contratado, colaborador ou parceiro; pode referir-se a entidades da própria Administração Pública e até mesmo a autarquia".[62]

1.7.2 Parcerias público-privadas, concessões e permissões de serviço público

As parcerias público-privadas, do mesmo modo que a concessão e a permissão de serviço público, são contratos que devem ser objeto de prévia licitação e precisam ser formalizados em contrato administrativo (CF, art. 175, *caput*). Não se pode firmar contrato de PPP, de permissão ou de concessão de serviço público sem que ele seja antecedido de licitação. O STF já teve a oportunidade tanto de declarar a inconstitucionalidade de lei estadual que visou a prorrogar, sem licitação, contratos de concessão já vencidos como de cassar decisão judicial que reconheceu o "direito" de o particular prestar serviço público sem prévia licitação.[63]

---

61. Em sentido contrário, v. Adilson Abreu Dallari, *Aspectos Jurídicos da Licitação*, cit., 7ª ed., pp. 70-71.
62. Carlos Pinto Coelho Motta, *Eficácia nas Licitações e Contratos*, 9ª ed., Belo Horizonte, Del Rey, 2002, p. 97.
63. No primeiro caso, ADI 3.521-PR, Min. Eros Grau, *DJU* 9.10.2006 (v. o acórdão e comentários de Bernardo Strobel Guimarães no artigo "Princípio da continuidade do serviço público e dever de licitar", *RDPE* 18/221-252, Belo Horizonte,

Em suma, há "precedentes do STF no sentido da impossibilidade de prestação de serviços de transporte de passageiros a título precário, sem a observância do devido procedimento licitatório".[64] Tal como neste serviço público, em todos os demais se aplica o requisito da prévia licitação.

Desta forma, e em regra, os contratos de PPP e de concessão devem ser precedidos de *licitação pública* (CF, art. 175; Lei 8.987/1995, arts. 2º e 14 e ss.; Lei 11.079/2004, arts. 1º e 10 e ss.). Porém, uma ressalva merece ser feita: se o contrato administrativo é absolutamente indispensável à concessão de serviço público, a licitação não pode ser assim qualificada. Como aponta Cintra do Amaral, há casos excepcionais de dispensa e inexigibilidade de licitação.[65]

Tal como exigido pelo parágrafo único do art. 175 da CF, os contratos de concessão e permissão de serviço público exigem *lei especial*. Para este extrato normativo, a Lei Geral de Concessões é a de n. 8.987/1995. Esta é a lei-quadro configuradora das normas gerais deste regime especial de contratações públicas. O mesmo se diga da Lei 11.079/2004 em relação às PPPs.

1.7.3 Concessões e permissões de uso de bem público

Ao contrário das concessões e permissões de serviço público, pode-se instalar alguma divergência nas contratações pertinentes ao *uso de bem público*. De usual, aqui se trata de figura que mais se aproxima do ato administrativo: a licença precária para que o particular desenvolva atividade de interesse coletivo por meio do uso de determinado bem

---

Fórum, abril-junho/2007); no segundo, RE 264.621-CE, Min. Joaquim Barbosa, *DJU* 8.4.2005.

64. STA/AgR 89-PI, Min. Ellen Gracie, *DJU* 15.2.2008.

65. Antônio Carlos Cintra do Amaral, *Concessão de Serviço Público*, 2ª ed., São Paulo, Malheiros Editores, 2002, pp. 27-29. No mesmo sentido: Marçal Justen Filho, *Teoria Geral das Concessões de Serviço Público*, São Paulo, Dialética, 2003, pp. 284-287; Cármen Lúcia Antunes Rocha, *Estudo sobre Concessão e Permissão de Serviço Público no Direito Brasileiro*, São Paulo, Saraiva, 1996, pp. 115-116; Maria Sylvia Zanella Di Pietro, *Parcerias na Administração Pública*, 5ª ed., São Paulo, Atlas, 2006, pp. 137-138; Marcos Juruena Villela Souto, *Direito Administrativo das Concessões*, 5ª ed., Rio de Janeiro, Lumen Juris, 2004, pp. 46-47; Egon Bockmann Moreira, *Direito das Concessões de Serviço Público: Inteligência da Lei 8.987/1995 (Parte Geral)*, cit., pp. 103-104.

público (parque de diversões; circo; feira de benemerência; banca de revistas ou lanchonete etc.). Aliás, Jessé Torres Pereira Jr. aponta que "a experiência da Administração e o decisório dos Tribunais de Contas não hesitam em considerar a licitação exigível para as permissões de serviço público, mas permanece reticente quanto às permissões de uso de bem público".[66]

Nas permissões e concessões de uso podem ser divisadas duas situações básicas: (i) aquelas nas quais só o particular e a coletividade podem obter ganhos e (ii) as que podem gerar receita para a Administração Pública (ou outra vantagem econômica, tal como o melhoramento do bem). No primeiro caso pode-se cogitar de atividades esporádicas, as quais não instalam propriamente a competição entre agentes econômicos (o circo ou a feira de benemerência, por exemplo). Mas ao lado destas existem aquelas atividades econômicas desenvolvidas em regime de mercado – este instalado sobre bens públicos (lanchonetes à beira de praia movimentada; cantinas em repartições públicas; bancas de revistas; lojas em mercados públicos etc.). Neste caso há oportunidades de geração de receita – autorizando-se a cogitação, inclusive e a depender do caso, de uma parceria público-privada (a gestão privada de um parque público, por exemplo).

Nos casos em que a Administração pode obter receita (ou, mesmo, vantagens indiretas – como economia de recursos para a conservação do bem ou a respectiva implementação de benefícios), conjugada com a viabilidade de competição entre os interessados, instala-se o dever de promover a licitação para o uso do bem público. O interesse público aqui configurado direciona a escolha da Administração, que deverá promover a licitação e instalar específicos direitos e deveres em sua relação com o concessionário ou permissionário do uso do bem público. Como escreveu Caio Tácito: "O concedente cede parcialmente a disponibilidade sobre a coisa, em favor do concessioná-

---

66. Jessé Torres Pereira Jr., *Comentários à Lei das Licitações e Contratações da Administração Pública*, 6ª ed., Rio de Janeiro, Renovar, 2003, p. 48. No mesmo sentido: Benjamin Zymler, "Licitações e contratos administrativos", cit., in *Direito Administrativo e Controle*, pp. 100-101. Sobre as *concessões de uso*, ampliar em Hely Lopes Meirelles, *Licitação e Contrato Administrativo*, cit., 15ª ed., pp. 98-100. Sobre as *permissões de uso*, v. Floriano de Azevedo Marques Neto, *Bens Públicos*, Belo Horizonte, Fórum, 2009, pp. 339-347.

rio, que fica, porém, submetido à finalidade especial e determinada que fundamenta a concessão, a se extinguir se descumprida a sua causa genética".[67]

Não mais se estará diante da clássica autorização unilateral via ato administrativo, mas, sim, de contrato administrativo a ser celebrado entre a Administração e o concessionário/permissionário (ou, quando muito, de *ato administrativo negocial*).[68] O fato de certos bens públicos serem *extra commercium* não impede que seja explorada a característica comercial pública que lhes é imanente.

O tema será tratado com maiores detalhes adiante, no tópico dedicado às alienações de bens públicos (Capítulo 9).

1.8 Direito subjetivo público à observância da Lei Geral de Licitações

O direito público subjetivo emerge daquelas relações jurídicas postas entre pessoas privadas e Administração Pública. O indivíduo "é titular de um direito subjetivo em relação à Administração sempre que, de uma norma jurídica que não vise, apenas, à satisfação do interesse público, mas também à protecção dos interesses dos particulares, resulte uma situação de vantagem objectiva, concedida de forma intencional, ou, ainda, quando dela resulte a concessão de um mero benefício de facto, decorrente de um direito fundamental".[69] Trata-se do poder de exigir condutas (comissivas ou omissivas) imputadas ao Estado, efetivamente conferido por norma jurídica ao sujeito privado. Enfim, é primariamente de um *direito a uma ação positiva fática* (Alexy) que se está a tratar.[70]

---

67. Caio Tácito, "Concessão real de uso. Licitação" (parecer), in *Temas de Direito Público (Estudos e Pareceres)*, 2ª vol., Rio de Janeiro, Renovar, 1997, p. 1.801.

68. Ampliar em Egon Bockmann Moreira, *Direito das Concessões de Serviço Público: Inteligência da Lei 8.987/1995 (Parte Geral)*, cit., pp. 58-70 e 139-149.

69. Vasco Pereira da Silva, *Por um Contencioso Administrativo dos Particulares*, Coimbra, Livraria Almedina, 1997, p. 112.

70. O conceito de "direito subjetivo público" merece ser visto em: Luís Roberto Barroso, *O Direito Constitucional e a Efetividade de suas Normas: Limites e Possibilidades da Constituição Brasileira*, 7ª ed., Rio de Janeiro, Renovar, 2003, pp. 103-117; Robert Alexy, *Teoria dos Direitos Fundamentais*, 2ª ed., 4ª tir., trad. de Virgílio Afonso da Silva, São Paulo, Malheiros Editores, 2015, pp. 180-253; Vasco Perei-

ASPECTOS CONCEITUAIS

O art. 4º da LGL declara o *direito público subjetivo* dos licitantes à sua fiel observância (e respectivo procedimento instalado no caso concreto). Isto significa dizer que se está diante de *relação jurídica* posta imediatamente entre *dois sujeitos de direito*: o *sujeito-Administração* e o *sujeito-licitante*. Trata-se de nítida relação jurídico-processual – aquela que se desenvolve no tempo entre duas pessoas (ou mais), uma das quais no exercício de função administrativa, consubstanciada na sequência de atos prevista em lei e dirigida a específica finalidade. Nesta ordem de atos há duas espécies de normas a incidir: aquelas que, em vista da respectiva modalidade, determinam o caminho a ser seguido na licitação (bem como os prazos e consequências) e as que estabelecem o conteúdo abstrato de cada um dos provimentos a serem concretizados nos vários momentos processuais (publicação do edital, recebimento e decisões a respeito dos esclarecimentos e impugnações, recebimento dos envelopes e respectivas decisões ... até a adjudicação e celebração do contrato administrativo). Ambas as espécies geram direitos públicos subjetivos aos licitantes (direito à observância do rito e direito à prática dos atos com determinado conteúdo).

Em suma, a *posição jurídica do licitante* "traduz-se no poder de exigir ou pretender de outra pessoa um determinado comportamento positivo ou negativo – uma dada acção (*facere*) ou uma dada abstenção (*non facere*)".[71] Esta "outra pessoa" é o órgão ou entidade promotora da licitação, cuja presença torna de direito público o vínculo normativo. "Diz-se que existe direito subjetivo público – escreveu Cirne Lima – quando uma pessoa administrativa se constitui em obrigação, segundo o direito público, para com o particular; (...)".[72] Daí a constatação de que existe, no seio da licitação, o direito público subjetivo dos licitantes em face da Administração.

ra da Silva, *Em Busca do Acto Administrativo Perdido*, Coimbra, Livraria Almedina, 1998, pp. 220-297; Egon Bockmann Moreira, *Direito das Concessões de Serviço Público: Inteligência da Lei 8.987/1995 (Parte Geral)*, cit., pp. 285-298.

71. Manuel A. Domingues de Andrade, *Teoria Geral da Relação Jurídica*, vol. I, Coimbra, Livraria Almedina, 1987, p. 10.

72. Ruy Cirne Lima, *Princípios de Direito Administrativo*, 7ª ed., São Paulo, Malheiros Editores, 2007, p. 117. Ao redor disso, o autor consigna que "os direitos subjetivos públicos, unidos, no direito administrativo, à relação de administração, têm, de regra, no desenvolvimento desta uma como *conditio sine qua*" (p. 108); "o direito subjetivo invariavelmente nasce da transferência ou do exercício de uma parcela do poder estatal" (p. 119).

1.9 A participação cidadã

A LGL não rege apenas a participação dos imediatamente interessados nas contratações públicas (os licitantes), mas também declara o direito à participação cidadã na construção dos processos de licitação. Assim, a Administração os instala e pede a colaboração das pessoas privadas: os indivíduos podem interagir visando a dar cumprimento a direitos de quarta dimensão (participação popular na formação dos atos públicos). A legitimidade é de todos os cidadãos.

Aliás, esta tendência à participação popular na formação dos atos e contratos do Estado está presente na quase totalidade do direito administrativo contemporâneo – e, assim, instrui sua compreensão sistemática. Basta pensar nas agências reguladoras, que, para emanar normas administrativas gerais e abstratas, têm de submeter os modelos normativos a prévia audiência e/ou consulta pública; nas audiências públicas das licitações de valor elevado (LGL, art. 39) e nos processos administrativos que tratem de assunto de interesse geral e respectivas audiências públicas (Lei 9.784/1999, arts. 31 e ss.).

Este controle e respectiva participação social instalam algo diverso do que se passava quando do surgimento do *devido processo legal* (Magna Carta, 1215) e do próprio *direito administrativo* (Revolução Francesa, 1789). Afinal, o processo administrativo atual – a sua natureza jurídica – não está em ser compreendido autonomamente como meio de compor conflitos de interesses, impedir ataques, obter benefícios ou produzir normas. Há algo mais essencial, que é a efetiva participação das pessoas privadas nestas relações jurídicas, que se destinam à produção de atos da Administração Pública. Está-se diante de atos administrativos – individuais e coletivos – não unilaterais e impositivos, mas consensuais, com cooperação público-privada.[73]

Frise-se que o direito-garantia à participação não se esgota na prerrogativa de acompanhar passivamente a licitação: ao assegurar o direito de acompanhar o processo, o art. 4º da LGL instala a legitimidade para o controle (administrativo e judicial). "Um exemplo de controle

---

[73]. Cf. Egon Bockmann Moreira, "As várias dimensões do processo administrativo", *RePro* 228/37-49, São Paulo, Ed. RT, fevereiro/2014, e "O Sistema Brasileiro de Defesa da Concorrência (SBDC) e o devido processo legal", *RDPE* 40/129-153, Belo Horizonte, Fórum, outubro-dezembro/2012.

externo pelo Judiciário, ou 'controle jurisdicional da Administração Pública', em matéria de despesa pública, é a ação popular – CF, art. 5º, LXXIII –, pela qual qualquer cidadão é parte legítima para propor anulação de ato lesivo ao patrimônio público. Para tanto, foram previstos a publicação do extrato do contrato e o direito de qualquer licitante obter certidão do inteiro teor do contrato" – esta é a lição de Marcos Juruena Villela Souto.[74]

---

74. Marcos Juruena Villela Souto, *Direito Administrativo Contratual*, Rio de Janeiro, Lumen Juris, 2004, p. 437.

Capítulo 2
PRINCÍPIOS E DIRETRIZES DA LICITAÇÃO

2.1 Licitações e os princípios do direito administrativo. 2.2 Os princípios da legalidade, impessoalidade, moralidade, igualdade, publicidade e probidade: 2.2.1 O princípio da igualdade e as discriminações expressamente proibidas – 2.2.2 Ainda o princípio da igualdade: limitações subjetivas às licitações e contratações (impedimentos). 2.3 Os princípios da vinculação ao instrumento convocatório e do julgamento objetivo. 2.4 A proposta mais vantajosa. 2.5 Os objetivos da licitação e o desenvolvimento nacional sustentável: 2.5.1 O conceito-chave de "desenvolvimento sustentável" e seus três componentes – 2.5.2 A licitação pública sustentável. 2.6 Licitações, o princípio da boa-fé e a base objetiva do negócio. 2.7 Licitação e o abuso de direito. 2.8 Licitações, o princípio da livre concorrência e o combate à corrupção. 2.9 O dever de licitar, o princípio da eficiência e o Value for Money *(VfM). 2.10 As licitações eficientes e os custos de transação.*

2.1 Licitações e os princípios do direito administrativo

O direito administrativo brasileiro é disciplina jurídica orientada por princípios explícitos e implícitos da Constituição. Esse feixe de normas dá identidade ao regime jurídico-administrativo, bem como parâmetros e limites à atuação da Administração Pública. Ao seu tempo, a LGL enaltece uma gama de princípios com especial aplicação frente a essa atividade administrativa do Estado (sobretudo em seu art. 3º – cuja redação inspirou o art. 3º do RDC). Mas ressalte-se que o elenco consignado na LGL é exemplificativo, vez que a força motriz do direito administrativo brasileiro é o texto constitucional.

Detentores de intenso conteúdo axiológico, os princípios são por demais abstratos e flexíveis para se submeterem ao conceito de "regra" (e ao tradicional raciocínio subsuntivo puro). Antes que isso, "*são* – na dicção de Humberto Ávila – *normas imediatamente finalísticas*, já que estabelecem um estado de coisas para cuja realização é necessária a adoção de determinados comportamentos".[1] Não há hierarquia entre os princípios, mas integração mútua (ponderação), fazendo com que assumam diferentes intensidades recíprocas em face dos casos concretos.

Por outro lado, se é bem verdade que cada princípio tem sua marca essencial (a peculiaridade que o distingue dos demais), seria imperfeita sua singela compreensão autônoma, vez que todos estão integrados. Entre eles se dá ampla gama de "relações de complementaridade, de condicionamento e conjugação" – as quais, segundo J. J. Gomes Canotilho e Vital Moreira, "explicam a necessidade de estabelecer operações de 'concordância prática' entre eles. A especificidade, conteúdo, extensão e alcance próprios de cada princípio em relação aos outros antes reclamam a *harmonização* dos mesmos, de modo a obter-se a máxima efectividade de todos eles".[2]

Mas, atenção: o estudo dos princípios não pode implicar o desprezo às demais normas componentes do sistema jurídico. Dizer que os princípios são importantes não pode implicar a revogação das regras legais, e nem muito menos a destruição das regras contratuais. Ao contrário: as regras são normas que encerram deveres categóricos, determinantes, cujo conteúdo e obrigação de subsunção são estabelecidos pelo legislador.

2.2 Os princípios da legalidade, impessoalidade, moralidade, igualdade, publicidade e probidade

O nascimento do direito administrativo coincide com o surgimento do princípio da legalidade. Os provimentos administrativos são concebidos como atos de autoridade justamente porque oriundos, submetidos e emanados em atendimento à legislação. A autoridade é atributo normativo, não pessoal. Daí por que "ninguém é obrigado a fazer ou deixar de fazer alguma coisa senão em virtude de lei" (CF, art. 5º, II).

1. Humberto Ávila, *Teoria dos Princípios*, 16ª ed., São Paulo, Malheiros Editores, 2015, p. 108.
2. J. J. Gomes Canotilho e Vital Moreira, *Constituição da República Portuguesa Anotada*, 3ª ed., Coimbra, Coimbra Editora, 1993, p. 54.

O *princípio da legalidade* significa que a Administração está ordenada a cumprir os preceitos normativos positivados em lei (e disciplinados em regulamentos administrativos). A Administração não está apenas subordinada ao Direito posto (tal como todos os cidadãos), mas deve orientar sua conduta a fim de dar cumprimento aos comandos legais. Só em virtude de lei que o administrador público pode fazer, deixar de fazer e/ou instalar comandos cogentes para as pessoas privadas. Afinal, como já decidiu o STF: "A Administração Pública submete-se, nos atos praticados, e pouco importando a natureza destes, ao princípio da legalidade" (RE 359.444, Min. Marco Aurélio, *DJU* 28.5.2004).

Não que isso autorize a leitura apressada dos textos normativos (e sua aplicação às cegas). O princípio da legalidade já abandonou tal compreensão fechada e simplista, pois a vida é muito mais rica que as palavras lançadas nos textos legais. Está-se a defender a leitura do Direito que preze as *circunstâncias do caso concreto e instale a interpretação efetiva da realidade* disciplinada pela norma jurídica. Afinal, como leciona Eros Grau, "a norma é produzida, pelo intérprete, não apenas a partir de elementos colhidos no texto normativo (mundo do dever-ser), mas também a partir de elementos do caso ao qual será ela aplicada, isto é, a partir de dados da realidade (mundo do ser)".[3] Caso porventura se despreze o que efetivamente ocorreu no mundo dos fatos, o resultado será uma construção inócua, impertinente e irrelevante para o evento examinado.

A própria Lei do Processo Administrativo Federal (Lei 9.784/1999) estabelece o critério de "atuação conforme a lei e o Direito" (art. 2º, parágrafo único, I). Tal previsão explicita o princípio da juridicidade, pois nem todo o Direito encerra-se no texto das leis. A norma jurídica é construída pelo aplicador (e não meramente declarada por ele).

3. Eros Grau, *Ensaio e Discurso sobre a Interpretação/Aplicação do Direito*, 5ª ed., São Paulo, Malheiros Editores, 2009, p. 31. Ou como o mesmo autor consignou em outro texto: "A interpretação do Direito tem caráter constitutivo – não meramente declaratório, pois – e consiste na produção, pelo intérprete, a partir de textos normativos e dos fatos atinentes a um determinado caso, de normas jurídicas a serem ponderadas para a solução desse caso, mediante a definição de uma norma de decisão" ("Ascarelli, a interpretação, o texto e a norma", in Antônio. Junqueira de Azevedo, Heleno Taveira Tôrres e P. Carbone (coords.), *Princípios do Novo Código Civil Brasileiro e Outros Temas: Homenagem a Tullio Ascarelli*, São Paulo, Quartier Latin, 2008, p. 37).

Ou seja: o princípio da legalidade não retrata a singela concepção de um rol de normas fechadas, que se encerram em sua própria leitura e, assim, limitam a atuação prática da Administração. Ao contrário, exige a compreensão do todo do ordenamento jurídico e a inserção da conduta cogitada (os fatos), de forma harmônica, nesse universo normativo. A perfeita compreensão do comportamento administrativo e do texto legal que o prevê somente é possível em razão do contexto fático-normativo onde estão inseridos. São os *pressupostos contextuais* do comando normativo, as circunstâncias que autorizam (ou não) sua aplicação ao caso concreto. Assim deve ser compreendida a legalidade nas licitações e contratações públicas.

O STJ já trouxe a aplicação prática do princípio da legalidade em vários casos que envolvem contratação pública, como, por exemplo, na impossibilidade de retenção de pagamento de serviços já executados em decorrência de irregularidade fiscal superveniente (AREsp/AgR 275.744, Min. Benedito Gonçalves, *DJe* 17.6.2014); na ilegalidade da contratação devido à inexistência de singularidade em caso de "inexigibilidade" (REsp 1.377.703, Min. Herman Benjamin, *DJe* 12.3.2014); na proibição de modificação do edital enquanto não concluído o certame, a não ser em razão de alteração legislativa (REsp/AgR 1.109.570, Min. Mauro Campbell Marques, *DJe* 1.6.2009); na impossibilidade de retenção do pagamento em razão da rescisão por descumprimento de cláusula contratual (Ag/AgR 1.030.498, Min. Castro Meira, *DJe* 10.10.2008).

A legalidade traz consigo a *proporcionalidade* e a *razoabilidade*.[4]

Princípios implícitos na Constituição e explícitos na Lei 9.784/1999 (art. 2º, *caput*), ambos incidem sobre todas as atividades do Estado (política, legislativa, administrativa e jurisdicional). A razoabilidade e a proporcionalidade impõem perspectiva ponderada à aplicação da norma jurídica, vedando sua pura compreensão em abstrato e a automática subsunção à hipótese fática (numa operação mecânica que despreze o que efetivamente se dá no mundo real). A convivência e a coabitação do

---

4. Sobre o elevado debate teórico a propósito da proporcionalidade e da razoabilidade (que não será tratado neste livro), v. Virgílio Afonso da Silva ("O proporcional e o razoável", RT 798/23-50, São Paulo, Ed. *RT*, abril/2002) e Humberto Ávila ("A distinção entre princípios e regras e a redefinição do dever de proporcionalidade", *Revista Diálogo Jurídico 4, disponível em http://www.direitopublico.com.br/pdf_4/ dialogo-juridico-04-julho-2001-humberto-avila.pdf*, Acesso em 30.12.2014).

texto normativo e do contexto fático enaltecem as balizas para a construção da norma jurídica a ser aplicada.

Igualmente relevante nas licitações, o *princípio da impessoalidade* é uma das faces do princípio da isonomia, disciplinando que *todos são iguais perante a Administração Pública*. O vínculo jurídico que se estabelece entre pessoas privadas e Administração é eminentemente objetivo, descartando cogitações subjetivas íntimas à pessoa do administrador. O tratamento dispensado a todos os particulares sempre há de ser o melhor e menos custoso possível (o mais eficiente), sem preferências ou perseguições. Isto é: o princípio da impessoalidade "obsta a que critérios subjetivos ou anti-isonômicos influam na escolha dos candidatos exercentes da prestação de serviços públicos, e assume grande relevância no processo licitatório, consoante o disposto no art. 37, XXI, da CF" (STJ, REsp 615.432, Min. Luiz Fux, *DJU* 27.6.2005).

As únicas discriminações autorizadas – tanto as positivas (micro e pequenas empresas, por exemplo) como as negativas (exigências técnicas, por exemplo) – são aquelas que tenham por lastro a norma jurídica e a relação desta com a realidade fática subjacente (a legitimidade do porquê da desigualação).

A impessoalidade incide sobre os dois polos da relação jurídico-administrativa: nem a pessoa privada pode receber benesses ou gravames derivados exclusivamente de sua condição pessoal, nem a Administração pode se comportar com lastro em concepções relativas à pura "vontade" do agente público. A conduta do administrador estatal deve ter como escopo a neutralidade, visando ao cumprimento objetivo do interesse público, tal como definido em lei.

Já, o *princípio da moralidade* define que a atuação administrativa do Estado deve ser orientada à concretização de valores éticos fundamentais. Não se pode prestigiar conduta administrativa apartada da probidade, do decoro, lealdade, boa-fé e segurança jurídica. Para o servidor público a obediência à moralidade é *cogente*. O princípio reflete a moralidade administrativa que os agentes públicos devem praticar; inexiste escolha em sua aplicação. São ilícitas todas e quaisquer condutas administrativas imorais ou amorais. Caso contrário a previsão constitucional do princípio da moralidade administrativa tornar-se-ia subprincípio da legalidade, mero agravante sem incidência autônoma (cogitação que nem sequer se põe em termos de hermenêutica constitucional – afinal, não há palavras supérfluas na Constituição).

O princípio da moralidade tem especial incidência naqueles casos em que a Administração pretende subtrair-se às obrigações legais e contratuais por meio de subterfúgios hermenêuticos. Mas, como já decidiu o STJ: "A ninguém é dado beneficiar-se da própria torpeza. O Direito não pode servir de proteção àquele que, após empenhar uma despesa, e firmar o contrato de aquisição de serviço e receber a devida e integral prestação deste, deixa de atestar a correta realização da despesa e proceder à liquidação para finalmente efetuar o pagamento, sobretudo diante da proteção da confiança dos administrados, da presunção da legitimidade das contratações administrativas, do princípio da moralidade, do parágrafo único do art. 59 da Lei n. 8.666/1993 (segundo o qual a nulidade do contrato administrativo 'não exonera a Administração do dever de indenizar o contratado pelo que este houver executado até a data em que ela for declarada e por outros prejuízos regularmente comprovados, contato que não lhe seja imputável') e dos arts. 36 a 38 da Lei n. 4.320/1964, que nunca instituíram o enriquecimento indevido" (REsp 1.366.694, Min. Mauro Campbell Marques, *DJe* 17.4.2013).

Frente ao direito administrativo, o *princípio da igualdade* assegura a distribuição isonômica de oportunidades e tratamento, com o mesmo respeito a todas as pessoas (físicas e jurídicas) – inclusive por meio de discriminações positivas previstas em lei. Em sede de licitações, importa o dever ativo da instalação de certames públicos que incentivem o acesso do maior número de interessados.

Afinal, como argutamente apontou Pedro Costa Gonçalves, "a outorga de cada contrato constitui um facto único, que não se repete e, portanto, não se pode replicar para outras empresas, razão por que a 'chance' de acesso ao mesmo não pode deixar de ser oferecida a todos os eventuais interessados".[5] A livre competição deve permitir a participação de pessoas potencialmente iguais sob os ângulos formal-material, operacional, técnico e econômico – a serem distinguidas objetivamente a partir das exigências de habilitação e das propostas apresentadas.

Mas note-se que a licitação, processo administrativo que é, dirige-se ao prestígio da *igualdade processual* entre os interessados. O art. 37, XXI, da CF é expresso ao consignar isso: "processo de licitação

---

5. Pedro Costa Gonçalves, *Reflexões sobre o Estado Regulador e o Estado Contratante*, Coimbra, Coimbra Editora, 2013, p. 387.

pública que assegure igualdade de condições a todos os concorrentes". Logo, ela se destina a tratamento igualitário aos interessados em contratar; não pode pretender artificialmente criar "condições materiais" de igualdade. Isso pode se dar apenas em situações excepcionais, como nas "margens de preferência" ou no tratamento materialmente privilegiado a pequenas empresas (LGL, art. 3º). Porém, quem cria esses fatores de desigualação material não é o administrador, mas o legislador – que assim dá conformação jurídica especial a determinadas categorias de agentes econômicos (e instala o dever de promoção ativa da isonomia material por meio da discriminação positiva).

Na justa medida em que restrições devem ser interpretadas restritivamente, em todos os demais casos não expressamente previstos em lei, a licitação tem por único escopo assegurar a igualdade processual entre os licitantes: a isonomia quanto à paridade de armas, simetria de exigências, de informações e o respectivo tratamento equivalente. Isto é: ela destina-se a preservar a igualdade entre aqueles que podem concorrer entre si, a fim de que seja possível o julgamento objetivo das propostas. Em nenhum momento a LGL prescreve que seja criada artificialmente a igualdade apenas para viabilizar a licitação (como se o edital pudesse fazê-la nascer onde ela não existe de fato). A isonomia material é pressuposto para as "condições de igualdade entre os concorrentes": é por haver o reconhecimento da existência da igualdade entre potenciais competidores que se licita (e não porque a isonomia pudesse ser forjada pelo edital).

Por isso que o instrumento convocatório presta-se justamente a celebrar os requisitos mínimos que deem efetividade ao princípio da igualdade. São as diferentes propostas que exteriorizam a liberdade econômica dos interessados e dão concretude ao princípio da isonomia – fazendo com que as materialmente mais vantajosas sejam selecionadas. Sob a óptica da Administração, os interessados devem ser material e formalmente iguais; a desigualdade autorizada em lei é aquela oriunda dos diferentes graus de qualificação e das propostas de preço (além da isonomia propositiva oriunda do art. 3º da LGL).

O *princípio da publicidade* é da essência de um Estado Democrático de Direito, vez que o agente público atua no interesse da coletividade, cumprindo determinações legais. É uma das manifestações do princípio republicano. A consequência é óbvia: não existem assuntos internos ou reservados à intimidade da Administração – esta tem o dever de promover *ex officio* a publicidade de todos os atos e fatos pertinentes à licitação. A regra é a da ampla transparência, clara e franca (salvo exceções subjetivas e/ou cronológicas, como aquela estabelecida para os orçamentos no art. 6º do RDC).

Nas licitações, a publicidade assegura a isonomia entre a Administração e todos os interessados. Estes têm o direito de receber todas as informações úteis e necessárias à participação no certame, bem como receber esclarecimentos às dúvidas que porventura surjam. A mais absoluta publicidade garante a igualdade e diminui os custos de transação (v. § 2.10, abaixo).

Note-se que a Constituição estabelece o direito ao recebimento de informações dos órgãos públicos referentes a interesse particular, coletivo ou geral. Todos os cidadãos podem obter os conjuntos de dados a respeito de quaisquer licitações públicas (excluindo-se o acesso ao conteúdo das propostas antes de sua abertura, nos termos do § 3º do art. 3º da LGL; bem como o acesso ao orçamento para as licitações sob o RDC, nos termos de seu art. 6º). Depois da Emenda Constitucional 19/1998 tais informações abrangem "o acesso dos usuários a registros administrativos e a informações sobre atos de governo" (art. 37, § 3º, II, da CF). As únicas exceções são as informações "cujo sigilo seja imprescindível à segurança da sociedade e do Estado" (art. 5º, XXXIII) e a inviolabilidade da intimidade, vida privada, honra e imagem das pessoas (art. 5º, X).

O princípio da publicidade assumiu especial significado depois da edição da Lei 12.527/2011 (regulamentada pelo Decreto 7.724/2012), que tem como suprema diretriz a "observância da publicidade como preceito geral e do sigilo como exceção" (art. 3º, I). A Lei de Acesso a Informações dirige-se a todos os órgãos e entidades públicas, da Administração direta e da indireta, sem qualquer exceção (art. 1º, parágrafo único, I e II). Nesse sentido, o STJ já reconheceu, com lastro no art. 11 da Lei 12.527/2011, o direito líquido e certo a "obter a cópia integral do procedimento administrativo que culminou na seleção dos estudos técnicos" que antecederem determinada licitação (MS 20.186, Min. Sérgio Kukina, *DJe* 29.5.2013). Assim, dúvida não pode haver quanto à irrestrita publicidade de todo e qualquer documento pertinente a licitações públicas.

Sobre ser previsto na LGL e no RDC, o *princípio da probidade administrativa* tem disciplina especial na Lei 8.429/1992 – cujo art. 10, VIII, prescreve ser ímprobo o ato que frustre a licitude do processo licitatório ou o dispense indevidamente. Para José Afonso da Silva a *improbidade administrativa* "é uma imoralidade qualificada pelo dano ao erário e correspondente vantagem ao ímprobo ou a outrem".[6]

Logo, ela especializa determinados desvios na moralidade administrativa, os quais exigem o elemento subjetivo do agente e a aferição de benefícios indevidos. "Com efeito – leciona Mateus Bertoncini –, não é possível conceber a existência de atos de improbidade administrativa que importam enriquecimento ilícito sem que o agente público viole os deveres de honestidade, imparcialidade, legalidade e lealdade; o mesmo raciocínio deve ser aplicado para os atos de improbidade administrativa que causam prejuízo ao erário, bem como para configuração dos atos de improbidade contidos nos incisos do art. 11 da Lei 8.429/1992".[7] Mas sublinhe-se que a 1ª Seção do STJ já consolidou a orientação de que "somente a modalidade dolosa é comum a todos os tipos de improbidade administrativa, especificamente os atos que importem enriquecimento ilícito (art. 9º), causem prejuízo ao erário (art. 10) e atentem contra os princípios da Administração Pública (art. 11), e que a modalidade culposa somente incide por ato que cause lesão ao erário (art. 10 da LIA)" (EREsp 875.163, Min. Mauro Campbell Marques, *DJe* 30.6.2010).

2.2.1 O princípio da igualdade e as discriminações expressamente proibidas

O § 1º do art. 3º da LGL traz dois incisos com proibições explícitas aos agentes envolvidos (direta ou indiretamente) nos processos de licitação pública. Os verbos consignados no inciso I deste § 1º revelam a amplitude dessas vedações com a proibição da *admissão* (aceitação, acolhimento, recepção, consentimento), da *previsão* (fixação, estabele-

---

6. José Afonso da Silva, *Curso de Direito Constitucional Positivo*, 38ª ed., São Paulo, Malheiros Editores, 2015, p. 680. No mesmo sentido: Marcelo Figueiredo, *Probidade Administrativa*, 6ª ed., São Paulo, Malheiros Editores, 2009, pp. 47 e ss.

7. Mateus Bertoncini, *Ato de Improbidade Administrativa*, São Paulo, Ed. RT, 2007, p. 170.

cimento, conjectura, estimativa), da *inclusão* (incorporação, abrangência, introdução, compreensão) e mesmo da *tolerância* (transigência, aceitação, permissão, resignação) de qualquer cláusula ou condição que porventura possa vir a macular, ainda que de forma indireta ou mínima, o caráter competitivo da licitação. A norma, portanto, dirige-se a condutas comissivas e/ou omissivas – sejam elas praticadas por agentes públicos ou por pessoas privadas.

Igualmente são proibidas as distinções fundadas na origem dos interessados (naturalidade, sede ou domicílio). Os tratamentos diferenciados que porventura inibam a participação de interessados com lastro em condições descabidas são expressamente vedados. A ressalva é aquela expressa dos §§ 5º a 12 do já referido art. 3º da LGL, bem como da Lei 8.248/1991 (*capacitação e competitividade do setor de informática e automação*).

2.2.2 Ainda o princípio da igualdade: limitações subjetivas às licitações e contratações (impedimentos)

Instruído pelo nítido objetivo de assegurar a isonomia aos certames bem como de tornar mais densos os princípios da moralidade e da impessoalidade, o art. 9º da LGL traz rol, *numerus apertus*, de pessoas (físicas e jurídicas) que são proibidas de participar em determinadas licitações e/ou contratos administrativos.[8] Dispositivo semelhante está positivado nos arts. 36 e 37 do RDC.

Com isto se pretende inibir tantos os desvios concorrenciais (oriundos especialmente da *assimetria de informações* – por exemplo, quem faz o projeto básico pode dispor de maior volume e melhor qualidade de informações) como a possibilidade de se instalar *licitações dirigidas* (por exemplo, seria difícil – conscientemente ou não – resistir à tentação de preparar um projeto básico que não atenda às características da própria empresa que o elabora). Para atingir este objetivo, a norma proíbe que participem da licitação e do contrato pessoas físicas e/ou jurídicas que, de alguma forma, direta ou indireta, tenham ou possam ter in-

---

8. Consultem-se: Benedito de Tolosa Filho, "Impedimento para licitar ou contratar com a Administração Pública", *ILC* 161/683-685, Curitiba, Zênite, julho/2007; Victor Aguiar Jardim de Amorim, "O parentesco como impedimento de participação nas licitações públicas", *ILC* 183/453-459, Curitiba, Zênite, maio/2009.

fluência sobre as decisões administrativas (discricionárias ou não, técnicas ou não) daquele certame licitatório.

Mas mesmo nos casos que envolvam a elaboração do projeto básico a regra admite interpretações restritivas, como já decidiu o STJ: "(...). Não é razoável postular que as demais licitantes, que atuaram como consultoras em partes usadas na formulação do projeto básico, devem ser tratadas de forma desigual – com mais rigor – para pretensamente homenagear o princípio da isonomia. (...). O inciso I do art. 9º da Lei n. 8.666/1993 é claro ao indicar a vedação de participação na licitação para obra ou serviço de licitantes que tenham atuado na produção do projeto básico e executivo; não é o caso dos autos, no qual se trata da licitação para produção – fracionada em lotes – do projeto executivo, quando as demais licitantes atuaram para formulação de algumas partes do projeto básico" (MS 12.892, Min. Humberto Martins, *DJe* 11.3.2014).

Além disso, a norma também se dirige a *servidores públicos*, tendo aqui como finalidade – nas palavras de Carlos Ari Sundfeld – "impedir que o agente administrativo use em proveito próprio a influência que, sobre as decisões administrativas relativas à licitação ou ao contrato, os poderes de seu cargo propiciem. Destarte, parece razoável que a vedação atinja, além dos servidores e dirigentes do órgão, também as autoridades com poder hierárquico sobre ele (isto é: todos os componentes da linha hierárquica que vai do órgão licitador ao dirigente máximo da entidade)".[9]

São proibições *numerus apertus*, porque, a depender da licitação, poderão ser ampliadas pelo edital ou pela própria comissão – a fim de conferir maior efetividade aos princípios consignados no art. 3º da LGL (e no art. 3º do RDC). Imagine-se um servidor público licenciado (mesmo sem remuneração) ou aquele membro da comissão de licitação que, às vésperas da publicação do edital, peça exoneração e venha a ser contratado por empresa que participe do certame, ou mesmo da empresa controlada por esposa e filhos do autor do projeto básico. Como já decidiu o STF: "A proibição de contratação com o Município dos parentes, afins ou consanguíneos, do prefeito, do vice-prefeito, dos vereadores e dos ocupantes de cargo em comissão ou função de confiança, bem como dos servidores e empregados públicos municipais, até seis meses

---

9. Carlos Ari Sundfeld, *Licitação e Contrato Administrativo*, 2ª ed., São Paulo, Malheiros Editores, 1995, pp. 119-120.

após o fim do exercício das respectivas funções é norma que evidentemente homenageia os princípios da impessoalidade e da moralidade administrativa, prevenindo eventuais lesões ao interesse público e ao patrimônio do Município, sem restringir a competição entre os licitantes" (RE 423.560, Min. Joaquim Barbosa *DJe* 19.6.2012). Todos estes casos, ao lado de tantos outros, instalam a aplicação do impedimento.

Mas uma ressalva merece ser feita: em especial no que respeita ao projeto básico e ao executivo, o dispositivo é excepcionado pelo § 1º do art. 36 do RDC (contratação integrada) e pelos arts. 21 da Lei 8.987/1995 e 31 da Lei 9.074/1995 (concessões e permissões de serviço público), bem como pela Lei 11.079/2004 (PPPs) – normas cuja compreensão conjunta autoriza a participação do autor do projeto básico no processo de licitação, bem como as chamadas "manifestações de interesse" por parte das pessoas privadas nas concessões comuns e parcerias público-privadas (que, assim, podem interagir publicamente com a Administração e a ela apresentar toda a estrutura da licitação, submetendo-se o projeto a audiências públicas e ao controle público-privado).[10]

2.3 Os princípios da vinculação ao instrumento convocatório e do julgamento objetivo

Uma vez vencida a fase interna em sentido estrito da licitação (definição do mérito do projeto, estudos técnicos, elaboração de documentos, audiência pública e atos administrativos posteriores etc.), cabe à Administração tomar a decisão pela oportunidade e conveniência de ser realizado aquele específico contrato administrativo. Demonstradas a necessidade e utilidade da contratação, bem como a disponibilidade orçamentária, os interessados são publicamente convidados a examinar os requisitos fixados, demonstrar sua capacidade para aquele contrato e,

---

10. Sobre a *contratação integrada*, v. § 4.13.6, abaixo. Já, nas concessões e PPPs a racionalidade é absolutamente diversa (são complexos projetos de investimento, não contratos de empreitada), e o legislador permitiu expressamente àquele que elaborar o projeto básico a participação no certame. Aliás, essa é a lógica do Procedimento de Manifestação de Interesse/PMI (a esse respeito, v.: Fernando Vernalha Guimarães, *PPP – Parceria Público-Privada*, 2ª ed., São Paulo, Saraiva, 2013, pp. 414-418; e Flávio Amaral Garcia, "A participação do mercado na definição do objeto das parcerias público-privadas – O procedimento de Manifestação de Interesse", *RDPE* 42/67-79, Belo Horizonte, Fórum, abril-junho/2013).

caso habilitados, oferecer propostas em regime de concorrência isonômica. Isto se dá por meio da divulgação do *instrumento convocatório*.

A LGL valeu-se da expressão "instrumento convocatório" como gênero, a abranger as espécies "edital" e "carta-convite". Na lição de Diógenes Gasparini, trata-se de "ato administrativo normativo através do qual a pessoa licitante noticia a abertura de licitação em uma das modalidades, fixa as condições de sua realização e do contrato e convoca os interessados para apresentação das propostas para o negócio de seu interesse", que tem como principais funções: "(a) noticiar a abertura da licitação (função divulgadora); (b) fixar as condições de sua realização e da celebração do eventual contrato dela decorrente (função reguladora); (c) convocar os interessados para dela participarem (função convocatória)".[11]

A *vinculação ao instrumento convocatório* pode ser entendida como princípio de limitação material e procedimental: a partir de sua divulgação, a Administração Pública e os particulares estão subordinados a ele (LGL, art. 3º, *caput*, c/c os arts. 41 e 55, XI). Devem estrito cumprimento aos seus termos e estão proibidos de inová-lo (não só durante o processo licitatório, mas também quando da execução do contrato). Será este instrumento que instalará o interesse das pessoas privadas e os respectivos custos para a elaboração da proposta. Mas o instrumento convocatório tem igualmente efeitos de exclusão de potenciais interessados, que deixam de acorrer à licitação com fundamento nas exigências lá positivadas (as quais, se fossem outras, não gerariam tais efeitos...). Logo, uma vez publicado, ele não pode ser substancialmente alterado (caso isto se dê, necessárias se fazem sua republicação e a reabertura de todos os prazos), mas somente podem ser convalidados os vícios formais de menor impacto no certame.

Se na fase anterior a discricionariedade era plena (a fase interna é orientada pela política pública e raciocínios argumentativos), ela é praticamente eliminada depois da publicação do instrumento convocatório: trata-se de ato administrativo autovinculante, a ser obedecido e eficazmente executado pela Administração. Isto é: "O princípio da vinculação se traduz na regra de que o instrumento convocatório faz lei

11. Diógenes Gasparini, "Instrumento convocatório das licitações", *ILC* 131/6 e 8, Curitiba, Zênite, janeiro/2005.

entre as partes, devendo ser observados os termos do edital até o encerramento do certame" (STJ, REsp 1384138, Min. Humberto Martins, *DJe* 26.8.2013).

Mas esta vinculação não é apenas endoadministrativa, pois produz efeitos ao exterior da entidade promotora da licitação: todos os interessados, terceiros e mesmo os demais Poderes constituídos (Judiciário, Legislativo, Ministério Público) devem obediência aos termos do instrumento convocatório. Isso porque quem dispõe de competência gerencial para definir a licitação é a Administração a quem a lei atribuiu tal título. No caso brasileiro, a Constituição e o Poder Legislativo já definiram que quem pode fazer as escolhas públicas relativas ao tipo de licitação, respectivas exigências e parâmetros é o Poder Executivo. A legitimidade democrática para a contratação e a elaboração do ato convocatório é normativamente atribuída ao órgão ou entidade competente. Legitimidade, esta, que toma substância concreta (legal) quando da divulgação pública do instrumento, com todos e cada um dos requisitos materiais exigidos pelo caso concreto.

Por isso que o edital não pode ser alterado por quem quer que seja, pois estampa a configuração do interesse público primário posto em jogo. Nem sequer será válida a tentativa de se subtrair judicialmente às exigências do instrumento convocatório, como já decidiu o STJ: "Aceitar documentação para suprir determinado requisito, que não foi a solicitada, é privilegiar um concorrente em detrimento de outros, o que feriria o princípio da igualdade entre os licitantes" (REsp 1.178.657, Min. Mauro Campbell Marques, *DJe* 8.10.2010).

O instrumento convocatório assume natureza de ato regulamentar vinculante. Ele se desdobra no tempo e disciplina a relação jurídico-processual que se desenvolverá entre Administração Pública, interessados e terceiros. O instrumento regulamenta, em termos específicos, como se dará aquela determinada licitação e a relação administrativa material que surgirá quando da assinatura do futuro contrato. Por isto não pode ser alterado e muito menos desrespeitado: uma vez publicado, cogente é o princípio da vinculação ao instrumento convocatório.

Importante também é esclarecer que o instrumento convocatório vincula positiva e negativamente: a Administração e os licitantes devem obediência tanto ao que nele está expressamente previsto como não podem exigir o que dele não consta. Já decidiu o STJ que, "não havendo no edital da licitação exigência para que a empresa licitante apresentasse o envelope de habilitação com cópias e originais da documentação exigida no edital, não pode a mesma ser inabilitada do certame por ter apresentado envelope contendo apenas as cópias dos documentos exigidos pelo edital, e, na fase de habilitação, seu representante legal ter apresentados os originais ao pregoeiro para conferência" (REsp 1.032.575, Min. Luiz Fux, *DJe* 19.2.2010). Isto é: o princípio da vinculação ao edital tanto pode impor a inabilitação/desclassificação (hipóteses de seu descumprimento) como instalar o dever de habilitação/classificação (hipóteses de seu cumprimento).

Mais: quando se escreve "vinculação ao instrumento convocatório", deve-se ler "ao edital e todos os seus anexos". Não se poderia imaginar que a vinculação estaria restrita ao texto do edital, desprezando-se os demais itens nele integrados. "Dessa forma, não há falar em desrespeito ao princípio da vinculação ao edital (art. 41 da Lei de Licitações), que não pode ser interpretado sem análise de seus anexos e, especialmente, do projeto básico (arts. 6º, IX, e 7º, I, da Lei n. 8.666/1993)" (MS 13.515, Min. Herman Benjamin, *DJe* 5.3.2009).

Uma ressalva merece ser feita. Por óbvio, está-se a se falar de instrumentos convocatórios que atendam à Constituição do Brasil e à legislação infraconstitucional – máxime à LGL (e aos demais diplomas que regem licitações diferenciadas como o pregão e o RDC). O princípio da vinculação pressupõe a constitucionalidade e a legalidade do ato convocatório. Não se poderia defender qualquer vinculação derivada do ilícito: caso o instrumento seja viciado, deverá ser impugnado e ter sua nulidade decretada (administrativa ou judicialmente). Demais disso: mesmo que não contestada administrativamente, a nulidade não se convalida; não se transforma em legalidade pelo silêncio das partes conjugado com o decurso do tempo. Isso a não ser em decorrência de prazos decadenciais conjugados com a boa-fé dos envolvidos, nos termos do art. 54 da Lei 9.784/1999 (tal como já enfrentado pelo STJ: MS 14.899, Min. Castro Meira, *DJe* 1.2.2013; MS 18.615, Min. Humberto Martins, *DJe* 19.10.2012).

Ao seu tempo, o *princípio do julgamento objetivo* é o resultado da conjugação entre isonomia, impessoalidade e vinculação ao ato convocatório. Ele celebra o princípio da livre concorrência. Afinal, se os participantes – e respectivas propostas – devem ser equivalentes para a Administração e se o instrumento convocatório define de forma impessoal os diferenciais a serem aceitos para a eleição da melhor proposta, dúvida não há de que o exame dos documentos apresentados precisa ser realizado de modo objetivo – isto é, sem a redução da escolha ao que é pessoal ao agente público. Como com clareza anotou João Amaral e Almeida, "*objetivo* significa o que é relativo ao objeto, independentemente, pois, do sujeito ou do seu pensamento. Assim sendo, julgamento objetivo teria de ser aquele que assentasse em dados que são válidos para todos e não apenas para o próprio julgador. Ou seja, estaria afastada qualquer possibilidade de o julgamento das propostas depender das opiniões ou dos juízos de valor daquele que julga".[12]

O conhecimento e o exame do objeto da licitação devem se dar segundo os referenciais estabelecidos no instrumento convocatório (e não de acordo com aqueles íntimos ao sujeito examinador – que não pode agregar dados e compreensões pessoais ao objeto examinado).

Para que o julgamento objetivo seja garantido, necessário se faz que o instrumento convocatório seja igualmente objetivo – analítico e cartesiano ao máximo, com exigências e metodologias predefinidas, de molde a não permitir integrações subjetivas no objeto examinado. O texto do instrumento convocatório e as informações nele consignadas devem ser diretos e práticos, a exteriorizar as reais (e únicas) exigências para aquela específica licitação. Isto é: "o princípio do julgamento objetivo das propostas obriga a que, no instrumento convocatório, sejam identificados não apenas o critério de julgamento, mas igualmente todos os fatores e até eventuais subfatores que o concretizem".[13] Quaisquer outros elementos e/ou parâmetros – sejam da comissão de licitação, sejam das propostas – simplesmente não poderão ser levados em conta. Também por isto que proibidas estão as cláusulas que remetam a conceitos com textura muito aberta – ou, pior ainda, a escolhas parciais da Administração. A falta da minuciosa objetividade do instrumento convocatório fere de morte o princípio do julgamento objetivo.

12. João Amaral e Almeida, "Reflexões sobre o princípio do julgamento objetivo das propostas – Os desafios brasileiros e a experiência europeia", *RCP* 1/172, Belo Horizonte, Fórum, março-agosto/2012.
13. Idem, p. 175.

Caso não seja possível a definição objetiva de critérios de seleção da proposta mais vantajosa (competição e disputa), instala-se o dever da contratação direta, por inexigibilidade (v., abaixo, Capítulo 11).

2.4 A proposta mais vantajosa

A LGL fala em *proposta* mais vantajosa, não em *preço* mais vantajoso (art. 3º, *caput*, c/c os arts. 42, § 5º, e 45, § 1º, I). A mesma premissa é reiterada no RDC (art. 1º, § 1º, IV, c/c o art. 4º, III), numa perspectiva ampliativa. A proposta é tudo aquilo que o interessado apresenta à Administração, inclusive o preço.

Desta forma, é nítido que o conceito de "proposta" é mais amplo que o de "preço" (relação de continente e conteúdo parcial). Logo, é de se afastar peremptoriamente a compreensão de que a proposta mais vantajosa para a Administração seria aquela que só ostentasse o menor preço. Se fosse esse o caso, a lei teria consignado que o fim da licitação seria, sempre e tão somente, o de se obter a proposta *mais barata*. Não se trata disso, mesmo porque nem sempre a vantagem reside apenas no menor preço – ao contrário, muitas vezes o preço baixo indica a baixa qualidade do produto ou a ausência de capacidade técnico-operacional para o desempenho da tarefa (ou, mesmo, o desprezo a máximas de sustentabilidade ambiental).

A superioridade e a utilidade da proposta advêm da conjugação entre a excelência técnica e o menor preço, qualificadas pelo cumprimento das exigências de promoção do desenvolvimento nacional sustentável.

Como ensina Cintra do Amaral, é usual "considerar-se que a maior vantagem para a Administração está sempre no menor preço. Isso reflete o entendimento, equivocado, de que a lei consagra a tese de que o mais barato é sempre o melhor, sem contemplação com a técnica e a qualidade. Esse entendimento não corresponde ao disposto na Lei 8.666/1993 e conflita com os princípios da razoabilidade, eficiência e economicidade, que regem os atos administrativos, inclusive os procedimentos licitatórios".[14] Por isso, devem ser vistas com extrema cau-

---

14. Antônio Carlos Cintra do Amaral, *Comentando as Licitações Públicas*, Rio de Janeiro, Temas & Ideias, 2002, p. 46.

tela as propostas que resultam da combinação de preços muito baixos com qualificação técnica duvidosa. Na dúvida, a decisão deve ser sempre pelo interesse público de celebrar a contratação adequada com aquele licitante que atenda com excelência, de modo objetivo e sem truques, aos requisitos técnicos, operacionais e econômico-financeiros.

A vantagem a ser levada em consideração quando do exame das propostas é resultante do conjunto de dados necessários a conferir utilidade prática àquela contratação administrativa, não apenas de diferenças quanto ao preço. Imprestável será a proposta mais barata caso o licitante não cumpra objetivamente todos os requisitos da habilitação (inclusive nos casos em que o julgamento do preço antecede a qualificação dos licitantes).

Mais ainda: depois da edição da Lei 12.349/2010 o desenvolvimento nacional sustentável tornou-se questão-chave para a definição sobre se determinada proposta é proveitosa ao interesse público – se traz, ou não, vantagens para a atual e às futuras gerações. Afinal, em muitos casos é mais vantajoso haver maiores despesas presentes (princípios da precaução e da prevenção) que arcar com custos muitas vezes irrecuperáveis de danos ambientais futuros.

2.5 Os objetivos da licitação e o desenvolvimento nacional sustentável

O texto original do art. 3º da LGL estabelecia duas finalidades essenciais: o prestígio à isonomia (direito-garantia dos licitantes) combinado com a contratação mais vantajosa à Administração (interesse público primário). Com a redação dada ao dispositivo pela Lei 12.349/2010 (oriunda da Medida Provisória 495/2010), a norma passou a ser integrada pelo dever de *promoção do desenvolvimento nacional sustentável*.[15] O mesmo se diga do RDC, cujos arts. 3º, *caput*, e 14, parágrafo único, II, reiteram a mesma lógica (além da remuneração variável referente a "critérios de sustentabilidade ambiental", positivada no art. 10).

---

15. O Decreto 7.746/2012 "regulamenta o art. 3º da Lei n. 8.666, de 21 de junho de 1993, para estabelecer critérios, práticas e diretrizes para a promoção do desenvolvimento nacional sustentável nas contratações realizadas pela Administração Pública Federal, e institui a Comissão Interministerial de Sustentabilidade na Administração Pública – CISAP".

Está-se diante de nova configuração do processo licitatório, a qual não envolve apenas a inserção de outro objetivo, mas, sim, a compreensão mais abrangente e integrada dos fins da licitação – isto é, o dever de ser instalada a escolha pública que traga a promoção do desenvolvimento nacional respeitoso da sustentabilidade. Pode-se falar em *funcionalização ambiental* da licitação pública brasileira. A "vantagem" a ser perseguida pela licitação não é mais somente o preço e a técnica, nem apenas o dever de prestígio às micro e pequenas empresas (discriminação positiva prevista no art. 5º-A da LGL) e a produtos manufaturados e determinados serviços nacionais (discriminação positiva prevista no art. 3º, §§ 5º a 10, da LGL), mas, sim – e especialmente –, o desenvolvimento nacional sustentável.

A atual redação do *caput* do art. 3º tem, portanto, significativo efeito para a construção de toda a LGL.[16] Não importa apenas a adição de escopo autônomo, porventura disperso, a ser aplicado neste ou naquele certame. Nada disso. O que agora existe é o dever de promoção do desenvolvimento nacional como norma detentora de forte carga axiológica, o qual possui sede na Constituição brasileira, como já consignou o STF, em decisão lavrada pelo Min. Celso de Mello: "O princípio do desenvolvimento sustentável, além de impregnado de caráter eminentemente constitucional, encontra suporte legitimador em compromissos internacionais assumidos pelo Estado Brasileiro e representa fator de obtenção do justo equilíbrio entre as exigências da economia e as da Ecologia, subordinada, no entanto, a invocação desse postulado, quando ocorrente situação de conflito entre valores constitucionais relevantes, a uma condição inafastável, cuja observância não comprometa nem esvazie o conteúdo essencial de um dos mais significativos direitos fundamentais: o direito à preservação do meio ambiente, que traduz bem

---

16. A respeito da inserção do princípio do desenvolvimento nacional sustentável, v. as ponderações de André Rosilho (*Licitação no Brasil*, São Paulo, Malheiros Editores/*sbdp*, 2013, pp. 182-184), Marçal Justen Filho ("Desenvolvimento nacional sustentado – Contratações administrativas e o regime introduzido pela Lei 12.349/2010", *ILC* 210/745-751, Curitiba, Zênite, agosto/2011); Jessé Torres Pereira Jr. ("Desenvolvimento sustentável: a nova cláusula geral das contratações públicas brasileiras", *Revista Interesse Público* 67, Belo Horizonte, Fórum, maio-julho/2011); e Alécia Paolucci Nogueira Bicalho e Carlos Pinto Coelho Motta (*RDC – Comentários ao Regime Diferenciado de Contratações*, 2ª ed., Belo Horizonte, Fórum, 2014, pp. 99-112).

de uso comum da generalidade das pessoas, a ser resguardado em favor das presentes e futuras gerações".[17]

Mas este dever não se reporta a qualquer forma de desenvolvimento econômico, mas, sim, àquele comprovadamente instalador das *três ordens* de *sustentabilidade: sociopolítica, ambiental* e *econômica* – como será esmiuçado mais abaixo, no § 2.5.1.

Por conseguinte, se antes a proposta mais vantajosa poderia ser compreendida como aquela que, obediente à isonomia, implementasse a solução mais eficiente ao interesse público (sem maiores preocupações quanto às externalidades ambientais da contratação[18]), hoje o cenário normativo é outro: é necessário que tanto a *definição da contratação* quanto a *escolha do contratado* e a *execução do contrato* tenham como finalidade a promoção do desenvolvimento nacional sustentável.

A *proposta mais vantajosa* não mais pode ser tida como apenas aquela que, respeitosa da igualdade entre os concorrentes, conjugue melhor técnica e menor preço. No interior destes objetivos, a instruir a sua compreensão e, assim, direcionar a escolha pública, está o dever ativo de promoção do desenvolvimento sustentável, definido por meio de critérios de equilíbrio ecológico e socioeconômico. Em suma: deve-se levar em conta qual o impacto que as atuais decisões referentes a licitações públicas terão no bem-estar das futuras gerações. As escolhas públicas precisam se ajustar a visões prospectivamente orientadas, que levem o foco da decisão para além daquela singela licitação.

Isso importa dizer que o legislador instalou uma externalidade positiva a ser obrigatoriamente perseguida em todas as contratações públicas. A vantagem da proposta precisa ser aferida de modo interno e externo à futura contratação: ali, sob a perspectiva tradicional dos benefícios

---

17. STF, ADI/MC 3.540-DF.
18. *Grosso modo*, as externalidades são efeitos exteriores ao contrato (ou à atividade econômica) que implicam a imposição involuntária de custos (negativas) ou vantagens (positivas) a terceiros. Apesar de não participarem, terceiros são afetados (positiva ou negativamente), ao passo que o agente econômico primário não arcará com os custos nem se beneficiará dos ganhos. Exemplos de externalidades são as poluições ambiental e sonora (negativas) e a educação, pesquisa tecnológica, investimentos de infraestrutura e vacinação (positivas). A preservação do ambiente em sede de licitações insere-se numa lógica prospectiva exterior ao próprio contrato administrativo, pois instala custos presentes que se destinam a manter a sustentabilidade dos processos econômicos das futuras gerações.

econômico-financeiros daquele contrato (objetivo imediato da contratação); aqui, num patamar superior e diacrônico, pertinente a medidas político-administrativas que tragam consigo o desenvolvimento sociopolítico, ambiental e econômico da Nação Brasileira (objetivo mediato da contratação).

Agora de forma explícita e normativamente cogente, a análise de um projeto de contratação pública e respectivos custos não é tema circunscrito ao contrato, mas tem a dimensão de política pública a ser implementada na economia local e nacional (preservação do meio ambiente, distribuição de renda, prestígio ao ser humano e bens culturais, alocação de recursos públicos, investimentos de infraestrutura etc.). Isto é, as licitações e os contratos administrativos são instrumentos qualificados de promoção do desenvolvimento nacional sustentável – em diferentes graus e níveis de eficácia. O assunto, portanto, é bem mais delicado e complexo do que à primeira vista possa parecer.

Por isto é de se frisar que não se pode defender o desenvolvimento nacional como o singelo (e muitas vezes perverso) crescimento econômico quantitativo (basta pensar na relação – inexistente – entre o aumento do Produto Interno Bruto/PIB e a distribuição de riqueza e/ou o equilíbrio ecológico[19]). No exato momento em que o Direito assume o desenvolvimento sustentável como objetivo explícito de interesse público primário, a delinear todas as licitações e contratações administrativas, esta ordem de escolhas públicas precisa ser orientada também por valores qualitativos, e não somente por preços e técnicas.

A LGL e o RDC estão a prescrever um conceito de "desenvolvimento" que se aproxima daquele proposto por Calixto Salomão Filho,

19. O conceito de PIB foi desenvolvido a partir de 1930 (primordialmente por Simon Kuznets, Nobel de Economia em 1971). Se é muito bom para mensurar a produção industrial (aço, madeira, alimentos etc.), não convive bem com os mercados de ideias e de tecnologias e muito menos com a promoção de bem-estar – afinal, representa a singela soma monetária de todos os bens e serviços produzidos em certa região durante determinado período. Além disso, tem sérias limitações, pois pode aumentar devido a atividades que reduzam o bem-estar (agressões ao meio ambiente, despesas com guerras etc.) e não representem dados importantes – qualidade dos bens e serviços, externalidades, distribuição de riqueza etc. Como ironicamente mencionou o escritor norte-americano Bill Bryson: "Pelos curiosos padrões do PIB, o herói econômico é um paciente terminal de câncer que está passando por um dispendioso divórcio" (*Crônicas de um País Bem Grande*, São Paulo, Cia. das Letras, 2001, p. 51).

que "passa a se identificar a um processo de conhecimento social que leva à maior inclusão social possível, caracterizando-se, portanto, algo que se poderia caracterizar como democracia econômica".[20] O desenvolvimento social não se instala em ambientes regidos por assimetrias de informação, ausência de conhecimento e concentração de poder econômico. Por isto que tanto a difusão do conhecimento econômico por meio de políticas distributivas e cooperativas quanto a instalação de competição que vise a fragmentar o poder econômico devem orientar a LGL e o RDC.

Em suma, fato é que o desenvolvimento nacional sustentável precisa estar dentre os objetivos primais de todas as licitações promovidas no Brasil – sejam elas locais, regionais, nacionais ou internacionais. E as licitações públicas podem (e devem) em muito contribuir para o cumprimento desse objetivo.

2.5.1 O conceito-chave de "desenvolvimento sustentável" e seus três componentes

De há muito o Homem tomou conhecimento de que os recursos naturais são finitos e as necessidades humanas infinitas. Em todas as sociedades há forte descompasso entre o incremento – natural ou artificial – das demandas das pessoas e a diminuição dos recursos naturalmente disponíveis. Constatação que agrava as futuras consequências de todo e qualquer comportamento presente. "O futuro da Humanidade – escreveu Hans Jonas – é o primeiro dever do comportamento coletivo humano na idade da civilização técnica, que se tornou 'todo-poderosa' no que tange ao seu potencial de destruição. Esse futuro da Humanida-

---

20. Calixto Salomão Filho, "Direito como instrumento de transformação social e econômica", *RDPE* 1/21, Belo Horizonte, Fórum, janeiro-março/2003. Ou como o autor consignou em outra obra: "As deformações decorrem sobretudo, tal como revelado pela doutrina supramencionada, *[a "economia da informação"]* das assimetrias de informação e de conhecimento. Tais assimetrias são mais ou menos acentuadas nos diversos mercados, mas – e isto é extremamente importante – elas nem sempre derivam das assimetrias naturais de informação. Na maioria das economias, particularmente nas economias em desenvolvimento, elas resultam das dificuldades sociais de acesso à informação e de dificuldades impostas em função do poder extraordinário que os agentes econômicos detêm no mercado" (*Histoire Critique des Monopoles: une Perspective Juridique et Économique*, Paris, LGDJ, 2010, p. 12 – tradução livre).

de inclui, obviamente, o futuro da Natureza como sua condição *sine qua non*".[21] Este tema assumiu dimensões significativas em especial a partir da segunda metade do século XX – quando se disseminou com firmeza o conceito de que é *insustentável* o desenvolvimento baseado no consumo crescente e não preservacionista dos recursos naturais. Este "desenvolvimento insustentável" implica a construção de um ponto de não retorno, quando os recursos naturais se esgotarão e as sociedades experimentarão declínio, retrocesso e involução.

Pois foi em 1987 que o documento produzido pela Comissão Mundial sobre Meio Ambiente e Desenvolvimento (órgão da ONU), denominado de *Relatório Brundtland*, formalizou o conceito de "desenvolvimento sustentável".[22] Na definição de Sydney Guerra e Sérgio Guerra, o princípio pode ser entendido "como a forma de desenvolvimento que satisfaz as necessidades das gerações presentes sem comprometer a capacidade das gerações futuras de alcançar a satisfação de seus próprios interesses".[23]

O princípio do desenvolvimento sustentável tem três componentes básicos: a *sustentabilidade sociopolítica*, a *sustentabilidade ambiental* e a *sustentabilidade econômica*. Estes três elementos precisam ser compreendidos de forma sistêmica e integrativa, a resguardar o equilíbrio de forças entre as razões primárias de cada um deles (equidade social, proteção do meio ambiente e crescimento econômico).

21. Hans Jonas, *O Princípio Responsabilidade: Ensaio de uma Ética para a Civilização Tecnológica*, trad. de M. Lisboa e L. B. Montez, Rio de Janeiro, Contraponto, 2006, p. 229.

22. Consta a seguinte definição de *sustainable development* no documento das Nações Unidas denominado *Our Common Future*: "In essence, sustainable development is a process of change in which the exploitation of resources, the direction of investments, the orientation of technological development, and institutional change are all in harmony and enhance both current and future potential to meet human needs and aspirations" (disponível em *http://www.un-documents.net/ocf-02.htm#I*, acesso em 21.12.2010).

23. Em seguida são destacados os conceitos-chave da ideia de desenvolvimento sustentável: "(a) o conceito de necessidade, em particular as necessidades essenciais dos Países pobres, para as quais deve ser dada prioridade absoluta; (b) a ideia de existência de limitações à capacidade do meio ambiente de satisfazer as necessidades atuais e futuras impostas pelo estágio atual da tecnologia e organização social" (Sydney Guerra e Sérgio Guerra, *Curso de Direito Ambiental*, Belo Horizonte, Fórum, 2009, p. 127-128).

A *sustentabilidade sociopolítica* tem foco primário no respeito aos direitos humanos (sobretudo a dignidade da pessoa), à diversidade cultural e a metas de progresso humano. Trata do desenvolvimento das sociedades por meio do foco nas pessoas e em suas características no tecido social, prestigiando-se as diferenças emancipadoras. Com isto se pretende acentuar as singularidades dos indivíduos, que devem, sim, ser tratados em conjunto, mas não em termos unificadores absolutos, que porventura desprezem as disparidades que caracterizam esta ou aquela cultura, esta ou aquela pessoa. O desenvolvimento, aqui, é visto como um direito das pessoas enquanto e porque seres humanos dignos de consideração individual.

A *sustentabilidade ambiental* preocupa-se com a estabilidade equilibrada dos ecossistemas e respectivas condições de vida das pessoas (presentes e futuras) e de outros seres vivos (animais e vegetais). Aqui surgem os temas da proteção à biodiversidade e da manutenção dos recursos ambientais, bem como o consumo de energia oriunda de fontes renováveis.

A *sustentabilidade econômica* refere-se à integração, no raciocínio da Economia, de temas relativos ao meio ambiente e à dignidade da pessoa – que se prestam a balizar os conceitos e, assim, produzir as decisões econômicas (investimento, receita, custos, lucro, externalidades positivas e negativas etc.). Isto é, levar à pauta alguns critérios não propriamente econômicos em sentido estrito, nem tampouco de concepção restrita em termos cronológicos e subjetivos, mas que digam respeito a escolhas conscientes das consequências ecológicas e subjetivas para a atual e as futuras gerações.

Por meio da integração dinâmica entre estes três componentes do desenvolvimento sustentável, o que se busca é instalar o progresso econômico simultaneamente hábil a *suprir as necessidades da atual geração* e a permitir o *atendimento às demandas das futuras gerações*. Ele é qualificado de "sustentável" porque não esgota os recursos disponíveis, mantendo-os para o uso e gozo daqueles que estão por vir: a estes devem ser asseguradas as condições de definição e desenvolvimento de seu próprio bem-estar.

As preocupações são, sobretudo, de *precaução* e de *prevenção*. Isso porque não há dúvida de que, quando a agressão aos recursos naturais assume dimensão grave, a intervenção *a posteriori* não é o meio mais adequado de lidar com o problema. O controle posterior aos fatos apenas atenua os danos (não os evita, nem os extingue por completo) e indeniza parte dos prejuízos causados (não incidindo naqueles irrecuperáveis – como, por exemplo, a extinção de espécies, de florestas ou até de um mar[24]). A política de meio ambiente mais eficaz e mais barata é a que, preventivamente, procura evitar a ocorrência dos danos ambientais.

2.5.2 A licitação pública sustentável

Em termos jurídicos, o *princípio do desenvolvimento nacional sustentável* trata da ponderação das consequências ambientais de qualquer decisão tomada pelos Poderes Públicos: aqui, os custos para o meio ambiente devem ser proporcionais aos respectivos benefícios econômicos (presentes e futuros). Por outro lado, o princípio do desenvolvimento sustentável obriga à fundamentação sociopolítica e ambiental das decisões de desenvolvimento econômico.

Na justa medida em que as leis que regem as licitações públicas brasileiras foram positivamente integradas pelo princípio do desenvolvimento nacional sustentável, existe o dever administrativo de promoção das correspondentes licitações sustentáveis. Como lecionam Flávio Amaral Garcia e Leonardo Coelho, "as licitações não são mais encaradas como procedimentos voltados à aquisição estanque de produtos, serviços e obras, mas dotadas, também, de uma *função regulatória conformadora do mercado*, na qual são empregadas como instrumentos de

24. Um dos exemplos mais fortes é o do *Mar de Aral* – um lago de água salgada localizado na Ásia Central (Kasaquistão e Uzbequistão) com 68.000km² de superfície original (para comparação, o Estado do Rio de Janeiro tem superfície de 43.696km²), que foi "desertificado" e em 2010 estava dividido em três porções que, somadas, atingiam menos de 10% de seu tamanho original. Isto se deu máxime devido às sucessivas drenagens promovidas pelo Governo Soviético a partir de 1920, que se intensificaram em 1940-1960 (canais rudimentares de irrigação para a plantação de algodão), e teve seu clímax em 1987, com o surgimento de bancos de areia a dividir a água em *Aral do Norte* e *Aral do Sul*. A água salinizou-se e foi poluída ao extremo por lixo, pesticidas e fertilizantes. Houve desertificação, destruição de espécies, mudanças climáticas, falência da indústria pesqueira e crise nas condições sanitárias em toda a região. Trata-se de uma das maiores – se não a maior – catástrofes ambientais da História, resultado do péssimo planejamento estatal da economia, que tornou *insustentável* o desenvolvimento de toda a região (cf. *The New Encyclopædia Britannica*, 15ª ed., vol. 1, p. 514 (verbete "Aral Sea"), e vol. 15, pp. 701-714 (verbete "Central Asia"), Chicago, Encyclopædia Britannica Inc., 1995).

implementação de políticas públicas".[25] A licitação deixa de ser apenas um requisito para a celebração de negócios administrativos, e passa a ser funcionalizada para a definição e implementação de políticas públicas sustentáveis.

Por outro lado, como mencionam Tatiana M. Cymbalista, Marina F. Zago e Fernanda E. Rodrigues, a política de promoção de contratos públicos ambientalmente adequados já existe em "normas de diferentes entes federativos e órgãos públicos, que impõem a realização das chamadas 'compras ambientalmente sustentáveis', exigindo a comprovação de requisitos especiais durante as licitações públicas, tais como a apresentação de selos de certificação que demonstrem origem ou processo produtivo ambientalmente adequado (no caso de madeira reflorestada, por exemplo), ou ainda a compra de materiais com maior sustentabilidade ambiental, tais como papéis reciclados e lâmpadas fluorescentes".[26] O desenvolvimento nacional sustentável depende de ações propositivas dessa ordem, as quais habilitem a Administração Pública e seus contratados a produzir menos resíduos não aproveitáveis e a alargar o tempo de vida útil dos produtos (incluindo-se aqui sua destinação adequada depois do consumo e seu reaproveitamento).

Nesse sentido, a LGL e o RDC estão em sintonia com a Lei 12.305/2010 (*Política Nacional de Resíduos Sólidos*), que celebra o comprometimento entre a Administração Pública e a sociedade civil

25. Flávio Amaral Garcia e Leonardo Coelho Ribeiro, "Licitações públicas sustentáveis", *RDA* 260/232, Rio de Janeiro, FGV/Fórum, maio-agosto/2012 (disponível em *http://bibliotecadigital.fgv.br/ojs/index.php/rda/article/viewFile/8836/7629*, acesso em 31.12.2014). A respeito do entrelaçamento entre políticas e contratações públicas, v.: Peter Vincent-Jones, *The New Public Contracting*, Oxford, Oxford University Press, 2006, *passim*; Pedro Costa Gonçalves, *Reflexões sobre o Estado Regulador e o Estado Contratante*, cit., pp. 91-142; Nuno Cunha Rodrigues, *A Contratação Pública como Instrumento de Política Económica*, Coimbra, Livraria Almedina, 2013, *passim*; Egon Bockmann Moreira, "O contrato administrativo como instrumento de governo", in Pedro Costa Gonçalves (coord.), *Estudos de Contratação Pública – IV*, Coimbra, Coimbra Editora, 2013, pp. 5-18.

26. Tatiana M. Cymbalista, Marina F. Zago e Fernanda E. Rodrigues, "O poder de compra estatal e a margem de preferência para produtos e serviços nacionais introduzida na Lei de Licitações", *RDPE* 35/145, Belo Horizonte, Fórum, julho-setembro/2011. Para visão ampla do fenômeno, v. Murilo Giordan Santos e Teresa Villac Pinheiro Barki (coords.), *Licitações e Contratações Públicas Sustentáveis*, 2ª reimpr., Belo Horizonte, Fórum, 2013, *passim*.

visando a alternativas empresariais que prestigiem a correta destinação dos resíduos (lixo reaproveitável) e dos rejeitos (lixo não reaproveitável). Pode-se mencionar o dever da instalação da chamada *logística inversa* (ou *reversa*[27]): o contrato administrativo a estabelecer que as obrigações do vendedor não se encerram na entrega do bem, mas fazendo com que ele se comprometa a recolher os resíduos imediatamente gerados pela contratação e a promover seu depósito em lugares seguros e/ou sua reciclagem (eletroeletrônicos, pneus, pilhas, baterias, agrotóxicos, garrafas etc.). Ou, quando menos, que a própria Administração Pública instale, desde a fase interna da licitação, o órgão estatal responsável pelo retorno dos resíduos – para seu reaproveitamento econômico e social.

Se tais diretrizes já deviam orientar as contratações públicas quando menos desde a promulgação da Constituição, em 1988 (afinal, o art. 225 impõe normativamente ao Poder Público o dever de defender e preservar para as gerações futuras o direito que todos têm ao meio ambiente ecologicamente equilibrado), depois da promulgação da Lei 12.349/2010 tornou-se cogente a adoção de condutas administrativas que implementem tal dever constitucional. Por meio da legislação ordinária, a norma constitucional, que dantes poderia ser classificada como *programática*, ou de *eficácia limitada*, adquiriu significado concreto e imediatamente aplicável. A Lei 12.349/2010 (bem como a Lei 12.305/2010 e a Lei Complementar 140/2011, dentre outras), portanto, conferiu efetividade social aos arts. 170, VI, e 225 da CF do Brasil.

Isso importa dizer, como anotam Flávio Amaral Garcia e Leonardo Coelho, que a licitação sustentável há de se exprimir em quatro espaços possíveis: (i) definição do objeto (critérios e requisitos ambientais integrantes da fase interna e do planejamento da licitação); (ii) fase de habilitação (preenchimento de exigências ambientais como condição para participar do certame); (iii) julgamento das propostas (preferência objetivas às propostas que tragam maiores vantagens ambientais); e (iv) obrigações do contratado (prestações relativas ao equilíbrio ecológico a

---

27. O art. 3º da Lei 12.305/2010 traz a seguinte definição: "XII – logística reversa: instrumento de desenvolvimento econômico e social caracterizado por um conjunto de ações, procedimentos e meios destinados a viabilizar a coleta e a restituição dos resíduos sólidos ao setor empresarial, para reaproveitamento, em seu ciclo ou em outros ciclos produtivos, ou outra destinação final ambientalmente adequada".

ser gerado pela contratação – inclusive como critério de remuneração variável prevista no art. 10 do RDC).[28]

2.6 Licitações, o princípio da boa-fé e a base objetiva do negócio

Depois da promulgação do Código Civil de 2002 o princípio da boa-fé objetiva tornou-se o cerne da legislação contratual brasileira. Outrora implícito, hoje configura diretriz funcional do comportamento das partes contratantes – antes, durante e depois da execução do contrato. Pode-se, inclusive, afirmar que nas licitações e contratos administrativos o princípio da boa-fé assume maior dimensão. Isso porque os atos da Administração gozam de *presunção de legitimidade*. Esta característica faz com que os particulares tenham de compreendê-los como manifestações públicas orientadas por boa-fé qualificada. Para o Direito, a confiança precisa ser conatural às relações com entidades, órgãos e agentes públicos, gerando as proporcionais consequências jurídicas.

Situação que assume parâmetros peculiares no que diz respeito às licitações: as pessoas privadas tomam conhecimento dos futuros contratos através de atos administrativos. Os editais e convites são atos jurídicos que dão ciência pública da possibilidade de contratar, dentro de limites estreitos (formais e materiais). Presumem-se perfeitos, são submetidos a esclarecimentos e culminam na celebração do contrato. As pessoas privadas alocam recursos, fazem investimentos e executam tarefas tendo como base tais atos públicos. Logo, o princípio da boa-fé objetiva deve apurar a compreensão desses atos administrativos, de modo a preservar seus efeitos e a consolidar no tempo o relacionamento público-privado.

Em termos de direito civil, a boa-fé contratual demanda a contextualização do instrumento celebrado: as partes, sua condição socioeconômica e cultural, o momento da celebração, as condições objetivas e subjetivas de formação da vontade exteriorizada no contrato. Já, para o direito administrativo, a boa-fé dos contratos impõe ponderações suplementares: afinal, a licitação se desenrola precipuamente numa relação de subordinação de interesses (não de coordenação). O

---

28. Flávio Amaral Garcia e Leonardo Coelho, "Licitações públicas sustentáveis", cit., *RDA* 260/245-251 (disponível em *http://bibliotecadigital.fgv.br/ojs/index.php/rda/article/viewFile/8836/7629*, acesso em 31.12.2014).

interesse público posto à guarda da Administração – e definido objetivamente no ato convocatório – orienta o interesse privado; aquele estabelece premissas e limites ao exercício deste. Se a igualdade entre os contratantes é apenas um modelo ideal em todos os contratos, nos administrativos ela padece de forte assimetria, em vista dos interesses e dos poderes contrapostos (pense-se no *ius variandi*). A igualdade entre a Administração-contratante e o particular-contratado é francamente assimétrica. Nessa medida, o art. 422 do CC é essencial à hermenêutica dos contratos administrativos: "Os contraentes são obrigados a guardar, assim na conclusão do contrato, como em sua execução, os princípios de probidade e boa-fé". A ideia básica é a de que a boa-fé deve estabilizar todas as relações contratuais, desde a cogitação inicial até a extinção do vínculo.

Destaque-se que a boa-fé objetiva não envolve a crença subjetiva dos contratantes. Não diz respeito à concepção íntima que os indivíduos possam ter sobre a correção do seu comportamento ou a aspectos da formação psicológica da vontade dos contratantes. O que se acentua em termos de direito administrativo, no qual os agentes públicos devem comportar-se objetivamente na concretização da *função administrativa*. A interpretação objetiva dos editais e contratos administrativos é um dado cogente, tendo em vista o princípio da impessoalidade.

A boa-fé objetiva remete às circunstâncias institucionais nas quais a contratação foi celebrada. O estado de coisas que permitiu a concretização daquele específico contrato administrativo (objetivos de desenvolvimento nacional sustentável; interesse público primário e sua densificação por meio de leis, debates públicos, regulamentos, edital e contrato; metas públicas; qualificação e cooperação das partes etc.). Isto diz respeito à boa-fé dos participantes, bem como à base objetiva do negócio – aqui compreendida como a definiu Larenz: "o conjunto de circunstâncias cuja existência ou persistência é devidamente pressuposta no contrato – sabendo ou não os contratantes –, porque, se assim não for, não se poderia alcançar a finalidade do contrato, o propósito das partes contratantes e a subsistência do contrato não teria 'sentido, fim ou objeto'".[29] O que se defende é a compreensão do contrato adminis-

---

29. Karl Larenz, *Base del Negocio Jurídico y Cumplimiento de los Contratos*, trad. de C. Fernández Rodríguez, Granada, Comares, 2002, p. 34 (tradução livre).

trativo como um negócio jurídico celebrado em determinado contexto histórico (e, assim, como não poderia deixar de ser, circunscrito à sua própria historicidade objetiva), impondo-se a respectiva adaptação às alterações supervenientes, anormais e imprevisíveis, relativas à sua base objetiva. Não se pretende que o intérprete se imiscua na "vontade" das partes e respectiva subjetividade da avença (a averiguar eventuais vícios da vontade), mas, sim, na base objetiva que veio a dar efetividade à contratação administrativa.

O que não significa descartar eventos outrora qualificados de imprevistos, de força maior etc. – estes têm abrigo nas condições do contrato (mas não só estes) e na relação jurídica dele oriunda. O horizonte ora defendido é mais extenso e complexo.

Nesse sentido, o STJ já lavrou vários acórdãos que expressamente aplicam o princípio da boa-fé objetiva em sede de licitações e contratos administrativos. Dentre outros, é de se destacar os seguintes *leading cases*: (i) o que imputa à Administração o "dever de indenizar o contratado pelo que este houver executado até a data em que ela [*nulidade*] for declarada e por outros prejuízos regularmente comprovados, contanto que não lhe seja imputável, promovendo-se a responsabilidade de quem lhe deu causa" (AREsp/AgR 450.983, Min. Napoleão Nunes Maia Filho, *DJe* 18.11.2014); (ii) o que celebra que "se o Poder Público, embora obrigado a contratar formalmente, opta por não fazê-lo, não pode, agora, valer-se de disposição legal que prestigia a nulidade do contrato verbal, porque isso configuraria uma tentativa de se valer da própria torpeza" (REsp 1.148.463, Min. Mauro Campbell Marques,

---

Sobre a *teoria da base do negócio*, v.: Clóvis do Couto e Silva, *A Obrigação como Processo*, São Paulo, José Bushatsky Editor, 1976, pp. 129-136; Judith Martins-Costa, in Sálvio de Figueiredo Teixeira (coord.), *Comentários ao Novo Código Civil*, 2ª ed., vol. V, t. I, Rio de Janeiro, Forense, 2005, pp. 60-85 e 278-315; António Menezes Cordeiro, *Da Boa Fé no Direito Civil*, 3ª reimpr., Coimbra, Livraria Almedina, 2007, pp. 903-1114; Egon Bockmann Moreira, *Direito das Concessões de Serviço Público: Inteligência da Lei 8.987/1995 (Parte Geral)*, São Paulo, Malheiros Editores, 2010, pp. 400-411.
O STJ tem dois julgados que aplicam a teoria de modo expresso: REsp 135.151-RJ, Min. Ruy Rosado de Aguiar, *DJU* 10.11.1997; REsp 94.692-RJ, Min. Sálvio de Figueiredo Teixeira, *DJU* 21.9.1998. Para uma visão mais aprofundada da boa-fé objetiva, indispensável é a leitura do livro de Renata Steiner, Descumprimento Contratual – *Boa-Fé e Violação Positiva do Contrato*, São Paulo, Quartier Latin, 2013, *passim*.

DJe 6.12.2013); e (iii) o que reconhece que: "Trata-se de uma construtora que se dispôs a negociar com o Poder Público e que demonstrou capacidade técnica, operacional e econômica para tanto, não sendo legítimo admitir, sob influxo da boa-fé objetiva, que não detinha assessoria jurídica e contábil para questionar os termos do acordo" (REsp 1.057.539, Min. Mauro Campbell Marques, *DJe* 16.9.2009).

2.7 Licitação e o abuso de direito

Também merece aplicação a disciplina do *abuso de direito*, prevista pelo art. 187 do CC, pois "comete ato ilícito o titular de um direito que, ao exercê-lo, excede manifestamente os limites impostos pelo seu fim econômico ou social, pela boa-fé ou pelos bons costumes". O abuso de direito envolve o exercício extravagante de um direito, prerrogativa ou competência – temas habituais do direito administrativo. Como de há muito firmou Oswaldo Aranha Bandeira de Mello: "A teoria do abuso de direito, vulgarizada, modernamente, no direito privado, se aplica, na realidade, nos diferentes ramos jurídicos, e, portanto, também no direito público".[30] Neste caso, o agente público dispõe de legítima competência (ou prerrogativa) para praticar o ato, mas o faz de molde a trair essa outorga e frustrar a finalidade normativa autorizadora. O exercício do direito é lícito em sua fonte mas abusivo em seu escopo, pois há desconformidade entre o objetivo visado pela norma e o ato praticado.

Aplicada ao direito administrativo, a teoria do abuso de direito – na pena de Oswaldo Aranha Bandeira de Mello – abrange extensa área: "ante sua maleabilidade, abraça já a teoria dos motivos determinantes dos atos administrativos já a do desvio de poder, quanto ao exercício dos poderes discricionários da Administração Pública". E, na perfeita

---

30. Oswaldo Aranha Bandeira de Mello, *Princípios Gerais de Direito Administrativo*, 3ª ed., 2ª tir., vol. I, São Paulo, Malheiros Editores, 2010, p. 493. Note-se que o Código Civil de 2002 "não foi feliz" – como destacam Gustavo Tepedino, Heloísa Helena Barboza e Maria Celina Bodin de Moraes – "ao definir o abuso de direito como uma espécie de ato ilícito. (...). Assim sendo, o art. 187 do CC, que define o abuso de direito como ato ilícito, deve ser interpretado como uma referência a uma ilicitude *lato sensu*, no sentido de contrariedade ao Direito como um todo, e não como uma identificação entre a etiologia do ato ilícito e a do ato abusivo, que são claramente diversas" (*Código Civil Interpretado conforme a Constituição da República*, vol. I, Rio de Janeiro, Renovar, 2004, p. 342).

conclusão: "Se o ato administrativo envolve o exercício de direito com desnaturamento do instituto a que ele se refere, com falseamento, portanto, da razão de existir desse instituto, se tem como verificado o abuso de direito, independentemente da apuração do móvel que o provocou, relegada para plano inferior, ainda, a cogitação da intenção do titular do direito. Basta a verificação objetiva da impropriedade do exercício do direito para se configurar o seu exercício abusivo".[31]

Logo, o desvio de poder (ou de finalidade) aproxima-se do princípio da boa-fé objetiva: na construção e execução dos contratos administrativos importa, sim, o respeito ao *alter*, o prestígio à *res publica* e à regra essencial da lealdade nas relações sociais. Atos abusivos ou desviantes, públicos ou privados, não têm guarida no ordenamento jurídico brasileiro – sobremodo em sede de licitações e contratações públicas.

2.8 Licitações, o princípio da livre concorrência e o combate à corrupção

Como se sabe, as licitações brasileiras representam setor econômico de extraordinária amplitude. As compras e as empreitadas de obras e/ou serviços da Administração Pública (direta e indireta, de todos os entes políticos) ocupam significativa parcela dos negócios – públicos e privados – celebrados em território nacional. Pois todas essas licitações são regidas pelo dever de respeito ao *princípio da livre concorrência*. Tal como demonstrou Carlos Ari Sundfeld, esse entrecruzamento tem relevantes repercussões em, no mínimo, três campos fundamentais: "(a) das contratações feitas pela *Administração Pública adquirente*; (b) do acesso de empresas ao mercado de serviços públicos (e de outras atividades de titularidade estatal, como a exploração de petróleo), o qual é objeto de disciplina pela *Administração Pública concedente*; e (c) da regulação, exercida não só em relação aos serviços públicos, como também em relação às atividades econômicas em geral, pela *Administração Pública reguladora*".[32]

31. Oswaldo Aranha Bandeira de Mello, *Princípios Gerais de Direito Administrativo*, cit., 3ª ed., 2ª tir., vol. I, p. 496.
32. Carlos Ari Sundfeld, "Contratações públicas e o princípio da concorrência", *RCP* 1/55, Belo Horizonte, Fórum, março-agosto/2012. V. também: Pedro Costa Gonçalves, *Reflexões sobre o Estado Regulador e o Estado Contratante*, cit., pp. 371-472.

O princípio da livre concorrência implica a garantia de que os interessados aptos a participar da licitação tenham acesso equânime e irrestrito às informações públicas do respectivo certame e também impede a instalação de condutas que agridam a isonomia entre os participantes. O prestígio à livre concorrência é uma das formas mais eficazes de combate à corrupção: afinal, instalada e prestigiada a efetiva competição entre os interessados, o vencedor será objetivamente consagrado em razão de ter apresentado a proposta mais vantajosa para a Administração. Em contrapartida, propostas e ofertas realizadas em ambientes contaminados pela corrupção implicam a inserção de custos extraordinários para o Poder Público (a verba a ser ilicitamente entregue aos agentes corruptos, que será acrescentada ao preço pago pela execução do contrato; o risco a ser precificado e inserido nos custos do contrato; o desprezo à eficiência para a execução do objeto contratual; etc.), além da prática de condutas moral e juridicamente reprováveis.

O que faz nascer o dever de conjugar a promoção passiva da concorrência (liberdade de informação, liberdade de acesso, transparência etc) com condutas ativas pró-concorrenciais (programas de *compliance* firmemente instituídos e verificados; incentivos à participação do maior número de interessados, inibição à formação de cartéis etc.). O princípio exige que os requisitos impostos pelo edital sejam os que celebrem objetivamente a maior participação possível – tanto em termos de número de interessados como no que respeita à interação com as autoridades administrativas (*road-shows*, esclarecimentos, impugnações, informações etc.).

Está-se a falar de liberdade de acesso equânime ao mercado representado pelas licitações públicas. A Administração Pública tem o *dever institucional* de *promover a concorrência* como um fator objetivo das licitações (proteção à concorrência, não aos concorrentes). Aqui assume especial nitidez a conclusão de Pedro Costa Gonçalves ao consignar que "o direito da concorrência e o direito da contratação pública constituem dois universos ou sistemas de normas marcados em geral por uma mesma intencionalidade, que consiste precisamente na *promoção e proteção da concorrência*".[33]

---

33. Pedro Costa Gonçalves, *Reflexões sobre o Estado Regulador e o Estado Contratante*, cit., p. 372.

Como preceitua a Lei 12.529/2011, o Sistema Brasileiro de Defesa da Concorrência/SBDC é orientado pelos "ditames constitucionais de liberdade de iniciativa, livre concorrência, função social da propriedade, defesa dos consumidores e repressão ao abuso do poder econômico". E note-se que, nos termos do art. 31 da Lei 12.529/2011, ela se aplica "às pessoas físicas ou jurídicas de direito público ou privado, bem como a quaisquer associações de entidades ou pessoas, constituídas de fato ou de direito, ainda que temporariamente, com ou sem personalidade jurídica, mesmo que exerçam atividade sob regime de monopólio legal".

Serão ilícitas as condutas – quer dos agentes públicos, quer dos particulares – que porventura possam violar, direta ou indiretamente, a livre competição. Em sede de licitações, a defesa da concorrência deve se preocupar sobretudo com restrições oriundas de: (i) condutas de grupos de empresas (coligações/cartéis); (ii) condutas isoladas de agentes econômicos e/ou administrativos (barreiras de entrada, assimetria de informações etc.); e (iii) exercício abusivo de poder econômico (abuso de posição dominante); e (iv) corrupção de agentes públicos).

Daí a incidência da Lei Anticorrupção, com foco direto nas pessoas jurídicas – o que gera especial relevância em sede de licitações e contratações públicas (ao lado da Lei de Improbidade Administrativa e das sanções penais e administrativas da própria LGL, estas dirigidas a pessoas físicas [34]). A Lei 12.846/2013 tipifica os ilícitos que implicam "responsabilização objetiva e civil de pessoas jurídicas pela prática de atos contra a Administração Pública, nacional ou estrangeira" (art. 1º). Em específico no que respeita a licitações e contratos, o art. 5º, IV, dispõe que são lesivos os atos que possam: "a) frustrar ou fraudar, mediante ajuste, combinação ou qualquer outro expediente, o caráter competitivo de procedimento licitatório público; b) impedir, perturbar ou fraudar a realização de qualquer ato de procedimento licitatório público; c) afastar ou procurar afastar licitante, por meio de fraude ou oferecimento de vantagem de qualquer tipo; d) fraudar licitação pública ou contrato dela decorrente; e) criar, de modo fraudulento ou irregular, pessoa jurídica para participar de licitação pública ou celebrar contrato administrativo;

---

34. Sobre as sanções administrativas e penais da LGL v., por todos: Francisco Zardo, *Infrações e Sanções em Licitações e Contratos Administrativos*, São Paulo, Ed. RT, 2014, *passim*.

f) obter vantagem ou benefício indevido, de modo fraudulento, de modificações ou prorrogações de contratos celebrados com a Administração Pública, sem autorização em lei, no ato convocatório da licitação pública ou nos respectivos instrumentos contratuais; ou g) manipular ou fraudar o equilíbrio econômico-financeiro dos contratos celebrados com a Administração Pública".[35]

Aqui se apresenta o *dever de repressão à concorrência ilícita*. Em apertada síntese, ela é representada pelas infrações administrativas e crimes concorrenciais. Trata-se tanto da *concorrência desleal* (a repressão a condutas individuais que ofendam regras de boa-fé, moralidade e lealdade) como da *concorrência enquanto instituição* (a defesa objetiva da concorrência como um bem em si mesmo) bem como dos *ilícitos concorrenciais* (cartéis, corrupção etc.).

Talvez a formação de cartéis seja o ilícito concorrencial que tenha ambiente mais fértil nas licitações.[36] Com o passar do tempo as empresas dos mesmos setores econômicos (geográficos, tecnológicos etc.) tendem a participar de certames equivalentes, instalando-se aqui um incentivo à atenuação da rivalidade, acomodação das respectivas participações mercadológicas e fixação subjetiva de preços por meio de acordos (tácitos ou expressos).

35. Sobre a Lei Anticorrupção, v.: José Anacleto Abduch Santos, Mateus Bertoncini e Ubirajara Custódio Filho, *Comentários à Lei 12.846/2013 – Lei Anticorrupção*, São Paulo, Ed. RT, 2014, *passim*; Diogo de Figueiredo Moreira Neto e Rafael Véras de Freitas, *A Juridicidade da Lei Anticorrupção: Reflexões e Interpretações Prospectivas*, disponível em http://www.editoraforum.com.br/ef/wp-content/uploads/2014/01/ART_Diogo-Figueiredo-Moreira-Neto-et-al_Lei-Anticorrupcao.pdf (acesso em 10.6.2014); Leila Cuéllar e Clóvis Alberto Bertolini de Pinho, "Reflexões sobre a Lei federal 12.846/2013 ('Lei Anticorrupção')", *RDPE* 46/131-170, Belo Horizonte, Fórum, abril-junho/2014; Egon Bockmann Moreira e Andreia Cristina Bagatin, "Lei Anticorrupção e quatro de seus principais temas: responsabilidade objetiva, desconsideração societária, acordos de leniência e regulamentos administrativos", *RDPE* 47/55-84, Belo Horizonte, Fórum, julho-setembro/2014.

36. Note-se que a Lei 12.529/2011 faz expressa menção à LGL ao referir-se a "crimes diretamente relacionados à prática de cartel" ("Art. 87. Nos crimes contra a ordem econômica, tipificados na Lei n. 8.137, de 27 de dezembro de 1990, e nos demais crimes diretamente relacionados à prática de cartel, tais como os tipificados na Lei n. 8.666, de 21 de junho de 1003, e os tipificados no art. 228 do Decreto-lei n. 2.848, de 7 de dezembro de 1940 – Código Penal –, a celebração de acordo de leniência, nos termos desta Lei, determina a suspensão do curso do prazo prescricional e impede o oferecimento da denúncia com relação ao agente beneficiário da leniência"). As infrações à ordem econômica vêm definidas nos arts. 36 e ss. da Lei 12.529/2011.

Nas licitações, várias são as práticas que podem revelar a formação de acordos entre os concorrentes, com vistas a fixar preços ou quotas de mercado (propostas fraudulentas ou simuladas, a fim de possibilitar a vitória alheia; fixação de preços entre os concorrentes, visando a elevar os custos públicos; divisão de lotes e/ou de certames entre os mesmos concorrentes, de molde a assegurar a vitória de todos em diversas licitações; corrupção com vistas a obter dados privilegiados e/ou resultados extravagantes etc.).[37]

Também esses motivos devem servir de alerta à Administração para que envide esforços para detectar indícios e promova ações para inibir a formação de cartéis em licitações públicas. Aqui devem ser estimuladas práticas de boa governança e de *compliance*. Afinal, o que pode tornar as licitações bem-sucedidas é a pressão pela geração de eficiência nos interessados em contratar com a Administração. Por isso que as características centrais dos processos de licitação são a rivalidade entre os concorrentes, a inovação, a sustentabilidade e as vantagens comparativas nos bens e serviços – e não apenas a disputa de preços.

Ora, é a competição que força as sociedades empresariais a investir em inovação e eficiência. Caso não o façam, correm o risco de ficar para trás e ser, por fim, expulsas dos mercados. Desde que as empresas sejam forçadas a concorrer, o mercado encontrará maneiras de gerar e difundir uma sequência infinita de inovações. Logo, a proteção à concorrência é um dado dinâmico das licitações, a instalar o dever de atualização por parte da Administração Pública (tanto para seus agentes como para os editais e contratos). Tal como nos sistemas de *compliance*, a proteção à concorrência em licitações não se satisfaz com uma única medida, mas, sim, exige a constante adesão, renovação, aperfeiçoamento e obediência ao conjunto de melhores práticas concorrenciais.

Mais ainda – como frisou Calixto Salomão Filho –, a livre concorrência traz consigo a possibilidade de "diluição dos centros de poder" e tem relevante consequência desenvolvimentista: trata-se da "importância da concorrência (diluição do poder econômico) como instrumen-

---

37. Os cartéis em licitações públicas são uma preocupação universal. A respeito do cenário europeu, v. João Moreira, "Cartelização em contratação pública: a exclusão de ofertas susceptíveis de falsear a concorrência", in Pedro Costa Gonçalves (org.), *Estudos de Contratação Pública – III*, Coimbra, Coimbra Editora, 2010, pp. 201-259.

to de formação do conhecimento econômico (...). Pode-se concluir que, tanto por sua função criadora como por sua função de distribuição de conhecimentos, a luta contra o poder econômico pode e deve ser um dos primeiros elementos estudados no que concerne ao *due process* econômico".[38] Devido processo econômico compreendido como a garantia da interação, em iguais condições, dos agentes econômicos (sem exclusões e desigualdades).

2.9 O dever de licitar, o princípio da eficiência e o Value for Money (VfM)

A exigência legal da prática da licitação destina-se, antes de tudo, a instalar a competição entre os interessados e gerar o negócio potencialmente mais vantajoso para a Administração. A LGL e o RDC não representam propriamente limitações às contratações públicas nem gastos excessivos, mas, sim, a pré-configuração normativa deste modo de exercício da função administrativa. Esta já nasce com feição diversa daquela ostentada pelas pessoas privadas, a exigir eficiência e dinamismo – como bem frisou Carlos Ari Sundfeld ao descrever o *Direito Administrativo dos Negócios*: "o dos que se focam em resultados e, para obtê-los, fixam prioridades, e com base nelas gerenciam a escassez de tempo e de recursos".[39] Enfim, o direito administrativo proativo, que vislumbra na legislação um facilitador de procedimentos, a gerar economia de recursos públicos combinada com vantagens a serem legitimamente auferidas pelas pessoas privadas.

Constatação, essa, que se orienta pelo princípio da eficiência (CF, art. 37, *caput*), que se prende à "maximização de resultados. Ao agente

38. Calixto Salomão Filho, *Histoire Critique des Monopoles: une Perspective Juridique et Economique*, cit., p. 14 (tradução livre).

39. Carlos Ari Sundfeld, "O direito administrativo entre os *clips* e os negócios", *RDPE* 18/35, Belo Horizonte, Fórum, abril-junho/2007. Em seguida, consigna: "Para esse âmbito, valem práticas opostas às do *DAC*: *[direito administrativo dos clips]*: aumenta a informalidade nos procedimentos; a inação é o pior comportamento possível do agente; soluções devem ser encontradas o mais rápido; acordos são desejáveis; evitar e eliminar custos é fundamental; só se envolvem na decisão agentes e órgãos indispensáveis; riscos devem ser assumidos sempre que boa a relação custo/benefício etc.". Sobre esta nova compreensão do direito público, v. também Sophie Nicinski, *Droit Public des Affaires*, Paris, Montchrestien, 2009, *passim*.

público não é dado contentar-se com a mera *utilidade* dos meios com vistas ao atingimento da finalidade normativa. Deve perseguir o *melhor resultado* possível a partir da eleição de meios *idôneos*, *compatíveis e proporcionais*".[40] Ora, na medida em que a Administração dispõe de amplo cardápio normativo de alternativas para implementar políticas públicas por meio de contratos (desde a LGL até o RDC, passando pelo pregão, concessões comuns, parcerias público-privadas etc.), combinado com várias modalidades de financiamento (investidor, financiamento bancário e/ou mercado de ações; pública e/ou privada; local, regional, nacional e/ou internacional), a ela cabe não só averiguar e definir o modelo de projeto e a modalidade de contratação, mas também as alternativas de financiamentos disponíveis – e respectivos custos. Aqui entra em cena o conceito de *Value for Money* (*VfM*).

Em princípio, pode-se afirmar que a licitação se destina, sobretudo, a concretizar uma escolha de *Best Value for Money*.[41] A ideia de *Value for Money/VfM* pretende correlacionar os custos à eficiência, por meio de cálculos comparativos, a fim de gerar uma decisão consistente, que permita fundamentar seja a contratação pela LGL ou pelo RDC (os custos, unidos aos riscos e ao tempo de vida do bem e/ou serviço), seja a mesma operação via concessão comum ou PPP (os custos, unidos ao retorno do investidor e à contraprestação pública). Como esclarecido por Licínio Lopes Martins, o *VfM* traduz uma combinação ideal dos custos de um ciclo completo de um projecto, incluindo os riscos e a gestão dos riscos, o tempo de finalização e a qualidade do equacionamento, sempre na perspectiva do cumprimento de requisitos públicos".[42] Em suma: o que se pretende é parametrizar e avaliar o projeto no tempo (sobretudo em vista do bem a ser utilizado e/ou do serviço a ser prestado e respectiva relação qualidade-preço). Note-se que isso não precisa necessariamente envolver apenas despesas privadas ou público-privadas, mas pode prestar-se a definir se este ou aquele projeto merece ser desenvolvido nesta ou naquela modelagem.

  40. Fernando Vernalha Guimarães, *PPP – Parceria Público-Privada*, cit., 2ª ed., p. 228.
  41. Cf. Pedro Costa Gonçalves, *Reflexões sobre o Estado Regulador e o Estado Contratante*, cit., pp. 384-385; e Fernando Vernalha Guimarães, *PPP – Parceria Público-Privada*, cit., 2ª ed., pp. 226-227.
  42. Licínio Lopes Martins, *Empreitada de Obras Públicas*, Coimbra, Livraria Almedina, 2014, p. 350.

Isto é: deve-se averiguar quanto custa determinado projeto ao longo de sua vida útil, através de um rol de questões associadas ao caso concreto. Os custos são maiores ou menores na modalidade de contratação direta, na concessão comum ou na PPP? A manutenção do bem em toda a sua vida útil é permitida pelos paradigmas de responsabilidade fiscal? A Administração Pública dispõe de maturidade e conhecimento técnico que a autorizem a promover uma contratação integrada do RDC? Ou um Procedimento de Manifestação de Interesse/PMI? O escopo é o de que o procedimento de *VfM* permita escandir e comparar a gestão de riscos, o padrão da prestação, a alocação dos recursos e os resultados de gestão da infraestrutura.

Isto significa dizer que nem a LGL, nem o RDC, nem qualquer outra ordem de contratos administrativos está a prestigiar a realização de quaisquer certames, sob formas que apenas onerem as partes, mas, sim, daqueles que cumpram a eficiência da Administração Pública, conjugada com os demais princípios consignados no *caput* do art. 37 da CF do Brasil (legalidade, moralidade, publicidade e impessoalidade).

2.10 As licitações eficientes e os custos de transação

Tal como as demais operações econômicas, também as contratações públicas têm *custos de transação*.[43] Esta expressão refere-se às despesas existentes todas as vezes em que os agentes econômicos pretendem interagir nos respectivos mercados. Dizem respeito não ao valor intrínseco do negócio em si, mas, sim, do conjunto de trabalho, tempo e dinheiro que o cercam: levantamento das informações contratuais objetivas; exame sobre as pessoas dos respectivos contratantes; elaboração

---

43. No plano da Teoria do Contrato (e respectiva Análise Econômica), a noção de *custos de transação* adquire uso generoso, fazendo-os corresponder a três causas principais, no dizer de Fernando Araújo: (i) custos de redação do clausulado (custos de complexidade); (ii) custos de disciplina contratual; e (iii) contingências imprevistas (*Teoria Econômica do Contrato*, Coimbra, Livraria Almedina, 2007, p. 198). Aplicada ao contrato administrativo, a análise dos custos de transação importa considerar, então, todo o conjunto dos custos relacionados à pactuação destes ajustes. Neste contexto, um dos principais fatores a influenciar os custos transacionais, e que se relaciona com a maximização da eficiência nas relações contratuais administrativas, está na indefinição de contingências futuras – o que conduz os interessados à precificação desta insegurança.

dos contratos; proteção ao meio ambiente; controle da execução contratual etc. Está-se a tratar daquilo que Marcos Nóbrega qualificou como o principal custo contratual *ex ante*: o "do desenho do contrato; o custo de estabelecer todas as contingências e peculiaridades que possam afetar o contrato durante a sua execução. Por óbvio, quanto mais complexo for o objeto, mais caro será estipular as cláusulas contratuais. Assim, haverá sempre um *trade off*, completude *versus* custos".[44]

Basta pensar nas despesas para a confecção de edital relativo a obra pública complexa, respectiva publicação e julgamento das propostas, ao lado daquelas relativas à formação de consórcios empresariais, configuração da proposta e litígios administrativos e judiciais (aqui as despesas das pessoas privadas), para se ter uma ideia da efetiva existência destes custos de transação. Isto é: o contrato administrativo custa muito mais caro do que o mero objeto da execução contratual.

Por outro lado, fato é que os agentes econômicos não dispõem da mesma quantidade e qualidade de informações a propósito dos respectivos mercados, assim como nem todos se comportam de forma leal (mas muitas vezes assumem condutas oportunistas). O mesmo se dá nas licitações e contratos administrativos: quanto mais valiosa a contratação, mais agentes econômicos estarão interessados e maior o volume de sujeitos envolvidos (advogados, engenheiros – civis, ambientais, financeiros –, administradores, banqueiros, seguradores, gerentes, políticos etc.). A licitação pública e a futura execução do contrato administrativo exigem tais peças essenciais (e respectivo gasto). Claro que mercados de menor especificidade devem se submeter a contratações com menores despesas (como se dá no caso dos bens e serviços comuns e o pregão eletrônico, por exemplo) –, mas também aqui há custos para transacionar.

44. Marcos Nóbrega, *Os Tribunais de Contas e o Controle dos Programas Sociais*, Belo Horizonte, Fórum, 2011, p. 44. Ampliar em: Ronald Coase, "O problema do custo social", trad. de F. K. F. Alves e R. V. Caovilla, *RDPE* 26/135-191, Belo Horizonte, Fórum, abril-junho/2009; Fernando Araújo, "Uma análise económica dos contratos, Parte I", *RDPE* 18/69-160, Belo Horizonte, Fórum, abril-junho/2007; Luciano Timm, "Ainda sobre a função social do direito contratual no Código Civil: justiça distributiva *versus* eficiência econômica", in L. Timm (org.), *Direito & Economia*, 2ª ed., Porto Alegre, Livraria do Advogado, 2008, pp. 63-96; Rachel Sztajn, Décio Zylbersztajn e Paulo Furquim de Azevedo, "Economia dos contratos", in Décio Zylbersztajn e Rachel Sztajn (orgs.), *Direito & Economia*, Rio de Janeiro, Elsevier, 2005, pp. 102-136.

Numa visão míope, poder-se-ia afirmar que o processo de licitação, sempre e irremediavelmente, aumentaria os custos de transação. Afinal, há requisitos extraordinários ao universo das contratações privadas. Porém, isto não é verdadeiro (*rectius*: nem sempre é verdadeiro), pois fato é que existem razões próprias para a organização desse mercado de compras públicas – sejam elas políticas, técnicas e/ou econômicas. As regras estão previamente lançadas e são de conhecimento público: a assimetria de informações tende a ser atenuada. Este é o perfil normativo ordinário das contratações públicas, nos termos da Constituição brasileira. De mais a mais, a licitação instala a competição entre agentes econômicos do mesmo setor – os quais dispõem de informação apurada acerca do produto e do contratante.

O problema, portanto, não reside na exigência legal do processo de licitação pública – mas, sim, em seus desvios, tais como os excessos burocráticos, os formalismos inférteis, as exigências desproporcionais e o desprezo à eficiência (isso sem se falar das ilicitudes). Como consignou Adilson Abreu Dallari, "a licitação não é um mal, não é um procedimento necessariamente lento, complicado, burocratizado, puramente formal e sem resultados práticos. Não se pode confundir a licitação com a patologia da licitação".[45] Pode-se afirmar sem hesitação que editais eficientes tendem a atenuar os custos externos e produzir contratações vantajosas: a Administração, preocupada em realizar bons negócios, certamente diminuirá os respectivos custos de transação. O eventual problema não está na LGL (nem no RDC), mas na forma como muitas vezes os diplomas normativos são mal-aplicados.

---

45. Adilson Abreu Dallari, *Aspectos Jurídicos da Licitação*, 7ª ed., São Paulo, Saraiva, 2006, p. 18.

Capítulo 3

ESTRUTURA DA LICITAÇÃO: MODALIDADES E TIPOS

3.1 Estrutura procedimental da licitação. 3.2 Modalidades de licitação: tipologia processual: 3.2.1 A concorrência – 3.2.2 A tomada de preços – 3.2.3 O convite – 3.2.4 O concurso – 3.2.5 O leilão – 3.2.6 As licitações extravagantes à Lei Geral de Licitações: 3.2.6.1 O pregão – 3.2.6.2 A "concorrência-pregão" – 3.2.6.3 O Regime Diferenciado de Contratações. 3.3 A Lei Geral de Licitações, o Regime Diferenciado de Contratações e a escolha da modalidade de licitação. 3.4 O parcelamento da licitação (com vistas à ampliação da competitividade): 3.4.1 Dever de adequada motivação das hipóteses de exceção – 3.4.2 A aplicação restritiva do § 1º do art. 23 da LGL aos "contratos administrativos gerais" – 3.4.3 A indivisibilidade do objeto: o consórcio empresarial e a mitigação da concentração – 3.4.4 Preservação da modalidade licitatória pertinente à integralidade do objeto – 3.4.5 A disposição do § 5º do art. 23 da LGL e o somatório de valores: 3.4.5.1 Parcelas de uma mesma obra ou serviço – 3.4.5.2 Obras e serviços da mesma natureza e no mesmo local – 3.4.6 Dever de adequado planejamento da contratação – 3.4.7 Consequência jurídica da infração ao disposto no § 5º do art. 23 da LGL. 3.5 Tipos de licitação (critérios de julgamento): 3.5.1 Os tipos de preço: (i) menor preço e (ii) maior lance ou oferta: 3.5.1.1 O tipo menor preço e as exigências de qualidade técnica do objeto – 3.5.1.2 Restrições à escolha do tipo menor preço – 3.5.2 Os tipos de técnica: (i) técnica e preço e (ii) melhor técnica – 3.5.3 A avaliação das propostas técnicas sob critérios objetivos e proporcionais – 3.5.4 O tipo melhor técnica – 3.5.5 O tipo técnica e preço – 3.5.6 Tipos de técnica e técnica e preço: obras e serviços predominantemente intelectuais – 3.5.7 O tipo técnica e preço, bens e serviços de informática e o Decreto 7.174/2010. 3.5.8 Os critérios de julgamento no Regime Diferenciado de Contratações.

3.1 Estrutura procedimental da licitação

A licitação é um processo. Isso significa que ela se caracteriza como uma sucessão predefinida de atos e fatos administrativos, encadeados e ligados a uma finalidade última: alcançar a proposta mais vantajosa à Administração, mediante disputa isonômica e eficiente. Sua estrutura processual compreende diversas etapas, tal como adiante exposto.

A estrutura do processo licitatório variará conforme a extensão da disputa e a natureza da prestação buscada. Para customizar os procedimentos sob critérios de amplitude e da natureza do objeto, o legislador estabeleceu diversas *modalidades* de licitação.

3.2 Modalidades de licitação: tipologia processual

A LGL concebeu diversas modalidades de licitação: (i) convite, (ii) concurso, (iii) leilão, (iv) tomada de preços e (v) concorrência. Além disso, a Lei 10.520/2002 e a Lei 11.079/2004 estabeleceram as modalidades do (vi) *pregão* e da (vii) *concorrência-pregão* aplicável às PPPs, respectivamente. Isso sem se falar na Lei 12.462/2011, que aboliu a existência de modalidades relativamente ao RDC (cuja racionalidade é significativamente diversa da LGL).

Mas note-se que, nesta seara, o legislador tem sido bastante conservador ao interno da LGL. Exceção feita a legislações especiais, as mudanças sobre as modalidades de licitação foram "muito pontuais", como anota André Rosilho: "De modo geral, detalhes foram alterados ou, então, ajustes foram feitos nas faixas de valores de cada uma das modalidades de licitação já existentes – concorrência, tomada de preços e convite. A grande inovação sobre este tema veio com o surgimento do pregão, nova modalidade de licitação criada pela Lei 10.520/202".[1] O que importa dizer que seguem firmes os parâmetros estabelecidos quando da redação original da Lei 8.666/1993.

Ao tratar das modalidades de licitação normativamente permitidas, a legislação está a disciplinar a tipologia dos processos administrativos pertinentes às licitações públicas. Isto é: quando o art. 22 da LGL fala

---

1. André Rosilho, *Licitação no Brasil*, São Paulo, Malheiros Editores/*sbdp*, 2013, p. 177.

de *modalidades de licitação*, está a tratar de *tipos de processo administrativo licitatório*.[2] A diferença substancial entre as modalidades não está só no número de interessados nem nos valores das contratações ou apenas no momento e/ou critérios de habilitação – estas informações são apenas algumas das premissas que resultam nesta ou naquela modalidade. Ou seja: estes são dados relevantes cuja combinação efetivamente qualifica os certames, mas revelarão apenas parcelas do fenômeno caso compreendidos autonomamente. Isso porque a distinção entre as modalidades reside no tipo de processo administrativo a ser instaurado como requisito à futura contratação.

Ora, a licitação é um processo administrativo, compreendido como específica relação jurídica a disciplinar a sequência de atos e fatos que devem anteceder o ato de adjudicação do objeto da futura contratação. Esta relação jurídica instaura uma série de direitos subjetivos públicos sob o regime processual. Porém, o processo de licitação não existe sob uma só espécie: há vários tipos ("modalidades"), os quais se relacionam com a legitimidade dos interessados; o valor da contratação; o rito a ser adotado etc. É esta combinação de temas diversos em feixes específicos que permite a construção deste ou daquele processo de licitação. Assim, cada modalidade representa determinada sequência de atos e fatos que visa ao ato final de escolha do licitante vencedor.

Nos termos do § 8º do art. 22 da LGL, a tipologia dos processos de licitação é fechada, pois é expressamente proibida a criação administrativa de outras modalidades e/ou de modalidades combinadas, seja pela via de ato regulamentar (decreto), seja por meio de ato convocatório (edital). Nula será a criação administrativa de novos processos de licitação.

No que respeita às modalidades, portanto, a competência é vinculada: em vista de determinados atos e fatos, muitos deles oriundos da competência gerencial da Administração, deverá ser implementada esta ou aquela modalidade. E, mais que isso, tampouco será válida a tentati-

2. Não confundir com os *tipos de licitação* (previstos no art. 45 da LGL), em que a distinção prevista limita-se aos fins do artigo e se refere ao *critério de julgamento* – ou *critério de avaliação das propostas* (menor preço; melhor técnica; técnica e preço; maior lance ou oferta, como se dá no art. 18 do RDC (menor preço ou maior desconto; técnica e preço; melhor técnica ou conteúdo artístico; maior oferta de preço; maior retorno econômico). O que o art. 12 do RDC e o art. 22 da LGL preveem são *tipos de processos licitatórios*, os quais podem comportar este ou aquele fator de julgamento.

va de se burlar este ou aquele tipo de licitação por meio da fragmentação do objeto ou de outros expedientes inadequados à contratação. A análise minuciosa dos fatos será decisiva para a aplicação desta ou daquela modalidade.

3.2.1 A concorrência

Pode-se dizer que a modalidade *concorrência* representa o "rito ordinário" dos processos de licitação. Trata-se não só de padrão de referência para as demais modalidades (LGL, art. 23, §§ 3º e 4º), como também daquela de procedimento mais complexo e minucioso. Por isso, a concorrência outorga a mais ampla legitimidade aos interessados, bem como se dirige a licitações de maior valor e intensas exigências técnicas. Igualmente devido a tais razões, a concorrência tem a habilitação dos interessados como o pressuposto para a possibilidade da oferta de preços.

Na justa medida em que a modalidade concorrência é a regra para as futuras contratações de maior valor, a lei optou por exigir-lhe ampla publicidade, combinada com a possibilidade da participação de quaisquer interessados (sem limitações prévias, bastando que preencham as condições de habilitação). Igualmente por isso, esta modalidade se desenvolve mediante o rito mais minucioso, que comporta uma exigente habilitação inicial.

Assim, e salvo exceções, nos termos da LGL, a concorrência se aplica: (i) para contratos de alto valor (art. 23, I, "c", e II, c", e § 6º); (ii) para contratação de parcela de obra, de serviço ou de compra cuja soma das parcelas atinja o valor previsto para esta modalidade (art. 23, §§ 2º e 5º); (iii) para contratação de obras e serviços da mesma natureza e no mesmo local, desde que possam ser realizadas conjunta e concomitantemente (art. 23, § 5º); (iv) para o registro de preços (art. 15, § 3º, I); (v) para compra ou alienação de bens imóveis, nas concessões de direito real de uso e nas licitações internacionais (arts. 17, I, e 23, § 3º).

Para conferir legitimidade a grande número de interessados, na concorrência não há restrições subjetivas legalmente estabelecidas. Estas decorrerão do edital, que estabelecerá os *requisitos mínimos* para que *quaisquer interessados* possam participar do certame. São vedados os requisitos que porventura violem – direta ou indiretamente – o *prin-

cípio do julgamento objetivo e o *princípio da livre concorrência*. Afinal, é a própria Constituição que "permite a imposição de limites e requisitos econômicos para que o interessado possa concorrer na licitação (...), desde que isso não se transforme em obstáculo à isonomia e à competitividade no certame. Se as exigências do edital não são razoáveis, não podem subsistir" (TRF-4ª Região, APELREEX 5004290-63.2011.404.7202, Des. federal Cândido Alfredo Silva Leal Jr., *DJe* 17.12.2014).

Aqui se está a tratar das condições *necessárias* e *suficientes* para a adequada execução do objeto contratual.[3] As *condições necessárias* são aquelas sem as quais o interessado não poderia executar o objeto do contrato (por exemplo, é necessária uma empresa de engenharia com engenheiros qualificados para determinadas obras de engenharia civil). As *condições suficientes* são as que bastam, por si sós, àquele objeto contratual (no exemplo acima, são suficientes as empresas de engenharia civil e os engenheiros civis; são desnecessários, *v.g.*, as empresas de engenharia química e os engenheiros nucleares).

Os requisitos mínimos devem ser objetivos e dizer respeito a condições-padrão, em tese atendidas pelo maior número possível de interessados. A LGL preceitua que deve haver limites, mas não diz quais são: a tarefa é titularizada pela Administração Pública, que tem o dever de definir os requisitos e demonstrar que são efetivamente mínimos. Conforme acima já consignado, ao tratar do princípio da vinculação ao instrumento convocatório (§ 2.3), é a Administração o órgão com competência democrática para, nos termos da lei e da respectiva política pública, observados os concernentes motivos de fato, definir a modalidade de licitação e os requisitos para que os interessados possam dela participar. Esta capacidade gerencial que culmina na escolha pública estampada no edital não se transmite a outros órgãos e entidades, nem mesmo ao Poder Judiciário em sede de controle.

Haverá de existir – e, assim, ser fundamentadamente demonstrada – a *conexão*, *causal* e *proporcional*, entre a *futura contratação* e os *re-*

---

3. Como consignou Irving M. Copi: "Uma condição *necessária* para que se produza um acontecimento determinado é uma circunstância em cuja ausência o evento não possa ocorrer. (...). Uma condição *suficiente* para a ocorrência de um evento é uma circunstância em cuja presença o evento deve ocorrer" (*Introdução à Lógica*, trad. de A. Cabral, São Paulo, Mestre Jou, 1978, p. 329).

quisitos estampados no instrumento convocatório. Estes não podem ser escolhidos sem mais nem menos, quer pela força do hábito, quer devido ao exame precário do objeto da licitação – pois só serão válidos caso ocorram sob certas condições de fato objetivamente demonstradas. Condições as quais são reveladas pelo exame minucioso do caso concreto e do que se pretende com aquela específica contratação pública.

Nada de supérfluo pode ser admitido; assim como nada de irrelevante ou impertinente. Isto quer dizer que o edital há de cumprir ativamente tal preceito: deverá, sim, definir os requisitos necessários de forma clara, limitando-os aos suficientes ao escopo da licitação. Falho será o edital que não demonstre, com nitidez e apuro técnico, que os requisitos exigidos são apenas e tão somente os necessários e suficientes àquela licitação.

Esta é a finalidade da fase preliminar denominada de *habilitação* (a ser tratada abaixo, no Capítulo 6). Ela é instruída pelo direito subjetivo público, titularizado pelos interessados, de demonstrar que são efetivamente detentores da capacidade objetiva de realizar o escopo da licitação. Nas concorrências a fase de habilitação constitui, portanto, formalidade jurídica necessária para que o interessado possa gozar do direito subjetivo de fazer sua oferta de preço para a futura contratação administrativa. Desde que comprove o preenchimento dos requisitos objetivos mínimos estabelecidos pelo edital, ele deverá ter sua oferta apreciada pela Administração.

3.2.2 A tomada de preços

Ao contrário da concorrência, que tem o exame simultâneo da habilitação de todos os interessados limitado à primeira fase do rito processual (uma concentração cronológica da apresentação dos documentos), na *tomada de preços* esta fase é espraiada no tempo. Para se tornar habilitado a participar de licitações sob esta modalidade o interessado deve demonstrar sua qualificação por meio de cadastro frente à Administração Pública – o que pode se dar em qualquer momento anterior ao lançamento do edital ou, no máximo, até o terceiro dia anterior ao do recebimento das propostas.

Assim, o cadastro do interessado equivale à sua habilitação, nos termos dos arts. 27 a 31 da LGL (capacidade jurídica, regularidade fiscal, qualificação econômico-financeira, qualificação técnica e respeito à legislação trabalhista – em especial quanto a trabalho de menores). Caso o interessado demonstre que efetivamente atende a tais requisitos, receberá o *Certificado de Registro Cadastral*/CRC. Este Certificado, que tem natureza declaratória e constitutiva (certifica o que já existe e, assim, constitui o interessado na condição de habilitado), pode se prestar a substituir os documentos previstos nos arts. 28 a 31 da LGL. Para as licitações da Administração federal existe o *Sistema de Cadastramento Unificado de Fornecedores*/SICAF (originalmente instituído por meio da Instrução Normativa 5/1995 do Ministério da Administração e Reforma do Estado/MARE, e objeto de várias alterações posteriores[4]).

Porém – e como anotou Hely Lopes Meirelles –, em qualquer dos sistemas e modalidades é ilegal a exigência de cadastramento: "(...). Nos termos da lei, a participação de qualquer interessado é livre na concorrência e no convite (art. 22, §§ 1º e 2º), e mesmo na tomada de preços é facultada a participação daqueles não cadastrados mas que preencham as condições exigidas até três dias antes da data prevista para a entrega dos envelopes (art. 22, § 2º)".[5] Isto é: o cadastro não é indispensável mesmo nas tomadas de preços – mas é de todo indicado que seja feito, vez que instala eficiência no processamento da licitação.

A tarefa de analisar os documentos e emitir os registros deve ser atribuída a uma comissão cadastral permanente – afinal de contas, trata-se de atividade contínua. Uma vez cadastrado, o interessado poderá participar de tantas licitações quanto suporte sua respectiva qualificação.

A previsão normativa da possibilidade do cadastramento em até três dias antes da data de recebimento das propostas exige a correspondente eficiência administrativa no adequado processamento de tais pedidos. A licitação não poderá ter início caso não tenham sido analisados todos os pedidos de cadastramento formulados nesse prazo (seja para acolhê-los, seja para rejeitá-los). Isto é: o direito subjetivo a participar da licitação não pode ser obstado pela ineficiência administrativa; o legislador estabeleceu o prazo de três dias como suficiente para o exame dos documentos.

4. O SICAF e toda a legislação pertinente, bem como a plataforma de cadastramento via Internet, podem ser consultados em *www.comprasgovernamentais.gov.br*.

5. Hely Lopes Meirelles, *Licitação e Contrato Administrativo*, 15ª ed., São Paulo, Malheiros Editores, 2010, p. 63.

Desde que expressamente previsto no edital, é viável o acesso a outros sistemas de registros cadastrais que não o da entidade ou do órgão promotor da licitação (o ideal seria que houvesse regulamento a disciplinar a aceitação). Logo, e a depender do caso, os interessados não precisam multiplicar os pedidos de cadastro (e respectivo custo e tempo), mas basta a apresentação de certificado válido para licitações equivalentes.

Desta forma, na tomada de preços as propostas podem ser ofertadas por qualquer interessado com o cadastro aprovado, registrado e/ou válido perante o órgão ou entidade licitante. Isto significa dizer que não basta ao interessado protocolar o pedido de cadastro: é necessário que ele efetivamente demonstre preencher os requisitos de qualificação exigidos para esta modalidade de licitação. De ordinário, é recomendável que os registros cadastrais tenham prazo de validade (um período de tempo nem tão curto que o torne por demais precário, nem tão longo que o torne impreciso).

Além disso, é de todo adequado que os requisitos cadastrais sejam conferidos, e assim se demonstre que estão presentes quando da licitação. Os interessados devem prestar declaração neste sentido e submeter-se à conferência administrativa de seus atributos. Isto é: não basta realizar o cadastro e tê-lo aprovado perante a Administração, pois necessário se faz que a qualificação seja mantida no tempo e esteja presente quando da participação no certame.

Como nas demais modalidades, o edital da tomada de preços deve ter ampla divulgação pública, como já decidiu o TRF-4ª Região: "Acórdão do TCU que concluiu pela ocorrência de fraude em licitação, configurada pela ausência de divulgação ao público em geral por meio da imprensa regional/local, anunciando o edital da tomada de preços, restringindo assim a concorrência de eventuais competidores do mercado" (AC 5006664-27.2012.404.7005, Desa. federal Marga Inge Barth Tessler, *DJe* 19.9.2013).

3.2.3 O convite

Esta modalidade licitatória tem como característica a iniciativa da Administração, que deve procurar e chamar individualmente os interessados por meio de específica correspondência. Cabe ao órgão ou entidade licitante a demonstração de que aqueles a quem as correspondências foram emitidas sejam do setor ou área da atividade a ser executada no futuro contrato – o que pode se dar por meio da respectiva notoriedade ou por meio do cadastramento. Devido à natural restrição do número de convidados, Marcos Juruena Villela Souto teceu alerta quanto à "necessidade de cuidado desde a expedição do convite, que é, implicitamente, um ato decisório quanto à habilitação do licitante, isto é, com a expedição do convite a Administração reconhece que o convidado, até prova em contrário, preenche os requisitos para a fase de habilitação".[6]

Deverão ser expedidos convites a, no mínimo, três potenciais interessados – sendo de todo recomendável que este pequeno rol de convidados seja excepcional, pois a Administração tem o dever de incrementar a competitividade trazendo à licitação o maior número de participantes.

A emissão dos convites deverá ser simultânea à divulgação pública da licitação, a permitir que os devidamente cadastrados, ainda que não tenham recebido o convite, participem do certame – desde que deem notícia formal dessa intenção no prazo máximo de 24 horas antes da data marcada para a apresentação das propostas de preço (LGL, art. 22, § 3º).

O convite deverá ser preferencialmente emitido pelo Correio ou por meio de entrega pessoal, com Aviso de Recebimento. Desta forma será possível demonstrar que o interessado selecionado pela Administração efetivamente o recebeu – cautela necessária, sobretudo nos casos de convites dirigidos a interessados não cadastrados. Mas nada impede que o ato seja feito por *fax* ou *e-mail* – desde que se demonstre que os interessados aceitam receber tais formas de comunicações administrativas (notificações) e anuíram em conferir a elas os respectivos efeitos jurídicos. Isto se dará nos casos de interessados cadastrados que expressamente aquiesçam ao uso de tais meios de comunicação e indiquem o respectivo número de *fax* ou endereço eletrônico (ou respondam ao convite, quando menos para concordar com o tipo de notificação).

A fim de evitar a concentração subjetiva de contratações e respectiva inibição da competição (com eventual estímulo à cartelização), o § 6º do art. 22 da LGL proíbe a repetição dos mesmos convidados nos certames subsequentes. É necessário que a Administração envide esforços para convidar no mínimo um interessado diferente a cada licitação.

6. Marcos Juruena Villela Souto, *Direito Administrativo Contratual*, Rio de Janeiro, Lumen Juris, 2004, p. 145.

Porém, atente-se para o fato de que para a contratação na modalidade convite não basta o recebimento de três propostas quaisquer. Necessário se faz que sejam *três* propostas *válidas* – isto é, que todas e cada uma delas atendam à unanimidade dos requisitos legais e regulamentares. Tal como frisado pelo TCU: "É preciso que as três sejam válidas. Caso isso não ocorra, a Administração deve repetir o convite e convidar mais um interessado, no mínimo, enquanto existirem cadastrados não convidados nas últimas licitações, ressalvadas as hipóteses de limitação de mercado ou manifesto desinteresse dos convidados, circunstâncias estas que devem ser justificadas no processo de licitação".[7]

Caso não se atinja o número mínimo de três interessados (limitações do respectivo mercado ou manifesto desinteresse dos convidados – LGL, art. 22, § 7º), o órgão ou entidade licitante deverá consignar expressamente tal fato no processo administrativo como o motivo pelo qual se deu a contratação no caso concreto. Em ambas as hipóteses é muito importante a demonstração do ocorrido (o que pode se tornar razoavelmente complexo para as limitações do respectivo mercado).

Estas restrições previstas em lei são fáticas – isto é, decorrem da comprovada constatação de que o mercado efetivamente não oferece, naquele momento e local, qualquer alternativa à Administração Pública. Não podem decorrer de ineficiência administrativa ou de pesquisas malfeitas. Trata-se de ônus do gestor público, sob pena de instalar indícios da irregularidade de sua conduta – já decidiu o TRF-4ª Região, ao julgar caso em que "todos os participantes do processo licitatório (...) comprovadamente integravam ou colaboravam para o mesmo grupo econômico, o que invariavelmente macula a competitividade do certame"; E: "ainda que a participação de empresas do mesmo grupo familiar e de fora da unidade federativa em que situado o Município não represente, *per se*, a ilicitude do procedimento licitatório, não se pode ignorá-la como um possível indício de irregularidade, especialmente

---

7. *Licitações e Contratos: Orientações e Jurisprudência do TCU*, 4ª ed., Brasília, TCU, 2010, p. 40 (disponível em *http://portal2.tcu.gov.br/portal/pls/portal/docs/ 2057620.PDF*, acesso em 2.1.2015).

quando investigações na seara penal dão conta do envolvimento de tais empresas em um esquema ilícito que por muito tempo atuou no comércio de veículos superfaturados a diversos Municípios brasileiros" (AC 5027895-28.2012.404.7000, Juíza Vânia Hack de Almeida, *DJe* 12.8.2013).

Muito embora se reconheça a dificuldade de provar o *fato negativo* da ausência do número mínimo de potenciais interessados, a Administração precisa demonstrar que envidou os melhores esforços possíveis, e ainda assim não encontrou três pessoas a quem pudesse dirigir de forma idônea o convite.

Em vista de suas peculiaridades, o ato convocatório (*convite* ou *carta-convite*) não precisa ser publicado nos *Diários Oficiais* e jornais. Basta sua afixação no quadro de avisos da Administração contratante; e, além disso, recomenda-se a Internet. De qualquer forma, a afixação deve ocorrer no prazo mínimo de cinco dias úteis antes da abertura do certame (LGL, art. 21, § 2º, IV).

Anote-se também que a modalidade convite precisa estar atenta ao valor do contrato, sob pena de a licitação se revestir de nulidade e, assim, responsabilizar o gestor público que a promoveu, conforme já decidiu o STJ (REsp 919.727, Min. Francisco Falcão, *DJU* 31.5.2007).

3.2.4 O concurso

A modalidade *concurso* dá-se para contratações extraordinárias, as quais visem à eleição de trabalho cuja escolha seja eminentemente qualitativa. Busca-se selecionar um trabalho – técnico, científico ou artístico – que se destaque como de elevada qualidade. Por isso que ao vencedor do concurso é atribuído prêmio ou remuneração: a recompensa pelo mérito do trabalho apresentado. Este prêmio ou a remuneração são os principais incentivos à participação de pessoal qualificado, bem como a divulgação e aclamação pública de seu trabalho.

O pagamento do prêmio ou remuneração envolve a cessão dos direitos autorais à Administração (LGL, art. 111), que deles se valerá para as finalidades previstas no edital. Assim, nos concursos o certame se encerra com a seleção do vencedor, que receberá a remuneração ou o prêmio.

O concurso exige a publicação do edital na imprensa oficial, com antecedência adequada ao seu objeto (o prazo mínimo de 45 dias do art. 21, § 2º, I, "a", da LGL é meramente sugestivo, vez que em determinados casos a criatividade humana não pode ficar circunscrita a lapso tão curto). Muito importante também nesta modalidade é a divulgação pela Internet ou agências oficiais de notícias.

A comissão julgadora deverá ser especialmente designada para tal fim, formada por pessoas de reputação ilibada e notório conhecimento da arte, matéria ou técnica a ser examinada no concurso (LGL, art. 51, § 5º). Assim, e muito embora o edital deva definir critérios para o julgamento objetivo, fato é que o concurso traz consigo elevada carga de subjetividade atribuída à comissão julgadora (nem poderia ser de outra forma). Daí por que a comissão deve ser constituída por especialistas de elevada qualificação e reconhecimento público, a fim de que a escolha coletiva seja legítima.

3.2.5 O leilão

Para a LGL o *leilão* aplica-se às vendas de determinados bens da Administração Pública (móveis inservíveis até determinado valor; bens apreendidos ou penhorados; imóveis cuja aquisição haja derivado de procedimentos judiciais ou de dação em pagamento), que são arrematados por quem oferecer o maior lance. A rigor, trata-se de uma *técnica de negociação* do preço a ser recebido pela Administração no contrato administrativo.[8] É o mecanismo que estabelece a série de regras que devem ser obedecidas pelos participantes (as "regras do jogo") a fim de que estes façam lances os quais, uma vez comparados, permitam a escolha daquele com quem a Administração pode contratar pelo maior preço de venda.

8. Os leilões são assunto de estudo por parte da Matemática e da Economia, em especial da *Teoria dos Jogos*. A respeito dessa Teoria e sua aplicação ao Direito, v.: Armando Castelar Pinheiro e Jairo Saddi, *Direito, Economia e Mercados*, Rio de Janeiro, Elsevier, 2005, pp. 157-200; André Luiz Francisco da Silva Vital, "A Teoria dos Jogos no contexto social e a visão de controle", *RDPE* 32/17-33, Belo Horizonte, Fórum, outubro-dezembro/2010; Bruno Lira e Marcos Nóbrega, "O estatuto do RDC é contrário aos cartéis em licitação? Uma breve análise baseada na teoria dos leilões", *RBDP* 35, outubro-dezembro/2011 (disponível em *www.bidforum.com.br*).

O leilão também é a técnica de negociação de preço acolhida para as contratações de compras de bens e serviços comuns (Lei 10.520/2002, a Lei do Pregão); para os contratos de concessão comum, administrativa e patrocinada (Lei 8.987/1995, a Lei Geral de Concessões; Lei 11.079/2004, a Lei de PPPs) e no Regime Diferenciado de Contratações/RDC (Lei 12.462/2011).

Nos termos do art. 17, § 6º, da LGL, a modalidade leilão presta-se à venda de bens móveis cuja avaliação não ultrapasse o limite previsto no art. 23, II, "b" (atualmente, R$ 650.000,00). Caso a avaliação transborde desse valor, a modalidade obrigatória é a concorrência. Conforme já consignado, aplica-se também o leilão para a venda de bens apreendidos e penhorados e de imóveis recebidos em dação em pagamento ou oriundos de procedimentos judiciais. Sublinhe-se que todos os bens submetidos a leilão devem ser previamente avaliados pela Administração, com o objetivo de estabelecer o preço mínimo para a arrematação (LGL, art. 53, § 1º).

O leilão deverá ser divulgado com a antecedência de 15 dias corridos (imprensa oficial, quadro de avisos e jornal – além da recomendável a Internet) e seu processamento dá-se com o comparecimento dos interessados no local e hora predeterminados (LGL, art. 21, § 2º, III).

3.2.6 As licitações extravagantes à Lei Geral de Licitações

Atualmente existem três espécies extravagantes à LGL cujas características autorizam seu exame neste capítulo, ainda que de forma breve. Isso porque, com o passar do tempo, a racionalidade destas três ordens de licitação tenderá a substituir aquela celebrada pela LGL, cujo centro de gravidade é a modalidade concorrência. Isto é: a tradicional LGL está em processo de extinção, por meio da expulsão normativa do seu habitat natural. Há cada vez menos espaço fático para a LGL viver.

Logo, o que hoje se passa no setor de licitações públicas é a paulatina diminuição das hipóteses de incidência da LGL, por meio da promulgação de leis especiais a criar e reger os respectivos microssistemas autônomos. Isto se dá de forma acentuada no *pregão*, nas *concessões* (comuns, administrativas e patrocinadas) e no *RDC*.

3.2.6.1 *O pregão*

O *pregão* é peculiar licitação, extraordinária à LGL. Tanto isso é verdade que sua instituição exigiu a edição de lei especial (Lei 10.520/2002), que excepciona a LGL: lei especial, a impedir a incidência da geral em determinadas hipóteses de compras.

Suas peculiaridades residem no fato de que, além da inversão da ordem relativa às fases (antes, o julgamento do preço; depois, o exame da habilitação apenas daquele que ofereceu o menor preço) e da participação irrestrita de quaisquer interessados, há a possibilidade de as propostas por escrito serem sucedidas por novas e sucessivas propostas orais (ou eletrônicas), até o limite da exequibilidade contratual. Esta modalidade reduziu ao máximo as formalidades licitatórias, a fim de permitir a celebração de contratos com menores custos de transação e maior celeridade.

Salvo exceções expressas, o pregão não tem limitações prévias – sejam elas de valor, sejam relativas ao objeto do futuro contrato. Como acentua Vera Monteiro, no pregão "não há qualquer relação entre seu procedimento e o valor da futura contratação. Desde que o objeto licitado se enquadre no conceito de *bem e serviço comum*, a contratação derivada da licitação feita nessa modalidade pode envolver qualquer valor, sem limites mínimos ou máximos de dispêndio preestabelecidos em lei".[9] Isto vem a demonstrar que o critério diferenciador é o rito a ser adotado, em vista das peculiaridades da contratação.

Ao referir-se a "bens comuns", a Lei 10.520/2002 não permite sua redução interpretativa ao conceito de "coisas simples", "sem importância" ou "ordinárias". A norma está a se referir a bens que têm padrões gerais e habituais (em sua produção, prestação e comercialização), que frequentem o cotidiano da Administração (e empresas privadas), mas cujo gênero não permita uma distinção relevante entre espécies e subespécies. De tão objetivos que são tais bens comuns, permite-se a comparação entre eles apenas através do preço. Na definição proposta por Marçal Justen Filho, *bem ou serviço comum* "é aquele que se apresenta

---

9. Vera Monteiro, *Licitação na Modalidade de Pregão*, 2ª ed., São Paulo, Malheiros Editores, 2010, p. 83. No mesmo sentido: José dos Santos Carvalho Filho, *Manual de Direito Administrativo*, 25ª ed., São Paulo, Atlas, 2012, pp. 300-313. Ampliar em: André Rosilho, *Licitação no Brasil*, cit., pp. 184-193.

ESTRUTURA DA LICITAÇÃO   137

sob identidade e características padronizadas e que se encontra disponível, a qualquer tempo, num mercado próprio".[10] Isto não significa dizer – reitere-se – que tais bens comuns sejam necessariamente despidos de alta qualidade técnica ou isentos de complexidade; podem deter qualidades extravagantes e ainda assim ser comuns (pense-se nos computadores ou na contratação de serviços de segurança patrimonial).

O TCU tem exemplo esclarecedor. Por meio da Súmula 257/2010 ele consolidou o entendimento de que: "O uso do pregão nas contratações de serviços comuns de engenharia encontra amparo na Lei n. 10.520/2002". Mas, como posteriormente esclareceu, o parágrafo único do art. 1º da Lei 10.520/2002 não autoriza a contratação de *obra de engenharia*, mas apenas a de determinados *serviços comuns de engenharia* (TCU, Plenário, Acórdão 2.312/2012, TC-007.643/2012-8, Min. José Jorge, *Informativo de Licitações e Contratos* 121, 28-29.8.2012).

Então, quando pode-se dar a escolha administrativa do pregão? "Tratando-se de certame para a contratação de *bens e serviços comuns* – anota Vera Monteiro –, e sendo compatível a *estrutura procedimental* do pregão com o específico bem licitado, então, não haverá dúvida na escolha da modalidade".[11] Necessária será, portanto, a contextualização do certame em vista das necessidades concretas às quais aquela contratação administrativa procura satisfazer. Será o edital – sobretudo ao descrever seu objeto – é que demonstrará ser a licitação destinada (ou não) à futura contratação de um bem comum.

3.2.6.2 *A "concorrência-pregão"*

Já, a *concorrência-pregão* – assim designada por Carlos Ari Sundfeld – dá-se nos casos de licitações para contratos de concessão "em que pode ocorrer: (a) a inversão de fases, iniciando-se pelo julgamento e

10. Marçal Justen Filho, *Pregão – Comentários à Legislação do Pregão Comum e Eletrônico*, 2ª ed., São Paulo, Dialética, 2003, p. 30.
11. Vera Monteiro, *Licitação na Modalidade de Pregão*, cit., 2ª ed., p. 196. Ou – como consignou Joel de Menezes Niebuhr –, "não havendo elemento que implique reconhecer qualquer inconveniência com o uso da modalidade pregão, então, por ser *a priori* mais vantajosa, ela deverá ser utilizada em detrimento das modalidades previstas na Lei 8.666/1993" (*Pregão: Presencial e Eletrônico*, 4ª ed., Curitiba, Zênite Editora, 2006, p. 53).

examinando-se a habilitação apenas do vencedor (Lei das PPPs, art. 13); (b) o saneamento de falhas documentais de índole formal (art. 12, IV); e (c) a determinação do vencedor por lances de viva voz, após a etapa de abertura das propostas lacradas (art. 12, III, e § 1º)".[12]

Desta forma, e com vistas a conferir maior eficiência às licitações do porte das PPPs, eliminando as discussões inférteis e a multiplicação dos litígios na fase de habilitação, a Lei 11.079/2004 autoriza esta inversão de fases (propostas de preços antes da habilitação, que se dará apenas no pacote de documentos de um só licitante), seguida dos lances e eventual saneamento dos defeitos formais porventura encontrados.

Por outro lado, a Lei 11.196/2005 inseriu o art. 18-A na Lei 8.987/1995 (Lei Geral de Concessões) e autoriza que a Administração adote modalidade de procedimento que não a concorrência. Isso por que: (i) as propostas de preço serão examinadas antes dos documentos de habilitação; (ii) elas poderão envolver o oferecimento de lances; (iii) a regra é a do exame de apenas um dos envelopes de habilitação (o do mais bem classificado); (iv) somente será aberto o envelope de documentos do segundo colocado na hipótese de ser inabilitado o primeiro (e sucessivamente dos demais). Portanto, o art. 18-A da Lei 8.987/1995 igualmente adota a modalidade denominada de concorrência-pregão.

3.2.6.3 *O Regime Diferenciado de Contratações*

Conforme acima consignado (§ 1.6.7), o *Regime Diferenciado de Contratações*/RDC surgiu com a promulgação da Lei 12.462/2011, tendo em vista a combinação de um par de fatos: o desgaste sofrido pela LGL e a premência da execução de obras e serviços relativos a dois grupos de eventos esportivos de envergadura mundial a serem realiza-

---

12. Carlos Ari Sundfeld, "Guia jurídico das parcerias público-privadas", in Carlos Ari Sundfeld (org.), *Parcerias Público-Privadas*, 2ª ed., São Paulo, Malheiros Editores, 2011, pp. 41-42. Ampliar o tema em: Fernando Vernalha Guimarães, *PPP – Parceria Público-Privada*, 2ª ed., São Paulo, Saraiva, 2013, pp. 428-431; Benedicto Porto Neto, "Licitação para contratação de parceria público-privada", in Carlos Ari Sundfeld (org.), *Parcerias Público-Privadas*, 2ª ed., São Paulo, Malheiros Editores, 2011, pp. 138-156; Cesar A. Guimarães Pereira, "O processo licitatório das parcerias público-privadas (PPPs) na Lei 11.079/2004", in Eduardo Talamini e Mônica Spezia Justen (coords.), *Parcerias Público-Privadas: um Enfoque Multidisciplinar*, São Paulo, Ed. RT, 2005, pp. 198-239.

dos no Brasil (a Copa das Confederações de 2013 e a Copa do Mundo de 2014; os Jogos Olímpicos e Paraolímpicos de 2016). Tais eventos demandaram intensa contratação pública de obras e serviços, a ser realizada por meio de esforço conjugado de todas as pessoas políticas envolvidas nos jogos esportivos (União, Estados, Distrito Federal e Municípios). Depois disso, a aplicação do RDC foi estendida a oito outras hipóteses fáticas (v., acima, § 1.6.7.3).

Na essência, o RDC não se diferencia das licitações tradicionais: ambos os regimes processuais têm como finalidade a seleção do interessado para a futura celebração do contrato mais vantajoso possível à Administração, em vista da necessidade pública previamente definida pela autoridade competente. O que se tem é a edição de técnicas mais eficientes para a seleção do futuro contratado.

Porém, o RDC tem padrão significativamente distinto das licitações ordinárias, pois ele *exige* a decisão que explique e justifique a aplicação do Regime Diferenciado, que "deverá constar de forma expressa do instrumento convocatório" (Lei 12.462/2011, art. 1º, § 2º). Esta escolha pública, devidamente motivada, haverá de ser precedida dos respectivos estudos técnicos que demonstrem a aptidão do RDC para bem atender ao interesse público posto em jogo. Em decorrência, o mesmo § 2º do art. 1º da Lei 12.462/2011 preceitua que essa escolha "resultará no afastamento das normas contidas na Lei n. 8.666, de 21 de junho de 1993, exceto nos casos expressamente previstos nesta Lei".

Isto significa dizer que nem todas as licitações especificadas na Lei 12.462/2011 (e na legislação extravagante – v. § 1.6.7.3, acima) devem ser obrigatoriamente realizadas sob regime do RDC – como se ato administrativo vinculado fossem. Não há relação de causalidade absoluta, pois o legislador outorgou às autoridades públicas a competência discricionária para avaliar cada um dos casos concretos e realizar as respectivas ponderações técnicas e econômicas, para depois lançar, de modo fundamentado, a *decisão de contratar pelo RDC* (ou, alternativamente, pelo regime geral da LGL). Trata-se de atividade a ser desenvolvida na chamada "fase preparatória" (Lei 12.462/2011, art. 12, I).

De qualquer forma, uma das peculiaridades do RDC é o desprezo à racionalidade típica da LGL quanto às modalidades de licitações e ao critério baseado no preço do futuro contrato a ser celebrado. O RDC aboliu a lógica das *modalidades* licitatórias. Ou, melhor: a Lei 12.462/2011 instalou *nova modalidade de licitação*, ao criar mais um – e um só – *tipo de processo administrativo licitatório diferenciado*.[13] Aqui, tal como na Lei 10.520/2002 (*pregão*), é impertinente e irrelevante o valor do contrato para as licitações da Lei 12.462/2011 (exceção feita à dispensa ou inexigibilidade, pois o art. 35 do RDC reporta-se expressamente à LGL). As preocupações que diferenciam este regime extraordinário estão no contrato administrativo a ser celebrado e em seu projeto, não no seu custo.

Igualmente em decorrência dessa nova lógica, acabou também a necessidade de audiência pública para contratos mais significativos: não tem incidência a regra desse evento como condição ao lançamento do edital, tal como previsto no art. 39 da LGL. Afinal, as licitações não se diferenciam pelo preço a ser pago (critério que determina a audiência pública na LGL). O que não implica sustentar a vedação à audiência ou à consulta pública, que, a depender do caso e da escolha discricionária do gestor público, poderá ser realizada com esteio na aplicação analógica dos arts. 31 e 32 da Lei 9.784/1999. Isto é: a audiência e/ou a consulta pública são desnecessárias, mas não proibidas.

Todavia, se é fato que nas contratações públicas ordinárias já existe a deflagração da competição entre as pessoas privadas (de molde a não privilegiar detentores de poder econômico e evitar a formação de grupos cartelizados), bem como a constante busca pela eficiência e *Best Value for Money* (v., acima, § 2.9), no RDC este dever se acentua por meio da conjugação de mecanismos legais explícitos, quando menos: (i) a empreitada integral e a contratação integrada (art. 2º, I, c/c o art. 8º, IV, e art. 9º); (ii) remuneração conforme o desempenho (art. 4º, IV, c/c o art. 10); (iii) divulgação pública do orçamento "apenas e imediatamente após o encerramento da licitação" (art. 6º); (iv) contratações

13. Como destaca Alexandre Wagner Nester, "na nova lei não existe menção a nenhuma das modalidades de licitação previstas na Lei 8.666. Na realidade, a Lei 12.462 instituiu uma nova modalidade de licitação, que é o próprio RDC, com regras específicas, inconfundível com as modalidades existentes: concorrência, tomada de preço, convite, concurso e leilão (previstas na Lei 8.666) e pregão (previsto na Lei 10.520)" ("Os critérios de julgamento previstos no Regime Diferenciado de Contratações Públicas", in Marçal Justen Filho e Cesar A. Guimarães Pereira (coords.), *O Regime Diferenciado de Contratações Públicas: Comentários à Lei 12.462 e ao Decreto 7.581*, Belo Horizonte, Fórum, 2012, p. 229).

múltiplas para o mesmo serviço (art. 11); (v) apresentação de propostas de preços antes da habilitação e concentração da fase recursal (art. 12, III, IV e V, c/c o art. 27); (vi) licitações preferencialmente eletrônicas (art. 13); (vii) redução de prazos e dispensa de publicações (art. 15, incisos e §§); (viii) modos de disputa aberto e fechado, com apresentação de lances e possibilidade de desempate por nova proposta (arts. 16 e 17); (ix) possibilidade de negociação de condições mais vantajosas, depois de definido o resultado do julgamento (art. 26); (x) procedimentos auxiliares de pré-qualificação permanente, cadastramento, sistema de registro de preços e catálogo eletrônico de padronização (arts. 29 a 33).

Enfim, como anotaram Alécia Paolucci Nogueira Bicalho e Carlos Pinto Coelho Motta, o RDC tem também por objetivos a racionalização e a melhoria do sistema de custos da própria contratação pública: "Sob esse prisma, a deficiência dos cálculos de custo-benefício não se refere apenas ao melhor aproveitamento na execução dos contratos, mas também ao equilíbrio *interno* dos custos e benefícios dos processos licitatórios".[14]

3.3 A Lei Geral de Licitações, o Regime Diferenciado de Contratações e a escolha da modalidade de licitação

O art. 23 da LGL destina-se a prescrever critérios para o uso de certas modalidades de licitação. Há aquelas cujo uso se distingue por um critério econômico de escolha (concorrência, tomada de preços e convite); há outras que serão aplicadas tendo em vista a natureza do objeto (leilão, concurso e pregão). Além disso, existe a categoria especial do RDC, que resulta da aplicação material pertinente ao objeto da contratação, conjugada com a escolha do gestor público pelo Regime Diferenciado.

Já se viu atrás que a *concorrência* é a modalidade cujo procedimento afigura-se mais exigente (e exaustiva, pois se desdobra nos mínimos pormenores, com muitas fases e recursos). Justamente por isso, é definida pela LGL como aplicável aos objetos de maior valor estimado, bem como se aplica supletivamente a todas as demais modalidades. A

---

14. Alécia Paolucci Nogueira Bicalho e Carlos Pinto Coelho Motta, *RDC – Comentários ao Regime Diferenciado de Contratações*, 2ª ed., Belo Horizonte, Fórum, 2014, p. 84.

tomada de preços, com procedimento mais simplificado e menos exigente que o da concorrência, mas ainda mais completo que o do convite, é aplicável a objetos cujo valor se situe numa zona intermediária, entre os parâmetros econômicos da concorrência e do convite. Já, o *convite* é modalidade que se processa de modo bastante mais simplificado que a concorrência e a tomada de preços, razão pela qual é reservado a objetos menos expressivos.

A concorrência, embora *exigível* para objetos mais expressivos, poderá ser utilizada para aqueles de qualquer valor. Do mesmo modo, a tomada de preços poderá ser aplicada aos casos de convite. Trata-se de aplicar o princípio de que as modalidades exigidas para os valores mais expressivos, porque mais complexas e minuciosas, aplicam-se às licitações de menor valor.

Já, o leilão e o concurso terão seu uso pautado não pela dimensão econômica da contratação, mas pela natureza do objeto, tal como referido no art. 22 da LGL.

É de se sublinhar, com lastro na doutrina de Marçal Justen Filho, que há três características uniformes para as modalidades licitatórias da LGL: (i) as licitações devem ser realizadas presencialmente ("os atos relevantes da licitação se traduzem em documentos escritos e as sessões públicas ocorrem em repartições administrativas"); (ii) a ordem procedimental tem como premissa a habilitação ("a etapa de julgamento da idoneidade dos licitantes precede o exame das propostas"); e (iii) as propostas são de um único lance ("propostas não modificáveis no curso da disputa"), exceção feita ao leilão.[15]

A lógica da "modalidade RDC" é, portanto, adversa a tal estrutura monolítico-estática da LGL: (i) as licitações "deverão ser realizadas preferencialmente sob a forma eletrônica, admitida a presencial" (Lei 12.462/2011, art. 13); (ii) as propostas ou lances – e seu julgamento – devem anteceder a habilitação, admitindo-se excepcionalmente a inversão de fases, com habilitação antecedente (Lei 12.462/2011, art. 12, III, IV e V, c/c o art. 14, III); e (iii) o preço ou a proposta é formado pela sucessão de lances em disputa aberta ou fechada (Lei 12.462/2011, art. 17). A tipologia das licitações no RDC será tratada autonomamente no Capítulo 8, abaixo.

15. Marçal Justen Filho, *Curso de Direito Administrativo*, 10ª ed., São Paulo, Ed. RT, 2014, p. 506.

3.4 O parcelamento da licitação
(com vistas à ampliação da competitividade)

As regras do art. 15, IV, e do § 1º do art. 23 da LGL impõem para compras, obras e serviços o fracionamento do objeto em tantas parcelas quantas se comprovarem técnica e economicamente viáveis (norma reiterada no art. 4º, VI, da Lei 12.462/2011). Trata-se de regra imensamente relevante para o planejamento da contratação administrativa. Desde que não haja perda de economia de escala e se mostre tecnicamente viável, a divisão do objeto poderá propiciar "o melhor aproveitamento dos recursos disponíveis no mercado", ante a ampliação do universo de ofertantes. Assim, com a segmentação qualitativa ou a redução quantitativa do objeto, as licitações resultam menos exigentes, sendo acessíveis a um contingente maior de interessados. Amplia-se, daí, a competitividade, produzindo-se maior benefício (econômico) à Administração. Está-se a tratar de *eficiência administrativa*.

Por isso, é de frisar que a Administração deve ser bastante cautelosa quando decidir pelo parcelamento (ou não), dedicando especial atenção aos efeitos – técnicos, econômicos e concorrenciais – que serão gerados ao certame. Assim já decidiu o TCU: "5. Como regra geral, nos termos do art. 23, § 1º, da Lei n. 8.666/1993, exige-se o parcelamento do objeto licitado sempre que isso se mostre técnica e economicamente viável. (...). 6. Depreende-se do dispositivo legal que a divisão do objeto deverá ser implementada sempre que houver viabilidade técnica e econômica para a sua adoção. 7. Desta feita, é mister considerar os dois aspectos básicos acima suscitados, quais sejam, o técnico e o econômico. Sob o primeiro, o parcelamento dependerá da divisibilidade do objeto licitado. No que concerne ao segundo quesito, o fracionamento deve ser balizado pelas vantagens econômicas que proporciona à Administração Pública, com a redução de custos ou despesas, de modo a proporcionar a obtenção de uma contratação mais vantajosa para a Administração. (...). 20. É cediço que a regra é o parcelamento do objeto de que trata o § 1º do art. 23 da Lei Geral de Licitações e Contratos, cujo objetivo é o de melhor aproveitar os recursos disponíveis no mercado e ampliar a competitividade, mas é imprescindível que se estabeleça que a divisão do objeto seja técnica e economicamente viável. Do contrário, existindo a possibilidade de risco ao conjunto do objeto pretendido, não há razão em fragmentar inadequadamente os serviços a serem contratados" (Plenário, Processo 012.721/2006-0, Acórdão 1.946/2006, Min. Marcos Bemquerer, j. 18.10.2006).

O fracionamento pode impor-se tanto com vistas à *redução quantitativa* do objeto como pela sua *segmentação qualitativa*.

A redução de seu *perfil quantitativo* pode ser exigida em casos de objetos significativamente expressivos ou muito abrangentes, cuja divisão em licitações de menor dimensão possa ampliar a competitividade. Figure-se o exemplo em que uma empresa pública prestadora de serviços públicos necessita contratar a execução de prestações equivalentes em 30 Municípios. O planejamento desta contratação pode pressupor uma contratação só, abrangente dos 30 Municípios, ou uma pluralidade de contratações distintas. A questão deve ser examinada sob os ângulos técnico e econômico. Constatada a possibilidade técnica de se partilhar geograficamente a execução do objeto (globalmente considerado), a Administração deverá verificar se eventual ganho de economia de escala com a concentração daquelas prestações em um único prestador será superada pelos ganhos advindos da ampliação da competitividade alcançada pela divisão do objeto em licitações diversas. Igualmente, há de verificar se o respectivo mercado contempla número relevante de concorrentes – e se a competitividade será incrementada pela fragmentação.

Para tanto, não se deve olvidar que a LGL estabeleceu a presunção de que a divisão do objeto propiciará o melhor aproveitamento dos recursos, *salvo* quando houver perda de economia de escala e/ou atenuação da competitividade. Logo, o exame exige adequada justificação técnica, a ser tornada pública por ocasião do planejamento da contratação. As exceções devem sempre ser motivadas, de modo a bem justificar a inaplicabilidade da regra geral do fracionamento.

O fracionamento pode impor-se também pela *segmentação qualitativa* do objeto. Neste caso, a conjugação de prestações distintas acarreta prejuízos à competitividade, ante a eliminação de interessados aptos a disputar apenas uma ou algumas das prestações isoladamente consideradas. É o caso, por exemplo, de licitação cujo objeto albergue a execução de obra mais o fornecimento e instalação de sistema de refrigeração de ar. Assim considerado, o objeto envolve prestações pertinentes a mercados distintos. Haverá empresas cujo objetivo social envolva cumulativamente tais prestações, mas diversas outras, com atuação exclusiva em cada um destes mercados, estarão potencialmente excluídas da disputa. Com isso, pode haver prejuízos diretos à competitividade. Assim sendo, sempre que os mercados não sejam coincidentes em relação às prestações envolvidas no objeto, deverá ser promovida sua segmentação qualitativa, com vistas a ampliar a competitividade.

O Tribunal de Contas da União tem reiteradamente examinado situações de infração ao parcelamento do objeto, rejeitando objetos ampliados cuja configuração signifique a exclusão de mercados competitivos. Vale referência ao Acórdão 107/2009, do Plenário, de relatoria do Min. Sherman Cavalcanti. O caso retratou hipótese em que o objeto revelava-se ampliado tanto pela concentração quantitativa como pela conjugação de distintas prestações. No voto do Ministro-Relator apontou-se: "Veja-se que a Prefeitura não procedeu ao parcelamento do objeto, porém aglutinou, em um só conjunto, uma série de serviços diferenciados como a construção de 560 unidades habitacionais, a implantação de sistemas de abastecimento de água, de esgotamento sanitário e de drenagem, a realização de terraplenagem, a pavimentação e serviços de meio ambiente. Ao mesmo tempo, vedou-se a participação de consórcios. Consequentemente, foram alijadas da competição empresas mais especializadas e de menor porte, bem como se eliminou a possibilidade de que tais empresas pudessem se associar para prestar os serviços". Em razão disso (e de outras irregularidades), o TCU determinou a anulação da licitação.

A recorrência do assunto no TCU já ensejou a edição da Súmula 247, dispondo ser "obrigatória a admissão da adjudicação por item e não por preço global, nos editais das licitações para a contratação de obras, serviços, compras e alienações cujo objeto seja divisível, desde que não haja prejuízo para o conjunto ou complexo ou perda de economia de escala, tendo em vista o objetivo de propiciar a ampla participação de licitantes que, embora não dispondo de capacidade para a execução, fornecimento ou aquisição da totalidade do objeto, possam fazê-lo com relação a itens ou unidades autônomas, devendo as exigências de habilitação adequar-se a essa divisibilidade".

3.4.1 Dever de adequada motivação das hipóteses de exceção

Repise-se que o inciso IV do art. 15 e o § 1º do art. 23 da LGL estabeleceram a presunção de que a divisão do objeto acarreta maior vantagem à disputa. Mas a lei admitiu hipóteses de exceção, consistentes na conveniência técnica ou econômica (ganhos de escala) quanto à união de prestações ou à concentração quantitativa do objeto. Certo é que tais situações de exceção deverão estar devidamente fundamentadas no processo de contratação.

O indicativo da LGL é pela *divisão*, sempre que possível, do objeto a ser licitado. Mas note-se que a decisão de parcelar – ou não – o objeto a ser contratado depende de motivação administrativa. Afinal, o § 1º do art. 23 exige a *comprovação* de que o parcelamento pode: (i) ser tecnicamente exequível; (ii) ser economicamente exequível; (iii) gerar ganho de escala; e (iv) gerar o aumento da competição. Tais premissas têm validade autônoma, impedindo o parcelamento caso uma delas reste comprovadamente frustrada.

Por isso, é dever da Administração expor suficientemente as razões técnicas e econômicas que a levaram a produzir objeto amplo e conjugado. Inclusive para se permitir o controle pelos interessados acerca da (im)pertinência destes motivos. A ausência da explicitação de tais fundamentos é causa de invalidade da licitação por defeito de motivação, neste particular.

3.4.2 A aplicação restritiva do § 1º do art. 23 da LGL aos "contratos administrativos gerais"

É importante pontuar que a regra do § 1º do art. 23 da LGL foi concebida para ser aplicada aos chamados *contratos administrativos gerais* (disciplinados e configurados pela Lei 8.666/1993). Sua aplicação a outros tipos de contratos (concessão comum de serviços públicos e parcerias público-privadas, por exemplo) há de ser relativizada. Há aparente incompatibilidade, por exemplo, entre o parcelamento acolhido pelo dispositivo e as licitações para parceria público-privada, que em muitos casos são exatamente vocacionadas à conjugação de objetos.

Nas concessões administrativas (espécies de PPP) a regra é a *complexidade* do objeto, sendo, inclusive, vedado que ele se constitua unicamente pelo fornecimento de mão de obra, pelo fornecimento e instalação de equipamentos ou pela execução de obra pública (inciso III do § 4º do art. 2º da Lei 11.079/2004).[16]

---

16. Ampliar em Fernando Vernalha Guimarães, *PPP – Parceria Público-Privada*, cit., 2ª ed., pp. 199-205.

O mesmo se diga da *contratação integrada* do RDC, cuja racionalidade é antitética à fragmentação do objeto, como será visto mais abaixo (§ 4.13.6).

3.4.3 A indivisibilidade do objeto: o consórcio empresarial e a mitigação da concentração

Quando inevitável a indivisibilidade do objeto, produzindo-se uma licitação expressiva e exigente, a Administração deve buscar meios de mitigar a alta concentração do mercado, admitindo a participação de licitantes em regime de consórcio, tal com facultado pelo art. 33 da LGL. É evidente que a sistemática do consórcio poderá favorecer a ampliação da participação do mercado, compensando, em certa medida, a restrição do universo de ofertantes imposta pela dimensão técnica ou econômica do objeto licitado (sobre os consórcios, v., abaixo, § 6.6.8).

Alexandre Nester e Andreia Cristina Bagatin já viram no consórcio instrumento para incrementar a competição em situações desta natureza: "a formação de consórcio de empresas para concorrer na licitação configura um desses mecanismos. Implementando-se essa possibilidade, prestigia-se a máxima competitividade possível para o caso concreto e permite-se a participação de todos os interessados".[17]

Há autores que vão além, e afirmam a obrigatoriedade da adoção da medida. É o caso de Carlos Ari Sundfeld, que explica ser a admissão dos consórcios um meio para atingir a máxima competitividade na licitação, exigida em hipóteses de frustração do parcelamento. "Assim, nas hipóteses em que, embora tratando-se de um objeto de porte, mostre-se totalmente inviável, por razões operacionais, efetuar o parcelamento, deverá o edital, obrigatoriamente, admitir o consórcio de empresas."[18] Neste particular, o STJ já afirmou que "a exigência globalizada em uma única concorrência destinada à compra de uma variedade heterogênea de bens destinados a equipar entidade hospitalar não veda a competitividade entre as empresas concorrentes desde que o edital permita a formação de consórcio que, *ultima ratio*, resulta no parcelamen-

---

17. Alexandre Nester e Andreia Cristina Bagatin, "Os limites para a divisão do objeto licitado", *ILC* 128/921, Curitiba, Zênite, outubro/2004.
18. Carlos Ari Sundfeld, *Licitação e Contrato Administrativo*, 2ª ed., São Paulo, Malheiros Editores, 1995, p. 67.

to das contratações de modo a ampliar o acesso de pequenas empresas no certame, na inteligência harmônica das disposições contidas nos arts. 23, § 1º, e 15, IV, com a redação do art. 33, todos da Lei n. 8.666, de 21.6.1993".[19]

Enfim, o que definirá a escolha da Administração – discricionária, é fato – serão as características do caso concreto: caso a competitividade seja mantida sem a participação de empresas consorciadas, o edital poderá vedar a participação por meio de consórcios (muito embora esta proibição seja de difícil demonstração: afinal, por que impedir que mais empresas participem livremente do certame?). A fundamentação da escolha administrativa será de suma importância para detectar a sua validade.

3.4.4 Preservação da modalidade licitatória pertinente à integralidade do objeto

A parte final da redação do § 2º do art. 23 da LGL determina a preservação da modalidade de licitação do objeto quando aplicado o fracionamento previsto no respectivo § 1º.[20] Assim, sempre que o fracionamento se impuser, a modalidade de licitação aplicável às parcelas do objeto será aquela compatível com o objeto integral, e não a que se exigira para cada parcela, considerados os parâmetros econômicos dos incisos I e II do art. 23.

Decorrência desta regra é a vedação à realização do fracionamento do objeto para alcançar a dispensa de licitação fundada na regra dos incisos I e II do art. 24 da LGL – e o mesmo se diga do fracionamento que porventura se destine a, ilicitamente, "fazer nascer" outras modalidades licitatórias.

---

19. STJ, RMS 6.597-MS, Min. Pádua Ribeiro, j. 16.12.1996.

20. O que revela preocupação semelhante à europeia, como apontam João Amaral e Almeida e Pedro Fernández Sánchez ao tratar do regime de cisão de prestações contratuais: a "circunstância de os legisladores nacional e comunitário se precaverem contra a eventual fraude às regras de concorrência na formação de contratos públicos através da *cisão artificial* de prestações contratuais em *lotes diversos*, utilizando tal expediente para obter um fracionamento do valor de cada lote e, em consequência, a escolha de um procedimento pré-contratual restritivo da concorrência" ("A divisão em lotes e o princípio da adequação na escolha do procedimento pré-contratual", in Pedro Costa Gonçalves (org.), *Temas de Contratação Pública – I*, Coimbra, Coimbra Editora, 2011, p. 329).

ESTRUTURA DA LICITAÇÃO

Observe-se que o dever de preservação da modalidade licitatória aplica-se apenas aos casos em que o fracionamento decorrer da redução *quantitativa* do objeto. Não haverá o dever de preservação quando o fracionamento derivar de sua segmentação qualitativa. Isso porque, na hipótese, o que se denota é a coexistência de objetos distintos (que devem ser licitados separadamente, por constituírem desde sempre prestações de distinta natureza). Melhor seria falar-se, para estas hipóteses, numa vedação à acumulação-conjugação de prestações de distinta natureza, que constituam cada qual objeto próprio. Trata-se da exegese contrária ao dever de fracionamento. Ou seja: quando as prestações são naturalmente independentes, ainda que sejam demandáveis concomitantemente, as licitações decorrentes são completamente autônomas, alheias, inclusive, à prescrição do § 2º do art. 23 da LGL.

Esse raciocínio é reforçado pela disposição do § 5º do mesmo art. 23, que, em sua parte final, literalmente excepciona do dever de somatório de valores de parcelas de uma mesma obra ou serviço (ou para obras e serviços de mesma natureza e no mesmo local) que possam ser realizados conjunta e concomitantemente, para o fim de fixação da modalidade licitatória pertinente, obras e serviços que possam ser executados por pessoas ou empresas de especialidade diversa daquela do executor da obra ou serviço.

3.4.5 A disposição do § 5º do art. 23 da LGL e o somatório de valores

O § 5º do art. 23 da LGL impõe o somatório de valores para parcelas da mesma obra ou serviço, ou ainda para obras e serviços da mesma natureza e no mesmo local que possam ser realizados conjunta e concomitantemente, com vistas a fixar a modalidade licitatória cabível. O dispositivo relaciona-se com o comando prescrito na parte final do § 2º. A existência de obras e serviços de mesma natureza e no mesmo local (ou parcelas destes) que possam ser realizados ao mesmo tempo configura fracionamento de objeto mais abrangente. Sua execução segregada pode ser enfocada como um parcelamento ou fracionamento com vistas à redução quantitativa de objeto (constituído pelo somatório de todas as parcelas, obras e serviços de mesma natureza). Se assim for, impõe-se, pela dicção do § 2º do art. 23 da LGL, a preservação da modalidade aplicável ao objeto ampliado. Logo, o § 5º apenas declara, sob certo ângulo, o preceito já contido no § 2º.

O que se quer evitar com a aplicação do comando do § 5º é o fracionamento artificial do objeto com vistas a evitar a incidência da modalidade mais exigente. Para tanto, a norma estabelece pressupostos fáticos bem definidos: aplica-se a modalidade exigida para o objeto completo quando houver "parcelas de uma mesma obra ou serviço" ou "obras e serviços da mesma natureza e no mesmo local que possam ser realizadas conjunta e concomitantemente".

3.4.5.1 *Parcelas de uma mesma obra ou serviço*

O primeiro pressuposto do § 5º do art. 23 da LGL refere-se a parcelas de uma *mesma* obra ou serviço. É a hipótese de um objeto uno e íntegro que é proibido de ser artificialmente parcelado ou fracionado pela Administração.

Ou seja: a determinação de preservação da modalidade de licitação aplicável ao conjunto de prestações apenas se impõe se e quando tais prestações constituírem, todas, materialmente, o *mesmo objeto*. Há de haver não apenas uma identidade quanto à sua natureza, mas sua integração como constituinte de um único objeto.

Excluem-se do somatório as parcelas de natureza específica que possam ser executadas por pessoas ou empresas de *especialidade diversa* daquela do executor da obra ou serviço – como definido pela parte final do § 5º do mencionado art. 23. Isso porque, havendo parcelas aptas a serem executadas por pessoas de especialidade diversa, o que se denota, de fato, é a existência de objetos distintos e autônomos. Por isso, tais parcelas não integram um objeto mais abrangente, não podendo ser consideradas e somadas para o fim de fixação da modalidade licitatória pertinente.

3.4.5.2 *Obras e serviços da mesma natureza e no mesmo local*

Já, o segundo pressuposto referido pelo § 5º do art. 23 da LGL ("obras e serviços da mesma natureza e no mesmo local que possam ser realizadas conjunta e concomitantemente") diz respeito a obras e serviços de *mesma natureza*, ainda que não constituintes (necessariamente) de um mesmo objeto. Além de mesma natureza, têm de estar aptos à execução no *mesmo local*, de modo *conjunto e concomitante*. Assim, não haverá dever do somatório de obras e serviços de mesma natureza para fins de definição da modalidade licitatória aplicável quando não estiverem presentes, cumulativamente, todos estes condicionantes.

A definição de obras e serviços de *mesma natureza* deve também ser realizada à luz do disposto na parte final da norma do § 5º do art. 23. Isto é: obras e serviços que, ainda que com a mesma natureza e aptos a serem executados de modo conjunto e concomitante, possam ser executados por pessoas ou empresas de *especialidade diversa* não deverão ser somados para a definição da modalidade aplicável. Figure-se o exemplo em que a Administração deseja contratar a execução de dois prédios no mesmo local, partes de um mesmo e mais amplo empreendimento. Mas pretende que um deles, por razões de urgência na sua conclusão, seja executado com a tecnologia de pré-moldados. Isso pode configurar peculiar distinção tecnológica entre os objetos, agregando a um deles especificidade capaz de configurar a exceção prevista na parte final do § 5º.

A exigência de execução *no mesmo local* para o fim da correta aplicação da regra deve ser lida como execução dentro da mesma delimitação geográfica *específica*. Não há maior sentido em considerar como tal o perímetro alargado de um Município ou mesmo de um bairro, como já se decidiu.[21] A utilização da locução "mesmo local" pelo legislador pressupõe a mesma localização geográfica *específica*, como parece claro. A criação de critérios abstratos de equiparação, como *mesmo Município* ou *mesmo bairro* (que revelam, em cada caso, variada abrangência territorial), é apta a gerar efeitos desproporcionais e desconectados ao objetivo subjacente à prescrição da regra. Logo, o significado extraído da locução "mesmo local" há de ser restrito.

Não se pode desconsiderar também que a letra da norma do § 5º exige que os objetos sejam aptos à execução *conjunta*. Tal significa que entre eles deve haver *conexão* ou *integração* que justifique sua execu-

21. V., a esse respeito, a decisão do Tribunal de Contas do Distrito Federal no Processo 5.33/1992, de relatoria do Cons. Jorge Caetano. Com posição contrária à hipótese, consulte-se Joel de Menezes Niebuhr, *Licitação Pública e Contrato Administrativo*, 2ª ed., Belo Horizonte, Fórum, 2011, p. 219.

ção conjugada, não bastando a existência de obras e serviços de mesma natureza demandáveis concomitantemente.

Já, a exigência quanto à *simultaneidade* da execução das obras e serviços requerida para o fim de somatório de valores relaciona-se ao dever de adequada programação das contratações pelo administrador público.

3.4.6 Dever de adequado planejamento da contratação

Em muitos casos o fracionamento indevido de obras e serviços de mesma natureza (e compras) decorre de mau planejamento do contrato e das respectivas despesas. O administrador tem por dever funcional realizar previsões adequadas quanto às contratações executáveis dentro do exercício fiscal. A questão relaciona-se com o princípio da anualidade. As contratações e suas respectivas despesas demandáveis ao longo de todo o exercício – que é anual – devem ser devidamente programadas. Excetuando-se as hipóteses imprevisíveis, o fracionamento de obras, serviços e compras – e de suas respectivas despesas –, praticado dentro do ano fiscal, que acarretar o uso de modalidade de licitação menos exigente que a aplicável ao seu conjunto evidenciará a infração a um dever de previdência e de planejamento exigível da Administração.

O TCU, em suas Orientações acerca de licitações e contratos administrativos, tratou da questão, assinalando que: "O planejamento do exercício deve observar o princípio da anualidade do orçamento. Logo, não pode o agente público justificar o fracionamento da despesa com várias aquisições ou contratações no mesmo exercício, sob a modalidade de licitação inferior àquela exigida pelo total da despesa no ano, quando isto for decorrente de falta de planejamento".[22]

Na justa medida em que a execução das obras e serviços contratados pode ser dividida em etapas (LGL, art. 7º, § 1º), o art. 8º da LGL estabeleceu o *dever administrativo* de *programação integral* do contrato. Isto é: muito embora seja válida a fragmentação técnica da execução da obra ou serviço (ao interno do contrato), é necessária a integração

---

22. *Licitações e Contratos: Orientações e Jurisprudência do TCU*, cit., 4ª ed., p. 102 (disponível em *http://portal2.tcu.gov.br/portal/pls/portal/docs/2057620.PDF*, acesso em 10.1.2015).

programática de todas as fases de execução. Estas devem ser explicadas, contextualizadas e compreendidas como momentos de uma sequência integral: divisão que se presta a atender às exigências da técnica, mas que não confere autonomia absoluta às respectivas etapas. Será a compreensão do todo do contrato que conferirá identidade às fases de execução.

Uma vez definidas a necessidade e a utilidade da contratação, bem como a respectiva previsão orçamentária, cabe ao administrador público determinar como se dará a execução. Aqui impera o princípio da eficiência: adequada será a divisão em tantas fases quantas imprescindíveis à obtenção do melhor resultado técnico-administrativo. Por isto que o art. 8º da LGL não define quais seriam os critérios habilitadores da divisão em fases: cabe ao gestor público, de forma motivada, estabelecê-los em vista das peculiaridades desta ou daquela contratação – compreendida em sua integralidade. Assim, devem ser levados em conta: as previsões orçamentárias; o custo total da contratação; os requisitos técnicos para a eficiência na execução (fragmentada ou não); a isonomia entre os interessados; e o incremento à competitividade. Será válida a fragmentação interna em fases – ou externa em lotes ou, mesmo, em certames independentes – desde que implique a contratação mais vantajosa. As razões desta escolha precisam ser demonstradas pelo agente público responsável, na motivação do ato que levou a esta ou àquela opção.

Este dever administrativo, a ser cumprido expressamente no edital, tem especial incidência em dois aspectos inter-relacionados do contrato: os custos (atual e final) e os prazos de execução. Ao falar em *custo atual*, o dispositivo reforça a exigência da definição real das despesas relativas àquele contrato, por meio da descrição do valor no orçamento e respectivo cronograma. Na medida em que o contrato é integrado pela proposta e depois executado, a Administração encarrega-se do controle da relação custo orçado/despesa efetiva – verificando o efetivo cumprimento do cronograma em face do orçamento (incluindo-se aqui eventuais desvios de escopo e/ou gastos extravagantes). Além disso, a Administração necessita projetar a estimativa do custo final – o que pode ser feito com lastro em índices oficiais relativos ao valor do dinheiro e perspectivas inflacionárias.

Ao prever a programação integral das obras e serviços, a LGL privilegia a economia de escala nas contratações públicas – entendida, *grosso modo*, como a organização da atividade empresarial que, ao aumentar racionalmente a produção, diminui os custos e barateia as unidades produzidas (isto é, incrementa a eficiência). Todas as obras e serviços têm um intransponível custo inicial (imobilização de bens, contratação e disponibilização de pessoal etc.). Em tese, quanto maior a capacidade de execução com lastro no mesmo custo inicial, menor será o custo de produção – o que deve gerar economia para o contratante.[23] A compreensão é quase instintiva: é mais rápido e barato produzir 101 geladeiras numa fábrica que já produz 100 – mesmo que isto implique novos custos fixos – do que construir toda a nova instalação industrial para produzir uma só geladeira (isso sem se falar na qualidade do produto). Outro exemplo, típico de contratações públicas: é mais eficiente (menor preço e melhor qualidade) contratar uma só empresa para restaurar 10km de rodovia do que dividir a contratação em 10 lotes de 1km cada (isto sem se falar nos custos de transação).

Porém, a compreensão deste dever não se encerra na economia de escala. Considerações à parte quanto aos desvios que a "hipertrofia de escala" pode produzir (monopólios, oligopólios, abuso de poder econômico, inibição da concorrência etc.), o art. 8º da LGL estampa preocupações quanto a uma visão sistêmica da *coerência nas contratações públicas* (programação e execução). A História recente do Brasil tornou pública a notícia de pontes, construídas com recursos públicos, que ligam nada a lugar nenhum.[24] Isto significa dizer que as licitações exigem

23. Diz-se "em tese" porque há atividades em que "uma operação em pequena escala é mais eficiente. Nesses casos, há retornos de escala decrescentes. À medida que a firma tenta expandir, acrescentando novas fábricas, enfrenta problemas crescentes de administração; é possível que tenha de acrescentar camadas intermediárias de administração e que cada uma dessas camadas aumente seus custos" (Joseph E. Stiglitz e Carl E. Walsh, *Introdução à Microeconomia*, trad. de M. J. C. Monteiro, Rio de Janeiro, Campus, 2003, pp. 118-119). Daí a necessidade da análise caso a caso do projeto que se pretende executar, respectivos custos e prognósticos de execução. Sobre as licitações e a economia de escala, v. Ângelo Henrique Lopes da Silva, "Capturando economias de escala no Sistema de Registro de Preços", *RDPE* 35/9-30, Belo Horizonte, Fórum, julho-setembro/2011.

24. No início de 2007 no Brasil ficou célebre a notícia da ponte construída no interior do Estado do Maranhão, sobre o Rio Barro Duro, sem que houvesse estradas a serem ligadas: foi executada lá, sozinha e, então, sem qualquer utilidade. Em suma:

a prévia demonstração da necessidade e da utilidade da contratação, não mais vista em si e por si, mas no conjunto sistêmico de bens e serviços de titularidade pública. Importará desvio de recursos públicos a licitação que porventura despreze a visão contextualizada da obra ou serviço que se pretende contratar.

3.4.7 Consequência jurídica da infração ao disposto no § 5º do art. 23 da LGL

Qual a consequência jurídica para o desatendimento pela Administração do dever de somatório de valores para a eleição da modalidade aplicável, nos termos do exposto acima?

A consequência, em princípio, será a decretação de ilegalidade da licitação. Mas isso não necessariamente significará seu desfazimento, com os efeitos que disso decorrem. A depender do momento em que a irregularidade vier a ser discutida e resultar no reconhecimento de ilegalidade, a solução juridicamente acertada poderá ser a preservação da situação fática e jurídica, com a apuração de responsabilidades administrativas e do particular. O exame deverá proceder-se à luz dos princípios que orientam a hipótese (economicidade, razoabilidade, maior vantagem etc.). Fundamentalmente, a análise do problema passará pela verificação de prejuízo concreto (e não meramente presumido) decorrente da adoção da modalidade irregular, da consideração dos novos custos para a reinauguração do processo de licitação, da consideração dos eventuais custos de indenização ao particular etc. Há uma avaliação econômica, em última análise, a determinar a solução aplicável. Os princípios da economicidade e da razoabilidade (proporcionalidade) poderão recomendar a manutenção da licitação defeituosa. Isso, contudo, e obviamente, não exclui a apuração de responsabilidade pela prática da irregularidade e a adoção do sancionamento cabível.

Pontue-se que, não havendo má-fé do contratado (o que se caracterizaria pela sua participação fraudulenta na fixação da modalidade menos exigente com vistas a obter vantagem ilícita), a Administração deverá

ausente a programação integral da obra a ser executada (abstraindo-se, aqui, de possíveis desvios mais graves). A notícia está disponível em *http://www2.senado.leg.br/ bdsf/bitstream/handle/id/327995/noticia.htm?sequence=1* (acesso em 3.1.2015).

prover a indenização cabível pela eventual rescisão de contrato oriundo de licitação viciada. Não é possível aludir a uma espécie de culpa presumida do contratado pela não fiscalização quanto aos defeitos inerentes à licitação – sobretudo em vista da previsão do parágrafo único do art. 59 da LGL ("A nulidade não exonera a Administração do dever de indenizar o contratado pelo que este houver executado até a data em que ela for declarada e por outros prejuízos regularmente comprovados, contanto que não lhe seja imputável, promovendo-se a responsabilidade de quem lhe deu causa"). Não é escusável que raciocínio desta ordem seja utilizado para permitir a subtração da indenização do particular em hipóteses de invalidação de contratos administrativos, como já decidiu o STJ em vários julgados (v.g.: REsp 1.111.083, Min. Mauro Campbell Marques, *DJe* 6.12.2013; REsp 1.306.350, Min. Castro Meira, *DJe* 4.10.2013; REsp 1.366.694, Min. Mauro Campbell Marques, *DJe* 17.4.2013).

3.5 Tipos de licitação (critérios de julgamento)

Os tipos licitatórios afiguram-se critérios de julgamento a reger a licitação. Como leciona João Amaral e Almeida, "*critério* é tudo aquilo que é utilizado para tomar decisões que implicam uma escolha entre várias alternativas. Critério é, pois, a razão de decidir, a razão de optar por uma das alternativas. Ora, como o que aqui está em causa é um julgamento que consiste na escolha de uma dentre várias propostas, o critério da escolha designa-se, por isso, muito naturalmente, *critérios de julgamento*".[25] A LGL estabeleceu quatro critérios distintos: (i) o do *menor preço*; (ii) o da *melhor técnica*; (iii) o da combinação entre *técnica e preço*; e (iv) o do *maior lance ou oferta*. Sob disciplina da LGL, este é um elenco fechado, *numerus clausus* (conforme o § 5º do art. 45).[26]

Não é possível criar tipo diverso, nem combinar ou conjugar a aplicação daqueles incorporados no art. 45.

O tipo de licitação deve ser em todos os casos indicado no conteúdo do edital (v. *caput* do art. 40 da LGL), assim como explicitados os

25. João Amaral e Almeida, "Reflexões sobre o princípio do julgamento objetivo das propostas – Os desafios brasileiros e a experiência europeia", *RCP* 1/176-177, Belo Horizonte, Fórum, março-agosto/2012.

26. A tipologia das licitações no RDC será examinada mais abaixo, no § 3.5.8.

fatores de aferição e avaliação de propostas. Seria até supérfluo afirmar que os critérios devem ser confeccionados com vistas a atender ao princípio do julgamento objetivo. Devem ser exatos e objetivos, eliminando-se, tanto quanto possível, qualquer discricionariedade ou subjetivismo no momento do julgamento e avaliação das propostas.

Isto é: a consistência do critério de julgamento escolhido revelar-se-á na densidade que for conferida aos respectivos *critérios de avaliação*: são os "elementos concretizadores (células densificadoras) do critério de julgamento", na dicção de João Amaral e Almeida.[27] Se a Administração sabe o que quer contratar, deve dizer isso nos critérios de avaliação das propostas; se não o diz é porque ainda não sabe exatamente o que deseja. Daí a relevância de tais critérios: "A importância dos fatores de avaliação que densificam o critério de julgamento reside, por isso, sobretudo, na circunstância de, pela sua indicação, os licitantes poderem compreender quais são afinal os atributos das suas propostas que conferem vantagem à Administração e que permitem, no ambiente competitivo próprio do procedimento licitatório, vencer o certame".[28]

Por outro lado, a escolha de certo tipo reflete-se também na estruturação processual da licitação. Assim, o tipo de técnica e preço, por exemplo, imprime rito procedimental diverso à licitação comparativamente ao tipo menor preço. O mesmo se passa em relação aos demais tipos. A necessidade de atender a certo critério de seleção exige uma composição procedimental específica para cada caso.

A opção por um ou por outro tipo licitatório não é absolutamente livre. Tal como será visto adiante, a LGL definiu certos pressupostos que devem ser observados na escolha dos tipos pela Administração.

3.5.1 *Os tipos de preço:*
(i) menor preço e (ii) maior lance ou oferta

Os *tipos de preço* (menor preço e maior lance ou oferta) destinam-se a orientar a licitação à melhor oferta econômica. Vinculam-se a

27. João Amaral e Almeida, "Reflexões sobre o princípio do julgamento objetivo das propostas – Os desafios brasileiros e a experiência europeia", cit., *RCP* 1/178. No mesmo sentido: Adilson Abreu Dallari, *Aspectos Jurídicos da Licitação*, 7ª ed., São Paulo, Saraiva, 2006, p. 165.
28. João Amaral e Almeida, "Reflexões sobre o princípio do julgamento objetivo das propostas – Os desafios brasileiros e a experiência europeia", cit., *RCP* 1/179.

certames que possam ser decididos prioritariamente por este critério de escolha – ou, como prefere João Amaral e Almeida, são *critérios monofatores*: "aquele em que o critério de julgamento é densificado por um único fator. A avaliação das propostas faz-se apenas ao nível de um único atributo, isto é, de um único aspecto da execução contratual".[29]

Enquanto o tipo *menor preço* regerá as licitações pela quais a Administração pretende a celebração de contratos de desembolso (pelas quais ela pagará ao contratado um preço pela execução da prestação), o critério de *maior lance ou oferta* destina-se a orientar os certames em que a Administração pretende receber o pagamento de preço pela alienação de um bem ou direito ou, ainda, para a celebração de contratos de locação de bens.

Nos tipos de preço o critério de escolha do licitante vencedor é exclusivamente o preço, embora nada impeça (e, em muitos casos, isso é até exigido) o estabelecimento de critérios técnicos mínimos para a delimitação do objeto (mediante exigências atinentes à classificação das propostas em vista das características técnicas do objeto ofertado), assim como para a seleção do contratado (mediante os requisitos de habilitação).

Em decorrência de a contratação ter sido pautada pelo menor preço, escassas são as possibilidades de reequilíbrio econômico-financeiro do contrato, como já asseverou o TRF-4ª Região ao decidir que "incabível a pretendida revisão contratual em razão da vinculação à modalidade determinada no procedimento licitatório, que previu o regime de valor global para a execução da obra no menor preço" (AC 2005.70.00.016061-1, Des. federal Fernando Quadros da Silva, *DO* 19.11.2010).

3.5.1.1 *O tipo menor preço e as exigências de qualidade técnica do objeto*

A aplicação do tipo menor preço não acarretará a exclusão de aferições voltadas aos aspectos técnicos do objeto. Não é correto afirmar que, porque o tipo é o de menor preço, eliminam-se exigências voltadas à configuração de padrões mínimos de qualidade. É perfeitamente possível – e até exigido – sob o tipo menor preço que o edital de licitação

---

29. Idem, p. 181.

caracterize tecnicamente o objeto, prevendo qualidades e funcionalidades intrínsecas a conformar certo padrão qualitativo.

Isto é: a escolha do critério do menor preço não pode deixar a Administração ao desabrigo de propostas trágicas. Acentuam-se os deveres da descrição minuciosa dos requisitos do objeto contratual, com as necessárias e úteis especificações do produto a ser recebido (técnicas; de qualidade; durabilidade; desempenho etc.). Também aqui está em jogo a proposta mais vantajosa: o menor preço deve se traduzir no *melhor preço*: aquele que permita a aquisição de um bem ou serviço de elevada qualidade a um preço baixo (o menor dentre os ofertados pelos concorrentes).

Isso significa que tais pressupostos de qualidade e funcionalidade deverão ser atendidos pelos objetos ofertados à Administração, sob pena da desclassificação das propostas. Apenas as que veiculem objetos dotados daquele padrão qualitativo minimamente exigido serão classificadas e, como decorrência, consideradas para a disputa econômica orientada ao menor preço. Caso a licitante não atenda às exigências do edital, ou apresente bem ou serviço aquém dos parâmetros mínimos por ele exigidos, não poderá ser sagrada vencedora, ainda que seu preço persista com a aparência de ser o menor (nesse sentido, do STJ: MS 10.620, Min. José Delgado, *DJU* 5.12.2005; RMS 25.206, Min. Mauro Campbell Marques, *DJe* 8.9.2009).

Logo, é perfeitamente possível examinar a técnica em licitações sob o tipo menor preço. Mas esta análise funcionará apenas como um juízo binário de atendimento/não atendimento às especificações do edital ou do termo de referência, gerando-se a classificação ou a desclassificação da proposta respectiva. Não haverá julgamento de propostas técnicas segundo parâmetros qualitativos de avaliação e ordenação, com impacto na ordem de classificação final dos licitantes. No tipo menor preço o único critério de valorização das propostas será o econômico.

Porém, nada impede que seja sagrada vencedora a proposta que exceda os parâmetros de qualidade fixados pelo edital, como já decidiu o STJ: "Tratando-se de concorrência do tipo menor preço, não fere os princípios da isonomia e da vinculação ao edital a oferta de produto que possua qualidade superior à mínima exigida, desde que o gênero do bem licitado permaneça inalterado e seja atendido o requisito do menor preço" (RMS 15.817, Min. João Otávio de Noronha, *DJU* 3.10.2005).

3.5.1.2 Restrições à escolha do tipo menor preço

O tipo menor preço será aplicável à imensa maioria dos objetos. As únicas restrições referem-se àquelas contratações que, por sua natureza, demandam critério de seleção informado também por uma avaliação da técnica. Esta análise se fará caso a caso a partir da consideração da necessidade da Administração e da natureza da prestação buscada.

É inviável definir abstratamente as espécies de prestação que necessariamente não se compatibilizarão com o tipo menor preço. Mesmo para os casos em que a prestação for de natureza predominantemente intelectual, única hipótese de cabimento dos tipos de técnica (à exceção de bens e serviços de informática), o tipo menor preço poderá eventualmente (e excepcionalmente) ser aplicado, se a análise do caso concreto assim recomendar. As exigências serão examinadas na fase interna e deverão constar, fundamentadamente, do ato convocatório.

O TCU já enfrentou caso em que houve a tentativa de criar um novo tipo de licitação, com critério de julgamento pelo "menor preço global" (conjugação da empreitada por preço global como o critério do menor preço). Assim consta do relatório da Corte de Contas: "*b.6* Não há como compreender o art. 40, VII (critério para julgamento, com disposições claras e parâmetros objetivos), dissociado dos arts. 44 e 45. *b.6.1* A Lei n. 8.666/1993 classifica, em seu art. 45, os tipos de licitação em 'menor preço', 'melhor técnica', 'técnica e preço' e 'maior lance'. Consoante o inciso I, será do tipo menor preço quando o critério de seleção da proposta mais vantajosa para a Administração determinar que será vencedor o licitante que apresentar a proposta de acordo com as especificações do edital ou convite e ofertar o menor preço. Segundo o art. 6º, inciso VIII, a execução do serviço pode ser realizado de forma indireta, por preço certo e total, o que o legislador denominou de empreitada por preço global. *b.6.2* Já, no *caput* do seu art. 40 determina que o preâmbulo do edital conterá, entre outros, o regime de execução e o tipo de licitação. Nesse mesmo artigo, em seu inciso VII, também é exigida a indicação do critério para julgamento da licitação. *b.7* Vê-se que, no presente caso, a comissão adotou um novo tipo de julgamento, o de menor preço global, expressamente vedado no § 5º do art. 45 da referida lei (execução como empreitada global e tipo menor preço)" (TCU, Plenário, Processo TC-013.469/2000-3, Acórdão 435/2003, Min. Ubiratan Aguiar, j. 30.4.2003).

Porém, o único caso em que houve o expresso arbitramento pelo legislador da exclusão do tipo menor preço em função da aplicação obrigatória do tipo técnica e preço (exceto nos casos de convite) é a licitação para a contratação de bens e serviços de informática (§ 4º do art. 45 da LGL). Nestas situações será incabível, em princípio, o tipo menor preço. Diz-se "em princípio" porque os bens e serviços de informática constituem categoria que abrange uma diversidade de tipologias, havendo, por exemplo, bens e serviços de informática padronizados, disponíveis de forma pronta no mercado, que não demandam as avaliações técnicas inerentes ao tipo técnica e preço. À questão se voltará adiante (§ 3.5.7).

3.5.2 Os tipos de técnica: (i) técnica e preço e (ii) melhor técnica

Já, os *tipos de técnica* envolvem, além da vantagem econômica, a busca pela alta e diferenciada qualidade técnica para a execução do futuro contrato. Em vista das peculiaridades do objeto, é mais vantajoso à Administração exigir a comprovação de que o licitante detém específicos atributos técnicos (em muitos casos, é mesmo imprescindível à execução do objeto a demonstração do domínio das soluções tecnológicas cabíveis). Logo, a aplicação destes critérios pressupõe também a especialidade, a diferenciada *expertise* técnica como fator de seleção do futuro contratado.

Os tipos de técnica exigem uma estruturação peculiar do processo de licitação, em que a avaliação das propostas é dissociada em duas fases autônomas: (i) fase de avaliação e classificação de propostas técnicas; e (ii) fase de classificação das propostas de preço. Assim, os licitantes, além do envelope relativo à documentação de habilitação, deverão produzir um envelope contendo a proposta técnica e outro contendo a proposta de preço. Na LGL, aquela será obrigatoriamente revelada, avaliada e pontuada antes que esta (art. 46, §§ 1º e 2º).

Mas note-se que – como bem alerta João Amaral e Almeida – "a expressão 'técnica' pode porém revelar-se, neste contexto, algo enganadora. Com efeito, seria redutor pensar que *técnica* diz respeito apenas à avaliação de desempenhos de natureza técnica *stricto sensu*, isto é, a características, especificações ou funcionalidades de um certo produto ou de um certo serviço que sejam o resultado da aplicação de conhecimentos científicos no domínio da produção. *Técnica* (por oposição a *preço*) diz respeito, como facilmente se compreende, a todo e qualquer outro aspecto da execução contratual diferente do financeiro (o preço proposto) e que a Administração entenda ser relevante para eleger como fator de avaliação das propostas, isto é, todo e qualquer outro aspecto da execução contratual em que as propostas se possam revelar capazes de oferecer desempenhos diferentes, proporcionando também diferentes vantagens".[30]

Logo, para a avaliação e classificação das propostas técnicas é necessário que o instrumento convocatório preveja critérios, exatos e objetivos, de avaliação, pertinentes e adequados ao objeto licitado. Tais critérios deverão considerar a capacitação e a experiência do proponente, a qualidade técnica da proposta, *compreendendo metodologia, organização, tecnologias, programas de trabalho e recursos materiais a serem utilizados nos trabalhos*, bem como a *qualificação das equipes técnicas a serem mobilizadas para sua execução*.

A esta avaliação se procederá mediante um sistema de pontuação, avaliando-se qualitativamente as propostas de acordo com os fatores e a valorização de cada pontuação. A fase de classificação de proposta técnica gerará um quadro classificatório, ordenando as propostas segundo ordem decrescente de vantagens técnicas.

3.5.3 A avaliação das propostas técnicas sob critérios objetivos e proporcionais

Uma questão de grande importância prática para as licitações que se desenvolvem sob os tipos de técnica está na adequada estipulação dos critérios e parâmetros de julgamentos das propostas. A LGL exige – como não poderia deixar de ser – a fixação de critérios e parâmetros *objetivos* ("critérios pertinentes e adequados ao objeto licitado, definidos com clareza e objetividade no instrumento convocatório" – nos termos do art. 46, § 1º, I). Daí surgem algumas decorrências relevantes.

Por primeiro, o caráter *objetivo* dos critérios de pontuação. Os parâmetros qualitativos de comparação devem ser exatos e objetivos. Mas é certo que em determinadas situações, como nas hipóteses do uso da técnica e preço em face do § 3º do art. 46 da LGL (especialmente quando houver a possibilidade da oferta de soluções técnicas alternativas

---

30. Idem, p. 183.

pelos licitantes), será difícil reconduzir estes parâmetros a uma aferição absolutamente objetiva. Pela própria natureza técnica da avaliação inerente à comparabilidade entre estas propostas, em diversos casos haverá espaço para a utilização de interpretações técnicas, o que, de alguma forma, retira este exame de uma zona de mera aferição ou de subsunção, caracterizando-o como um exame de *adequação* entre os elementos da proposta e as hipóteses de pontuação. O problema relaciona-se com o uso de termos de *conceitos indeterminados* nas previsões dos fatores de pontuação, muitas vezes inevitável.

O fato é que, ainda que assim seja, todas estas previsões haverão de ser exaustivamente estabelecidas e, assim, atenuar as margens de subjetivismos, evitando a fuga para análises que frustrem o julgamento objetivo da licitação.

Mais ainda, a permanência inevitável de espaços reduzidos de apreciação discricionária (discricionariedade técnica) na aplicação dos critérios de pontuação há de ser compensada com o reforço do dever de congruente e suficiente *motivação técnica* das decisões. É especialmente relevante ter-se em conta que a transparência na construção das decisões de avaliação técnica das propostas é o que concorrerá para legitimar o resultado do julgamento.

Em segundo ponto, há de se atentar para o *conteúdo* dos critérios objetivos, o que traz o problema da valorização de sua pontuação. Não basta que os critérios estabelecidos sejam objetivos, mas é necessário que os parâmetros veiculados para a comparabilidade das propostas sejam razoáveis e proporcionais em relação ao objeto licitado e à necessidade buscada pela Administração. Isso se relaciona também com a proporcionalidade entre a valorização fixada para cada fator de pontuação. Por exemplo: não seria lícito que, numa escala de pontuação de proposta técnica, um fator de menor relevância atraísse pontuação mais elevada que outro com maior impacto no incremento qualitativo da prestação. Da mesma forma, pesos discrepantes para fatores equivalentes conduzirão à invalidade dos critérios de pontuação, ante a ofensa à razoabilidade.

Por igual, os critérios objetivos devem relevar estrita correlação técnica com o objeto da licitação, a ser fundamentalmente revelado pelo ato convocatório. Quesitos que não digam respeito ou não se revelem úteis e necessários ao que se pretende licitar simplesmente não podem ser levados em conta.

3.5.4 O tipo melhor técnica

Para o tipo *melhor técnica* exige-se uma "valorização mínima" para que as propostas técnicas sejam classificadas e o licitante possa seguir à fase de exame e classificação da proposta de preço (LGL, art. 46, § 1º, II). Isso significa uma nota de corte, com a pontuação mínima estabelecida pelo instrumento convocatório para que se definam as propostas classificáveis para a próxima fase.

Para Benjamin Zymler há duas situações nas quais o tipo da melhor técnica é cabível: (i) as chamadas "licitações de meio", nas quais "o Poder Público define, de antemão, as peculiaridades da prestação que será imposta ao contratante". Aqui, procura-se "selecionar o concorrente que poderá executar essa prestação da maneira mais adequada, pois o 'meio' pelo qual será satisfeito o interesse público já foi escolhido"; e (ii) as "licitações de fim", "quando a definição do próprio 'meio' integra o objeto da licitação, cabendo à Administração definir, apenas, o 'fim' a ser atingido no caso concreto".[31]

Ultrapassada a fase de avaliação de propostas técnicas e abertas as propostas de preço, a comissão de licitação procederá, no tipo melhor técnica, à negociação com o licitante titular da proposta técnica melhor classificada (melhor pontuada), com vistas a obter a redução no preço de sua proposta comercial, tomando-se em referência o menor preço ofertado (dentre os licitantes que tiveram sua proposta técnica classificada).[32]

Caso o licitante não concorde em equiparar seu preço ao menor preço ofertado, a comissão de licitação procederá à mesma negociação com o licitante titular da proposta técnica classificada em segundo lugar, e assim por diante.

Vale consignar que não será possível à comissão de licitação aceitar a redução de preço que não signifique a equiparação com o menor preço obtido dentre os licitantes que classificaram suas propostas técnicas. Isso

---

31. Benjamin Zymler, "Licitações e contratos administrativos", in *Direito Administrativo e Controle*, Belo Horizonte, Fórum, 2005, p. 111.

32. Sobre as negociações pré-adjudicatórias, v.: Luís Verde de Sousa, *A Negociação nos Procedimentos de Adjudicação: uma análise do Código dos Contratos Públicos*, Coimbra, Livraria Almedina, 2010, *passim*; e Egon Bockmann Moreira, "Licitação pública e a negociação pré-contratual – A necessidade do diálogo público-privado", *RCP* 2/61-74, Belo Horizonte, Fórum, setembro/2012-fevereiro/2013.

significa que, caso a licitação não reste infrutífera, a Administração necessariamente adjudicará o objeto ao menor preço ofertado na disputa.

Além disso, lembre-se que o tipo melhor técnica exigirá a fixação de um *preço máximo* que a Administração se dispõe a pagar pela contratação, cuja superação importará a desclassificação das propostas comerciais.

Há, contudo, uma evidente distorção na concepção do tipo melhor técnica. O menor preço ofertado na licitação não há de ser o parâmetro definitivo para a concessão de descontos pelos licitantes titulares das melhores propostas técnicas. É adequado pretender obter a redução das propostas comerciais, inclusive para o fim de adjudicar o objeto ao licitante titular da melhor proposta técnica. Mas não há lógica em exigir a equiparação ao menor preço ofertado. A fixação deste parâmetro desconsidera que as melhores técnicas quase sempre pressupõem preços mais elevados – premissa que, se confirmada na prática, pode conduzir, em última análise, à contratação da pior proposta técnica pelo menor preço.

Não por acaso, então, o tipo *melhor técnica* tornou-se raro de ser encontrado nas licitações. Além da dificuldade administrativa de se estabelecer os parâmetros técnicos de avaliação e ponderação, a razão maior está na sua ineficácia para alcançar resultados satisfatórios à Administração, tal como referido.

3.5.5 *O tipo técnica e preço*

Já, o tipo *técnica e preço* tem relevante aplicação prática. Trata-se de critério que combina a avaliação técnica com a econômica, selecionando-se a proposta vencedora a partir de *média ponderada* entre a nota técnica e a de preço, de acordo com os critérios e os pesos estabelecidos pelo edital de licitação.

Sob este tipo, na fase de avaliação de propostas técnicas a comissão de licitação procederá à avaliação qualitativa das propostas, pontuando-as de acordo com os critérios previstos no edital. Estando os diversos fatores de pontuação exatamente definidos de modo prévio, caberá à Administração proceder apenas ao enquadramento dos elementos das propostas técnicas nas hipóteses de pontuação estabelecidas, gerando-se uma nota técnica resultante a cada um dos licitantes.

Não há, aqui, necessidade de estipulação de nota técnica mínima como requisito de classificação, embora a hipótese não esteja vedada.

Referida nota técnica será, juntamente com a nota de preço, necessariamente considerada para o julgamento final da licitação. O edital fixará fórmula matemática que considere a nota técnica e a nota de preço, extraindo-se a média ponderada entre elas. Assim, pode reputar-se, por exemplo, que a avaliação técnica deverá representar 60% da nota final, hipótese em que o peso da nota de preço seria de 40%. A calibragem dos pesos para a nota técnica e para a nota de preço levará em conta as necessidades específicas demandadas pela Administração e deverá se realizar à luz do princípio da razoabilidade/proporcionalidade.[33]

Como aponta João Amaral e Almeida, nas licitações de técnica e preço o instrumento convocatório instala um modelo que tenta estabelecer o equilíbrio entre fatores de julgamento díspares, com nítido *trade-off*. Estabelecendo-se as premissas de que o preço seja exequível e a técnica atenda à qualidade mínima, o que se dá é que "um bom desempenho ou *performance* num dos fatores de avaliação compensa um mau desempenho ou *performance* noutro fator: a excelente qualidade técnica do produto compensará o alto preço oferecido; da mesma forma que, ao invés, um baixo preço compensará uma fraca qualidade".[34] O preço (alto/baixo) e a técnica (de elevado nível/de nível mínimo) serão *compensados entre si*, a revelar a *efetiva proposta* mais vantajosa.

O relevante é que estas definições, bem justificadas na etapa interna,[35] estejam clara e objetivamente explicitadas no instrumento convo-

---

33. "A jurisprudência mais atual do Tribunal sobre o assunto tem sido no sentido de que se mostra razoável estabelecer fatores de ponderação técnica e de preço levando em conta que o índice técnico deve ser proporcional ao grau de complexidade dos serviços que serão contratados. Dessa maneira, é pertinente futuramente determinar à ANCINE que, ao elaborar instrumentos convocatórios voltados à contratação de trabalhos na área de informática, atente para que o peso dado ao aspecto técnico das propostas seja proporcional à complexidade dos serviços que estão sendo licitados" (TCU, Plenário, Acórdão 1.944/2006, Min. Augusto Sherman Cavalcanti). No mesmo sentido o Acórdão 2.095/2005 (Plenário, Min. Valmir Campelo).

34. João Amaral e Almeida, "Reflexões sobre o princípio do julgamento objetivo das propostas – Os desafios brasileiros e a experiência europeia", cit., *RCP* 1/185.

35. Conforme dispõe o § 3º do artigo 14 da Instrução Normativa MP/SLTI-04/2010, da Secretaria de Logística e Tecnologia da Informação/SLTI do Ministério do Planejamento, Orçamento e Gestão/MP ("Dispõe sobre o processo de contrata-

catório da licitação. É imprescindível a construção, caso a caso, daquilo que João Amaral e Almeida denomina de "um verdadeiro *modelo de avaliação das propostas*, isto é, um conjunto de regras sobre o modo como, em concreto, a comissão fará a avaliação das propostas relativamente a cada um dos fatores densificadores do critério, no sentido de identificar, em síntese conclusiva, qual a proposta mais vantajosa".[36]

*3.5.6 Tipos de técnica e técnica e preço:
obras e serviços predominantemente intelectuais*

Os tipos *técnica* e *técnica e preço* terão cabimento restrito. Apenas serviços de natureza *predominantemente intelectual* (como a elaboração de projetos complexos, cálculos, fiscalização, supervisão e gerenciamento e de engenharia consultiva em geral) ou objetos de *grande vulto* ou de *alta complexidade técnica* poderão ser processados sob este tipo.[37]

A alta complexidade técnica deve ser atestada por peritos qualificados e se verifica nas hipóteses em que a configuração do objeto admitir *soluções alternativas e variações de execução*, com repercussões significativas sobre sua qualidade, produtividade, rendimento e durabilidade concretamente mensuráveis, e estas puderem ser adotadas à livre escolha dos licitantes, na conformidade dos critérios objetivamente fixados no ato convocatório.

ção de Soluções de Tecnologia da Informação pelos órgãos integrantes do Sistema de Administração dos Recursos de Informação e Informática (SISP) do Poder Executivo Federal), "nas licitações do tipo técnica e preço, é vedado: (...); II – fixar os fatores de ponderação das propostas técnicas e de preço sem justificativa".
36. João Amaral e Almeida, "Reflexões sobre o princípio do julgamento objetivo das propostas – Os desafios brasileiros e a experiência europeia", cit., *RCP* 1/189. E como o mesmo autor, em seguida, indica, a constatação revela um desafio ainda mais árduo: "A dificuldade de avaliar e comparar elementos heterogêneos, que não se exprimem na mesma unidade de medida (*kgs, mq, R$, semanas, unidades de qualidade* etc.) e que assumem também diferentes papéis no contexto dos objetivos de interesse público que se busca satisfazer por meio da contratação pretendida, tem contribuído para o desenvolvimento da elaboração, não apenas jurídica, mas também científico-matemática, de várias técnicas reconduzíveis à categoria dos chamados *métodos de análise multicritério*, já desde há muito amplamente conhecidos e aplicados nos campos das ciências econômicas e sociais".
37. Obras, serviços e compras de grande vulto, nos termos do inciso V do art. 6º da LGL, serão aqueles cujo valor estimado seja superior a R$ 37.500.000,00.

Para estes objetos específicos, de grande vulto e tecnicamente sofisticados, a LGL exigiu autorização expressa e justificativa exarada da maior autoridade da Administração responsável pela licitação (art. 46, § 3º). Caberá à Administração apresentar laudo técnico que demonstre satisfatoriamente que o objeto se afigura dependente de tecnologias específicas e sofisticadas e que o incremento qualitativo, a partir, inclusive, do cotejo entre tecnologias ou soluções técnicas diversas, produzirá benefícios à Administração. O fundamental será evidenciar que o objeto comporta execução sob variadas tecnologias, sendo que a comparabilidade entre elas se refletirá no resultado da prestação.

3.5.7 O tipo técnica e preço, bens e serviços de informática e o Decreto 7.174/2010

A LGL exigiu que as licitações para bens e serviços de informática sejam processadas sob o tipo *técnica e preço* (§ 4º do art. 45), excetuando desta regra apenas os casos previstos em decreto do Poder Executivo. A análise da questão, na órbita federal, há de levar em consideração o conteúdo do Decreto 7.174/2010 ("Regulamenta a contratação de bens e serviços de informática e automação pela Administração Pública federal, direta ou indireta, pelas fundações instituídas ou mantidas pelo Poder Público e pelas demais organizações sob o controle direto ou indireto da União").[38]

Ainda antes da edição do Decreto 7.174/2010 a obrigação de se proceder pelo tipo técnica e preço nas licitações para bens e serviços de informática já vinha sendo relativizada. A jurisprudência do TCU já admitia – e em muitos casos exigia – o processamento destes objetos pelo tipo menor preço; e também sob a modalidade de pregão, inconciliável, em princípio, com o tipo técnica e preço. Com a edição do Decreto 7.174/2010 positivou-se a distinção fundamental entre bens e serviços de informática e automação considerados comuns e aqueles específicos, peculiares ou customizados, que divide estas prestações em suscetíveis e insuscetíveis ao tipo técnica e preço.

---

38. Consulte-se Luís Eduardo Coimbra Manuel, "Breves comentários ao Decreto 7.174/2010", *ILC* 199/899, Curitiba, Zênite, setembro/2010.

No universo dos bens e serviços de informática há alguns efetivamente destituídos de complexidade e de peculiaridades técnicas, vendidos em escala industrial e de modo padronizado. O critério que os diferencia dos demais bens e serviços de informática está na ausência de necessidade de sua customização aos casos concretos. São produtos padronizados, amigáveis ao consumidor e utilizador. Estes serão bens comuns, inviáveis de serem licitados pela técnica e preço. O Decreto 7.174/2010 os definiu como sendo aqueles bens ou serviços "cuja especificação estabelecer padrão objetivo de desempenho e qualidade e for capaz de ser atendida por vários fornecedores, ainda que existam outras soluções disponíveis no mercado" (art. 9º, § 2º). Pelos termos desta norma, devem ser processados sob a modalidade de pregão, preferencialmente na forma eletrônica.

A outra categoria de bens e serviços de informática compreende aqueles objetos tecnicamente específicos, customizados, de natureza predominantemente intelectual. Unicamente para prestações desta espécie será aplicável (obrigatoriamente) o tipo técnica e preço. Elas se configurarão, nos termos do Decreto 7.174/2010, "quando a especificação do objeto evidenciar que os bens ou serviços demandados requerem individualização ou inovação tecnológica, e possam apresentar diferentes metodologias, tecnologias e níveis de qualidade e desempenho, sendo necessário avaliar as vantagens e desvantagens de cada solução" (art. 9º, § 4º).

A obrigatoriedade da aplicação da técnica e preço foi excetuada às aquisições de bens e serviços desta natureza em que o valor global estimado for igual ou inferior ao da modalidade convite.

3.5.8 Os critérios de julgamento no Regime Diferenciado de Contratações

A Lei 12.462/2011 estabeleceu, nos arts. 18 e ss., cinco critérios de julgamento das propostas: (i) *menor preço* ou *maior desconto* (especificado no art. 19 do RDC e nos arts. 26 e 27 do Decreto 7.581/2011); (ii) combinação de *técnica e preço* (especificado no art. 20 do RDC e nos arts. 28 e 29 do Decreto 7.581/2011); (iii) *melhor técnica* ou *conteúdo artístico* (especificado no art. 21 do RDC e nos arts. 30 e 31 do Decreto 7.581/2011); (iv) *maior oferta de preço* (especificado no art. 22 do RDC e nos arts. 33, 34 e 35 do Decreto 7.581/2011); e (v) *maior retorno econômico* (especificado no art. 23 do RDC e nos arts. 36, 37 e 67 do Decreto 7.581/2011).

Estes critérios do RDC apresentam algumas peculiaridades pontuais em relação à LGL, dentre as quais merecem ser postas em destaque: (i) o teto de 70%, relativo ao percentual mais relevante entre fatores de ponderação distintos em licitações de técnica e preço (art. 20, § 2º); (ii) a adaptação da modalidade concurso da LGL às ideias de melhor técnica ou melhor conteúdo artístico (art. 21); (iii) a possibilidade de recolhimento de quantia a título de garantia como "requisito de habilitação" nas licitações pela maior oferta de preço (art. 22, § 2º).

Porém, a novidade está no critério de maior retorno econômico em "contratos de eficiência". Mas o que aqui se dá é a revelação, por outro caminho, do critério do maior lance ou maior oferta de preço, como opinou João Amaral e Almeida: "Apesar de a lei estabelecer que 'os licitantes apresentarão propostas de trabalho e de preço' (cf. § 2º do art. 23 do RDC), o que poderia dar a entender que se avaliariam as propostas em duas e diferentes obrigações contratuais, isto é, que seriam dois os fatores de avaliação, a verdade é que apenas está em causa a avaliação da economia que cada licitante se compromete a gerar com o futuro contrato. Ora, essa economia (proposta pelo licitante e contratada por ter sido a mais vantajosa) é apenas uma questão do montante pecuniário, como o revelam claramente os incisos I a III do § 3º do art. 23 do RDC".[39] Isto é: está-se diante de critério que tem por foco primário os menores ônus financeiros para a Administração – o menor dispêndio que ela deverá arcar nas despesas correntes.

Por outro lado – e como é próprio do RDC, sobretudo na contratação integrada (v., abaixo, § 4.13.6) –, o que o futuro contrato estampará é a atribuição de riscos ao contratado, que deverá envidar os melhores esforços para atingir as metas predefinidas e, assim, obter o máximo de remuneração (art. 23, § 3º).

---

39. João Amaral e Almeida, "Reflexões sobre o princípio do julgamento objetivo das propostas – Os desafios brasileiros e a experiência europeia", cit., *RCP* 1/181. Ampliar em: Alexandre Wagner Nester, "Os critérios de julgamento previstos no Regime Diferenciado de Contratações Públicas", cit., in Marçal Justen Filho e Cesar A. Guimarães Pereira (coords.), *O Regime Diferenciado de Contratações Públicas: Comentários à Lei 12.462 e ao Decreto 7.581*, 2012; e Alécia Paolucci Nogueira Bicalho e Carlos Pinto Coelho Motta, *RDC – Comentários ao Regime Diferenciado de Contratações*, cit., 2ª ed., pp. 332-337.

Capítulo 4
PROCESSAMENTO DA LICITAÇÃO: ETAPA INTERNA – REQUISITOS E DOCUMENTAÇÃO

4.1 Etapa interna versus *etapa externa da licitação. 4.2 Providências atinentes à etapa interna. 4.3 Cronologia: projeto básico, projeto executivo e execução do objeto. 4.4 Exigência de projeto básico aprovado pela autoridade competente: 4.4.1 Definição de "projeto básico" – 4.4.2 Projeto básico, princípio da isonomia e competitividade das propostas – 4.4.3 Projeto básico e delimitação restritiva do objeto – 4.4.4 Padronização de projetos – 4.4.5 O conteúdo mínimo do projeto básico (e do projeto executivo) de obras e serviços – 4.4.6 Impacto ambiental: Avaliação (AIA), Estudo (EIA) e Relatório (RIMA) – 4.4.7 Licenciamento ambiental e licença prévia ambiental – 4.4.8 Impacto ambiental e o princípio da eficiência – 4.4.9 A Portaria Interministerial 419/2011: licenciamento ambiental eficiente. 4.5 Projeto executivo. 4.6 Exigência de projetos disponibilizados aos licitantes. 4.7 Orçamento detalhado em planilhas que expressem custos unitários: 4.7.1 A relevância da indicação dos custos unitários – 4.7.2 Nota sobre o orçamento sigiloso previsto pelo Regime Diferenciado de Contratações: 4.7.2.1 O orçamento como providência preliminar ao lançamento da licitação – 4.7.2.2 Necessidade de ampla divulgação dos quantitativos – 4.7.2.3 Inexistência de ofensa ao princípio da publicidade no sigilo do Regime Diferenciado de Contratações – 4.7.2.4 Divulgação permanente do orçamento às instâncias de controle – 4.7.2.5 A regra do sigilo, as licitações na modalidade pregão e o entendimento do TCU – 4.7.2.6 A regra do sigilo, as licitações do BIRD e o entendimento do TCU. 4.8 Dotação orçamentária. 4.9 Inclusão no plano plurianual. 4.10 Vedação à inclusão no objeto da licitação de recursos financeiros para sua execução. 4.11 A previsão obrigatória de quantidades e a regra da prevalência do projeto. 4.12 O conteúdo do instrumento convocatório da licitação e de seus anexos: 4.12.1 Caracterização do objeto: vedação ao excesso de especificação técnica – 4.12.2 Cláusulas econômicas que devem constar do edital: 4.12.2.1 O critério de reajuste – 4.12.2.2 A restri-*

ção temporal imposta pelo Plano Real – 4.12.2.3 O reajuste de contratos com prazo inferior a 12 meses – 4.12.3 As condições de pagamento: 4.12.3.1 O adimplemento do contratado como termo de contagem do prazo do pagamento – 4.12.3.2 Consequências jurídicas da mora da Administração – 4.12.3.3 Aplicação de correção monetária e juros de mora – 4.12.3.4 A quantificação dos juros moratórios e sua delimitação temporal – 4.12.3.5 A correção monetária no período de mora e o Plano Real – 4.12.3.6 Dever de previsão no edital das compensações financeiras – 4.12.3.7 Os efeitos da omissão quanto a compensações e penalizações aos atrasos no pagamento – 4.12.3.8 O silêncio do edital não impede a atualização monetária e os juros moratórios – 4.12.3.9 Ressarcimento por perdas e danos gerados pela mora – 4.12.3.10 A cláusula penal – 4.12.3.11 Ressarcimento pelos atrasos no pagamento das compensações financeiras – 4.12.4 Ainda as cláusulas econômicas: o Regime Diferenciado de Contratações e a remuneração variável vinculada ao desempenho: 4.12.4.1 Dever de motivação para a hipótese – 4.12.4.2 Respeito ao limite orçamentário – 4.12.4.3 A concreta aferição dos índices de desempenho. 4.13 Definição do regime de execução adequado: 4.13.1 A noção jurídica de "empreitada" – 4.13.2 Empreitada por preço global – 4.13.3 Empreitada por preço unitário – 4.13.4 Tarefa – 4.13.5 Empreitada integral – 4.13.6 Regime de contratação integrada: aplicação restritiva ao Regime Diferenciado de Contratações: 4.13.6.1 Similaridade com o modelo Engineering, Procurement and Construction Contract/EPC – 4.13.6.2 As hipóteses de cabimento da contratação integrada – 4.13.6.3 Contratação integrada: contratação de resultados – 4.13.6.4 O regime de contratação integrada e a transferência de riscos ao contratado – 4.13.6.5 As cautelas fundamentais na aplicação do regime de contratação integrada – 4.13.6.6 Momento da confecção do projeto básico – 4.13.6.7 A obrigatória disponibilização de anteprojeto de engenharia – 4.13.6.8 A dificuldade quanto ao dimensionamento do valor da contratação – 4.13.6.9 A regra da vedação dos termos aditivos. 4.14 A submissão das minutas do edital à assessoria jurídica e eventual responsabilidade.

4.1 Etapa interna versus etapa externa da licitação

A estrutura procedimental da licitação compreende uma etapa interna e outra externa. Nesta última é onde se realiza a licitação propriamente dita: desde a divulgação do ato convocatório até a adjudicação do contrato. Ela se inicia com a (i) fase de divulgação da licitação (com o lançamento do edital ou convite) e compreende as fases de (ii) recebimento e depósito dos documentos, (iii) habilitação, (iv) exame e classificação de propostas, (v) homologação e (vi) adjudicação.

Já, a etapa interna delimita-se pela execução de providências atinentes à preparação da licitação, compreendendo a série de atos voltados ao seu planejamento e confecção da documentação de suporte. É nela que se definem, com base em critérios técnicos e jurídicos, a necessidade, a utilidade e o escopo da futura contratação, os critérios de julgamento e as condições e exigências a serem realizadas em face dos licitantes.[1] Dela decorrerá a escolha pública a ser realizada pelo administrador competente.

De acordo com Adilson Abreu Dallari, na fase interna do processo de contratação (por ele designada de "fase preparatória") devem ser praticados "os atos destinados a formar a intenção da Administração em abrir um chamamento público; fixar precisamente o objeto do futuro contrato; estabelecer as condições do certame; em caso de dúvida, proceder a uma avaliação estimativa da eventual despesa; (...) verificar a existência de recursos orçamentários; determinar ou autorizar a abertura da licitação, bem como designar agentes administrativos especificamente encarregados do seu processamento etc.".[2] Daí a suma importância dessa etapa.

Em decorrência dos estudos e da tomada de decisão pela autoridade competente, a decisão final da etapa interna encerra um ato vinculante para a futura comissão de licitação (e também para os interessados), a se expressar no princípio da vinculação ao instrumento convocatório (v., acima, § 2.3). A comissão não dispõe de qualquer discricionariedade quanto a cumprir (ou não) o edital. Esta questão simplesmente não se põe. Logo, na fase externa não existe – e nem pode existir – qualquer espaço para debates e discussões a propósito do que já foi decidido pela Administração superior, que hierarquicamente determina qual é o ato convocatório a ser cumprido, instalando deveres vinculados para todos os demais servidores públicos.

Também devido à sua relevância, a fase interna da licitação não se reveste de sigilo. Claro que há diferentes intensidades para o acesso aos seus trabalhos e momentos para sua publicação, muitas vezes a depen-

---

1. Cf. Renato Geraldo Mendes, *O Processo de Contratação Pública*, Curitiba, Zênite, 2012, pp. 87-89.
2. Adilson Abreu Dallari, *Aspectos Jurídicos da Licitação*, 7ª ed., São Paulo, Saraiva, 2006, p. 103.

der do tipo de certame (basta pensar no Procedimento de Manifestação de Interesse/PMI das concessões e PPPs), mas uma coisa é certa: depois de publicado o instrumento convocatório, toda a fase interna deve ser integralmente divulgada, com acesso irrestrito a quem quer que seja, preferencialmente via Internet.

O presente capítulo tratará particularmente das providências e requisitos atinentes à etapa interna.

4.2 Providências atinentes à etapa interna

Há diversos passos processuais obrigatórios à fase interna da licitação, como a confecção de projeto básico, de orçamento, a previsão de dotação orçamentária, as demonstrações fiscais, assim como a confecção dos documentos de suporte (especialmente o edital e seus anexos). Estes requisitos são aplicáveis generalizadamente às licitações.

Mas há diferenças relativamente a licitações para *obras* e *serviços* e para *compras*. As considerações que seguem são aplicáveis às obras e serviços. O tratamento das compras será exposto adiante, em tópico próprio (Capítulo 10).

A sucessão destas providências como passo prévio à abertura da fase externa da licitação constitui roteiro procedimental cujo cumprimento permitirá presumir que a licitação atendeu às cautelas fundamentais que devem anteceder a contratação administrativa.

4.3 Cronologia: projeto básico, projeto executivo e execução do objeto

A fase interna tem início com a abertura formal de um processo administrativo que deverá conter, no mínimo, os seguintes elementos: (i) autorização para a contratação; (ii) indicação sucinta do objeto; e (iii) indicação do recurso próprio para a despesa (LGL, art. 38, c/c o art. 40, § 1º).

O art. 7º da LGL determina uma sequência de passos procedimentais com vistas a preparar a execução do objeto do contrato. Há rito a ser cumprido, cada ato configurando-se como requisito à prática do seguinte – a culminar na publicação do edital: a LGL exige a precedência de projeto básico, seguido da elaboração do executivo (quando for o caso), quando, então, estará preparado o início da execução da obra ou serviço.

O texto retrata a preocupação de evitar a execução do contrato sem a devida confecção dos documentos fundamentais descritivos de todas as parcelas e detalhamento do seu objeto.

4.4 Exigência de projeto básico aprovado pela autoridade competente

O projeto básico é essencial para as licitações nas modalidades concorrência, tomada de preços e convite (e também, no que couber, na dispensa e inexigibilidade). O inciso I do § 2º do art. 7º da LGL subordina o desencadeamento de licitações para obras e serviços à existência e à prévia aprovação pela autoridade competente do projeto básico (o projeto executivo pode ser elaborado pelo contratado no momento anterior à execução do contrato). Exige, ademais, a disponibilidade destes documentos para exame pelos interessados.[3]

4.4.1 Definição de "projeto básico"

Em apertada síntese, a definiu *projeto básico* como o conjunto das informações técnicas, econômicas e ambientais que caracterizam o objeto licitado.[4] Nesse documento deverão estar todas as informações ne-

---

3. Lembre-se que, assim como referido mais adiante (§ 4.13.6), para certos contratos regidos pelo RDC (Lei 12.462/2011) admite-se a aplicação do regime de execução de *contratação integrada*, que dispensa a existência de prévio projeto básico ao desencadeamento da licitação – pois sua elaboração consiste em um encargo do contratado. O mesmo se diga das previsões da Lei 8.987/1995 e da Lei 11.079/2044, que não exigem o projeto básico, mas apenas os seus "elementos".

4. A definição constante do art. 6º da LGL é significativamente extensa: "IX – projeto básico – conjunto de elementos necessários e suficientes, com nível de precisão adequado, para caracterizar a obra ou serviço, ou complexo de obras ou serviços objeto da licitação, elaborado com base nas indicações dos estudos técnicos preliminares, que assegurem a viabilidade técnica e o adequado tratamento do impacto ambiental do empreendimento, e que possibilite a avaliação do custo da obra e a definição dos métodos e do prazo de execução, devendo conter os seguintes elementos: a) desenvolvimento da solução escolhida de forma a fornecer visão global da obra e

cessárias (aquelas sem as quais o projeto não é eficaz) e suficientes (aquelas que bastam à sua compreensão) à execução do futuro contrato. Como consigna Cláudio Altounian, "é a peça mais importante para a condução da licitação, tanto que a legislação estabelece como requisito para licitar a existência desse documento. Falhas graves na definição desse projeto trarão enormes dificuldades ao gerenciamento das obras sob os aspectos prazo, custo e qualidade".[5] Será o projeto básico que permitirá a avaliação dos custos, dos métodos e do prazo de execução do futuro contrato.

Por conseguinte, trata-se do documento fundamental a permitir aos licitantes o conhecimento das características quantitativas e qualitativas da obra ou serviço licitado, possibilitando, a partir disso, um julgamento objetivo das propostas. Sua definição normativa vem no inciso IX do art. 6º da LGL, bem como na Resolução 361/1991 do CONFEA.[6]

Muito embora tenha o legislador se utilizado de terminologia própria da Engenharia, a definição de *projeto básico* deve ser entendida como o documento que veicula o conjunto dos característicos de toda e qualquer obra ou serviço (de qualquer natureza) que demande a explicitação de condições fáticas e técnicas de execução. Em termos objetivos, Renato Geraldo Mendes anota que o projeto "é o documento que materializa a solução (o objeto) a ser contratada. Se o termo de referência ou a requisição responde à pergunta: qual o problema?, o projeto

identificar todos os seus elementos constitutivos com clareza; b) soluções técnicas globais e localizadas, suficientemente detalhadas, de forma a minimizar a necessidade de reformulação ou de variantes durante as fases de elaboração do projeto executivo e de realização das obras e montagem; c) identificação dos tipos de serviços a executar e de materiais e equipamentos a incorporar à obra, bem como suas especificações que assegurem os melhores resultados para o empreendimento, sem frustrar o caráter competitivo para a sua execução; d) informações que possibilitem o estudo e a dedução de métodos construtivos, instalações provisórias e condições organizacionais para a obra, sem frustrar o caráter competitivo para a sua execução; e) subsídios para montagem do plano de licitação e gestão da obra, compreendendo a sua programação, a estratégia de suprimentos, as normas de fiscalização e outros dados necessários em cada caso".

5. Cláudio Altounian, *Obras Públicas: Licitação, Contratação, Fiscalização e Utilização*, 1ª ed., 2ª tir., Belo Horizonte, Fórum, 2007, pp. 41-42.

6. O art. 1º da Resolução CONFEA-361/1991 assim conceitua o *projeto básico*: "conjunto de elementos que define a obra, o serviço ou o complexo de obras e serviços que compõe o empreendimento, de tal modo que suas características básicas e desempenho almejado estejam perfeitamente definidos, possibilitando a estimativa de seu custo e prazo de execução".

básico responde a outra pergunta: qual a solução?".[7] Evidentemente, a extensão do projeto básico variará conforme a complexidade técnica do objeto e a necessidade do conhecimento prévio de todos os seus elementos, a se permitir a confecção das propostas.

Em específico quanto a obras, projeto básico é o documento técnico minucioso que pretende descrevê-las em sua integralidade. Dele devem constar: a definição da viabilidade técnica; a logística e o impacto ambiental; a administração de pessoal; os prazos de execução; os equipamentos e instalações; o modo organizacional; a fiscalização; os respectivos fluxogramas etc. Com lastro nesse projeto os interessados poderão avaliar a obra, seus custos e respectiva a executividade. Os elementos lá consignados serão levados em conta para o equilíbrio econômico-financeiro do futuro contrato administrativo.

É imperioso que o projeto básico esteja confeccionado de modo suficiente, veiculando todas as informações necessárias a definir com exatidão o objeto licitado. Sua ausência ou insuficiência acarretará nulidade da licitação, a teor do inciso I do § 2º do art. 7º da LGL (a exceção está nas Leis 8.987/1995 e 11.079/2004, que dispensam o projeto básico para as concessões comuns e PPPs, exigindo apenas *elementos de projeto básico*, bem como no art. 8º, V, e § 5º, do RDC, a permitir a *contratação integrada*).

O projeto básico determinará o universo de licitantes. Quanto mais preciso e circunscrito ao indispensável, mais seguros estarão os interessados para a apresentação das propostas, maior o número de licitantes a competir e menores os preços. Ao contrário, quanto mais intensos a lassidão técnica e/ou o número de exigências impertinentes, proporcionalmente maior o acréscimo nos preços (para garantir a exequibilidade ante as incertezas) e menor a quantidade de interessados. Já, o pior dos mundos surge quando o projeto básico nada descreve, circunscrevendo-se a consignar informações genéricas e imprecisas – neste caso, de nada vale perante a LGL. Imprecisões no projeto básico geram custos difíceis, se não impossíveis, de administrar.

Inclusive, o TCU vem reiteradamente decidindo que: "Constitui prática ilegal e ilegítima a chamada 'revisão de projetos em fases de obras' (...) uma vez que trata, geralmente, de introduzir modificações no

---

7. Renato Geraldo Mendes, *O Processo de Contratação Pública*, cit., p. 163.

contrato logo após a sua assinatura, decorrentes de projetos básicos ineptos e desatualizados, conforme determinações expressas nos Acórdãos ns. 296/2004, 1.569/2005 e 1.175/2006, proferidos em Plenário" (Plenário, Processo TC-012.782/2006-6, Acórdão 1.016/2007, Min. Augusto Nardes, j. 30.5.2007).

Note-se que, ante a LGL, o projeto básico não oferece garantias. Pode não ser um retrato perfeito da obra e conter desde erros materiais até omissões técnicas (as quais não serão suportadas pelo contratado – afinal, trata-se de erros e falhas imputáveis diretamente à Administração, não de riscos contratuais). Além do fato de que, quando da execução, podem surgir condições imprevistas ou imprevisíveis. Todas essas peculiaridades agregam custos e incertezas e podem repercutir no equilíbrio econômico-financeiro do contrato.

4.4.2 Projeto básico, princípio da isonomia e competitividade das propostas

Um projeto básico deficiente compromete o julgamento objetivo e a isonomia na disputa. A falta das informações fundamentais acerca da execução do objeto propicia a instalação de julgamento subjetivo e impede a formulação de propostas sérias: diante da falta de indicação de elementos precisos de definição do objeto a ser executado, as propostas eventualmente apresentadas não serão equiparáveis sob o ponto de vista das prestações subjacentes.

Alude-se igualmente à instalação do risco de propostas com objetos distintos. Isso produzirá a impossibilidade de avaliação do preço como fator de efetiva comparação entre as ofertas. Logo, não haverá condições objetivas de disputa, havendo ofensa ao princípio do *julgamento objetivo da licitação* (arts. 3º e 44 da LGL) e à imprescindível *comparabilidade das propostas*. Como afirma Rodrigo Esteves de Oliveira, para serem comparáveis, as propostas "devem responder a um padrão comum, é dizer, a todas as (e apenas às) especificações solicitadas pelas peças do procedimento e dentro dos limites por ela impostos".[8]

---

8. Rodrigo Esteves de Oliveira, "Os princípios gerais da contratação pública", in Pedro Costa Gonçalves (org.), *Estudos de Contratação Pública – I*, Coimbra, Coimbra Editora, 2008, p. 70.

A falta de informações igualmente incrementa os custos do futuro contrato: o que eventualmente se economiza com a redução das despesas no projeto certamente repercutirá tanto nas propostas (o interessado haverá de "descobrir" as peças faltantes e, para atenuar os riscos de prejuízo, formulará proposta mais conservadora) como na própria execução do contrato (quando a falta se revelará presentes e exigirá soluções não previstas no edital). Assim, pode-se afirmar que projetos básicos incompletos apenas incrementam os custos das contratações públicas. Isto porque, na medida em que os dados precários incrementam os riscos, o que se dá é o fenômeno da *precificação do risco* pelos licitantes, produzindo ofertas mais caras. Além disso, os erros e falhas serão imputáveis à Administração que elaborou e publicou o documento (ornamentado por sua presunção de legitimidade). Sem a exatidão acerca dos aspectos qualitativos e quantitativos pertinentes à execução do contrato, os licitantes, com vistas a acautelarem-se quanto a prejuízos futuros, tenderão a considerar em suas propostas o cenário mais oneroso possível. A tendência, em situações desta natureza, é a precificação referenciada por um cenário pessimista, atenuando-se os riscos de prejuízo. Tais custos, sobre serem extraordinários, são absolutamente desnecessários ao objeto contratado. Haveria ofensa ao princípio da economicidade e a adoção de uma orientação que prestigiaria a elevação dos custos transacionais.

Mais que isso, a correção e a completude do projeto básico evitam práticas de dirigismo na licitação. As informações pertinentes às lacunas do projeto podem ter trânsito ilícito entre licitantes preferenciais, permitindo-lhes a oferta de propostas mais econômicas. Conforme já mencionado, caso formulado de modo vago e lacunoso o projeto, os licitantes tendem a precificar a insegurança quanto à definição dos aspectos faltantes, tornando suas propostas mais caras. Esse fenômeno pode permitir à Administração transitar ilicitamente informações privilegiadas a certos licitantes, que, de posse das definições exatas, delimitam seu preço de forma mais ajustada e mais econômica que os demais, alcançando êxito na disputa. Um projeto básico suficiente tende a atenuar a incidência destas práticas ilícitas.

4.4.3 Projeto básico e delimitação restritiva do objeto

Por outro lado, o projeto básico não deve veicular configuração técnica excessivamente específica, a ponto de restringir o objeto a certa tecnologia ou fornecedor. Apenas podem ser elencadas as informações necessárias, úteis e suficientes, em detalhamento que permita aos interessados a avaliação segura dos custos e a elaboração das respectivas propostas.

A Administração deve procurar o "ponto ótimo" das exigências, pois, quanto mais se desce a minúcias técnicas e tecnológicas, maior será o custo do projeto e menor será o número de interessados aptos a participar do certame. O nível exagerado de especificações tende a restringir a concorrência. Isto é: o projeto básico há de ser inclusivo – e não excludente.

À exceção dos casos em que houver justificativa plausível e suficiente, a delimitação restritiva do objeto do projeto esbarrará na vedação contida na alínea "d" do inciso IX do art. 6º da LGL.

4.4.4 Padronização de projetos

Lembre-se que o art. 11 da LGL determina a padronização de projetos de obras e serviços. Significa a organização dos processos de contratação (e respectivos objetos) segundo modelos oficiais, predefinidos de modo fundamentado pelas autoridades competentes e submetidos a avaliação pública. Na lição de Jessé Torres Pereira Jr., a padronização "decorre, necessariamente, de ato administrativo vinculado a motivos expressos, que viabilizam a aferição da pertinência da padronização em cada caso".[9] Assim se buscam a diminuição de custos e a intensificação da competitividade por meio da uniformização de certas características dos projetos relativos a obras e serviços.

A finalidade da norma é impedir o desperdício de recursos ante o abandono de padrões previamente estabelecidos.[10] Evitada a obsolescência, os padrões já existentes deverão reger as aquisições futuras. Evidentemente que, antes de se tornarem ultrapassados, eles precisam

---

9. Jessé Torres Pereira Jr., *Comentários à Lei das Licitações e Contratações da Administração Pública*, 6ª ed., Rio de Janeiro, Renovar, 2003, p. 159.

10. Nesse sentido, Diógenes Gasparini consignou que, "como a regra é a padronização, é necessário que a impossibilidade da aquisição de certos bens com a observância desse princípio fique devidamente demonstrada, senão não teria qualquer utilidade a determinação 'sempre que possível deverão', consignada no *caput* do art. 15" (*Direito Administrativo*, 15ª ed., atualizada por F. Motta, São Paulo, Saraiva, 2010, p. 531).

experimentar atualização e substituição por outros modernizados. A padronização de projetos não pode significar óbice à eficiência e à modernização das obras e serviços.

Por isso, é de se ter como necessário o estabelecimento de revisões periódicas, inclusive por meio de audiências e/ou consultas públicas. A previsão de tais revisões deve ser simultânea à definição da padronização: estabelecido o modelo, sabe-se que, no mínimo, dali a "x" anos serão desenvolvidos novos estudos a fim de detectar a permanência (ou não) do projeto-padrão e, se for o caso, em que aspectos ele necessariamente precisa ser aprimorado. Tais estudos administrativos devem ser – reitere-se – submetidos a avaliação pública, a fim de se detectar eventuais vantagens não consignadas no esboço do modelo. Uma vez definido o novo projeto-padrão, instala-se outro prazo mínimo para a próxima revisão.

Note-se que os projetos padronizados servirão como referência para obras e serviços destinados aos mesmos fins. Devido a este motivo, deve-se evitar o excesso de detalhes, a instalar padronização excludente e injustificada – resultado proibido pela LGL. Há, portanto, similitude com a norma do art. 15 da própria LGL, que impõe a observância do princípio da padronização para as compras da Administração.

4.4.5 O conteúdo mínimo do projeto básico
(e do projeto executivo) de obras e serviços

A LGL preocupou-se em nortear a confecção dos projetos básico e executivo. A finalidade é referenciar alguns requisitos mínimos a serem atendidos por ambos os projetos. Lembre-se que as alíneas do inciso IX do art. 6º da LGL definem diversos elementos constitutivos do projeto básico.

Já, a norma do art. 12 da mesma lei prescreve outros requisitos imprescindíveis, que não poderão ser olvidados na elaboração dos projetos, quais sejam: (i) segurança; (ii) funcionalidade e adequação ao interesse público; (iii) economia na execução, conservação e operação; (iv) emprego de mão de obra, materiais, tecnologia e matérias-primas existentes no local; (v) facilidade na execução, conservação e operação; (vi) adoção das normas técnicas, de saúde e segurança no trabalho; e (vii) impacto ambiental.

Se é bem verdade que a Administração usa de sua competência discricionária para definir as características técnicas e funcionais das obras e serviços que deseja contratar, é também certo que não há plena liberdade de configuração destes objetos. O citado art. 12 destina-se a criar parâmetros a assegurar a economicidade, a funcionalidade, a segurança e o respeito ao meio ambiente nos projetos para obras e serviços.

4.4.6 Impacto ambiental:
Avaliação (AIA), Estudo (EIA) e Relatório (RIMA)

Nos termos da legislação brasileira (CF, art. 225; Lei 6.938/1981, que instituiu a *Política Nacional do Meio Ambiente*, sobretudo com as alterações oriundas da Lei 8.028/1990 e da Lei 12.651/2012, que instituiu o *Código Florestal Brasileiro*, alterada pela Lei 12.727/2012), a implantação de qualquer atividade ou obra, pública ou privada, efetiva ou potencialmente agressiva ao ambiente deve submeter-se a análise e controle ambientais prévios. O exame se faz necessário para antever os eventuais impactos ambientais e sua correção, mitigação e/ou compensação. Em certos casos, pode inclusive implicar a proibição das atividades ou sua alteração substancial, em atendimento a condicionantes ambientais.

Aqui entram em jogo os princípios ambientais da *precaução* e da *prevenção*. O *princípio da precaução* tem aplicação dirigida aos casos de dúvida: está-se diante de incertezas e riscos ambientais que não podem ser excluídos devido à ignorância a respeito deles, pois o meio ambiente deve ter em seu favor o benefício da dúvida (*in dubio pro ambiente*). Sua principal consequência é a de *transferir o ônus da prova* do nexo causal entre a fonte poluidora e o dano ambiental do legislador para o potencial poluidor: se pretende exercer atividade potencialmente agressiva ao meio ambiente, é dele o encargo de provar a inexistência real de tais danos. A precaução surge antes da prevenção, pois se dirige a incertezas ambientais, os chamados "perigos teóricos" – aqueles que existem em potência, cuja incidência e desdobramentos concretos são desconhecidos de fato.

Mas atenção: "ao se estabelecer a *precaução como princípio* – adverte Paulo de Bessa Antunes –, ela não pode ser interpretada como uma cláusula geral, aberta e indeterminada. É necessário que se defina o que se pretende prevenir e qual o risco a ser evitado. Isto, contudo, só pode ser feito diante da análise das diferentes alternativas que se apresentam para a implementação ou não de determinado empreendimento ou atividade. A precaução, inclusive, deve levar em conta os riscos da não implementação do projeto proposto".[11] Os riscos ambientais a serem avaliados e ponderados devem ser efetivos, explícitos e decorrentes de avaliação técnico-científica idônea. Num jogo de palavras, o princípio da precaução não deve ser compreendido como o *princípio da vedação*, a fixar proibições abstratas e irrestritas, sem qualquer consistência prática.

Ao seu tempo, o *princípio da prevenção* tem em mira os riscos já conhecidos e significa a adoção de medidas antecipatórias em vez de repressivas nos casos de avaliação dos possíveis danos. Mais vale a pena prevenir – tanto em termos econômicos (custos dos impactos ambientais negativos) como em termos de recomposição (impossibilidade de reconstituição de ambientes e espécies). O que mais importa é prevenir danos e agressões ambientais ao invés de (tentar) remediá-los.

Dentre os instrumentos de gestão ambiental, a Lei 6.938/1981 elegeu como ações preventivas afetas ao Estado a avaliação de impactos ambientais e o licenciamento para a instalação de obras ou atividades potencialmente poluidoras. A *Avaliação de Impacto Ambiental*/AIA é instrumento de política ambiental, compreendido como o exame sistemático dos impactos ambientais e respectivas alternativas. A AIA não deve ser confundida com o *Estudo de Impacto Ambiental*/EIA – este é, antes, uma modalidade de AIA.

O EIA é instrumento preventivo de proteção ambiental. Nos termos do art. 225, § 1º, IV, da CF do Brasil, o EIA tem *status* de dever constitucionalmente imputado ao Estado e aos agentes econômicos (natureza vertical e horizontal de um *dever fundamental*). A norma constitucional estabelece a necessidade do EIA para obras ou atividades *potencialmente* causadoras de *significativa degradação* do meio ambiente. Logo, existe a possibilidade de que haja atividades que não se sujeitem ao EIA (a depender do caso concreto).

---

11. Paulo de Bessa Antunes, *Direito Ambiental*, 16ª ed., São Paulo, Atlas, 2014, p. 31. V. também a crítica de Cass Sustein contra a versão forte do princípio da precaução, "não porque conduza a decisões ruins, mas porque não leva a lugar nenhum" ("Para além do princípio da precaução", trad. de Letícia Garcia Ribeiro Dyniewicz, Luciana Rampato Schena e Michelle Denise Durieux Lopes Destri, revisão técnica de Diego Werneck Arguelhes, RDA 259/11-71, Rio de Janeiro, FGV/Fórum, janeiro-abril/2012 (disponível em *http://bibliotecadigital.fgv.br/ojs/index.php/rda/article/view File/8629/7373*, acesso em 5.1.2015).

O EIA presta-se a detectar, definir e qualificar o impacto ambiental de um empreendimento. Por isso, deve ser elaborado antes do início da execução do projeto: é um requisito deste. O EIA deve ser de amplo acesso e compreensão: daí a exigência do *Relatório de Impacto Ambiental*/RIMA, que tem por finalidade tornar acessível para o leigo o conteúdo do EIA. O RIMA deve ser claro e acessível, retratando de modo compreensível e menos técnico o conteúdo do EIA.

4.4.7 Licenciamento ambiental e licença prévia ambiental

Muito embora a LGL não exija a precedência da *licença ambiental*, é de todo adequado que ela seja desenvolvida antecipadamente pela Administração licitante – sobretudo a fim de evitar surpresas contraproducentes.

Note-se que tal requisito advém da interpretação do *princípio do desenvolvimento sustentável*, previsto no *caput* do art. 3º, combinado com a definição de projeto básico veiculada pelo art. 6º, onde se prevê que tal documento deverá assegurar o "adequado tratamento do impacto ambiental do empreendimento", bem como do inciso VII do art. 12, que estabelece o "*impacto ambiental*" como requisito de projetos básicos e executivos. Trata-se de demonstração dos impactos ambientais decorrentes da execução da obra ou serviço a ser veiculada no projeto – que tem esteio, inclusive, no disposto no inciso IV do art. 225 da CF.

É de se reputar adequado que a *licença ambiental* exista desde o procedimento anterior à divulgação do instrumento convocatório (fase interna da licitação). Trata-se de documento expedido por autoridade administrativa ambiental, vocacionado a autorizar a implementação de certo empreendimento. Mas é evidente que nem todos os serviços e obras exigirão o licenciamento ambiental. Só haverá obrigatoriedade na sua obtenção quando o objeto licitado exigir providência desta natureza (por exemplo, em vista do impacto nos custos, viabilidade da localização do empreendimento etc.). Quando menos, em alguns casos é de se dar início ao licenciamento ambiental em paralelo ao prosseguimento da licitação.

A especialidade dos conceitos autoriza tratamento mais minucioso.

As *licenças ambientais* devem ser precedidas do *licenciamento* – o qual poderá conduzir a um ato vinculado ou discricionário. O *licenciamento ambiental* é o complexo de etapas sucessivas componentes do processo administrativo que visa à concessão da *licença ambiental*. Vale ressaltar que o *licenciamento* e a *licença ambientais* são diversos da tradicional *licença administrativa* (compreendida como ato administrativo unilateral e vinculado pelo qual a Administração faculta, àquele que preencha os requisitos legais, o exercício de determinada atividade).[12]

Todos os empreendimentos, públicos ou privados, desde que sejam *potencialmente poluidores* ou que tragam *indícios de significativa degradação* ao meio ambiente, devem ser precedidos do licenciamento ambiental.

Muito embora a Constituição brasileira tenha imputado a competência de proteção ao meio ambiente a todos os entes federativos e previsto a necessidade de lei complementar a disciplinar seu exercício (art. 23, parágrafo único, c/c o art. 225), fato é que somente em 2011 foi editada a Lei Complementar 140, que "fixa normas, nos termos dos incisos III, VI e VII do *caput* e do parágrafo único do art. 23 da Constituição Federal, para a cooperação entre a União, os Estados, o Distrito Federal e os Municípios nas ações administrativas decorrentes do exercício da competência comum relativas à proteção das paisagens naturais notáveis, à proteção do meio ambiente, ao combate à poluição em qualquer de suas formas e à preservação das florestas, da fauna e da flora". Até então existia apenas o compartilhamento administrativo por parte do Instituto Brasileiro do Meio Ambiente e dos Recursos Naturais Renováveis/IBAMA (Lei 7.735/1989, com principais modificações na Lei 11.516/2007) com os órgãos e entidades estaduais detentores de competência ambiental, na condição de partes integrantes do Sistema Nacional de Meio Ambiente/SISNAMA (Lei 6.938/1991, c/c Lei 8.028/1990).[13]

12. Sobre o *licenciamento ambiental*, v. a minuciosa exposição de Paulo de Bessa Antunes, *Direito Ambiental*, cit., 16ª ed., pp. 186-250. Sobre o conceito tradicional de *licença administrativa* e suas variações contemporâneas, v. Egon Bockmann Moreira, "Exploração privada dos portos brasileiros: concessão *versus* autorização", *ReDac* 0/31-45, São Paulo, Ed. RT, maio-junho/2013.

13. Sobre o Sistema Nacional do Meio Ambiente/SISNAMA, v. Sydney Guerra e Sérgio Guerra, *Curso de Direito Ambiental*, Belo Horizonte, Fórum, 2009, pp. 151-160.

Pois a Lei Complementar 140/2011 pretende atenuar os conflitos de competência entre os entes políticos e respectivos órgãos e regulamentações ambientais (bem como lhes conferir alguma eficiência), define *licenciamento ambiental* como "o procedimento administrativo destinado a licenciar atividades ou empreendimentos utilizadores de recursos ambientais, efetiva ou potencialmente poluidores ou capazes, sob qualquer forma, de causar degradação ambiental" (art. 2º, I). De qualquer forma, fato é que o licenciamento ambiental tem suas principais diretrizes estabelecidas em atos administrativos de autoridades federais – quais sejam: as Resoluções 001/1986 e 237/1997, ambas do Conselho Nacional do Meio Ambiente/CONAMA (Lei 6.938/1981 e Decreto 99.274/1990), além do Parecer 312/CONJUR/MMA/2004 (competência para licenciamento em vista da abrangência do impacto), do Ministério do Meio Ambiente.

O inciso I do art. 1º da Resolução CONAMA-237/1997 define *licenciamento ambiental*.[14] Ao seu tempo, a *licença ambiental* é definida pelo art. 1º, II, da mesma Resolução CONAMA-237/1997.[15]

Logo, o *licenciamento ambiental* é instrumento de caráter preventivo de tutela do meio ambiente, nos termos da Lei 6.938/1981 (*Política Nacional do Meio Ambiente*), art. 9º, IV. Não se trata de ato unitário,

---

14. "Procedimento administrativo pelo qual o órgão ambiental competente licencia a localização, instalação, ampliação e a operação de empreendimentos e atividades utilizadoras de recursos ambientais consideradas efetiva ou potencialmente poluidoras ou daquelas que, sob qualquer forma, possam causar degradação ambiental, considerando as disposições legais e regulamentares e as normas técnicas aplicáveis ao caso." Definição semelhante consta da Portaria Interministerial 419/2011 (art. 1º, V). Para Sydney Guerra e Sérgio Guerra, *licenciamento ambiental* é "o procedimento administrativo pelo qual o órgão ambiental competente licencia a localização, instalação, ampliação e a operação de empreendimentos e atividades utilizadoras de recursos ambientais consideradas efetiva ou potencialmente poluidoras ou daquelas que, sob qualquer forma, possam causar degradação ambiental, considerando as disposições legais e regulamentares e as normas técnicas aplicáveis ao caso" (*Curso de Direito Ambiental*, cit., p. 243).

15. "Ato administrativo pelo qual o órgão ambiental competente estabelece as condições, restrições e medidas de controle ambiental que deverão ser obedecidas pelo empreendedor, pessoa física ou jurídica, para instalar, ampliar e operar empreendimentos ou atividades utilizadoras dos recursos ambientais consideradas efetiva ou potencialmente poluidoras ou aquelas que, sob qualquer forma, possam causar degradação ambiental." Definição semelhante consta da Portaria Interministerial 419/2011 (art. 1º, IV).

mas de encadeamento procedimental de atos administrativos. Ao seu tempo, a *licença ambiental* é ato da Administração.

O licenciamento ambiental será feito pela União, Estados ou até mesmo pelos Municípios – quando se colocarem temas de interesse local (v. as previsões da Lei Complementar 140/2011, que organiza as competências ambientais). O licenciamento feito por Estados e Municípios deve observar as normas gerais expedidas pela União, além das normas específicas estaduais e municipais (respectivamente).

De usual, o licenciamento é feito em três etapas sucessivas: (i) *licença prévia* (concedida em fase preliminar, aprovando a localização e a concepção da atividade ou empreendimento, atestando a viabilidade ambiental e estabelecendo os requisitos básicos e condicionantes a serem atendidos nas próximas fases – cf. Resolução CONAMA-237/1997, art. 8º, I); (ii) *licença de instalação* (autoriza a instalação do empreendimento ou atividade de acordo com as especificações constantes dos planos, programas e projetos aprovados – cf. Resolução CONAMA-237/1997, art. 8º, II); (iii) *licença de operação* (autoriza a operação da atividade ou empreendimento, após a verificação do cumprimento do que consta nas licenças anteriores – cf. Resolução CONAMA-237/1997, art. 8º, III). Logo, pode-se dizer que o licenciamento é constituído por uma sucessão – ou conjunto – de licenças.

Note-se que a licença ambiental pode ter caráter não definitivo. Inclusive, sua principal característica (aproximando-se da autorização administrativa tradicional) é a precariedade, decorrente do respectivo prazo de validade (não instala direito subjetivo ao licenciado). Além disso, ela poderá ser suprimida, em vista a capacidade de o empreendedor adaptar-se (ou não) às exigências ambientais instituídas pela autoridade competente.

4.4.8 Impacto ambiental e o princípio da eficiência

Duas das grandes críticas negativas lançadas para as medidas administrativas de proteção ao meio ambiente são o alto custo e a ineficiência. São temas que se entrelaçam: afinal, um processo administrativo demorado e não linear, que muitas vezes não chega a resultado algum (nem mesmo para indeferir motivadamente a licença), instala custos incertos e inibe a iniciativa privada. Isso contribuiu para a má fama de que gozam os processos de licenciamento ambiental, muitas vezes tidos como entraves a projetos de desenvolvimento nacional. O radicalismo cego – tanto de empresários que desprezam a sustentabilidade como de organizações de defesa do meio ambiente que se opõem a projetos econômicos de porte – só gera perdas, muitas delas irreversíveis.

Em termos de licenciamento, o problema está na ineficiência administrativa: excesso de regras anacrônicas, desvios burocráticos, escassez de pessoal especializado, competências administrativas emaranhadas em todos os níveis federativos, interferência de organizações radicais, desrespeito a prazos e à preclusão etc. Enfim, do que se precisa é da definição de objetivos institucionais claros, da repartição exaustiva das competências administrativas e respectiva funcionalização do seu exercício. O que se deve buscar é a proteção ao meio ambiente numa perspectiva simultaneamente antropocêntrica e desenvolvimentista, que nem menospreze a necessária sustentabilidade dos projetos públicos nem instale custos desnecessários. Afinal, haverá um momento em que os custos ambientais presentes poderão extrapolar as expectativas de ganhos futuros – o que implicará o "superfaturamento ambiental" do empreendimento e a fuga de investidores privados.

4.4.9 A Portaria Interministerial 419/2011: licenciamento ambiental eficiente

Em outubro/2011 foram publicadas regras inovadoras para o licenciamento ambiental nas áreas de *petróleo* e *gás*,[16] *rodovias*,[17] *por-*

16. Portaria 422/2011 do Ministério do Meio Ambiente, que "dispõe sobre procedimentos para o licenciamento ambiental federal de atividades e empreendimentos de exploração e produção de petróleo e gás natural no ambiente marinho e em zona de transição terra-mar."

17. Portaria Interministerial 423/2011 (Ministérios do Meio Ambiente e dos Transportes), a tratar do "Programa de Rodovias Federais Ambientalmente Sustentáveis – PROFAS, para a regularização ambiental das rodovias federais pavimentadas que não possuem licença ambiental"; Portaria 420/2011 do Ministério do Meio Ambiente, que "dispõe sobre procedimentos a serem aplicados pelo Instituto Brasileiro do Meio Ambiente e dos Recursos Naturais Renováveis – IBAMA – na regularização e no licenciamento ambiental das rodovias federais".

tos[18] e *linhas de transmissão*.[19] Dentre tais regras avulta de importância a Portaria Interministerial 419/2011 (Ministros de Estado do Meio Ambiente, da Justiça, da Cultura e da Saúde), além de sete portarias específicas do Ministério do Meio Ambiente e de uma instrução normativa do IBAMA.[20]

A rigor, esse conjunto de normas administrativas pretende unificar as regras de licenciamento e estabelecer prazos mais céleres, a serem atendidos por todas as autoridades competentes. As normativas podem ser agrupadas em três grandes grupos temáticos: (i) o relacionamento do IBAMA com outros órgãos federais nos processos de licenciamento (respectivos prazos e competências); (ii) a agenda da regularização de obras construídas antes da lei de licenciamento; (iii) a celeridade e a transparência nos procedimentos para as licenças.

4.5 Projeto executivo

O *projeto executivo* foi definido pela LGL (art. 6º) como o conjunto dos elementos necessários e suficientes à execução completa da obra, de acordo com as normas pertinentes da Associação Brasileira de Normas Técnicas/ABNT. Nos termos do inciso I do § 2º do art. 7º da LGL, o projeto executivo não é documento de confecção prévia e obrigatória ao lançamento da licitação para obras e serviços (pode ser desenvolvido concomitantemente à execução do contrato).[21] Por meio dele, a obra a ser executada é detalhada, determinando-se as condições de sua execução.

18. Portaria Interministerial MMA/SEP/PR-425/2011, que institui o "Programa Federal de Apoio à Regularização e Gestão Ambiental Portuária – PRGAP de portos e terminais portuários marítimos"; Portaria 424/2011, do Ministério do Meio Ambiente, que "dispõe sobre procedimentos específicos a serem aplicados pelo IBAMA na regularização ambiental de portos e terminais portuários, bem como os outorgados às companhias docas, previstos no art. 24-A da Lei n. 10.683, de 28 de maio de 2003".

19. Portaria 421/2011 do Ministério do Meio Ambiente, que "dispõe sobre o licenciamento e a regularização ambiental federal de sistemas de transmissão de energia elétrica".

20. Instrução Normativa 14/2011, que "altera e acresce dispositivos à Instrução Normativa n. 184/2008, que dispõe sobre procedimento de licenciamento ambiental".

21. Para os contratos regidos pelo RDC a confecção do projeto executivo é obrigatória antes do início da obra ou do serviço de engenharia, qualquer que seja o regime adotado (§ 7º do art. 8º da Lei 12.462/2011).

Note-se que a falta do projeto executivo como documento previamente elaborado e aprovado pela autoridade competente pode instalar problemas de difícil transposição. Por meio do detalhamento da execução da obra poder-se-ia ampliar a segurança dos interessados quanto às informações necessárias à elaboração da proposta. Em consonância com o que se disse acima, o refinamento do projeto básico (o que se alcança pela produção do projeto executivo) contribui para o reforço da isonomia e para a redução dos custos de transação.

A relevância da precedência de projeto executivo está associada também à obtenção das licenças ambientais para a execução de obras e serviços. Uma prática usual consiste em licitar obras e serviços sem o devido licenciamento ambiental, sendo que a autoridade ambiental somente irá avaliar a concessão da licença quando da confecção – já pelo adjudicatário do objeto da licitação – do projeto executivo.[22] O problema é que – como apontou Marçal Justen Filho[23] – em grande parte dos casos a outorga do licenciamento condiciona-se à efetivação de correções e adequações no projeto, alterando as referências que pautaram a realização da licitação. Assim sendo, o projeto pode passar a assumir configuração algo diversa daquela que lhe deu origem.

22. Isto porque não constitui dever administrativo a existência da licença ambiental antes do lançamento da licitação. É de todo válido a Administração transferir este custo ao particular, condicionando o início da execução do contrato à obtenção da licença. Nesse sentido, o TRF-4ª Região já decidiu que: "Em se tratando de obra que envolve a ampliação da infraestrutura portuária, cuja realização compreende duas fases distintas, onde os efeitos da primeira determinarão a extensão da segunda, é correto o procedimento de fazer a licitação para a obra da primeira fase do projeto (prolongamento dos molhes) e, após, mediante EIA/RIMA específico, a realização da segunda fase (aprofundamento do canal), considerando as novas condições hidrodinâmicas, cujos dados são necessários para a calibração do modelo matemático – Hipótese em que a viabilidade ambiental da segunda fase foi confirmada por estudo realizado pelo IBAMA" (AC 200371010046014, Des. federal Márcio Antônio Rocha, *DJe* 10.11.2008). Também no STJ há decisão em sentido semelhante: "Havendo riscos ao meio ambiente, deverá ser realizado o Estudo Prévio do Impacto Ambiental antes da licença prévia a ser desenvolvida pelo vitorioso na licitação (Resolução do CONAMA n. 237/1997)" (SL 96-AM, Min. Edson Vidigal, *Informativo STJ* 224).

23. Marçal Justen Filho, *Comentários à Lei de Licitações e Contratos Administrativos*, 16ª ed., São Paulo, Ed. RT, 2014, p. 196. A rigor, o que se passa em casos de elaboração *a posteriori* do licenciamento ambiental e do projeto executivo é a transferência de custos: a Administração repassa ao futuro contratado tais despesas e ônus, instalando novos riscos que serão precificados nas propostas.

Dependendo da extensão das modificações, gera-se o risco de a própria licitação se tornar inútil. Com a obrigatoriedade de realização de projeto executivo e da obtenção de licença ambiental antes da licitação este problema restaria eliminado. Mas – reitere-se – a legislação não exige o projeto executivo como condição da publicação do instrumento convocatório.

Muitas vezes o problema não está na ausência do projeto executivo, mas em projetos básicos vazios, que não atendem às condições mínimas para essa ordem de documentos técnicos. Como julgou o TCU, "o projeto executivo constitui-se em detalhamento do projeto básico, determinando, de forma minuciosa, as condições de execução. É dizer, trata-se de etapa complementar, não havendo sentido em que seja deixada a cargo do projeto executivo a definição de itens essenciais como a construção de vigas, colunas, fundações (estrutura) e rede de água e esgoto" (Plenário, Acórdão 80/2010, Min. Marcos Bemquerer Costa, *DOU* 29.1.2010).

Logo, desde que o projeto básico seja consistente, é de se ter como legítima a licitação sem a prévia elaboração do projeto executivo e do licenciamento ambiental – ambas as peças podem ser produzidas depois da contratação, inclusive por meio da atribuição da responsabilidade de sua elaboração ao contratado e como condição ao início da execução contratual. O que se deve exigir é a existência de tais peças técnicas *antes da execução do contrato*.

4.6 Exigência de projetos disponibilizados aos licitantes

Não bastam, como é evidente, a existência e a aprovação do projeto se tal não estiver *disponibilizado* aos interessados concomitantemente ao lançamento do edital. O princípio da publicidade assim o exige. Por isso a explícita referência pela norma à necessária e integral disponibilização destes documentos a todos os interessados. Tais peças técnicas prestam-se a, sobretudo, propiciar o conhecimento adequado e detalhado do objeto do contrato, de molde a permitir a confecção de propostas sérias e isonômicas.

Daí por que o prazo legal mínimo de elaboração das propostas referido no art. 21 da LGL deve ser contado a partir da (última) disponibilização dos documentos fundamentais relacionados à licitação, inclusive dos projetos. Caso não haja projeto básico detalhado e adequado à obra a ser executada, inválida será a licitação.

4.7 Orçamento detalhado em planilhas que expressem custos unitários

O orçamento da obra ou serviço consiste também num documento de precedência obrigatória ao desencadeamento da licitação (a exceção reside no art. 6º do RDC e no respectivo orçamento sigiloso – como será visto abaixo, no § 4.7.2). Será apresentado sob a forma de anexo ao instrumento convocatório, a ser obrigatoriamente disponibilizado aos interessados.

Assim como se passa com o projeto básico, a falta de sua disponibilidade impede o início da contagem do prazo mínimo de elaboração das propostas pelos interessados, prescrito pelo art. 21 da LGL.

4.7.1 A relevância da indicação dos custos unitários

A LGL preocupou-se em assegurar que o orçamento seja suficiente, completo e detalhado, de modo a permitir a adequada compreensão da composição de todos os custos envolvidos na execução do objeto. Daí a obrigatoriedade quanto à indicação dos custos unitários, prevista no inciso II do § 2º do art. 7º.[24]

A obrigatoriedade da veiculação de custos unitários pelo orçamento cumpre não apenas a função de propiciar à própria Administração e aos interessados a exata noção da composição do valor do objeto licitado, como também se presta a referenciar o exame de exequibilidade das propostas, inclusive para fins de aplicação do disposto no art. 48 da LGL.

Logo, a divulgação dos custos unitários consiste em exigência inarredável ao lançamento da licitação, inclusive para hipóteses em que

---

24. "§ 2º. As obras e os serviços somente poderão ser licitados quando: (...); II – existir orçamento detalhado em planilhas que expressem a composição de todos os seus custos unitários; (...)" Além desta previsão, a exigência de orçamento detalhado extrai-se do inciso IX do art. 6º, que considera como um elemento necessário do projeto básico o "orçamento detalhado do custo global da obra, fundamentado em quantitativos de serviços e fornecimentos propriamente avaliados" (alínea "f").

o regime de execução seja o de *empreitada por preço global* (ou *empreitada integral*).²⁵ Afinal, para "estimar o preço que será gasto com determinadas soluções (objetos), é indispensável a indicação de todas as especificações que compõem os insumos e materiais que definem o objeto. Sem isso não é possível estimar o preço a ser pago, daí se falar em planilha de composição de insumos e preços unitários".²⁶

Vale notar que o Decreto 7.983/2013 trouxe critérios específicos para a composição do orçamento de obras e serviços de engenharia (financiáveis com recursos da União). A normativa incorporou certas prescrições que vinham sendo objeto de veiculação pelas últimas LDOs, estabelecendo, por exemplo, exigências de observância de tabelas referenciais para a composição dos orçamentos de referência de obras e serviços de engenharia. Definiu-se que o custo global de referência de obras e serviços de engenharia em geral (exceto os serviços e obras de infraestrutura de transporte) deverá ser obtido a partir das composições dos custos unitários previstas no projeto que integra o edital de licitação, *menores ou iguais à mediana de seus correspondentes nos custos unitários de referência do Sistema Nacional de Pesquisa de Custos e Índices da Construção Civil/SINAPI* (mantido e divulgado pela Caixa Econômica Federal/CEF). Já, para serviços e obras de infraestrutura de transportes o custo global de referência deverá ser obtido a partir das composições dos custos unitários previstas no projeto que integra o edital de licitação, *menores ou iguais aos seus correspondentes nos custos unitários de referência do Sistema de Custos Referenciais de Obras/*

---

25. A esse respeito, consulte-se o seguinte trecho de parecer da Consultoria Zênite: "Para que os licitantes possam formular suas propostas em conformidade com o interesse da Administração, é necessário que tenham conhecimento de todos os aspectos relevantes do objeto licitado. Dentre esses aspectos, pode-se mencionar o detalhamento dos quantitativos e dos preços unitários dos insumos que o compõem, quando se tratar de objeto complexo. Ora, tendo em vista que a proposta global de cada licitante também resultará do somatório de custos unitários, é necessário que os licitantes observem não só o valor global estimado pela Administração, mas as quantidades e os preços unitários que resultaram na indicação desse montante. Por isso, não só o valor global orçado pela Administração deverá ser divulgado, mas também as planilhas que discriminam os quantitativos e os custos unitários" (Equipe de Redação, "A planilha de quantitativos e preços unitários e sua obrigatoriedade como anexo do edital", *ILC* 119/30, Curitiba, Zênite, janeiro/2004 – disponível em *www.zenite.com.br*, acesso em 20.11.2011).

26. Renato Geraldo Mendes, *O Processo de Contratação Pública*, cit., p. 166.

SICRO (mantido e divulgado pelo Departamento Nacional de Infraestrutura de Transportes/DNIT) – arts. 3º e 4º.

Admitiu-se a utilização de preços discrepantes daquelas tabelas apenas para a composição de preços de propostas dos licitantes sob os regimes de empreitada por preço global ou empreitada integral; ainda assim, desde que o preço global orçado e o de cada uma das etapas previstas no cronograma físico-financeiro do contrato fiquem iguais ou abaixo daqueles preços de referência (art. 13, I).

O objetivo do legislador foi orientar a composição de preços unitários com vistas a minimizar riscos de *sobrepreço* ou de jogos de planilha. A cultura às tabelas referenciais, no entanto, merece críticas pelo modo rígido e excessivo com que vem sendo tratada e incorporada pela legislação.[27] Num País com tantas variantes mercadológicas, a padronização de preços é um desafio muitas vezes difícil de alcançar, inclusive pelo efeito das marcantes diferenças regionais. De todo modo, a cultura às tabelas referenciais parece ser um movimento irreversível, estimulado historicamente pela jurisprudência do TCU.

Interessante notar que a regulamentação admitiu, para a composição do BDI que deve ser acrescido ao custo global de referência, a consideração de uma taxa de risco, *seguro e garantia do empreendimento*, evidenciando a preocupação do legislador com a precificação de riscos inerentes às contratações administrativas.

4.7.2 Nota sobre o orçamento sigiloso previsto pelo Regime Diferenciado de Contratações

A edição do RDC (instituído pela Lei 12.462/2011) trouxe uma regra que inova no Direito nacional a tradição quanto à ampla e prévia divulgação do orçamento na licitação. O *caput* do art. 6º da Lei 12.462/2011 estabeleceu a regra do *orçamento sigiloso* para as contratações regidas pelo RDC,[28] que foi regulamentada no art. 9º do Decreto

---

27. Lembre-se que a observância de tabelas referenciais para a confecção de orçamentos de referência de obras e serviços de engenharia também é prescrita pelo RDC (Lei 12.462/2011, art. 8º).

28. Note-se que a redação do art. 6º do RDC não pode dar margem a dúvidas: o *caput* abre com a seguinte frase: "Observado o disposto no § 3º, o orçamento previa-

7.581/2011 (*Regulamenta o Regime Diferenciado de Contratações Públicas* – RDC).

Esta sistemática aplica-se àqueles certames submetidos ao regime especial (não sendo, pois, extensível à generalidade das licitações públicas). À exceção das hipóteses em que for adotado o critério de julgamento por maior desconto (RDC, art. 6º, § 1º, c/c o art. 18, I, e art. 19), o orçamento previamente estimado não será divulgado com o instrumento convocatório, como ocorre nas licitações convencionais, mas apenas – e imediatamente – após o encerramento do processo (ou, melhor: após a adjudicação do objeto, conforme definiu o *caput* do art. 9º do Decreto 7.581/2011). A restrição é excetuada em face dos órgãos de controle interno e externo – como os Tribunais de Contas, o Ministério Público e, no caso federal, a Controladoria-Geral da União –, que poderão ter acesso irrestrito e constante às informações inerentes à licitação, inclusive ao respectivo orçamento (mas aos quais se imputa o respectivo dever de sigilo). Logo, pode-se concluir que não se trata de sigilo absoluto, mas de limitações subjetivas e cronológicas: há número certo e predefinido de pessoas que, até o encerramento da licitação, podem ter acesso ao orçamento.

Note-se que a restrição a certas informações relativas ao orçamento é ferramenta cada vez mais utilizada internacionalmente como obstáculo à corrupção e à superação de ineficiências na licitação.[29] A

---

mente estimado para a contratação será tornado público apenas e imediatamente após o encerramento da licitação (...)". Ao seu tempo, o § 3º consigna que: "Se não constar do instrumento convocatório, a informação referida no *caput* deste artigo possuirá caráter sigiloso e será disponibilizada estrita e permanentemente aos órgãos de controle externo e interno". Isto é: é o *caput* que estabelece o sigilo. Logo, o que deve ser observado no § 3º? A disponibilização do orçamento aos órgãos de controle. O "se não constar" refere-se às hipóteses dos §§ 1º e 2º do mesmo art. 6º (julgamentos por maior desconto e por melhor técnica). Em sentido contrário, o TCU já emanou decisão em que consta do voto do Ministro-Relator que o orçamento sigiloso seria "uma possibilidade – talvez uma preferência –, mas não uma meta compulsória" (AC 0306-06/13-P, Min. Valmir Campelo, j. 27.2.2013).

29. Consulte-se o documento *Diretrizes para Combater o Conluio entre Concorrentes em Contratações Públicas*, divulgado pela OECD, que consigna: "Ao elaborar um processo de contratação pública, os responsáveis pelas aquisições devem estar conscientes dos diversos fatores que podem facilitar o conluio. A eficiência do processo vai depender do modelo de contratação adotado, mas também da forma como o concurso é concebido e levado a cabo. Os requisitos de transparência são indispensáveis para um processo correto, que contribua no combate a corrupção. Estes re-

limitação à sua ampla publicidade pretende evitar a prática do alinhamento das ofertas com o valor orçado pela Administração. Argumenta-se que sua divulgação prévia aos participantes da licitação minimiza os ganhos que a pressão da disputa livre poderia gerar – atenuando os efeitos benéficos da livre concorrência. A veiculação precedente do orçamento pode inibir a prática de descontos mais significativos, eis que os interessados têm incentivos para oferecer preços aproximados àquele que a Administração já estimou para a contratação. A tendência será a de os preços serem formados a partir da cifra divulgada pelo órgão contratante – e não exclusivamente segundo os critérios de eficiência dos interessados.

Afinal, o reconhecimento acerca de certo orçamento para a contratação presume a disposição da Administração em praticá-lo; mais que isso, instala a certeza quanto à existência de recursos necessários à sua execução (até aquele teto). Portanto, no caso da publicidade prévia não há qualquer estímulo a que os interessados ofereçam valores significativamente mais baixos que o orçamento (o que significa dizer que a Administração está destinada a pagar mais caro e a não se beneficiar dos ganhos de eficiência do contratado).

Nesse sentido, Luiz Alberto Blanchet já havia criticado o regime da LGL, pois "a publicação dos orçamentos distorce os preços a serem propostos, porque o proponente deixará de calcular os seus próprios custos para se basear no orçamento da Administração (...). A prática tem demonstrado que, *quando não se dá publicidade ao orçamento*, a variação dos preços é maior, tornando maior a competitividade e a *vantagem*

quisitos devem ser respeitados de uma forma equilibrada, a fim de não facilitar o conluio com a disseminação de informações para além dos requisitos legais. Infelizmente, não existe uma regra única sobre a concepção de um leilão, concurso ou licitação. As propostas têm de ser concebidas em função da situação existente e, sempre que possível, devem ser consideradas as seguintes questões: *Considerar cuidadosamente que tipo de informação deve ser disponibilizado aos concorrentes no momento do ato ou sessão pública de abertura das propostas. (...). Recorrer à utilização de preços máximos de aquisição apenas quando estes se baseiam numa cuidadosa pesquisa de mercado e se as entidades adjudicantes estiverem convencidas de que se trata de preços muito competitivos. Esses preços mínimos não devem ser publicados, antes devem ser mantidos confidenciais durante o processo ou depositados noutra autoridade pública*" (disponível em *http://www.oecd.org/dataoecd/34/29/44162082.pdf*, acesso em 9.8.2011).

para o interesse público. Afinal, ninguém está melhor habilitado a conhecer seus próprios custos que cada proponente; e os custos, como é óbvio, são altamente variáveis de um para outro proponente".[30] Além disso, note-se que Maria Sylvia Zanella Di Pietro também indicara outros problemas decorrentes da divulgação prévia e plena do orçamento (à luz da LGL). A professora Di Pietro consigna que, "como o orçamento é parte integrante do edital, ele vincula a Administração, de tal modo que, se, ao apreciar as propostas, verificar erro em sua programação e planilha de custos, terá que reiniciar o procedimento, apresentando planilha correta".[31] Isto significa dizer que não se trata apenas de debate a propósito da instalação de maior competitividade, mas igualmente acerca da eficiência de todo o processo licitatório.

4.7.2.1 O orçamento como providência preliminar ao lançamento da licitação

Enfatize-se que mesmo nos caso excepcionais do RDC a restrição à divulgação do orçamento não importa, evidentemente, a desnecessidade de sua elaboração prévia. A licitação deverá ser precedida pela

---

30. Luiz Alberto Blanchet, *Roteiro Prático das Licitações*, 3ª ed., Curitiba, Juruá, 1995, p. 55. Ampliar o debate em: Diogo de Figueiredo Moreira Neto, *Curso de Direito Administrativo*, 16ª ed., Rio de Janeiro, Forense, 2014, p. 206; Marcos Juruena Villela Souto, *Direito Administrativo Contratual*, Rio de Janeiro, Lumen Juris, 2004, pp. 149-152; Marçal Justen Filho, *Comentários ao RDC*, São Paulo, Dialética, 2013, pp. 111-120; Alécia Paolucci Nogueira Bicalho e Carlos Pinto Coelho Motta, *RDC – Comentários ao Regime Diferenciado de Contratações*, 2ª ed., Belo Horizonte, Fórum, 2014, pp. 133-155; Márcio Cammarosano, "Arts. 5º a 7º da Lei 12.462, de 5.8.2011", in Márcio Cammarosano, Augusto Neves Dal Pozzo e Rafael Valim (coords.), *Regime Diferenciado de Contratações Públicas – RDC (Lei 12.462/2011): Aspectos Fundamentais*, Belo Horizonte, Fórum, 2011, pp. 32-36; André Guskow Cardoso, "O Regime Diferenciado de Contratações Públicas: a questão da publicidade do orçamento estimado", in Marçal Justen Filho e Cesar A. Guimarães Pereira (coords.), *O Regime Diferenciado de Contratações Públicas: Comentários à Lei 12.462 e ao Decreto 7.581*, Belo Horizonte, Fórum, 2012, pp. 73-99; Pedro Henrique Braz De Vita, "O sigilo do orçamento estimado no Regime Diferenciado de Contratações (RDC)", *ILC* 235/938-947, Curitiba, Zênite, setembro/2013.

31. Maria Sylvia Zanella Di Pietro, "Instrumento convocatório, orçamento detalhado, vinculação da Administração", in Maria Sylvia Zanella Di Pietro (org.), *Temas Polêmicos sobre Licitações e Contratos*, 5ª ed., 3ª tir., São Paulo, Malheiros Editores, 2006, p. 207.

formulação do orçamento, que é documento fundamental da etapa interna – bem como sua submissão, se for o caso, aos órgãos de controle. A sua falta poderá gerar a nulidade dos atos subsequentes. Logo – e como consigna André Guskow Cardoso –, "a Lei 12.642 não alterou a obrigação de elaboração do orçamento estimado pela Administração, apenas o regime de sua divulgação".[32]

Precisamente para acautelar a Administração quanto ao risco de assunção de compromissos financeiros sem a adequada previsão de recursos é que mesmo o RDC (Lei 12.462/2011) exige, de forma insistente, a correspondente dotação orçamentária (v.g., art. 2º, parágrafo único, VI; art. 4º, V; art. 9º, § 2º, II; art. 10, parágrafo único; art. 19, § 3º; art. 24, III; art. 26, parágrafo único; art. 40, parágrafo único; art. 41). Tal significa a inclusão, no orçamento do exercício fiscal anual correspondente, da previsão de suficientes recursos financeiros (segundo o preço estimado da contratação) ao custeio do contrato.

Nem caberia invocar a inutilidade do orçamento no RDC em face da restrição à sua divulgação até o encerramento da disputa. Sua elaboração cumpre papel fundamental no âmbito do dever de previdência que pesa sobre a Administração no que tange à programação financeira e fiscal de suas contratações. Pode-se dizer que esta é sua função precípua, sendo que a respectiva elaboração prévia afigura-se imprescindível ao desencadeamento do processo licitatório. Por isso, a falta do orçamento impede o início da licitação.

4.7.2.2 Necessidade de ampla divulgação dos quantitativos

É evidente que a restrição do RDC atinge apenas o orçamento em si, isto é, as cotações de custos e preços propriamente ditas. Todas as demais informações necessárias à formulação de propostas pelos interessados deverão ser acessíveis, inclusive as planilhas dos quantitativos unitários, cuja disponibilização prévia é exigência inarredável ao desencadeamento da licitação.

---

32. André Guskow Cardoso, "O Regime Diferenciado de Contratações Públicas: a questão da publicidade do orçamento estimado", cit., in Marçal Justen Filho e Cesar A. Guimarães Pereira (coords.), *O Regime Diferenciado de Contratações Públicas: Comentários à Lei 12.462 e ao Decreto 7.581*, p. 75.

4.7.2.3 Inexistência de ofensa ao princípio da publicidade no sigilo do Regime Diferenciado de Contratações

Uma crítica que poderia ser contraposta ao orçamento sigiloso está na suposta ofensa ao princípio da publicidade. Argumenta-se que as informações orçamentárias são de enorme relevância para o controle popular sobre os gastos públicos, sendo que não podem restar subtraídas do dever de publicidade que pesa (como regra) sobre a atividade administrativa.

O argumento não procede. É que não há, na hipótese do RDC, propriamente subtração da publicidade do orçamento, uma vez que ele será amplamente divulgado imediatamente depois da disputa. Trata-se, portanto, de impor apenas a restrição subjetiva e temporal à veiculação do orçamento, não se podendo falar em sigilo ou confidencialidade das informações. Ademais – e como dito acima –, a contratação não se consumará sem que haja sua plena disponibilização. Logo, não haverá ato jurídico de assunção de compromissos financeiros pela Administração sem a devida e prévia divulgação do orçamento relativo àquela obra ou serviço. Em segundo ponto, o princípio da publicidade não impede que a divulgação de certas informações inerentes à atividade administrativa seja calibrada com vistas à preservação de outros interesses de relevância pública associados. Sem que se elimine a difusão pública do orçamento, é perfeitamente possível dosá-la na esfera da licitação, no propósito de preservar o princípio da contratação mais vantajosa – e, até, como instrumento de combate a práticas de conluio e formação de cartéis.

4.7.2.4 Divulgação permanente do orçamento às instâncias de controle

Conforme dispõe o § 3º do art. 6º do RDC (e art. 9º do Decreto 7.581/2011), o orçamento deverá ser disponibilizado "estrita e permanentemente aos órgãos de controle externo e interno". Muito embora nem a Lei 12.462/2011 nem o Decreto 7.581/2011 o prevejam expressamente, é de todo adequado que esta providência seja regulamentada e assim se estabeleça o procedimento protocolar, bem como quais devem ser as autoridades aptas a entregar e a receber o documento orçamentário com sigilo externo, bem como os estreitos limites à sua circulação nos órgãos de controle. Será de todo oportuno que tal orçamento circule apenas em sua versão digital, sem possibilidade de cópia ou impressão, em documento criptografado e com específico código de acesso que efetivamente identifique cada uma das pessoas que a ele tenha acesso.

O TCU adotou tais providências ao minuciosamente regulamentar "o tratamento e a gestão de informações sigilosas, no âmbito do Tribunal, atinentes ao Regime Diferenciado de Contratações", por meio da Portaria 85/2012.

Isto é, o fato de o orçamento dever estar sempre à disposição dos órgãos de controle interno e externo não pode implicar a livre circulação por meio destes órgãos (nem dentro de sua esfera subjetivo-funcional e muito menos para o lado de fora). Ao contrário: aqui, a regra da confidencialidade é ainda mais aguda – pois são estes os órgãos e entidades que deverão zelar pela moralidade e probidade da licitação. Logo, é indispensável a prévia e exaustiva identificação de quais agentes públicos podem ter acesso a esta informação confidencial, bem como a respectiva limitação a número mínimo de pessoas e os protocolos que deverão ser observados para a circulação das informações sigilosas. Afinal, o segredo mais bem guardado é o que a ninguém é revelado.

4.7.2.5 *A regra do sigilo, as licitações na modalidade pregão e o entendimento do TCU*

O tema do sigilo do orçamento já foi objeto de breves discussões quando da promulgação da Lei 10.520/2002 (*pregão*), cujo art. 3º, I e III (c/c o art. 4º, III), não prevê o orçamento na condição de peça integrante do edital.[33] Apesar de parte da doutrina considerar aplicável ao pregão o pre-

---

33. Eis a redação dos dispositivos:
"Art. 3º. A fase preparatória do pregão observará o seguinte: I – a autoridade competente justificará a necessidade de contratação e definirá o objeto do certame, as exigências de habilitação, os critérios de aceitação das propostas, as sanções por inadimplemento e as cláusulas do contrato, inclusive com fixação dos prazos para fornecimento; (...) III – dos autos do procedimento constarão a justificativa das definições referidas no inciso I deste artigo e os indispensáveis elementos técnicos sobre os quais estiverem apoiados, bem como o orçamento, elaborado pelo órgão ou entidade promotora da licitação, dos bens ou serviços a serem licitados; (...).

ceito da LGL quanto à vedação ao sigilo do orçamento e respectiva publicidade prévia,[34] Jorge Ulisses Jacoby Fernandes destaca que "vários órgãos quando promovem licitação na forma de *pregão* não mais informam os preços obtidos na pesquisa aos licitantes", para depois mencionar que "a jurisprudência do Tribunal de Contas da União admite a não divulgação prévia dos preços estimados, mesmo nas licitações convencionais".[35]

Em acórdão relatado pelo Min. José Jorge o TCU firmou o entendimento relativo "à ausência de obrigatoriedade legal de inserção no edital do pregão do valor estimado da contratação, em planilhas ou preços unitários, havendo tão somente a necessidade de constar do respectivo procedimento administrativo que fundamenta a licitação, conforme já firmou entendimento a respeito o Tribunal".[36]

4.7.2.6 *A regra do sigilo, as licitações do BIRD e o entendimento do TCU*

Muito embora trate de outra modalidade de sigilo, fato é que as *Diretrizes para Aquisições Financiadas por Empréstimos do BIRD e Créditos da AID*,[37] documento de observância necessária em licitações e contratos que contem com financiamentos dessas instituições, estabe-

"Art. 4º. A fase externa do pregão será iniciada com a convocação dos interessados e observará as seguintes regras: (...) III – do edital constarão todos os elementos definidos na forma do inciso I do art. 3º, as normas que disciplinarem o procedimento e a minuta do contrato, quando for o caso; (...)."

34. Cf.: Marçal Justen Filho, *Pregão: Comentários à Legislação do Pregão Comum e Eletrônico*, 2ª ed., São Paulo, Dialética, 2003, p. 71; Joel de Menezes Niebuhr, *Pregão: Presencial e Eletrônico*, 4ª ed., Curitiba, Zênite, 2006, pp. 431-436.

35. Jorge Ulisses Jacoby Fernandes, *Sistema de Registro de Preços e Pregão*, Belo Horizonte, Fórum, 2003, pp. 462-463. Ampliar em Vera Monteiro, *Licitação na Modalidade de Pregão*, 2ª ed., São Paulo, Malheiros Editores, 2010, pp. 117-118.

36. TCU, Plenário, Processo 033.046/2008-0, Acórdão 1.789/2009, sessão de 12.8.2009.

37. Segundo o documento divulgado pelo BIRD, tais *Diretrizes* "têm como objetivo fornecer informações aos implementadores de projetos, financiados no todo ou em parte por empréstimo do Banco Internacional para Reconstrução e Desenvolvimento (BIRD) ou por crédito ou doação da Associação Internacional de Desenvolvimento (AID), acerca das políticas que regem a aquisição de bens e a contratação de obras e serviços (exceto de consultoria), necessários à execução do projeto (...)" (disponível em *http://webworldbank.org*, acesso em 9.8.2011)."

lece o dever de sigilo na avaliação das propostas – suspendendo a publicidade a partir da abertura pública das propostas, até a publicação da outorga do contrato.[38] Ou seja: aqui existe a publicidade do orçamento (muito embora as *Diretrizes* não o arrolem como documento essencial ao edital) e de todos os demais documentos pertinentes à licitação. Porém, uma vez abertas as propostas, o processo torna-se sigiloso: a respectiva avaliação será fechada e os licitantes dela tomarão conhecimento quando da divulgação do resultado.

Isto significa a existência (e o prestígio) a outra espécie de sigilo, com limites igualmente cronológicos e subjetivos: depois da sessão de abertura das propostas, ninguém mais que as autoridades competentes pode ter contato com os documentos. Restrição que tem fronteiras temporais, pois deixa de existir no momento em que se souber o nome do vencedor (quando todos os interessados passam a ter acesso à integralidade dos documentos).

O TCU já teve a oportunidade de se manifestar em vista dessa peculiaridade, tendo-a aprovado depois de significativo debate. Consta do Relatório do acórdão que "a cláusula de confidencialidade apenas posterga a publicidade do processo de avaliação das propostas até um determinado momento que considera oportuno, qual seja, a adjudicação do objeto ao licitante vencedor (outorga do contrato)". E mais adiante é aclarado que "a cláusula de confidencialidade representa apenas uma regra específica de procedimento licitatório utilizada para definir que o momento adequado para dar publicidade às decisões e aos documentos atinentes à avaliação das propostas dos licitantes é após a outorga do contrato (adjudicação do objeto) ao vencedor". A conclusão é a de que, "embora a regra de procedimento definida pelo Banco Mundial seja diferente da consubstanciada na Lei Geral de Licitações, o fato, por si só, não viola os princípios da publicidade, do contraditório e da ampla defesa".[39] O mesmo pode ser dito desta previsão da Lei 12.462/2011, de

---

38. Eis o texto oficial: "2.47 Após a abertura pública das propostas, qualquer informação relativa ao exame, esclarecimento e avaliação de propostas, bem como as recomendações de outorga, só poderão ser fornecidas aos licitantes ou a terceiros, não envolvidos oficialmente com esse processo, após a publicação da outorga do contrato" (disponível em *http://web.worldbank.org*, acesso em 9.8.2011).

39. TCU, Plenário, Processo 010.095/2008-3, Acórdão 1.312/2009, Min. Marcos Vinicios Vilaça, sessão de 17.6.2009. Mas note-se que se trata de pedido de reexa-

igual hierarquia normativa que a LGL e que a modificou expressamente neste ponto.

4.8 Dotação orçamentária

Os contratos administrativos gerais regidos pela LGL serão sempre "contratos de desembolso" (ao contrario, por exemplo, das concessões comuns de serviços públicos, nas quais a receita advém não do Poder Público contratante, mas primariamente dos usuários). Isso exigirá, em todos os casos, a previsão de recursos suficientes ao custeio da contratação. Precisamente para acautelar a Administração quanto ao risco de assunção de compromissos financeiros sem a adequada previsão de recursos é que a LGL exige, como informação obrigatoriamente fornecida com o ato convocatório, a correspondente *dotação orçamentária*. Tal significa a inclusão, no orçamento do exercício fiscal anual correspondente, da previsão de suficientes recursos financeiros (segundo o preço estimado da contratação) ao custeio do contrato.

A vigência dos créditos orçamentários, aliás, é o que limitará a vigência do prazo do contrato, a teor do art. 57 da LGL.

4.9 Inclusão no plano plurianual

Em diversos casos o prazo de vigência do contrato ultrapassará um exercício fiscal. Nestas hipóteses se deverá proceder à inclusão destas previsões no *plano plurianual* (abrangente de um quadriênio), conforme prescrição do art. 7º, § 2º, IV, da LGL. Não é lícito à Administração contrair despesas futuras sem cobertura orçamentária, correspondente ao período estimado de duração do contrato. Estas informações fiscais deverão estar disponibilizadas nos autos do processo licitatório, acessíveis a qualquer interessado.

me. Originalmente, no Acórdão 2.690/2008 – Plenário –, o TCU havia decidido pela exclusão da cláusula de confidencialidade e determinado à autoridade competente que: "9.1.1.2. exclua a cláusula de 'confidencialidade' que prevê o sigilo do procedimento desde a abertura das propostas até a adjudicação do objeto do certame ao licitante vencedor, por afrontar os princípios constitucionais da publicidade, do contraditório e da ampla defesa, previstos nos arts. 5º, inciso LV, e 37, *caput*, da CF, bem como os arts. 3º, *caput* e § 3º, e 63 da Lei n. 8.666/1993".

4.10 Vedação à inclusão no objeto da licitação de recursos financeiros para sua execução

Uma vedação própria dos contratos administrativos gerais está na obtenção de recursos financeiros para sua execução no objeto da licitação. A fonte de recursos há de ser, direta ou indiretamente, a Administração contratante (orçamento público, financiamentos internacionais etc.). Prescreve-se a sustentabilidade financeira da execução do contrato, na medida em que se exige a precedência de recursos suficientes (dotação orçamentária) para seu custeio.

Não é lícito, portanto, atrelar a remuneração do contratado a receitas advindas da operação do próprio serviço, como ocorre nas concessões de serviço público e parcerias público-privadas. Uma contratação para a fiscalização eletrônica do trânsito (empreitada de serviços), por exemplo, não poderia funcionar a partir de remuneração dependente das receitas advindas do pagamento de multas por infração de trânsito. A hipótese retrataria ofensa ao disposto no § 3º do art. 7º da LGL.

4.11 A previsão obrigatória de quantidades e a regra da prevalência do projeto

Também se proíbe a inclusão no objeto da licitação de materiais e serviços sem previsão de quantidades ou cujos quantitativos divirjam do projeto. A exigência é tanto mais relevante quando se trata de licitação sob o regime de empreitada por preço global ou empreitada integral. É evidente que a falta da definição das quantidades, nestas situações, impede a formulação de propostas pelos interessados. Mais que isso, deficiência desta ordem subtrai as condições objetivas da disputa.

O § 8º do art. 7º da LGL, aliás, assegura o direito de acesso, por qualquer cidadão, aos quantitativos das obras e preços unitários de determinada obra executada. Com isto se visa a possibilitar o efetivo controle público quanto às reais características da licitação e futuro contratos.

E se houver divergência entre as quantidades definidas no projeto e os quantitativos inscritos na planilha de composição de custos? Prevalecerão, para as contratações sob regime de execução por preço global, as definições do projeto. É o que se tira da regra do § 4º do art. 7º da

LGL. As planilhas de custos unitários, nestes regimes, são meramente estimativas ou ilustrativas. Prestam-se a permitir a aferição da exequibilidade das propostas e a oferecer referência para futuras alterações de contrato (na hipótese de se implementar alteração quantitativa no objeto). Mas o preço contratado nestes casos é aquele *global*, cotado a partir dos parâmetros definidos pelo projeto básico.

4.12 O conteúdo do instrumento convocatório da licitação e de seus anexos

Ainda previamente ao desencadeamento da licitação, será imprescindível confeccionar o edital de licitação e seus anexos fundamentais. Eles devem conter informações suficientes sobre a disputa em si e sobre a futura contratação, sempre de modo exato, claro e objetivo.

As obscuridades no conteúdo do edital são altamente prejudiciais à disputa. Eventualmente poderão acarretar a inviabilidade da licitação, ante a falta de condições objetivas (o que infringe o princípio do julgamento objetivo, previsto no art. 3º da LGL). As diversas informações fundamentais que devem ser veiculadas com o instrumento convocatório estão relacionadas no art. 40 da LGL.

Além disso, o edital deve estar obrigatoriamente acompanhado de seus anexos, quais sejam: (i) projeto básico (e, eventualmente, o projeto executivo); (ii) orçamento estimado em planilhas; (iii) minuta do contrato; (iv) especificações complementares e as normas de execução pertinentes à licitação (conforme o § 2º do art. 40 da LGL). Note-se, portanto, que o orçamento deve vir detalhado – o que torna importante consignar que a planilha de preços, porque documento técnico especializado, deve ser clara e precisa, além de apresentada segundo normas técnicas e subscrita por profissional regulamente habilitado. Rolf Dieter Oskar Friedrich Bräunert chega a assinalar que "uma planilha de preços que estiver assinada por pessoa não habilitada pelo Sistema CONFEA/CREA, e em plenas condições de atividade profissional (técnico-legal), é um documento sem valor jurídico, e não pode ser aceito em uma licitação".[40]

---

40. Rolf Dieter Oskar Friedrich Bräunert, *Como Licitar Obras e Serviços de Engenharia*, 2ª ed., Belo Horizonte, Fórum, 2010, p. 117.

4.12.1 Caracterização do objeto: vedação ao excesso de especificação técnica

Uma das exigências mais elementares à configuração do edital é a adequada caracterização do objeto da licitação. A suficiente caracterização do objeto deve ser observada como pressuposto de validade (e de viabilidade) da licitação. O § 5º do art. 7º da LGL veicula proibição a que o edital delimite tecnicamente o objeto de tal sorte que dirija a seleção para marcas ou tecnologias específicas, salvo quando isso for tecnicamente justificável (e devidamente fundamentado).

A vedação relaciona-se com as escolhas discricionárias da Administração quando da delimitação do objeto que se pretende contratar. É evidente que a Administração detém competência discricionária para realizar certas escolhas, inclusive no que se refere a tecnologias específicas para certas contratações. Mas esta discricionariedade deve ser exercida sob a proteção do princípio da universalidade da licitação. Ou seja: a delimitação técnica do objeto deverá prestigiar a menor especificação possível, capaz de atender eficientemente à necessidade da Administração buscada com a contratação. Isso impede que seja eleita marca específica ou tecnologia especial (com a exclusão de outras equivalentes) para a execução dos contratos, a não ser que haja justificativa técnica, necessária e suficiente ao atendimento do interesse público definido no edital. A justificação exigida para excepcionar a vedação há de demonstrar as razões técnicas que impedem que outras marcas ou tecnologias possam atender de modo eficiente à necessidade da Administração que está subjacente à contratação. Sem justificação a delimitação do objeto não será válida.

4.12.2 Cláusulas econômicas que devem constar do edital

Outro tema de imensa relevância na configuração do conteúdo do edital diz respeito às chamadas *cláusulas econômicas do contrato administrativo*. Ora, são estas cláusulas que estabelecem a remuneração e os direitos do contratado perante a Administração. Em decorrência delas que se constitui a equação econômico-financeira a ser mantida durante toda a execução do contrato. "Essa garantia do equilíbrio econômico-financeiro do contrato administrativo – como consignou Caio

Tácito – preserva a sua natureza comutativa (equivalência intrínseca entre as prestações) e sinalagmáticas (reciprocidade das obrigações)".[41]

As cláusulas econômicas envolvem, portanto, o conjunto de informações necessárias a configurar a equação econômico-financeira do ajuste, que se completa com a manifestação da proposta comercial do licitante vencedor da disputa.

No âmbito das chamadas *cláusulas financeiras* inserem-se todas as condições de pagamento do contratado, assim como os critérios de reajustamento dos valores (tal como estabelecido nos incisos XI, XIII e XIV do art. 40 da LGL).

4.12.2.1 *O critério de reajuste*

A LGL exige, nos termos do inciso XI do art. 40, a aplicação de *reajuste* aos contratos administrativos em geral, evitando-se o desbalanceamento da equação econômico-financeira por efeito da inflação. Esta regra tem a natureza de norma *injuntiva*, em face da qual as partes não detêm qualquer disponibilidade (não se caracterizando apenas como uma regra dispositiva). Nos termos do dispositivo legal, há *obrigatoriedade* quanto à indicação, no edital e no contrato, de "critério de reajuste, que deverá retratar a variação efetiva do custo de produção, admitida a adoção de índices específicos ou setoriais, desde a data prevista para apresentação da proposta, ou do orçamento a que essa proposta se referir, até a data do adimplemento de cada parcela".

Logo, não há mera disposição ou faculdade da Administração quanto à inclusão de *cláusula de reajuste* no edital e no contrato, como se essa decisão se pusesse no âmbito da liberdade de estipulação dos contratos administrativos (discricionariedade estipulativa dos contatos). Trata-se, diversamente, de *dever jurídico*. E é simples entendê-lo.

Como instrumento de recomposição ordinária da inflação (e de atualização dos preços setorizados), o reajuste garante ao contratado a atualidade dos preços praticados, evitando-se defasagens que possam comprometer a equação econômico-financeira do contrato. Isto porque "a correção monetária, diferentemente dos juros, não constitui um *plus*,

---

41. Caio Tácito, *Direito Administrativo*, São Paulo, Saraiva, 1975, p. 293.

mas tão somente reposição do valor real da moeda" (STJ, REsp 911.046, Min. João Otávio de Noronha, *DJU* 2.8.2007). Ou, nas palavras de Caio Tácito, "a correção monetária não altera a substância econômica; altera apenas a sua expressão nominal, em termos monetários, eliminando a instabilidade no valor real dos pagamentos e mantendo a equivalência legítima das obrigações bilaterais, quando não são simultâneas, mas sucessivas ou diferidas no tempo. É, em suma, o antídoto eficaz aos efeitos da inflação sobre as relações jurídicas entre o Estado e os particulares".[42]

Vale sempre lembrar que a ruína financeira do contratado põe em risco a respectiva execução, com prejuízos que alcançam a própria Administração (e o interesse coletivo). Assim, o dever de previdência quanto à estipulação de cláusula de reajustamento funda-se no dever de garantir a intangibilidade da equação econômico-financeira do contrato administrativo – o que assegura, em última análise, a preservação da viabilidade financeira da execução do ajuste.

Até se poderia contrapor que a dispensa da previsão ou da aplicação do reajuste não necessariamente conduziria ao desequilíbrio financeiro do contrato, uma vez que esta variação ordinária da inflação poderia restar projetada no preço oferecido pelo contratado. Neste caso haveria a assunção do risco de inflação pelo contratado, retratando uma modelagem econômico-financeira que não é necessariamente conflitante com o princípio constitucional da intangibilidade da equação econômico-financeira do contrato (a despeito de colidir objetivamente com os termos do art. 40 da LGL). Em contratos de curta duração, cuja previsibilidade dos índices inflacionários é menos obscura, a hipótese seria factível. O fato é que essa configuração pode se mostrar inconveniente do ponto de vista da economicidade, uma vez que transfere para o contratado o custo da imprevisibilidade. Assim, as propostas oferecidas à Administração teriam de precificar não apenas a projeção dos índices inflacionários, como a própria insegurança relativamente a cenários de quadros inflacionários agravados. Na hipótese de uma inflação real menor que aquela considerada na proposta do licitante contratado, teria a Administração arcado com propostas mais caras do que seriam aquelas marcadas pela adoção de índices de reajuste.

---

42. Idem, p. 332.

Por isso, o legislador optou por impor à Administração a adoção, em todos os casos, de índices de reajuste, operando-se a atualização automática da inflação setorial relativa ao ramo de atividade do contrato.

4.12.2.2 A restrição temporal imposta pelo Plano Real

Mas a exigência da aplicação de índice inflacionário deve ser temperada com a disciplina do Plano Real, que vedou reajustamento de preços em período inferior a 12 meses. A periodicidade mínima de reajustamento introduzida pela Lei 8.880/1994 (e pela Lei 10.192/2001) prestou-se a evitar um uso excessivo de mecanismos generalizados e combativos da inflação em tempos de estabilidade da moeda. Afinal, se, por um lado, a indexação de contratos implica a preservação do poder de compra da moeda, por outro, ela importa a retroalimentação da inflação.

Lembre-se que o Brasil já conviveu com fenômeno inflacionário agudo e conhece as variações em torno do tema: hiperinflação, estagflação e deflação. A constatação não é nova na História brasileira – vem, quando menos, desde a década de 1930. Já naqueles anos houve tentativas de se conter a inflação por meio de leis: o Direito prestando-se a criar a ficção da moeda estável. Assim se deu em 1933, quando surgiram o Decreto 22.626 (a chamada "Lei da Usura", que limitou os juros a 12% ao ano) e o Decreto 23.501 (que proibiu a chamada "cláusula-ouro": a indexação de contratos nacionais a moedas estrangeiras). Muitos anos depois foram editados sucessivos "planos" de salvação da economia nacional: Cruzado (fevereiro/1986); Bresser (junho/1987); Verão (janeiro/1989); Collor-I (março/1990); Collor-II (janeiro/1991) – até que se chegou ao engenhoso Plano Real (março/1994). Então, já se sabia que a inflação brasileira é "inercial", pois funciona por si própria: os agentes econômicos a retroalimentam com as próprias perspectivas inflacionárias. Cada um insere nos respectivos preços sua expectativa de inflação futura e, assim, não só os reajusta, mas, sim, os aumenta em termos reais (salários, mercadorias, tarifas etc.). Essa reconfiguração dos preços independente da demanda faz com que a inflação seja autônoma e fuja de qualquer controle. Por isso que essa retroalimentação inflacionária precisa ser contida.

Assim, o advento da Lei 10.192/2001 significou alteração no conteúdo do inciso XI do art. 40 da LGL, introduzindo uma ressalva-condição à exigibilidade do reajuste. Se é certo que o reajuste deverá, como regra, ser, obrigatoriamente, aplicado aos contratos administrativos, como se infere dos termos objetivos do inciso XI do art. 40, sua exigibilidade está ressalvada pela proscrição do instrumento em contratos com prazo de duração de até 12 meses, na conformidade da prescrição do art. 2º da Lei 10.192/2001.[43]

Uma questão relevante neste enfrentamento está em definir o termo inicial da referida periodicidade. A dicção do inciso XI do art. 40 traz resposta objetiva, definindo-o como *a data prevista para apresentação da proposta, ou do orçamento a que essa proposta se referir*, estendendo-se o lapso *até a data do adimplemento de cada parcela*. Logo, parece, aqui, não haver espaço para interpretações distintas daquela que se tira da mera leitura do texto da norma legal.

4.12.2.3 *O reajuste de contratos com prazo inferior a 12 meses*

Seja qual for o prazo nominal fixado em contrato, o reajuste será necessário sempre que o período entre a oferta da proposta (na licitação), ou do orçamento a que essa proposta se referir, e o adimplemento da parcela exceder a 12 meses. E aqui não se terá apenas uma faculdade da Administração, mas um direito subjetivo público do contratado – que tem como contrapartida um dever jurídico imposto à Administração.

O problema é que, na prática, há diversos contratos cujo prazo de execução contém-se teoricamente no período de 12 meses mas são escritos pela Administração sem cláusula de reajustamento. Parte-se do pressuposto de que sua execução não se alongará por prazo superior a 12 meses, contados da data em que a proposta foi oferecida. Mas a prática tem revelado que estas previsões vêm se mostrando falhas. São recorrentes os casos de contratos cujo prazo entre o oferecimento da proposta e o adimplemento da parcela se revela, de fato, ampliado,

---

43. Diz o seu art. 2º: "É admitida estipulação de correção monetária ou de reajuste por índices de preços gerais, setoriais ou que reflitam a variação dos custos de produção ou dos insumos utilizados nos contratos de prazo de duração igual ou superior a 1 (um) ano". E o § 1º complementa: "É nula de pleno direito qualquer estipulação de reajuste ou correção monetária de periodicidade inferior a 1 (um) ano".

seja pela demora na formalização e conclusão da licitação e do contrato-ato, seja porque fatos imprevisíveis demandaram a ampliação do prazo de execução do contrato etc. Daí que, sem previsão de reajuste, mas com uma longevidade para além dos 12 meses, tais contratos administrativos acabam sendo executados carentes da aplicação de reajuste. Isso porque a Administração tende a recusar sua incidência quando não pactuada.

Contudo – e como já alertado –, mesmo em hipóteses de não pactuação expressa do reajuste no contrato, caso se verifique a dilatação do prazo entre a oferta das propostas e o momento do adimplemento da parcela, surge a *obrigatoriedade* de proceder ao reajuste, por força da letra explícita do inciso XI do art. 40 da LGL.[44]

Vale notar que o TCU tem posição firme no sentido de invalidar cláusulas editalícias que neguem a aplicação de índice de reajuste em contratos cuja vigência perdure para além de 12 meses. Citem-se os Acórdãos 474/2005 (Min. Augusto Sherman Cavalcanti)[45] e 479/2007 (Min. Valmir Campelo).[46]

---

44. Como já referiu Fernando Vernalha Guimarães: "Logo, e por se tratar o reajuste de instrumento de recomposição da equação econômico-financeira (princípio que se impõe injuntivamente às partes), a ausência de sua previsão não importará o seu não cabimento" ("A recomposição de preço nos contratos administrativos gerais por elevação imprevisível no custo de insumos", *ILC* 194, Curitiba, Zênite, 2006).

45. Nos termos do voto do Ministro-Relator, colhe-se que: "O princípio da manutenção da equação econômico-financeira, por sua vez, impõe que, nos casos de já se ter passado mais de um ano da apresentação da proposta ou da elaboração do orçamento a que ela se referir, deve o início da execução contratual ocorrer com os preços reajustados. Caso contrário a execução contratual se iniciará com preços extremamente desatualizados, provocando o enriquecimento ilícito da Administração. Esse entendimento mantém a relação original entre encargos e vantagens da relação contratual, pois é condição da manutenção do equilíbrio que a partir de um ano da data-base das propostas os preços sejam reajustados. Ou seja, o máximo de defasagem de preços que o contratado deve suportar é aquele referente a um ano (art. 28 da Lei n. 9.069/1995 e art. 2º da Lei n. 10.192/2001). Impor mais do que isso, o que ocorreria na questão aqui tratada caso os contratos fossem executados sem prévia atualização, implicaria a quebra do equilíbrio".

46. O TCU decidiu determinar à empresa estatal contratante que, "com base no art. 45 da Lei n. 8.443/1992, ajuste a Cláusula 7.7 do Edital de Concorrência Internacional n. 01/2006 ao estabelecido no art. 40, inciso XI, c/c o art. 55, inciso III, da Lei n. 8.666/1993, fazendo constar critério de reajuste de preço que entenda tecnicamente adequado ao objeto da licitação".

Por isso, mesmo que o contrato disponha ser inaplicável o reajustamento, sendo seu prazo originário inferior ou superior a 12 meses, surgirá a exigência de sua aplicação na hipótese referida acima. Sua aplicabilidade decorre de lei e não poderá ser recusada pela letra do contrato. Deriva da interpretação conjugada do XI do art. 40 da LGL com o art. 2º da Lei 10.192/2001 ser a *hipótese de incidência* do reajuste (como comando injuntivo) a situação em que o lapso entre *a data prevista para apresentação da proposta, ou do orçamento a que essa proposta se referir*, até *a data do adimplemento de cada parcela* exceder a 12 meses. Configurada concretamente essa hipótese, deverá incidir o reajuste, independentemente do que reza a letra do contrato e do edital.

Também não seria correto estabelecer a aplicação do reajuste a partir do décimo terceiro mês de *execução do contrato*, ainda que sua valorização incorpore o período desde a data de oferecimento da proposta. A hipótese vem se tornando recorrente na prática das licitações. O reajuste, no entanto, há de incidir a partir do décimo terceiro mês contado da data de apresentação da proposta, e não a partir da formalização da avença.

4.12.3 As condições de pagamento

O tema da remuneração do contrato foi tratado, ainda que de forma genérica, pela LGL. O inciso XIV do art. 40 disciplina as *condições de pagamento* que obrigatoriamente deverão constar do instrumento convocatório da licitação. A partir do adimplemento da obrigação do contratado, surge-lhe o direito de perceber a remuneração correspondente, o que impõe à Administração, em contrapartida, o dever jurídico de promovê-la. A lei disciplina a questão, prevendo prazos e condições específicas para tanto.

A alínea "a" do referido inciso impõe o prazo-limite para os pagamentos, contado a partir da data de adimplemento da obrigação do contratado, de 30 dias. Significa dizer que o edital e o contrato não poderão estabelecer prazo mais alongado para o adimplemento da obrigação. Se assim o fizerem haverá infração à norma, produzindo-se a nulidade das previsões.

É evidente, por outro lado, que o edital e o contrato poderão fixar prazo menor. O parâmetro veiculado pela norma da alínea "a" revela-se limite máximo, que pode ser reduzido por disposição das partes – isto é, pela letra do contrato. Se assim for, prevalecerá o prazo de pagamento fixado no edital e no contrato.

Uma vez delimitado pelo edital e pelo contrato o prazo para pagamento, se a Administração Pública ultrapassá-lo, presentes os pressupostos para a remuneração, ingressará em *estado de mora*. Isso significa, em termos jurídicos, que ela passará a se sujeitar às consequências legais previstas para a hipótese – o que lhe impõe o dever de ressarcir amplamente os prejuízos gerados ao contratado, nos termos expostos adiante.

4.12.3.1 O adimplemento do contratado como termo de contagem do prazo do pagamento

Neste contexto, uma dúvida relevante relaciona-se à configuração do *adimplemento do contratado*, pressuposto ao início da contagem do prazo para o pagamento. A abordagem é imprescindível para o exame do tratamento jurídico dos atrasos na remuneração do contratado, uma vez que a configuração e a extensão da mora dependem de delimitação temporal cujo termo inicial se fixa na data do adimplemento da obrigação pelo contratado.[47]

O adimplemento do objeto se configurará sempre que a execução total ou parcial (nos termos do cronograma físico-financeiro) for concluída. Uma sistemática corriqueiramente adotada para obras e serviços de engenharia é a de remuneração *por medição*. A Administração, que detém o dever fiscalizatório quanto à execução do contrato, realiza medições gradativas na execução do contrato, promovendo a remuneração correspondente, tudo nos termos estipulados em contrato. Recebida a prestação, promove a remuneração no prazo anotado em contrato.

É importante esclarecer, neste particular, que o prazo-limite previsto na alínea "a" do inciso XIV do art. 40 da LGL deve ter por termo inicial o *adimplemento da obrigação*, e não o *recebimento da presta-*

---

47. Não seria excessivo afirmar, inclusive, que uma prática relativamente recorrente – mas reprovável – por parte das Administrações tem sido a invocação artificial de óbices jurídicos ao adimplemento como tentativa de fuga ao regime de mora.

ção. A observação é relevante, porquanto uma prática não incomum está no retardamento do recebimento das parcelas como meio de evitar o início da mora. Contudo, a norma é clara em fixar como parâmetro temporal ao início do prazo de pagamento o "adimplemento de cada parcela", e não seu recebimento pela Administração. Bem assim, o § 3º do mesmo artigo considera como adimplemento da obrigação contratual "a prestação do serviço, a realização da obra, a entrega do bem ou de parcela destes, bem como qualquer outro evento contratual a cuja ocorrência esteja vinculada a emissão de documento de cobrança".

Ao que se infere, a lei nitidamente dissociou o prazo de remuneração do ato de recebimento das parcelas da obra ou serviço. Já por isso, o instrumento do contrato (e o ato convocatório da licitação) não poderá dispor de forma diversa, fazendo depender a remuneração da formalização do recebimento de cada parcela. Se assim o fizer haverá ofensa ao disposto na alínea "a" do inciso XIV do art. 40 da LGL, combinado com a norma do § 3º do mesmo artigo.

Não há dúvida de que a Administração poderá rejeitar a execução da prestação por defeitos ou desconformidade com o contrato. Se formalizada a recusa da prestação dentro do prazo previsto para a remuneração, haverá a suspensão de sua fluência. Se não o fizer a mora se iniciará a partir do trigésimo primeiro dia subsequente à sua ciência acerca do adimplemento da parcela pelo contratado.

E se restar verificado posteriormente que a prestação havia sido corretamente executada pelo contratado? A recusa da parcela executada não prevalecerá, contabilizando-se a mora a partir do trigésimo primeiro dia seguinte à ciência da Administração do adimplemento da parcela pelo contratado.

Do exposto, é conclusivo que: (i) o prazo para o respectivo pagamento do contratado será aquele disposto no edital e no contrato, sendo que tal deverá observar o limite máximo de 30 dias. No silêncio do edital e do contrato prevalecerá o prazo de 30 dias contados da data do adimplemento da obrigação pelo contratado; (ii) o prazo para pagamento conta-se a partir da ciência da Administração acerca da conclusão de certa parcela da obra ou serviço (adimplemento da obrigação), e não a partir de seu recebimento; (iii) a mora restará configurada após o exaurimento do prazo para pagamento sem que a Administração tenha realizado o pagamento correspondente ou a formalização da rejeição da prestação.

4.12.3.2 Consequências jurídicas da mora da Administração

Uma vez caracterizada a *mora da Administração*, quais as *consequências jurídicas* dela decorrentes?

Ultrapassado o prazo-limite ao pagamento, inicia-se a contagem do período de mora da Administração. Tecnicamente, ela estará inadimplente, atrasando o pagamento devido ao contratado. Independentemente de exercitar seu direito de suspender a execução do contrato (exceção do contrato não cumprido) ou de postular a rescisão do contrato (inciso XV do art. 78 da LGL), o contratado fará jus à percepção dos acessórios financeiros aplicáveis, além da reparação por perdas e danos.

A interpretação do Direito aplicável impõe o amplo ressarcimento ao contratado em situações desta natureza, que deverá abranger: (i) aplicação de atualização monetária; (ii) aplicação de juros de mora; e (iii) ressarcimento por perdas e danos experimentados pelo contratado (devidamente demonstrados). Tal decorre da aplicação conjugada da LGL e do Código Civil brasileiro.

4.12.3.3 Aplicação de correção monetária e juros de mora

A LGL, a despeito de trazer várias disposições acerca das condições de pagamento nos contratos administrativos, não se preocupou especificamente quanto à hipótese de mora da Administração. Ainda assim, prescreveu, na alínea "d" do inciso XIV do seu art. 40, acerca do dever de previsão no edital de licitação das "compensações financeiras e penalizações, por eventuais atrasos (...)". Trata-se de admitir, portanto, que não só a Administração é destinatária do dever de previsão no ato convocatório da licitação das compensações financeiras incidentes na hipótese de atraso nos pagamentos, como ao contratado se reconhece o direito de percebê-las diante da verificação de seus pressupostos.

Observe-se que as compensações financeiras referidas pela norma estão associadas a comportamento ilícito (contratual) da Administração – os atrasos na remuneração do contratado. Ao assim dispor, a LGL abrangeu debaixo do rótulo "compensações financeiras" não apenas os instrumentos destinados à reposição do valor da moeda, como a *correção monetária*, que são generalizadamente aplicáveis a fatos lícitos e ilícitos, mas, sobretudo, aqueles instrumentos vocacionados a indenizar os prejuízos suportados em face de comportamentos ilícitos. Aqui, os *juros de mora* inserem-se como encargos financeiros de cunho indenizatório aplicáveis à hipótese.

Os juros de mora têm natureza indenizatória, pois "representam a indenização pelo retardamento no pagamento da dívida".[48] Pressupõem, daí, a ocorrência de fato ilícito: o inadimplemento do contratado. A própria legislação assim o define, como se tira do art. 404 do CC.

Desta forma, a LGL, ao estabelecer como obrigatória a previsão de compensações financeiras em decorrência de *atrasos* na remuneração do contratado (ilícito contratual), atraiu a aplicabilidade dos juros moratórios. Além disso, a alínea "d" do inciso XIV do art. 40 da LGL deve ser interpretada de modo suplementar, a partir da disciplina específica da matéria prescrita pelo Código Civil brasileiro.

Lembre-se que, consoante a regra contida no art. 54 da LGL, aplicam-se subsidiariamente aos contratos administrativos os princípios gerais e as regras da Teoria Geral do Contrato acolhida pelo direito privado. Neste contexto, a regra da alínea "d" do inciso XIV do art. 40 da LGL, ao exigir a previsão contratual (e editalícia) acerca de compensações financeiras a propósito dos atrasos nos pagamentos, dispondo, assim, genericamente sobre a questão, remeteu o tratamento mais específico da matéria ao regime próprio do direito privado.

E o Código Civil tem disciplina específica sobre o assunto, dispondo o art. 394 que: "Considera-se em mora o devedor que não efetuar o pagamento e o credor que não quiser recebê-lo no tempo, lugar e forma que a lei ou a convenção estabelecer". Já. no art. 395 complementa-se: "Responde o devedor pelos prejuízos a que sua mora der causa, mais juros, atualização dos valores monetários segundo índices oficiais regularmente estabelecidos, e honorários de advogado". E, ainda, nos termos do art. 389: "Não cumprida a obrigação, responde o devedor por perdas e danos, mais juros e atualização monetária segundo índices oficiais regularmente estabelecidos, e honorários de advogado".

---

48. Gustavo Tepedino, Heloísa Helena Barboza e Maria Celina Bodin de Moraes, *Código Civil Interpretado conforme a Constituição da República*, vol. I, Rio de Janeiro, Renovar, 2004, pp. 739-740.

Como se vê, a lei civil cuidou de prescrever a exigência de atualização monetária mais juros moratórios incidentes sobre os atrasos de pagamento. Além disso, assegurou ao lesado o ressarcimento mais abrangente por perdas e danos. Dúvida alguma há, portanto, acerca da exigência cumulativa e automática, em todos os casos, de aplicabilidade de correção monetária e juros moratórios nos períodos alusivos aos atrasos nos pagamentos devidos pela Administração ao contratado. A recusa na aplicabilidade destes instrumentos jurídicos ressarcitórios significará ofensa ao disposto na regra da alínea "d" do inciso XIV do art. 40 da LGL, interpretada sistemática e supletivamente com os referidos artigos do Código Civil.

O acolhimento destes instrumentos, inclusive dos juros de mora,[49] como via de ressarcimento do contratado ante os atrasos de pagamentos devidos pela Administração está amparado pela recente jurisprudência do STJ.[50] É esta orientação que se extrai da doutrina de Alice Gonzales Borges, para quem "haverá de recorrerem-se às normas – até repetitivas – do Código Civil, para que sejam pagos ao contratado, além da atualização monetária, os juros de mora".[51]

Na mesma linha, Fernando Vernalha Guimarães já escreveu: "Ocorrido atraso quanto à promoção do pagamento, incidirão os acessórios financeiros necessariamente previstos no contrato (alínea 'c' do inciso XIV [*do art. 40*] da Lei 8.666/1993). O instrumento contra-

---

49. Anote-se, também, que a aplicação de juros de mora nestas hipóteses é situação plenamente admitida em outros ordenamentos. Em Portugal, por exemplo – e como noticia Pedro Costa Gonçalves –, na hipótese de atraso da Administração quanto aos pagamentos devidos ao contratado, "o cocontratante tem direito aos juros de mora sobre o montante em dívida à taxa legalmente fixada para o efeito: cf. art. 236º, n. 1 (os restantes números deste artigo regulam os termos da determinação do valor a que correspondem os juros de mora)" ("Cumprimento e incumprimento do contrato administrativo", in Pedro Costa Gonçalves (org.), *Estudos de Contratação Pública – I*, Coimbra, Coimbra Editora, 2008, pp. 620-621).

50. Consultem-se, quando menos, os seguintes julgados: ED no REsp 1.079.522-SC, Min. Mauro Campbell Marques, *DJe* 2.10.2009; ED no REsp 1004258-SC, Min. Mauro Campbell Marques, *DJe* 10.3.2011; AgR no REsp 841.942-RJ, Min. Luiz Fux, j. 13.5.2008; REsp 419.266-SP, Min. Humberto Gomes de Barros, *DJU* 8.9.2003; REsp 437.203-SP, Min. Eliana Calmon, *DJU* 18.11.2002.

51. Alice Gonzales Borges, "Reflexos do Código Civil nos contratos administrativos", *Revista Eletrônica de Direito Administrativo Econômico/REDAE* 9, fevereiro-abril/2007 (disponível em *www.direitodoestado.com.br*, acesso em 15.4.2011).

tual poderá prever, além de correção monetária, multa compensatória (cláusula penal) em caso de atraso, o que substituirá a indenização. Do contrário o atraso quanto aos pagamentos devidos ensejará responsabilidade indenizatória da Administração, arcando com a correção da moeda e demais prejuízos suportados pelo contratado. Cogita-se, inclusive, da aplicação de juros moratórios como compensação indenizatória".[52]

É conclusivo, portanto, que as compensações financeiras em face dos atrasos nos pagamentos devidos pela Administração ao contratado abrangem não apenas a incidência de *atualização monetária* (recomposição inflacionária – generalizada), mas a aplicação de *juros moratórios* (destinados a compensar o contratado em decorrência do estado de mora em que se encontra a Administração).

4.12.3.4 *A quantificação dos juros moratórios e sua delimitação temporal*

Sendo certa a aplicação de juros moratórios como penalização à Administração pelos atrasos na remuneração do contratado, surgem duas indagações decorrentes. (i) Qual o percentual de juros incidente? (ii) Sobre qual extensão temporal deverão recair os juros moratórios?

A primeira indagação deve ser respondida pela remissão ao ato convocatório da licitação. Já foi visto que a Administração deve dispor sobre as penalizações (inclusive moratórias) no edital de licitação (e na minuta do contrato). Contudo, não raro os editais se omitem quanto à previsão de encargos moratórios como via a penalizar a Administração por seu inadimplemento. Neste caso recorre-se ao disposto no art. 406 do CC, que assim dispõe: "Quando os juros moratórios não forem convencionados, ou o forem sem taxa estipulada, ou quando provierem de determinação da lei, serão fixados segundo a taxa que estiver em vigor para a mora do pagamento de impostos devidos à Fazenda Nacional".

A norma remete à taxa que estiver em vigor para a *mora* do pagamento de impostos devidos à Fazenda Nacional, que, por sua vez, deve

---

52. Fernando Vernalha Guimarães, "Contratos administrativos", in Marcelo Harger (coord.), *Curso de Direito Administrativo*, Rio de Janeiro, Forense, 2007, p. 249.

ser buscada na previsão do art. 161, § 1º, do CTN: "Se a lei não dispuser de modo diverso, os juros de mora são calculados à taxa de 1% (um por cento) ao mês". Daí concluir-se que, como se extrai de uma leitura lógico-normativa do ordenamento, os juros moratórios aplicáveis à mora da Administração devem ser fixados em 1% ao mês.

A segunda indagação diz com o período sobre o qual incidirá o encargo moratório. Esta questão dependerá da configuração da obrigação de pagamento, se líquida ou ilíquida. Se ilíquida, os juros, consoante tem entendido a jurisprudência, só incidirão a partir da citação em eventual ação judicial ressarcitória. Mas este não será o caso dos contratos administrativos para obras e serviços relacionados à construção civil, que sempre terão quantificação exata por ocasião das medições para pagamento. Está-se, aqui, diante de obrigações pecuniárias líquidas e exigíveis, fato que atrai a aplicação dos juros de mora desde a data de vencimento da obrigação. Recorde-se que o art. 397 do CC estabelece: "O inadimplemento da obrigação, positiva e líquida, no seu termo, constitui de pleno direito em mora o devedor".

O STJ tem reiteradamente entendido que para casos assim os juros serão devidos a partir do vencimento da obrigação. Cite-se o acórdão que decidiu os EDv no REsp 964.685-SP, onde se consignou: "(...) a partir da aprovação das medições pela contratante, seguida da emissão das faturas com prazo de vencimento ajustado no contrato celebrado entre as partes, resulta incontroverso o inadimplemento do devedor em sua obrigação de saldar aquela dívida líquida, certa e exigível. A partir desse ilícito contratual, restou configurada a mora, ilação, esta, que se extrai do art. 960, primeira parte, do CC/1916, atual art. 397 do CC/2002. 4. Os juros de mora correm a partir do primeiro dia seguinte ao vencimento (trigésimo dia subsequente ao término da mediação), porque é despicienda a interpelação judicial, uma vez que há termo para o adimplemento contratual. No caso, o devedor fica automaticamente constituído em mora desde o vencimento da obrigação inadimplida – 'o termo interpela pelo homem', *dies interpelat pro homine*" (Min. Mauro Campbell Marques, *DJe* 6.11.2009).

Assim, e no âmbito dos contratos administrativos, os juros de mora incidentes sobre os atrasos de pagamento deverão ser contabilizados desde a data do vencimento da obrigação de remuneração.

4.12.3.5 A correção monetária no período de mora e o Plano Real

Quanto à incidência da correção monetária nos períodos de mora, um esclarecimento merece ser feito: ela não está limitada aos 12 meses prescritos como periodicidade mínima para a incidência de reajustes contratuais pela legislação do Plano Real. O raciocínio, que se fundaria no disposto no § 1º do art. 2º da Lei 10.192/2001 (que estabelece ser "nula de pleno direito qualquer estipulação de reajuste ou correção monetária de periodicidade inferior a um ano"), é equivocado.

A restrição imposta pelo Plano Real tem por finalidade evitar a prática do reajustamento precoce nas relações jurídico-contratuais. A norma determina que, antes de um ano, a remuneração devida não deverá sofrer reajuste. Esta disciplina relaciona-se ao regime de *adimplemento*. Isto é: sua eficácia pressupõe o cumprimento das obrigações no tempo contratualmente acordado. Inclusive porque é assumida conscientemente pelas partes, que antecipam para os preços contratados a variabilidade da inflação para o período. Já, o descumprimento dos prazos de pagamento pelo devedor, diversamente, submete o credor a situação de excepcionalidade, que foge à previsibilidade e deve ser tratada à luz do regime jurídico do *inadimplemento*. Aqui, tem-se um regime de exceção, informado pelo princípio da reparação do prejuízo em face do comportamento *ilícito* de uma das partes.

A situação pressuposta pelas regras que asseguram a compensação financeira indenizatória ao credor (conforme arts. 389, 394 e 395 do CC) é completamente distinta daquela subjacente à regra do § 1º do art. 2º da Lei 10.192/2001. Num caso tem-se o ressarcimento em face de comportamento ilícito; noutro, a restrição a reajustamento para fins de mera reposição inflacionária ordinária. Por isso, a norma que estipula a periodicidade mínima ao reajustamento não pode ser invocada para obstar à aplicação da regra que impõe ao devedor em mora o ressarcimento dos prejuízos gerados ao credor.

Ou seja: o regime jurídico para a indenização relativo ao período anterior ao vencimento não se confunde com o pertinente à responsabilidade civil, como assinala Marçal Justen Filho: "A regra que proíbe reajustes para período inferior a 12 meses não disciplina as consequências jurídicas do inadimplemento. O sujeito (inclusive o Estado) tem o dever de cumprir a prestação assumida, no prazo e condições determinadas. Ao infringir esse dever, sujeita-se à obrigação de indenizar a parte inocente por perdas e danos. Entre os danos emergentes encontra-se, no mínimo, a perda do valor da moeda proveniente da inflação. Portanto, se o Estado atrasar o pagamento, deverá pagar com correção monetária".[53]

É inviável, então, invocar a limitação da periodicidade de 12 meses para reajustamento contratual com o objetivo de livrar a atualização monetária do período de mora.

4.12.3.6 Dever de previsão no edital das compensações financeiras

Por outro lado, tais acessórios devem, inclusive, estar previstos no edital e no contrato. O legislador desejou não apenas a imposição destes ressarcimentos sobre os períodos de atraso, mas sua antecipação no plano do edital e do contrato.

Lembre-se que dentre as condições de pagamento que deverão ser previstas no edital de licitação, a teor do art. 40 da LGL, constam as "compensações financeiras e penalizações, por eventuais atrasos, e descontos, por eventuais antecipações de pagamentos". O comando da norma impõe explicitamente a obrigação de as partes preverem no conteúdo do ato convocatório da licitação – e na minuta do contrato, como decorrência – os critérios objetivos destinados a compensar financeiramente os atrasos de pagamentos, assim como as penalizações incidentes. Trata-se de norma endereçada à própria Administração, encarregada de produzir o instrumento convocatório.

Sua previsão acarreta o direito subjetivo dos interessados de disputarem a licitação a partir do conhecimento destas condições. Inclusive porque tais condicionantes integram a equação econômico-financeira do contrato administrativo, sendo informação imprescindível à confecção do preço ofertado para a Administração.

A rigor, tais previsões prestam-se a não ser aplicadas, pois têm como objetivo instalar incentivos ao pagamento pontual das obrigações financeiras previstas no contrato. Caso a LGL não houvesse previsto tal

---

53. Marçal Justen Filho, *Comentários à Lei de Licitações e Contratos Administrativos*, cit., 16ª ed., p. 752.

consequência daninha ao inadimplemento, o contratante receberia estímulo indireto para não pagar em dia e, assim, economizar despesas (às custas do prejuízo alheio).

Observe-se que o interesse protegido com a norma abrange não apenas o dever de boa-fé contratual (princípio fundamental da contratação administrativa – v., acima, § 2.6), mas a preservação da própria economicidade à Administração. A explicitação das condições financeiras e moratórias ante o inadimplemento da Administração por ocasião da confecção do ato convocatório é fato que contribui para a redução dos *custos transacionais*, estimulando a redução das ofertas apresentadas à Administração nas licitações.

Por conseguinte, as "compensações financeiras e penalizações por eventuais atrasos" incorridos nos pagamentos devidos pela Administração devem ser rigorosamente previstas no ato convocatório da licitação. Não se trata de mera faculdade da Administração,[54] mas de dever jurídico expressamente imposto pela LGL.

Assim, se o licitante pretender postular a inclusão de previsões desta natureza no ato convocatório da licitação, poderá fazê-lo mediante a apresentação de pedido de esclarecimento (nos termos regulados no edital) ou, mesmo, de impugnação ao edital (§ 1º do art. 41 da LGL). Mantida a ilegalidade, caberá ao interessado buscar a tutela judicial com vistas a corrigir a omissão.

4.12.3.7 *Os efeitos da omissão quanto a compensações e penalizações aos atrasos no pagamento*

Não se olvide, também, que a omissão da Administração quanto à inscrição destas compensações e penalizações no conteúdo do edital de licitação em face de atrasos de pagamento pode gerar efeitos econômicos indesejados às contratações administrativas. Falha desta ordem, para além de caracterizar ilícito, importa a elevação dos *custos de transação* (v., acima, § 2.10), contribuindo para o encarecimento da contratação administrativa.

---

54. Como diz Marçal Justen Filho: "Significa que, omisso o edital acerca do tema, qualquer particular pode provocar a Administração e exigir esclarecimento. Destaque-se que essa disciplina não é facultativa, mas obrigatória" (*Comentários à lei de Licitações e Contratos Administrativos*, cit., 16ª ed., p. 752).

A insegurança dos interessados relativamente à aplicação de acessórios financeiros compensatórios e moratórios inevitavelmente conduzirá à precificação desta insegurança, elevando seu preço à conta da prevenção de prejuízos mais acentuados. Ou seja: os ofertantes acabam por avaliar economicamente a falta de segurança do pagamento, o que se retrata na elevação do preço de suas propostas.

Práticas desta natureza maculam a reputação (gerando-se um déficit de confiança[55]) da Administração como ente contratante, conduzem à ampliação progressiva da insegurança e podem produzir efeitos equivalentes àquilo que a doutrina econômica chama de "seleção adversa" (George Akerlof[56]). O tema relaciona-se com os efeitos da assimetria informacional na relação pré-contratual, produzindo-se a adjudicação de propostas desvantajosas (pelo nivelamento mediano da reputação dos agentes), com a rejeição dos melhores ofertantes.[57]

55. É num ambiente de confiança que se alcançam baixos custos de transação. É ele uma espécie de "aglutinador social, que permite às pessoas interagirem a baixos custos de transação, o que equivale a dizer que é promotor de bem-estar social, especificamente na medida em que viabiliza mais investimento produtivo em condições de complementariedade e interdependência" (Fernando Araújo, *Teoria Econômica do Contrato*, Coimbra, Livraria Almedina, 2007, p. 360).
56. Este economista formulou a problemática estudando o mercado de veículos usados (a que chamou de *lemons*) nos Estados Unidos (George Akerlof, "The market for lemons: quality uncertainty and the market mechanism", *Quarterly Journal of Economics* 84/488-500, 1970). V., ainda, e em relação ao tema, Paulo Furquim de Azevedo, "Contratos – Uma perspectiva econômica", in Décio Zylbersztajn e Rachel Sztajn (orgs.), *Direito & Economia*, Rio de Janeiro, Elsevier, 2005, pp. 122 e ss.
57. No seio do contrato, "a seleção adversa manifesta-se em múltiplas dimensões, que vão desde a escolha de parceiros contratuais até a compatibilização de incentivos entre as partes e a configuração concreta dos termos contratuais: aquele que procura uma solução contratual ignorando as características dos potenciais parceiros e as intenções deles (que para ele são *experience goods*, insusceptíveis de revelarem as suas características *ex post*) oferece condições contratuais medianas que afastam os melhores parceiros potenciais – aqueles que, conhecendo as suas próprias características e julgando-se acima da mediana, consideram desvantajosas as condições propostas. Sucede que as condições iniciais já não são medianas para a 'metade pior' que subsiste, e isso aconselhará uma degradação das condições contratuais oferecidas, e assim sucessivamente, até por fim as condições serem aceitáveis apenas pelo pior dos potenciais parceiros contratuais, o último com quem inicialmente haveria a intenção de contratar: rematando-se assim o processo de 'seleção adversa' com um verdadeiro e próprio colapso da contratação" (Fernando Araújo, *Teoria Econômica do Contrato*, cit., p. 285).

Num certo sentido, estas práticas omissivas podem revelar efeitos equiparáveis à seleção adversa. A ausência de previsibilidade quanto ao cumprimento dos contratos pela Administração e aos instrumentos de ressarcimento correspondentes conduz os privados a embutirem em suas ofertas o preço desta insegurança, inserindo nas propostas oferecidos ao Poder Público os custos destinados a minimizar um ressarcimento eventual decorrente de práticas de descumprimento contratual (precificando, assim, um cenário pessimista de custos). Não seria errado, ademais, apontar um alcance horizontal dos efeitos negativos daquelas práticas, maculando a imagem da "Administração Pública" como instituição contratante.

Assim, setores do Poder Público mais ajustados à boa-fé e ao cumprimento estrito do contrato são prejudicados pela nivelação das ofertas geradas pelo setor privado (equalizadas num nível desvantajoso para algumas Administrações, em decorrência de uma situação de assimetria informacional). Isto é: a falta de cumprimento do contrato administrativo por parte de alguns gestores públicos tende a irradiar seus efeitos daninhos para as demais licitações e contratos, ainda que celebrados em ambientes de adimplemento contratual. Por isso que, nesta ordem de contratos, como com lucidez apontou Licínio Lopes Martins, "há o dever – *dever jurídico* –, para as partes, de evitar a sua resolução e a discussão sobre aspectos indemnizatórios".[58]

Em suma: sem a exatidão acerca destas previsões, os licitantes, com vistas a acautelarem-se quanto a prejuízos futuros, tenderão a considerar em suas propostas o cenário mais oneroso possível. A tendência, em situações desta natureza, é à precificação referenciada por um cenário pessimista, eliminando-se riscos de prejuízo. Haveria prejuízo à economicidade e a adoção de uma orientação que prestigiaria a elevação dos custos transacionais.

4.12.3.8 *O silêncio do edital não impede a atualização monetária e os juros moratórios*

Indo-se avante, seria correto afirmar que a omissão do edital de licitação não elimina o dever jurídico da Administração de ressarcir o

---

58. Licínio Lopes Martins, *Empreitada de Obras Públicas*, Coimbra, Livraria Almedina, 2014, p. 551.

contratado pelos prejuízos gerados pelos atrasos nos pagamentos devidos. Isso porque a norma da alínea "d" do inciso XIV do art. 40 da LGL tem natureza de norma *injuntiva*, e não meramente *dispositiva*.

Na lição de José de Oliveira Ascensão, *regras injuntivas* "são as que se aplicam haja ou não declaração de vontade dos sujeitos neste sentido". Diversamente das regras dispositivas, que "só se aplicam se as partes suscitam ou não afastam sua aplicação".[59] Enquanto as normas injuntivas têm aplicabilidade autonomizada da pactuação contratual das partes, as normas dispositivas têm entre seus pressupostos sua manifestação de vontade.

O cunho injuntivo da norma do art. 40 da LGL extrai-se de sua disposição literal. Tal como previsto no *caput* do artigo, as compensações financeiras e penalizações por eventuais atrasos serão indicação *obrigatória* no edital de licitação. A clareza da redação do artigo não deixa margem para outras interpretações.

Caracterizando-se a norma do art. 40 como *injuntiva*, não caberá às partes contratantes (à Administração, em última análise, encarregada da confecção do ato convocatório) decidir a propósito da inclusão ou não inclusão destas previsões no contrato. Há um mandamento para sua aplicação independentemente da manifestação de vontade das partes. As compensações financeiras serão sempre devidas ao contratado na hipótese de mora da Administração, estejam elas previstas ou não no plano do contrato.

Lembre-se que o ressarcimento automático do contratado mediante a utilização destes instrumentos jurídicos (correção monetária mais juros moratórios) decorre do regime jurídico da mora, incorporado pela LGL. Trata-se de fórmulas destinadas à reparação de prejuízos gerados ao contratado em face de comportamento *ilícito* da Administração. Assim sendo, é evidente que o edital de licitação não poderia eliminar o cabimento da hipótese, nem mesmo restringi-lo. Bem assim, seu silêncio não significará ausência de sua incidência na contratação administrativa.

Nem se argumente que, quando não convencionados, a aplicação dos juros moratórios estaria a depender da demonstração de pre-

---

59. José de Oliveira Ascensão, *O Direito (Introdução e Teoria Geral)*, 13ª ed., Coimbra, Livraria Almedina, 2005, p. 520.

juízo. Tal não ocorre. Basta invocar o disposto nos arts. 406 e 407 do CC brasileiro para o reconhecimento da improcedência do argumento. Quanto a isso, a doutrina tem dito que: "A obrigação de pagamento dos juros moratórios, em virtude do retardamento no cumprimento da obrigação principal, independe da alegação de prejuízo. Tal decorre da própria natureza do juro, consistente no preço da utilização do capital. Desta forma, a retenção indevida pelo inadimplente do capital pertencente ao credor importa a privação temporária da disponibilidade de sua riqueza, impondo-se a incidência dos juros moratórios, sem que se necessite demonstrar o prejuízo efetivamente causado".[60]

Ora, de há muito o STJ consignou que os juros moratórios são simples *sanção* pela impontualidade (pena moratória), não configurando qualquer *indenização*, pois tais juros meramente "remuneram os prejuízos a que a mora do devedor der causa",[61] e "incidem sobre o valor total da indenização".[62]

Descabe aduzir, então, a não aplicabilidade dos juros de mora quando não demonstrados os prejuízos. Estes serão sempre presumidos, por vontade do legislador, merecendo aplicação automática à hipótese de mora.

4.12.3.9 *Ressarcimento por perdas e danos gerados pela mora*

Além de correção monetária e juros de mora, aplicados de modo cumulativo, o contratado que experimentar atrasos nos pagamentos devidos deverá ser indenizado pela Administração por outros e eventuais prejuízos que sejam demonstrados. Isso decorre do regime de responsabilização civil da Administração por ilícito contratual, extraindo-se da letra do disposto parágrafo único do art. 404 do CC brasileiro.[63]

---

60. Gustavo Tepedino, Heloísa Helena Barboza e Maria Celina Bodin de Moraes, *Código Civil Interpretado conforme a Constituição da República*, cit., vol. I, pp. 739-740.
61. STJ, AgR 88.294-RS, Min. Waldemar Zveiter, *DJU* 18.3.1996.
62. STJ, REsp 46.545-SP, Min. Peçanha Martins, *DJU* 26.2.1996.
63. Nos termos da norma, tem-se que:
"Art. 404. As perdas e danos, nas obrigações de pagamento em dinheiro, se-

A norma nada mais faz que traduzir o postulado fundamental da reparação da totalidade dos prejuízos ao lesado pelo seu causador. Em face do inadimplemento de uma das partes, não é lícito que a parte lesada deixe de ser ressarcida pela totalidade de seus prejuízos, recompondo-se o estado de coisas anterior. Por isso, a norma do parágrafo único do art. 404 do CC não limitou o ressarcimento do contratado, como perdas e danos nas obrigações de pagamento em dinheiro inadimplidas, à aplicação dos juros de mora mais atualização monetária, estendendo-o também a outros prejuízos demonstrados.

Já houve caso em que Celso Antônio Bandeira de Mello acolheu a solução relativa à indenização dos prejuízos experimentados no mercado financeiro: "Com efeito, o dinheiro tem um *custo*, um valor de mercado. Contratante que não recebe em dia, tal como qualquer outro sujeito de direitos, tem de lançar mão de recursos próprios ou colhidos no mercado para fazer face aos próprios compromissos e inclusive aos compromissos que lhe advêm do próprio contrato. (...). É de solar evidência que, não recebendo na época devida, irá *perder* substância econômica, pois ver-se-á forçado a pagar por este dinheiro que capta e que não teria de captar se fora tempestivamente pago pelo devedor. Ainda que a mora do pagamento não o exponha à contingência de procurar dinheiro no mercado, mesmo assim *perderá*, pois deixará de ganhar aquilo que lhe renderia o dinheiro cujo pagamento foi sonegado na época. Deveras, neste caso, terá de desembolsar recursos seus, que não desembolsaria, a fim de enfrentar suas despesas, bloqueando, dessarte, investimentos rentáveis".[64]

---

rão pagas com atualização monetária segundo índices oficiais regularmente estabelecidos, abrangendo juros, custas e honorários de advogado, sem prejuízo da pena convencional.

"Parágrafo único. Provado que os juros da mora não cobrem o prejuízo, e não havendo pena convencional, pode o juiz conceder ao credor indenização suplementar."

64. Celso Antônio Bandeira de Mello, "Contrato de obra pública com sociedade mista – Atraso no pagamento de faturas", *RDP* 74/113. No mesmo sentido, Arnoldo Wald: "A lógica leva-nos, pois, a fixar o percentual dos juros de acordo com o custo financeiro com o qual a Consulente arcou, pelo fato de ter financiado obra, sem que houvesse convenção neste sentido e na qual o pagamento era previsto *pari passu*, na medida da realização da obra. Ou então pela rentabilidade, então assegurada, pelo mercado financeiro, no qual a Consulente teria aplicado os recursos, se os tivesse recebido atempadamente" ("Obra pública – Contrato – Equilíbrio econômico-financeiro", *RDP* 93/71, São Paulo, Ed. RT).

É importante mencionar que a postulação pelo contratado do ressarcimento dos prejuízos que excederem os juros moratórios deverá estar acompanhada de sua demonstração concreta (ou de pedido da produção da respectiva prova), a fim de ser objeto de ressarcimento pela Administração.

4.12.3.10 A cláusula penal

Nada impede que se preveja contratualmente multa aplicável à Administração para os atrasos na remuneração. A hipótese equivale à estipulação de *cláusula penal*. Trata-se de via costumeiramente utilizada no âmbito privado para antecipar a quantificação do ressarcimento à parte lesada em vista de contingências futuras.

A LGL não tratou explicitamente da questão, remetendo à legislação civil a disciplina sobre o tema. A aplicabilidade da cláusula penal à mora dos contratantes é matéria reservada pela lei civil à disposição das partes (no caso dos contratos administrativos, leia-se: à previsão no edital e no contrato).

A despeito de a LGL – lei nacional que é – não ter explicitado disciplina impositiva da adoção de multa ou cláusula penal no âmbito dos contratos administrativos, nada impede que as leis regionais ou locais (de Estados e Municípios) prevejam tratamento distinto. É o que ocorre com a legislação do Estado do Paraná (Lei 15.608/2007, art. 69, II, "i"), que determina a adoção obrigatória de correção monetária, juros de mora e, inclusive, multa (penal) à hipótese do atraso da Administração na remuneração do contratado.

4.12.3.11 Ressarcimento pelos atrasos no pagamento das compensações financeiras

Evidentemente que as compensações financeiras deverão ser computadas até o momento do efetivo pagamento. A mora, como já referido, equivale a um período de inadimplemento, que se estende desde a data em que deveria ter sido promovido o pagamento até data em que este pagamento é efetivamente realizado.

É certo que o *quantum* ressarcitório calculado sobre a demora no pagamento da remuneração originária em atraso deverá ser pago juntamente com esta. Se houver apenas o pagamento da remuneração originária em atraso, com deslocamento do pagamento dos acessórios incidentes sobre aquele atraso para o futuro, é evidente que sobre o valor não pago naquela data incidirão correção monetária e juros de mora até o momento do efetivo pagamento. Haverá *mora* quanto ao pagamento das compensações, tratadas juridicamente nos termos expostos acima.

4.12.4 Ainda as cláusulas econômicas: o Regime Diferenciado de Contratações e a remuneração variável vinculada ao desempenho

Nos termos do art. 10 da Lei 12.462/2011, os contratos que tiverem por objeto obras e serviços, inclusive de engenharia, poderão prever o pagamento de remuneração variável ao contratado, vinculada ao seu desempenho, conforme metas e padrões de qualidade, disponibilidade e critérios de sustentabilidade ambiental definidos no contrato.

A ideia central está na diminuição dos custos da Administração, que instalará estímulos econômicos para atrelar a remuneração do contratado à respectiva eficiência. O que "contribui para alinhar os interesses dos contratantes, na medida em que gera incentivos para a parte executora ampliar os esforços com o propósito de obter o resultado que melhor corresponda às expectativas da parte demandante e, dessa forma, aumentar também a compensação financeira auferida".[65]

Embora inexistente regra equivalente no regime jurídico prescrito pela LGL, a vinculação da remuneração do contratado ao cumprimento de certas metas e níveis de qualidade não é uma técnica juridicamente alheia ao regime das contratações administrativas no Direito Brasileiro. Tanto nos contratos administrativos gerais (Lei 8.666/1993) como nas concessões comuns de serviço público (Lei 8.987/1995) e nas parcerias público-privadas (Lei 11.079/2004) há viabilidade jurídica da hipótese. Para as PPPs, inclusive, há disposição explícita neste sentido (art. 7º da Lei 11.079/2004).

65. Maurício Portugal Ribeiro, Lucas Navarro Prado e Mário Engler Pinto Jr., *Regime Diferenciado de Contratação*, São Paulo, Atlas, 2012, p. 80. Ampliar em Rafael Wallbach Schwind, "Remuneração variável e contratos de eficiência no Regime Diferenciado de Contratações Públicas", in Marçal Justen Filho e Cesar A. Guimarães Pereira (coords.), *O Regime Diferenciado de Contratações Públicas: Comentários à Lei 12.462 e ao Decreto 7.581*, Belo Horizonte, Fórum, 2012, pp. 169-192.

É verdade que, embora viável, a técnica não é cultuada na prática dos contratos administrativos gerais. São raras as configurações que envolvam variáveis de remuneração baseadas no desempenho do prestador. Talvez assim se passe porque a disciplina da LGL esteja configurada a partir de mecanismos que garantem à Administração um efetivo controle sobre os meios empregados pelo contratado para a execução dos contratos, sendo essa (o controle dos meios) uma "filosofia" subjacente ao modelo.

Já, no terreno das concessões são mais usuais configurações remuneratórias que pressuponham o cumprimento de metas de qualidade e de disponibilidade pelo concessionário. Lembre-se que a disponibilização de certas parcelas do serviço pode constituir-se pressuposto à cobrança de tarifa pelo concessionário, assim como o dever de atingir certos níveis de eficiência e qualidade (cumprindo-se metas de universalização, inclusive) pode traduzir condição contratual para a aplicação de reajustamento ou de deflator incidente sobre a receita (tarifária) do concessionário.[66] Além disso, uma via de controle do desempenho do concessionário usualmente adotada na prática das concessões está na previsão de sancionamento a hipóteses de inadimplemento contratual (cuja tipificação pode envolver o cumprimento de metas de disponibilidade e de qualidade do serviço).[67]

É perceptível, contudo, que a experiência histórica com as concessões no Brasil (desde o seu ciclo mais recente, a partir das outorgas efetuadas em 1995) prestigiou técnicas repressivas de ajustamento da conduta do concessionário ao alcance de metas de qualidade e de disponibilidade (prevendo-se multas, por exemplo, associadas ao não cumprimento de níveis de disponibilidade e de qualidade). Essa via produz certos efeitos práticos – econômicos e jurídicos – que não podem ser desconsiderados. Por um lado e sob um ângulo econômico, a penalização pecuniária não atinge a receita propriamente do concessionário, mas se revela na criação de novos custos.[68] Isso per-

66. V. inciso III do art. 23 e inciso X do art. 29 da Lei 8.987/1995.
67. V. inciso VIII do art. 23 da Lei 8.987/1995.
68. Este aspecto é, ainda, argutamente percebido por Maurício Portugal Ribeiro e Lucas Navarro Prado (*Comentários à Lei de PPP – Parceria Público-Privada: Fundamentos Econômico-Jurídicos*, 1ª ed., 2ª tir., São Paulo, Malheiros Editores, 2010, p. 193).

mite ao concessionário valer-se de estratégias e expedientes protelatórios, pois o ônus não se produz automaticamente (comparativamente a técnicas de aplicação de deflator, por exemplo, ou mesmo à remuneração variável vinculada ao desempenho do prestador), operando efeitos econômicos somente após o desenvolvimento regular de processo administrativo pautado pelas garantias jurídicas inerentes ao regime sancionador.

Por outro lado – e sob um ângulo jurídico –, a imposição de penalidade (alternativamente à opção pela redução automática da receita), como providência sancionadora que é, não pode estabelecer-se sem o devido respeito aos princípios e regras inerentes ao regime jurídico sancionador, que garantem ao concessionário amplo e adequado processo pautado pelas garantias do contraditório e da ampla defesa. Isso importa dissociar o momento da criação do ônus do momento de sua efetiva realização, deslocando a absorção do ônus para momento futuro.

A técnica acolhida pelo art. 10 do RDC retrata a alteração dessa concepção. Acolhe-se a dinamização do vínculo entre a remuneração do contratado e seu desempenho, em superação à concepção (estática) tradicionalmente vigente, que admite o surgimento dos ônus correspondentes a partir de situações de inadimplemento incorridas pelo contratado. Essa dinamização pode significar (a depender do modelo concretamente adotado pela Administração) uma permanente e evolutiva referibilidade da remuneração a índices de produtividade e metas de eficiência (disponibilidade e qualidade), cujo sistema serve a políticas de estímulos não só repressivos como positivos à conduta do contratado. Ao mesmo tempo em que se lhe onera a prestação do serviço pelo mau desempenho (criando-lhe ônus ou reduzindo-lhe a remuneração correspondente), admite-se que a ampliação de sua eficiência signifique o incremento de sua remuneração (produzindo-lhe um bônus). Esse mecanismo, dadas suas amplitude e flexibilidade, pode servir nos casos concretos a revestir os contratos de maior eficiência.[69]

69. Tal como anota Phillip J. Cooper: "(...) governments these days seek to include incentive and penalty clauses that provide benchmarks to assess performance as well as mechanisms to encourage contractors to exceed those minimum levels and to do so at a lower cost than that absolutely required under the contract. Today, these are generally referred to as performance contracts. In an early time, they were simply

4.12.4.1 *Dever de motivação para a hipótese*

O parágrafo único do art. 10 do RDC exigiu adequada *motivação* para a utilização do modelo de remuneração variável. A Administração deverá tratar do assunto na fase interna e explicitar, com o edital de licitação, as razões – de fato e de direito – que justificam as metas de eficiência à luz da proporcionalidade com a remuneração que lhe é associada.

Será necessário justificar a equivalência dos parâmetros de remuneração com o cumprimento das metas de disponibilidade e de qualidade, demonstrando que esta composição acarreta ganhos de eficiência para a Administração.

4.12.4.2 *Respeito ao limite orçamentário*

Por outro lado, o estabelecimento de remuneração variável não poderá ir a ponto de ultrapassar os limites orçamentários previstos para a contratação. A preocupação retratada na previsão do parágrafo único do art. 10, neste particular, relaciona-se à hipótese de a remuneração variável funcionar como um gatilho para a transformação radical do valor contratado. A fixação de *limite orçamentário* para hipótese associada à necessidade de adequada motivação são restrições que impedem práticas reprováveis do uso de remuneração variável como uma alavanca para alcançar modificações substanciais (e eventualmente ilegítimas) no valor do contrato.

O limite orçamentário revela, ainda, outra importante função: a de evitar a desorganização no planejamento fiscal da contratação. Não houvesse a restrição, a indefinição quanto ao valor efetivamente praticado para a remuneração do contratado ameaçaria sempre as previsões-limite para a despesa pública, o que produziria efeitos fiscais indesejados à Administração.

Por fim, o limite orçamentário é também importante como garantia para o contratado, como assinalou Rafael Wallbach Schwind: "A recusa por parte da Administração à realização de um pagamento adi-

called incentive contracts" (*Governing by Contract: Challenges and Opportunities for Public Managers*, Washington, CQ Press, 2003, p. 98).

cional previsto contratualmente sob a alegação genérica de que o valor devido ultrapassa o limite orçamentário será indevida e contrária ao Direito".[70]

4.12.4.3 A concreta aferição dos índices de desempenho

A aferição/avaliação acerca do desempenho do contratado para fins do controle da remuneração correspondente deve pautar-se em critérios objetivos estipulados no edital e no contrato. Esta é uma questão de não pequena importância, pois se relaciona com o dimensionamento da margem de discricionariedade da Administração, o que produz efeitos diretos nos custos de transação. Não só no que tange aos critérios e fatores de aferição do desempenho do contratado, mas também no que refere aos procedimentos de fiscalização e controle, é exigida previsão específica e minuciosa no edital e no contrato, disponibilizando-se todas as informações pertinentes aos interessados.

Como anotam Maurício Portugal Ribeiro, Lucas Navarro Prado e Mário Engler Pinto Jr., "o art. 10 não permite a adoção de qualquer indicador de desempenho, mas apenas daqueles baseados em metas, padrões de qualidade, critérios de sustentabilidade ambiental e prazo de entrega, conforme definidos no edital e no contrato. A intenção do legislador foi impedir a utilização de elementos subjetivos para avaliar a conduta da parte privada na fase pós-contratual, que poderiam distorcer a racionalidade do sistema remuneratório, sem proporcionar vantagens concretas à Administração".[71]

Além disso, os critérios devem ser configurados de modo objetivo (evitando-se avaliações baseadas em excessiva margem de discricionariedade) e os procedimentos de aferição e análise dotados de suficiente transparência.

Tem sido comum em contratos onde já se praticam expedientes desta natureza (como nas PPPs, por exemplo) a eleição de entidades e

70. Rafael Wallbach Schwind, "Remuneração variável e contratos de eficiência no Regime Diferenciado de Contratações Públicas", cit., in Marçal Justen Filho e Cesar A. Guimarães Pereira (coords.), *O Regime Diferenciado de Contratações Públicas: Comentários à Lei 12.462 e ao Decreto 7.581*, p. 185.

71. Maurício Portugal Ribeiro, Lucas Navarro Prado e Mário Engler Pinto Jr., *Regime Diferenciado de Contratação*, cit., p. 85.

auditores independentes para proceder à avaliação/pontuação do desempenho do contratado com vistas a dimensionar a remuneração correspondente. É conveniente que o contrato desde logo eleja entidade isenta e tecnicamente habilitada para as avaliações. A segurança jurídica, neste particular, colabora para a contenção dos custos transacionais. Lembre-se que estipulações desta natureza configuram-se como cláusula econômica do contrato administrativo, o que exige sempre precisa e minuciosa delimitação.

4.13 Definição do regime de execução adequado

É necessário, ainda na esfera do planejamento da licitação, definir o *regime de execução* adequado à contratação.

A LGL define, no inciso VIII do art. 6º, os regimes atinentes à *execução indireta* (a que o órgão ou entidade contrata com terceiros sob qualquer dos regimes) – que se contrapõe à *execução direta* (a que é feita pelos órgãos e entidades da Administração, pelos próprios meios) – como sendo: (i) a *empreitada por preço global*; (ii) a *empreitada por preço unitário*; (iii) a *tarefa*; e (iv) a *empreitada integral*. Além disso, a Lei 12.462/2011, que instituiu o RDC, criou o *regime de contratação integrada* – aplicável restritivamente aos contratos submetidos a este regime especial.

O art. 10 da LGL impõe a delimitação do elenco dos regimes de execução, que funcionam, ao seu interno, como *numerus clausus*. Ou seja, não é lícita a criação de novo regime de execução, muito embora seja possível a configuração de contratos atípicos pela Administração (o que não lhe autoriza a criar, sem a precedência de lei, novo regime de execução).

Mas se há algo de comum e obrigatório em todos os regimes de empreitada é a necessidade de o escolhido ser *explicitamente consignado no instrumento convocatório*, com literalidade e clareza. O edital e a minuta do contrato necessitam explicitar o regime definido para aquela contratação (inclusive no que respeita às futuras medições), sob pena de gerar confusão e problemas quando da futura execução.

A definição do regime de execução é relevante para definir a disciplina jurídica da remuneração do contratado e as consequências de seu inadimplemento. Sua especificação, aliás, deve constar obrigatoriamente do edital de licitação, a teor do disposto no *caput* do art. 40 da LGL.[72]

4.13.1 A noção jurídica de "empreitada"

Um conceito relevante para a compreensão dos regimes jurídicos de execução é o de *empreitada*.[73] Não houve, pela LGL, a importação automática do regime jurídico da empreitada do direito civil, eis que diversos aspectos do tratamento legal do contrato o incompatibilizam com a disciplina da empreitada privada.[74-75] Mas o núcleo central de sua conceituação, incorporado à definição da LGL, reside na contratação da execução de obra ou serviço, sem relação de subordinação ou de dependência (relativa autonomia de gestão e instalação da obra ou serviço), com vistas a obter certo resultado. Funcionando com ou sem a aplicação de materiais, a prestação encomendada no âmbito da empreitada

---

72. Eis o dispositivo: "Art. 40. O edital conterá no preâmbulo o número de ordem em série anual, o nome da repartição interessada e de seu setor, a modalidade, o regime de execução e o tipo da licitação, (...)".

73. Para o estudo do contrato de empreitada, indispensável é a consulta ao magistral livro de Licínio Lopes Martins, *Empreitada de Obras Públicas* (Coimbra, Livraria Almedina, 2014), que trata tanto da evolução do conceito no Direito europeu (e internacional) quanto de sua relação com outras figuras contratuais complexas (sobretudo PPPs), até as mais recentes perspectivas relativas às suas modificações e equilíbrio econômico-financeiro (risco e sua gestão; mutabilidade; *Value for Money*; Taxa Interna de Retorno/TIR; etc.).

74. Cabe aqui o alerta de Ruy Cirne Lima: "A empreitada, embora reproduza as linhas gerais da estrutura da figura jurídica do direito civil assim denominada, com ela não se confunde. Aqui se trata da empreitada pública, diversificada da empreitada privada pela delegação implícita de poderes da Administração Pública sobre parcela determinada de seu domínio público ou de seu patrimônio administrativo" (*Princípios de Direito Administrativo*, 7ª ed., São Paulo, Malheiros Editores, 2007, p. 513). Sobre o *contrato administrativo de empreitada*, aprofundar em Renato Geraldo Mendes, *O Regime Jurídico da Contratação Pública*, Curitiba, Zênite, 2008, pp. 133-166.

75. É o caso, por exemplo, do disposto no art. 619 do CC ("Salvo estipulação em contrário, o empreiteiro que se incumbir de executar uma obra, segundo plano aceito por quem a encomendou, não terá direito a exigir acréscimo no preço, ainda que sejam introduzidas modificações no projeto, a não ser que estas resultem de instruções escritas do dono da obra"), cuja prescrição choca-se com a tutela da equação econômico-financeira do contrato administrativo vocalizada pelo art. 65 da LGL.

caracteriza-se pela produção de certo *resultado*, ainda que tal se dê também sob um controle sobre os meios (próprio do *modus operandi* dos contratos administrativos gerais regidos pela LGL).

Como tal, a empreitada distingue-se da mera locação de mão de obra, em que inexiste qualquer margem de gestão ou autonomia do contratado quanto à produção dos resultados esperados pela Administração-contratante. Afinal, na empreitada o contratado é responsável pela execução do objeto contratual como um todo, ficando a seu encargo a responsabilidade por todas as despesas do empreendimento (mão de obra, matérias necessários, custos administrativos etc.).

4.13.2 Empreitada por preço global

Na *empreitada por preço global* a Administração contrata a execução da obra ou do serviço por preço certo e total, mas os pagamentos devem ser feitos durante a execução, de acordo com as medições periódicas dos trabalhos. Aqui vale a citação do jurista português Licínio Lopes Martins ao consignar que: "A empreitada é por preço global – também designada por preço único e fixo, a corpo, *à forfait* ou *per avisionem* – quando a remuneração é fixada adiantadamente numa soma certa, correspondente à realização de todos os trabalhos necessários para a execução da obra, objecto do contrato".[76] Trata-se de regime de execução aplicável a objetos indivisíveis, em que a Administração pretende obter a integralidade da execução de obra ou serviço por um só preço – estabelecendo o escopo contratual e seus cronogramas físico e financeiro. Haverá, como regra, plena condição de precisar todos os quantitativos inerentes à constituição do objeto licitado. Daí que o critério de quantificação da remuneração será a realização da integralidade do objeto.

Para Rolf Dieter Oskar Friedrich Bräunert várias são as vantagens no regime da empreitada por preço global: (i) "a Administração e o terceiro serem conhecedores do valor total da referida prestação, possuindo todas as condições de elaborar um correto planejamento de exe-

---

76. Licínio Lopes Martins, "O contrato de empreitada por preço global no Código dos Contratos Públicos", *Revista de Direito Público e Regulação* 5/47-48 (disponível em *http://www.fd.uc.pt/cedipre/pdfs/revista_dpr/revista_5.pdf*, acesso em 28.12.2010).

cução sob o ponto de vista de receita, despesa e lucro"; (ii) "o pagamento pode ser efetuado sob forma de parcelas prefixadas, no instrumento convocatório e no contrato administrativo, simplificando as respectivas medições sem, no entanto, deixar de cumprir à rigorosidade técnica indispensável"; (iii) "a faculdade da Administração de disponibilizar a quantia exata de recursos, sempre muito escassos, principalmente quando os mesmos são financiados por organismos nacionais ou internacionais, bem como proceder a uma avaliação do custo, tanto em comparação com outros objetos já contratados como com aqueles praticados no mercado".[77] A empreitada por preço global, portanto, tem como pressuposto o perfeito conhecimento da obra a executar e de todas as suas características. Aqui, o projeto deve estabelecer a natureza e as quantidades dos trabalhos, bem como os custos dos materiais e da mão de obra – daí ser possível prefixar a remuneração do empreiteiro.

Em diversos casos o regime de execução de empreitada por preço global torna-se obrigatório, pois o objeto será incindível em parcelas independentes que justifiquem a remuneração unitária (por preço unitário). Um exemplo está na contratação de determinadas obras públicas. Para tanto, haverá de ser confeccionado projeto abrangente da integralidade da obra, que será licitada e contratada sob regime de execução de empreitada por preço global (ou empreitada integral). A necessidade de licitar a obra de modo global impede que se lhe aplique regime diverso. Como nos exemplos anotados pelo TCU: "Construção de escolas e pavimentação de vias públicas, nas quais os quantitativos de materiais empregados são pouco sujeitos a alterações durante a execução do contrato, pois podem ser mais bem identificados na época de elaboração do projeto".[78]

Vale aqui uma breve nota sobre o nível de risco assumido pelo contratado no regime de empreitada por preço global. Costuma-se ponderar que, sob esse regime, o contratado assume o risco de executar a integralidade do objeto pelo preço global contratado, ainda que os quan-

77. Rolf Dieter Oskar Friedrich Bräunert, *Como Licitar Obras e Serviços de Engenharia*, cit., 2ª ed., p. 162. Mas em seguida o autor alerta ser imprescindível "que o objeto esteja completo, preciso e claramente definido, inclusive no que se refere à entrega de todos os elementos essenciais à elaboração de uma proposta satisfatória".

78. *Licitações e Contratos: Orientações e Jurisprudência do TCU*, 4ª ed., Brasília, TCU, 2010, p. 150 (disponível em *http://portal2.tcu.gov.br/portal/pls/portal/docs/2057620.PDF*, acesso em 10.1.2015).

titativos estabelecidos pelo projeto e pelo edital sejam insuficientes. É este, aliás, um raciocínio que recorrentemente é utilizado para justificar a distinção fundamental entre o regime de empreitada por preço global e o de empreitada por preço unitário. Diz-se que naquela o contratado oferece um preço global para a execução de todo o objeto, independentemente do acerto das referências de quantidades e de estimativas previstas em edital e no projeto. Já, na empreitada por preço unitário, ante as incertezas em relação às quantidades, o preço ofertado é por unidade, o que elimina a responsabilidade do contratado relativamente ao todo.

Não nos parece que seja assim. O regime de empreitada por preço global não pressupõe o deslocamento de riscos ampliados ao contratado, transferindo-lhe o ônus de arcar com as diferenças e a inexatidão dos quantitativos. A aplicação deste regime exige necessariamente a correta definição, pela Administração, dos quantitativos necessários à execução da integralidade do projeto, assim como a disponibilização de suficiente e adequado projeto básico. É evidente que tais documentos e informações vinculam a responsabilidade da Administração. Nesse sentido, o STJ já decidiu que, em caso de empreitada por preço global que experimentou alterações no projeto básico, "a ampliação dos encargos dos contratos de obra pública celebrados com a Administração Pública deve ser acompanhada do aumento proporcional da remuneração, a fim de se manter o equilíbrio econômico-financeiro da contratação" (REsp 585.113, Min. Francisco Peçanha Martins, *DJU* 20.6.2005).

Lembre-se que o art. 47 da LGL estabelece que, "nas licitações para a execução de obras e serviços, quando for adotada a modalidade de execução de empreitada por preço global, a Administração deverá fornecer obrigatoriamente, junto com o edital, todos os elementos e informações necessários para que os licitantes possam elaborar suas propostas de preços com total e completo conhecimento do objeto da licitação".

Por isso, é descabido imputar ao contratado os riscos pela inexatidão dos quantitativos e do projeto. Inclusive porque sua proposta é formulada exclusivamente a partir dos elementos fornecidos pelo edital e seus anexos. Caso se verifiquem erros nas quantidades definidas pelo edital e seus anexos, a Administração poderá corrigi-los mediante alteração de projeto, nos termos do art. 65 da Lei 8.666/1993 – o que exigirá em todos os casos o restabelecimento da equação econômico-financeira do contrato.

4.13.3 Empreitada por preço unitário

Já, a *empreitada por preço unitário* tem lugar nos casos em que não for possível definir com exatidão as quantidades demandáveis ao longo da execução do contrato. Aqui – segundo Licínio Lopes Martins –, o que se dá é o seguinte modo de remuneração do empreiteiro: "Será por série de preços – também designada por medição – quando a remuneração resultar da aplicação dos preços unitários, previstos no contrato para cada espécie de trabalho a realizar, às quantidades desse trabalho realmente executadas, segundo se comprovar por medição periódica".[79]

Nestas hipóteses a contratação deverá obedecer a regime próprio, em que a remuneração do contratado se dará a partir da execução de unidades autônomas, segundo seu preço unitário licitado/contratado. Ou seja: uma vez definidos os preços unitários correspondentes a cada tipo de trabalho contratado, paga-se mediante a multiplicação do preço unitário pela quantidade efetivamente executada. Logo, nessa ordem de contratos há de existir uma relação entre o preço unitário e as unidades executadas, a fim de que se possa avaliar a execução e respectivo pagamento. "Na empreitada por preço unitário – leciona Lucas Rocha Furtado – são definidas as unidades a serem executadas (em metros quadrados, metros cúbicos, quantidades especificamente identificadas etc.) e a remuneração será feita em função do que for executado".[80] Haverá, então, empreitada por preço unitário quando se contrata a execução da obra ou do serviço por preço certo de unidades determinadas.

A empreitada por preços unitários é própria para obras em que é impossível – seja devido a exigências técnicas, seja devido a altos custos – prever com exatidão o volume de trabalhos e materiais. Inexistem condições fáticas que permitam dimensionar com exatidão as quantidades que serão demandadas pela Administração por conta da execução contratual. Por isso que as quantidades lançadas no projeto são meramente indicativas e, em contrapartida, exige-se a definição rigorosa dos

---

79. Licínio Lopes Martins, "O contrato de empreitada por preço global no Código dos Contratos Públicos", cit., *Revista de Direito Público e Regulação* 5/48 (disponível em *http://www.fd.uc.pt/cedipre/pdfs/revista_dpr/revista_5.pdf*, acesso em 28.12.2010).

80. Lucas Rocha Furtado, *Curso de Licitações e Contratos Administrativos*, Belo Horizonte, Fórum, 2007, p. 650.

preços unitários. Sendo possível a prévia e exata quantificação dos trabalhos e dos itens representativos, o regime obrigatoriamente incidente terá de ser a empreitada por preço global (ou a empreitada integral).

Nesta linha de entendimento, vale menção à arguta explicação de Renato Geraldo Mendes, que afirma só ser possível a empreitada por preço unitário "quando, devida e motivadamente, não houver condições técnicas de precisar a quantidade do objeto". E conclui não se tratar "de mera opção do agente ou mesmo ausência de previsão resultante de desídia da Administração. Em princípio, a escolha do regime de empreitada por preço unitário decorre da impossibilidade absoluta e não relativa".[81] Imagine-se a construção de uma usina hidrelétrica a ser instalada no leito de rio e que necessite de muitas toneladas de concreto – tudo a depender de número alto de variáveis, algumas delas a serem definidas no exato momento da execução (condições geológicas, topográficas, hidráulicas etc.). Em casos como este muitas vezes é impossível definir *a priori* qual a exata quantidade de material e o respectivo trabalho demandado para a execução da obra.

Daí a necessidade de serem estabelecidos com rigor cartesiano os preços unitários, bem como os critérios e momentos das medições. É imprescindível que o instrumento convocatório defina, com a maior precisão possível, os itens e respectivas quantidades – sob pena de instalar o risco de serem praticadas condutas oportunistas por parte dos licitantes (como o "jogo de planilhas" – v., abaixo, § 7.3.1)

4.13.4 Tarefa

A *tarefa* é o regime que pressupõe a celebração de contratos cujo objeto seja a prestação de mão de obra, com ou sem fornecimento de materiais, para trabalhos reduzidos, sob remuneração certa e de pequena dimensão. Como aponta Lucas Rocha Furtado, de usual "o tarefeiro é um fornecedor de mão de obra, ficando sob encargo da Administração a aquisição de todo o material necessário à execução da obra ou serviço".[82]

---

81. Renato Geraldo Mendes, *O Regime Jurídico da Contratação Pública*, cit., p. 144.
82. Lucas Rocha Furtado, *Curso de Licitações e Contratos Administrativos*, cit., p. 649.

Isto é: ao contrário das empreitadas (em que é encargo do empreiteiro o fornecimento dos aparelhos, máquinas, ferramentas, materiais, utensílios etc. indispensáveis à boa execução da obra – salvo excepcional estipulação em contrário), nas tarefas o contratado apenas se compromete a fornecer a mão de obra qualificada para a execução, e excepcionalmente os materiais necessários.

4.13.5 Empreitada integral

A *empreitada integral* é espécie de empreitada por preço global. Há a contratação do objeto por preço certo e global, mas a abrangência da responsabilidade do contratado relativamente à execução do objeto é ampliada, incumbindo-se de entregar à Administração o empreendimento pronto e acabado (muitas vezes com instalações e equipamentos). A diferença que poderia ser apontada comparativamente à empreitada por preço global reside nas minúcias do projeto, no detalhamento da execução e na amplitude do encargo.

O objeto (a prestação devida) e o conteúdo (os seus efeitos jurídicos) do contrato são bastante mais amplos do que nas demais modalidades de empreitada. "A *empreitada global* – explica Licínio Lopes Martins – surge, assim, como um *contrato de objecto plúrimo ou misto*, abrangendo tecnicamente a execução de trabalhos típicos da empreitada – que são os nucleares e predominantes –, a execução de tarefas próprias da prestação de serviços e de fornecimento de bens e equipamentos móveis para colocação da obra em funcionamento (não inerentes, portanto, ao objeto típico da empreitada), a que acresce a relação de mandato (contrato de mandato) para a celebração e administração de todos os contratos necessários à integral disponibilidade do empreendimento".[83]

Na empreitada integral há a definição acerca da completude do objeto, configurando-se um *empreendimento pronto*. O contratado assume o risco de fornecer um objeto acabado – mas, para que isto aconteça e não venha a instalar dificuldades no controle da execução, faz-se necessário que o instrumento convocatório contenha o mais completo e minucioso rol de informações. Assim, esta espécie de contratação traz

---

83. Licínio Lopes Martins, *Empreitada de Obras Públicas*, cit., p. 173.

vantagens (eficiência, redução dos prazos, precisão no preço, negócio unitário etc.) e *desvantagens* (custos do edital e projetos, necessidade do domínio de várias técnicas, risco da utilização de equipamentos mais baratos e técnicas que transfiram o risco, menor possibilidade de alterações no projeto etc.). A escolha pelo regime de empreitada integral insere-se no âmbito de competência discricionária da Administração. Contudo, é importante que a eleição do regime esteja clara no instrumento convocatório, inclusive para evitar disputas futuras entre Administração e contratado. Lembre-se aqui o disposto no *caput* do art. 40 da LGL, que impõe a obrigatoriedade quanto à definição do regime de execução por ocasião da confecção do ato convocatório.

Vale lembrar que, tal como se passa com a empreitada por preço global, a empreitada integral não supõe a transferência do risco da imprecisão de quantitativos e de inexatidão do projeto. Aplicam-se à empreitada integral, neste particular, as considerações acima feitas quanto à empreitada por preço global.

4.13.6 Regime de contratação integrada: aplicação restritiva ao Regime Diferenciado de Contratações

A Contratação Integrada é regime de execução aplicável apenas aos contratos regidos pelo RDC (Lei 12.462/2011 e Decreto 7.581/2011). Ele se justifica ante a necessidade de a Administração obter do contratado a entrega de um empreendimento completo e pronto, em condições de pleno funcionamento, projetado, executado e testado na esfera das atribuições contratadas. Trata-se de modelo praticado na experiência internacional sob a sigla anglo-saxônica de *design & build*, em que há prevalência de obrigações de resultado tomadas pelo contratante.

Na contratação integrada, que é aplicável restritivamente a obras e serviços de engenharia, o que se tem é o fato de o contratado incumbir-se da execução não apenas da obra e/ou do serviço e fornecimento em si, mas, inclusive, de sua concepção, tendo o encargo integrado de realização do projeto básico e do projeto executivo. Aqui estão os casos concretos nos quais – como apontam Jorge Ulisses Jacoby Fernandes e Jaques Fernando Reolon – "a Administração Pública não tem condições, por seu próprio esforço, de desenvolver o projeto básico e o projeto executivo".[84] O que acentua a alocação de riscos e responsabilidades entre a Administração e os contratados. Por isso que Maurício Portugal Ribeiro, Lucas Navarro Prado e Mário Engler Pinto Jr. vão avante e anotam que "a única forma de proteger o Poder Público adequadamente contra a delegação ao contratado de decisões importantes sobre o projeto da obra é transferindo ao contratado a responsabilidade por cuidar da obra por prazos longos (pelo menos quatro-cinco anos). (...) contratação integrada será técnica e economicamente justificável quando for transferido ao contratado da obra a responsabilidade de implementá-la, em conjunto com a responsabilidade de operá-la e mantê-la".[85]

Logo, além do desenvolvimento dos projetos e da execução das obras e/ou serviços, compreendem-se nos escopos contratados a montagem, a realização de testes, a pré-operação e todas as demais operações necessárias e suficientes para a entrega final do objeto, bem como o período em que o contratado assumirá a responsabilidade não só pela solidez da obra, mas também pelo funcionamento do projeto como um todo.

---

84. Jorge Ulisses Jacoby Fernandes e Jaques Fernando Reolon, "Regime Diferenciado de Contratações Públicas (RDC)", *Fórum de Contratação e Gestão Pública* 117/30, Belo Horizonte, Fórum, setembro/2011. Ainda sobre o regime de contratação integrada, ampliar em: Daniel Ferreira e José Anacleto Abduch Santos, "Licitações para a Copa do Mundo e Olimpíadas – Comentários sobre algumas inovações da Lei 12.462/2011", *Fórum de Contratação e Gestão Pública* 117/54-57, Belo Horizonte, Fórum, setembro/2011; Guilherme F. Dias Reisdorfer, "A contratação integrada no Regime Diferenciado de Contratações Públicas", in Marçal Justen Filho e Cesar A. Guimarães Pereira (coords.), *O Regime Diferenciado de Contratações Públicas: Comentários à Lei 12.462 e ao Decreto 7.581*, Belo Horizonte, Fórum, 2012, pp. 149-167; Maurício Portugal Ribeiro, Lucas Navarro Prado e Mário Engler Pinto Jr., Regime Diferenciado de Contratação, cit., pp. 29-68; Augusto Neves Dal Pozzo, "Panorama geral dos regimes de execução previstos no Regime Diferenciado de Contratações: a contratação integrada e seus reflexos", in Márcio Cammarosano, Augusto Neves Dal Pozzo e Rafael Valim (coords.), *Regime Diferenciado de Contratações Públicas – RDC (Lei 12.462/2011): Aspectos Fundamentais*, Belo Horizonte, Fórum, 2011, pp. 52-58; Alécia Paolucci Nogueira Bicalho e Carlos Pinto Coelho Motta, *RDC – Comentários ao Regime Diferenciado de Contratações*, cit., 2ª ed., pp. 211-252; Egon Bockmann Moreira e Fernando Vernalha Guimarães, "Contratação integrada: um novo regime de execução para os contratos administrativos no Direito Brasileiro", *Revista de Contratos Públicos* 4/5-30, Coimbra, CEDIPRE, 2012.

85. Maurício Portugal Ribeiro, Lucas Navarro Prado e Mário Engler Pinto Jr., *Regime Diferenciado de Contratação*, cit., p. 45.

O regime de contratação integrada não deixa de ser uma manifestação do regime de *empreitada* – numa configuração mais abrangente que a empreitada integral. Trata-se de *empreitada de concepção-construção*, que envolve necessariamente a transferência ao empreiteiro não apena de sua realização, mas da elaboração da própria concepção da obra a ser executada.[86] Como diz Licínio Lopes Martins referindo-se ao regime europeu, que já conhece esta espécie de empreitada, "nestas empreitadas, a entidade adjudicante, para além da execução da obra, convenciona também com o cocontratante a sua participação criativa, embora com base num plano preliminar, na definição da obra a construir. Neste tipo de empreitada, o cocontratante assume obrigações de prestação de concepção. Isto conduz, naturalmente, a que, na empreitada de concepção-construção, a entidade adjudicante, esperando também que o empreiteiro-projectista colabore criativamente na determinação do que vai ser feito, não esteja (logo) em posição de determinar unilateral e formalmente àquele o modo como quer que o trabalho seja feito".[87]

O raciocínio é perfeitamente aplicável ao modelo brasileiro. O novo regime de contratação integrada pressupõe a integração da *expertise* e criatividade do particular, interessado na execução da obra, na sua concepção e o desenvolvimento dos melhores esforços para a entrega do bem de molde a atingir o escopo contratual – o que requer um tratamento jurídico peculiarizado dos regimes convencionais em diversos aspectos, como adiante exposto.[88]

---

86. Veja-se que, sob o regime da Comunidade Europeia, a Diretiva 2004/18/CE, do Parlamento e do Conselho, de 31.3.2004, define, em seu art. 1º, "empreitada de obras públicas" como sendo contratos que têm por objeto quer a execução, quer conjuntamente a concepção e a execução, quer ainda a realização por qualquer meio, de trabalhos relacionados a uma das atividades listadas em documento apartado ou de uma obra que satisfaça as necessidades específicas da entidade adjudicante. Aprofunde-se em Licínio Lopes Martins, "Alguns aspectos do contrato de empreitadas de obras públicas no Código dos Contratos Públicos", in Pedro Costa Gonçalves (org.), *Estudos de Contratação Pública – II*, Coimbra, Coimbra Editora, 2010, pp. 347 e ss.

87. Licínio Lopes Martins, "Alguns aspectos do contrato de empreitadas de obras públicas no Código dos Contratos Públicos", cit., in Pedro Costa Gonçalves (org.), *Estudos de Contratação Pública – II*, p. 360.

88. O regime de contratação integrada tem sido alvo de críticas diversas, sempre apoiadas no argumento de que a falta de projeto básico compromete as condições objetivas de disputa. Não nos parece que assim seja, inclusive porque – tal como demonstrando adiante – há necessidade de disponibilização prévia à licitação de *anteprojeto*

Vale lembrar que a *contratação integrada* prevista pelo RDC encontra paralelo no regime de contratação integrada disposta no regime licitatório simplificado aplicável à PETROBRÁS (Petróleo Brasileiro S/A), conforme o item 1.9 do Anexo do Decreto 2.745/1998.[89] Apesar de o regulamento explicitamente prever a inclusão no objeto da contratação integrada da elaboração do projeto básico, o TCU já havia entendido que mesmo para licitações sob este regime há de prevalecer a exigência de precedência de projeto básico completo ao desencadeamento da licitação (Plenário, Acórdão 2.094/2009).[90]

4.13.6.1 *Similaridade com o modelo* Engineering, Procurement and Construction Contract/EPC

A experiência internacional conhece uma diversidade de ajustes com objeto ampliado, envolvendo a obrigação de o contratado projetar,

que forneça todas as características técnicas necessárias à elaboração das propostas, bem como a respectiva alocação dos riscos. Ademais, a experiência histórica com as licitações vem demonstrando ausência de vocação das Administrações quanto à execução de projetos confiáveis e adequados. Isso vem produzindo a banalização das alterações supervenientes de projeto, com custos revertidos à própria Administração. Vale referir, neste particular, as lúcidas ponderações de Guilherme Jardim Jurksaitis quando anota que: "Atualmente, sob o regime da Lei 8.666/1993, entre os grandes problemas que a Administração enfrenta estão os aditamentos em contratos que tiveram seu projeto totalmente modificado já durante sua execução. Em geral, o problema é que o projeto básico feito para a licitação é ruim ou irrealista. De que adianta um projeto básico que é completamente modificado uma vez vencida a licitação? E, pior, com custos para a Administração? Assim, vale a pena apostar em outras soluções para melhorar o sistema. Uma delas é a contratação integrada" (*Em Defesa do Regime Diferenciado de Contratações*, disponível em *http://www.sbdp.org.br arquivos/material/961_Guilherme_ Jardim_Jurksaitis_Em_defesa_do_RDC_-_versao_pa..pdf*, acesso em 11.7.2011).

89. "Sempre que economicamente recomendável, a PETROBRÁS poderá utilizar-se da contratação integrada, compreendendo realização de projeto básico e/ou detalhamento, realização de obras e serviços, montagem, execução de testes, pré-operação e todas as demais operações necessárias e suficientes para a entrega final do objeto, com a solidez e segurança especificadas." Sobre o tema, sobretudo a constitucionalidade do Decreto 2.745/1998, ampliar no § 1.6.5, acima, e respectivas notas de rodapé.

90. "Acordam os Ministros do Tribunal de Contas da União, reunidos em Sessão Plenária, ante as razões expostas pelo Relator, em: (...) 9.3 determinar à Petróleo Brasileiro S/A – MME, que: (...) 9.3.3 mesmo em contratações do tipo *turn-key*, passe a elaborar previamente à abertura do certame licitatório o projeto básico e o seu respectivo orçamento detalhado."

executar e aparelhar determinada obra a ser entregue ao contratante. A extensão dos encargos e da responsabilidade do contatado é o que variará nas diversas matrizes contratuais.

O regime de contratação integrada apresenta similaridade com uma espécie de contrato internacionalmente definida como *Engineering, Procurement and Construction Contract*/EPC. Por meio de um contrato EPC, o empreiteiro ("epecista") incumbe-se da confecção integral do projeto (*design*) e da execução da obra, da prestação e administração de todos os serviços de engenharia associados, com a responsabilidade pela entrega de um empreendimento integralmente pronto, equipado e testado, sob um modelo de *turn-key*.[91] Será usual, sob este modelo de contrato, a exigência de requisitos mínimos de produtividade e eficiência (*minimum requirements*) dos equipamentos que permitam o funcionamento da obra a serem obedecidos pelo contratado. Ajustes e retoques finais (*punch list itens*) deverão ser concluídos sem prejuízo do recebimento (provisório) da obra. É usual que a ultrapassagem do termo de conclusão final da obra, com a *final completion*, enseje a aplicação de cláusula penal, assim como sua entrega precoce garanta um bônus ao contratado.[92]

Este tipo de contrato impõe ao contratado (*constructor*) um grau de responsabilidade ampliado comparativamente a outro modelo de contrato que igualmente se poderia dizer aparentado do regime de contratação integrada: o *contract for plant and design-build*. A despeito de semelhantemente deslocar ao contratado a responsabilidade pela confecção do projeto e execução da obra, este tipo de contrato não chega a exigir sua responsabilidade quanto ao funcionamento completo e acabado do empreendimento. Num contrato do tipo *contract for plant and design-build* o contratado usualmente incumbe-se de prover a execução dos projetos e as obras de engenharia, envolvendo a concepção e execução dos sistemas elétrico, mecânico e hidráulico da obra, cuja extensão poderá comportar a combinação de diversos serviços e parcelas de uma obra. Mas não será usual que, sob este modelo de ajuste, o *contractor* se responsabilize pelo resultado final da obra, com a entrega dela ao *employer* já pronta e testada.

---

91. Consultem-se as definições de EPC propostas pela *Fédération Internationale des Ingénieurs-Conseils*/FIDIC em *http://www1.fidic.org/resources/contracts*.

92. Cf. José Virgílio Lopes Enei, ***Project Finance***: *Financiamento com Foco em Empreendimentos*, São Paulo, Saraiva, 2007, pp. 334-335.

O regime de contratação integrada aproxima-se mais do modelo EPC. Tal como fixado no § 1º do art. 9º do RDC (Lei 12.462/2011), este regime compreenderá não apenas a elaboração e o desenvolvimento dos projetos básico e executivo e a execução de obras e serviços de engenharia, *como a montagem, a realização de testes, a pré-operação e todas as demais operações necessárias e suficientes para a entrega final do objeto*. O contratado assumirá a responsabilidade pela entrega de um empreendimento pronto e testado, arcando com as consequências (econômicas, inclusive) das ineficiências em relação ao seu funcionamento.

4.13.6.2 *As hipóteses de cabimento da contratação integrada*

O regime de contratação integrada é cabível em hipóteses bem específicas e excepcionais. Não por acaso o *caput* do art. 9º da Lei 12.462/2011 exige motivação técnica e econômica para a aplicação do regime.

De um ponto de vista técnico, será necessário demonstrar que, dada a complexidade de determinado empreendimento, é conveniente concentrar sob a *expertise* do mesmo sujeito a concepção e a execução das obras em si. O modelo pressupõe objetos complexos, em que há dificuldade de a Administração conceber a melhor solução técnica para sua execução. O modelo pressupõe objetos complexos, em que há dificuldade de a Administração conceber a melhor solução técnica para a sua execução.

Inspirada em decisões do TCU que vinham atrelando o uso da contratação integrada aos pressupostos do critério técnica e preço,[93] a Me-

---

93. O Acórdão 1.510/2013, do Plenário do TCU, recomendou que, para a utilização do regime de contratação integrada, a obra ou o serviço de engenharia deve preencher pelo menos um dos requisitos elencados no art. 20, § 1º, da Lei 12.462/2011: (i) ser de natureza predominantemente intelectual e de inovação tecnológica ou técnica; (ii) poder ser executado com diferentes metodologias ou tecnologias de domínio restrito. E, ainda, complementou: "9.1.1.2 Tendo em vista que uma obra licitada com base no anteprojeto já carrega em si a possibilidade de a contratada desenvolver metodologia e/ou tecnologia própria para a feitura do objeto, no caso de a motivação para a utilização da contratação integrada estiver baseada nessa viabilidade de emprego de diferenças metodológicas, nos moldes do art. 20, § 1º, inciso II, da Lei 12.462/2011, justifique, em termos técnico-econômicos, a vantagem de sua utilização,

dida Provisória 630/2013, posteriormente convertida na Lei 12.980/2014, alterou a redação do mencionado art. 9o, introduzindo pressupostos específicos para a utilização do cabimento do regime: "I – inovação tecnológica ou técnica; II – possibilidade de execução com diferentes metodologias; ou III – possibilidade de execução com tecnologias de domínio restrito no mercado". O objeto da contratação integrada deverá, obrigatoriamente, envolver ao menos uma dessas condições.

Ainda no âmbito desta demonstração das razões técnicas que justificam a opção pelo modelo excepcional, será necessário à Administração explicitar os motivos que autorizam a unificação e integração na mesma contratação das diversas etapas e parcelas de uma obra ou empreendimento mais abrangente – exigência aplicável, neste particular, também à *empreitada integral*. Este ponto relaciona-se com uma premissa acolhida pelo Direito Brasileiro, que determina o fracionamento (ou parcelamento) das contratações com vistas à promoção da universalidade da licitação.[94]

Vale lembrar que o inciso VI do art. 4º da Lei 12.462/2011 acolheu o *parcelamento* do objeto com diretriz a ser seguida na modelagem das contratações submetidas ao RDC. Sua racionalidade está em que, ao se segmentar qualitativa e quantitativamente o objeto, promove-se a ampliação da competitividade, ante a redução da dimensão das exigências de habilitação. Menos exigentes os requisitos à participação na licitação, alcança-se a ampliação do universo de ofertantes, com ganhos econômicos para a Administração. Esta premissa, que já se extraía do conteúdo da LGL (§ 1º do art. 23), foi agora incorporada pelo RDC, e o parcelamento alçado à condição de diretriz a ser seguida na formatação das licitações derivadas do novo regime.

Mas o parcelamento não será uma solução generalizadamente aplicável a todos os casos. Há hipóteses que exigem exatamente o inverso: a integração de prestações diversas, como forma de evitar perdas e ineficiências na execução do contrato. Razões de ordem econômica e técnica poderão recomendar a união e integração de escopos sob a mesma

em detrimento de outros regimes preferenciais preconizados no art. 8º, § 1º, c/c art. 9º, § 3º, da Lei 12.462/2011".

94. TCU, Plenário, Acórdão 1.510/2013, e Acórdão 1.692/2004, em que se orientou pela necessidade de motivação dos casos de contratação integrada quanto à inexistência de infração ao princípio do parcelamento.

contratação, o que excepcionará o dever de fracionamento. E a aplicação do regime contratação integrada dependerá de uma suficiente fundamentação neste particular, explicitando-se os motivos relevantes pelos quais determinada contratação excepciona o dever de parcelamento.

Ou seja: tal como na empreitada integral e na por preço global, "o ponto de identidade entre esses três regimes reside em que eles devem ser, em regra, reservados a prestações contratuais não fracionáveis, isto é, a objetos cuja execução deve ser promovida de forma conjunta ou unitária".[95] Porém, o detalhe relevante está na seguinte pergunta: qual deve ser a origem dessa identidade? Será ela apenas técnica? Ou pode ser também econômica? Ou pode resultar de economia de escala? Na verdade, ela precisa advir da combinação ponderada entre tais itens, com especial reforço para os tópicos previstos nos incisos do art. 9º da Lei 12.462/2011.

A propósito do tema, há caso interessante versado em julgado do TCU. Trata-se do Acórdão 1.692/2004 – Plenário –, em que se analisou a decisão da INFRAERO de licitar conjuntamente diversas obras para a ampliação de aeroportos. O TCU analisou a questão e reconheceu a necessidade de integração entre as diversas etapas e setores envolvidos na execução das obras, sob o fundamento de que certas soluções tecnológicas adotadas para um setor poderiam gerar reflexos no sistema como um todo. Além disso, admitiu-se que a falta de um integrador definido poderia gerar, além de maiores custos à Administração – que estaria fadada a desempenhar esta função –, a irresponsabilidade dos diversos contratados em relação ao sucesso e à eficiência da integração. Por isso, tais obras seriam de alta complexidade, sendo cabível a contratação conjunta delas. A decisão considerou experiências concretas da INFRAERO na execução de objetos similares (especialmente em relação às obras de ampliação do Aeroporto Galeão/Antônio Carlos Jobim – RJ), em que prejuízos diversos foram demonstrados como efeito do parcelamento do objeto.

---

95. Guilherme F. Dias Reisdorfer, "A contratação integrada no Regime Diferenciado de Contratações Públicas", cit., in Marçal Justen Filho e Cesar A. Guimarães Pereira (coords.), *O Regime Diferenciado de Contratações Públicas: Comentários à Lei 12.462 e ao Decreto 7.581*, p. 130. Ampliar em Maurício Portugal Ribeiro, Lucas Navarro Prado e Mário Engler Pinto Jr., Regime *Diferenciado de Contratação*, cit., pp. 42-48.

Portanto, a necessária motivação técnica a justificar a aplicação do regime de contratação integrada haverá de demonstrar também que a hipótese excepciona o dever de parcelamento.

Já, sob o prisma econômico, a demonstração deverá cuidar de apresentar os ganhos de eficiência obtidos com a integração daqueles escopos. Concentrando-se sob a responsabilidade do mesmo sujeito a execução do projeto, a execução da obra e o seu aparelhamento, cria-se-lhe um robusto incentivo para perseguir a concepção e a formatação mais econômica e eficiente para o projeto, assim como em relação à construção da obra e seu aparelhamento, tudo com vistas ao adequado funcionamento do empreendimento. Vale dizer: as deficiências do projeto se retratarão em maiores custos ao longo da execução da obra. Daí a razão econômica a legitimar a responsabilização pela execução do projeto daquele encarregado de executar a obra. Com isso, a Administração (e a sociedade em geral[96]) poderá obter relevantes ganhos de eficiência.

4.13.6.3 Contratação integrada: contratação de resultados

Estas ponderações adquirem sentido a partir do reconhecimento de que o regime de contratação integrada pressuporá sempre a contratação de *resultados* (com a entrega de um empreendimento em plena condição de funcionamento). A Administração não pretende, com a contratação integrada, adquirir a mera execução das prestações incumbidas ao contratado, segundo a lógica de que o exato cumprimento dos encargos (cumprimento dos meios) o exonera da responsabilidade pelo funcionamento eficiente do empreendimento (obtenção dos resultados). Diversamente – e como acima já desenvolvido –, este regime pressupõe o alcance de resultados. Isto significa que as ineficiências do projeto serão suportadas pelo próprio contratado, que assume a responsabilidade pelo funcionamento do empreendimento. Por isso, é de todo relevante para o contratado, sob este regime, perseguir a ótima concepção do projeto.

É assim também no Direito europeu – ilustre-se aqui –, que conhece a empreitada de obras públicas que abrange a concepção da obra (empreitada de concepção-construção) como modelo de utilização excepcional, focada na obtenção de resultados pela Administração. Licí-

---

[96]. Não se trata de propiciar ganhos econômicos apenas à Administração. Ao se tornar mais eficiente uma contratação, economizando-se recursos relativamente aos custos globais do contrato, gera-se economia a toda a sociedade.

nio Lopes Martins explica que "só em casos excepcionais devidamente fundamentados, e nos quais o adjudicatário deva assumir, nos termos do caderno de encargos, obrigações de resultado relativas à utilização da obra a realizar, ou nos quais a complexidade técnica do processo construtivo da obra a realizar requeira, em razão da tecnicidade própria dos concorrentes, a especial ligação destes à concepção daquela, a entidade adjudicante pode prever, como aspecto da execução do contrato a celebrar, a elaboração do projecto de construção, caso em que o caderno de encargos deve ser integrado apenas por um programa".[97]

Lembre-se que a doutrina – sobretudo a de direito privado – apresenta qualificação bipartida das obrigações contratuais: *obrigações de meio* e *obrigações de resultado*. Nestas, o cumprimento da obrigação só se dá quando a prestação devida atinge o objetivo predefinido pelas partes. Naquelas, não obstante haja um fim a ser atingido, o contrato se satisfaz com o comportamento diligente da parte: o cumprimento obrigacional não é dependente do resultado. Os exemplos recorrentes são os dos contratos com médicos e advogados (obrigações de meio) *versus* os contratos de transporte e com artistas plásticos (obrigações de resultado).[98] O regime de contratação administrativa integrada envolve a segunda hipótese, eis que o contratado se obriga a envidar os melhores esforços, desde a concepção do projeto até sua entrega à Administração.

Para Luís Gastão Paes Barros Leães, "nas chamadas obrigações de meio, o conteúdo da prestação não é o resultado a ser produzido pelo devedor, mas a *atividade diligente* deste orientada no sentido da produção do resultado, em benefício do credor". Por isso que nas obrigações de meio "a diligência há de ser apurada *in concreto*, porque é o comportamento diligente o próprio objeto da obrigação, levando em conta (a) as qualidades ou atributos próprios do devedor e (b) a natureza dos atos que devem ser prestados. Pois, tal seja a natureza das obrigações ou a situação do devedor, o conteúdo da obrigação de meio varia, compor-

---

97. Licínio Lopes Martins, "Alguns aspectos do contrato de empreitadas de obras públicas no Código dos Contratos Públicos", cit., in Pedro Costa Gonçalves (org.), *Estudos de Contratação Pública – II*, pp. 360-361.

98. Cf.: Fábio Konder Comparato, "Obrigações de meio, de resultado e de garantia", in *Ensaios e Pareceres de Direito Empresarial*, Rio de Janeiro, Forense, 1978, pp. 521 ss.; Luís Gastão Paes de Barros Leães, "A obrigação de melhores esforços (*best efforts*)", *RDM* 134/7-11, São Paulo, Ed. RT; Orlando Gomes, *Obrigações*, 8ª ed., Rio de Janeiro, Forense, 1986, pp. 21-22.

tando uma apreciação ora mais, ora menos rigorosa".[99] Já, nas obrigações de resultado o adimplemento é ancilar ao escopo final da contratação, pois – como anotou Sílvio Rodrigues – nesse tipo de ajuste "o devedor promete um resultado, e se não o apresentar é inadimplente. O transportador não cumpre a obrigação contratual demonstrando que agiu com diligência e esforço, mas apenas o faz se entregar a mercadoria a ser transportada, em condições adequadas, no ponto do destino. O mecânico que se compromete a reparar uma viatura não se libera da obrigação demonstrando que tentou consertá-la, pois só cumprirá a prestação convencionada se entregar o veículo reparado".[100]

No caso das obrigações de resultado, o credor pode exigir do devedor não só a prestação devida (o objeto contratual: a ação ou omissão contratualmente definida), mas também a finalidade a que se visava por meio dela. À mera conduta do devedor deve ser acrescentado algo de concreto no mundo dos fatos; exige-se um *plus* existencial que antes não se tinha; não basta fazer o possível e exercitar os melhores esforços: para o cumprimento contratual é imprescindível atingir o resultado.

Como na lúcida exposição de Fábio Konder Comparato, fato é que "toda obrigação comporta naturalmente um resultado, que corresponde à sua utilidade econômico-social para o credor. Mas nem sempre este resultado é compreendido no vínculo como elemento da prestação; algumas vezes, deixa de exercer a função do objeto ou conteúdo da obrigação, para ser tão somente a causa no sentido teleológico".[101] Na obrigação de meios "o devedor só será responsável na medida em que se provar não a falta do resultado (que não entra no âmbito da relação), mas a total ausência do comportamento exigido, ou um comportamento pouco diligente e leal. O ônus da prova incumbe pois ao credor".[102] Ao contrário, nos contratos que preveem a obrigação de resultado só se considera adimplida a prestação com a efetiva, real e concreta produção daquela específica finalidade contratual definida pelo pacto (o que inverte o ônus da prova e instala a responsabilidade objetiva do devedor).

99. Luís Gastão Paes de Barros Leães, "A obrigação de melhores esforços (*best efforts*)", cit., *RDM* 134/9.
100. Sílvio Rodrigues, *Direito Civil*, 30ª ed., vol. 2, São Paulo, Saraiva, 2002, p. 18.
101. Fábio Konder Comparato, "Obrigações de meio, de resultado e de garantia", cit., in *Ensaios e Pareceres de Direito Empresarial*, p. 530.
102. Idem, p. 538.

4.13.6.4 O regime de contratação integrada e a transferência de riscos ao contratado

Como pincelado acima, no regime de contratação integrada haverá a prevalência da contratação de resultados. O instrumento convocatório e seus anexos explicitarão os *resultados* esperados para a execução da obra ou do empreendimento, sendo de responsabilidade do contratado o alcance dos meios necessários para tanto. É natural que, como ao contratado incumbe o atingimento de metas, lhe seja permitido um significativo gerenciamento dos meios para isso – âmbito em que se insere a própria confecção dos projetos. A transferência de certa autonomia de gestão dos meios – algo inconciliável com a prática convencional dos contratos administrativos ordinários no Brasil, historicamente presos a uma cultura de forte controle dos meios – acarreta-lhe a assunção de responsabilidade pelos resultados. Logo, e com a aplicação deste regime, transferem-se ao contratado os riscos pelas ineficiências em relação ao funcionamento da obra ou do empreendimento, inclusive e especialmente aqueles decorrentes de deficiências nos projetos. Com isso, cria-se um incentivo econômico ao contratado para que zele pela qualidade dos projetos, eis que suas deficiências se retratarão em custos futuros em prol da correção do funcionamento da obra, para o alcance dos resultados estipulados em contrato.

Estas conclusões pressupõem também a aplicação do modelo da remuneração por desempenho, prevista no art. 10 do RDC (v., acima, § 4.12.4). Será peça-chave na conformação dos ajustes submetidos ao regime de contratação integrada a associação da remuneração do contratado ao atingimento de metas de qualidade e de disponibilidade. O propósito está em incrementar a eficiência na concepção dos projetos a partir do estímulo do contratado ao cumprimento de metas exigentes relativamente aos resultados da execução da obra, o que significará a ampliação de sua remuneração.

4.13.6.5 As cautelas fundamentais na aplicação do regime de contratação integrada

Não se olvide que o regime de contratação integrada é apto a produzir efeitos desastrosos nas contratações administrativas se aplicado sem certas cautelas fundamentais. A falta de projeto básico prévio à licitação pode propiciar enormes dificuldades em relação ao dimensionamento dos custos envolvidos na contratação (impedindo a confecção de orçamentos confiáveis). Além disso, a incompletude do projeto impede o estabelecimento de condições objetivas de disputa, que propiciem a plena comparabilidade entre propostas.[103]

Esta vulnerabilidade do regime às incertezas quanto ao orçamento e às condições objetivas de disputa deve ser mitigada pelo refinamento das técnicas de orçamento e, sobretudo, pelo adequado nível de detalhamento do *anteprojeto* – exigido como documento a ser disponibilizado aos licitantes. É fundamental que a Administração se utilize de técnicas eficientes quanto ao dimensionamento dos valores atinentes ao objeto do contrato, mesmo sem dispor de projeto final e acabado. É preciso minimizar o risco de *sobrepreços* (ou, mesmo, de preços insuficientes) na composição do preço contratado. Para isso, será necessário avançar na confecção dos anteprojetos de molde a reunir todas as informações fundamentais para a adequada caracterização e o dimensionamento das soluções buscadas pela Administração.

É importante, também, que a licitação preveja adequado controle acerca do conteúdo dos projetos (ou, melhor: das propostas de projeto). Sua plena exequibilidade deve ser atestada pela Administração, a partir de demonstrações específicas que podem ser exigidas por ocasião da licitação. Não seria admissível que a Administração deixasse de verificar a correção e a exatidão veiculadas pelo conteúdo do projeto, inclusive para fins de avaliação de sua correlação com a proposta econômica apresentada pelo licitante.

Não por acaso, então, o RDC permitiu que as licitações sob o regime de contratação integrada sejam processadas pelo critério de técnica e pre-

---

103. O direito comunitário europeu conhece regimes de licitação próprios para hipóteses em que a Administração não tem pleno domínio acerca da solução técnica buscada ou sobre os critérios técnicos de avaliação das propostas. São as hipóteses do *diálogo concorrencial* e do *procedimento por negociação* (Diretiva 2004/18/CE). Ambas as espécies de licitação – típicas de contratos de PPP – permitem aos interessados contribuir com soluções técnicas para o aperfeiçoamento do projeto (por assim dizer) buscado pela Administração. Conforme explica Mark Kirkby, "o diálogo concorrencial visa, em primeira linha, a definir 'soluções' para necessidades públicas em ordem de permitir o desenho de um projeto contratual a submeter-se à concorrência. Já, o procedimento por negociação arranca de uma 'solução' predefinida e de um certo caderno de encargos previamente elaborado" ("O diálogo concorrencial", in Pedro Costa Gonçalves (org.), *Estudos de Contratação Pública – II*, Coimbra, Coimbra Editora, 2010, p. 287).

ço (v., acima, § 3.5.5), o que possibilitará um exame qualitativo e classificatório das soluções propostas pelos licitantes para o projeto básico.

4.13.6.6 Momento da confecção do projeto básico

Uma dúvida que pode surgir relaciona-se à exigibilidade quanto à apresentação do projeto básico já na fase da licitação sob o regime de contratação integrada. Não nos parece que essa seja a solução acolhida pela legislação. No âmbito da fase de julgamento das propostas técnicas os licitantes apresentarão suas soluções para o projeto básico, observados os limites do anteprojeto e as metas de resultado estabelecidas no instrumento convocatório. Mas a incumbência relativamente à elaboração do projeto básico propriamente dito só será exigível após a contratação. É o que se extrai da leitura do § 1º do art. 9º do RDC, ao estabelecer que a elaboração e o desenvolvimento dos projetos básico e executivo estarão compreendidos na contratação integrada.

Não seria viável, ademais, que já na esfera da licitação fosse exigível a apresentação pelos licitantes de um projeto básico pronto (na fase de apresentação e julgamento de propostas técnicas, por exemplo). Isso traria problemas de diversas ordens. Por um lado, haveria prazo excessivamente curto para tal (30 dias), o que dificulta – se não inviabiliza – a elaboração de projetos sérios e bem-pensados. Estaria, ainda, aberta a porta para a manipulação do certame através do trânsito de informações privilegiadas a sujeitos determinados.

Por outro lado, exigência desta ordem (produção de um projeto básico finalizado) acarretaria ônus excessivo aos licitantes, comprometendo a universalidade da licitação. É significativo, como se sabe, o custo para a elaboração de um projeto básico. Sem a certeza da contratação, muitos interessados deixariam de disputar a licitação em vista da imposição deste ônus financeiro.

Daí que a exigência de apresentação de um projeto básico já na fase da licitação afigurar-se-ia ilegal, por produzir restrição indevida do universo de ofertantes. O TCU já se manifestou quanto à ilegalidade de exigências atinentes à fase de julgamento de propostas técnicas que signifiquem ônus financeiro excessivo aos licitantes.[104]

104. Plenário, Acórdão 165/2009, Min. Raimundo Carreiro, *DOU* 16.2.2009.

4.13.6.7 A obrigatória disponibilização de anteprojeto de engenharia

É exigível para as licitações sob o regime de contratação integrada a prévia *disponibilização do anteprojeto*. O documento deverá retratar, com correção, todos os elementos técnicos destinados a possibilitar a caracterização da obra ou serviço, especialmente aqueles relacionados no inciso I do § 2º do art. 9º do RDC. O conceito de *anteprojeto* vem delineado no art. 74 do Decreto 7.581/2011.[105-106] Porém, e nada obstante a conceituação regulamentar, uma coisa é preciso que fique bem clara: o anteprojeto não pode ser submetido às mesmas exi-

---

105. Em termos que são, ao mesmo tempo, minuciosos e enigmáticos:
"Art. 74. O instrumento convocatório das licitações para contratação de obras e serviços de engenharia sob o regime de contratação integrada deverá conter anteprojeto de engenharia com informações e requisitos técnicos destinados a possibilitar a caracterização do objeto contratual, incluindo: I – a demonstração e a justificativa do programa de necessidades, a visão global dos investimentos e as definições quanto ao nível de serviço desejado; II – as condições de solidez, segurança, durabilidade e prazo de entrega; III – a estética do projeto arquitetônico; e IV – os parâmetros de adequação ao interesse público, à economia na utilização, à facilidade na execução, aos impactos ambientais e à acessibilidade.

"§ 1º. Deverão constar do anteprojeto, quando couber, os seguintes documentos técnicos: I – concepção da obra ou serviço de engenharia; II – projetos anteriores ou estudos preliminares que embasaram a concepção adotada; III – levantamento topográfico e cadastral; IV – pareceres de sondagem; e V – memorial descritivo dos elementos da edificação, dos componentes construtivos e dos materiais de construção, de forma a estabelecer padrões mínimos para a contratação.

"§ 2º. Caso seja permitida no anteprojeto de engenharia a apresentação de projetos com metodologias diferenciadas de execução, o instrumento convocatório estabelecerá critérios objetivos para avaliação e julgamento das propostas.

"§ 3º. O anteprojeto deverá possuir nível de definição suficiente para proporcionar a comparação entre as propostas recebidas das licitantes.

"§ 4º. Os Ministérios supervisores dos órgãos e entidades da Administração Pública poderão definir o detalhamento dos elementos mínimos necessários para a caracterização do anteprojeto de engenharia."

106. A Norma Técnica IE-01/2011, do Instituto de Engenharia, contém informações a propósito do que se pode compreender por "anteprojeto de engenharia" (disponível em *http://ie.org.br/site/ieadm/arquivos/arqnot28482.pdf*, acesso em 6.1.2015). O Instituto Brasileiro de Auditoria de Engenharia elaborou documento denominado *Elementos Mínimos para Anteprojetos de Engenharia (disponível em http://www.ibraeng. org/public/uploads/publicacoes/OT-002-2014-IBRAENG_Elementos_M%C3%ADnimos _Para_Anteprojetos_de_Engenharia_vers%C3%A3o_em_consulta_p%C3%BAblica. pdf*, acesso em 6.1.2015).

gências de um projeto básico, nem às dos "elementos de projeto básico" tratados na Lei 8.987/1995 – mas é bem menos do que isso.

É absolutamente necessário que os parâmetros previstos nas alíneas do inciso I do § 2º do referido art. 9º sejam explicitados de modo suficiente pelo instrumento convocatório da licitação, inclusive para que sejam asseguradas condições de comparabilidade entre as propostas pelos licitantes. Mais que isso, a veiculação de todas aquelas informações fundamentais é o que possibilitará a caracterização dos diversos parâmetros técnicos e metas de resultado que se pretendem executados com o contrato.

O anteprojeto é um documento que conterá todas as informações necessárias para que o próprio projeto seja confeccionado. Como acentua Rolf Dieter Oskar Friedrich Bräunert, em texto escrito à luz da LGL, "o anteprojeto não se confunde com o projeto básico" (mesmo porque o antecede naquele regime de contratações).[107] Embora seja sempre difícil, para fins de controle, o diagnóstico acerca do nível suficiente de informação que o anteprojeto deve apresentar, é certo que ele pretende-se um documento a oferecer padrões técnicos e metas de resultado a pautar a confecção do projeto básico. Portanto, com o anteprojeto será necessário indicar parâmetros bem objetivos para os resultados esperados e os usos e necessidades que se pretendem com a execução da obra ou do serviço, ainda que sem adentrar o roteiro técnico mais específico para fazê-lo.

4.13.6.8 A dificuldade quanto ao dimensionamento do valor da contratação

Como visto, o regime de contratação integrada pressupõe a incompletude do projeto básico para o desencadeamento da licitação. Isso impede que a Administração detenha conhecimento preciso e adequado

---

107. Rolf Dieter Oskar Friedrich Bräunert, *Como Licitar Obras e Serviços de Engenharia*, cit., 2ª ed., p. 104. Isso não sem antes lançar um conceito de anteprojeto, próprio do ambiente da LGL: "O anteprojeto é o esboço ou rascunho de um projeto composto por plantas baixas, cortes e elevações, geralmente traçadas à mão livre, desenvolvido a partir de estudos técnicos preliminares e das determinações do cliente, objetivando a melhor solução técnica, definindo as diretrizes e estabelecendo as características a serem adotadas na elaboração do futuro projeto básico, considerando os estudos de viabilidade técnica, econômica e a avaliação do impacto ambiental". O anteprojeto, portanto, é a produção técnica que se situa entre os estudos preliminares e o projeto básico, com eles não se confundindo.

acerca do orçamento da obra ou do serviço. Eis aqui uma das sérias dificuldades à aplicação do novo regime.

Preocupado com o adequado dimensionamento do orçamento da obra ou serviço licitado sob o regime de contratação integrada, o legislador estabeleceu que o valor estimado da contratação *será calculado com base nos valores praticados pelo mercado, nos valores pagos pela Administração Pública em serviços e obras similares ou na avaliação do custo global da obra, aferida mediante orçamento sintético ou metodologia expedita ou paramétrica*.[108] Portanto, a aplicação do regime de contratação integrada exigirá suficiente demonstração, a acompanhar o lançamento do instrumento convocatório da licitação, acerca da compatibilidade dos valores orçados para as parcelas globais da execução da obra ou serviço aos preços praticados em mercado.

É evidente que sem o conhecimento mais exato acerca do projeto é inviável produzir orçamento abrangente das técnicas e metodologias a serem utilizáveis, dos materiais e insumos mais específicos que serão empregados na execução do objeto. Por isso, o que se exige é a adequação de um *valor global* (ou de valores globais atinentes às parcelas da obra) à prática do mercado. Mediante o cotejo financeiro com obras similares – é dizer: que apresentam os mesmos resultados e usos esperados para a obra, na conformidade do que informa o anteprojeto – chega-se a um juízo de adequação do valor proposto para a execução do contrato. E este cotejo analítico deve ser explicitado com o instrumento convocatório da licitação, permitindo-se um controle orçamentário e financeiro acerca da programação da execução do contrato.

4.13.6.9 *A regra da vedação dos termos aditivos*

O RDC adotou como regra a vedação da formalização de termos aditivos nos contratos firmados sob o regime de contratação integrada.

---

108. Interessante notar que o Decreto 7.581/2011 admitiu, para o orçamento estimado da contratação integrada, a consideração da taxa de risco compatível com o objeto da licitação e as contingências atribuídas ao contratado, "devendo a referida taxa ser motivada de acordo com metodologia definida em ato do Ministério supervisor ou da entidade contratante". Além disso, estabeleceu que essa taxa de risco não integrará a parcela de benefícios e despesas indiretas/BDI do orçamento estimado, devendo ser considerada apenas para efeito de análise de aceitabilidade das propostas ofertadas no processo licitatório (art. 75, §§ 1º e 2º).

As hipóteses ficaram por conta da necessidade de recomposição da equação econômico-financeira (exclusivamente para caso fortuito ou força maior) e da necessidade de alteração de projeto para melhor adequação técnica de seus objetivos – o que, evidentemente, excepciona as hipóteses de erro ou falta do contratado.

É notável que o legislador pretendeu customizar o tratamento da alterabilidade do contrato aos casos de contratação integrada. Lembra-se que a LGL – aplicável ao tratamento jurídico dos contratos regidos pelo RDC por força do art. 39 da Lei 12.462/2011– acolheu uma disciplina jurídica para as alterações contratuais. Mas o § 4º do art. 9º do RDC traz disciplina específica e excepcional aplicável às hipóteses de contratação integrada, o que impede, em princípio, a incidência do regime geral.

Bem analisadas, contudo, as diferenças entre os regimes são menores do que aparentam ser.

Em primeiro lugar, é necessário notar que a norma não obstrui a formalização de termos aditivos, como se extrairia de uma interpretação literal do texto legal. Não é possível simplesmente inibir aditamentos contratuais, pois há um sem-número de situações que podem exigir a adaptação do contrato à realidade prática. Muitas dessas alterações são impostas, inclusive, por eventos e situações alheios à vontade das partes. Outras tantas são derivadas do exercício de direitos do contratado relativamente à sua atividade empresarial, mas que refletem a necessidade de adaptação do contrato. A alteração na estrutura societária e empresarial do contratado ou a substituição de profissionais técnicos relacionados à execução são exemplos de situações que podem exigir aditamentos no contrato. Caso essas situações se verifiquem, será necessário que o contrato seja atualizado. Seria desproposi tado que a norma tivesse simplesmente vedado a formalização de aditamentos para esses fins. Quando menos, proibição dessa ordem, abstratamente concebida, desafiaria os princípios da razoabilidade e da proporcionalidade, impondo em muitos casos a solução mais onerosa (a extinção do vínculo).

Em segundo lugar, observa-se que o legislador utilizou-se de fórmulas genéricas e abrangentes, como *caso fortuito* e *força maior*, para abraçar uma ampla gama de situações que excepcionam a vedação à alteração do contrato. Como *caso fortuito* e *caso de força maior*[109] deve-se entender todo e qualquer evento superveniente, ou de conhecimento superveniente, imprevisível ao licitante à época da formulação de sua proposta, capaz de acarretar o rompimento da equação financeira do contrato. Estas hipóteses abarcam praticamente toda a álea extraordinária do contrato.

Assim, as hipóteses que tradicionalmente se põem sob a tutela da teoria do fato do príncipe e da imprevisão são, para esse fim, também reconduzíveis a eventos de caso fortuito e de força maior. Por isso, é adequado referir a viabilidade de termos aditivos no regime de contratação integrada sempre que o contratado se deparar com evento superveniente ou de conhecimento superveniente, imprevisível ou de consequências incalculáveis, que acarrete agravos econômicos à sua esfera de direitos.

A ideia de *imprevisibilidade*, na hipótese, está associada à de *inevitabilidade*. Examinando as hipóteses de força maior, Egon Bockmann Moreira e Andreia Cristina Bagatin já explicaram: "Enfim, será do exame dos fatos (inclusive a eventual desenvoltura empresarial daquele que levanta a força maior como exceção) que advirá a incidência da força maior. O exame contextual dos fatos, em contraste com as características objetivas do negócio e subjetivas dos envolvidos, resultará na conclusão pretendida". Por isso que cumpre instalar "o primeiro traço fundamental na avaliação do fortuito: este deve ser compreendido 'situadamente', de maneira que o fato será ou não 'necessário', caracterizan-

---

109. Cf. ao menos os seguintes autores: Pontes de Miranda (*Tratado de Direito Privado*, 2ª ed., t. XXIII, Rio de Janeiro, Borsói, 1958, pp. 84-89), Arnoldo Medeiros da Fonseca (*Caso Fortuito e Teoria da Imprevisão*, 3ª ed., Rio de Janeiro, Forense, 1958, pp. 145-162), J. M. de Carvalho Santos (*Código Civil Brasileiro Interpretado*, 2ª ed., vol. XIV, Rio de Janeiro, Freitas Bastos, 1938, pp. 238-248) e Agostinho Alvim (*Da Inexecução das Obrigações e suas Consequências*, 3ª ed., Rio de Janeiro, Jurídica e Universitária, 1965, pp. 311-321). Uma boa resenha doutrinária com novos aportes pode ser encontrada nos comentários de Gustavo Tepedino, Heloísa Helena Barboza e Maria Celina Bodin de Moraes (*Código Civil Interpretado conforme a Constituição da República*, cit., vol. I, pp. 703-708). Também é recomendada a consulta à compreensão de Enzo Roppo a propósito da repartição dos riscos contratuais em face de circunstâncias supervenientes (*O Contrato*, Coimbra, Livraria Almedina, 1988, pp. 251-293). Sobre a doutrina tradicional do equilíbrio econômico-financeiro do contrato administrativo e seus desafios contemporâneos, v. Licínio Lopes Martins, *Empreitada de Obras Públicas*, cit., em especial pp. 560 e ss.

do o fortuito ou força maior, conforme a concreta situação em que verificado, a possibilidade de conhecimento do fato pelo agente, usando normal diligência, e a sua impossibilidade de resistir ao evento, ou de eliminá-lo (ou de resistir ou eliminar as suas consequências) *relativamente ao dever a ser prestado*".[110]

Outra hipótese de exceção à regra da vedação aos termos aditivos na contratação integrada pressupõe a alterabilidade do projeto ou das especificações técnicas do contrato, por ordem e no interesse da Administração. A hipótese está sujeita aos limites prescritos no § 1º do art. 65 da LGL.[111]

Tal como ressalvado pela norma, a alteração de projeto, para ser admitida, não poderá decorrer de erros e omissões por parte do contratado. A advertência é relevante, porquanto sob o regime de contratação integrada é o contratado o responsável pela elaboração do projeto. O que se dá aqui é a explícita alocação de riscos e responsabilidades: na justa medida em que a Administração apenas elabora o anteprojeto de engenharia e contrata o particular para realizar todo o projeto básico e o executivo (para além de toda a concepção e garantia de execução contratual), nada mais adequado do que atribuir a ele, pessoa privada, os riscos decorrentes do seu próprio trabalho

Desta forma, os riscos das ineficiências de projeto estão alocados sob responsabilidade da pessoa contratada. Admitir que o projeto possa ser modificado (o que exigiria a manutenção da equação financeira do contrato) por erro do contratado significaria o retorno do risco de projeto para a própria Administração – pressupondo-se sempre que as alterações de projeto demandam a manutenção da equação financeira do contrato. O que, sobre ser ilegal, não faz sentido algum em termos de eficiência econômico-financeira do contrato.

---

110. Egon Bockmann Moreira e Andreia Cristina Bagatin, "Contratos administrativos, direito à greve e os 'eventos de força maior'", *RT* 875/47, São Paulo, Ed. RT, setembro/2008.

111. Vale acrescentar que, assim como estabelecido pelo inciso III do § 4o do art. 42 do Decreto 7.581/2011, no caso de adoção do regime de empreitada por preço global ou de empreitada integral, as alterações contratuais sob alegação de falhas ou omissões em qualquer das peças, orçamentos, plantas, especificações, memoriais ou estudos técnicos preliminares do projeto básico não poderão ultrapassar, no seu conjunto, 10% do valor total do contrato.

4.14 A submissão das minutas do edital à assessoria jurídica e eventual responsabilidade

O parágrafo único do art. 38 da LGL estabelece o dever de prévio exame e aprovação das minutas de edital, acordos, convênios ou ajustes pela assessoria jurídica da Administração que promoverá o certame. Os documentos mencionados no dispositivo legal devem ser interpretados de forma ampla. Isto é: ao se referir a "edital", a lei abrange todos os atos convocatórios (incluindo-se aí a carta-convite). Não merece interpretação meramente literal, pena de se subverter a razoabilidade e a finalidade da norma. Por outro lado, a incidência da norma dá-se autonomamente em cada uma das licitações promovidas pela Administração, ainda que existam "modelos" de ato convocatório para cada tipo de licitação. Não será válido um parecer genérico e abstrato que pretenda a aprovação *ex ante* de edital-padrão para todos os certames futuros.

O exame a ser procedido pela assessoria deve ser jurídico *stricto sensu*. Não é adequado que o assessor jurídico, no manejo de sua competência técnica específica, pretenda aventurar-se em outras searas, expondo motivos pertinentes à *expertise* do objeto da licitação ou quanto à conveniência e oportunidade dela ou, mesmo, quanto a critérios técnicos de composição dos custos e execução do contrato. O jurista só pode analisar os aspectos jurídicos do instrumento convocatório. Tudo o que demais fizer, quando muito, é apenas *obiter dictum*: argumentos retóricos, que se prestam a completar o raciocínio e, assim, constituem a parte da decisão considerada dispensável.

A prévia aprovação da assessoria é condição de validade do ato convocatório (e dos demais dele derivados e a ele vinculados). O parecer, uma vez aprovado, integra o ato da autoridade e vale como sua motivação específica.[112] Caso a aprovação via assessoria não exista (ou exista a rejeição), os documentos não ingressarão legitimamente no ordenamento jurídico. Ao porventura desprezar a exigência, a Administração terá deixado de observar um requisito legal explícito. Logo, os

---

112. Como já decidiu o STJ: "Apesar de conter enunciado opinativo, quando adotado, a sua fundamentação incorpora-se ao ato decisório editado pela autoridade, descabendo afirmar-se que está desmotivado. Em contrário pensar, no caso, seria exigir-se da autoridade administrativa superior que se esforce por dizer com palavras diversas a sustentação do parecer, se os entendimentos coincidem" (RMS 12.517-RS, Min. Milton Luiz Pereira, *RSTJ* 173/103).

atos que se seguirem carecerão de validade – devendo ser anulados ou convalidados, a depender do defeito que macule o edital.

Desta forma, Diógenes Gasparini reputa que "não cabe a anulação pela simples falta desse exame se o edital não padece de qualquer vício insanável; mas se apresentar com defeito de maior magnitude a nulidade estará caracterizada e deve ser decretada pela Administração Pública, mesmo que não haja qualquer provocação. Mas é evidente que, no caso, o edital é nulo por si mesmo, não em razão da ausência do seu exame e aprovação pela assessoria jurídica".[113]

Mas note-se que o parecer jurídico dado em cumprimento ao art. 38 da LGL não tem efeitos vinculantes para a Administração. Trata-se de ato meramente opinativo, no qual o agente público examina os documentos que lhe foram apresentados e emite posição jurídica precisa. Caso detecte defeitos no ato convocatório, tem o dever de os apontar e sugerir alternativas que suprimam os vícios. Sua análise é técnico-jurídica, assim deve ser lançada e tratada.

É bom frisar que o parecer não é obrigatório: não tem o condão de suprimir as alternativas decisórias da Administração e impor como a única opção válida aquela externada em seu texto. Nos termos da LGL, significa a análise ponderada do edital, sob o ângulo jurídico em sentido estrito, a qual apresenta uma ideia técnica à autoridade responsável (que pode acolhê-la ou não). Sendo acolhido, o parecer passa a ser parte integrante do edital. Caso rejeitado (ato que exige motivação), a autoridade responsável deve reencaminhar o edital à assessoria jurídica, a fim de que seja novamente examinado e lavrado novo parecer.

Disso decorrem também os limites da eventual responsabilidade do agente público que lavra o parecer. Essa responsabilidade não pode ser ampla e irrestrita, abrangendo todo e qualquer erro lançado no edital (e respectivas consequências). O que se exige do parecer é a análise minuciosa da peça editalícia inaugural, descrevendo de forma motivada os defeitos que um exame técnico-jurídico poderia detectar. Como leciona Joel de Menezes Niebuhr: "O advogado, ao elaborar parecer, deve sugerir certa solução jurídica e fundamentá-la. Ele não precisa tratar de todas as soluções possíveis e imagináveis, o que demandaria esforço

---

113. Diógenes Gasparini, "Instrumento convocatório das licitações", *ILC* 131/17, Curitiba, Zênite, janeiro/2005.

extremado".[114] Não se pode exigir do agente público uma perícia extraordinária, de molde a flagrar eventuais desvios de difícil compreensão ou fazer prognósticos decisivos sobre o destino do certame, abrangendo todos os comportamentos possíveis dos interessados (e tantas outras variáveis que certamente surgirão em seu desenrolar).

A responsabilidade do parecerista, portanto, está limitada a casos excepcionais, que externem indesculpável omissão na análise do texto do edital (e de seus anexos que possam ser analisados sob o ponto de vista jurídico) ou consignem opiniões adversas à doutrina majoritária ou a precedentes jurisprudenciais de fácil acesso.[115] As opiniões absurdas, os erros crassos e as omissões gritantes certamente importarão a responsabilização daquele agente público que emitiu o parecer que, objetivamente, padece de tais defeitos.

Porém, o que se passa caso o parecerista opine em determinado sentido mas, depois, tenha seu parecer rejeitado pela autoridade competente e venha a ser colocado na posição de ter de defender o instrumento convocatório? Imagine-se um procurador público que firme sua posição em parecer que contrarie alguns itens do edital que, depois de não aprovado, posteriormente venha a ter que defender judicialmente os

---

114. Joel de Menezes Niebuhr, "Responsabilidade de advogados pela emissão de pareceres jurídicos para a Administração Pública", *ILC* 129/1027, Curitiba, Zênite, novembro/2004.

115. O STF assim já julgou: "Advogado de empresa estatal que, chamado a opinar, oferece parecer sugerindo contratação direta, sem licitação, mediante interpretação da Lei das Licitações – Pretensão do Tribunal de Contas da União em responsabilizar o advogado solidariamente com o administrador que decidiu pela contratação direta: impossibilidade, dado que o parecer não é ato administrativo, sendo, quando muito, ato de administração consultiva, que visa a informar, elucidar, sugerir providências administrativas a serem estabelecidas nos atos de administração ativa. (...). O advogado somente será civilmente responsável pelos danos causados a seus clientes ou a terceiros se decorrentes de erro grave, inescusável, ou de ato ou omissão praticado com culpa, em sentido largo: CC, art. 159; Lei n. 8.906/1994, art. 32" (MS 24.073-DF, Min. Carlos Velloso, *DJU* 31.10.2003). Em sentido contrário é o entendimento do TCU: "Sempre que o parecer jurídico pugnar para o cometimento de ato danoso ao erário ou com grave ofensa à ordem jurídica, figurando com relevância causal para a prática do ato, estará o autor do parecer alcançado pela jurisdição do TCU, não para fins de fiscalização do exercício profissional, mas para fins de fiscalização da atividade da Administração Pública" (Plenário, Acórdão 462/2003, Min. Walton Alencar Rodrigues, *DOU* 26.5.2003). Ampliar em Benjamin Zymler, "Controle externo", in *Direito Administrativo e Controle*, Belo Horizonte, Fórum, 2005, pp. 349-353.

termos que dantes havia rejeitado. Considerações à parte relativamente a casos extremos de manifesta ilegalidade, persistirá o dever de cumprir o Estatuto da OAB e defender seu constituinte.

Isto é: o procurador, advogado público que é, deve obediência à defesa incondicional dos direitos de seu mandante (art. 2º, parágrafo único, II, do Código de Ética e Disciplina da OAB e art. 667 do CC). Nesse sentido, Ruy de Azevedo Sodré assevera que o advogado, uma vez constituído como mandatário, "fica fortemente vinculado, pois assume deveres para com o cliente, a quem não pode abandonar (...), deveres que se traduzem no 'zelo e diligência na defesa dos seus direitos', na qual empregará 'todos os recursos do seu saber'".[116] Ao advogado – seja ele da iniciativa privada ou da função pública – não resta qualquer alternativa: ele tem o dever estatutário de envidar os melhores esforços na defesa dos interesses de seu mandante. Não pode, em momento algum, abdicar da defesa intransigente dos direitos daquele que lhe outorgou o mandato.

Carlos Fernando Correa de Castro segue a mesma linha: "O Código de Ética e Disciplina, em seu art. 2º, parágrafo único, II, impõe o dever de dedicação plena à defesa dos interesses dos seus clientes. O Código Civil também impõe tais deveres a qualquer mandatário (art. 667). Esta obrigação decorre da cláusula *best effort* ('melhor esforço') implícita em todo contrato de prestação de serviços, máxime de um profissional como o advogado".[117]

Isto é, e salvo em casos de manifesta ilegalidade: o procurador torna-se obrigado a defender os termos do edital ainda que, durante a fase interna do processo de contratação, tenha recomendado a realização de alterações nesse documento. Mesmo porque não se pode perder de vista que a fase interna do processo de contratação – como leciona Adilson Abreu Dallari –, "embora seja extremamente relevante, escapa ao campo específico da licitação, porque logicamente anterior a ela".[118] Logo, não integra o procedimento licitatório – dele não faz parte. Tem--se com isso que a abertura da licitação faz esgotar a competência pre-

---

116. Ruy de Azevedo Sodré, *A Ética Profissional e o Estatuto do Advogado*, 4ª ed., São Paulo, LTr, 1991, p. 188.
117. Carlos Fernando Correa de Castro, *Ética Profissional e o Exercício da Advocacia*, Curitiba, Juruá, 2010, p. 34.
118. Adilson Abreu Dallari, *Aspectos Jurídicos da Licitação*, cit., 7ª ed., p. 109.

paratória da Administração – e, consequentemente, da atribuição meramente consultiva do procurador –, que, a partir desse exato momento, vincula-se em termos absolutos ao instrumento convocatório.

Conforme já decidiu a Corregedoria-Geral da OAB: "A liberdade técnica do advogado só encontra limites na lei, mas as escolhas nunca devem trazer prejuízos, salvo em casos de direitos controversos. A Advocacia é atividade de meio e não de resultado, mas o conceito de meio envolve a prática de todos os atos necessários ao desempenho da função, sejam atos necessários ao bom andamento da lide, seja no trato com o cliente, principalmente no que tange a informações precisas da lide".[119]

Isso faz com que a conduta dos procuradores seja resguardada pela imunidade do advogado, decorrente do art. 133 da CF e do art. 2º, § 3º da Lei 8.906/1994.

119. Recurso 0301/2002/SCA-RJ, Cons. federal Rosana Chiavassa, *DJU* 11.7.2003.

Capítulo 5
PROCESSAMENTO DA LICITAÇÃO: ETAPA EXTERNA – FASE DE DIVULGAÇÃO

5.1 Etapa externa. 5.2 Divulgação da licitação. 5.3 A audiência pública. 5.4 Prazos mínimos de divulgação (a fase de divulgação da licitação). 5.5 A publicação do aviso do edital: 5.5.1 O veículo de imprensa adequado – 5.5.2 A divulgação eletrônica da licitação: 5.5.2.1 A preferência pela licitação eletrônica no Regime Diferenciado de Contratações – 5.5.3 Início da contagem do prazo de divulgação – 5.5.4 Alteração no conteúdo do edital – 5.5.5 Os esclarecimentos ao edital e a introdução de novas condições à disputa. 5.6 O pedido de esclarecimentos: 5.6.1 O provimento ao pedido de esclarecimentos, seus limites e efeitos – 5.6.2 O pedido de esclarecimentos e a preclusão processual. 5.7 A disciplina da divulgação da licitação no Regime Diferenciado de Contratações: 5.7.1 A publicação do aviso do edital – 5.7.2 O veículo de imprensa adequado – 5.7.3 Dispensa da publicação na imprensa oficial (física) para licitações menos expressivas – 5.7.4 A divulgação eletrônica da licitação – 5.7.5 Início da contagem do prazo de divulgação – 5.7.6 Alteração no conteúdo do edital (§ 4º do art. 15 do RDC) – 5.7.7 Os esclarecimentos veiculados pela Administração e a introdução de novas condições à disputa.

5.1 Etapa externa

A *etapa externa* compreende o desenvolvimento da licitação propriamente dita, comportando a participação dos interessados em manifestar ofertas à Administração.

Esta etapa abrange diversas fases, que se desenvolvem sequencialmente com vistas a selecionar a proposta mais vantajosa e adjudicar o objeto ao licitante vencedor. Sua cronologia pressupõe a execução das seguintes fases: (i) divulgação da licitação (audiência pública, se for o caso, seguida do lançamento do edital ou convite); (ii) recebimento e depósito dos documentos; (iii) habilitação; (iv) exame e classificação de propostas; (v) homologação; e (vi) adjudicação. Cada um desses momentos exige exame autônomo.

5.2 Divulgação da licitação

A fase do processo licitatório que inaugura a etapa externa é a *divulgação*. Trata dos expedientes destinados a dar publicidade à licitação, com vistas a atrair interessados à disputa.

A LGL preocupou-se em dotar a divulgação da licitação de ampla publicidade, definindo exigências de publicação em veículos de imprensa (oficial e privada), assim como de prazo mínimo de divulgação. Já, o RDC também se preocupou com a publicação do certame em veículos de imprensa, mas acentuou os deveres de divulgação pela Internet, em *sites* oficiais.

5.3 A audiência pública

Caso o certame alcance valor superior a R$ 150.000.000,00 (cento e cinquenta milhões de reais), o início da etapa externa do processo licitatório será obrigatoriamente por meio de audiência pública – a ser realizada no mínimo 15 dias úteis antes do lançamento do edital, a qual deverá ser divulgada com antecedência mínima de 10 dias úteis (LGL, art. 23, I, "c", c/c o art. 39). Em suma, no mínimo 25 dias úteis antes da publicação do edital.

Como consignou Lúcia Valle Figueiredo, a audiência pública é "autêntico direito difuso. Não se trata de direito individual, porém de direito público subjetivo de defesa da comunidade, somente reflexamente poderá ser direito individual".[1] Isto é, ela prestigia o direito "a todas as

---

1. Lúcia Valle Figueiredo, "Instrumentos da Administração consensual: a audiência pública e sua finalidade", *REDAE* 11, agosto-outubro/2007 (disponível em www.direitodoestado.com.br, acesso em 3.11.2011). Na dicção de Egon Bockmann Moreira, nestes casos *"o particular busca o cumprimento de um direito fundamental de quarta dimensão* (informação, democracia e pluralismo democrático na formação das

informações pertinentes e a se manifestar todos os interessados, visando à participação social nos atos administrativos, à publicidade devida e à gestão pública baseada na transparência" (TRF-4ª Região, AC 5000766-19.2010.404.7000, Des. federal Carlos Eduardo Thompson Flores Lenz, *DJe* 11.6.2012). Por isso que instala o dever da Administração Pública de fornecer o maior número de informações úteis e necessárias acerca da licitação, a fim de que a participação popular seja efetiva.

A audiência pública é formal e subjetiva, pois deve contar com a participação física dos sujeitos interessados (ao contrário da consulta, que é eminentemente objetiva e instala participação remota e documental, de usual por meio da Internet e *e-mails*). Sua divulgação deve discriminar dia, hora e local bem como o modo de inscrição e a cronologia do evento, que normalmente tem início com uma exposição por parte do órgão que promove a licitação, seguida de perguntas e manifestações por parte daqueles devidamente inscritos. Logo, a divulgação prévia do evento deverá tornar disponíveis a todos os interessados os documentos e as informações que permitam a efetiva participação na audiência. Isto é: não se pode imaginar que onde está escrito "audiência" se possa ler "exposição por parte das autoridades", com ouvintes passivos.

Mas note-se que a audiência não é um evento público de perguntas e respostas (muito embora estas possam ocorrer), mas eminentemente de esclarecimentos, sugestões e diálogo democrático. Se perguntas houver, elas haverão de ser formalizadas na ata da audiência (ou por meio de documentos a serem entregues no dia e local designados) e deverão ser conhecidas pelo órgão competente, que as responderá por meio de divulgação pública: preferencialmente via Internet, no sítio específico destinado ao certame (v., abaixo, § 5.5.2). Como o tempo é implacável, a audiência precisa ter começo, meio e fim – preferencialmente em horários civilizados (eventualmente em fins de semana ou no início do período noturno, a fim de que aqueles que trabalham no horário comercial possam participar). Por isso, também é sobremaneira im-

decisões públicas). Diante disso, a legitimidade é de todos os cidadãos, de todas as pessoas – pouco importa se futuramente afetados ou não pela norma regulamentar a ser editada" ("Agências administrativas, contratos de serviços públicos e mutabilidade regulatória", *RDPE* 25/108, Belo Horizonte, Fórum, janeiro-março/2009). Ampliar em Egon Bockmann Moreira, *Direito das Concessões de Serviço Público: Inteligência da Lei 8.987/1995 (Parte Geral)*. São Paulo, Malheiros Editores, 2010, pp. 233-237.

portante que a audiência seja acompanhada da consulta via Internet e subsequente disponibilidade de todos os documentos e manifestações para acesso público.

Para as licitações cujo valor represente aquele previsto no art. 39 da LGL a audiência é *requisito de validade* da futura publicação do edital.[2] Caso a Administração porventura não a realize, o edital será inválido e sua publicação não poderá ser convalidada, qualquer que seja o momento em que se constate a omissão.

Não se aplica aqui o princípio *pas de nullité sans grief*, porquanto se está diante de direito difuso ou coletivo (indisponível); um direito fundamental de quarta dimensão: o bem que resta atingido é o direito à efetiva participação popular na formação do ato administrativo "edital". Como já decidiu o TRF-4ª Região: "(...). O interesse que se quer proteger não é apenas a preservação do erário, mas a transparência da gestão pública e dos motivos que embasam suas opções. 4. Não respeitada a previsão contida no destacado dispositivo legal, imperioso o reconhecimento da nulidade do procedimento licitatório" (AC 5000448-36.2010.404.7000, Des. federal Fernando Quadros da Silva, *DJe* 19.11.2012).

Contudo, não existe qualquer "direito" à infinita repetição de audiências públicas. A Administração tem o dever de realizar uma e colher as manifestações – caso estas impactem (ou não) no instrumento convocatório, quem deve decidir a respeito é a comissão de licitação. Uma vez incorporadas as modificações (além de outras porventura cogitadas pela própria Administração), o processo licitatório segue em frente com a publicação do edital. Apenas em caso de modificações radicais, que impliquem a divulgação de outro certame, que não o posto a debate público, é que se poderia cogitar do dever de realização de mais uma nova audiência.

---

2. Isto não significa dizer que a Administração esteja impedida de realizar audiências e/ou consultas públicas em licitações cujo valor não atinja o piso definido no art. 39 da LGL. Caso faticamente viável, é de todo recomendável a realização da audiência pública ou, quando menos, da consulta pública como antecedente de licitações que envolvam relevante interesse coletivo (por exemplo, a alteração do traçado de uma via pública, a instalação de parques públicos etc.). A respeito da amplitude do fenômeno, v. Egon Bockmann Moreira, *Direito das Concessões de Serviço Público: Inteligência da Lei 8.987/1995 (Parte Geral)*, cit., pp. 233-237.

5.4 Prazos mínimos de divulgação
(a fase de divulgação da licitação)

A norma do art. 21 da LGL encerra os procedimentos destinados à divulgação da licitação. Trata-se de norma de fundamental importância para a realização de certames bem-sucedidos. Não seria errado afirmar que a amplitude do universo de proponentes tem relação direta com a dimensão da efetiva publicidade que envolve a licitação.

Além disso, o mesmo art. 21 (§ 2º) orienta-se a garantir aos interessados prazo adequado à confecção de suas propostas. Com isso elimina-se o risco de utilização de prazos curtos como via a beneficiar ilegitimamente licitantes portadores de condições técnicas extraordinárias (ou, mesmo, informações privilegiadas), ao mesmo tempo em que se garante um padrão temporal razoável para que os licitantes possam confeccionar propostas sérias e aceder à disputa.

5.5 A publicação do aviso do edital

A divulgação da licitação pressupõe a *publicação do aviso do edital* em certos veículos de imprensa, tal como definido no art. 21 da LGL.

O aviso deverá conter um resumo das principais características do edital e da licitação. Dentre as informações necessárias estão a descrição do objeto e a indicação do local em que os interessados poderão ler e obter o texto integral do edital. É conveniente que os avisos tragam, ainda, o valor estimado da contratação, seu prazo de vigência, a modalidade e o tipo licitatório, bem como a indicação do regime de execução.

5.5.1 O veículo de imprensa adequado

O *veículo de imprensa* pertinente à divulgação variará conforme a origem da licitação e dos recursos destinados ao custeio da contratação.

Toda licitação exigirá (i) publicação num veículo de imprensa oficial, assim como (ii) publicação num jornal de grande circulação regional e local (LGL, art. 21 e incisos). Poderá também – o que tem sido cada vez mais recorrente – ter divulgação eletrônica pela Internet, através dos sítios oficiais do órgão ou entidade promotor do certame (obrigatório no regime do RDC, nos termos do art. 15, § 1º, II).

Sendo a licitação desencadeada pela Administração (direta ou indireta) federal, ou sendo ela financiada, ainda que parcialmente, por recursos federais ou garantida por entidades federais, sua veiculação deve realizar-se no *Diário Oficial da União*. As licitações desencadeadas pelos Estados, Municípios ou Distrito Federal devem ser publicadas no *Diário Oficial* do Estado ou do Distrito Federal (conforme o caso). Reitere-se que, havendo recursos federais no financiamento da execução do objeto, os avisos deverão ser publicados, cumulativamente, no *Diário Oficial da União*.

Todas as licitações devem ser publicadas em jornal diário de grande circulação no Estado e também, se houver, em jornal de circulação no Município ou na região onde será executado o contrato, podendo, ainda, a Administração, conforme o vulto da licitação, utilizar outros meios de divulgação para ampliar a área de competição.

Como reiteradamente mencionado (e defendido), um meio cada vez mais relevante e recorrente para obter a ampliação da publicidade consiste na divulgação da licitação pela Internet. Há forte tendência no sentido da incorporação desta solução à LGL como regra a ser seguida no trâmite da fase de divulgação da licitação.[3]

5.5.2 A divulgação eletrônica da licitação

A *divulgação eletrônica da licitação* será feita por meio do sítio oficial da Administração Pública, local na Internet onde o órgão ou entidade disponibiliza suas informações e serviços de governo eletrônico. Estes sítios oficiais podem ser certificados digitalmente por autoridade devidamente credenciada. Cada órbita federativa deverá contar com estrutura vocacionada para tanto. No âmbito federal essa certificação deverá ser credenciada pela Infraestrutura de Chaves Públicas Brasileira/ ICP – Brasil, instituída pela Medida Provisória 2.200-2/2001. Sua fina-

---

3. A Lei 10.520/2002 contém referência explícita à divulgação eletrônica do pregão (inclusive presencial), ainda que como mera via facultativa, no objetivo de ampliação da competição. Nos termos do art. 4º, tem-se que: "A fase externa do pregão será iniciada com a convocação dos interessados e observará as seguintes regras: I – a convocação dos interessados será efetuada por meio de publicação de aviso em *Diário Oficial* do respectivo ente federado ou, não existindo, em jornal de circulação local, e facultativamente, por meios eletrônicos e conforme o vulto da licitação, em jornal de grande circulação, nos termos do regulamento de que trata o art. 2º; (...)".

lidade é a de garantir a autenticidade, a integridade e a validade jurídica de documentos em forma eletrônica, das aplicações de suporte e das aplicações habilitadas que utilizem certificados digitais, bem como a realização de transações eletrônicas seguras.

A ICP é mantida e auditada pelo Instituto Nacional de Tecnologia da Informação/ITI, autarquia federal vinculada à Casa Civil da Presidência da República. O ICP segue normatização produzida pelo Comitê Gestor da Infraestrutura de Chaves Públicas Brasileira/CG ICP – Brasil (cuja composição abrange autoridades públicas, membros da sociedade civil e da comunidade acadêmica), instituído pela Medida Provisória 2.200-2/2001 e regulamentado pelo Decreto 6.605/2008, cuja função é a de figurar como autoridade gestora de políticas da referida Infraestrutura, vinculado à Casa Civil da Presidência da República.

5.5.2.1 *A preferência pela licitação eletrônica no Regime Diferenciado de Contratações*

Até antes da edição do RDC apenas a modalidade *pregão* comportava o processamento eletrônico. É inegável que a experiência prática com o pregão em sua modalidade eletrônica (cuja principal característica é seu processamento no ambiente da Internet) foi, em boa medida, exitosa. Conferiram-se dinamicidade e praticidade às disputas, com redução de despesas para as Administrações. Talvez por isso o legislador tenha não apenas estendido, mas preferido, a licitação processada pelo meio eletrônico a todos os contratos regidos pelo RDC (Lei 12.462/2011, art. 13; Decreto 7.581/2011, art. 13).

Licitação eletrônica significa não apenas aquela que se utiliza do ambiente da Internet para sua divulgação, mas a que realiza seu processamento com uso da tecnologia de informação. O processamento da licitação em si ocorre majoritariamente no ambiente da Internet, ainda que se verifiquem, evidentemente, atos praticados fora do ambiente da rede, como a remessa de proposta, a realização de lances e a prática da maioria dos atos decisórios (exigindo sempre sua perfectibilização com a publicação eletrônica). Neste particular, toda a experiência acumulada com o pregão eletrônico não deverá ser desprezada na incorporação do processamento eletrônico das licitações sob o RDC (embora não haja – frise-se bem – aplicabilidade daquela disciplina sobre estas licitações).

As licitações eletrônicas deverão utilizar recursos de criptografia e de autenticação que assegurem condições adequadas de segurança aos interessados e à Administração. Poderão utilizar-se, inclusive, do sistema já utilizado pelo pregão e previsto no Decreto 5.450/2005, tal como autoriza o § 2º do art. 13 do Decreto 7.581/2011, que regulamenta o RDC. O estágio evolutivo da tecnologia da informação já garante a existência de sistemas seguros o suficiente para evitar fraudes e invasões criminosas ao ambiente da disputa licitatória. Será necessária a utilização de sistemas dotados de recursos de criptografia e de autenticação aptos a conferir a adequada segurança ao processo. Trata-se de exigência de grande relevância, destinada a evitar a manipulação de informações entre os licitantes ou, mesmo, que se atrapalhe o acesso eletrônico à formulação de lances e à apresentação de documentação e propostas.

Os arquivos e registros digitais permanecerão à disposição das auditorias internas e externas e servirão para a prestação de contas. Deve-se pontuar, a esse respeito, que as prerrogativas inerentes ao operador do sistema devem ser bem usadas em proveito da disputa e de acordo com a isonomia entre os licitantes. Por isso, é relevante o registro destas informações, inclusive para o fim de prestação de contas, permitindo-se a reconstrução histórica do desenvolvimento da disputa eletrônica e das ações do operador do sistema.

5.5.3 Início da contagem do prazo de divulgação

O prazo legal mínimo de divulgação só começará a fluir a partir da última publicação do edital (ou expedição do convite), desde que ele esteja disponível aos interessados, devidamente integrado por seus anexos. Se algum documento pertinente à confecção das propostas não estiver disponível nesta data, o termo inicial de contagem do prazo legal mínimo deverá ser adiado até que a documentação esteja plenamente acessível aos interessados – com a respectiva divulgação pública deste fato.

O prazo mínimo é fixado desde a publicação do aviso do edital até a data de entrega da documentação ou até a realização de evento prévio que demande a participação dos licitantes. A partir da publicação do edital, qualquer providência a ser executada pelos interessados no âmbito da licitação deverá observar a antecedência mínima prevista no § 2º do art. 21 da LGL.

Assim, e por exemplo, caso o edital preveja a necessidade de visita técnica ao local da execução do objeto, tal só será exigível após a fluência do prazo legal mínimo. O mesmo se passará com a prestação prévia de garantia de proposta. Desde que agendada em momento anterior à data de apresentação das propostas e documentação, a prestação de garantia de proposta não poderá ser exigida antes de exaurido o prazo mínimo.

A *contagem do prazo* – momentos inicial e final – deve obediência à regra do art. 110 da LGL: exclui-se o primeiro dia e inclui-se o último, sempre em dias úteis.[4]

5.5.4 Alteração no conteúdo do edital

Qualquer *alteração no conteúdo do edital* que se reflita na confecção das propostas exigirá a devolução do prazo mínimo, mediante sua republicação. Com a introdução de modificações no ato convocatório (seja *ex officio*, seja em decorrência de pedidos de esclarecimento ou impugnações), os interessados têm direito ao prazo legal para adequação/reformulação de suas propostas. Mais que isso, a nova versão do edital poderá despertar o interesse de sujeitos que, à luz do conteúdo originário, não o possuíam. O cumprimento do prazo assegurará a participação também de outros concorrentes, que só se interessaram em aceder à disputa diante das novas regras veiculadas.

Trata-se de afirmar que, modificado o edital, renova-se a licitação. Por esta razão, o prazo deve ser devolvido integralmente. Novos interessados, inclusive, poderão aceder ao certame, merecendo, daí, lapso razoável para a elaboração de suas propostas. Logo, e por isso, mesmo alterações que retratem a eliminação e/ou o incremento de exigências deverão provocar a devolução do prazo legal mínimo e a republicação do ato convocatório.

---

4. "Art. 110. Na contagem dos prazos estabelecidos nesta Lei, excluir-se-á o dia do início e incluir-se-á o do vencimento, e considerar-se-ão os dias consecutivos, exceto quando for explicitamente disposto em contrário.

"Parágrafo único. Só se iniciam e vencem os prazos referidos neste artigo em dia de expediente no órgão ou na entidade."

Exceção à regra geral que impõe a devolução do prazo legal mínimo diante de alterações no conteúdo do edital serão as modificações absolutamente irrelevantes, meramente formais, sem qualquer repercussão na formulação de propostas. Por exemplo, será o caso da modificação do local e postergação da data onde será realizada a licitação; da mudança no número de cópias da proposta; da alteração dos nomes da comissão responsável; etc. Por óbvio, desde que tais modificações sejam razoáveis e proporcionais ao dantes estabelecido.

5.5.5 Os esclarecimentos ao edital e a introdução de novas condições à disputa

Em princípio, os *esclarecimentos ao conteúdo do edital* terão por função apenas aclarar o conteúdo de suas cláusulas, com natureza meramente declaratória. Terão a finalidade de reafirmar um comando já contido na versão originária do edital. Mas não raro os esclarecimentos se constituem em via para suprir lacunas e obscuridades no conteúdo do ato convocatório. Quando assim o for, podem se tornar veículos para a introdução de novas condições à disputa, equiparando-se o provimento do pedido de esclarecimentos a efetiva modificação do edital. Esta situação atrairá o dever de devolução do prazo legal, com a consequente republicação do edital.

A hipótese relaciona-se com a pluralidade de interpretações acerca de prescrição veiculada pelo edital. Por vezes o esclarecimento emanado da Administração define uma interpretação sobre certa cláusula do edital, o que vincula a Administração e os demais licitantes para fins da licitação. A fixação da interpretação correta, quando não seja meramente afirmativa daquilo que já se extrai do conteúdo do edital, pressupõe o reconhecimento da inexatidão ou dubiedade da letra do instrumento convocatório, situação que propicia dificuldades aos interessados na elaboração de suas propostas e montagem da documentação. Neste caso não há como evitar a incidência do dever de devolução do prazo mínimo a partir da exteriorização da interpretação correta sobre a regra editalícia. Constatação que autoriza exame mais aprofundado sobre os esclarecimentos e suas repercussões para o processo licitatório.

5.6 O pedido de esclarecimentos

Ao mesmo tempo em que firma o princípio da vinculação ao edital (arts. 3º, 41 e 55, XI, dentre outros), a LGL prevê a possibilidade da formulação de *pedido de esclarecimentos* por parte dos interessados. Tais requerimentos, por vezes denominados de "consultas", são usuais nas licitações, crescendo proporcionalmente na medida da complexidade técnica do certame.

Inicialmente, é importante destacar que ao pedido de esclarecimentos se aplica o art. 22, § 1º, c/c o art. 6º, *caput*, da Lei 9.784/1999 (Lei do Processo Administrativo). Tanto a formulação por parte do interessado quanto a resposta da Administração devem ser produzidas por escrito, com subsequente intimação, formal e pública, de todas as partes interessadas. O pedido e resposta verbais ou informais não podem gerar efeitos jurídicos.

O pleito de esclarecimentos resulta basicamente em duas alternativas à Administração: ou bem é rejeitado, ou acolhido. O que não pode se dar é uma terceira opção, aquela do "arquivamento" ou "esquecimento" de pedido formulado com base no art. 40, VIII, da LGL. O agente administrativo tem o dever de recebê-lo, processá-lo adequadamente e emitir a decisão em prazo adequado.

Na hipótese de rejeição, a comissão de licitação deverá externar as razões de fato e os motivos de direito pelas quais nega o pedido de esclarecimentos. Abrem-se duas variantes: ou o pedido não merece sequer ser conhecido (*v.g.*, por ser absolutamente intempestivo ou dizer respeito ao outro certame), ou não merece ser provido (*v.g.*, por exteriorizar pleito desnecessário ao conhecimento do certame ou pedido, cuja resposta é constatável a olho nu no edital, ou, mesmo, retratar pleito cujo provimento desvirtue a licitação).

Destaque-se que, nos termos do art. 50, I, e § 1º, da Lei 9.784/1999, o ato de rejeição deve trazer a "indicação dos fatos e dos fundamentos jurídicos", devendo essa motivação ser "explícita, clara e congruente".

Já, para a hipótese de a Administração acolher o pedido de esclarecimentos, surgem três novos caminhos.

O mais simples é o de fornecer o esclarecimento pleiteado, desfazendo dúvidas, obscuridades ou aparentes contradições do texto. Rigorosamente, a Administração tem o dever de buscar atingir essa alternativa, demonstrando a perfeição do edital em relação ao conteúdo e objeto da licitação. Não só porque o interessado tem direito ao esclarecimento, mas igualmente visando a preservar o ato administrativo traduzido no edital. Sempre que o esclarecimento não implicar agressão indevida ao ato convocatório, há de ser valorizado pela comissão de licitação. Nesse caso não se dará qualquer alteração no teor do edital, mas singelo esclarecimento daquilo que já estava contido no instrumento convocatório.

Em segundo lugar, o pedido de esclarecimentos pode resultar na constatação de que o edital continha vício suprível. Trata-se de defeito de categoria secundária, acessória, irrelevante ao fim público visado pela licitação, que não afeta a formulação das propostas (LGL, art. 21, § 4º, c/c Lei 9.784/1999, art. 55). Neste caso, com lastro no princípio da razoabilidade, a Administração deve outorgar ao pleito de esclarecimentos o efeito de retificar o edital – convalidando o ato em razão dos defeitos irrelevantes, de pequena monta, porventura constatados. Em decorrência, deverá publicar novamente o ato inaugural, reabrindo os respectivos prazos.[5] Diógenes Gasparini denominou tal provimento de *"rerratificação* do ato convocatório (...) retifica-se o que se quer corrigir e ratifica-se o que não foi alterado".[6]

Caso contrário, unicamente na hipótese de a Administração constatar, em decorrência do pedido de esclarecimentos, a intransponível necessidade de modificação do edital em sua essência deverá ser instalado novo certame (LGL, art. 49, c/c Lei 9.784/1999, art. 53). Frise-se que se trata de providência última, não obstada pela necessidade de eventuais modificações pontuais no ato convocatório.[7] Isso porque a eventual alteração do conteúdo e do objeto do edital tem consequências radicais na licitação, nas propostas e no futuro contrato a ser celebrado.

5. Para Lúcia Valle Figueiredo, são obrigatórias a republicação e a reabertura do prazo de apresentação das propostas no caso de a inovação ao edital não poder ser atendida no prazo remanescente (*Curso de Direito Administrativo*, 9ª ed., São Paulo, Malheiros Editores, 2008, pp. 504-506).

6. Diógenes Gasparini, *Direito Administrativo*, 15ª ed., São Paulo, Saraiva, 2010, p. 537.

7. Nesse sentido: Adilson Abreu Dallari, *Aspectos Jurídicos da Licitação*, 7ª ed., São Paulo, Saraiva, 2006, pp. 113 e ss.; e Lúcia Valle Figueiredo, *Direitos dos Licitantes*, 4ª ed., São Paulo, Malheiros Editores, 1994, pp. 44 e ss.

Assim, o pedido de esclarecimento pode importar a constatação de que a licitação, tal como definida no instrumento convocatório, não é conveniente e oportuna ao interesse público. Nesse caso, a Administração tem a competência discricionária de revogar o certame.

Porém, a detecção, via pleito de esclarecimentos, de vício insuprível no ato convocatório implica o dever da decretação de sua nulidade. Celso Antônio Bandeira de Mello traz os seguintes exemplos de vícios ensejadores do dever de decretar a nulidade do edital: (i) "indicação defeituosa do objeto ou delimitação incorreta do universo de propostas"; (ii) "impropriedade na delimitação do universo dos proponentes"; (iii) "caráter aleatório ou discriminatório dos critérios de avaliação de proponentes e propostas"; (iv) "estabelecimento de trâmites processuais cerceadores da liberdade de fiscalizar a lisura do procedimento".[8]

Em ambas as alternativas o ato de anulação ou revogação deverá não apenas ser motivado, mas antecedido do devido processo legal e contraditório (Lei 9.784/1999, art. 50, c/c LGL, art. 49, § 3º).

Nem se diga que do pedido de esclarecimentos apenas poderia resultar um ato com efeitos limitados, puramente declaratórios. Ou que não poderia ser conhecido pleito dessa ordem que implique outros efeitos jurídicos, vez que a própria LGL prevê expressamente a impugnação ao edital (art. 41 e §§).

Essa ordem limitada de efeitos dar-se-á na primeira hipótese acima descrita – no caso de o requerimento ser provido e fornecido o esclarecimento. Porém, se do pedido de esclarecimentos resultar a constatação objetiva de defeito ou impropriedade no ato convocatório, em obediência ao princípio da legalidade, a Administração deve dele conhecer e tomar a providência jurídica adequada – seja para corrigir o edital, seja para o revogar ou anular.

5.6.1 O provimento ao pedido de esclarecimentos, seus limites e efeitos

Desta forma, não é exata a compreensão de que o edital limitar-se-ia ao texto originalmente publicado pela Administração Pública, como

---

8. Celso Antônio Bandeira de Mello, *Curso de Direito Administrativo*, 32ª ed., São Paulo, Malheiros Editores, 2015, pp. 603-604.

imutável "lei entre as partes". Os esclarecimentos fornecidos pela comissão de licitação integram-se ao instrumento convocatório, dele fazendo parte incindível.

Tais esclarecimentos são inerentes à boa interpretação do edital, pois dizem respeito à necessária transposição de dúvidas ou à mera supressão de incompreensões. A fim de evitar eventuais conflitos derivados de incertezas constantes do texto do ato convocatório (e de seus anexos), a legislação confere à parte interessada o direito de inquirir, objetivamente, a Administração licitante – a fim de que tais dúvidas não existam no momento de apresentação das propostas e na futura execução do contrato administrativo.

A toda evidência, tais provimentos esclarecedores apenas revelam dado preexistente no ato convocatório. Não inovam em absoluto, nem trazem acréscimo algum ao edital.

Além disso, os esclarecimentos devidamente prestados não têm limite subjetivo ou temporal. Trata-se de manifestação formal, vinculante à Administração e pessoas privadas, através da qual o ente licitante torna objetivamente incontroverso determinado aspecto do edital. A decisão esclarecedora vale para todos aqueles que participam do certame (e terceiros interessados), desde o momento de sua divulgação até a conclusão do futuro contrato. Daí a necessidade de que receba publicidade equivalente à exigida para o edital.

Assim, uma vez fornecidos tais "elementos, informações e esclarecimentos", a manifestação administrativa que os exterioriza integra-se formalmente ao instrumento convocatório, tornando-se parte incindível do ato que instaurou a licitação, tal qual as cláusulas originais daquele instrumento.

Para todos os fins da licitação, os dados esclarecedores farão parte do edital e orientarão não só a conduta da comissão licitante, mas especialmente a formulação das propostas, a execução do contrato e os futuros atos e decisões da pessoa contratante. Trata-se de manifestação que integra, de maneira indelével, o edital de licitação. Também com base nela são apresentadas as propostas, selecionada a vencedora, firmado e executado o contrato administrativo.

Além dessas considerações, a questão merece receber outro enfoque, com novos desdobramentos.

5.6.2 O pedido de esclarecimentos e a preclusão processual

É pacífico em doutrina e jurisprudência o enfoque processual conferido à licitação. Tal como já escrito anteriormente, "não há dúvidas de que um processo de licitação representa um vínculo subjetivo entre pessoas privadas (licitantes) e a Administração. Existe uma relação intersubjetiva, desdobrada no tempo, que rege esse relacionamento específico. Assim, a validade e eficácia dos atos praticados no curso da licitação não advêm única e diretamente da norma legal: exige-se também a perfeição dos atos anteriores. Há uma sequência lógica, ordenada e coerente, que se inicia com o edital e culmina na assinatura do contrato. A licitação é um processo: os atos devem ser praticados no prazo e forma previstos em lei, o posterior pressupondo o anterior, proibindo-se o retorno à situação anterior, sob um regime de preclusão (lógica, temporal e consumativa)".[9]

A *preclusão processual* significa a impossibilidade da prática de determinado ato – seja devido à ausência de sua concretização no tempo previsto em lei (*temporal*), seja devido à impossibilidade da prática de ato incompatível com outro já realizado (*lógica*), seja quando efetivamente se pratica em concreto o ato previsto em lei (*consumativa*).[10]

Seria inadmissível que a Administração praticasse determinado ato num processo de licitação para, em seguida, mudar unilateralmente de opinião e frustrar a segurança jurídica e a boa-fé daqueles que foram afetados pelo ato pretérito. Especificamente no que diz respeito à resposta aos esclarecimentos, o desrespeito à preclusão processual tem efeitos ainda mais graves, que transcendem o processo licitatório e se refletem na relação jurídica contratual.

Na medida em que a comissão de licitação exterioriza esclarecimento ao edital, lavra provimento administrativo certo, através do qual aclara determinado item do ato convocatório. A toda evidência – pois a Administração manteve o certame em curso –, tal ato tem a natureza de informação coerente e integrada no conteúdo e objeto da licitação.

---

9. Egon Bockmann Moreira, "O processo de licitação, a Lei 9.784/1999 e o princípio da legalidade", *ILC* 85/195, Curitiba, Zênite, março/2001.

10. A respeito do fenômeno da *preclusão no processo administrativo*, v.: Sérgio Ferraz e Adilson Abreu Dallari, *Processo Administrativo*, 3ª ed., São Paulo, Malheiros Editores, 2012, pp. 62-77; Egon Bockmann Moreira, *Processo Administrativo: Princípios Constitucionais e a Lei 9.784/1999*, 4ª ed., São Paulo, Malheiros Editores, 2010, pp. 205-208.

Ou seja: uma vez que a licitação foi mantida e prestado o esclarecimento, a comissão de licitação reconhece peremptoriamente que aquelas informações por ela prestadas já eram parte integrante do edital, desde sua elaboração inicial. Trata-se de provimento elucidativo da essência, da substância, da licitação então em curso. Pois este ato administrativo tem efeitos vinculantes – à Administração Pública e aos interessados.

Note-se bem: conforme acima descrito, a Administração tem uma série de alternativas (discricionárias e vinculadas) quando do recebimento do pedido de esclarecimentos. A opção concreta exercitada pela comissão sela o destino do processo licitatório: ou bem ele segue, ou põe-se fim ao certame. Se a licitação permanecer em curso após o fornecimento dos esclarecimentos, isso significa que a Administração reconheceu expressamente que o edital continha aquela informação então aclarada.

Ora, depois de praticar e publicar o esclarecimento definidor de certa opção previamente contida no instrumento convocatório, é impossível à Administração voltar atrás. A tentativa de modificação do entendimento consubstanciaria verdadeiro *venire contra factum proprium*: a Administração voltar-se-ia contra sua própria conduta, tal como externada no ato convocatório (e na decisão de esclarecimentos). Dar-se-ia violação ao princípio da boa-fé, aspecto essencial da moralidade administrativa (CF, art. 37, *caput*; LGL, art. 3º; RDC, art. 3º; Lei 9.784/1999, art. 2º). Violar-se-ia o princípio da segurança e estabilidade das relações jurídicas. Frustrar-se-ia a razão de ser do próprio edital.

Em suma, a publicação do esclarecimento ao edital faz operar a preclusão, lógica (pois foi praticado ato que exclui a futura adoção de outro que lhe seja contrário) e consumativa (pois foi praticado ato que exauriu determinada faculdade de agir da Administração) – sobretudo em face da própria Administração.

E, tal como firmou o STJ: "O procedimento licitatório é um conjunto de atos sucessivos, realizados na forma e nos prazos preconizados na lei; ultimada (ou ultrapassada) uma fase, 'preclusa' fica a anterior, sendo defeso, à Administração, exigir, na (fase) subsequente, documentos ou providências pertinentes àquela já superada. Se assim não fosse, avanços e recuos, mediante a exigência de atos impertinentes a serem praticados pelos licitantes em momento inadequado, postergariam indefinidamente o procedimento e acarretariam manifesta insegurança aos que dele participam".[11]

Ao praticar atos incompatíveis com um eventual retorno à situação anterior, cumpre à Administração, em atendimento ao interesse público expressamente consignado no edital de licitação, só e tão somente o cumprimento vinculado do critério fixado nos esclarecimentos.

Por oportuno, cabe destacar decisão do STJ em que foi acolhida a tese ora exposta. No REsp 198.665-RJ aquela Corte firmou que: "A resposta de consulta a respeito de cláusula de edital de concorrência pública é vinculante; desde que a regra assim explicitada tenha sido comunicada a todos os interessados, ela adere ao edital".[12]

5.7 A disciplina da divulgação da licitação no Regime Diferenciado de Contratações

A norma do art. 15 da Lei 12.462/2011 encerra os procedimentos destinados à *divulgação da licitação no RDC*, além de orientar-se a garantir aos interessados prazo adequado à confecção de suas propostas. Com isso, elimina-se o risco de utilização de prazos curtos como via a beneficiar ilegitimamente licitantes portadores de informações privilegiadas, ao mesmo tempo em que se garante um padrão temporal razoável para que os licitantes possam confeccionar propostas sérias e aceder à disputa.

5.7.1 A publicação do aviso do edital

A divulgação da licitação pressupõe a *publicação do extrato do edital* em certos veículos de imprensa, tal como definido no inciso I do art. 15 do RDC, assim como em sítio eletrônico oficial ou mantido pelo ente encarregado do procedimento licitatório na Internet.

O extrato do edital conterá um resumo das principais características do edital e da licitação. Dentre as informações necessárias estão a descrição do objeto e a indicação do local em que os interessados pode-

---

11. STJ, MS 5.418-DF, Min. Demócrito Reinaldo, *DJU* 1.6.1998.
12. STJ, REsp 198.665-RJ, Min. Ari Pargendler, *DJU* 3.5.1999. No mesmo sentido: MS 13.005-DF, Min. Denise Arruda, *DJe* 17.11.2008.

rão ler e obter o texto integral do edital. É conveniente que os extratos tragam, ainda, o prazo de vigência, o critério de julgamento, bem como a indicação do regime de execução.

5.7.2 O veículo de imprensa adequado

O *veículo de imprensa* pertinente à divulgação variará conforme a origem da licitação e dos recursos destinados ao custeio da contratação.

Toda licitação exigirá (i) publicação num veículo de imprensa oficial, assim como (ii) publicação em sítio oficial (ou mantido pelo Administração responsável) na Internet, sendo cabível e desejável em alguns casos – mas não exigido – a (iii) divulgação em jornal de grande circulação.

Os extratos serão publicados no *Diário Oficial da União*, no *Diário Oficial* dos Estados, do Distrito Federal ou dos Municípios, conforme a origem do ente promotor do certame. Da mesma forma, deverão ser publicados nos sítios oficiais ou mantidos pela unidade administrativa interessada na contratação. Poderá, ainda, a Administração, conforme o vulto da licitação, utilizar-se de publicação em jornal diário de grande circulação, para ampliar sua divulgação.

Embora não conste explicitamente da lei, é, evidentemente, viável a divulgação do certame por outros meios, com vistas a ampliar a área de competição e promover a universalidade da licitação – sendo admitida, inclusive, a divulgação direta a fornecedores da Administração, como explicitamente prescrito no § 1º do mencionado art. 15.

5.7.3 Dispensa da publicação na imprensa oficial (física) para licitações menos expressivas

A exigência de publicação do extrato do edital na imprensa oficial física, tal como delimitado pelo inciso I do § 1º do art. 15, será dispensada para licitações menos expressivas – isto é: licitações de obras que não ultrapassem R$ 150.000,00 (cento e cinquenta mil Reais) e de serviços que não ultrapassem R$ 80.000,00 (oitenta mil Reais). Para estas exige-se apenas sua divulgação eletrônica.

É evidente, contudo, que mesmo nestes casos será facultado à Administração utilizar outros meios para promover a divulgação da licitação.

Vale observar que, tal como definido no § 3º do mesmo art. 15 do RDC, a estimativa de valor considerará, na hipótese de parcelamento do objeto, o *somatório* dos valores parciais. A fixação do valor total como referência ao processamento da divulgação da licitação visa a evitar que a divulgação mais exigente seja contornada ou evitada pelo artifício do parcelamento.

Observe-se que o dever de adoção do valor global do objeto aplica-se apenas aos casos em que o parcelamento decorrer da redução *quantitativa* do objeto. Não se aplicará a regra quando o parcelamento derivar de sua segmentação *qualitativa*. Isso porque, na hipótese, o que se denota é a coexistência de objetos distintos (que devem ser licitados separadamente, por constituírem desde sempre prestações de distinta natureza). Melhor seria falar-se, para estas hipóteses, numa vedação à acumulação-conjugação de prestações de distinta natureza, que constituam cada qual objeto próprio. Trata-se da exegese contrária ao dever de parcelamento. Ou seja, quando as prestações são naturalmente independentes, ainda que sejam demandáveis concomitantemente, as licitações decorrentes são completamente autônomas.

5.7.4 A divulgação eletrônica da licitação

A *divulgação eletrônica da licitação* será feita, como regra, por meio do sítio oficial da Administração Pública, local na Internet no qual a Administração Pública disponibiliza suas informações e serviços de governo eletrônico. Estes sítios oficiais podem ser certificados digitalmente por autoridade devidamente credenciada. Cada órbita federativa deverá contar com uma estrutura vocacionada para tanto. O tema foi amplamente tratado no § 5.5.2, acima, ao qual se remete o leitor.

5.7.5 Início da contagem do prazo de divulgação

O prazo legal mínimo de divulgação só começará a fluir a partir da última publicação do extrato do edital, desde que ele esteja disponível aos interessados, devidamente integrado por seus anexos. Se algum documento pertinente à confecção das propostas não estiver disponível nessa data, o termo inicial de contagem do prazo legal mínimo deverá ser adiado, até que a documentação esteja plenamente acessível aos interessados.

Embora a norma se refira, como termo inicial da contagem do prazo de divulgação, apenas à publicação do edital, a inteligência do § 4º do art. 15 do RDC impede que se considere a fluência do prazo sem a disponibilização de todos os documentos necessários à confecção das propostas. Como a falta destes anexos sempre comprometerá a montagem dos envelopes e da proposta em si, o prazo deve ser contado a partir de sua disponibilização.

Observe-se também que o prazo mínimo é fixado desde a publicação do extrato do edital (desde que os documentos estejam disponíveis) até a data de entrega da documentação ou até a realização de evento prévio que demande a participação dos licitantes. A partir da publicação do edital, qualquer providência a ser executada pelos interessados no âmbito da licitação deverá observar a antecedência mínima prevista nos incisos do *caput* do art. 15. Assim – e por exemplo –, caso o edital preveja a necessidade de visita técnica ao local da execução do objeto, tal só será exigível após a fluência do prazo legal mínimo. Assim se passará também com a prestação prévia de garantia de proposta. Desde que agendada em momento anterior à data de apresentação das propostas e documentação, a prestação de garantia de proposta não poderá ser exigida antes do exaurimento do prazo mínimo.

5.7.6 Alteração no conteúdo do edital
(§ 4º do art. 15 do RDC)

Qualquer alteração no conteúdo do edital que se reflita na confecção das propostas exigirá a devolução do prazo mínimo, com a republicação do edital. Com a introdução de modificações no ato convocatório, os interessados têm o direito ao prazo legal mínimo para a adequação-reformulação de suas propostas. Mais que isso, a nova versão do edital poderá despertar o interesse de sujeitos que, à luz do conteúdo originário, não o possuíam. O cumprimento do prazo legal mínimo assegurará a participação também de novos sujeitos, que só se interessaram em aceder à disputa diante das novas regras veiculadas.

Trata-se de afirmar que, modificado o edital, renova-se a licitação. Por esta razão, o prazo deve ser devolvido integralmente. Novos interessados, inclusive, poderão aceder ao certame, merecendo, daí, lapso razoável para a elaboração de suas propostas.

Logo, e por isso, mesmo alterações que retratem a eliminação de exigências deverão provocar a devolução do prazo legal mínimo e a republicação do ato convocatório.

Exceção à regra geral que impõe a devolução do prazo legal mínimo diante de alterações no conteúdo do edital serão as modificações absolutamente irrelevantes, sem qualquer repercussão na formulação de propostas. Será o caso da modificação do local e data onde será realizada a licitação; da mudança no número de cópias da proposta etc.

5.7.7 Os esclarecimentos veiculados pela Administração e a introdução de novas condições à disputa

Em princípio, os esclarecimentos ao conteúdo do edital terão por função apenas aclarar o conteúdo de suas cláusulas, com natureza meramente declaratória. Terão a finalidade de reafirmar comando já contido explicitamente na versão originária do edital. Mas não raro os esclarecimentos se constituem em via para suprir lacunas e obscuridades no conteúdo do ato convocatório. Quando assim for, serão veículos para a introdução de novas condições à disputa, equiparando-se à modificação do edital. Nesta situação, atrairão o dever de devolução do prazo legal, com a consequente republicação do edital.

A hipótese relaciona-se com a pluralidade de interpretações exercitáveis em face de dado edital de licitação. Por vezes o esclarecimento emanado da Administração define uma interpretação acerca de certa cláusula do edital, o que vincula a Administração e os demais licitantes, para fins da licitação. A definição da interpretação correta, quando não seja meramente afirmativa daquilo que já se extrai do conteúdo do edital, pressupõe o reconhecimento da dubiedade da letra do instrumento convocatório – situação que propicia dificuldades aos interessados na elaboração de suas propostas e montagem da documentação. Neste caso não há como evitar a incidência do dever de devolução do prazo mínimo a partir da exteriorização da interpretação correta sobre a regra editalícia. Ampliar acima, no § 5.6, em que o assunto é tratado de modo minucioso.

Capítulo 6
PROCESSAMENTO DA LICITAÇÃO: ETAPA EXTERNA – FASE DE HABILITAÇÃO

6.1 O exame da habilitação dos licitantes: 6.1.1 A fase de habilitação – 6.1.2. O ato de habilitação. 6.2 Exigências de habilitação: tipologia: 6.2.1 Exigências de habilitação: elenco "numerus clausus" – 6.2.2 Habilitação e universalidade da licitação: o máximo exigível é o mínimo necessário. 6.3 Requisitos de habilitação e condições de participação. 6.4 A formulação das exigências de habilitação pela Administração. 6.5 Habilitação, diligências e convalidação. 6.6 Habilitação jurídica: 6.6.1 Necessidade de interpretação do art. 28 da LGL à luz do Código Civil – 6.6.2 A delimitação das exigências de habilitação jurídica – 6.6.3 As exigências atinentes ao empresário individual – 6.6.4 As exigências atinentes às sociedades empresárias em geral – 6.6.5 As exigências atinentes às sociedades simples – 6.6.6 As exigências atinentes às sociedades por ações – 6.6.7 As exigências atinentes às sociedades estrangeiras – 6.6.8 Participação de empresas em regime de consórcio: 6.6.8.1 O conceito de "consórcio" – 6.6.8.2 Os consórcios e a Lei Geral de Licitações – 6.6.8.3 A participação através de consórcios: interpretação restrita – 6.6.8.4 O termo de compromisso de constituição do consórcio – 6.6.8.5 Forma societária dos consorciados – 6.6.8.6 Consórcios "homogêneos" e "heterogêneos" – 6.6.8.7 A "empresa líder" do consórcio – 6.6.8.8 Consórcio entre empresas brasileiras e estrangeiras: a liderança – 6.6.8.9 Legitimidade do consórcio em juízo: a capacidade de ser parte – 6.6.8.10 Qualificação técnica e econômico-financeira do consórcio – 6.6.8.11 A licitação, os consórcios e empresas do mesmo grupo econômico (holdings e coligadas) – 6.6.8.12 Responsabilidade solidária dos consorciados – 6.6.8.13 Constituição e registro do consórcio prévios à assinatura do contrato – 6.6.9 Habilitação jurídica e flexibilização do formalismo. 6.7 Regularidade fiscal: 6.7.1 Regularidade fiscal tardia para microempresas/ME e empresas de pequeno porte/EPP: 6.7.1.1 A Lei Complementar 123/2006 – 6.7.1.2 A (des)necessidade de regulamentação – 6.7.1.3 A regularização fiscal tardia – 6.7.1.4 O prazo para a regularização fiscal – 6.7.1.5 A falta de regularização pela microempresa ou pela empresa de pequeno porte no prazo estabelecido: decadência do direito de contratar e sujeição a sanção administrativa – 6.7.1.6 A convocação dos licitantes remanescentes – 6.7.1.7 A ressalva quanto à revogabilidade da licitação – 6.7.1.8 O dever de apresentar documentação fiscal na fase própria da licitação. 6.8 Habilitação técnica: 6.8.1 A habilitação técnica é mera aferição com cunho eliminatório – 6.8.2 Rol de exigências de habilitação técnica – 6.8.3 Registro na entidade profissional competente – 6.8.4 Capacitação técnico-operacional: 6.8.4.1 A capacitação técnico-operacional e os atestados de experiência técnica – 6.8.4.2 Os atestados poderão ser fornecidos por pessoa de direito público ou privado – 6.8.4.3 O conteúdo da capacitação técnico-operacional: ângulos qualitativo e quantitativo – 6.8.4.4 A capacitação técnica (operacional e profissional) adstrita às parcelas de maior relevância e de valor significativo – 6.8.4.5 O direito do licitante à comprovação de experiência equivalente ou superior – 6.8.4.6 A estipulação de quantitativos mínimos para a qualificação técnico-operacional – 6.8.4.7 Compatibilidade dos quantitativos com a dimensão do objeto licitado – 6.8.4.8 O somatório de atestados de experiência técnica: 6.8.4.8.1 A (in)viabilidade do somatório de atestados para a experiência técnico-operacional quantitativa – 6.8.4.8.2 A conjugação de atestados para a experiência técnico-operacional qualitativa – 6.8.4.9 A experiência técnica de licitante adquirida em regime de consórcio – 6.8.4.10 A "cessão" de acervo técnico – 6.8.5 Capacitação técnico-profissional: 6.8.5.1 O que se deve entender por "quadro permanente" – 6.8.5.2 Exigência de participação do profissional na execução do objeto – 6.8.6 As instalações e o aparelhamento necessários; o pessoal técnico adequado e disponível e a vedação às exigências de propriedade e de localização – 6.8.7 Vedação à exigência de aptidão técnica com limitações de tempo, época ou local – 6.8.8 Exigência de metodologia de execução. 6.9 Habilitação econômico-financeira: 6.9.1 A exigência de índices contábeis – 6.9.2 As exigências de garantia de proposta, capital social mínimo e patrimônio líquido mínimo.

6.1 O exame da habilitação dos licitantes

Na LGL, ao contrário do pregão e do RDC, a lógica está em examinar a habilitação dos licitantes num momento anterior à análise das respectivas ofertas de preço. A licitação envolve um *juízo objetivo* acerca da habilitação dos licitantes como passo prévio à contratação. Trata-se de julgamento acerca das condições mínimas para contratar com a Administração. O dever de salvaguarda do interesse geral imposto ao administrador público impede que a contratação administrativa se desenvolva descurando-se de avaliação prévia acerca da *idoneidade* dos candidatos. Somente estarão aptos a figurar no polo de um contrato administrativo os licitantes titulares de habilitação jurídica, idoneidade fiscal, capacitação econômico-financeira e capacitação técnica e que demonstrem o cumprimento do disposto no inciso XXXIII do art. 7º da CF (LGL, art. 27).

Assim, esta fase nada mais é que a tentativa de excluir, com base em dados objetivos do passado e do presente, aqueles que não demonstrem ter a mínima condição de executar a contento o futuro contrato. "Tais exigências têm por objetivo preservar a execução do contrato – escreveu Marcos Juruena Villela Souto –, cujo contratado é escolhido na licitação; não basta selecionar a proposta mais vantajosa; é preciso que ela seja exequível, o que tem ligação direta com a pessoa do candidato – sua habilitação profissional, a situação econômico-financeira da empresa, suas instalações, suas experiências anteriores, seus compromissos atuais; daí a importância dessa fase, sendo vedadas exigências e formalidades estranhas a esse fim".[1] O que se pretende é apenas descobrir se os interessados têm conhecimento, capacidades e idoneidade suficientes para executar o futuro contrato.

Por este motivo que não existe uma "ordem" de habilitados – ou alguém que seja "mais bem" habilitado que o outro licitante: uma vez reconhecida a habilitação, todos são detentores do equivalente direito subjetivo público de prosseguir no certame em igualdade de condições. Se porventura houver desigualdades, a constatação é irrelevante e impertinente para esta fase.

Este exame/aferição, de caráter eliminatório (e não avaliativo), faz-se em momento processual próprio, denominado "fase de *habilitação*" (também conhecida como *qualificação*), que culmina com a produção de ato decisório definidor dos licitantes aptos a contratar com a Administração Pública. Permite-se, assim, falar em *habilitação como fase* e *habilitação como ato*.

---

1. Marcos Juruena Villela Souto, *Direito Administrativo Contratual*, Rio de Janeiro, Lumen Juris, 2004, p. 171. Ou, como prefere Celso Antônio Bandeira de Mello: "A habilitação, por vezes denominada qualificação, é a fase do procedimento em que se analisa a idoneidade dos licitantes. Entende-se por idoneidade a aptidão do licitante indispensável para que sua proposta possa ser objeto de consideração" (*Licitação*, 1ª ed., 2ª tir., São Paulo, Ed. RT, 1985, p. 47).

6.1.1 A fase de habilitação

É sabido que a licitação é um processo administrativo. Como tal, pressupõe uma sequência predefinida de atos sucessivos que se orientam a, conjuntamente, produzir a escolha do licitante titular da melhor proposta para contratar com a Administração. Diz-se que o processo licitatório está estruturado em *fases*, que se definem como subconjuntos de atos endoprocessuais destinados a decidir aspectos prévios e pressupostos à escolha do licitante vencedor. Estas fases, que se concluem sempre pela produção de atos decisórios, desenvolvem-se de modo sucessivo e cronologicamente integrado: no âmbito do processo, a fase posterior sempre pressupõe preclusivamente a fase anterior. Além disso, ainda que cada fase do processo licitatório esteja vocacionada a finalidades específicas e imediatas (como a divulgação da licitação; a habilitação dos licitantes; a avaliação das propostas etc.), todas e cada uma delas orientam-se mediatamente ao escopo último da licitação – qual seja: a escolha da proposta mais vantajosa à Administração, instaladora de solução fiel ao desenvolvimento nacional sustentável.

A habilitação, portanto, consiste numa fase da licitação. Assim considerada, configura específico conjunto de atos e fatos processuais que se orientam conjuntamente a definir os licitantes que detêm condições mínimas para contratar com a Administração naquele caso concreto. Esta definição pressupõe a realização de diversos atos jurídicos e materiais – como, por exemplo, a análise da documentação, a realização de diligências, a produção de pareceres técnicos e jurídicos e, finalmente, o julgamento da habilitação.

6.1.2 O ato de habilitação

Desde o momento de abertura da licitação até a divulgação do *ato de habilitação*, o que existe é um grupo de pessoas que se interessam em celebrar o contrato proposto pela Administração. São sujeitos que percebem os incentivos lançados pelo edital e, julgando-se capazes de executar o contrato, assim, pretendem ser contratados.

Este interesse jurídico-econômico toma substância com a apresentação dos envelopes de habilitação e proposta, por meio dos quais os interessados tornam-se licitantes e, assim, anuem em se submeter ao regime jurídico daquele específico processo de seleção.

Pois bem, fato é que, dentre todos os licitantes, a Administração deverá previamente selecionar apenas e tão somente aqueles que, objetivamente, demonstrem que podem executar o contrato, nos moldes do instrumento convocatório. Aqui não se está a falar no preço da contratação, mas só das condições materiais mínimas que permitem concluir que o objeto do contrato será bem executado. Isto exige a avaliação de um conjunto de informações detidas pelos licitantes – as quais os qualificarão (ou não), permitindo que façam ofertas de preço.

A habilitação envolve, portanto, um julgamento que gera a correspondente decisão administrativa, a qual *qualifica os interessados* a contratar com a Administração Pública.

Este julgamento materializa-se juridicamente mediante a produção de um ato administrativo formal, de natureza constitutiva, que determina a exclusão dos licitantes inabilitados e a permanência dos licitantes considerados habilitados. Ato, este, que deverá ser motivado (sobretudo ao descartar os inabilitados).

Logo – e como leciona Adilson Abreu Dallari –, a habilitação é "um ato de atribuição; a Administração, por meio de um ato individual, coloca alguém numa situação geral e impessoal já perfeitamente configurada anteriormente a esse ato".[2] Mas o ato não tem apenas natureza declaratória, pois altera o *status* da pessoa privada frente à Administração Pública e lhe confere uma específica qualificação jurídica. O licitante, assim, é constituído como pessoa habilitada a ter sua proposta examinada pela Administração. Depois desse ato, haverá duas ordens de qualificação jurídica dos interessados: os *habilitados* e os *inabilitados* para aquele certame.

Isto é: a partir da habilitação, os licitantes são constituídos como detentores de título jurídico isonômico que lhes gera o direito público subjetivo de ter a oferta de preços apreciada. A habilitação tem o condão de instalar "a absoluta igualdade subjetiva entre os licitantes. Pouco importa a maior ou menor qualificação. Todos os habilitados serão tomados como igualmente qualificados; por isso, a escolha de um deles se fará exclusivamente pelo valor, técnico ou econômico, da proposta".[3] De direito, todos

---

2. Adilson Abreu Dallari, *Aspectos Jurídicos da Licitação*, 7ª ed., São Paulo, Saraiva, 2006, p. 145.

3. Carlos Ari Sundfeld, *Licitação e Contrato Administrativo*, 2ª ed., São Paulo, Malheiros Editores, 1995, pp. 108-109.

aqueles considerados como idôneos para a contratação são iguais perante a Administração Pública, distinguindo-se apenas no futuro preço a ser ofertado (e eventualmente, se for o caso, na solução técnica proposta).

Na justa medida em que a licitação pretende estimular a concorrência, é importante que a Administração Pública se esmere em ter o maior número possível de licitantes habilitados. Em vista do fato de que a habilitação deve ser objetiva e ampliativa ao máximo, Lúcia Valle Figueiredo a denomina de "ato vinculado, por meio do qual a Administração reconhece ter o interessado capacidade para licitar. Se satisfizer o interessado o exigido no edital, não pode a Administração inabilitá-lo".[4]

6.2 Exigências de habilitação: tipologia

No âmbito do processo licitatório regulado pela LGL as *exigências de habilitação* estão delimitadas pelo rol previsto no art. 27 e consistem em (i) *habilitação jurídica*, (ii) *regularidade fiscal*, (iii) *qualificação técnica*, (iv) *qualificação econômico-financeira* e (v) *cumprimento do disposto no inciso XXXIII do art. 7º da CF*.[5]

Estas solicitações objetivas traduzem requisitos mínimos a aferir a idoneidade e a capacitação do licitante. Cada uma destas espécies orienta-se a aferir certo ângulo de sua condição jurídica e fática para contratar com o Poder Público.

Os arts. 28, 29, 30 e 31 da LGL dispõem mais especificamente acerca do regramento destas exigências, impondo um quadro normativo limitador da estipulação (e do julgamento de exigências de habilitação nos processos de licitação).

O exame dos temas será aprofundado a seguir.

4. Lúcia Valle Figueiredo, *Curso de Direito Administrativo*, 9ª ed., São Paulo, Malheiros Editores, 2008, p. 506. Também para Diógenes Gasparini a "habilitação é o ato administrativo vinculado mediante o qual a comissão de licitação confirma no procedimento da licitação os licitantes aptos, nos termos do edital" (*Direito Administrativo*, 15ª ed., São Paulo, Saraiva, 2010, p. 656).
5. Eis o texto do dispositivo: "proibição de trabalho noturno, perigoso ou insalubre a menores de 18 (dezoito) e de qualquer trabalho a menores de 16 (dezesseis) anos, salvo na condição de aprendiz, a partir de 14 (quatorze) anos". Exigência cujo cumprimento nas licitações dar-se-á "por intermédio de declaração firmada pelo licitante", de acordo com modelo anexo ao Decreto 4.358/2002.

6.2.1 Exigências de habilitação: elenco numerus clausus

Os requisitos de habilitação relacionados no art. 27 da LGL perfazem elenco *numerus clausus*. Também é limitado o rol das exigências específicas inscrito nos arts. 28 a 31, descrevendo e circunscrevendo o conjunto de documentos exigíveis para cada uma destas tipologias.

Isso significa a inviabilidade de o edital de licitação ampliar os requisitos de habilitação, prevendo documentação extravagante daquelas explicitamente estipuladas pela norma.[6] Aqui, a competência é vinculada quanto aos tipos de exigências, variando apenas o respectivo conteúdo (a depender de cada licitação).

É evidente que leis especiais poderão prever requisitos outros de habilitação para certas atividades (afinal, *lex specialis derogat legi generali*), mas isto não pode ser feito por meio de ato administrativo (seja ele regulamento prévio à licitação, seja o próprio edital). Por vezes o exercício de uma atividade poderá, inclusive, depender do atendimento a condição alheia àquelas estabelecidas nos arts. 27 a 32 da LGL. Mas essa definição – e respectiva futura exigência administrativa – depende de lei.

Anote-se também que não será obrigatória a estipulação de todos e cada um dos requisitos previstos nos referidos artigos. Isto significa dizer que as exigências precisam ser pertinentes e proporcionais ao caso concreto: serão eleitas e dimensionadas segundo a natureza do contrato, sempre à luz do princípio da universalidade da licitação.

6.2.2 Habilitação e universalidade da licitação: o máximo exigível é o mínimo necessário

Todos os requisitos de habilitação deverão ser demonstrados pelos licitantes segundo o princípio de que o *máximo exigível* deve ser o *mí-*

---

6. Nesse sentido, o TJPR já decidiu que: "Não justifica a inabilitação de empresa participante do processo licitatório a falta de juntada de todas as alterações do contrato social, quando a Lei de Licitações só exige a apresentação do contrato social em vigor (Lei n. 8.666/1993, art. 28, III). A certidão referente a todos os feitos cíveis inclui as ações de falência e concordata, de modo que a exigência de certidão específica revela excesso de formalismo" (RN 142.387-4, Des. Troiano Neto, *DJE* 27.10.2003).

nimo necessário. É o que decorre do inciso XXI do art. 37 da CF brasileira.[7] Apenas serão admitidas exigências aptas a garantir que a execução do contrato seja minimamente segura e satisfatória – aquelas sem as quais se sabe, de antemão, que o contrato não poderia ser executado a contento. Ou seja: a fase de habilitação destina-se a verificar se os licitantes detêm *capacitação mínima* para executar o contrato de modo satisfatório. O limitador imposto pelo texto constitucional reside na relação existente entre a amplitude do universo de proponentes e a vantagem (econômica, inclusive) buscada pela Administração. Quanto menos severa a exigência de habilitação, maior será a amplitude do universo de ofertantes e mais intensa a competição entre os interessados, fomentando-se a maior vantagem para a Administração.

Afinal de contas, para quê se presta a fase de habilitação? Para selecionar o maior número possível de licitantes aptos a oferecer a proposta de preço (e, nos casos determinados, a de técnica). Ao contrário do julgamento das propostas de preços – o qual resultará em somente um selecionado (decisão excludente) –, a habilitação tem por objetivo incluir todos aqueles que comprovem possuir a mínima qualificação necessária para executar a contento o futuro contrato. A racionalidade, aqui, é inclusiva e ampliativa.

Note-se que quando se alude à limitação a exigências mínimas não se quer dizer que a Administração deva abdicar de contratações ótimas, contentando-se com a execução do contrato em termos precários. A Constituição e a LGL exigem apenas o indispensável. O raciocínio que subjaz indica que exigências para além dos limites ditados pela natureza do contrato consistem em fatores de exame que nada contribuirão para otimizar a execução do contrato. Além disso, significarão a possibilidade de contratação menos vantajosa sob o prisma econômico-financeiro (pela restrição ao potencial universo de ofertantes).

7. "Art. 37. A Administração Pública direta e indireta de qualquer dos Poderes da União, dos Estados, do Distrito Federal e dos Municípios obedecerá aos princípios de legalidade, impessoalidade, moralidade, publicidade e eficiência e, também, ao seguinte: (...) XXI – ressalvados os casos especificados na legislação, as obras, serviços, compras e alienações serão contratados mediante processo de licitação pública que assegure igualdade de condições a todos os concorrentes, com cláusulas que estabeleçam obrigações de pagamento, mantidas as condições efetivas da proposta, nos termos da lei, o qual somente permitirá as exigências de qualificação técnica e econômica indispensáveis à garantia do cumprimento das obrigações; (...)".

Por outro lado, exigências que traduzam capacitação além do mínimo necessário para a execução do objeto são cláusulas restritivas que devem ser extirpadas do ato convocatório, porque ilegais e inconstitucionais.

Porém, isto não quer dizer que os requisitos técnicos do edital mereçam ser desprezados – quer diretamente, quer por meio de "aplicação analógica e/ou "interpretação extensiva" de qualificações outras detidas pelos interessados. O que se passa nas licitações é a densificação das competências – Constituição, LGL, Administração, instrumento convocatório, comissão de licitação – aptas a definir o que realmente importa para habilitar os interessados em cada um dos específicos certames. Em vista do princípio da vinculação ao instrumento convocatório (v., acima, § 2.3), proíbe-se que sejam feitas interpretações extensivas e/ou analógicas dos requisitos de habilitação, usurpando-se a competência da comissão de licitação.

Assim, e também em decorrência do princípio do julgamento objetivo, não é válida a habilitação de licitantes que porventura tenham experiência "parecida" (mas, por isso mesmo, diferente: se é apenas parecida, igual não é) com aquela exigida pelo edital – sobretudo quanto à habilitação técnica.

6.3 Requisitos de habilitação e condições de participação

É preciso, no entanto, reconhecer-se que, se requisito algum de habilitação poderá ser concebido pela Administração para além daqueles dispostos no art. 27 da LGL, há exigências de outra natureza que eventualmente serão demandadas por ocasião da fase de habilitação. Isto sujeitará os licitantes a consequência jurídica idêntica à desencadeada pelo julgamento da habilitação, isto é: seu não atendimento acarretará a inabilitação/eliminação do licitante do certame.

Trata-se de admitir que, ao lado das exigências de habilitação, há meras *condições de participação* (as quais, não mantendo relação estreita com a aferição da idoneidade do licitante, não se podem, a rigor, classificar como requisitos de habilitação) que serão aferidas pela Administração, sendo que sua disciplina jurídica não se encontra necessariamente inscrita nas previsões dos arts. 27, 28, 29, 30 e 31 da LGL. São requisitos que retratam condições formais e substanciais – como indica Marçal Justen Filho – da participação dos licitantes, sem se relacionarem com sua idoneidade, como a negativa à participação de consórcios ou a exigência de apresentação de envelopes indevassáveis.[8]

Estas situações, embora não se identifiquem como requisitos de habilitação, são tratadas como se assim fossem, eliminando os licitantes que a elas não atenderem. Por isso mesmo, devem ser compreendidas dentro da mesma racionalidade que instrui a fase de habilitação: não podem se prestar a limitar a competitividade do certame.

6.4 A formulação das exigências de habilitação pela Administração

O exame da habilitação compreende dois momentos: (i) a formulação das condições de habilitação que serão introduzidas no conteúdo do ato convocatório e (ii) o desenvolvimento do processo licitatório como fase procedimental. A Administração formulará o conteúdo do edital observando o disposto na LGL, prescrevendo as exigências cabíveis à aferição da capacidade técnica dos interessados. Posteriormente promoverá, na fase de julgamento (aferição) dos requisitos de habilitação, o exame acerca do seu atendimento pelos licitantes.

Anote-se que deverá haver rigorosa vinculação entre o previsto no ato convocatório e o julgamento da habilitação (*princípio da vinculação ao instrumento convocatório*). Se é bem verdade que a Administração Pública dispõe de competência discricionária para ponderar e dimensionar as exigências cabíveis para a habilitação, o mesmo não se dá depois da publicação do edital. Uma vez divulgados os requisitos daquela específica licitação, a Administração estará vinculada aos critérios eleitos. Não poderá, portanto, inovar ou proceder a interpretações extravagantes para o julgamento: caso o licitante demonstre cumprir as

---

8. Marçal Justen Filho, *Comentários à Lei de Licitações e Contratos Administrativos*, 16ª ed., São Paulo, Ed. RT, 2014, p. 538. Nesse sentido, o STJ já decidiu que: "A recorrente não pode participar de licitação promovida pela Administração Pública enquanto persistir a sanção executiva, em virtude de atos ilícitos por ela praticados (art. 88, inciso III, da Lei n. 8.666/1993). Exige-se, para a habilitação, a idoneidade, ou seja, a capacidade plena da concorrente de se responsabilizar pelos seus atos" (RMS 9.707-PR, Min. Laurita Vaz, *DJU* 20.5.2002).

exigências, instala-se para a Administração o dever de praticar o ato vinculado de proclamar a respectiva habilitação.

O processamento da habilitação obedecerá, portanto, ao disposto no ato convocatório e ao regramento prescrito pela LGL. A habilitação como *fase* se desenvolverá de molde a promover a aferição do atendimento às exigências formuladas pelo ato convocatório pelos candidatos, culminando no *ato de habilitação* – que pronunciará a qualificação/habilitação dos licitantes (e a desqualificação/inabilitação dos demais).

A fase de habilitação terá cabimento, em regra, antes da fase de exame de propostas de preços.[9] Sua extensão dependerá da modalidade elegida para o desenvolvimento da licitação.

6.5 Habilitação, diligências e convalidação

É na fase de habilitação que a Administração Pública deve prestigiar com especial desenvoltura o art. 43, § 3º, da LGL. Caso haja dúvidas ou pequenos defeitos formais nos documentos, o agente público deverá promover a diligência cabível e sanar a incerteza. Só depois disso se poderá constatar se o vício deve ser convalidado ou deve ser declarada a inabilitação (tendo em vista a irreversibilidade do defeito formal). Esta competência deve ser compreendida como adverte Adilson Abreu Dallari: "A previsão legal estabelece um dever de promover diligências esclarecedoras, e não uma faculdade. Esclarecer eventual dúvida quanto à sua proposta é um direito do licitante".[10] Logo, não se está diante de competência discricionária, que autorize cogitar entre promover ou não a diligência: tendo em vista o dever de habilitar o

---

9. Esta é a lógica procedimental da LGL, estruturada com base na modalidade concorrencial: primeiro habilita-se; depois examina-se a oferta de preços de todos os habilitados. O contrário se dá no pregão (Lei 10.520/2002, art. 4º) e no RDC (Lei 12.462/2011, art. 12), em que primeiro examina-se o preço e depois a habilitação apenas do que fez a melhor oferta. Já, para as concessões comuns e PPPs existe a discricionariedade administrativa na escolha da lógica procedimental: se antes preço ou habilitação, quem define é a Administração Pública (Lei 8.987/1995, art. 18-A; Lei 11.079/2004, art. 13).

10. Adilson Abreu Dallari, *Aspectos Jurídicos da Licitação*, cit., 7ª ed., p. 138. Ou, como já decidiu o STJ: "As diligências para esclarecimento no curso de procedimento licitatório visam a impor segurança jurídica à decisão a ser proferida, em homenagem aos princípios da legalidade, da igualdade, da verdade material e da guarda aos ditames do edital" (MS 12.762-DF, Min. José Delgado, *DJe* 16.6.2008).

número máximo de licitantes, no caso de dúvida razoável a propósito de item relevante da habilitação trata-se de competência vinculada.

Em outras palavras, pode-se afirmar que no processo de licitação tem incidência imediata o princípio *pas de nullité sans grief*: "A nulidade não deve ser decretada se não houver prejuízo real à parte que a alega. O sistema de nulidades processuais não pode ser compreendido em abstrato como um fim em si mesmo, mas é construído na defesa do processo e das partes que nele interagem. Para sua aplicação exige a configuração do dano efetivo, que prejudique o processo em si ou seus sujeitos (Administração e particulares interessados)".[11] Ora, como na fase de habilitação o que se pretende é a inclusão do maior número de interessados capazes à execução do contrato, é de se ter em mente o dever de promover todas as diligências cabíveis para sanar os defeitos formais na documentação apresentada.

6.6 Habilitação jurídica

As exigências de *habilitação jurídica* destinam-se a demonstrar a capacidade e a regularidade quanto a requisitos exigidos pelo Direito relativos à configuração da pessoa que deseja contratar certo objeto com a Administração.

O licitante necessita, "ao se inscrever, dispor de *capacidade para se obrigar*, e, obviamente, cumpre que seu representante esteja *validamente qualificado para vincular a pessoa jurídica*".[12] Constituem-se, em síntese, na apresentação de documentação de registro da pessoa do licitante na entidade competente para tal.

O rol de documentos, como se verá abaixo, é variável, a depender da identidade jurídica do sujeito – se pessoa física, se pessoa jurídica, se empresário, se cooperativa etc. O instrumento convocatório definirá com exatidão a documentação pertinente, o que decorrerá da delimitação daqueles que poderão disputar o certame.

A existência de capacidade jurídica do licitante dependerá também da ausência de óbice jurídico para contratar com a Administração.

---

11. Egon Bockmann Moreira, *Processo Administrativo: Princípios Constitucionais e a Lei 9.784/1999*, 4ª ed. São Paulo, Malheiros Editores, 2010, p. 217.
12. Celso Antônio Bandeira de Mello, *Licitação*, cit., 1ª ed., 2ª tir., p. 50.

Licitantes suspensos ou impedidos de contratar com certa Administração, seja por força de sanção administrativa ou de decisão judicial, não deterão, em face daquela esfera, capacidade jurídica plena para a assinatura de contratos administrativos. É usual, por isso, que a relação de documentos a ser apresentada por ocasião da habilitação (jurídica) seja integrada também por uma declaração do licitante acerca da inexistência de impedimento de qualquer ordem para contratar com a Administração.

Igualmente importante é frisar a necessária *estabilidade da habilitação jurídica*, máxime entre a habilitação e a assinatura do contrato. Caso os documentos apresentados pelo licitante sofram alteração significativa (resultado de sua efetiva modificação estatutária), tornando sem efeito o que foi comprovado, é de se questionar – inclusive, por meio de diligências – se subsistem as razões que autorizaram a respectiva habilitação. Como já decidiu o STJ: "Se a licitante vencedora alterou sua denominação e composição social, sem que tal estivesse previsto no procedimento licitatório, bem como substituiu o responsável técnico depois de homologado o certame, não tem direito líquido e certo a firmar o contrato respectivo".[13]

6.6.1 Necessidade de interpretação do art. 28 da LGL à luz do Código Civil

A redação do art. 28 da LGL, que trata da documentação relativa à habilitação jurídica, não está harmonizada com a legislação vigente acerca do direito privado.

O advento do Código Civil trouxe alterações marcantes no regime jurídico das empresas, mas nenhuma atualização direta foi produzida no conteúdo da norma do art. 28. É evidente que tal não desincumbe o intérprete de compatibilizar sua prescrição com o atual regime. Logo, é necessário ler a norma do art. 28 à luz da disciplina do direito das empresas prescrita pelo Código Civil brasileiro.

As referências da LGL a "empresa individual", "sociedade comercial" e "sociedade civil" devem ser lidas como "empresário individual",

---

13. STJ, RMS 13.723-RS, Min. José Delgado, *DJU* 18.3.2002.

"sociedade empresária" e "sociedade simples", respectivamente, aplicando-se-lhes o regime prescrito pelo Código Civil vigente. (arts. 981 e ss.).

6.6.2 A delimitação das exigências de habilitação jurídica

Se é certo que a comprovação da habilitação jurídica não pode ser dispensada em caso algum, pois que se constitui em pressuposto para contratar com a Administração, a *delimitação das exigências* no caso concreto dependerá, em certa medida, da natureza da prestação, comportando também o exercício de discricionariedade técnica. Há objetos cuja atividade a ser desempenhada é pertinente às sociedades simples, por exemplo, como é o caso dos serviços jurídicos.

Para o Direito Brasileiro, as pessoas jurídicas podem assumir qualquer forma societária lícita. A liberdade de empresa permite a adoção daquela que mais agrade ao investidor e respectivo planejamento. Nos comentários de Arnoldo Wald, há "liberdade de escolha, pelas partes, da forma societária a ser adotada, ressalvados certos casos, nos quais a lei exige a adoção de determinado regime societário".[14]

Logo, a definição do tipo societário dependerá, sobretudo, do objeto do futuro contrato administrativo.

Há diversas outras, de natureza intelectual ou artística, que não se enquadram como objeto possível ao empresário e às sociedades empresárias. Da mesma forma, para objetos que envolvam atividade de empresa as sociedades simples estarão excluídas. Assim, a exigência de habilitação jurídica será especificada nos casos concretos, de acordo também com a natureza do objeto.

O mesmo se poderia dizer quanto à execução do objeto por pessoa física ou jurídica. Em muitos casos a distinção pode ser irrelevante (por exemplo: a execução de serviços jurídicos de pequeno volume); em outros o objeto poderá reclamar a especificação de pessoa física ou ju-

---

14. Arnoldo Wald, "Livro II – Do Direito de Empresa", in Sálvio de Figueiredo Teixeira (coord.), *Comentários ao Novo Código Civil*, vol. XIV, Rio de Janeiro, Forense, 2005, p. 82. A ressalva é esclarecida: "Ocorre que certas atividades, por determinação de lei especial, devem ser desenvolvidas necessariamente sob determinada forma societária, como ocorre, por exemplo, com as instituições financeiras, que devem sempre se constituir como sociedade por ações" (p. 83).

rídica para sua execução. Haverá, portanto, certa dose de discricionariedade a ser exercitada pela Administração: razoável e proporcional ao exigido de fato pelo caso concreto.

6.6.3 As exigências atinentes ao empresário individual

O Código Civil definiu como "empresário" toda pessoa que exercer profissionalmente atividade econômica organizada para a produção ou a circulação de bens ou de serviços, excepcionado aquele que exerce profissão intelectual, de natureza científica, literária ou artística, ainda que com o concurso de auxiliares ou colaboradores, salvo se o exercício da profissão constituir elemento de empresa (art. 966).

A referência do art. 28 da LGL a "empresa individual" deve ser lida como a "empresário individual", sendo que o registro exigível, nos termos do inciso II, consiste na inscrição junto ao Registro Público de Empresas Mercantis, na respectiva Junta Comercial (CC, art. 967).

Ora, o empresário individual é a própria pessoa física que formaliza a execução de determinada atividade de empresa. Nos termos do art. art. 972 do CC, podem exercer a atividade empresária os que estiverem "no pleno gozo da capacidade civil", desde que não sejam "legalmente impedidos" (por exemplo, os membros do Congresso Nacional e os impedimentos do art. 54 da CF; os membros da Magistratura e do Ministério Público; os militares da ativa; os falidos; os devedores da previdência social etc.). Mas note-se que os empresários individuais, porque pessoas naturais, não se submetem ao conceito de "pessoa jurídica", nos termos do art. 44 do CC.

6.6.4 As exigências atinentes às sociedades empresárias em geral

As sociedades, de acordo com a legislação vigente, podem ser *empresárias* ou *simples*. Em ambos os casos devem estar constituídas sob alguma das modalidades previstas nos arts. 1.039 a 1.092 do CC.

As *sociedades empresárias* correspondem às antigas sociedades mercantis, alcançando também algumas hipóteses correspondentes às antigas sociedades civis de fim econômico (como agências de viagens, hospitais e condomínios). Segundo Sérgio Campinho, *sociedade em-*

presária "é aquela que tem por objeto a exploração habitual de atividade econômica organizada para a produção ou circulação de bens e serviços, sempre com o escopo de lucro".[15] Relativamente a ela, o inciso III do art. 28 da LGL prescreve a necessidade da apresentação do contrato social em vigor "devidamente registrado".

O contrato social deve estar regularmente inscrito no Registro Público de Empresas Mercantis, na respectiva Junta Comercial. Ao se referir ao contrato social "em vigor", a norma exige a apresentação da documentação fundamental atualizada da empresa, o que envolve a apresentação do contrato social com suas respectivas alterações – em especial a mais recente delas. Eventualmente, alterações pretéritas e já superadas podem ser dispensadas. É relevante, contudo, que a documentação produzida comprove, com atualidade, a identidade dos sócios detentores de poderes de gerência e administração da sociedade, assim como a delimitação e a abrangência do objeto social (e, para outros fins, quando exigido, o capital social atualizado).

6.6.5 As exigências atinentes às sociedades simples

As *sociedades simples* correspondem, em traços gerais, a algumas manifestações das antigas sociedades civis. Como explica Sérgio Campinho, serão consideradas *simples* "as sociedades que adotarem forma de cooperativa ou que exercerem objeto atinente à atividade própria de empresário rural ou executarem atividades definidas por lei como não empresárias, como as localizadas no parágrafo único do art. 966 do novo Código".[16]

Nos comentários de Arnoldo Wald, "o que determina ser a sociedade do tipo simples é a sua atividade, e ao conceito se chega de forma negativa. Isto é, aquela que não exerce atividade própria dos empresários".[17]

15. Sérgio Campinho, *O Direito de Empresa à Luz do Novo Código Civil*, 6ª ed., Rio de Janeiro, Renovar, 2005, p. 35. Para ampliar e aprofundar a investigação sobre as sociedades no Direito Brasileiro, por todos, v. Alfredo de Assis Gonçalves Neto, *Direito de Empresa*, 2ª ed., São Paulo, Ed. RT, 2008, *passim*.

16. Sérgio Campinho, *O Direito de Empresa à Luz do Novo Código Civil*, cit., 6ª ed., p. 36.

17. Arnoldo Wald, "Livro II – Do Direito de Empresa", in Sálvio de Figueiredo Teixeira (coord.), *Comentários ao Novo Código Civil*, vol. XIV, Rio de Janeiro, Forense, 2005, p. 117.

Assim, note-se que o que a caracteriza como "simples" é sua condição de não empresária, razão pela qual ela pode se valer de outros tipos societários (em nome coletivo, em comandita simples e limitada).

Para ela exige-se a demonstração da inscrição do ato constitutivo acompanhada de prova de diretoria em exercício para fins de aferição da habilitação jurídica do licitante. As sociedades simples devem ser inscritas no Registro Público (disciplinado pela Lei 8.934/1994). Caso a sociedade simples se constitua em um dos tipos societários próprios aos registros das sociedades empresárias, o registro deverá subordinar-se à disciplina fixada para respectivo Registro Público de Empresas Mercantis.

6.6.6 As exigências atinentes às sociedades por ações

Para as *sociedades por ações* (que compreendem as sociedades anônimas e as em comandita por ações) o inciso III do art. 28 da LGL exige a apresentação de seu documento de constituição (ato constitutivo ou estatuto) registrado e devidamente acompanhado da documentação que demonstre a eleição de seus atuais administradores. O ato constitutivo da sociedade anônima é registrado no Registro Público de Empresas Mercantis, na respectiva Junta Comercial.

As sociedades por ações são regidas pela Lei 6.404/1976 (*Lei de Sociedades por Ações*) e, nos casos omissos, pelo Código Civil (em especial, arts. 1.088 e ss.).

De qualquer modo, é importante sublinhar que: "Os atos praticados pelos diretores de sociedades anônimas, em nome destas, não ocorrem por mera intermediação ou representação da pessoa jurídica. Vale dizer que, a rigor, essas sociedades não são propriamente representadas pelos seus órgãos administrativos nos atos praticados, tendo em vista que é mediante estes que elas próprias se apresentam perante o mundo exterior. (...). Com efeito, os atos praticados pelos diretores da companhia – que, a rigor, são atos da própria sociedade –, ao menos em relação a terceiros, deslocam-se do poder convencional das pessoas físicas para a capacidade legal e estatutária das pessoas jurídicas em praticar este ou aquele ato (...)" (STJ, REsp 1.377.908, Min. Luís Felipe Salomão, *DJe* 1.7.2013).

Por outro lado, quem faz presente a sociedade anônima é a sua direção, não o conselho de administração e seus membros: "Embora no conceito de administração da sociedade anônima se possa incluir a diretoria e o conselho de administração, apenas os diretores são representantes da sociedade, nos termos do art. 138, § 1o, parte final, da Lei n. 6.404/1976, sujeitos às restrições de ordem pessoal, insculpidas nos arts. 34, 35 e 37 da Lei de Falências anterior (Decreto-lei n. 7.661/1945). (...). Enquanto a diretoria da sociedade anônima, composta por, no mínimo, dois diretores, é, por essência, órgão de representação e administração, através do qual atua a sociedade, praticando os atos da vida civil, celebrando contratos, formalizando negócios diversos, o conselho de administração, composto por, no mínimo, três membros, é órgão puramente deliberativo" (STJ, REsp 410.752, Min. Raul Araújo, *DJe* 1.7.2013).

6.6.7 *As exigências atinentes às sociedades estrangeiras*

Para as *sociedades estrangeiras* o inciso V do art. 28 da LGL exigiu o *decreto de autorização* e, ainda, o ato de registro para funcionamento expedido pelo órgão competente, quando a atividade assim o exigir. Para Arnoldo Wald, a *sociedade estrangeira* pode ser definida como a "pessoa jurídica que adquiriu personalidade jurídica em outro País, onde realizou sua constituição, mantém sede e estabelecimento".[18] Assim, como comenta Modesto Carvalhosa, a sociedade estrangeira é incapaz, até ser devidamente autorizada pela Administração Pública brasileira: "Somente poderão as sociedades estrangeiras gozar e exercer seus direitos dentro do território nacional quando autorizadas pelo Poder Público. A partir desse momento passarão a ter também aqui domicílio, equiparando-se às sociedades nacionais".[19]

A exigência de decreto de autorização decorre da prescrição da norma do art. 1.134 do CC, que dispõe que "a sociedade estrangeira, qualquer que seja o seu objeto, não pode, sem autorização do Poder Executivo, funcionar no País, ainda que por estabelecimentos subordinados, podendo, todavia, ressalvados os casos expressos em lei, ser

---

18. Arnoldo Wald, "Livro II – Do Direito de Empresa", cit., in Sálvio de Figueiredo Teixeira (coord.), *Comentários ao Novo Código Civil*, vol. XIV, p. 707.

19. Modesto Carvalhosa, "Do direito de empresa", in Antônio Junqueira de Azevedo (coord.), *Comentários ao Código Civil*, vol. 13, São Paulo, Saraiva, 2003, p. 591.

acionista de sociedade anônima brasileira". Os procedimentos e a documentação para a expedição do referido decreto encontram-se dispostos nos arts. 1.134 a 1.141 do CC. Vale referir que a sociedade estrangeira não poderá iniciar suas atividades "antes de inscrita no registro próprio do lugar em que se deva estabelecer" (CC, art. 1.136), sendo exigível, pois, a apresentação do aludido registro como condição de habilitação dessa sociedade.

Daí o STJ já ter julgado que: "Não houve violação do art. 3º da Lei n. 8.666/1993, como pretende a agravante, quando alega violação ao princípio da isonomia. Com efeito a Lei n. 8.666/1993, em seu art. 28, inciso V, permite que o edital exija da empresa estrangeira comprovação da autorização para funcionamento no País expedida por autoridade competente" (Ag/AgR 578.117, Min. Franciulli Netto, *DJU* 6.2.2006).

Além destas exigências, a regulação setorial de certas atividades poderá implicar a necessidade de apresentação de documentação extravagante às sociedades estrangeiras, como requisito de habilitação.

6.6.8 Participação de empresas em regime de consórcio

Caso as sociedades pretendam participar do certame *em regime de consórcio* deverão apresentar individualmente todas as exigências atinentes à habilitação jurídica, nos termos do que dispõe o art. 33, III, da LGL.

O exame acerca da disciplina jurídica aplicável aos licitantes reunidos em consórcio merece algum aprofundamento, o que será feito nos subitens que seguem abaixo.

6.6.8.1 O conceito de "consórcio"

Consórcio é o modo de organização empresarial disciplinado pelos arts. 278 e ss. da Lei 6.404/1976 (Lei de Sociedades Anônimas). Trata-se de integração horizontal entre empresas, a estabelecer uma relação de coordenação de interesses autônomos, visando a fim específico e comum. Não envolve a constituição de pessoa jurídica distinta dos consorciados (o consórcio não tem personalidade jurídica). Destina-se a objetivo certo e dirigido, na busca de benefícios individuais às pessoas que o constituem.

No consórcio, como a origem etimológica do nome dá a entender (*consortium*, participação e comunhão de várias pessoas numa *mesma sorte*), os consorciados e suas vontades estão num primeiro plano. Melhor dizendo, *todos os consorciados* estão num primeiro plano. A essência do instituto está na autonomia recíproca daqueles que se associam e compartilham de um mesmo objetivo empresarial.

Através do contrato de consórcio (também conhecido por *contrato consorcial* ou *ato consorcial*), determinado número de pessoas formaliza uma associação de interesses, visando a criar obrigações recíprocas e específicas condições que possibilitem o atingir de determinada finalidade empresarial comum (que provavelmente não seria alcançada através da capacidade individual de cada uma delas – seja por motivos de ordem técnica, seja devido a razões econômico-financeiras). O contrato de consórcio deve estabelecer a forma específica quanto às deliberações coletivas (*quorum*, distribuição de receitas, aporte de investimentos, atribuições, administração etc.), mas isso não significa a definição de hierarquia entre as empresas componentes. O que se dá é a definição do modo de operar o empreendimento consorcial.

Segundo o conceito de Modesto Carvalhosa, o consórcio constitui "uma *comunhão de interesses e de atividades* que atende a específicos objetivos empresariais, que se originam nas sociedades consorciadas e delas se destacam".[20] Na pena de Waldírio Bulgarelli, é a "união de empresas para determinados fins, conservando cada uma a sua personalidade jurídica e autonomia patrimonial".[21] Para Marçal Justen Filho, "é uma associação temporária e provisória entre sociedades, que se comprometem a conjugar esforços e (ou) recursos patrimoniais, visando à execução de um objeto específico, e que não produz o surgimento de uma nova pessoa jurídica".[22]

20. Modesto Carvalhosa, *Comentários à Lei de Sociedades Anônimas*, 2ª ed., 4º vol., t. II, São Paulo, Saraiva, 2003, p. 386.
21. Waldírio Bulgarelli, *Manual das Sociedades Anônimas*, 3ª ed., São Paulo, Atlas, 1984, p. 266.
22. Marçal Justen Filho, "Consórcios, o somatório de quantitativos e o problema da proporcionalidade", *RDPE* 36/153, Belo Horizonte, Fórum, outubro-dezembro/2011.

6.6.8.2 Os consórcios e a Lei Geral de Licitações

A fim de incrementar a competitividade, o art. 33 da LGL permite que o edital admita a oferta de propostas através de consórcios (o mesmo se diga do art. 14, parágrafo único, I, do RDC, regulamentado pelo art. 51 do Decreto 7.581/2011). Assim, torna-se possível que empresas diversas, detentoras de atributos específicos, conjuguem interesses e formulem proposta unitária para a Administração.

Os consórcios que participam de licitações são, na classificação de Modesto Carvalhosa, *consórcios instrumentais*: o objetivo de sua constituição é o de "habilitar as consorciadas – com a soma de seus recursos e aptidões – a contratarem com terceiros serviços e obras".[23] É o meio através do qual as empresas potencializam reciprocamente seus atributos, somando esforços a fim de atingir o objetivo comum (a contratação administrativa e a execução da obra, serviço ou, mesmo, a concessão de serviço público).

Em vista da crescente complexidade das licitações, tem sido usual nos editais a possibilidade da associação consorcial. Porém, fato é que a participação em licitações através de consórcios permanece a suscitar dúvidas. Algumas delas serão examinadas a seguir.

6.6.8.3 A participação através de consórcios: interpretação restrita

O *caput* do art. 33 da LGL é claro ao estabelecer o caráter condicional da participação de consórcios ("*Quando permitida* na licitação a participação de empresas em consórcio ..."). Isto é, apenas ao se implementar o antecedente necessário previsto na norma (a permissão) será possível apresentação da proposta através de consórcio. Condição que se revelará no ato convocatório: o edital tem que autorizar expressamente a constituição de consórcios específicos para o objeto licitado.

A autorização para a participação de consórcio reveste-se de natureza discricionária: cabe à Administração, em vista das peculiaridades do certame, decidir acerca da matéria. O que se dará, por óbvio,

---

23. Modesto Carvalhosa, *Comentários à Lei de Sociedades Anônimas*, cit., 2ª ed., 4º vol., t. II, p. 386.

no momento interno da criação e definição do edital. Carlos Ari Sundfeld alerta para casos nos quais, tendo em vista o prestígio à competitividade, torna-se necessária a autorização.[24] Já, Marçal Justen Filho correlaciona a possibilidade de participação (ou não) em consórcio ao respectivo fracionamento do objeto – eis que ambas as escolhas podem produzir resultados semelhantes.[25] Ou seja: as características do certame (técnicas ou financeiras) podem impor a participação via consórcios. Caso contrário frustrar-se-ia o objetivo primaz do certame: o prestígio ao princípio da livre concorrência.

Conforme consta de acórdão do TCU, "há que se demonstrar com fundamentos sólidos a escolha a ser feita pelo gestor durante o processo de licitação no que toca à vedação da participação de consórcios, ou mesmo à sua autorização (...) há que se ponderar para o fato de que cabe ao gestor definir qual o caminho a tomar relativamente à participação ou não de consórcios, de forma motivada, no âmbito do processo licitatório" (Plenário, Acórdão 1.165/2012, Min. Raimundo Carreiro, j. 16.5.2012). Ou, como consignado em outro julgado: "Devem ser consideradas as circunstâncias concretas que indiquem se o objeto apresenta vulto ou complexidade que torne restrito o universo de possíveis licitantes. Somente nessa hipótese fica o administrador obrigado a autorizar a participação de consórcio de empresas no certame, com o intuito precípuo de ampliar a competitividade e proporcionar a obtenção da proposta mais vantajosa" (Plenário, Acórdão 2.831/2012, Min. Ana Arraes, j. 17.10.2012).[26]

O mesmo se diga quanto à limitação de pessoas a participar do consórcio. Editais há que circunscrevem o número de consorciados, muitas vezes de forma inexplicável (nada há nas condições do certame que legitime a restrição; nada há nos documentos da fase interna que a justifique). Claro que, a depender da licitação, poderá haver fronteiras: de nada adiantaria duas dezenas de empresas consorciadas para a realização de uma pequena obra. Seria contraproducente e implicaria apenas a elevação dos gastos e riscos do empreendimento. Porém, igualmente

---

24. Carlos Ari Sundfeld, *Licitação e Contrato Administrativo*, cit., 2ª ed., p. 131.
25. Marçal Justen Filho, *Comentários à Lei de Licitações e Contratos Administrativos*, cit., 16ª ed., p. 661.
26. No mesmo sentido: Decisão 1.274/2002, Min. Marcos Vilaça, *DOU* 4.10.2002; Acórdão 1.454/2003, Min. Adylson Motta, *DOU* 13.10.2003.

danoso à livre concorrência é estabelecer, sem a devida motivação, a restrição à participação para consórcios formados somente por dois, três ou quatro sociedades – sobretudo em obras complexas.

Ora, o princípio da liberdade de empresa traz consigo o direito à respectiva organização empresarial. O mesmo se diga do direito de associação. O edital não pode, aleatoriamente, restringir o exercício desses direitos fundamentais. Logo, se limitações houver, elas precisam ser fundamentadas (motivos de fato e razões de direito) e atender à proporcionalidade e razoabilidade.

Além disso, e na medida em que é imprescindível que a participação de empresas em consórcio seja literalmente prevista no edital, não é preciso que a negativa venha expressa no ato convocatório. Basta que o ato convocatório silencie a respeito dessa hipótese e se omita no que diz respeito à exigência do inciso II do art. 33 da LGL (indicação da empresa líder e condições de liderança fixadas). Mesmo porque o edital deve, obrigatoriamente, discriminar as condições de liderança dos consórcios: caso não o faça, é nula a previsão.

Caso a Administração admitisse a participação em certames através de consórcio de empresas sem previsão expressa no edital, haveria uma discriminação, restritiva à competitividade, e uma violação à isonomia. Isto é: apenas algumas empresas formariam, *sponte propria*, os respectivos consórcios (assumindo o risco por eventual indeferimento). As demais, que da leitura do edital concluíssem pela impossibilidade, devido à ausência de autorização administrativa, veriam suprimidas alternativas empresariais e correspondentes vantagens na competição.

Porém, é importante ressaltar que tal compreensão não é pacífica. Em sentido contrário, Carlos Pinto Coelho Motta reputa que "entendimento defensável é o de que o *silêncio* do edital quanto à admissibilidade de consórcio *não pode ser entendido como vedação ou impedimento*".[27] Não haveria, portanto, a necessidade de proibição expressa vedando a participação através de consórcios.

De qualquer forma, a ausência poderia ser transposta através de esclarecimentos ao edital? Isto é, caso o edital seja omisso e o interessado formule pedido relativo à participação de consórcios, a Adminis-

---

27. Carlos Pinto Coelho Motta, *Eficácia nas Licitações e Contratos*, 9ª ed., Belo Horizonte, Del Rey, 2002, p. 315.

tração poderia agregar tal condição ao certame? Tal parece possível apenas se republicado o edital e reabertos todos os prazos. Conforme acima já consignado (§§ 5.6 e ss.), o permissivo do art. 40, VIII, da LGL deve ser compreendido em consonância ao art. 21, § 4º: qualquer modificação no edital exige sua republicação, exceto quando, inquestionavelmente, a alteração não afetar a formulação das propostas. A toda evidência, a possibilidade (ou não) da participação de consórcios afeta a formulação das propostas. Logo, a republicação é imperiosa.

6.6.8.4 *O termo de compromisso de constituição do consórcio*

O inciso I do art. 33 da LGL permite a participação na licitação através da comprovação do *termo de compromisso de consórcio*. Trata-se de acordo formal, lavrado em instrumento público ou privado, através do qual as empresas signatárias obrigam-se reciprocamente (e perante a Administração, uma vez apresentado o termo na licitação) a, caso sagrada vencedora a respectiva proposta, constituir o consórcio nos termos ali estabelecidos. É um contrato preliminar, uma promessa de constituição e registro futuros do consórcio, caso a proposta seja adjudicada. As empresas signatárias assumem a condição de *promitentes-consorciadas*.

A subscrição do termo de compromisso deverá ser realizada pelo diretor da respectiva empresa (ou sócio-gerente), detentor de poderes específicos quanto à prática desse ato. No caso das sociedades anônimas, a Lei 6.404/1976 exige que o ato seja praticado através do "órgão competente para autorizar a alienação de bens do ativo permanente" (art. 279, *caput*). Nas demais espécies societárias a análise dependerá da previsão do respectivo contrato social. Por isso que a proposta deverá ser acompanhada do respectivo "ato constitutivo, estatuto ou contrato social em vigor" (LGL, art. 28, II) de todas as empresas participantes, no qual conste a definição da pessoa (órgão) competente para a prática do ato consorcial.

O termo de compromisso é documento que deverá acompanhar a proposta e ser submetido ao conhecimento dos demais licitantes. Não é, nem pode ser, uma peça sigilosa.

Além disso, o termo não poderá ser singelo documento de promessa, despido das regras básicas que conformarão o futuro consórcio.

Quando menos, deverá prever: (i) o nome do consórcio; (ii) as empresas participantes e a respectiva "empresa líder"; (iii) a licitação que lhe deu origem; (iv) a duração e o endereço do consórcio; (v) as obrigações e responsabilidades a serem assumidas pelo futuro consórcio (e as relativas a cada uma das empresas consorciadas); (vi) a forma de administração do consórcio, de repartição das futuras despesas e resultados; (vii) a representatividade social de cada uma das empresas consorciadas e o modo de deliberação dos interesses comuns (Lei 6.404/1976, art. 279).

Nesse sentido há também previsão expressa no art. 462 do CC.[28] Há que se observar não apenas a indicação da empresa líder, mas também os requisitos do art. 279 da Lei 6.404/1976 e o art. 32 da Lei 8.934/1994.

6.6.8.5 Forma societária dos consorciados

A LGL e a Lei de Sociedades Anônimas não restringem a constituição de consórcios para empresas com determinada forma societária. Qualquer que seja a respectiva natureza jurídica, elas podem integrar-se reciprocamente numa associação consorcial (sociedades limitadas, sociedades anônimas, empresas públicas, sociedades de economia mista, sociedades em comandita etc.).

Carlos Ari Sundfeld vai além, e sustenta a viabilidade de o consórcio ser constituído entre pessoas físicas, pois, apesar de o art. 33 da LGL mencionar "apenas o consórcio de empresas", "isso não descarta o consórcio de pessoas físicas, quando o objeto o admite, como nos concursos".[29] Segundo Modesto Carvalhosa, a peculiaridade residiria em que "tais consórcios serão de *natureza civil*, pelo caráter eminentemente profissional de que se revestem".[30]

---

28. "Art. 462. O contrato preliminar, exceto quanto à forma, deve conter todos os requisitos essenciais ao contrato a ser celebrado."

29. Carlos Ari Sundfeld, *Licitação e Contrato Administrativo*, cit., 2ª ed., p. 131, nota 43.

30. Modesto Carvalhosa, *Comentários à Lei de Sociedades Anônimas*, cit., 2ª ed., 4º vol., t. II, p. 403. Porém, a seguir Carvalhosa sustenta que "poderá o Poder Público, em caso de licitação, exigir que todas as consorciadas, para se matricularem no certame, revistam a forma anônima". A compreensão não pode ser acolhida: a exigência é restritiva à competitividade e não tem qualquer fundamento normativo. Qual o motivo que autorizaria a Administração a restringir a competitividade? Por que

O consórcio formado entre sociedades de economia mista ou empresas públicas e outras empresas privadas tende a gerar nova ordem de reflexões. Isso porque as empresas estatais devem obediência à LGL (ou à respectiva lei especial e ato normativo interno), a fim de se associarem com terceiros. Mais que isso: haveria uma potencial futura contratação. Constatação que se agrava se cogitarmos de concessões públicas, cuja lei autoriza o edital a exigir a constituição de sociedade específica (o que poderia instalar a discussão a propósito dos efeitos do art. 37, XX, da CF).[31]

6.6.8.6 Consórcios "homogêneos" e "heterogêneos"

Marçal Justen Filho elaborou classificação que visa a aclarar a ampliação dos limites de composição dos consórcios. Na medida em que as licitações podem reportar-se a exigências complexas, que envolvam capacidade técnica unida a aportes significativos de recursos e peculiaridades logístico-operacionais diferenciadas, é possível que os consórcios sejam constituídos por empresas de setores econômicos e empresariais diversos entre si.

Ou seja: não é necessário que todos os componentes do consórcio façam parte da mesma categoria empresarial, nem que tenham objeto empresarial idêntico (ou sequer semelhante). Trata-se da distinção entre consórcios *homogêneos* e *heterogêneos*: "A diferença não consta do Direito posto, mas é útil para compreender melhor a função dos consórcios. Em alguns casos, os consórcios reúnem empresas de objeto similar, que se associam para conjugação de recursos ou experiências equivalentes – homogêneas. Já, em outras hipóteses, cada empresa atua em determinado segmento de atividade e o consorciamento objetiva propiciar a união de qualificações distintas e inconfundíveis – heterogêneas".[32]

---

apenas sociedades anônimas? Por que excluir a participação de todas as demais empresas interessadas, com lastro unicamente na forma societária adotada? Haveria agressão ao art. 37, XXI, da CF e ao art. 3º da LGL: a previsão limitadora seria nula.

31. A questão foi transposta pela Lei 11.079/2004, conforme a lição de Fernando Vernalha Guimarães (*PPP – Parceria Público-Privada*, 2ª ed., São Paulo, Saraiva, 2013, pp. 144-147).

32. Marçal Justen Filho, *Comentários à Lei de Licitações e Contratos Administrativos*, cit., 16ª ed., pp. 659-670. Como já consignou o TJPR: "Em se tratando de

A previsão quanto à forma de composição dos consórcios não precisa estar prevista no edital. Se estiver, só será válida caso diga o óbvio, admitindo a participação dos consórcios homogêneos e dos heterogêneos. Contudo, se autorizar apenas a formação de consórcios homogêneos, será nula: a uma, porque não há previsão legal que autorize tal discriminação; a duas, porque a liberdade empresarial não poderia ser coartada através de ato administrativo dessa ordem (que operaria em violação aos arts. 1º, IV, e 170 da CF).

6.6.8.7 A *"empresa líder"* do consórcio

O inciso II do art. 33 da LGL fala em "empresa responsável" pelo consórcio e respectivas "condições de liderança", enquanto o § 1º do mesmo artigo trata da "liderança" do consórcio. Porém, do que se trata essa "liderança", e quais os poderes e deveres da "empresa líder"?

A previsão não diz respeito à necessidade de ser estabelecida relação de subordinação entre as empresas consorciadas – o que seria antagônico à própria *ratio* dos consórcios. Nem a "liderança" nem a "responsabilidade" dizem respeito à definição de controle interno ao consórcio. A norma vale-se dos termos no sentido de *representação* do consórcio frente à Administração.

A exigência relaciona-se com a previsão do art. 279 da Lei 6.404/1976, significando uma "personalidade judicial e negocial, que se expressa pela existência de uma representação e de uma administração, com capacidade negocial e processual, ativa e passiva".[33] À empresa líder é outorgado mandato por todas as consorciadas, com específicos poderes de administração e representação do consórcio perante terceiros. O *consórcio* (e não as empresas consorciadas) é representado pela empresa líder.

Ou seja: a LGL exige que os consorciados indiquem qual pessoa representará o grupo frente ao órgão licitante bem como perante tercei-

---

consórcio heterogêneo é normal que cada empresa participante atue em determinado segmento de atividade, já que o consorciamento objetiva justamente propiciar a união de qualificações distintas. A Lei de Licitações não exige, no que se refere à qualificação técnica, que cada consorciado cumpra isoladamente as exigências previstas no edital" (MS 122202000, Cascavel, Des. Domingos Ramina, j. 27.8.2002).

33. Modesto Carvalhosa, *Comentários à Lei de Sociedades Anônimas*, cit., 2ª ed., 4º vol., t. II, p. 385.

ros (e mesmo frente ao Judiciário). Na medida em que é da essência dos consórcios a ausência de personalidade jurídica, não se poderia cogitar de solução que dificultasse a interação administrativa com os licitantes. A previsão do art. 33, II, e § 1º, dirige-se à definição de quem será a pessoa responsável pelo contato formal do consórcio com a Administração e com os demais licitantes.

A LGL prevê, ainda, que as "condições de liderança" deverão ser expressamente fixadas no edital. Assim, se e quando o edital permitir a participação através de consórcio, deverá prever com minúcias quais os direitos, deveres e atribuições que deverão ser concentrados na e exigidos da empresa líder. Trata-se de exigência legal que se irradia inclusive quanto à validade da respectiva cláusula do instrumento convocatório.

Mas é importante a ressalva de que se trata de condições administrativas, negociais e processuais. Não é possível ao edital criar exigências suplementares ou exclusivas para a empresa líder do consórcio. Não é viável que o edital fixe o dever de ser estabelecida relação de subordinação interna ao consórcio, nem é juridicamente válido que o edital limite o exercício da liderança a empresas com qualificações extraordinárias.

Na medida em que o consórcio é relação horizontal, sem hierarquia ou ascendência, e na medida em que as pessoas dele integrantes aportam qualidades autônomas e específicas a fim de serem conjugadas e apreciadas em conjunto, não pode o edital fixar deveres ou atributos (técnicos ou financeiros) extraordinários a serem preenchidos com exclusividade pela empresa líder. Exigências dessa ordem desvirtuariam a razão de ser do próprio art. 33 da LGL e revestir-se-iam de nulidade.

6.6.8.8 *Consórcio entre empresas brasileiras e estrangeiras: a liderança*

O § 1º do art. 33 da LGL prevê que, na hipótese de haver consórcio constituído por empresas brasileiras e estrangeiras, será obrigatório que a liderança seja outorgada e exercida por uma empresa brasileira. Marçal Justen Filho reputa inconstitucional tal exigência, pois violaria o princípio da livre empresa e a respectiva liberdade comercial. A regra teria criado exigência incompatível não só com a liberdade de empresa celebrada constitucionalmente (arts. 1º, IV, e 170), mas igualmente ofensiva ao espírito da LGL. "Afinal, se a Administração é autorizada a contratar com empresa estrangeira, nas licitações internacionais, não há fundamento para vedar-se de modo absoluto a liderança de empresas estrangeiras em hipóteses de contratação de consórcios."[34]

Outros autores reputam que essa previsão foi derrogada pela extinção dos privilégios para a empresa brasileira, derivada da supressão do art. 171 da CF através da Emenda 6/1995.[35]

6.6.8.9 Legitimidade do consórcio em juízo: a capacidade de ser parte

Tal qual o art. 12 do CPC de 1973, o art. 75 do novo CPC disciplina o "comparecimento em juízo das pessoas jurídicas e dos grupos de pessoas ou massas de bens que, embora sem personalidade jurídica, estão equiparadas às pessoas jurídicas".[36] E o inciso VII desse dispositivo prevê que "entes organizados sem personalidade jurídica" serão representados em juízo (ativa e passivamente) "pela pessoa a quem couber a administração dos seus bens". Ou seja – e segundo Cândido Rangel Dinamarco: a lei "confere mera *personalidade processual* a alguns outros entes que, sem serem pessoas físicas ou jurídicas em sentido integral, são admitidas no processo como partes".[37]

Frise-se que o novo Código de Processo Civil não disciplina apenas a legitimidade processual das sociedades irregulares e/ou a daquelas de fato. A legislação processual refere-se apenas a "sociedades sem personalidade jurídica", sem qualificativo. Ora, uma vez constituído e devidamente registrado na respectiva Junta Comercial, o con-

---

34. Marçal Justen Filho, *Comentários à Lei de Licitações e Contratos Administrativos*, cit., 16ª ed., p. 663.

35. Jessé Torres Pereira Jr., *Comentários à Lei das Licitações e Contratações da Administração Pública*, 6ª ed., Rio de Janeiro, Renovar, 2003, p. 393.

36. Hélio Tornaghi, *Comentários ao Código de Processo Civil*, 2ª ed., vol. I, São Paulo, Ed. RT, 1976, p. 123.

37. Cândido Rangel Dinamarco, *Instituições de Direito Processual Civil*, 6ª ed., vol. II, São Paulo, Malheiros Editores, 2009, p. 291. Nesse sentido, decidiu o STJ: "Os entes sem personalidade jurídica de direito material podem ser partes no processo para demandar e serem demandados, a teor do CPC, art. 12, inciso VII, pois tal dispositivo trata do instituto da personalidade judiciária" (REsp 147.997-RJ, Min. Edson Vidigal, *DJU* 17.5.1999).

sórcio torna-se "de direito" (não de fato) e "regular" (não é irregular). Mesmo o contrato preliminar consubstanciado no termo de constituição "juridiciza" o consórcio. Não é exatamente uma "sociedade" (mas, sim, um "consórcio") e, por disposição legal expressa, é constituído sem personalidade jurídica. Existe juridicamente de forma regular e pode interagir em processos judiciais, pois se encontra albergado pela previsão do art. 75, VII, do novo CPC.

Na lição de Modesto Carvalhosa: "O consórcio tem legitimidade ativa e passiva, podendo acionar e ser acionado. O pressuposto é que o consórcio representa em juízo as empresas que o constituem, naquilo que é objeto do respectivo contrato associativo".[38] O que implica a correspondente supressão da legitimidade processual (administrativa e judiciária) das demais empresas participantes do consórcio – em especial para a representação coletiva, como já decidiu o STJ: "Se, no consórcio de empreiteiras, elege-se líder, com exclusividade de representação, as outras integrantes do empreendimento conjunto não podem exercer ação em defesa da coletividade".[39]

A representação do consórcio é atribuída, por força do próprio termo de compromisso ou instrumento constitutivo, à empresa líder (CC, art. 462; Lei 6.404/1976, art. 279, IV, c/c LGL, art. 33, II). É razoável que a indicação da empresa líder seja acompanhada de cláusula que outorgue com clareza os termos do mandato atribuído ao representante do consórcio (o que pode vir previsto desde o edital, quando da definição das "condições de liderança").

6.6.8.10 *Qualificação técnica e econômico-financeira do consórcio*

O inciso III do art. 33 da LGL autoriza, para efeitos de *qualificação técnica*, "o somatório dos quantitativos de cada consorciado" e, no que diz respeito à qualificação econômico-financeira, "o somatório dos valores de cada consorciado".[40] Aliás, esse preceito está na razão de ser

---

38. Modesto Carvalhosa, *Comentários à Lei de Sociedades Anônimas*, cit., 2ª ed., 4º vol., t. II, p. 405.
39. STJ, ROMS 199700163377-DF, Min. Humberto Gomes de Barros, *DJU* 15.12.1997.
40. O tema foi tratado por Marçal Justen Filho em "Consórcios, o somatório de quantitativos e o problema da proporcionalidade", cit., *RDPE* 36/153-171.

do consórcio: a adição dos quantitativos permite que as empresas unam esforços em torno de um objetivo comum – agregando reciprocamente os respectivos atributos pessoais.

Na qualificação técnica os atestados individuais assumem valor absoluto: a qualificação do consórcio advirá da soma simples dos atestados de cada um dos consorciados (independentemente da sua cota de participação). O que deve ser compreendido de forma ponderada, nos exatos limites da razão de ser da exigência (e da autorização ao somatório). Não se pode imaginar que a soma de muitos atestados de pequenas obras resulte na capacidade técnico-operacional equivalente à capacidade de execução de uma obra grandiosa. A soma de muitas piscinas jamais resultaria numa hidrelétrica (quanto à inviabilidade de somatório, ampliar abaixo, no § 6.8.4.8.1).

Já, a *qualificação econômico-financeira* exige que o somatório tenha por base os valores de cada um dos consorciados, considerados de forma proporcional à respectiva participação no consórcio. Não envolve soma simples, mas guardadas as proporções expressamente definidas no ato consorcial (ou termo de compromisso). A lei refere-se a "somatório dos valores", expressão que remete ao conceito de quantidade monetária (ou outra determinação quantitativa) consignada numericamente nos documentos requeridos pelo art. 31 da LGL.

Apenas no caso da qualificação econômico-financeira a LGL autoriza que a Administração exija, "para o consórcio, um acréscimo de até 30% (trinta por cento) dos valores exigidos para licitante individual" (art. 33, III). Isto é: o edital poderá estabelecer que o *consórcio* como um todo represente, na média ponderada da participação dos respectivos componentes, acréscimo nos valores relativos à qualificação econômico-financeira de *até 30%* daquilo exigido para cada um dos licitantes individuais.

Ao se referir a "valores exigidos", a LGL limita a possibilidade da imposição ao somatório dos índices e números oriundos da qualificação econômico-financeira. O que se pretende é atenuar o risco da Administração quando da contratação de consórcios formados por pessoas que porventura não apresentem os índices adequados para, individualmente, executar o contrato (apesar da regra da solidariedade).

Note-se que o acréscimo é proibido nos casos de consórcios formados, em sua totalidade, por micro e pequenas empresas (a Lei 9.317/1996 define as microempresas e empresas de pequeno porte, para fins fiscais, e a Lei Complementar 123/2006, com as modificações oriundas da Lei Complementar 139/2011, define o *Estatuto Nacional da Microempresa e Empresa de Pequeno Porte* – ampliar abaixo, nos §§ 6.7.1 e 7.8).[41]

Além disso – e uma vez que os participantes do consórcio mantêm a respectiva personalidade jurídica –, é necessária a apresentação de todos os demais documentos ordinários pertinentes à habilitação, previstos nos arts. 27 e ss. da LGL.

Por fim, uma pequena ressalva: a LGL utiliza o termo "admitindo-se", quanto aos somatórios. Isso poderia significar que o edital estaria autorizado a suprimi-los? Não parece possível essa leitura. Trata-se, antes, de prerrogativa atribuída aos licitantes. A LGL diz que os consórcios devem ser aceitos contemplando a possibilidade da soma dos quantitativos de cada consorciado, observadas as peculiaridades quanto à qualificação técnica e aquelas quanto à qualificação econômico-financeira. Essa é a regra que deve ser obedecida pelos atos convocatórios.

6.6.8.11 *A licitação, os consórcios e empresas do mesmo grupo econômico (*holdings *e* coligadas*)*

A LGL proíbe a participação de empresa consorciada, "na mesma licitação, através de mais de um consórcio ou isoladamente" (art. 33, IV). Por óbvio, incertezas não há quanto à hipótese literal da previsão: veda-se à empresa concorrer consigo mesma, apresentando duas (ou mais) propostas – quer compondo mais de um consórcio, quer sozinha e num consórcio.

Nesse caso, haveria clara violação à competitividade. Se determinada empresa tem o interesse (e a capacidade) de apresentar duas propostas, sozinha e/ou em mais de uma associação (unindo-se a empresários diversos), sua intenção somente pode ser a de frustrar a formulação de propostas mais vantajosas para a Administração – neutralizando a concorrência. Os custos de transação envolvidos na constituição de mais de um consórcio e na formulação de mais de uma proposta afastam razoabilidade à competição consigo mesmo (ainda que indireta).

---

41. Sobre o tema, v. José Anacleto Abduch Santos, *Licitações e o Estatuto da Microempresa e Empresa de Pequeno Porte*, Curitiba, Juruá, 2008, *passim*.

Porém, a proibição tem outros desdobramentos. Isso porque a organização empresarial em grupos econômicos envolve várias alternativas, dentre as quais avultam de importância para as licitações as *holdings* e as sociedades coligadas.

A *holding* é a forma de organização do poder de controle empresarial através de instrumento legal que permite a constituição de pessoa externa (a controladora) à controlada. Em termos simplistas, é a organização vertical do controle de várias empresas numa só. O que pode se desdobrar no fenômeno qualificado por Berle e Means como *pyramiding*: ser controlador de uma empresa que, ao seu tempo, controla outra, que controlará outra – num fenômeno que pode ser repetido por muitas vezes, criando estrutura empresarial ampla e complexa.[42] Segundo os autores, nas *holdings* o controle das subsidiárias, sobre ser absoluto, é objeto de informações escassas – "até a informação descoberta pode vir a ser tão cega que será ininteligível".[43]

A *holding* pode ser *pura* ou *mista*. "Há *holding pura* quando o seu único escopo é exercitar a atividade de *holding* (participação e controle), ainda que parte do patrimônio venha a ser investido em bens que não ações ou participação social. Fala-se em *holding mista* quando, ao lado da atividade de participação financeira e de controle, a sociedade exerce uma atividade industrial, sem que a primeira deva institucionalmente prevalecer."[44]

O *caput* do art. 278 da Lei de Sociedades Anônimas admitiu que o consórcio seja constituído por sociedades sob o mesmo controle ou não. É permitido que a constituição do consórcio se dê entre empresas do mesmo grupo econômico e/ou entre controlador e controlado. Fato, esse, que levou à conclusão de Bulgarelli no sentido de que "a lei afasta o consórcio brasileiro da figura de coordenação clássica, que em geral é formado por sociedades sem subordinação, com o fito de colaboração econômica, com duração não eventual".[45] Já, Modesto Carvalhosa é mais incisivo: "O controle acionário comum (art. 265) será in-

42. Adolf A. Berle e Gardiner C. Means, *The Modern Corporation & Private Property*, 5ª impr., New Brunswick, Transaction Publishers, 2003, p. 69.
43. Idem, p. 183 (tradução livre).
44. Luís Gastão Paes de Barros Leães, *Direito Comercial*, São Paulo, José Bushatsky Editor, 1976, p. 131.
45. Waldírio Bulgarelli, *Manual das Sociedades Anônimas*, cit., 3ª ed., p. 266.

teiramente irrelevante. Serão idênticos quanto à natureza, função e características os consórcios entre as sociedades sob controle comum e as independentes".[46]

Logo, a Lei Societária brasileira admite o consórcio que se caracterize pela relação hierárquica, com subordinação entre as empresas consorciadas (o que, no caso de uma *holding*, envolveria a modalidade *mista*). Nada demais frente ao direito empresarial, e quanto a isso não há problemas frente à LGL: controlador e controlado podem formar um só consórcio a fim de participar do certame licitatório. A discussão residirá caso controlador e controlado pretendam formar consórcios diferentes e concorrer entre si, mediante a apresentação de propostas diversas.

Nesse caso, tendo em vista a previsão do inciso IV do art. 33 da LGL, parece inviável que empresas que desfrutem de integração vertical subordinante participem numa mesma licitação através da formulação de propostas diversas. O titular do poder de controle (a *holding*) não concorre com a empresa controlada. Ao contrário: esta se subordina aos desígnios daquele.

Essa estrutura acentua a falha de mercado conhecida como *assimetria de informações*: a dificuldade de a Administração (e demais licitantes) ter acesso fidedigno não só aos dados das concorrentes, mas em especial às informações internas ao relacionamento entre *holding* e controladas. O que envolve a definição das propostas e o porquê da competição entre duas empresas de um mesmo grupo econômico (o que multiplica os custos internos à participação numa mesma licitação). Ora, a empresa controladora tem conhecimento profundo das atividades da controlada, etapas de produção e estrutura dos custos – ao mesmo tempo em que a Administração e demais licitantes não dispõem dessas informações: subordinam-se aos limites da proposta. Desde logo se desenha o vício de compartilhamento de informações entre licitantes.

Assim, e quando menos, é próximo do impossível que não ocorra troca de informações entre *holding* e controlada (a não ser na hipótese de uma forte e comprovada *chinese wall* entre ambas, com a respectiva desagregação contábil e gerencial – o que é muito difícil de ocorrer

---

46. Modesto Carvalhosa, *Comentários à Lei de Sociedades Anônimas*, cit., 2ª ed., 4º vol., t. II, p. 404.

de fato). O que importa violação ao art. 94 da LGL: onde está a garantia do sigilo da proposta feita por uma empresa controlada em face da controladora?

Outra dimensão assume a participação através de propostas diversas (em consórcios ou individualmente) de *empresas coligadas*, pertencentes ao mesmo grupo econômico. Nas coligadas há *vínculo de capital* entre as empresas, sem a dependência ou hierarquia que caracterizam as relações de controle. O art. 243, § 1º, da Lei 6.404/1976 dispõe que são coligadas "as sociedades quando uma participa, com 10% (dez por cento) ou mais, do capital da outra, sem controlá-la".

A riqueza da imaginação da atividade de planejamento empresarial é tão grande que se torna próxima do impossível a avaliação, *in abstracto* e exaustiva, quanto à concorrência entre empresas coligadas. Porém, certo é que haverá hipóteses de organização horizontal de empresas em que não tenha incidência o inciso IV do art. 33 da LGL.

Para Adilson Dallari "não há identidade de situações na participação de uma empresa com duas propostas e na participação de duas empresas de um mesmo grupo econômico", pois, "se duas empresas de um mesmo grupo econômico fazem propostas distintas, isso pode decorrer das peculiaridades de cada uma delas". Afinal de contas, "cada empresa integrante de um grupo econômico tem personalidade jurídica própria. A empresa não se confunde com os seus acionistas".[47]

Mas sublinhe-se que Renato Mendes faz importante advertência quanto à previsão em comento: "A proibição normativa não tem aplicação se o objeto for dividido em itens ou lotes e o julgamento for cindido".[48] A licitação por lotes envolve a aglutinação de vários certames sob a regência de um só ato convocatório, envolvendo a formulação de propostas diversas e autônomas para cada um dos itens que compõem o edital (LGL, art. 23, § 1º). Isso pode se dar por motivos de economia ou em razão da dimensão da obra, ou mesmo para esti-

---

47. Adilson Abreu Dallari, *Aspectos Jurídicos da Licitação*, cit., 7ª ed., p. 11. Ampliar em: Carlos Pinto Coelho Motta, *Aplicação do Código Civil às Licitações e Contratos*, Belo Horizonte, Del Rey, 2004, pp. 236-241; Rodrigo Esteves de Oliveira, "Empresas em relação de grupo e contratação pública", *Revista de Contratos Públicos/RCP* 2/89-109, Coimbra, CEDIPRE, maio-agosto/2011.

48. Renato Mendes, *Lei de Licitações e Contratos Anotada*, 8ª ed., Curitiba, Zênite, 2011, p. 594, nota 1.834.

mular a concorrência *ex ante*. Por exemplo, a licitação para a construção de rodovia com grande extensão deve ser desdobrada em vários lotes, de molde a ampliar a participação e a competitividade, bem como a fim de possibilitar a perfeita execução do total da obra em curto espaço de tempo.

Nesse caso, o que se dá é a junção formal de várias licitações num só edital, que comporta propostas diversas para lotes diversos e julgamentos específicos (muitas vezes envolvendo a impossibilidade de o licitante vencedor prosseguir no certame, depois de sagrado vencedor num dos lotes). Não se pode dizer, *a priori*, que haverá quebra do sigilo das propostas, nem tampouco que será inviabilizada a competitividade.

Desta forma, é válida a participação da mesma empresa em mais de um consórcio numa mesma licitação, desde que em lotes (ou itens) diferentes e observados os limites expressos do edital.

6.6.8.12 *Responsabilidade solidária dos consorciados*

A LGL constitui *lei especial* em relação à Lei de Sociedades Anônimas. O que importa a definição de peculiaridades na regência específica dos consórcios, extraordinárias em face da legislação comercial (e civil). O legislador alterou o modo de regular os consórcios apenas quanto ao objetivo restrito e especial da sua participação em licitações públicas.

Nessa medida, o inciso V do art. 33 da LGL prevê uma garantia superlativa à Administração, através da "responsabilidade solidária dos integrantes pelos atos praticados em consórcio, tanto na fase de licitação quanto na de execução do contrato". Isto é: e ao contrário do previsto na Lei 6.404/1976, há regra de plena solidariedade entre os consorciados. Mais que isso: norma de ordem pública que é, essa solidariedade não é derrogável pela vontade das partes, e a Administração não pode a ela renunciar (através do edital, *v.g.*).

Ora, a solidariedade existe "quando, na mesma obrigação, concorre mais de um credor, ou mais de um devedor, cada um com direito, ou obrigado, à dívida toda" (CC, art. 264). Lendo-se o dispositivo nos termos da LGL: a apresentação da proposta através de consórcio de empresas implica a responsabilidade de todas e de cada uma delas por todos os atos praticados na licitação e na futura execução do contrato. Por exemplo, imagine-se um consórcio heterogêneo, formado por uma instituição financeira, uma empreiteira e uma empresa de TI/Tecnologia de Informação. Os danos porventura causados pela empresa de TI à execução do contrato serão integralmente apuráveis diretamente frente a qualquer um dos consorciados, de forma direta (excluindo-se a responsabilidade subsidiária).

No caso do inciso V do art. 33 a solidariedade emana diretamente da LGL, em consonância com a previsão do art. 265 do CC.[49] No mais, aplicam-se as regras civis quanto ao pagamento e à exigibilidade interna aos consorciados (art. 277 e 283).

Em específico no que respeita ao regime de solidariedade tributária, a Lei 12.402/2011 (*regula o cumprimento de obrigações tributárias por consórcios que realizarem contratações de pessoas jurídicas e físicas*) estabeleceu literalmente que as empresas integrantes de consórcio constituído nos termos do disposto nos arts. 278 e 279 da Lei 6.404/1976 "respondem pelos tributos devidos, em relação às operações praticadas pelo consórcio, na proporção de sua participação no empreendimento (...)" (art. 1º). O regime fixa que são de responsabilidade das empresas consorciadas, na exata proporção de sua participação no empreendimento, as obrigações tributárias em relação aos tributos federais devidos nas operações praticadas pelo consórcio (IRPJ, CSLL, PIS/PASEP e COFINS).

Porém, é permitido que se efetue a retenção na fonte de tributos federais e a entrega das respectivas obrigações acessórias, nas contratações de pessoas físicas e jurídicas, com ou sem vínculo empregatício, que o consórcio realize em nome próprio (o que abrange as contribuições previdenciárias patronais e as contribuições destinadas a outras entidades e fundos, além da multa por atraso no cumprimento das obrigações acessórias).

6.6.8.13 *Constituição e registro do consórcio prévios à assinatura do contrato*

Caso a licitação seja vencida por proposta apresentada por consórcio que havia celebrado apenas um termo de compromisso, ele fica

---

49. "Art. 265. A solidariedade não se presume, resulta da lei ou da vontade das partes."

obrigado a constituir o consórcio antes da celebração do contrato (LGL, art. 33, § 2º). O consórcio a ser constituído assemelha-se a uma *joint venture* ou a uma sociedade de propósito específico/SPE: trata-se da conjugação de esforços empresariais comuns com o fito de desempenhar determinada tarefa, usualmente num prazo certo.[50] Ou seja: envolve a coordenação de interesses empresariais não duradouros.

Nada impede que o consórcio vencedor venha a se transformar numa SPE *sponte propria* dos consorciados: extingue-se o consórcio, que é imediatamente sucedido em direitos e obrigações pela SPE (desde que mantidas as mesmas garantias, responsabilidades e condições técnicas da proposta vencedora). Altera-se o modo de constituição societária, mas permanece íntegro o resultado da licitação.

Porém, o edital não poderá exigir que o consórcio licitante se constitua numa empresa, a fim de firmar o contrato. A LGL não autoriza esse *plus*, que violaria o princípio da legalidade. Os consorciados não podem ser obrigados, exclusivamente pelo edital, a ir além da forma consorcial e formar nova empresa (pouco importa a forma societária).

A exceção (a confirmar a regra) está na Lei 8.987/1995, cujo art. 20 prevê de modo expresso a possibilidade de o ato convocatório impor a obrigatoriedade da constituição de empresa específica para a execução do serviço. Com lastro no edital, o concedente determina que o consórcio vencedor se constitua numa empresa (personalidade jurídica, patrimônio, sede, administração etc. próprios). Isso se explica devido ao fato de que as concessões, de ordinário, envolvem contratos com prazos muito longos: são investimentos de longa maturação, a exigir estabilidade subjetiva e objetiva durante décadas (por exemplo, o art. 19 da Lei 9.074/1995 dispõe acerca da *prorrogação* das concessões de energia elétrica então vigentes pelo prazo de até 20 anos). O que seria antitético ao conceito clássico de consórcio, que envolve a conjugação de interesses em curto ou, quando muito, em médio prazo – sem a permanência duradoura que

50. Sobre as SPEs e os contratos administrativos, ampliar em Egon Bockmann Moreira e Bernardo Strobel Guimarães, "Sociedades de Propósito Específico na Lei de PPP (considerações em torno do art. 9º da Lei 11.079/2004)", in Marçal Justen Filho e Rafael Wallbach Schwind (coords.), *Parcerias Público-Privadas: Reflexões sobre os 10 Anos da Lei 11.079/2004*, São Paulo, Ed. RT, 2015, pp. 493-5258; e Egon Bockmann Moreira, *Direito das Concessões de Serviço Público: Inteligência da Lei 8.987/1995 (Parte Geral)*, São Paulo, Malheiros Editores, 2010, pp. 104-108.

caracteriza a concessão de serviços públicos. O mesmo se diga da Lei 11.079/2004, cujo art. 9º determina a obrigatoriedade de o consórcio constituir-se numa sociedade antes da assinatura do contrato de PPP.

De qualquer modo, na LGL o consórcio vencedor deverá ser formalmente constituído e registrado *antes* da assinatura do contrato administrativo (o mesmo se diga para a eventual SPE). O registro deverá ser feito na respectiva Junta Comercial, nos termos da Lei de Registros Públicos de Empresas Mercantis (Lei 8.934/1994, art. 32, II, "b", regulamentada pela Instrução Normativa 74/1998 do Departamento Nacional de Registro do Comércio/DNRC).

Daí a necessidade de lapso razoável entre a divulgação do resultado final da licitação e a celebração do respectivo contrato, a fim de que o consórcio tenha condições operacionais de promover a respectiva constituição e o registro. De qualquer forma, caso se dê eventual atraso em decorrência de fato de terceiro (procedimento burocrático frente à Junta Comercial, por exemplo), o consórcio vencedor não poderá ser penalizado por isso – cabendo a proporcional dilação do prazo para a celebração do contrato administrativo.

Note-se que o termo de compromisso tem a natureza jurídica de contrato preliminar, submetido a condição específica (a vitória na licitação). O que gera desdobramentos quanto aos deveres e obrigações dos promitentes-consorciados e da Administração. Em relação à Administração incide uma *proibição legal*: ela está impedida de assinar o contrato caso o consórcio não seja constituído e registrado (ou a SPE superveniente). Há o dever de apenas assinar o contrato com o grupo horizontal de empresas, observados os estreitos limites do termo de compromisso, da proposta e do edital. Não há alternativa discricionária: a não constituição e registro equivale à recusa em assinar o contrato, incidindo o art. 81 da LGL.

Quanto às empresas promitentes-consorciadas, a vitória na licitação tem a natureza jurídica de uma condição, com incidência não só do art. 121 do CC.[51] Internamente para os licitantes, a implementação da condição instaura a possibilidade de exigência recíproca do termo

---

51. "Art. 121. Considera-se condição a cláusula que, derivando exclusivamente da vontade das partes, subordina o efeito do negócio jurídico a um fato futuro e incerto."

de compromisso, com aplicação do princípio da boa-fé objetiva. Isto é, *inter partes*, torna-se possível exigir que seja firmado o documento constitutivo do consórcio. Caso haja recusa, incide o art. 465 do CC (perdas e danos). Não parece possível a incidência do art. 464 do mesmo diploma (o juiz suprindo a vontade da parte inadimplente), pois a isso se opõe a natureza da obrigação.[52]

6.6.9 Habilitação jurídica e flexibilização do formalismo

Não seria ocioso pontuar que, relativamente ao exame da habilitação jurídica, a Administração Pública deve evitar interpretação excessivamente rigorosa e formalista, excluindo da disputa licitantes cuja documentação apresentada revele defeitos sanáveis. Como já julgou o STJ, "o formalismo no procedimento licitatório não significa que se possa desclassificar propostas eivadas de simples omissões ou defeitos irrelevantes" (MS 5.418, Min. Demócrito Reinaldo, *DJU* 1.6.1998).

Aplica-se, aqui, o princípio da moderação do formalismo. Não raro a documentação de habilitação jurídica poderá revelar problemas formais, erros materiais etc., o que deverá ser relevado para o exame de conformidade com o edital, desde que o suprimento do defeito não importe prejuízo para a disputa ou para a Administração.

Eventualmente, mesmo a falta de documentos exigidos, neste particular, poderá ser suprida por meio de diligências ou durante a fase de recurso, sem prejuízo à licitação. Se a documentação revelar a regularidade jurídica do licitante desde o momento em que esta deveria ter sido apresentada, não há razão jurídica forte o suficiente para excluir o licitante da disputa. Com isso prestigia-se o princípio da maior vantagem à Administração, fim primeiro do processo de licitação.

Afinal, o STJ entende que "rigorismos formais extremos e exigências inúteis não podem conduzir a interpretação contrária à finalidade

52. O que pode instalar cogitações a propósito da alteração subjetiva do consórcio vencedor. Para aprofundar o tema, em especial no que respeita a contratos, v. Floriano de Azevedo Marques Neto e Carlos Eduardo Bergamini Cunha, "A possibilidade jurídica de alteração da configuração de consórcio de empresas contratado pela Administração Pública", *RCP* 1/141-167, Belo Horizonte, Fórum, março-agosto/2012.

da lei, notadamente em se tratando de concorrência pública do tipo menor preço, na qual a existência de vários interessados é benéfica, na exata medida em que facilita a escolha da proposta efetivamente mais vantajosa (Lei n. 8.666/1993, art. 3º)".[53]

6.7 Regularidade fiscal

A exigência de demonstração da *regularidade fiscal* destina-se a comprovar que o interessado está em dia com todas as suas obrigações tributárias e correlatas, tal como elencadas no art. 29 da LGL (inscrição no CPF ou no CNPJ; inscrição no Cadastro de Contribuintes estadual e/ou municipal; regularidade com a Fazenda federal, estadual e municipal; regularidade com o Fundo de Garantia por Tempo de Serviço/FGTS e a Seguridade Social; inexistência de débitos inadimplidos perante a Justiça do Trabalho – esta última exigência incluída pela Lei 12.440/2011).

Mas sublinhe-se que o art. 29 da LGL fala em *regularidade* com o Fisco, não em inexistência de débitos fiscais (e/ou correlatos). Isto significa dizer que débitos em discussão administrativa ou judicial, ou mesmo objeto de parcelamentos, não podem corresponder a "irregularidades fiscais" para fins de habilitação. O STJ assim já decidiu: "Se a empresa tem contra si execução fiscal, mas não se nega a pagar e indica bens à penhora para discutir a dívida, não há, ainda, inadimplência".[54]

Outro ponto de significativa importância diz respeito à ineficiência administrativa quanto à expedição da certidão e as respectivas consequências frente às licitações. Isto é: no caso de o interessado estar em situação fiscal regular, protocolar tempestivamente seu pedido de certidão, mas a Administração não cumprir os prazos legais e deixar de lavrar o documento em prazo hábil. Para estas hipóteses, sobremodo tendo em vista a previsão do art. 205 do CTN – que fixa o prazo peremptório de 10 dias para o fornecimento da certidão –, o interessado não pode arcar com os ônus da inércia administrativa e do descumpri-

---

53. STJ, REsp 797.170-MT, Min. Denise Arruda, *DJU* 7.11.2006.
54. STJ, REsp 425.400-MG, Min. Eliana Calmon, *DJU* 8.9.2003. Afinal, o mesmo STJ já decidiu que: "Não há que se negar o fornecimento de certidão negativa se o débito encontra-se parcelado e vem sendo regularmente pago" (RESP/AgR 23.518-SC, Min. Garcia Vieira, *DJU* 24.4.2000).

mento do ato vinculado: tem ele o direito subjetivo de participar da licitação, desde que comprove sua diligência e sob a condição de apresentar, assim que possível, o documento.[55]

Mas note-se que – como advertiu Celso Antônio Bandeira de Mello – "a Administração, ao examinar regularidade fiscal, está adstrita a agir com prudência, alinhada com a preocupação de evitar eliminação desnecessária de concorrentes. Por isto mesmo débitos fiscais de pequena monta em relação ao patrimônio e disponibilidades do afluente ao certame licitatório e ao montante de compromisso que se propõe a assumir não podem, de modo algum, ser tidos como causa de inabilitação, seja porque nada têm a ver com a segurança do negócio, único bem jurídico que, a teor da Constituição, autorizaria restrições aos eventuais candidatos, seja porque implicariam constrangimento inconstitucional aos supra-aludidos direitos".[56]

6.7.1 Regularidade fiscal tardia para microempresas/ME e empresas de pequeno porte/EPP

A Lei Complementar 123/2006 assegurou às microempresas e empresas de pequeno porte a possibilidade da *regularidade fiscal tardia*. Trata-se da faculdade que têm tais empresas de comprovar sua regularidade fiscal apenas para efeito de assinatura do contrato. Isto é: relativamente às empresas assim qualificadas não será exigível a demonstração de sua regularidade fiscal na fase própria da licitação (fase de habilitação), mas apenas após a conclusão do certame, ainda que antes da assinatura do contrato.

O tema merece algum aprofundamento.

---

55. No mesmo sentido: Maria Fernanda Pires de Carvalho Pereira, "Da impossibilidade de inabilitação do licitante por não apresentação de certidão de regularidade fiscal quando a ausência do documento não puder ser debitada à licitante", in Cristiana Fortini, Maria Fernanda Pires de Carvalho Pereira e Tatiana Martins da Costa Camargo, *Licitações e Contratos: Aspectos Relevantes*, 2ª ed., Belo Horizonte, Fórum, 2008, pp. 123-127.

56. Celso Antônio Bandeira de Mello, "Regularidade fiscal nas licitações", *RTDP* 21/11, São Paulo, Malheiros Editores, 1998.

6.7.1.1 *A Lei Complementar 123/2006*

A Lei Complementar 123/2006, em consonância com os arts. 146 (alínea "d" do inciso III), 170 (inciso IX) e 174 da CF, estabeleceu tratamento jurídico favorecido e diferenciado para as microempresas e empresas de pequeno porte no que diz com a apuração e recolhimento de tributos, com o cumprimento de obrigações trabalhistas e previdenciárias e com o acesso ao crédito e aos mercados.[57] Neste propósito, prescreveu-lhes disciplina favorecida nas licitações para aquisição de bens e serviços pela Administração.

Em relação às licitações, a Lei Complementar 123/2006 outorgou às microempresas e empresas de pequeno porte benefícios de três ordens: (i) a possibilidade de regularização fiscal extemporânea (arts. 42 e 43 da lei complementar; art. 4º do Decreto 6.204/2007); (ii) a faculdade de oferecer desconto em sua proposta comercial de modo a cobrir a proposta mais bem classificada no certame, desde que configurado o empate ficto (arts. 44 e 45 da lei complementar; art. 5º do decreto); (iii) as licitações exclusivas para microempresas ou empresas de pequeno porte, ou que exijam o compromisso de subcontratação destas como condição de participação (arts. 47, 48 e 49 da lei complementar; arts. 8º, 9º e 10 do decreto).

É relevante observar que as regras atinentes à licitação previstas na Lei Complementar 123/2006, ainda que veiculadas por via de lei complementar, têm natureza de lei ordinária. É que a disciplina acerca de licitação e contratação administrativa não está reservada constitucionalmente à lei complementar. Tal como prescrito pelo inciso XXVI do art. 22 da CF, cabe à União, mediante a edição de lei ordinária, a disciplina do tema por via de normas gerais (*privativamente*). Deve-se reputar, então, que tais normas, ainda que formalmente veiculadas por meio de lei complementar, afiguram-se materialmente como lei ordinária.

A ressalva é útil para o enfrentamento de futuras alterações na disciplina prescrita pela Lei Complementar 123/2006 no tocante às licitações. Sendo lei (materialmente) ordinária, bastará o cumprimento dos requisitos (de quórum, principalmente) próprios de lei ordinária para

---

57. A propósito do percurso legislativo da Lei Complementar 123/2006, v. André Rosilho, *Licitação no Brasil*, São Paulo, Malheiros Editores/*sbdp*, 2013, pp. 180-182.

proceder-se à modificação legislativa.[58] Tal significa que lei ordinária posterior terá dignidade legislativa suficiente para modificar a disciplina do tema – o que se produzirá à luz do princípio da anterioridade.

6.7.1.2 A (des)necessidade de regulamentação

O tema mereceu regulamentação pelo Decreto federal 6.204/2007. Trata-se de regulamentação restrita ao âmbito federal e, nesta seara, ao Poder Executivo.[59] Caberá aos demais Poderes da União, assim como aos demais entes federados, prover sua regulamentação específica acerca do tema.

De todo modo, os benefícios da (i) regularidade fiscal extemporânea e do (ii) desconto na proposta de preço para cobrir a proposta mais vantajosa são autoaplicáveis e devem ser assegurados a toda ME ou EPP que, nesta condição, participe de licitação, ainda que assim não preveja o instrumento convocatório. São, portanto, direitos que independem de regulamentação de qualquer natureza para sua efetivação.

Contudo, é até conveniente a regulamentação pelo ente interessado em delimitar de modo mais exato as questões associadas ao exercício destes benefícios (como, por exemplo, o momento de comprovação da qualidade de ME ou de EPP; a documentação individualmente exigida para a qualificação; as condições à prorrogabilidade do prazo de regularização fiscal extemporânea; etc.).

---

58. Como já está consolidado na jurisprudência do STF: "Sociedade civil de prestação de serviços profissionais relativos ao exercício de profissão legalmente regulamentada – COFINS – Modalidade de contribuição social – Outorga de isenção por lei complementar (Lei Complementar n. 70/1991) – Matéria não submetida à reserva constitucional de lei complementar – Consequente possibilidade de utilização de lei ordinária (Lei n. 9.430/1996) para revogar, de modo válido, a isenção anteriormente concedida pela Lei Complementar n. 70/1991 – Inexistência de violação constitucional – Questão concernente às relações entre a lei complementar e a lei ordinária – Inexistência de vínculo hierárquico-normativo entre a lei complementar e a lei ordinária – Espécies legislativas que possuem campos de atuação materialmente distintos – Doutrina – Precedentes (STF) – Nova orientação jurisprudencial firmada pelo Plenário do STF" (AI/AgR/ED/ED 467.822, Min. Celso de Mello, DJe 4.10.2011).

59. É o que reza o parágrafo único do art. 1º do Decreto 6.204/2007, que assim dispõe: "Subordinam-se ao disposto neste Decreto, além dos órgãos da Administração Pública federal direta, os fundos especiais, as autarquias, as fundações públicas, as empresas públicas, as sociedades de economia mista e as demais entidades controladas direta ou indiretamente pela União".

Já, a possibilidade de licitações diferenciadas dependerá de explícita previsão legislativa e regulamentar pelo ente interessado. A dicção expressa do art. 47 da Lei Complementar 123/2006 condiciona sua efetivação a previsão e regulamentação na legislação do respectivo ente.[60]

6.7.1.3 A regularização fiscal tardia

Os arts. 42 e 43 da Lei Complementar 123/2006 asseguram às microempresas e empresas de pequeno porte a possibilidade de comprovar sua regularidade fiscal na licitação apenas para efeito de assinatura do contrato.

Trata-se do direito de obter a regularização fiscal após a declaração de que venceram a licitação, mas ainda antes da assinatura do contrato administrativo.

Se com a documentação de regularidade fiscal devidamente apresentada pela ME ou EPP no prazo estabelecido pelo instrumento convocatório da licitação se verificar alguma restrição, ser-lhes-á concedido o prazo de dois dias úteis (prorrogáveis por igual período, desde que solicitado pelo licitante) para a regularização.

6.7.1.4 O prazo para a regularização fiscal

O prazo para a regularização se contará do momento em que a ME ou EPP for declarada vencedora da licitação, o que ocorrerá imediatamente após o julgamento das propostas, exceto na modalidade de pregão ou nas demais modalidades que se utilizarem da inversão de fases, quando se procederá à declaração do vencedor imediatamente após a fase de habilitação.[61]

---

60. "Art. 47. Nas contratações públicas da União, dos Estados e dos Municípios, poderá ser concedido tratamento diferenciado e simplificado para as microempresas e empresas de pequeno porte objetivando a promoção do desenvolvimento econômico e social no âmbito municipal e regional, a ampliação da eficiência das políticas públicas e o incentivo à inovação tecnológica, desde que previsto e regulamentado na legislação do respectivo ente."

61. Marçal Justen Filho observa que os benefícios da micro e pequena empresa não poderão ser exercitáveis sob as modalidades de *leilão* e de *concurso*, eis que não existe, para elas, vínculo de pertinência entre a condição de micro ou pequena empresa e o objeto licitado (*O Estatuto da Microempresa e as Licitações Públicas*, 2ª ed., São Paulo, Dialética, 2007, p. 23).

Referido prazo poderá ser prorrogado pela Administração por igual período, desde que assim solicitado pelo licitante. Ao que se depreende da disposição literal da norma, a prorrogação poderá ocorrer uma única vez, mediante solicitação. Por evidente, o pedido só pode ser eficaz desde que o prazo esteja em curso: caso formulado depois de vencido o lapso previsto em lei, nada mais há para ser prorrogado.

Note-se que o Decreto 6.204/2007 foi além da Lei Complementar 123/2006 e impôs a *obrigatoriedade* na aceitação da solicitação de prorrogação pelo prazo de dois dias úteis, exceto quando exista urgência na contratação ou prazo insuficiente para o empenho, devidamente justificados (§ 3º do art. 4º).

6.7.1.5 *A falta de regularização pela microempresa ou pela empresa de pequeno porte no prazo estabelecido: decadência do direito de contratar e sujeição a sanção administrativa*

Tal como definido no § 2º do art. 43 da Lei Complementar 123/2006, a não regularização da documentação no prazo estabelecido e eventualmente prorrogado implicará a *decadência* do direito à contratação, sem prejuízo das sanções previstas no art. 87 da LGL, configurando-se a hipótese do art. 81 da mesma lei.

Isto é: ao ressalvar a aplicabilidade do art. 81 da LGL, a Lei Complementar 123/2006 equiparou a falta de regularização fiscal pela ME ou EPP no exercício do benefício aludido acima à hipótese de "descumprimento total da obrigação", sujeitando-as às sanções do art. 87 da LGL (advertência; multa, suspensão do direito de licitar por até dois anos; declaração de inidoneidade).

6.7.1.6 *A convocação dos licitantes remanescentes*

A Lei Complementar 123/2006 facultou à Administração a convocação dos licitantes remanescentes, na ordem de classificação, para a assinatura do contrato. Caso, portanto, a ME ou EPP deixe de proceder à regularização de sua pendência fiscal, caberá à Administração a convocação dos demais licitantes, obedecida a ordem classificatória.

6.7.1.7 A ressalva quanto à revogabilidade da licitação

O § 2º do art. 43 da Lei Complementar 123/2006 ressalvou, ainda, a possibilidade de *revogação* da licitação. Mas é evidente que tal que só poderá ocorrer desde que verificados os pressupostos estabelecidos no art. 49 da LGL.

Não se afigura que o referido § 2º tenha criado uma nova hipótese de revogação, a partir da verificação da falta de regularização fiscal da ME ou EPP. Esta interpretação dissocia-se da sistemática da legislação que rege as licitações, ao criar uma exceção injustificada à regra geral. Não faria sentido excepcionar da regra geral do art. 49 a revogação decorrente do mau uso do benefício por uma ME ou EPP. Inclusive porque não há qualquer razão aparente que justifique o tratamento singularizado da hipótese. O mau uso daquele benefício não é apto a comprometer a continuidade da licitação ou a tornar indesejada, por qualquer razão, a contratação buscada.

Bem por isso, reputa-se que a hipótese de revogação deve prender-se aos requisitos explicitamente referidos no art. 49 da LGL.

6.7.1.8 O dever de apresentar documentação fiscal na fase própria da licitação

A outorga da possibilidade de regularização fiscal tardia não subtrai o dever de a ME ou EPP apresentar a documentação fiscal exigida na fase própria da licitação.

Ou seja: por ocasião da apresentação dos envelopes de habilitação deverá a licitante produzir toda a documentação fiscal exigida pelo instrumento convocatório, ainda que seu conteúdo revele restrições ou a ausência de situação fiscal propícia à contratação. O que se faculta, então, não é a não produção da documentação exigida (permitindo o conhecimento acerca da situação fiscal da licitante), mas a participação da ME ou EPP na licitação ainda que a referida documentação não retrate a regularidade fiscal exigida no instrumento convocatório.

O afirmado acima revela que defeitos atinentes à *validade* da documentação fiscal exigida no instrumento convocatório não estarão relevados pela invocação do benefício previsto no art. 43 da Lei Complementar 123/2006. Um documento inexistente, tecnicamente imperfeito ou destituído das condições mínimas de validade (por exemplo: com data de validade vencida) poderá, em princípio, caracterizar descumprimento das exigências de regularidade fiscal, inviável de ser evitado pelo exercício do direito previsto no referido art. 43.

É verdade que situação desta ordem poderá ser corrigida – com a preservação da participação da licitante na disputa – sob outros fundamentos. Trata-se de invocar o princípio do *formalismo moderado* para a superação de defeitos de menor monta, garantindo-se a participação da licitante e a maior vantagem à Administração. Diligências, por igual, poderão ser usadas como instrumento de correção de defeitos e aclaramento de conteúdo na documentação produzida, inclusive na documentação fazendária. Tudo conforme estabelece o § 3º do art. 43 da LGL (v., abaixo, § 7.6). Mas tais expedientes não decorrem da previsão do art. 43 da Lei Complementar 123/2006, sendo aplicáveis generalizadamente a todos os licitantes.

6.8 Habilitação técnica

Não se podem conceber contratações com a Administração Pública desprovidas de avaliação acerca da *capacitação técnica* dos executores. A exigência descende de vários princípios que informam a atividade administrativa, sobretudo dos da *melhor administração* e da *salvaguarda do interesse geral*. Tem sede constitucional, a teor do inciso XXI do art. 37 da Lei Fundamental. A capacitação técnica do cocontratante há de ser necessariamente aferida pela Administração segundo critérios previamente definidos no edital de licitação, nos termos do art. 30 da LGL.

Como consignou Flávio Amaral Garcia, a qualificação técnica visa a proteger o *valor segurança* da contratação, pois seu objetivo "é verificar se o licitante possui *aptidão, conhecimento, equipamento* e *experiência* para executar o objeto contratual".[62] Assim – e muito embora o princípio da concorrência estimule a entrada de novos interessados no mercado da contratação pública –, fato é que não se pode avaliar a aptidão dos futuros contratados caso estes não sejam aptos a demonstrar um mínimo de experiência quanto ao objeto do futuro contrato.

---

62. Flávio Amaral Garcia, *Licitações e Contratos Administrativos*, 3ª ed., Rio de Janeiro, Lumen Juris, 2010, p. 35. Ou, como escreveu Celso Antônio Bandeira de Mello: "A qualificação, quanto à *capacidade técnica*, concerne à averiguação da idoneidade subjetiva do licitante para cumprir operacionalmente os encargos relativos ao objeto licitado" (*Licitação*, cit., 1ª ed., 2ª tir., p. 50).

Pois esse exame produz-se na fase de habilitação, cingindo-se à aferição de condições pessoais do licitante para contratar com a Administração. Envolve, além do exame de suficiência de experiência técnica, a demonstração de regularidade profissional acerca das atividades inerentes ao objeto da contratação.

6.8.1 A habilitação técnica é mera aferição com cunho eliminatório

O exame de habilitação técnica é de *mera aferição* das condições pessoais do licitante, apta a demonstrar sua perícia no que respeita ao conjunto de métodos e procedimentos da respectiva atividade profissional. Tem, por isso, *caráter eliminatório*. Os licitantes que demonstrarem o atendimento às exigências de habilitação técnica e forem habilitados prosseguirão na licitação; os demais serão excluídos da disputa.

Logo, esta *aferição* não se confunde com a *avaliação* que, nas licitações do tipo técnica e preço e melhor técnica, ordena a classificação de propostas técnicas. Nestas hipóteses há um juízo de avaliação de propostas, produzindo-se a respectiva classificação segundo a ordem de pontuação. Ao contrário, no julgamento da habilitação técnica – como se dá nos demais requisitos de habilitação – o juízo é eliminatório, e não classificatório. O não atendimento da exigência acarreta a exclusão do licitante, assim como o atendimento sobejante em nada colabora para as fases subsequentes.

6.8.2 Rol de exigências de habilitação técnica

As *exigências de habilitação técnica* compreendem: (i) registro na entidade profissional competente; (ii) demonstração de aptidão para a execução do objeto, o que envolve: (ii.a) capacitação técnico-operacional; (ii.b) capacitação técnico-profissional; (ii.c) indicação das instalações e do aparelhamento necessários à execução do contrato; (ii.d) indicação e qualificação do pessoal técnico adequado e disponível para a execução do objeto; (iii) declaração de recebimento dos documentos e, quando exigido, de conhecimento de todas as informações e das condições locais para o cumprimento das obrigações objeto da licitação; (iv) metodologia de execução, quando exigida.

A depender do certame, todas estas demonstrações podem ser previstas, inclusive de modo cumulativo, pelo instrumento convocatório como exigências de habilitação técnica.

6.8.3 Registro na entidade profissional competente

Dentre as exigências possíveis de habilitação técnica está o *registro do licitante* (e de seus profissionais que atuarão na execução do objeto) na *entidade profissional competente*. Trata-se da demonstração de que o licitante detém o registro (ou inscrição) junto à entidade dotada de competência para a regulação e fiscalização profissional em sua área de atuação.

A despeito de a norma do art. 30 da LGL não determinar a obrigatoriedade da exigência para fins da licitação (visto que o rol de requisitos ali previstos é máximo, e não mínimo), haverá situações em que o registro profissional junto à entidade competente é imposto pela legislação de regulamentação profissional. Nestas situações, a estipulação do requisito pelo instrumento convocatório será obrigatória, porquanto consistirá numa demonstração de condição jurídica necessária para a execução do contrato.

É o que se passa, por exemplo, com as profissões de Engenharia[63] e Agronomia ou de Arquitetura. Nenhuma empresa atuante nestas áreas profissionais poderá iniciar suas atividades sem que proceda ao registro ou cadastro, conforme o caso, junto aos Conselhos Regionais de Engenharia e Agronomia-CREA[64] ou de Arquitetura-CAU.[65] A questão está também regulamentada pela Resolução 336/1989 (CONFEA).[66]

---

63. Sobre o Sistema CREA/CONFEA e sua aplicabilidade às licitações públicas, v. o exame minucioso de Rolf Dieter Oskar Friedrich Bräunert, *Como Licitar Obras e Serviços de Engenharia*, 2ª ed., Belo Horizonte, Fórum, 2010, pp. 32-56.
64. Lei 5.194/1996: "Art. 59. As firmas, sociedades, associações, companhias, cooperativas e empresas em geral, que se organizem para executar obras ou serviços relacionados na forma estabelecida nesta Lei, só poderão iniciar suas atividades depois de promoverem o competente registro nos Conselhos Regionais, bem como o dos profissionais do seu quadro técnico."
65. Lei 12.378, de 31.12.2010: "Sociedade de arquitetos e urbanistas: Art. 10. Os arquitetos e urbanistas, juntamente com outros profissionais, poder-se-ão reunir em sociedade de prestação de serviços de arquitetura e urbanismo, nos termos das normas de direito privado, desta Lei e do Regimento Geral do CAU/BR. Parágrafo único. Sem prejuízo do registro e aprovação pelo órgão competente, a sociedade que preste serviços de arquitetura e urbanismo dever-se-á cadastrar no CAU da sua sede, o qual enviará as informações ao CAU/BR para fins de composição de cadastro unificado nacionalmente".
66. "Art. 3º. O registro de pessoa jurídica é ato obrigatório de inscrição no Conselho Regional de Engenharia, Arquitetura e Agronomia onde ela inicia suas atividades profissionais no campo técnico da Engenharia, Arquitetura, Agronomia, Geologia, Geografia ou Meteorologia."

O mesmo se diga quanto à contratação de advogados ou escritórios de Advocacia: para exercer a profissão, ambos precisam estar inscritos na Ordem dos Advogados do Brasil/OAB, nos termos dos arts. 8º e 15 da Lei 8.906/1994.

Já, nos casos em que não houver previsão legal de registro em determinada entidade de fiscalização como condicionante para o exercício profissional, a exigência não será obrigatória para fins da licitação. Caberá à Administração avaliar a forma de demonstração da regularidade profissional.

6.8.4 Capacitação técnico-operacional

No rol das exigências vocacionadas a aferir a aptidão técnica do licitante à execução do objeto está a *capacitação técnico-operacional*. A despeito da falta de referência explícita a esta espécie de qualificação pela norma do art. 30 da LGL, ela vem sendo admitida historicamente pela doutrina e pela jurisprudência.

Isto é: não basta ao interessado demonstrar que poderia, em tese, executar o serviço, mas é necessário provar que dispõe de todos os elementos técnicos e empresariais que efetivamente o habilitem a cumprir com perfeição o objeto do contrato."Assim sendo – escreveu Geraldo Ataliba –, vê-se que são igualmente importantes a presença de profissionais habilitados e a *capacidade gerencial da empresa*. São igualmente essenciais os atestados de clientes, alusivos ao desempenho anterior, assim como a demonstração de capacidade financeira e econômica da empresa. Verifica-se, assim, que a própria Administração federal – por estas normas – reconhece que o desempenho do trabalho de engenharia não se faz simplesmente pela existência e atuação de profissionais, mas pela soma dos fatores: (1) presença de profissionais habilitados, (2) instrumental e equipamentos, (3) capacidade, idoneidade e organização da própria empresa".[67]

67. Geraldo Ataliba, "Licitação – Acervo ou cabedal técnico e engenharia", *RDP* 41-42/136, São Paulo, janeiro-junho/1977. Ou, em termos mais restritos, como consignou Rolf Dieter Oskar Friedrich Bräunert a propósito da resolução do CONFEA que disciplina o acervo técnico profissional: "A capacidade técnico-operacional de uma pessoa jurídica é representada pelo conjunto dos acervos técnicos dos profissionais integrantes de seu quadro técnico" (*Como Licitar Obras e Serviços de Engenha-*

Em termos sumários, a *qualificação técnico-operacional* traduz-se na capacitação específica do ente ofertante para o desempenho autônomo de tarefas semelhantes e/ou idênticas àquela licitada. Trata-se da experiência técnica adquirida pela pessoa proponente como organização (empresarial) de gestão. Não se resume à perícia dos profissionais vinculados ao proponente, mas retrata seu acervo empresarial, mediante atestados fornecidos por pessoa de direito público ou privado que demonstrem a prévia execução de objeto similar ao licitado, em características, quantidades e prazos, nos termos do inciso II do art. 30 da LGL.

Este requisito de qualificação retrata a complexa capacitação organizacional do proponente, a qual transcende a soma da capacitação individual dos profissionais integrantes de seus quadros. Não se reduz a capacidade técnico-operacional ao conjunto de acervos de seus profissionais habilitados. Trata-se de capacidade operativa que decorre da aptidão do aparato empresarial para (inclusive) gerir e organizar suas atividades profissionais com vistas à produção de resultados. Pois esses resultados – que, uma vez ocorridos, se constituem em experiência atestável – retratam não o mero somatório do desempenho individual dos profissionais vinculados à empresa, mas derivam de outros atributos inerentes à gestão empresarial.

6.8.4.1 A capacitação técnico-operacional e os atestados de experiência técnica

A capacitação técnico-operacional *para obras e serviços* será sempre demonstrada mediante atestados fornecidos por pessoa de direito público ou privado, devidamente registrados nas entidades profissionais competentes.

Já, a capacitação técnico-operacional para *fornecimento* será demonstrada mediante atestados simplificados (sem necessidade de registro – inclusive porque a atividade não perfaz um campo profissional específico que se submeta à fiscalização) fornecidos por pessoa de direito público ou privado.

ria, cit., 2ª ed., p. 54). Isto é: uma coisa é a capacidade técnico-operacional no sentido amplo previsto na LGL, outra, o acervo técnico profissional da pessoa jurídica – definido em termos da resolução do CONFEA.

O atestado consiste na formalização de declaração fornecida pela entidade tomadora da obra, do serviço ou do fornecimento que reconheça sua plena execução pelo contratado. Tem natureza declaratória, pois apenas consigna o que de fato ocorreu, nos termos da regulação normativa relativa àquela atividade empresarial. Esta declaração deverá veicular a integralidade das informações necessárias e pertinentes ao reconhecimento da execução do objeto contratado, permitindo a identificação de todos os aspectos qualitativos e qualitativos inerentes.

É evidente que eventuais omissões nos atestados, que impeçam a identificação de todas as características qualitativas e quantitativas exigidas pelo edital de licitação, não poderão acarretar, de plano, a inabilitação da licitante. O atestado geralmente é fornecido ao término da execução de determinado contrato, sendo, então, documento preexistente ao lançamento da licitação. Não se trata de declaração confeccionada de modo customizado para atender a certa licitação (mas nada impede que o seja).

Bem por isso, certos atestados podem deixar de veicular informações mais específicas, por vezes exigidas pelos editais e, por isso, necessárias à formação do juízo de habilitação. Nestas hipóteses a Administração deverá lançar mão das diligências previstas no § 3º do art. 43 da LGL como via para suplementar as informações faltantes, permitindo-se, então, a formação de juízo seguro sobre a habilitação técnica do licitante.

Os atestados devem, como regra, ser registrados na entidade profissional detentora da atribuição de regulação e fiscalização da atividade desempenhada. Caberá, neste particular, verificar a normatividade própria do setor. Há certas atividades ainda não regulamentadas (cuja execução profissional não está sujeita a fiscalização de entidade específica), para as quais não será exigível o registro referido no § 1º do art. 30 da LGL.

Vale lembrar que, conforme estabelecido pelo § 4º do art. 30 da LGL, nas licitações para fornecimento de bens não será exigido registro dos atestados de aptidão técnica. Não faria maior sentido exigir registro para atestados obtidos em fornecimento, inclusive porque tal não perfaz um campo profissional específico que se submeta a fiscalização. Em muitos casos nem sequer será adequado exigir atestado para fornecimento.

6.8.4.2 *Os atestados poderão ser fornecidos por pessoa de direito público ou privado*

Vale notar que a norma admitiu a demonstração da capacitação mediante atestados fornecidos por pessoa de direito *público* ou *privado*. Isso significa a impossibilidade de restringir a demonstração a atestados passados por pessoa de direito público, mesmo nos casos em que o objeto seja de utilização praticamente exclusiva pela Administração (por exemplo: serviços de gerenciamento de equipamentos de captação de imagens para monitoramento do trânsito) – o que poderia conduzir ao reconhecimento de que apenas pessoas contratadas pelas Administrações Públicas poderiam adquirir a experiência desejada. A pressuposição é equivocada, uma vez que pessoas não contratadas pela Administração poderão adquirir a experiência técnica pela via da subcontratação – ou pela execução de serviços e/ou obras equivalentes para a iniciativa privada.

A preocupação que aqui avulta diz respeito à legitimidade da pessoa de direito privado que emite os atestados, bem como à fidedignidade dos mesmos. Afinal, trata-se de documento demonstrativo da experiência e *expertise* técnica do proponente, de cuja leitura se infere que ele sabe desempenhar o objeto da futura contratação pública.

Caso haja qualquer ordem de dúvida consistente, a Administração deverá baixar em diligência.

6.8.4.3 *O conteúdo da capacitação técnico-operacional: ângulos qualitativo e quantitativo*

A capacitação técnico-operacional pode ser avaliada pela Administração sob os ângulos *qualitativo* e *quantitativo*.

Sob o *ângulo qualitativo*, significará a demonstração de experiência técnica nas *parcelas de maior relevância* do objeto ou de *valor significativo*. Trata-se de aferição da realização pretérita de objeto com exigências e atributos equivalentes. O proponente precisa demonstrar que já executou a contento uma contratação anterior cujas características mais expressivas sejam equiparáveis ou semelhantes à da atual licitação. É, por exemplo, a demonstração de que já executou a construção de uma quadra de esportes para candidatar-se à contratação com o mesmo objeto; ou se já realizou atividades de escavação subterrânea em áreas urbanas (muito mais complexas que as rurais). Para todas estas hipóteses a LGL estabeleceu delimitação às parcelas de maior relevância técnica ou de valor significativo (§ 2º do art. 30).

Já, a qualificação técnica visualizada sob uma perspectiva *quantitativa* significa a demonstração de experiência técnica numericamente proporcionada à dimensão do objeto. Para ficar com o exemplo da quadra esportiva, será a exigência de demonstração de que os licitantes já executaram a construção de quadra esportiva com certa metragem quadrada, supondo-se contratação com objeto de dimensão equivalente. Se é certo que a Administração jamais poderá preceituar quantidades mais exigentes que aquelas tiradas da dimensão do objeto licitado, sempre poderá estabelecer quantidades compatíveis e adequadamente proporcionadas ao objeto e à experiência requerida para a execução daquele contrato.

Estes dois ângulos da qualificação técnica permitem falar em qualificação técnica *qualitativa* e qualificação técnica *quantitativa*. A distinção tem relevância didática, com vistas a explicar a diferença de tratamento jurídico existente para cada uma das hipóteses – ainda que, na prática, as exigências veiculem-se quase sempre integradas numa mesma norma editalícia.

6.8.4.4 *A capacitação técnica (operacional e profissional) adstrita às parcelas de maior relevância e de valor significativo*

Deve-se ressaltar que a extensão da exigência de capacitação técnico-operacional não poderá alcançar aspectos tecnicamente desimportantes do objeto licitado, sob pena de se configurar cláusula restritiva do universo de ofertantes. Ainda que o inciso I do § 1º do art. 30 da LGL não veicule disciplina automaticamente aplicável à capacitação técnico-operacional, por estar endereçado à capacitação técnico-profissional, a delimitação do conteúdo do preceito da capacitação técnico-operacional às parcelas de maior relevância e de valor significativo é decorrência do princípio constitucional da universalidade da licitação.

Tal significa restrição à liberdade estipulativa da Administração quanto à definição das exigências de capacitação técnica. Não é lícito o dimensionamento ampliado da experiência técnica do licitante. Aspectos qualitativos do objeto que não se configurem como aqueles de maior relevância (seja pela sua relevância técnica ou por seu valor significativo) não poderão ser transplantados para as exigências de capacitação técnica.

O edital de licitação *deverá* delimitar exatamente tais parcelas, excluídos os aspectos tecnicamente desimportantes para fins da demonstração de aptidão mínima à execução do objeto.

6.8.4.5 *O direito do licitante à comprovação de experiência equivalente ou superior*

O § 3º do art. 30 da LGL estabeleceu o direito do licitante de demonstrar sua aptidão através de certidões ou atestados de obras ou serviços *similares* de complexidade tecnológica e operacional *equivalente* ou *superior*. Por vezes o licitante detém experiência em objeto não exatamente idêntico àquele delimitado nas exigências de capacitação técnica, mas de maior complexidade tecnológica. Nestas situações, sua capacitação não poderá ser rejeitada para aquele fim.

Um exemplo permite o início da compreensão: suponha-se licitação para a execução de obra pública em que se destacou, nas parcelas de maior relevância para fins de demonstração de experiência técnica dos licitantes, o acabamento externo em *alvenaria aparente*. Sob esta exigência, o licitante que deter experiência na execução de obra em *alvenaria completa* (e não apenas aparente) poderá revelar aptidão em serviço similar e de maior complexidade, ainda que não exatamente idêntico. Sua capacitação, nestas condições, tem de reputar-se demonstrada. Claro que a pseudocapacitação haveria de ser rejeitada se o proponente apresentasse atestados de que bem executa obras em madeira – ainda que em quantidades astronômicas (afinal, alvenaria e madeira não são similares e geram obras diferentes entre si).

O que veicula a norma do § 3º do art. 30, portanto, é o direito subjetivo público dos licitantes de se utilizar de experiência técnica anterior de maior complexidade para o atendimento de exigências de capacitação técnica. O problema reside em verificar se a experiência técnica demonstrada revela aptidão *compatível*. Não basta a demonstração de que o licitante já executou algo tecnologicamente mais sofisticado se tal não se compatibiliza com o objeto licitado. É preciso aferir se a experiência técnica do licitante, por mais complexa e abrangente, engloba a tecnologia demandada na execução do objeto. Como tal, será apta a cumprir a demonstração da capacitação técnica (menos exigente).

Assim, os atestados anteriores que se pretendam equivalentes devem pertencer a uma classe comum à daqueles exigidos no edital (a fim de que a Administração possa avaliar se existem propriedades comuns entre um e outro, as quais possibilitem o respectivo aproveitamento).

Excluídos estão os atestados com características apenas complementares, suplementares ou inferiores. Faz-se necessária a demonstração cabal da equivalência (dois atestados que possam ser substituídos um pelo outro) ou superioridade (um atestado que seja continente, do qual o outro é o conteúdo), sempre no que respeita a obras e/ou serviços similares (muito parecidos, pois iguais nos aspectos mais relevantes).

6.8.4.6 *A estipulação de quantitativos mínimos para a qualificação técnico-operacional*

A exigência de capacitação técnico-operacional poderá estar delimitada por certo *quantitativo mínimo*, sempre tendo como fronteira a dimensão do objeto licitado. Tal decorre da letra do inciso II do art. 30 da LGL, ao estabelecer que a comprovação de aptidão técnica será "para desempenho de atividade pertinente e compatível em características, quantidades e prazos com o objeto da licitação". Logo, é perfeitamente possível a exigência de experiência técnica, desde que em quantidades compatíveis com a dimensão do objeto licitado.

Cabe notar que a vedação contida no inciso I do § 1º do mencionado art. 30 é inaplicável à capacitação técnico-operacional, restringindo-se à disciplina da capacitação técnico-profissional. Lembre-se que a viabilidade da capacitação técnico-operacional está fundada diretamente do inciso II do *caput* do art. 30, não estando alcançada pelas imposições do inciso I do § 1º do art. 30.

6.8.4.7 *Compatibilidade dos quantitativos com a dimensão do objeto licitado*

Todavia, a possibilidade de estipulação de quantidades mínimas à capacitação técnico-operacional não é livre. A inexistência de vedação legal à fixação de quantitativos não se traduz na possibilidade de a Administração impor quantitativos incompatíveis com a dimensão do objeto e com sua complexidade técnica. A dicção do art. 30, II, da LGL deixa claro que a comprovação de aptidão para desempenho de experiência anterior deve ser produzida levando-se em conta atividade "pertinente e compatível em características, quantidades e prazos com o objeto da licitação".[68] As disposições editalícias que fizerem prever quantidades mínimas e prazos máximos para a demonstração de capacitação técnico-operacional desencontrados do objeto licitado serão subsumíveis ao conceito de *cláusula restritiva*. Aplica-se-lhes a previsão do inciso I do § 1º do art. 3º da LGL.

As exigências de quantidades mínimas acerca da capacitação técnico-operacional devem sempre buscar atender, de acordo com o disposto no inciso XXI do art. 37 da CF, apenas ao mínimo de segurança necessário à execução do contrato. Desde que assim não seja, haverá restrição indevida do universo de ofertantes.

Note-se também que a limitação à dimensão do objeto licitado para fins de exigência numérica de capacitação técnico-operacional decorre da letra do § 3º do art. 30 da LGL. A norma impede que se estipulem exigências de capacitação técnica em quantidades superiores à dimensão do objeto, assim como impede a exigência de o licitante já ter executado mais de uma vez o objeto licitado.

6.8.4.8 *O somatório de atestados de experiência técnica*

O enfrentamento acerca da (in)viabilidade do somatório de atestados para fins de demonstração da capacitação técnico-operacional requer a retomada das noções de *capacitação técnica qualitativa* e *ca-*

---

68. Mencione-se o seguinte acórdão do STJ: "Na realização de licitação, se no edital, no item relativo à apresentação de documentos para comprovar a qualificação técnica, são estabelecidas outras exigências não previstas na legislação de regência (art. 30, inciso II, da Lei n. 8.666/1993), configura-se ilegalidade a ser reparada pela via do mandado de segurança" (REsp 316.755-BA, Min. Garcia Vieira, *DJU* 20.8.2001). Também o TRF-5ª Região já decidiu pela nulidade da exigência de qualificação técnica "inadequada ou desnecessária para se verificar as condições do licitante em atender ao objeto licitado. O art. 30 da Lei n. 8.666/1993 veda exigências que versem sobre a comprovação de quantidades mínimas ou prazos máximos na execução de contratos similares anteriores" (REO 980539593-6-RN, Des. federal Petrúcio Ferreira, *DJ* 23.4.1999).

pacitação técnica quantitativa, tal como exposto acima (§ 6.8.4.3). A partir da distinção traçada, surge a indagação acerca da viabilidade de os licitantes demonstrarem as exigências de capacitação técnico-operacional a partir de mais de um atestado. Supondo-se a experiência técnica quantitativa, a questão estaria na (in)viabilidade do somatório de atestados; relativamente à qualificação técnica qualitativa, a indagação suscitada refere-se à possibilidade de conjugação de atestados para a demonstração de distintas parcelas técnicas do objeto.

Antes do exame de ambas as hipóteses, uma ressalva merece ser feita: quem define a aplicabilidade do somatório é a própria Administração licitante, como consignado pelo TCU, em voto do Min. Benjamin Zymler: "Entendo que, quando a lei prevê a admissão de somatório de quantitativos, deve-se considerar que há imposição ao gestor quando existe a viabilidade desse somatório. Em não havendo essa viabilidade, cabe ao gestor definir como será a conjugação de esforços entre os consorciados. Essa interpretação melhor se coaduna com os princípios que regem a Lei n. 8.666/1993, pois permite a maior participação no certame, ampliando as possibilidades de competição em consórcio".[69]

Aprofunde-se o exame de cada uma das possibilidades aplicativas do somatório.

6.8.4.8.1 A (in)viabilidade do somatório de atestados para a experiência técnico-operacional quantitativa

O *somatório de atestados* é tema imbuído de certa complexidade. Tem sido definido pela doutrina mais especializada e pelos tribunais como assunto de difícil demarcação em tese (quando as soluções hermenêuticas estariam sempre remetidas aos casos concretos).[70] Isso porque o critério usado para admiti-lo ou vedá-lo tem sido o da natureza da prestação. Usa-se dizer que em certas situações, em que a dimensão quantitativa relevante da experiência técnica está na execução sucessiva de certas prestações (por exemplo: a experiência no fornecimento de pneus ou de alimentos), o somatório deve ser admitido; em outras,

---

69. TCU, Decisão 1.090/2001, *DOU* 24.1.2002.

70. As ponderações mais significativas sobre o assunto são de Marçal Justen Filho (*Comentários à Lei de Licitações e Contratos Administrativos*, cit., 16ª ed., pp. 664-668).

quando a delimitação quantitativa equivale à demarcação da prestação em si (por exemplo: uma obra civil), não será válido o somatório. Em outras palavras, diz-se que a viabilidade, ou não, do somatório dependerá das características do objeto do contrato, o que pautará a delimitação numérica da experiência técnica e a forma de sua demonstração.

É viável afirmar, então, que, como regra, a licitação para *contratos de escopo* – como aqueles que têm por objeto obra ou serviço – não admitirá o somatório de atestados. Isso porque seu acolhimento acabará desnaturando a própria exigência de quantitativos para aquela demonstração. Explique-se.

Tais contratos envolvem em quase todos os casos a finalidade específica de executar certa obra ou serviço nas características delimitadas no projeto básico. Assim, os contratos ditos "de escopo" são aqueles que se cumprem com a efetiva conclusão do objeto contratado: o que se busca é a entrega de determinado bem (o prazo, aqui, é um limite, uma meta). Conformam, por isso, um objeto específico, caracterizado por certa dimensão quantitativa.

Neste aspecto, não há maior sentido em admitir o somatório de atestados para a demonstração de experiência técnica nestes objetos. Isso porque, de um ângulo empírico, aquele que executa diversas vezes objetos similares, mas quantitativamente menos exigentes, não necessariamente deterá capacitação para executar objeto de maior dimensão. Ou seja: executar 10 obras esparsas de 100m^2 não é a mesma coisa que executar uma obra com metragem de 1.000m^2; construir 10 prédios de 5 andares não confere a mesma capacitação que aquela experimentada por quem constrói um prédio de 50 andares. Empiricamente falando, há objetos distintos, que demandam tecnologias significativamente distintas para sua execução.

É verdade que em certas situações as diferenças de tecnologia são quase inexistentes. Por exemplo: suponha-se que, para atender a um quantitativo de 1.000m^2 de obra, o licitante deseja apresentar um atestado de 950m^2 e outro de 50m^2. Alguém poderia afirmar que aquele que demonstra aptidão para executar uma obra de 950m^2 e outra de 50m^2 detém capacidade para executar uma obra de 1000m^2. Se isso for verdade, o que se está afirmando, de fato, é que aquele que tem capacitação para a execução de 950m^2 a detém para 1.000m^2 (isso porque a execução de 50m^2, que demanda tecnologia menos exigente, não apresenta relevância para aquela aferição). Isto é: o argumento não aproveita à pertinência da hipótese do somatório, mas apenas demonstra que, naquele caso, o quantitativo mínimo exigível pelo edital deveria ser reduzido para 950m². Afinal, e como já dito, o quantitativo deverá sempre ser delimitado segundo o mínimo necessário para a adequada execução do objeto (o que pode implicar o perigo da variação decrescente das exigências: afinal, se a diferença de 50m² é irrelevante, por que não habilitar o que demonstra deter capacidade de executar 900m² ... e assim por diante?).

O acolhimento, portanto, do somatório em hipóteses como as acima descritas importará o reconhecimento de que o objeto está mal dimensionado, sendo que o parâmetro quantitativo a ser fixado como o mínimo necessário deveria ser menos exigente. Do contrário haveria a flexibilização da exigência de habilitação ao licitante que se utilizasse de mais de um atestado, que deixaria de demonstrar experiência naquela expressão numérica mínima delimitada no instrumento convocatório.

Logo, a admissão pelo edital de licitação do somatório de atestados em obras e serviços de construção civil para a demonstração da habilitação técnica dos licitantes acarretará um de dois efeitos indesejados (e ilícitos): (i) ou importará a restrição do universo de ofertantes, a partir do reconhecimento de que a delimitação numérica está formulada de modo mais exigente (porque se está admitindo que certos licitantes a demonstrem mediante dimensão numérica inferior àquela exigida no ato convocatório); (ii) ou traduzirá ofensa ao princípio da isonomia, ante a possibilidade de que certos licitantes possam ultrapassar a demonstração da experiência técnica numérica sem a apresentação do quantitativo mínimo pertinente ao objeto licitado.

6.8.4.8.2 A conjugação de atestados
       para a experiência técnico-operacional qualitativa

Já, quanto à demonstração de *experiência técnica qualitativa* o problema se coloca pela (in)viabilidade de conjugação de atestados para a demonstração da qualificação exigida. Trata-se de analisar se é viável admitir que os licitantes demonstrem isoladamente a experiência técnica nas prestações integradas no objeto mais amplo do contrato. Sendo isso possível, os licitantes poderão apresentar diversos atestados, cada qual demonstrando a experiência técnica em certa faceta do objeto.

Por exemplo: num contrato para a construção de hospital público cujo projeto envolva o acabamento externo em alvenaria aparente, indaga-se se seria viável que um licitante apresentasse atestado para demonstrar que tem experiência técnica na *construção de um hospital* e outro para demonstrar que tem experiência no *acabamento em alvenaria aparente*.

A resposta só poderá ser buscada nos casos concretos. Até seria possível afirmar que, como regra, a conjugação de atestados poderá ser acolhida, mas haverá situações em que será tecnicamente defensável que a *expertise* técnica dos candidatos seja abrangente da complexidade do objeto – devendo sua experiência ser demonstrada não apenas de modo isolado relativamente a cada aspecto qualitativo do objeto, mas a partir de sua integração, reunidos em um único contrato.

Outra cogitação prática permite compreender melhor o problema. Invoque-se novamente o exemplo acima. Num contrato para a construção de hospital público cuja experiência técnica exigida, como parcelas de maior relevância (§ 2º do art. 30 da LGL), seja a construção de hospital público com acabamento de alvenaria aparente, não seria tecnicamente justificável obstar à conjugação de atestados distintos para a demonstração da experiência técnica (i) na construção do hospital e (ii) na realização de acabamento em alvenaria aparente. Isso porque a *expertise* para a execução de alvenaria aparente como acabamento externo independe da natureza da obra, se hospital ou qualquer outra edificação.

Observe-se que do ponto de vista da demonstração da experiência no acabamento externo em alvenaria aparente não há qualquer peculiaridade técnica que diferencie um hospital com alvenaria aparente de uma escola com alvenaria aparente ou de qualquer outra construção cujo acabamento externo seja em alvenaria aparente. Da mesma forma, o acabamento externo é absolutamente indiferente para a demonstração da experiência na construção do hospital. Por isso, não parece haver, aqui, justificativa técnica para que estas experiências técnicas sejam demonstradas de modo integrado no mesmo objeto.

No exemplo acima, a vedação à conjugação de atestados significará restrição ao universo de ofertantes (arranhando o disposto no inciso I do § 1º do art. 3º da LGL), ao eliminar da disputa licitantes com capacitação para a demonstração daquelas parcelas, mas que não as detêm na forma conjugada exigida pelo edital de licitação.

Não havendo justificativa técnica razoável para que as parcelas sejam necessariamente demonstradas de forma integrada num mesmo contrato, haverá ilegalidade, pela configuração de interpretação restritiva do edital (se não previsto o óbice à possibilidade de conjugação de atestados) ou pela existência de cláusula restritiva (se explicitamente vedada a conjugação de atestados pelo edital de licitação).

Por outro lado, é possível imaginar diversos outros exemplos em que a demonstração de prestações conjugadas seja tecnicamente defensável. Figure-se o exemplo de licitação para construção de ponte a partir da tecnologia de pré-moldados. Quem demonstra *expertise* em pré-moldados na construção de armazéns não necessariamente a possuirá para a construção de pré-moldados numa ponte. Por outro lado, executar uma ponte sem pré-moldado pode revelar tecnologia distinta daquela exigida para a execução da ponte a partir do sistema de pré-moldados. Havendo justificativa técnica que legitime a demonstração integrada destas parcelas técnicas do objeto, poder-se-á discutir o somatório de atestados.

Está-se, aqui, portanto, diante de problema que não pode ser solucionado em tese, mas depende da verificação do caso concreto. Tudo se resumirá à relevância técnica subjacente à exigência de demonstração integrada das parcelas técnicas mais importantes do objeto, que deve, inclusive, ser justificada pela Administração.

6.8.4.9 *A experiência técnica de licitante adquirida em regime de consórcio*

A LGL não trouxe disciplina específica para a demonstração/comprovação de *experiência técnica adquirida sob o regime de consórcio*. No silêncio dos editais de licitação, uma solução que tem sido acolhida na prática das licitações é a consideração da proporção nominal que a licitante detinha no âmbito do consórcio ao tempo da execução do objeto.

Nada obstante, esta solução nominalista pode não ser, em muitos casos, a mais satisfatória para a aferição da efetiva e real capacitação técnica adquirida pela empresa consorciada. No âmbito de um consórcio nem sempre a divisão nominal de participações globais refletirá a efetiva e real divisão de atribuições técnicas. O fato de uma empresa deter 50% de participação no consórcio não significará, necessariamente, que ela tenha se encarregado apenas de 50% de atribuições de natureza técnica ou de apenas 50% da dimensão técnica quantitativa do objeto. É perfeitamente possível que a empresa que detenha 50% de um consórcio o faça por encarregar-se de atribuições exclusivamente administrativas ou financeiras, ou por se responsabilizar pela integralidade do conjunto de atribuições exclusivamente técnicas. Ou seja: a divisão nominal de participações no âmbito do consórcio não necessariamente refletirá a divisão de atribuições técnicas relevantes para o fim de delimitar a experiência adquirida e considerada na aferição da habilitação técnica.

Observe-se, inclusive, que um exame sistemático da LGL permite o acolhimento de premissa jurídica compatível com a orientação acima. Trata-se de invocar o disposto no inciso III do art. 33, que regula a aferição da capacitação técnica de consórcio licitante (situação diversa, mas que autoriza o acolhimento de premissa com implicações no tratamento do problema discutido). Tal norma admite o somatório de quantitativos dos consorciados independentemente da proporção que cada qual detenha na esfera do consórcio. Como se observa da norma, a LGL apenas vinculou o somatório de quantitativos à proporção que as empresas detenham no consórcio para a comprovação da qualificação econômico-financeira. Mas, no tocante à qualificação técnica, permitiu o somatório independentemente de sua participação nominal no âmbito do consórcio. Ao assim dispor, o legislador parece ter acolhido a premissa de que a capacitação técnica pode estar desvinculada da proporção nominal e formal que a empresa detenha na esfera do consórcio.

Desta forma – e muito embora o inciso III do art. 33 da LGL admita o somatório dos quantitativos de cada empresa consorciada para participar do certame –, permanece imprevisto o momento seguinte: como as empresas consorciadas incorporarão os atestados da obra executada em consórcio? O STJ tem decisão a esse respeito, encampando duas alternativas para a respectiva utilização em licitações futuras, a depender da previsão do respectivo edital, diretamente ou por meio de esclarecimentos: "(a) os atestados relativos a obras desenvolvidas em consórcio serão considerados em sua totalidade para cada uma das empresas consorciadas, independentemente do percentual de sua participação no consórcio; (b) no caso de atestados decorrentes de obras executadas em consórcios, em que há discriminação expressa de responsabilidade pela execução de partes distintas da obra, pelas empresas consorciadas, considerar-se-á o percentual de responsabilidade de cada empresa no consórcio. Desse modo, o que se conclui é que, se uma empresa realizou uma obra em consórcio com outras empresas, cada uma delas poderá atestar experiência quanto à obra toda, desde que não haja discriminação expressa da responsabilidade de cada uma pela execução de partes distintas da obra".[71]

A partir desta interpretação, e afastada a leitura formalista e reducionista da experiência adquirida em consórcio, surge o critério legítimo para a demonstração. O edital deverá disciplinar o tema, prescrevendo a documentação necessária e por meio da qual se produzirá a demonstração da aptidão técnica, neste particular. No seu silêncio, a questão será solucionada pelo exame dos casos concretos, à luz do princípio da liberdade de prova. Em casos de atividade disciplinada pelos CREAs, por exemplo, apresentação de Anotações de Responsabilidade Técnica/ARTs ou Certidões de Acervo Técnico/CATs expedidas em nome do profissional à época vinculado à empresa consorciada pode configurar um meio de demonstração concreta da experiência adquirida.

6.8.4.10 A *"cessão" de acervo técnico*

A *cessão e/ou transferência de acervo técnico* é tema que tem fonte primária nos princípios constitucionais da liberdade de iniciativa e de empresa. Aquela significa que as pessoas têm direito ao livre acesso a quaisquer atividades profissionais, observados apenas os requisitos e os limites previstos em lei. Isso pode se dar individualmente ou através de pessoas jurídicas – restrições, somente aquelas indispensáveis ao bom funcionamento dos mercados. Já, a liberdade de empresa representa a possibilidade detida pelos agentes econômicos de realizar as opções empresariais que melhor lhes aprouver – respeitado o regime da livre concorrência. Os agentes devem usufruir das alternativas que sua criatividade e sua capacidade econômica lhes oferecem, definindo interna-

---

71. STJ, MS 13.005-DF, Min. Denise Arruda, *DJe* 17.11.2008.

mente as estratégias que mais bem atendam aos seus interesses empresariais. Assim, cabe aos agentes econômicos estabelecer *sponte propria* a estratégia empresarial que traga melhores resultados às suas inversões, representando uma escolha individual quanto às projeções empresariais adequadas para a obtenção do lucro como decorrência da utilização do capital.

Como não poderia deixar de ser, o que o ordenamento jurídico repele é o *abuso* no exercício do poder econômico e a *ilegitimidade* no uso dos meios e estratégias empresariais postos à disposição de todos os agentes. Nesse sentido, Pedro Dutra já teve a oportunidade de firmar que: "O uso *do* poder econômico – *do*, porque necessariamente identificado ao seu titular, que o exerce ou pode exercê-lo – não é apenas legítimo, senão indispensável à subsistência competitiva de seu detentor, pois é pelo exercício do seu poder que ele buscará a preferência de quem procura bens e serviços, que oferta, no mercado que atua".[72] Logo, as limitações à liberdade de iniciativa e à liberdade de empresa são aquelas experimentadas por todos os demais direitos positivados na Constituição da República: fronteiras estabelecidas por diplomas legais, os quais, em obediência à Lei Fundamental, fixam os parâmetros para exercício dos direitos das pessoas privadas. Somente a lei pode restringir os direitos assegurados na Constituição. Os atos administrativos e demais provimentos infralegais apenas podem fazê-lo em cumprimento a dispositivos legais previamente positivados. Não é válida a limitação a direitos e garantias estabelecida *ab ovo* por atos administrativos (nem os regulamentares, nem os de efeitos concretos, e muito menos os meramente consultivos).

Esta noção é pacífica em um regime jurídico que celebre ao nível constitucional a liberdade de empresa. "Aliás, convém precisar que, contrariamente ao que poderíamos ser tentados a pensar, não são apenas as medidas agravantes da liberdade que escapam deste modo à autoridade regulamentar e estão reservadas ao legislador; é a própria matéria que é legislativa, sendo o significado – restritivo da liberdade ou, ao

---

72. Pedro Dutra, "Concorrência em mercado regulado: a ação da ANP", in *Livre Concorrência e Regulação de Mercados*, Rio de Janeiro, Renovar, 2003, pp. 272-273. Ampliar em: Leila Cuéllar, "Abuso de posição dominante no direito de concorrência brasileiro", in Egon Bockmann Moreira e Leila Cuéllar, *Estudos de Direito Econômico*, 1ª ed., 1ª reimpr., vol. I, Belo Horizonte, Fórum, 2010, pp. 29-52.

contrário, liberal – indiferente; qualquer medida tocante às garantias fundamentais da liberdade, seja qual for o seu objeto, depende de lei."[73] Liberdade, esta, que acolhe, nos termos da lei civil, os processos de estruturação e reestruturação societárias.

Nos comentários de Arnoldo Wald, há, em princípio, "liberdade de escolha, pelas partes, da forma societária a ser adotada, ressalvados certos casos, nos quais a lei exige a adoção de determinado regime societário".[74] Ora, atualmente a decisão a respeito de cisões, fusões e incorporações antes diz respeito ao planejamento estratégico da estrutura de capitais da empresa (e do respectivo exercício do poder de controle). A escolha do modelo e da estrutura sociais mais adequados permite ao administrador influenciar os resultados dos ativos da empresa, sobretudo quanto ao posicionamento dela no(s) mercado(s) em que atua. A elaboração de estratégias de divisão orgânica do capital permite ao empresário valer-se de (mais um) instrumento de posicionamento no mercado e de incremento dos resultados positivos (e mesmo do valor de mercado da empresa).

Pois o problema enfrentado não só em licitações, mas também na execução do contrato (sobretudo aqueles que exigem acervo técnico de elevada complexidade técnica), está na *cessão dos respectivos acervos* entre empresas e profissionais. O que instala duas soluções, diversas entre si: por um lado, não se pode prestigiar a *cessão onerosa* de acervo (compra e venda, empréstimo, aluguel etc.); por outro, deve-se prestigiar a transferência/cessão resultante de processos de reorganização societária (fusão, cisão e incorporação).

O primeiro caso tem todas as características de negócio simulado, que se presta a atender precariamente a uma das exigências do edital. A rigor, a "solução" prova demais: a fim de comprovar que pode executar o objeto, o "cessionário" do acervo, na verdade, demonstra que não o

73. André de Laubadère, *Direito Público Econômico*, trad. de Maria Teresa Costa, Coimbra, Livraria Almedina, 1985, p. 240.
74. Arnoldo Wald, "Livro II – Do Direito de Empresa", cit., in Sálvio de Figueiredo Teixeira (coord.), *Comentários ao Novo Código Civil*, vol. XIV, p. 82. A ressalva é mais adiante esclarecida: "Ocorre que certas atividades, por determinação de lei especial, devem ser desenvolvidas necessariamente sob determinada forma societária, como ocorre, por exemplo, com as instituições financeiras, que devem sempre se constituir como sociedades por ações".

possui (afinal, apresenta acervo que não é seu, mas tomado de empréstimo ou adquirido em compra empresarial). Não bastasse isso – e como consignou Marçal Justen Filho –, o titular último do acervo é a pessoa física que o detém (não a empresa da qual ela faz parte), e "não se admite que pessoas físicas 'cedam acervo técnico'. O acervo de responsabilidade técnica derivada da atuação profissional é pessoal e intransferível. É uma espécie de retrato profissional, no qual se arquiva o desempenho pessoal do sujeito. Não há como 'vender' esse acervo. (...). Em conclusão, são nulas as cláusulas de cessão de acervo técnico de engenharia entre pessoas jurídicas. São impertinentes as disposições contratuais versando sobre transferência de tecnologia e assistência técnica".[75]

Já, o segundo caso admite outra solução, eis que oriundo de situação fático-jurídica significativamente distinta. Conforme já sublinhado, a Constituição brasileira prestigia a liberdade empresarial (arts. 1º, IV, 5º, II, e 170, *caput*). A pessoa privada é autônoma para criar sua empresa e organizá-la licitamente, da forma que melhor compuser seu interesse. Excluídas as patologias, não há quaisquer óbices jurídicos para as reestruturações societárias (CC, arts. 983 e 1.113 a 1.122).

Logo, os preceitos da Constituição e do Código Civil permitem que a estruturação societária seja estabelecida de acordo com os desígnios do empresário, e apenas a lei pode restringir a liberdade empresarial. Por isso que toda e qualquer reorganização societária que atenda aos preceitos civis e empresariais deve ser dada como boa e valiosa pela Administração Pública, pois esta não detém a competência para inovar e perquirir acerca dos efeitos de alteração contratual válida. Assim, se o processo de reorganização empresarial implicar o deslocamento dos profissionais e respectivo acervo técnico de uma empresa para a outra, ele há de ser prestigiado pela Administração (tanto como condição para a habilitação quanto na futura execução do contrato administrativo).

Como sustenta Floriano de Azevedo Marques Neto, "sobrevindo a cisão a contratos já em andamento, a rescisão destes ajustes só seria possível se ficar demonstrado que a operação cisória põe em risco a boa

---

75. Marçal Justen Filho, "Capacitação técnico-operacional em licitações de obra e serviço de engenharia – Cessão de acervo técnico", *ILC* 79/742, Curitiba, Zênite, setembro/2000.

e plena execução do ajuste".⁷⁶ E como isso pode ser constatado? Nas hipóteses de alteração societária é de todo adequado que a Administração verifique cabalmente: (i) se as condições empresariais objetivas permanecem incólumes; (ii) se a autoridade reguladora competente (CREA, por exemplo) reconhece que a empresa segue com experiência operacional idêntica àquela que detinha a cindida (capacitação para a obra); (iii) se o responsável técnico passou a integrar os quadros da nova empresa; (iv) se persistem adequadas as condições de regularidade fiscal, bem como os índices econômicos e financeiros e o valor do capital social; (v) se os documentos societários efetivamente comprovam sua regular existência jurídica. Em suma, caso todo o pessoal técnico responsável pelo acervo transferido, os equipamentos necessários, *know-how*, *know-way*, *expertise* e capacidade gerencial foram consolidados na estrutura societária da nova empresa, a respectiva reorganização societária merece ser prestigiada pela Administração Pública.

6.8.5 *Capacitação técnico-profissional*

A *capacitação técnico-profissional*, prevista no inciso I do § 1º do art. 30 da LGL, consiste na capacitação específica do *profissional* vinculado à pessoa licitante, demonstrável mediante apresentação de atestados, fornecidos por pessoas de direito público ou privado, registrados nas entidades profissionais competentes, que comprovem sua experiência técnica (qualitativa) no desempenho do objeto licitado. O licitante deverá demonstrar que tem em seu quadro permanente profissional titular de experiência técnica na execução do objeto licitado.

A documentação usualmente exigida para fins desta demonstração consiste (i) no registro do profissional (inciso I do art. 30), (ii) no atestado de experiência técnica que retrate o acervo técnico do profissional, assim como (iii) na demonstração de seu vínculo com a licitante.

76. Floriano de Azevedo Marques Neto, "Reorganização societária, cisão empresarial e contrato administrativo", *BDA* 5/356, São Paulo, NDJ, maio/2001. Ampliar o tema em: Carlos Ari Sundfeld, Jacintho Arruda Câmara e Rodrigo Pagani de Souza, "Os atestados técnicos na licitação e o problema da cisão de empresas", *REDAE* 12, 2008 (disponível em *www.direitodoestado.com.br/redae.asp*, acesso em 7.9.2011); e Carlos Pinto Coelho Motta, *Aplicação do Código Civil às Licitações e Contratos*, cit., pp. 241-249.

Vale notar que a documentação variará conforme o campo técnico-profissional relativo à atividade licitada, a depender de sua regulamentação específica. Para obras e serviços de engenharia, por exemplo, o acervo técnico do profissional é retratado pela Certidão de Acervo Técnico/CAT, que consolida as Anotações de Responsabilidade Técnica-ARTs geradas em decorrência da execução de certo serviço ou obra. É o que regulamenta a Resolução 1.025, de 30.10.2009 do Conselho Federal de Engenharia e Agronomia/CONFEA.[77] A CAT, assim como a RAT (Registro de Acervo Técnico) e a ART, serve para comprovar que o profissional é titular de específico acervo técnico.

6.8.5.1 O que se deve entender por "quadro permanente"

Indaga-se acerca da natureza do vínculo entre o profissional titular do acervo técnico e a empresa licitante para fins de atendimento do prescrito pelo inciso I do § 1º do art. 30 da LGL. A norma alude ao vínculo do profissional ao "quadro permanente" da empresa.

---

77. "Art. 2º. A ART é o instrumento que define, para os efeitos legais, os responsáveis técnicos pela execução de obras ou prestação de serviços relativos às profissões abrangidas pelo Sistema Confea/Crea."
"Art. 3º. Todo contrato escrito ou verbal para execução de obras ou prestação de serviços relativos às profissões abrangidas pelo Sistema Confea/Crea fica sujeito ao registro da ART no Crea em cuja circunscrição for exercida a respectiva atividade. Parágrafo único. O disposto no caput deste artigo também se aplica ao vínculo de profissional, tanto a pessoa jurídica de direito público quanto de direito privado, para o desempenho de cargo ou função técnica que envolva atividades para as quais sejam necessários habilitação legal e conhecimentos técnicos nas profissões abrangidas pelo Sistema."
"Art. 47. O acervo técnico é o conjunto das atividades desenvolvidas ao longo da vida do profissional compatíveis com suas atribuições e registradas no Crea por meio de anotações de responsabilidade técnica. Parágrafo único. Constituirão o acervo técnico do profissional as atividades finalizadas cujas ARTs correspondentes atendam às seguintes condições: I – tenham sido baixadas; ou II – não tenham sido baixadas, mas tenha sido apresentado atestado que comprove a execução de parte das atividades nela consignadas."
"Art. 48. A capacidade técnico-profissional de uma pessoa jurídica é representada pelo conjunto dos acervos técnicos dos profissionais integrantes de seu quadro técnico. Parágrafo único. A capacidade técnico-profissional de uma pessoa jurídica varia em função da alteração dos acervos técnicos dos profissionais integrantes de seu quadro técnico."

A expressão "quadro permanente" significa a integração do profissional à estrutura societária e empregatícia de uma empresa. São aqueles profissionais que se vinculam *permanentemente* à organização empresarial. Contrapõem-se aos profissionais contratados em regime de *eventualidade*. Um profissional que se vincula a determinada empresa pela via de contrato de prestação esporádica e imprecisa de serviços, por exemplo, não pertence ao seu quadro permanente. É evidente que a letra da norma do § 1º do art. 30 delimitou o vínculo do profissional detentor do atestado técnico com a empresa licitante ao vínculo societário ou empregatício.

O problema é que as formas jurídicas alternativas de demonstrar o vínculo do profissional com a empresa não desmerecem a utilidade e a finalidade da aferição da experiência técnica exigida pela norma. Isto é: a vinculação mediante contrato de prestação de serviços ou pelo quadro permanente da empresa é indiferente para o fim de demonstração da aptidão técnico-profissional. Em ambos os casos a demonstração de aptidão técnica poderá ser aferida, havendo diferença apenas na forma jurídica de fazê-lo.

Nem se argumente que a vinculação permanente denota comprometimento mais exigente do profissional com a empresa – fato que importaria consequências na verificação de sua aptidão técnica para a execução do objeto. Assim não é, uma vez que o caráter permanente ou eventual do vínculo nenhuma pertinência tem com a aptidão técnico-profissional. O que interessa à Administração, neste particular, é assegurar-se de um vínculo suficientemente seguro para garantir a execução do objeto.

Desta forma, é necessário interpretar a exigência à luz do inciso XXI do art. 37 da CF, de molde a adaptar-se ao princípio da universalidade da licitação. Significa que a particularização da forma jurídica como vinculação do profissional ao quadro permanente caracterizará *cláusula restritiva* do universo de ofertantes, visto não haver distinção relevante que assegure maior utilidade à Administração nesta especificação. Afinal – e como dito –, as demais formas jurídicas de demonstrá-lo (o vínculo) são equivalentes para a finalidade subjacente à aptidão técnica que se pretende aferida na qualificação técnico-profissional.[78]

---

78. Acolhendo entendimento de que *quadro permanente* refere-se ao "vínculo empregatício não eventual": Maria Sylvia Zanella Di Pietro, "Habilitação. Qualifica-

6.8.5.2 Exigência de participação do profissional na execução do objeto

A norma do § 10 do art. 30 da LGL destina-se a impedir o artifício de indicação do profissional titular do acervo técnico apenas para fins de ultrapassar a licitação, sem comprometimento com a execução do contrato. O dispositivo exige que os profissionais indicados para aquele fim participem da execução do contrato, admitindo apenas a substituição por profissionais de experiência no mínimo equivalente, sob a condição de prévia aprovação da Administração.

A substituição dos profissionais em muitos casos não poderá ser recusada pela Administração. É evidente que o contratado não detém o poder de manter o profissional vinculado ao longo de toda a execução do contrato, razão pela qual sua substituição deve ser entendida em muitos casos como decorrência de evento superveniente e alheio à sua vontade. A rescisão superveniente do contrato de trabalho ou de prestação de serviços (motivada por razões alheias ao licitante) ou mesmo o falecimento do profissional significarão a necessidade de sua substituição. Nascerá a obrigação de o contratado prover a substituição, a partir da apresentação imediata de outro profissional com aptidão técnica compatível com as exigências do instrumento convocatório.

Não se trata – observe-se – de assegurar a substituição do profissional por outro de equivalente ou superior qualificação (comparativamente à qualificação do profissional substituído). Assim, se a quali-

---

ção técnica. Exigência de profissional habilitado no quadro permanente da empresa", in Maria Sylvia Zanella Di Pietro (org.), *Temas Polêmicos sobre Licitações e Contratos*, 5ª ed., 3ª tir., São Paulo, Malheiros Editores, 2006, pp. 142-143. A Consultoria Zênite de Licitações e Contratos já enfrentou esta problemática, afirmando a inviabilidade de restringir o entendimento de vinculação ao *quadro permanente* à demonstração de vínculo empregatício: "A forma de comprovação de que o profissional compõe o quadro permanente da empresa licitante pode ser feita por diversas formas, não se restringindo à existência de vínculo trabalhista (...). Desse modo, se o vínculo se forma em função da condição societária do profissional, o ato constitutivo da empresa é suficiente para demonstrá-lo. Se há relação de emprego, a comprovação pode se efetivar por meio da Carteira de Trabalho e demais documentos aptos para a formação dessa relação. Havendo contrato de prestação de serviços, a prova se dá por meio do instrumento de contrato formalizado entre a empresa e o profissional" ("Indicação do responsável técnico na inscrição da pessoa jurídica junto ao CREA – Orientação da Consultoria", *ILC* 163/914, Curitiba, Zênite, setembro/2007).

ficação original porventura contava com profissional com elevada qualificação acadêmica e experiência extraordinária, que em muito ultrapassou as exigências do ato convocatório, não se faz necessária sua substituição por outra pessoa com atributos equivalentes. Trata-se, sim, de substituí-lo por profissional com qualificação equivalente ou superior àquela exigida pelo instrumento convocatório.

Nestas condições, a Administração não poderá recusar a providência, visto que a rescisão do contrato administrativo significaria solução mais onerosa ao interesse coletivo.

6.8.6 As instalações e o aparelhamento necessários; o pessoal técnico adequado e disponível e a vedação às exigências de propriedade e de localização

Será exigível, também por ocasião da documentação de habilitação, a indicação das *instalações e do aparelhamento necessários* à execução do contrato assim como do *pessoal técnico adequado e disponível* para a execução do objeto. Será viável a demanda não apenas de indicação pelos licitantes de suas instalações, aparelhamento e pessoal técnico, como de atendimento a certos parâmetros estabelecidos pelo instrumento convocatório, sempre proporcionados à dimensão do objeto licitado. É evidente que as exigências de instalação técnica e de equipamentos adequados à execução do contrato deverão ser delimitadas como o mínimo necessário para a segura execução do objeto (princípio da universalidade da licitação – art. 37, XXI, da CF). Bem assim a exigência de disponibilidade de pessoal qualificado deverá manter pertinência com o campo profissional envolvido na execução do objeto do contato.

Não será possível, por outro lado, exigir a *propriedade de bens e instalações* e a sua *localização* prévia. A proscrição a exigências de propriedade orienta-se a evitar a restrição do universo de proponentes, permitindo-se aos interessados demonstrar apenas a *disponibilidade* de bens e equipamentos necessários à execução do objeto. A referência à *declaração formal de disponibilidade* não deve ser entendida apenas como a declaração unilateral do licitante de que dispõe de certo bem. Exige-se documentação de disponibilidade do bem, a ser fornecida pelo sujeito que detém poder jurídico para tal, comprovando-se a respectiva propriedade. Não basta a declaração do licitante, mas é exigido o compromisso de quem detém a prerrogativa de disposição do bem. O licitante deverá comprovar que as instalações e os equipamentos requeridos pelo instrumento convocatório existem e estarão disponíveis para a execução do contrato. Só assim a aptidão técnica, neste particular, estará objetivamente demonstrada.

6.8.7 Vedação à exigência de aptidão técnica com limitações de tempo, época ou local

A norma do § 5º do art. 30 da LGL, como não poderia deixar de ser, proscreveu a exigência de aptidão com vinculação a *época* ou a *locais específicos*, assim como com "limitações de tempo". A finalidade da norma é evitar, mais uma vez, a inibição à participação de interessados. Mais que isso, com a vedação restringe-se o risco da customização das exigências de qualificação técnica com vistas a prestigiar certos licitantes.

6.8.8 Exigência de metodologia de execução

A *metodologia de execução* não foi definida ou delimitada de modo mais específico pela LGL. Não há contornos específicos para o conteúdo da metodologia de execução, o que gera dificuldade para sua utilização nos casos concretos.

Extrai-se da norma que a *metodologia de execução* (i) terá por pressuposto obras, serviços e compras de grande vulto e de alta complexidade técnica; (ii) sua avaliação terá caráter eliminatório e não classificatório, a partir de critérios objetivos de análise; (iii) sua avaliação antecederá sempre a classificação das propostas de preço.

Ao que se infere, a metodologia de execução significará uma proposta de procedimentos e critérios técnicos para a execução do contrato, aplicável aos casos em que tal se fizer tecnologicamente relevante e necessário. Os licitantes apresentarão uma espécie de planejamento quanto à execução dos aspectos tecnológicos do objeto, indicando o modo como a execução do contrato se dará sob o ângulo técnico. Os critérios de análise das metodologias propostas estarão definidos de forma objetiva no instrumento convocatório e guardarão pertinência com a complexidade do objeto.

O expediente é aplicável restritivamente aos casos de obras, serviços e compras de *grande vulto* e de *alta complexidade técnica*. O § 9º do art. 30 da LGL define "alta complexidade técnica" como aquela que envolva significativa especialização, muito mais elevada que a ordinariamente disponível no setor, como fator de extrema relevância para garantir a execução do objeto a ser contratado, ou que possa comprometer a continuidade da prestação de serviços públicos.

É certo que esta caracterização nos casos concretos comportará exercício de discricionariedade técnica. Já, as licitações de *grande vulto* são aquelas cujo valor estimado seja superior a 25 vezes o limite estabelecido na alínea "c" do inciso I do art. 23, tal como definido pelo inciso V do art. 6º da LGL.

A metodologia de execução foi caracterizada também como uma avaliação de cunho eliminatório – o que se extrai da locução "para efeito de sua aceitação" (art. 30, § 8º). Não haverá propriamente uma classificação ordenada das propostas de metodologias de execução, à semelhança do que se passa com a avaliação de propostas técnicas nos tipos *técnica e preço* ou *melhor técnica*.

Trata-se, aqui, de verificar a *suficiência* ou *insuficiência* da proposta de metodologia, a partir dos critérios estabelecidos no instrumento convocatório. Esta avaliação ocorrerá necessariamente antes da abertura dos envelopes de preço, o que poderá se dar com a documentação de habilitação, quando seu julgamento acompanhará o ato-decisão de habilitação, ou seguidamente à fase de habilitação, em fase própria, antes da fase de classificação de propostas.

6.9 Habilitação econômico-financeira

Outro grupo de exigências atinente à habilitação refere-se à *qualificação* (ou *habilitação*) *econômico-financeira*. O exame é sobremaneira importante, pois, como alerta Odete Medauar, a "*qualificação econômico-financeira* diz respeito às condições do licitante de arcar com as despesas necessárias ao cumprimento do contrato, pois os pagamentos efetuados pela Administração ocorrem depois da execução (parcial ou total)".[79] Assim, com o estabelecimento das exigências previstas no art. 31 da LGL, a Administração cuidará de aferir se os licitantes detêm condições econômico-financeiras para a efetiva execução do contrato objeto do certame.

Busca-se investigar não apenas sua saúde financeira, mas a capacitação para fazer frente ao custeio da execução dos encargos contratuais. Este exame é realizado mediante os instrumentos e a documentação previstos no art. 31 da LGL.

A aferição da habilitação econômico-financeira procede-se por meio de (i) apresentação de balanço patrimonial atualizado (do último exercício social já exigível nos termos da legislação); (ii) demonstração de boa situação financeira, através de índices contábeis usualmente adotados para esse fim; (iii) fornecimento de certidão negativa de falência ou concordata [hoje, recuperação judicial] da licitante; (iv) demonstração de recolhimento de garantia de proposta limitada a 1% do valor estimado da contratação, ou (iv.a) demonstração de capital social mínimo, limitado a 10% do valor estimado da contratação, ou (iv.b) demonstração de patrimônio líquido mínimo, limitado a 10% do valor estimado da contratação; e (v) apresentação da relação de compromissos assumidos pelo licitante que importem diminuição de sua capacidade operativa.

Tais demonstrações configuram elenco *limitativo*. A Administração não estará obrigada a prever todas estas exigências no edital de licitação, muito menos poderá estabelecer requisitos e exigências que as ultrapassem. Trata-se de afirmar que o edital não poderá demandar mais do que dispõe o art. 31 da LGL, ainda que possa exigir menos.

O fato é que a prática das licitações no Brasil vem evidenciando enormes discussões acerca do preenchimento de exigências de qualificação econômico-financeira pelos licitantes. Em boa parcela dos casos há postura excessivamente formalista das Administrações. Em outros tantos constata-se a falta de traquejo com a legislação especial aplicável à contabilidade empresarial. De todo modo, estas demonstrações financeiras e contábeis são valiosas para a adequada aferição da condição dos licitantes quanto à segura execução do contrato.

79. Odete Medauar, *Direito Administrativo Moderno*, 12ª ed., São Paulo, Ed. RT, 2008, p. 192.

6.9.1 A exigência de índices contábeis

Como se disse, a LGL admitiu que a boa situação financeira dos licitante seja examinada mediante a mera aferição de *índices contábeis* devidamente previstos no edital de licitação.

Em relação à exigência destes índices, há três observações importantes a serem feitas: (i) tais índices deverão ser *usuais* para o objeto licitado (relativamente ao mercado, para o mesmo segmento), vedados índices de lucratividade ou rentabilidade; (ii) os índices precisarão estar *valorizados de modo razoável* – o que significa a adoção de índices compatíveis com aqueles praticados no mercado para o mesmo segmento; (iii) os índices deverão ser suficientemente explicados e sua adoção *motivada* no edital de licitação.

Por primeiro, exige-se, então, que os índices sejam usuais no mercado. A Contabilidade conhece diversos indicadores, neste particular. Uma sistematização que pode ser proposta para os índices financeiros pressupõe subdividi-los nas seguintes categorias: (i) lucratividade, (ii) giro dos ativos, (iii) alavancagem financeira, (iv) liquidez e valor de mercado. Explica Nilton Cordoni Jr. que "os índices giro dos ativos, alavancagem financeira, liquidez e valor de mercado medem, fundamentalmente, riscos, enquanto os índices de lucratividades medem retorno". E complementa: "Para análise de curto prazo, os elementos considerados importantes são a liquidez, a atividade e a lucratividade. Isso se deve ao fato de fornecerem informações sobre as operações de curto prazo da empresa, e, se a empresa não puder honrar com suas obrigações no curto prazo, de nada adiantará a análise de longo prazo. Para a análise de longo prazo utilizam-se essencialmente os índices de endividamento, sabendo-se que a empresa terá sucesso a curto prazo".[80]

De todo modo, fato é que a legislação proscreveu os índices de rentabilidade ou de lucratividade. Figuram como índices mais comuns os de liquidez corrente, de liquidez geral e de endividamento, entre outros. Por outro lado, a aplicação dos índices contábeis deverá observar os princípios da razoabilidade e da universalidade da licitação. A depender de sua valorização, os índices podem configurar cláusula res-

---

80. Nilton Cordoni Jr., "Análise das demonstrações contábeis em processos de licitação e contratos", *ILC* 31/107, Curitiba, Zênite, janeiro/2003.

tritiva da competição, invalidando o certame. É necessário que os índices estejam adequados a aferir a boa situação financeira para a execução do contrato.

Por fim, a adoção dos índices e de sua valorização deve ser adequadamente *motivada* no edital de licitação. "As razões de escolha – leciona Jessé Torres Pereira Junior – (incluindo menção às fontes de consulta, sobretudo revistas especializadas) devem guardar nexo causal com a índole do objeto e o grau de dificuldade ou complexidade de sua execução, a fim de que se cumpra o mandamento constitucional de serem formuladas tão somente exigências necessárias a garantir o cumprimento das obrigações que se venham a avençar".[81] A despeito de esta exigência constar explicitamente da legislação, frequentemente ela não é observada na prática. É comum que os editais olvidem o dever de motivar a eleição dos índices e a fixação de sua valorização, o que pode provocar a nulidade da licitação (ou a instalação do dever de convalidação do ato).

6.9.2 As exigências de garantia de proposta, capital social mínimo e patrimônio líquido mínimo

Há basicamente duas ordens de garantias a serem oferecidas pelos licitantes, em momentos distintos e com magnitudes diferentes: aquelas *relativas à proposta* (oferecidas no curso da licitação e extintas quando esta se encerra ou no instante em que o licitante é desligado do certame por ato da Administração) e as *pertinentes ao contrato* propriamente dito (oferecidas pelo licitante vencedor e extintas quando da conclusão do contrato). Muito embora ambas sejam vinculadas ao art. 56 da LGL, têm finalidades diversas.

As *garantias da proposta* são instaladas diretamente pelo art. 31 da LGL, que se reporta ao art. 56, e pretendem inibir a participação de aventureiros na licitação, eis que asseguram a efetividade da oferta. Instalam um custo extraordinário àqueles que pretendem participar do certame, ao condicionar o exame dos documentos à comprovação de que a proposta está garantida. Se ela for inconsistente, vazia ou fraudulenta, a

---

81. Jessé Torres Pereira Jr., *Comentários à Lei das Licitações e Contratações da Administração Pública*, cit., 6ª ed., p. 380.

Administração será indenizada. A prestação da garantia da proposta pode ser dada sob quatro modalidades básicas: (i) caução em dinheiro; (ii) títulos da dívida pública; (iii) seguro-garantia; e (iv) fiança bancária. Note-se que o inciso III do art. 31 da LGL estabelece o *teto de 1%* do valor estimado da contratação como limite à exigência – o que significa dizer que deverá ser exigido um percentual menor e que somente em casos especiais poderá ser imposto que se preste a garantir pelo valor máximo autorizado em lei.

Além da garantia da proposta em si mesma, a LGL autoriza a exigência de comprovação quanto ao *capital social* e ao *patrimônio* dos interessados – o que autoriza o exame desses conceitos. O *patrimônio* de determinada empresa é o conjunto de bens, direitos e obrigações de sua respectiva titularidade. Divide-se em ativo (ou patrimônio bruto) e passivo exigível (as obrigações para com terceiros). O *patrimônio líquido* é representado pela diferença entre os ativos e passivos (exigíveis) da empresa, a significar os valores que os sócios possuem em determinado momento histórico (o patrimônio líquido/PL é a representação contábil do que a empresa deve aos seus sócios). Em outras palavras, o PL representa as obrigações que a empresa tem para com seus sócios.

Já, o *capital social* é o conjunto de investimento feitos pelos sócios (diretamente ou por meio da incorporação de valores obtidos pela empresa). O que o diferencia do *capital próprio*, que corresponde ao conceito de PL (diferença entre o total de ativos e o total de passivos exigíveis para com terceiros).

Por meio do manejo destes conceitos, a LGL estabelece duas ordens de garantias excepcionais: a comprovação de que a empresa licitante dispõe de valor mínimo em seu patrimônio líquido e/ou capital social (art. 31, § 2º).

O TCU já consolidou o entendimento de que a exigência da garantia da proposta não é passível de cumulação com a comprovação de capital social mínimo e/ou de patrimônio líquido mínimo (e destas entre si),[82] muito embora os editais de licitação tenham por hábito a respectiva exigência simultânea.

---

82. TCU, Secretaria de Controle Interno, *Licitações e Contratos: Orientações Básicas*, 3ª ed., Brasília, 2006, p. 136 (disponível em *www.portal2.tcu.gov.br/portal/pls/portal/docs/2057620.PDF*, acesso em 9.1.2015).

Capítulo 7
PROCESSAMENTO DA LICITAÇÃO: ETAPA EXTERNA – FASES DE JULGAMENTO DE PROPOSTAS, ADJUDICAÇÃO E HOMOLOGAÇÃO

7.1 Fase de julgamento de propostas. 7.2 Estruturação da fase de avaliação e julgamento de propostas nos tipos de técnica. 7.3 O conteúdo econômico das propostas: 7.3.1 A composição econômica das propostas: os custos unitários – 7.3.2 Correção da proposta na execução do contrato: limites: 7.3.2.1 Inalterabilidade da proposta: a tutela da equação econômico-financeira – 7.3.2.2 A "alterabilidade" unilateral da proposta e a inutilidade da licitação. 7.4 A aferição da exequibilidade das propostas: 7.4.1 Inexistência de mera presunção relativa quanto à inexequibilidade sob o critério aritmético – 7.4.2 A inexequibilidade de proposta no Regime Diferenciado de Contratações. 7.5 Exigência de amostras e testes. 7.6 Diligências na licitação: 7.6.1 Vícios sanáveis versus vícios insanáveis – 7.6.2 O uso de diligência para a composição de preços da proposta: limites – 7.6.3 (Im)Possibilidade de introduzir documento pela via da diligência – 7.6.4 Processamento das diligências. 7.7 Critérios de desempate e margem de preferência. 7.8 Critérios de desempate, as microempresas/ME e as empresas de pequeno porte/EPP. 7.9 O empate e a solução via sorteio. 7.10 Classificação, homologação, adjudicação e controle judicial. 7.11 A negociação pré-contratual: 7.11.1 As negociações pré-contratuais na Lei Geral de Licitações e na Lei do Pregão – 7.11.2 As peculiaridades da negociação pré-contratual no Regime Diferenciado de Contratações.

7.1 Fase de julgamento de propostas

Na cronologia tradicional da licitação, tal como definida pela LGL, a *fase de avaliação de propostas* segue à fase de habilitação.[1] Como

---

1. Pontue-se que na modalidade de *pregão* (Lei 10.520/2002) a regra será o inverso: procede-se à habilitação apenas após o julgamento das propostas (escritas e

se disse atrás, apenas os licitantes habilitados prosseguem na licitação, com vistas a participar das fases subsequentes. A fase de avaliação de propostas compreende (i) o ato de abertura dos envelopes de proposta (realizado em sessão pública), assim como (ii) a produção do ato de julgamento das propostas, que necessariamente pronunciará (ii.a) um juízo de compatibilidade formal e material das propostas com as exigências editalícias aplicáveis, assim como (ii.b) uma ordem de classificação das propostas, segundo o critério de maior vantagem fixado pelo instrumento convocatório.

Embora incomum, este julgamento das propostas poderá realizar-se na própria sessão vocacionada à abertura dos envelopes. No entanto, como em regra a avaliação das propostas é dotada de certa complexidade, é recorrente que este julgamento seja externado em momento posterior e dissociado da sessão pública de abertura dos envelopes. De usual, a comissão de licitação apenas abre e referenda os documentos para, em seguida, suspender a sessão. A divulgação do resultado dá-se em momento posterior, antecedido da intimação de sua data, horário e local.

Há, obviamente, outros atos materiais e jurídicos compreendidos no desenvolvimento da fase de avaliação de propostas. A Administração pode, por exemplo, deparar-se com a necessidade de diligenciar com vistas a superar certa obscuridade na documentação de proposta de um licitante (com apoio no § 3º do art. 43 da LGL). Esta diligência deverá ser processada – como referido adiante, nos §§ 7.6.1 a 7.6.4 – e documentada nos autos. Os despachos produzidos para este fim retratam atos jurídicos decisórios, eventualmente sujeitos a representação, nos termos do art. 109, II, da LGL.

O julgamento final das propostas é, evidentemente, sujeito a recurso administrativo, com efeito suspensivo, nos termos da alínea "b" do inciso I do art. 109 da LGL.

verbais), relativamente apenas e tão somente ao licitante vencedor da disputa de preços. Ressalte-se também que há forte tendência no sentido de estender esta sistemática processual às licitações hoje operadas sob o regime da LGL. Exemplo disso é o acolhimento desta cronologia (antes julgamento de propostas e depois habilitação, apenas em relação ao licitante vencedor nos preços) nas licitações submetidas ao RDC (Lei 12.462/2011).

7.2 Estruturação da fase de avaliação e julgamento de propostas nos tipos de técnica

Na hipótese de licitações regidas pelo tipo *técnica e preço* ou *melhor técnica*, a estruturação da fase de avaliação e julgamento de propostas compreenderá primeiramente a avaliação e julgamento das *propostas técnicas*, e em seguida a avaliação e julgamento das *propostas comerciais*. A estruturação deverá obedecer rigorosamente a esta cronologia (incisos I e II do § 1º do art. 43 da LGL), sob pena de nulidade do processo (e respectivos atos decisórios).

A finalidade do legislador, neste particular, está em evitar que os julgamentos relativos à porção técnica das propostas sejam contaminados pelo conhecimento dos preços. Este alerta é preciso ser feito também tendo em vista o fato de que muitas vezes aqueles que não dominam a técnica nos moldes exigidos pelo edital tentam pressionar as comissões de licitação (e, depois, o Poder Judiciário) por meio da divulgação de um preço muito mais baixo, subvertendo a lógica das exigências técnicas.

Observe-se também que nestes casos haverá um ato de julgamento das propostas técnicas independente do ato de julgamento das propostas de preço – e do ato de julgamento da melhor proposta. A Administração procederá ao julgamento das propostas técnicas, produzindo um decisório específico e sujeito a recurso com efeito suspensivo, nos termos do art. 109 da LGL (alínea "b" do inciso I). Julgados os recursos, o processo de licitação é retomado, com a realização da fase de avaliação e julgamento das propostas comerciais, seguindo-se novo julgamento, suscetível, da mesma forma, de outro recurso administrativo.

7.3 O conteúdo econômico das propostas

A aferição do *conteúdo econômico das propostas* procede-se sob dois ângulos importantes.

Primeiro, à luz da higidez de sua composição econômica. A Administração deverá verificar a correção da composição de preços (unitários) apresentada pelos licitantes. As propostas devem ter consistência técnica, interna (as contas precisam ser representativas dos dados) e externa (os dados precisam ser representativos do que é efetivamente exigido pelo edital).

Em segundo lugar, pelo ângulo de sua exequibilidade. É relevante à Administração verificar se as propostas são sérias e economicamente exequíveis, inclusive para evitar prejuízos futuros à contratação.

7.3.1 A composição econômica das propostas: os custos unitários

O TCU tem reiteradamente exigido que as Administrações façam prever em seus editais critérios para aceitabilidade de preços, inclusive daqueles unitários.

O dever emana do previsto no inciso X do art. 40 da LGL e gerou o Enunciado 259 da Súmula de Jurisprudência do TCU: "Nas contratações de obras e serviços de engenharia, a definição do critério de aceitabilidade dos preços unitários e global, com fixação de preços máximos para ambos, é obrigação e não faculdade do gestor". São admitidos parâmetros justificados de preços máximos, vedada a fixação de preços mínimos.[2]

A questão veio ainda regulamentada pelo Decreto 7.983/2013, relativamente a obras e serviços de engenharia.

A preocupação do legislador está não apenas em evitar a manifestação de propostas econômicas inexequíveis ou que não retratem coerentemente a composição de seus custos unitários,[3] mas, inclusive – e

---

2. Nesse sentido, o STJ uniformizou o entendimento: "Legalidade da desclassificação de licitante que descumprira exigência editalícia quanto ao preço máximo unitário" (REsp 651.395-SC, Min. Castro Meira, *DJU* 30.5.2006); "Previsão legal de segurança para a Administração quanto à especificação dos preços unitários, que devem ser exequíveis com os valores de mercado, tendo como limite o valor global" (RMS 15.051-RS, Min. Eliana Calmon, *DJU* 18.11.2002).

3. A Caixa Econômica Federal/CEF e o Instituto Brasileiro de Geografia e Estatística/IBGE mantêm, atualizam e divulgam o Sistema Nacional de Pesquisa de Custos e Índices da Construção Civil/SINAPI, com dados de projetos residenciais, comerciais, equipamentos comunitários, saneamento básico e emprego e renda urbana e rural (logo, desta base de dados não fazem parte obras mais complexas, com metodologia de execução e materiais diversos). O SINAPI está previsto normativamente nas "Disposições Gerais" da Lei 11.439/2006 (*diretrizes para a elaboração da Lei Orçamentária de 2007 e outras providências*), nos seguintes termos:
"Art. 115. Os custos unitários de materiais e serviços de obras executadas com recursos dos orçamentos da União não poderão ser superiores à mediana daqueles constantes do Sistema Nacional de Pesquisa de Custos e Índices da Construção Civil – SINAPI, mantido pela Caixa Econômica Federal, que deverá disponibilizar tais informações na Internet.

principalmente –, em evitar os famigerados "jogos de planilha", estratagemas utilizados pelos licitantes para alcançar a alteração radical no preço contratado ao longo da fase de execução do contrato. Como conceitua o TCU: "Ocorre jogo de planilhas, em princípio, pela cotação de altos preços para itens que o licitante sabe que serão alterados para mais, isto é, acrescidos nos quantitativos, e de preços baixos para aqueles que não serão executados ou reduzidos. Esse procedimento tem origem principalmente em projeto básico falho e insuficiente".[4]

Ao se fixar preços irrisórios para quantitativos em excesso e preços excessivos para quantitativos reduzidos, a proposta expõe a Administração ao risco futuro de, quando da necessária adequação das quantidades, exigida já na fase de execução do contrato, arcar com modificação sensível no preço global da contratação. Um cuidado para evitar expedientes desta ordem está em bem definir critérios de aceitabilidade de preços unitários na esfera da licitação, ao lado da elaboração de um projeto básico completo e de alta qualidade.

Assim, tanto em relação ao preço global como aos preços unitários, o instrumento convocatório deverá estabelecer critérios para sua aceitação. Isso envolve a fixação de preços máximos. Mesmo em licitações sob regime de execução de empreitada por preço global ou empreitada integral, os preços unitários poderão – e deverão – ser aferidos, com vistas a bem informar as eventuais alterações contratuais futuras e evitar a contratação de proposta economicamente inexequível.

"§ 1º. Somente em condições especiais, devidamente justificadas em relatório técnico circunstanciado, aprovado pela autoridade competente, poderão os respectivos custos ultrapassar o limite fixado no *caput* deste artigo, sem prejuízo da avaliação dos órgãos de controle interno e externo.
"§ 2º. A Caixa Econômica Federal promoverá, com base nas informações prestadas pelos órgãos públicos federais de cada setor, a ampliação dos tipos de empreendimentos atualmente abrangidos pelo Sistema, de modo a contemplar os principais tipos de obras públicas contratadas, em especial as obras rodoviárias, ferroviárias, hidroviárias, portuárias, aeroportuárias e de edificações, saneamento, barragens, irrigação e linhas de transmissão.
"§ 3º. Nos casos ainda não abrangidos pelo Sistema, poderá ser usado, em substituição ao SINAPI, o Custo Unitário Básico – CUB" (maiores informações em *http://www1.caixa.gov.br/gov/gov_social/municipal/programa_des_urbano/SINAPI/index.asp*)
4. *Licitações e Contratos: Orientações e Jurisprudência do TCU*, 4ª ed., Brasília, TCU, 2010, p. 483 (disponível em *http://portal2.tcu.gov.br/portal/pls/portal/docs/2057620.PDF*, acesso em 10.1.2015).

A aferição do conteúdo econômico das propostas tem envolvido, na prática, não apenas a análise dos preços globais e unitários, como a composição do chamado BDI (Bonificação – ou Benefício – e Despesas Indiretas).[5] Isso é um reflexo do controle do TCU acerca do conteúdo econômico das propostas, ao reiteradamente externar orientações relativamente à padronização da composição de custos, inclusive quanto ao BDI. Esta postura interventora e tendente ao gerenciamento da configuração do próprio BDI parece ser excessiva, inclusive porque ilegitimamente invasiva do espaço de administração privada inerente à atividade empresarial do licitante.[6]

5. Como esclarece Flávio Amaral Garcia: "Existem dois grandes grupos de custos que incidem em qualquer obra pública: os custos diretos, que são aqueles que se referem diretamente aos serviços e materiais empregados na obra e que são medidos, no caso dos serviços, em razão da quantidade consumida, e os custos indiretos, que são aqueles que envolvem as despesas indiretas e o próprio lucro do contratado. A essa parcela de custos convencionou-se denominar de BDI. (...). Nem sempre há consenso se determinada parcela deve ser inserida como custo direto ou indireto. Mas uma diretriz adequada é incluir no BDI apenas os itens que só possam ser mensurados por meio de percentual. (...). É sob essa ótica que são comumente mencionados como exemplos de BDI as despesas financeiras, a administração central, o COFINS e o PIS, o ISS, os seguros" (*Licitações e Contratos Administrativos*, 3ª ed., Rio de Janeiro, Lumen Juris, 2010, p. 13).
Sobre a inclusão (ou não) do IRPJ no BDI e a Súmula 254 do TCU ("O IRPJ/ imposto de renda pessoa jurídica e a CSLL/contribuição social sobre o lucro líquido não se consubstanciam em despesa indireta passível de inclusão na taxa de Bonificações e Despesas Indiretas/BDI do orçamento-base da licitação, haja vista a natureza direta e personalíssima desses tributos, que oneram pessoalmente o contratado"), v. o artigo de Ângelo Henrique Lopes da Silva e Gualter Ramalho Portella, "O imposto de renda pessoa jurídica (IRPJ) nas licitações e contratos de obras públicas", *RDPE* 32/35-56, Belo Horizonte, Fórum, outubro-dezembro/2010.
6. Cf. alguns exemplos de decisões do TCU: "As planilhas de referência e as propostas dos licitantes devem conter a discriminação de todos os custos unitários envolvidos, com a explicitação da composição do BDI utilizado na formação dos preços" (Plenário, Acórdão 62/2007, Min. Marcos Bemquerer Costa, *DOU* 2.2/2007); "O fato de a proposta ter sido julgada pelo critério do menor preço não torna irrelevante a forma de cálculo do BDI, uma vez que o valor proposto deve ser compatível com a composição analítica do BDI. Se assim não for, qual a utilidade de se solicitar a apresentação deste dado na proposta de preços?" (Plenário, Acórdão 66/2002, Min. Guilherme Palmeira, *DOU* 25.3.2002); "Diante de problemas identificados na composição analítica do BDI do consórcio, julgou-se necessária uma completa revisão, já que as correções vislumbradas tendem a reduzir substancialmente o valor final do BDI que deve ser aplicado à execução do contrato" (Plenário, Acórdão 157/2009, Min. Valmir Campelo, *DOU* 16.2.2009).

É necessário pontuar, ademais, que a aferição dos preços unitários trata-se de expediente a ser realizado restritamente na fase de julgamento de proposta. Relaciona-se à sua avaliação e julgamento. Não será viável pretender corrigir preços unitários – e globais – após o exaurimento da licitação e a celebração do contrato. A ressalva não é ociosa, uma vez que há forte tendência jurisprudencial do TCU em consolidar orientação pela correção de elementos da proposta (como o BDI, por exemplo) já ao tempo da execução do contrato.

7.3.2 Correção da proposta na execução do contrato: limites

Um problema de não pequena relevância relaciona-se ao cacoete das Administrações de exigirem já na fase de execução do contrato a correção de itens unitários de composição do preço – como alíquotas fiscais etc. – manifestado pela proposta ainda ao tempo da licitação, produzindo-se a alteração no preço final contratado. Quando o regime de execução for a empreitada por preço global (ou empreitada integral) a hipótese adquire contornos ainda mais problemáticos.

Esta prática está não apenas chancelada, mas estimulada por alguns julgados do TCU. Refira-se o Acórdão 32/2008, do Plenário, que versou acerca da base de cálculo para o pagamento de encargos fiscais em contratos administrativos quando haja discrepância entre os valores fiscais indicados na proposta do contratado e aqueles efetivamente praticados na execução do contrato. Nos termos do acórdão, decidiu-se que "nos pagamentos efetuados aos contratados a título de ISS deve ser considerada a alíquota real estabelecida pelos Municípios envolvidos, e não aquela considerada no BDI da empresa". A decisão determinou ao Departamento Nacional de Infraestrutura de Transportes/DNIT que "revise, preventivamente, todos os seus contratos vigentes, a fim de verificar a adequação do percentual embutido no BDI a título de pagamento de ISS com os percentuais efetivamente recolhidos, inclusive quanto à correção da base de cálculo desse imposto (...)".

No ver desta decisão, a remuneração não deve basear-se nas indicações de valores fiscais constantes da proposta do contratado, mas, sim, nos encargos que são concretamente praticados. A questão assume relevância prática especialmente para o cômputo do ISS. Como esse imposto deve ser recolhido, em muitos casos, no Município em que o serviço é efetivamente realizado, sendo a alíquota definida pela órbita municipal, o TCU vem entendendo que há irregularidade quando a remuneração do contratado informa-se exclusivamente pelos termos de sua proposta (que indicou, em seu BDI, valores fiscais atinentes ao pagamento de ISS eventualmente descoincidentes do custo fiscal realmente praticado – e devido – a futuro), "quando deveriam respeitar a alíquota fixada pelo Município onde ocorreu o fato gerador".

A solução proposta merece maiores reflexões, pois parece provocar a desnaturação das cláusulas econômicas da contratação, com ofensa a dispositivos da LGL e da Constituição. Vale algum aprofundamento sobre o tema.

7.3.2.1 Inalterabilidade da proposta: a tutela da equação econômico-financeira

Sempre respeitosamente, fato é que o Acórdão 32/2008 (Plenário) do TCU retrata raciocínio jurídico avesso ao princípio constitucional do respeito à equação econômico-financeira do contrato administrativo. Ao determinar a revisão de contatos para o fim de adequar a remuneração do contratado não em conformidade aos indicadores fiscais de sua proposta (mesmo que fixados de modo errado), mas de acordo com os custos fiscais efetivamente incorridos na prática de sua execução (e legalmente exigidos), a decisão promove a efetiva alteração do conteúdo econômico da proposta – o que ofende, a um só tempo, a norma do inciso XXI do art. 37 da CF e a regra do § 1º do art. 58 da LGL.

Lembre-se que a Constituição fixou a obrigatoriedade de manutenção do conteúdo econômico da proposta (inciso XXI do art. 37) aos contratos administrativos. Demais disso, o art. 5º, XXXVI, da CF garante que nem sequer a lei poderá prejudicar o ato jurídico perfeito. Trata-se de postulado fundamental aplicável às contratações do Poder Público, que assegura aos contratados a proteção aos princípios da *lex inter partes* e do *pacta sunt servanda*. Ainda que certas prerrogativas administrativas de tutela do objeto do contrato possam ser exercitadas pela Administração no âmbito da execução de contratos administrativos, dotando-os de certa dinamicidade, suas cláusulas econômicas deverão permanecer imaculadas. Este princípio promove a proteção de diversos bens jurídicos.

Por um lado, preservam-se a moralidade e a boa-fé nas contratações públicas (v., acima, §§ 2.2 e 2.6). Não seria eticamente defensável deferir-se ao administrador um poder para a livre modificação dos preços nos contratos administrativos. A *supremacia do interesse público* jamais poderia legitimar conduta desta ordem, sob pena do absoluto amesquinhamento do direito público subjetivo dos particulares.

Por outro lado, o postulado busca a proteção da economicidade e a promoção da eficiência no trato da coisa pública. Não houvesse a obrigatoriedade de manter o conteúdo econômico dos contratos administrativos (como tutela ao interesse dos contratados), ampliar-se-ia em tal medida o risco neste tipo de contratação, a ponto de produzir-se a própria ineficácia do sistema de seleção de ofertantes (licitação). Situação desta ordem poderia dar ensejo a uma aguda elevação dos *custos transacionais* (gerando prejuízos à economicidade) ou, mesmo, a ineficácia da licitação, eliminando o interesse dos privados na contratação com a Administração.

Assim, a teleologia do princípio da intangibilidade da equação econômico-financeira retrata um conteúdo *axiológico*, que evita desvios públicos quanto ao propósito de eliminar arbitrariamente a força vinculativa dos contratos, exercendo ilegitimamente sua supremacia em detrimento do interesse dos particulares, assim como retrata um conteúdo *prático*, ao tutelar a eficácia do processo de contratação e o interesse econômico que lhe subjaz.

Além de positivado no texto constitucional, o postulado mereceu veiculação explícita em diversas normativas. A legislação de base dos contratos administrativos, LGL, o veicula no § 1º do art. 58, proscrevendo a hipótese de alteração das cláusulas econômicas do contrato administrativo. Outros dispositivos da LGL tratam da matéria (máxime os arts. 65 e ss.), disciplinando seus aspectos mais específicos. Todo este quadro normativo impede que a Administração Pública (unilateralmente ou consensualmente, em concurso com o contratado) altere as bases econômicas do contrato administrativo.

Tal não quer dizer que o preço do contrato não possa ser alterado. Intangível será a equação econômico-financeira, fixada a partir de uma relação entre encargos e remuneração atinentes ao contrato. Alterados os encargos, em determinadas situações taxativamente previstas na legislação, o preço deverá ser simultaneamente reconduzido, de molde a manter-se inalterada a equação financeira do contrato.

No caso versado no Acórdão 32/2008 do TCU, a orientação acolhida foi no sentido de alterar o preço global ofertado pelos proponentes (e registrado nos contratos) a pretexto de reconduzi-lo aos corretos custos fiscais, exatamente praticados na execução dos contratos (em prejuízo dos custos fiscais indicados com a proposta do contratado). E, na hipótese tratada, os custos fiscais integraram o preço global oferecido, que se constituiu (o preço global, e só ele) no critério de seleção da melhor oferta (por se tratar de licitações pelo tipo menor preço e sob o regime de execução de empreitada por preço global ou de empreitada por preço integral). O problema é que a mera *correção* de custos fiscais da proposta (ou de qualquer outro custo inscrito nas propostas) não é pressuposto automático para a tutela da equação financeira do contrato.[7] Sem que tenha havido causa hábil a permitir a alteração no preço global do contrato (evento superveniente ao oferecimento da proposta que, dada sua imprevisibilidade, não pôde ser considerado para fins de quantificação), sua implementação importa ofensa ao postulado fundamental que impõe a manutenção das cláusulas econômicas do contrato.[8]

As hipóteses de alteração nos preços contratuais para assegurar a intangibilidade da equação dos contratos estão todas disciplinadas pela

7. Numa licitação sob o regime jurídico de empreitada por preço global desinteressa a *exatidão* dos custos unitários constitutivos do valor global. Sua aceitação liga-se à aferição de exequibilidade das propostas. Mas não é exigível sua exatidão como padrão de correção. Até porque a exatidão muitas vezes é parâmetro extremamente difícil de ser praticado, mesmo em relação a custos fiscais (que em algumas situações são variáveis e sensíveis a outros negócios do contratado). Logo, os custos unitários são estimativos e secundários em relação ao *preço global*, critério de seleção de ofertantes e parâmetro vinculativo das partes.
8. Érica Requi e Mariana Guimarães apontam também a impossibilidade de se reduzir o valor global do contrato ainda quando identificadas no BDI parcelas correspondentes ao Imposto de Renda Pessoa Jurídica/IRPJ e à Contribuição Social sobre o Lucro Líquido/CSLL – tributos que, segundo orientação do TCU, não devem integrar o cálculo das despesas indiretas (a orientação consta do Acórdão do Plenário 625/2010, que originou a Súmula 254): "IRPJ/Imposto de Renda Pessoa Jurídica e a CSLL/Contribuição Social sobre o Lucro Líquido não se consubstanciam em despesa indireta passível de inclusão na taxa de Bonificações e Despesas Indiretas/BDI do orçamento-base da licitação, haja vista a natureza direta e personalística desses tributos, que oneram pessoalmente o contratado. As autoras entendem possível a redução apenas em hipóteses excepcionais em que se verifique superfaturamento" ("O saneamento do BDI e a impossibilidade de reduzir o valor global do contrato mesmo quando identificadas parcelas correspondentes ao IRPJ e à CSLL", *ILC* 370/254, Curitiba, Zênite, abril/2015).

legislação específica dos contratos administrativos gerais (LGL), configurando elenco *numerus clausus*. Um pressuposto comum a todas as possibilidades de modificação do preço global é a ocorrência de fato superveniente, imprevisível à época de formação das propostas na licitação. Isso porque, se o evento que produz o desbalanceamento da equação financeira era previamente conhecido dos ofertantes, deveria ele ter sido considerado em sua proposta, sendo descabido buscar posteriormente a correspondente recomposição da equação.

Na causa decidida pelo TCU não se verificou supervenientemente à celebração do contrato (oferecimento da proposta na licitação) qualquer evento imprevisível capaz de autorizar a revisão do preço contratado. Sustentou-se mero erro de previsão do custo fiscal na proposta do contratado, sem que tenha havido alteração legislativa atinente aos encargos fiscais incidentes. Logo, e já por isso, mostrou-se inviável a revisão do preço ofertado pelo contratado. A hipótese desafiaria o postulado fundamental que impede a revisão no preço da proposta que deu origem ao contrato (e assim nele se integrou) sem que tenha havido alteração objetiva nas condições econômicas e legais que circundam a execução do contrato. A má formulação da proposta do contratado não autoriza que seu preço seja revisto, para mais ou para menos.

Afinal, o que se daria caso a proposta houvesse avaliado mal o encargo tributário, de molde a agravar a situação do contratado? Seria a Administração obrigada a reequilibrar o contrato em favor da pessoa privada, em decorrência de erro na proposta, aumentando a remuneração devida? Ao fim e ao cabo, é isso que também diz o Acórdão 32/2008-Plenário.

7.3.2.2 A *"alterabilidade" unilateral da proposta e a inutilidade da licitação*

Repise-se que a situação de erro na indicação do custo fiscal não é motivo juridicamente eficaz para a alteração no preço contratado. Fosse assim, estaria aberta a porta para pleitos de recomposição da equação financeira ante a alegação de erros na composição dos custos fiscais, quando o critério de seleção e comparação das propostas comerciais fora o preço global do contratado. A hipótese retrataria a instabilidade das propostas comerciais, aniquiladora dos fundamentos da própria licitação.

Perceba-se que a composição de custos fiscais do preço (global) indicados com as propostas no âmbito da licitação não é, como regra, um parâmetro autônomo ao preço global ofertado pelos licitantes – critério de seleção da proposta mais vantajosa (numa licitação sob o regime de execução de empreitada por preço global ou de empreitada integral).

Trata-se tão somente de *informação* requisitada pelos editais de licitação com vistas a aparelhar expedientes futuros de alteração de contratos e, também, para a aferição da exequibilidade das propostas. Estas indicações, então, não existem à margem do preço ofertado como critério da seleção da proposta mais vantajosa; são oferecidas pelo contratado como mera informação (muitas vezes estimativa) inerente à arquitetura de seu preço.

Situação diversa ocorreria se o edital de licitação definisse um regime de remuneração do preço global desvinculado do pagamento pelos encargos fiscais, concebendo o pagamento pelos tributos realizado de forma autônoma à remuneração, quantificado no exato valor em que é recolhido ao Fisco.

Mas essa não é a hipótese subjacente à tantas vezes mencionada decisão do TCU. No caso julgado as contratações se deram sob o regime de execução de *empreitada por preço global*, sendo que os encargos fiscais estiveram todos compreendidos na composição do preço. Nesta situação, alterar o preço global de um contrato administrativo para adequá-lo à correção de preços unitários (ou indicadores de custos fiscais) acabará por produzir modificação no próprio preço que serviu de parâmetro à escolha da proposta mais vantajosa, desequilibrando a condição objetiva de comparação entre as propostas na esfera da licitação. Gera-se, aqui, o risco de inutilidade da licitação.

É simples demonstrá-lo: suponha-se que o licitante vencedor da licitação tenha indicado custo fiscal relativo ao recolhimento do ISS (por exemplo) baseado numa alíquota inferior àquela que deverá ser efetivamente praticada. Se o licitante classificado em segundo lugar na licitação indicou corretamente o custo fiscal deste tributo (ou, mesmo, indicou valor maior que o efetivamente praticado), gera-se o risco de, com eventual e futura "correção" do custo fiscal do contratado (ampliando sua remuneração final), desfigurar o resultado da licitação. A proposta do licitante classificado em segundo lugar, dada a subsequente alteração de preço do licitante vencedor, poderá tornar-se a mais vantajosa à Administração – que, no exemplo, teria deixado de adjudicar a proposta mais vantajosa (a do licitante classificado em segundo lugar). Isso devido à ampliação ilegítima da remuneração do licitante classificado em primeiro lugar ante o raciocínio de que a remuneração do contratado deverá basear-se não nos custos fiscais indicados na proposta, mas naqueles efetivamente praticados.

Não se contraponha que o raciocínio veiculado no Acórdão 32/2008 do Plenário do TCU legitima apenas a redução do preço do contrato, e não sua ampliação. Não há justificativa, à luz dos princípios da isonomia, coerência e simetria, que ampare a assertiva. O fundamento utilizado pelo TCU para alcançar a revisão dos custos fiscais está na sua indicação equívoca pela proposta do contratado. Contrasta-se o custo fiscal real com o custo fiscal da proposta, adequando-se este àquele. Solução equivalente tem de ser adotada quando o custo fiscal da proposta seja inferior ao custo fiscal real (abstraindo-se hipóteses em que o edital disciplina especificamente a questão). O pressuposto fático em ambos os casos é o mesmo (a indicação errada do custo fiscal da proposta), assim como a finalidade da revisão (adequar a remuneração ao custo fiscal efetivamente praticado).

Logo, e por coerência e simetria, a solução acolhida pelo TCU terá de ser estendida aos casos em que o contratado tenha subdimensionado os custos fiscais incidentes. O resultado será o desvirtuamento da licitação, com a infração de diversos princípios e regras que asseguram o julgamento objetivo e o alcance da proposta mais vantajosa à Administração.

7.4 A aferição da exequibilidade das propostas

Como referido, a avaliação do conteúdo econômico das propostas procede-se também à luz de sua *exequibilidade*. Como menciona João Amaral e Almeida, são "múltiplas e bem conhecidas as causas da apresentação de propostas de preço excessivamente baixo: em geral, tais propostas são o produto natural de uma exasperada concorrência entre as empresas, devida não apenas ao aumento dos sujeitos que operam num dado sector econômico, mas também, e sobretudo em tempos de recessão econômica, à diminuição ou à escassez dos contratos públicos, submetidos à concorrência do mercado; por outro lado, a política comercial de muitas empresas de seduzir as entidades adjudicantes, pela atracção dos preços baixos, com o intuito de conquistar novos mercados e sectores e neles granjear visibilidade; e até a necessidade, para as empresas, de se tornarem adjudicatárias, a qualquer preço, do maior número de contratos, já que o volume de negócios é quase sempre um indicador de qualificação em futuros procedimentos pré-contratuais ou até na obtenção ou na manutenção de classificações dos títulos legitimadores do exercício de respectiva atividade econômica".[9]

O preço excessivamente baixo, portanto, não é exatamente uma vantagem, mas, sim, um risco que instala o correspondente dever de aferir se os preços veiculados pelas propostas comerciais são viáveis, na acepção de se enquadrarem nos padrões de mercado. O exame da exequibilidade das propostas busca evitar a prática do "mergulho", quando licitantes manifestam preços excessivamente reduzidos ou irrisórios, o que ameaça a segura execução do contrato.

Por isso que o legislador tem o dever de definir qual é o critério que será adotado pela Administração a fim de avaliar a exequibilidade das propostas. Critério, esse, que necessita ser objetivo e estável, em vista do princípio do julgamento objetivo. Existem dois modelos básicos: aquele que atribui ao legislador a definição do que vem a ser uma proposta exequível e o que atribui à comissão de licitação tal escolha. No primeiro caso, o legislador há de definir um protocolo fundado no exame técnico das propostas. No segundo, o legislador delega à Administração a competência para investigar, caso a caso, a exequibilidade (ou não) das propostas.

No caso brasileiro, o legislador estabeleceu, positivamente e em minúcias, como se deve dar a avaliação da exequibilidade (ou não) das propostas. O art. 48 da LGL acolhe duas técnicas para a aferição das propostas. Há um critério *aritmético*, prescrito pelo § 1º, e outro que se poderia denominar de *material-econômico*, extraído diretamente do inciso II. Aqui não existe nem sequer um lampejo de discricionariedade administrativa – a competência legislativamente definida é vinculada.

Pelo *critério aritmético*, serão desclassificadas as propostas que forem inferiores a 70% da metade do menor valor entre (i) a média

---

9. João Amaral e Almeida, "As propostas de preço anormalmente baixo", in Pedro Costa Gonçalves (org.), *Estudos de Contratação Pública – III*, Coimbra, Coimbra Editora, 2010, p. 87.

aritmética das propostas superiores a 50% do valor orçado e (ii) o próprio valor orçado pela Administração.

Para além disso, haverá um exame de consistência dos preços unitários constantes das propostas com os padrões de mercado, sendo que valores incoerentes com estes padrões conduzirão a uma presunção de inexequibilidade da proposta (*critério material-econômico*).

7.4.1 Inexistência de mera presunção relativa quanto à inexequibilidade sob o critério aritmético

Apesar da clara definição legislativa, tem sido frequente o reconhecimento pela jurisprudência da relatividade da constatação de inexequibilidade ante a aplicação do critério aritmético de aferição.[10] Diz-se que a aplicação da fórmula acolhida no § 1º do art. 48 da LGL conduziria a mera *presunção relativa* de inexequibilidade, sendo viável ao licitante titular da proposta presumidamente inexequível exercer a contraprova, com vistas a afastar a presunção e evitar a desclassificação de sua proposta. Doutrinadores de enorme prestígio têm vocalizado esta posição, à qual se tributa imenso respeito.[11]

10. Por exemplo, o TCU: "Na verdade, esse dispositivo conduz a uma presunção relativa de inexequibilidade de preços. Isso porque sempre haverá a possibilidade de o licitante comprovar sua capacidade de bem executar os preços propostos, atendendo satisfatoriamente ao interesse da administração" (Plenário, Acórdão 697/2006, Min. Ubiratan Aguiar, *DOU* 15.5.2006). No mesmo sentido, o STJ: "A licitação visa a selecionar a proposta mais vantajosa à Administração Pública, de maneira que a inexequibilidade prevista no mencionado art. 48 da Lei de Licitações e Contratos Administrativos não pode ser avaliada de forma absoluta e rígida. Ao contrário, deve ser examinada em cada caso, averiguando-se se a proposta apresentada, embora enquadrada em alguma das hipóteses de inexequibilidade, pode ser, concretamente, executada pelo proponente. Destarte, a presunção de inexequibilidade deve ser considerada relativa, podendo ser afastada por meio da demonstração, pelo licitante que apresenta a proposta, de que esta é de valor reduzido, mas exequível. (...). Nesse contexto, a proposta inferior a 70% do valor orçado pela Administração Pública (art. 48, § 1º, 'b', da Lei n. 8.666/1993) pode ser considerada exequível se houver comprovação de que o proponente pode realizar o objeto da licitação" (REsp 965.839-SP, Min. Denise Arruda, *DJe* 2.2.2010).

11. Por todos: Marçal Justen Filho, *Comentários à Lei de Licitações e Contratos Administrativos*, 16ª ed., São Paulo, Ed. RT, 2014, pp. 868 e ss. Sobre o *critério de aferição de preços inexequíveis e o estabelecido na LGL*, v. a análise minuciosa de Renato Geraldo Mendes, *O Regime Jurídico da Contratação Pública*, Curitiba, Zênite, 2008, pp. 190-218. No cenário europeu, e por todos, v. João Amaral e Almeida

Porém, fato é que o disposto no § 1º do art. 48 da LGL não deixa espaço para a referida relativização. Neste particular a norma é clara, matemática e imperativa: determina a desclassificação da proposta que tiver sua inexequibilidade reconhecida pela aplicação da fórmula aritmética prescrita. A tentativa de flexibilizar a regra esbarra na técnica fundamental de hermenêutica que orienta a não se presumir a inutilidade das palavras da lei (ou, melhor, a não se presumir prescrição onde a norma não a prescreveu). Por outro lado, viola o princípio da separação dos Poderes – atribuindo à Administração (ou – o que é pior – ao Judiciário) uma competência que foi exaurida pelo Legislativo.

Nem se argumente com a ponderação de princípios que poderiam customizar a aplicação desta regra aos casos concretos, como o princípio da maior vantagem à Administração etc. A considerar válida a regra do § 1º do art. 48, sua letra objetiva e exata há de prevalecer em relação à generalidade dos princípios (ou à sua lógica aplicativa). Insista-se em que não há espaço hermenêutico para ultrapassar a exatidão daquela regra e, assim, a revogar, nem mesmo sob a projeção de princípios fundamentais da licitação.

O tema permite algum aprofundamento. Afinal, a regra do § 1º do art. 48 apresenta critério exato, de certeza positiva, em relação àquela espécie de proposta que o ordenamento jurídico brasileiro reputa inexequível para todas as licitações desenvolvidas em território nacional. Quem definiu os percentuais e sua aplicação vinculada foi o legislador brasileiro, em cumprimento aos arts. 22, XXVII, e 37, XXI, ambos da CF. Aqui não se está diante de competência discricionária da Administração, a quem não foi outorgada a possibilidade de se subtrair ao exame de tais cálculos e lhes conferir eficácia. Quanto a isso, dúvida não pode haver: o legislador deixou de atribuir esse atributo à competência

(para quem o Código das Contratações Públicas português estabelece a presunção de anormalidade para determinadas propostas que não passem nos critérios matemáticos, instalando o dever de o administrador promover a verificação da respectiva anomalia e apreciação das justificativas do interessado), "As propostas de preço anormalmente baixo", cit., in Pedro Costa Gonçalves (org.), *Estudos de Contratação Pública – III*, pp. 87-148. Sobre o mesmo tema quanto ao *RDC*, v. João Negrini Neto, "Hipóteses de desclassificação das propostas e critérios de desempate previstos no Regime Diferenciado de Contratações", in Márcio Cammarosano, Augusto Neves Dal Pozzo e Rafael Valim (coords.), *Regime Diferenciado de Contratações Públicas – RDC (Lei 12.462/2011): Aspectos Fundamentais*, Belo Horizonte, Fórum, 2011, pp. 86-90.

administrativa outorgada ao agente competente. A decisão político-legislativa prestigiou a *segurança jurídica* e a *estabilidade* de certas escolhas administrativas nas licitações brasileiras.[12]

Por outro lado, a regra legal é válida e desempenha papel sobremaneira relevante nas contratações públicas: está vedada a aceitação de propostas que encontrem obstáculo no cálculo resultante da previsão normativa, pois a LGL as tem como inexequíveis. Essa foi a escolha do Poder a quem a Constituição atribuiu a competência para produzir "normas gerais de licitação": o Legislativo. Logo, seria o caso de não se aplicar essa regra em vista de construções principiológicas e o respectivo "sopesamento" com a regra jurídica? Ora, a norma do art. 48 da LGL é, sob qualquer ângulo hermenêutico, uma regra: aplica-se segundo o critério do "tudo-ou-nada" (ou, se se preferir outra classificação, ela não é a fonte das demais normas do sistema – não tem conteúdo axiológico-estrutural).

Logo, no caso brasileiro não existe a permissão para "ponderar" essa regra com outras normas-princípio ou aplicá-la segundo critério de peso ou importância (o que seria sobremaneira complicado. "Ela é problemática – sustenta Virgílio Afonso da Silva ao tratar dos conflitos entre regras e princípios –, porque dá a entender que o aplicador do Direito está sempre livre, em qualquer caso e em qualquer situação, para afastar a aplicação de uma regra por entender que há um princípio mais importante que justifica esse afastamento. Isso teria como consequência um alto grau de insegurança jurídica. Um dos papéis mais importantes das regras no ordenamento jurídico é justamente aumentar o grau de segurança na aplicação do Direito". Pois como se daria a relação entre princípios e regras, nos casos de eventuais conflitos? "O que

---

12. Como, ao comentar o sistema europeu em face das legislações dos respectivos Estados-membros, consignou João Amaral e Almeida: "A preferência por um mecanismo de exclusão automática reside, muito simplesmente, na circunstância de ser o que mais garantias oferece na tutela do interesse público da entidade adjudicante em salvaguardar-se do risco de adjudicações de propostas não sérias ou incongruentes (e, consequentemente, do risco da incorrecta ou deficiente execução do contrato): não apenas por uma *desconfiança subjectiva*, isto é, uma desconfiança nas capacidades de apreciação e decisão, por parte das estruturas administrativas, quanto à verificação discricionária das propostas tidas como anómalas, mas igualmente uma *desconfiança objetiva*, isto é, uma desconfiança nas capacidades de reacção do próprio sistema jurídico interno" ("As propostas de preço anormalmente baixo", cit., in Pedro Costa Gonçalves (org.), *Estudos de Contratação Pública – III*, pp. 96-97).

há – esclarece Virgílio Afonso da Silva – é simplesmente o produto de um sopesamento, *feito pelo legislador*, entre dois princípios que garantem direitos fundamentais e cujo resultado é uma regra de Direito ordinário. A relação entre a regra e um dos princípios não é, portanto, uma relação de colisão, mas uma relação de restrição. A regra é expressão dessa restrição. Essa regra deve, portanto, ser simplesmente aplicada por *subsunção*".[13]

Isto é: no caso brasileiro da avaliação da exequibilidade (ou não) das propostas o legislador já concretizou a ponderação entre os princípios postos em jogo e, assim, positivou a regra jurídica que determina como deve ser solucionado o caso concreto.

Por conseguinte, não pairam dúvidas quanto ao dever de aplicação da regra que impõe a adoção do critério aritmético para a aferição da inexequibilidade das propostas. O mesmo não se pode afirmar em relação à aplicação do critério material-econômico, que só autoriza o reconhecimento da inexequibilidade após a oportunidade de o licitante estabelecer a contraprova e afastar a presunção de inexequibilidade – aqui, sim, e só neste caso, pode-se falar em *presunção relativa*, ante o reconhecimento unilateral pela Administração acerca da incoerência de preços unitários com os padrões de mercado. Afinal, o interessado pode ter acesso a preços mais baratos ou dispor de meios de demonstrar sua maior eficiência e atenuação dos custos.

7.4.2 A inexequibilidade de proposta no Regime Diferenciado de Contratações

A inexequibilidade de proposta foi tratada pela Lei 12.462/2011 e pelo Decreto 7.581/2011 de modo distinto e inconfundível relativamente à LGL. O legislador do RDC estabeleceu que serão desclassificadas

---

13. Virgílio Afonso da Silva, *Direitos Fundamentais: Conteúdo Essencial, Restrições e Eficácia*, 2ª ed., 3ª tir., São Paulo, Malheiros Editores, 2014, p. 52. V. também: Eros Roberto Grau, "Despesa pública – Conflito entre princípios e eficácia das regras jurídicas – O princípio da sujeição da Administração às decisões do Poder Judiciário e o princípio da legalidade da despesa pública", *RTDP* 2/130-148, São Paulo, Malheiros Editores, 1993; Humberto Ávila, *Teoria dos Princípios*, 16ª ed., São Paulo, Malheiros Editores, 2015, pp. 128-134; Ana Paula de Barcellos, "Alguns parâmetros normativos para a ponderação constitucional", in Luís Roberto Barroso (org.), *A Nova Interpretação Constitucional*, 3ª ed., Rio de Janeiro, Renovar, 2008, pp. 49-118.

propostas que *apresentem preços manifestamente inexequíveis ou permaneçam acima do orçamento estimado para a contratação*, inclusive nas hipóteses do orçamento sigiloso (art. 24, III, da Lei 12.462/2011), e que *não tenham sua exequibilidade demonstrada, quando exigido pela Administração Pública* (art. 24, IV, da Lei 12.462/2011). Logo, o RDC afastou o critério matemático e respectivos percentuais: não existe qualquer precisão objetiva.

Já, o Decreto 7.581/2011, repetindo o critério aritmético acolhido pela LGL, previu que, nas licitações de obras e serviços de engenharia, consideram-se inexequíveis as propostas com valores globais inferiores a 70% do menor dos seguintes valores: (i) média aritmética dos valores das propostas superiores a 50% do valor do orçamento estimado pela Administração Pública; ou (ii) valor do orçamento estimado pela Administração Pública. Além disso, o decreto *adotou expressamente* a premissa generalizada de que a constatação de inexequibilidade não é absoluta, consistindo apenas numa *presunção relativa*. Isto é: caberá ao licitante titular da proposta tomada por inexequível demonstrar sua plena exequibilidade, afastando a presunção. É o que se depreende do § 1º do art. 41 do referido decreto, que prescreve: "A Administração deverá conferir ao licitante a oportunidade de demonstrar a exequibilidade da sua proposta". Para tanto – complementa o § 2º do mesmo artigo –, "o licitante deverá demonstrar que o valor da proposta é compatível com a execução do objeto licitado no que se refere aos custos dos insumos e aos coeficientes de produtividade adotados nas composições de custos unitários". Também, "a análise de exequibilidade da proposta não considerará materiais e instalações a serem fornecidos pelo licitante em relação aos quais ele renuncie a parcela ou à totalidade da remuneração, desde que a renúncia esteja expressa na proposta" (§ 3º do art. 41 do Decreto 7.581/2011).

Como se observa, embora os meios e critérios de aferição da exequibilidade sejam equivalentes no modelo convencional da LGL e no RDC, a disciplina jurídica da inexequibilidade adotada pelo novo regime é inconfundível com a daquele. Neste regime diferenciado há o acolhimento explícito, em nível regulamentar, da oportunidade da contraprova pelo licitante titular da proposta presumidamente inexequível – o que inexiste no regime convencional da LGL.

Uma questão que pode provocar alguma dificuldade no tocante à aferição da inexequibilidade no RDC relaciona-se à aplicação do critério aritmético nas licitações submetidas ao regime do orçamento sigiloso. Embora tanto a Lei 12.462/2011 quanto o Decreto 7.581/2011 tenham expressamente ressalvado que a fórmula matemática da inexequibilidade seja aplicável sem prejuízo da existência do orçamento sigiloso, é certo que a falta de explicitação prévia do orçamento produz dificuldades práticas de controle da decisão pelos licitantes.[14] Afinal, nas licitações que funcionam sob a sistemática do orçamento sigiloso a aferição da inexequibilidade pelo critério aritmético considerará parâmetro desconhecido dos licitantes. A única solução possível diante da norma será admitir-se a desclassificação da proposta sem a plena possibilidade de controle jurídico do ato. Para as licitações sob a sistemática do orçamento sigiloso, este só será disponibilizado logo após a adjudicação do objeto. Mas a oportunidade recursal está concentrada imediatamente após a fase de habilitação e ainda antes da adjudicação. Nem a lei e nem o regulamento trazem solução para o problema.

7.5 Exigência de amostras e testes

A fase de avaliação e julgamento de propostas poderá comportar a apresentação de *amostras*. A exigência para apresentação de amostras não está prevista na LGL, muito embora venha sendo admitida como válida pelas instâncias de controle, desde que realizada dentro de certos limites. Sua fundamentação legal tem sido extraída do § 3º do art. 43 da LGL, que assegura à Administração a possibilidade de proceder a diligências para a suplementação de informações acerca das propostas dos licitantes.[15]

14. Como apontou Márcio Cammarosano, dentre outras críticas ao dispositivo do art. 6º, "no sistema do RDC, propostas poderão ser desclassificadas por apresentarem preços manifestantes inexequíveis ou que, mesmo após negociação, permaneçam acima do orçamento estimado. Mas este, mesmo servindo de parâmetro para referida decisão, permanecerá sigiloso para os próprios licitantes até o exaurimento da fase recursal, pela própria lei definido como o momento em que o procedimento licitatório se tem por encerrado, não obstante ainda seja admissível, na sequência, saneamento de irregularidades, anulação total ou parcial do procedimento, revogação deste, adjudicação do objeto e homologação da licitação" ("Arts. 5º a 7º da Lei 12.462, de 5.8.2011", in Márcio Cammarosano, Augusto Neves Dal Pozzo e Rafael Valim (coords.), *Regime Diferenciado de Contratações Públicas – RDC (Lei 12.462/2011): Aspectos Fundamentais*, Belo Horizonte, Fórum, 2011, pp. 35-36).

15. O RDC explicitamente admite, no inciso II de seu art. 7º, a exigência de *amostras*, seja na fase de pré-qualificação, seja na fase de avaliação das propostas e

O expediente consiste na apresentação pelos licitantes do produto ou serviço compatível com a caracterização do objeto licitado, cuja aferição se dará por entidade, autoridade ou comissão devidamente identificada no instrumento convocatório. A apresentação poderá consistir num mero depósito do produto para posterior avaliação pela Administração, em local e tempo a serem definidos no instrumento convocatório, ou, ainda, poderá significar um teste dinâmico de funcionamento do produto ou serviço a ser fiscalizado e avaliado concomitantemente pela Administração – hipótese que exigirá disciplina minuciosa pelo instrumento convocatório da licitação.

Como regra, a apresentação de amostras comportará juízo de mera *aferição*: depositado o produto ou demonstrado o serviço, o ente encarregado de proceder ao exame das amostras aferirá sua compatibilidade técnica com a caracterização (identificação dos traços técnicos minimamente exigidos) contida no instrumento convocatório. Os produtos e serviços tecnicamente insuficientes ou incompatíveis com o objeto licitado serão desaprovados. Há, aqui, exame técnico meramente eliminatório.

Mas não será incorreto admitir a apresentação de amostras como expediente integrado na fase de exame de *propostas técnicas*, hipótese em que seu julgamento comportará avaliação qualitativa do produto ou serviço.[16] Nesta hipótese, as amostras apresentadas serão examinadas e pontuadas sob critérios objetivos de avaliação estabelecidos pelo ins-

lances, desde que motivadas sua necessidade e sua pertinência. Sobre o tema, v. Márcio Cammarosano, Arts. 5º a 7º da Lei 12.462, de 5.8.2011", cit., in Márcio Cammarosano, Augusto Neves Dal Pozzo e Rafael Valim (coords.), *Regime Diferenciado de Contratações Públicas – RDC (Lei 12.462/2011): Aspectos Fundamentais*, p. 38; Maria Augusta Rost, "As exigências de amostra e de carta de solidariedade", in Marçal Justen Filho e Cesar A. Guimarães Pereira (coords.), *O Regime Diferenciado de Contratações Públicas: Comentários à Lei 12.462 e ao Decreto 7.581*, Belo Horizonte, Fórum, 2012, pp. 111-125; e Alécia Paolucci Nogueira Bicalho e Carlos Pinto Coelho Motta, *RDC – Comentários ao Regime Diferenciado de Contratações*, 2ª ed., Belo Horizonte, Fórum, 2014, pp. 161-163.

16. Trata-se de procedimento importante nas concorrências com pré-qualificação técnica, em que "a execução da obra deve envolver peculiar grau de dificuldade, o qual demande do executor nível correspondente de especialização e experiência. Não fosse assim, a pré-qualificação deixaria de ser um procedimento excepcional e poderia ser adotada em qualquer concorrência pública. Ademais, apenas particulares dotados de certos requisitos não ordinários poderiam executar satisfatoriamente o objeto" (TCU, Plenário, AC 2.282-35/11, Min. André Luís de Carvalho).

trumento convocatório da licitação. Não haverá apenas um exercício de mera aferição (ou eliminação) pela Administração, mas, sim, a avaliação qualitativa do produto ou serviço ofertado, considerada para o fim da classificação final das propostas técnicas.

É válido ressaltar, também, que, como a LGL não disciplinou aspectos mais específicos do expediente de apresentação de amostras, é fundamental que o instrumento convocatório contenha regras claras e objetivas em relação à exigência. É imprescindível a estipulação de critérios objetivos de análise, como as especificações particulares e os requisitos de qualidade – que se depreenderão das características do próprio objeto licitado. Lembre-se que o TCU já considerou irregular a "ausência, no edital, das especificações dos requisitos de qualidade a serem aferidos nos testes de amostras".[17]

É necessário, inclusive, que haja a suficiente identificação da autoridade, entidade ou comissão encarregada da avaliação das amostras, seja com vistas a fornecer um juízo de mera aferição/aprovação, seja para o fim de avaliar qualitativamente as amostras sob os critérios objetivamente estipulados no instrumento convocatório. A plena identificação daquele que procederá ao julgamento das amostras permitirá aos licitantes o controle acerca de sua aptidão e competência técnica para esse fim e garantirá a imparcialidade no respectivo julgamento objetivo.

7.6 Diligências na licitação

No curso do processo de licitação é relativamente comum que a Administração Pública se depare com a insuficiência de informações veiculadas em documentos, seja no âmbito da aferição acerca da habilitação de licitantes (v., acima, § 6.5) ou mesmo na fase de classificação de propostas, gerando-se dúvida acerca do atendimento de exigências previstas no edital. Nestas hipóteses, poderá a Administração optar pela inabilitação do licitante ou desclassificação de sua proposta ou diligenciar a complementação da informação, conforme lhe autoriza o disposto no § 3º do art. 43 da LGL.[18]

17. TCU, 1ª Câmara, Acórdão 1.703/2011.
18. "§ 3º. É facultada à comissão ou autoridade superior, em qualquer fase da licitação, a promoção de diligência destinada a esclarecer ou a complementar a instru-

O acolhimento das diligências no processo licitatório pela LGL revela a inexistência de limites rígidos à vinculação a certas exigências veiculadas pelo edital. Uma decorrência lógica da previsão da faculdade (diga-se melhor: do dever) da Administração de diligenciar para a suplementação da documentação dos licitantes é a possibilidade de correção/convalidação de defeitos de menor monta, inclusive para esclarecimentos aos documentos produzidos pelos licitantes. Isso significa que a inadequação da documentação dos licitantes aos parâmetros do edital não conduzirá prontamente à sua inabilitação ou à desclassificação de sua proposta. Defeitos meramente formais ou que não comprometam a disputa não devem gerar a exclusão dos licitantes e de suas propostas. A temática relaciona-se com a moderação do formalismo na licitação.

Não se duvida de que o processo de licitação é marcado pelo princípio do formalismo, sendo esse a receita para evitar desvios de fim na manipulação de competências administrativas. Todavia, trata-se de formalismo moderado: as formas não poderão ser entendidas como um fim em si mesmas, desencontradas das finalidades próprias do certame. Elas revelam-se meramente instrumentais à realização do escopo da licitação. Neste contexto, as diligências servirão para, em prol da universalidade da licitação, relevar pequenos defeitos formais e propiciar a correção de omissões e obscuridades na documentação produzida pelos licitantes.

Não seria despropositado afirmar que uma tendência aparentemente irreversível na evolução da disciplina jurídica da licitação está na flexibilização da vinculação estrita ao edital de licitação, em homenagem ao incremento da disputa propriamente dita, fim último da licitação. Flexibiliza-se o formalismo para alcançar a maior vantagem buscada com a licitação. Esta filosofia tem permeado as legislações mais recentes acerca do tema, como a Lei do Pregão, a Lei das PPPs e o RDC – todos preveem a relativização do formalismo como diretriz a ser seguida no desenvolvimento da licitação.

O Decreto 5.540/2005 (*regulamenta o pregão*) atribui ao pregoeiro a competência para sanear propostas com vícios menores.[19] Já, a Lei das

ção do processo, vedada a inclusão posterior de documento ou informação que deveria constar originariamente da proposta."

19. Eis o texto do art. 26, § 3º: "No julgamento da habilitação e das propostas, o pregoeiro poderá sanar erros ou falhas que não alterem a substância das propostas, dos

PPPs (Lei 11.079/2004) previu o estabelecimento de uma fase própria para a correção de defeitos formais na documentação dos licitantes.[20] Ao seu tempo, o RDC é claro ao fixar que somente serão desclassificadas as propostas que "contenham vícios insanáveis" (Lei 12.462/2011, art. 24, I) – o que implica a instalação do dever vinculado de sanear os vícios convalidáveis das propostas.

Insista-se, enfim, que a busca pela melhor proposta não poderá ser frustrada pela aplicação de formalismos desligados da finalidade do processo licitatório. Por isso, sempre que emergir dúvida razoável acerca do teor da documentação apresentada pelo licitante, não deverá a Administração recusá-la desde logo. Somente após a produção suplementar de informações é que a Administração deverá emitir juízo acerca do atendimento, ou não, da exigência editalícia. Trata-se de admitir que há uma espécie de princípio do juízo seguro, impondo-se à comissão de licitação o dever de decidir acerca da habilitação mediante elementos de convicção objetivos e suficientes. O licitante somente pode ser apenado com a desclassificação caso haja evidência, para além de qualquer dúvida razoável, de que os documentos da sua proposta são inconvalidáveis. Aqui, o ônus da prova é da Administração – o que exige diligências e autoriza contraprovas.

É relevante, contudo, que a oportunidade de suplementação de documentos e informações pela via das diligências divulgada publicamente seja estendida a todos os licitantes, cumprindo-se os princípios da publicidade e da isonomia (inclusive com a possibilidade de conhecerem o resultado das diligências e impugnarem, formal e materialmente, a tese e os documentos apresentados pelo concorrente).

documentos e sua validade jurídica, mediante despacho fundamentado, registrado em ata e acessível a todos, atribuindo-lhes validade e eficácia para fins de habilitação e classificação".

20. Eis a redação do art. 12, IV, da Lei 11.079/2004: "o edital poderá prever a possibilidade de saneamento de falhas, de complementação de insuficiências ou ainda de correções de caráter formal no curso do procedimento, desde que o licitante possa satisfazer as exigências dentro do prazo fixado no instrumento convocatório". Sobre o tema, v. Fernando Vernalha Guimarães, *PPP – Parceria Público-Privada*, 2ª ed., São Paulo, Saraiva, 2014, pp. 433-434.

7.6.1 Vícios sanáveis versus vícios insanáveis

Precede ao uso de diligência para saneamento de vícios (por omissão ou por defeitos formais em documentos) a apreciação jurídica do caso concreto à luz do princípio da proporcionalidade/razoabilidade. Os vícios de omissão ou meramente formais serão examinados sob a projeção do princípio da razoabilidade, relacionando-se, de um lado, a universalidade da licitação – visando à maior vantagem à Administração – e, de outro, a vinculação da documentação apresentada aos termos do edital, preservando a isonomia entre os licitantes. Desta tensão relacional analisada sob a ótica da razoabilidade/proporcionalidade é que se tirará a orientação jurídica ao caso concreto.

Pode-se dizer que a Administração deverá primariamente olhar para a dimensão do vício e sua natureza.[21] Somente vícios diminutos e formais, que afetem a mera superfície (e não a substância) da proposta, conduzem à hipótese de convalidação pela via de produção de documentação e informação suplementar, através das diligências.

São situações como: data de validade recém-vencida em documento; erro material quanto à identificação de registro de pessoa jurídica; erro material de soma de preços de quantitativos (desde que inequívoca a possibilidade de aferição *a posteriori* acerca da inexistência de risco de adulteração no valor); erros quanto ao preenchimento de planilhas que não impliquem alteração no conteúdo da proposta (ou que possam ser corrigidos sem alteração no teor da proposta); falta de indicação clara de quantitativos em certidões; documentos em língua estrangeira sem tradução; erro quanto ao lançamento de informações que possam ser alterados sem repercussão no conteúdo da proposta; etc.

Havendo vício que propicie o risco de alteração em documentação originalmente formulada pelo licitante ou que retrate a falta de documento exigido pelo ato convocatório, estará obstado o exercício da competência de convalidação. Igualmente proibida estará a diligência que implique alteração substancial da proposta.

21. Conforme Agustín Gordillo: "Se admite el saneamiento de los vicios de una oferta sobre todo tratándose de vicios de forma, acompañamiento de documentación etc., pero no para vicios esenciales de la oferta misma" (*Tratado de Derecho Administrativo*, 2ª ed., t. 2, Buenos Aires, Fundación de Derecho Administrativo, 1998, p. XI/38). A integralidade das obras do ilustre professor argentino está livremente disponível em: http://www.gordillo.com.

7.6.2 O uso de diligência para a composição de preços da proposta: limites

Se é verdade que as diligências poderão ter uso tanto para a suplementação de documentação de *habilitação* como de *proposta*, em relação a esta o risco de interferência em informações intangíveis é mais visível. O uso de diligência não poderá ir a ponto, por exemplo, de propiciar a modificação no conteúdo econômico da proposta – o que romperia com a necessária preclusão dos atos e fatos anteriores e, assim, desorganizaria a própria licitação (e frustraria os princípios da impessoalidade e do julgamento objetivo).

Mas não tem sido incomum a instalação de diligências para corrigir a composição de preços de licitantes. Em princípio, singelos erros de soma e de mera disposição ou apresentação das informações numéricas podem ser corrigidos sem qualquer ofensa aos princípios da licitação ou ao § 3º do art. 43 da LGL.

O problema surge quando as correções propiciam a alteração em aspectos econômicos naturalmente inalteráveis da proposta, modificando sua substância. Por exemplo: a correção na composição de preços não pode gerar alteração na margem de lucro consignada no BDI da proposta.[22] Muitas vezes a Administração pretende valer-se de diligência para oportunizar ao licitante titular da melhor proposta a correção em sua composição de custos com vistas a manter seu preço final. Eventualmente, a manutenção do preço final poderá exigir a modificação no BDI. Ora, não seria lícito que uma diligência produzisse a interferência no conteúdo econômico da proposta, ainda que seja para assegurar a própria manutenção dos preços. O expediente é nitidamente irregular, sobretudo porque ofensivo ao princípio da isonomia. O gerenciamento da margem de lucro é, evidentemente, proscrito ao longo do desenvolvimento da licitação (para as modalidades previstas na LGL). Basta ponderar que a extensão do benefício a todos os licitantes – o que asseguraria a aplicação do princípio da isonomia – acabaria desorganizando a própria licitação.[23]

---

22. O raciocínio é inaplicável para licitações que admitam o expediente da renovação de lances, como ocorre no pregão, na concorrência-pregão típica das PPPs ou na disciplina licitatória prevista pelo RDC.

23. Expõe Gordillo, neste particular, e a propósito do Direito Argentino: "Luego de abiertos los sobres que contienen la oferta económica, los oferentes podrán hacer

7.6.3 (Im)Possibilidade de introduzir documento pela via da diligência

Ressalve-se que, além de não se admitir no âmbito das diligências a modificação em documentos originalmente formulados pelo licitante, seu uso não poderá, em princípio, viabilizar a introdução de *informação* ou de *documento* que deveriam ter sido produzidos com o depósito dos envelopes. Isto é: não se autoriza a promoção de diligências para suprir ausência de documentação originariamente exigida pelo edital. A vedação decorre da própria letra do § 3º do art. 43 da LGL, que em sua parte final dispõe ser "vedada a inclusão posterior de documento ou informação que deveria constar originariamente da proposta".

No entanto, a redação da parte final do dispositivo não pode ser lida ou interpretada à revelia do resto do parágrafo. Obstar de forma rígida a qualquer nova informação ou documentação importaria negar utilidade ao uso de diligências para complementação da instrução do processo licitatório. Afinal, toda a "complementação da instrução" exige informação nova, que deveria constar originariamente do processo. É para isso que serve a instrução, que decorre do uso de diligências: suprir informação e documentação deficiente produzida pelos licitantes.

Caso o documento seja essencial/estrutural à proposta apresentada, um pressuposto ao seu conhecimento, bem como previamente disponível ao interessado, não pode ser objeto de diligência: aqui não se trata de complementar a instrução processual, mas, sim, de tentativa de sanar vício insanável. Isto a LGL não permite, pois a Administração não pode funcionar como defensora dos interesses do licitante, apresentando soluções *ex officio* para a desídia alheia. O mesmo não se pode dizer de documentos inacessíveis ou daqueles cujo uso e disponibilidade sejam alheios à vontade e à ação do interessado. Esta questão precisa ser apreciada e fundamentadamente decidida no ato que promover ou rejeitar a diligência.

aclaraciones que no alteren la propuesta original o modifiquen las bases de la licitación ni el principio de igualdad entre todas las propuestas: dicha solución clásica debe a nuestro juicio considerarse aplicable solamente en cuanto al precio y condiciones: lo relativo a documentación faltante no es una aclaración sino una mera complementación instrumental que debe por regla general admitirse" (*Tratado de Derecho Administrativo*, cit., 2ª ed., t. 2, pp. XI/33-34).

O que a parte final do dispositivo do § 3º do art. 43 da LGL quer evitar é o uso de diligências para a introdução de documento ou informação que não sejam vocacionados a esclarecer, corrigir ou suplementar documentos e informações já constantes da documentação do licitante.[24]

7.6.4 Processamento das diligências

As diligências serão sempre reduzidas a termo nos autos de processo licitatório. Deverão estar suficientemente documentadas e retratadas por escrito no processo, com acesso público. A apuração de seu resultado, que servirá para motivar ato decisório, deverá se mostrar clara e congruente com os elementos colhidos. As diligências poderão destinar-se à busca não só de documentação suplementar e explicativa, como também de pareceres e indicativos técnicos de órgãos e entidades especializados nas matérias versadas no processo e relacionadas com a questão que as motivou.

Refira-se também que o ato promotor de diligência deve estar suficientemente motivado, podendo-se dele inferir com clareza e congruência as razões que conduziram à decisão (Lei 9.897/1998, art. 50).

A titularidade da competência de diligenciar será da comissão de licitação e, em determinadas fases do processo, da autoridade hierárquica superior (ou da autoridade competente para a assinatura do contrato). Durante o processamento da licitação a comissão detém competência para a prática de atos decisórios, sendo ela quem realizará todos os atos regulares ao andamento da licitação. Diligências necessárias serão decididas, motivadas e conduzidas pela comissão.

Não obstante, poderá a autoridade de hierarquia imediatamente superior realizar certos atos específicos, de acordo com a previsão do rito processual. Estes atos consistem no julgamento de recursos em grau superior e na pronúncia de homologação e adjudicação da licitação.

24. Como expõe Ivo Ferreira, com cita a Nyura Disconzi da Silva, a "complementação da instrução do processo (...) significa exatamente que documentação ou informação complementar, que tenha por finalidade confirmar ou esclarecer determinado dado constante em outro documento apresentado oportunamente, isto é, com a entrega da documentação ou da proposta, poderá ser aceita e, então, incluída no processo" (*Diligências nas Licitações Públicas*, Curitiba, JM, 2001, p. 88).

Neste âmbito, poderá a autoridade hierarquicamente superior utilizar-se da competência prevista no § 3º do art. 43 da LGL.

Por fim, pontue-se que do resultado das diligências poderão (eventualmente) serem colhidos elementos novos ao processo de licitação, que impliquem a revisão de certas decisões. Nestes casos, tais elementos, desde que conduzam a resultado prejudicial ao licitante, não poderão servir de motivo para a decisão (sendo considerados na motivação) sem que se lhe oportunize o contraditório. Por exemplo: cogite-se de diligência em que Administração, interessada em esclarecer certo quantitativo veiculado em atestado de experiência técnica, depara-se com informação de que o atestado é falso. Trata-se de fato novo, estranho ao processo, mas com potencial de gerar a anulação do documento (entre outras decorrências jurídicas, como a instauração de processo sancionador) e a exclusão do licitante da disputa. Nessa hipótese, a Administração deverá necessariamente oportunizar o prévio contraditório ao licitante que terá sua esfera de direitos atingida pela decisão.[25] Somente após assegurar a aplicação dos princípios do devido processo legal e do contraditório será viável decretar a inabilitação do licitante.

7.7 *Critérios de desempate e margem de preferência*

Tal como acima mencionado (§§ 2.5 e 2.5.1), a Lei 12.349/2010 produziu significativas modificações substanciais no sistema de contratações públicas brasileiras, máxime ao consignar o princípio do desenvolvimento nacional sustentável como um dos três pilares das licitações. Porém, as alterações não se limitam a este aspecto, pois, como anotam Tatiana M. Cymbalista, Marina F. Zago e Fernanda E. Rodri-

---

25. A necessidade da manifestação do licitante-interessado acerca de fato novo surgido nos autos decorre de um dos desdobramentos do princípio do contraditório, apontado por Odete Medauar como direito à *informação geral*. Traduz-se no direito titularizado pelos sujeitos do processo à informação adequada acerca dos dados, documentos e provas que vierem à luz no curso do procedimento. Daí a vedação ao uso de elementos que não constam do expediente formal inicial, porque deles não tiveram ciência prévia os sujeitos, tornando-se impossível a eventual reação a esses elementos (Odete Medauar, *Processualidade no Direito Administrativo*, São Paulo, Ed. RT, 1993, pp. 104-107).

gues, elas se inserem "no contexto de certa tendência (nacional e internacional) do uso do poder de compra do Estado para fomento estatal de determinadas atividades ou a implementação de políticas públicas".[26] Aqui se situa o tratamento da *margem de preferência*.

O § 2º do art. 3º da LGL, com a redação dada pela Lei 12.349/2010, estabeleceu a seguinte ordem de preferência para as hipóteses de *desempate*: (i) bens e serviços produzidos no Brasil (pouco importa a empresa que os preste); (ii) bens e serviços produzidos ou prestados por empresas brasileiras (pouco importam a nacionalidade dos seus acionistas ou a composição do capital); e (iii) aqueles produzidos ou prestados por quaisquer empresas que invistam em pesquisa e no desenvolvimento de tecnologia no Brasil. Esta ordem sucessiva faz com que a segunda e a terceira alternativas sejam instaladas na eventualidade de a anterior não ser preenchida.[27]

Já, os §§ 5º a 12 do art. 3º da LGL, com a redação dada pela Lei 12.349/2010, fixaram significativa vantagem competitiva aos *produtos manufaturados* e *serviços nacionais*: a *margem de preferência* de até 25% em relação aos preços dos produtos e serviços estrangeiros (desde que atendam a normas técnicas brasileiras). Em termos chãos, a Administração pode estabelecer que pagará até 25% a mais para os produtos e serviços nacionais que se submeterem a tal qualificação. Note-se que *manufaturados* são aqueles bens produzidos em série padronizada – submetidos à respectiva industrialização e assim oferecidos ao consumo. A toda evidência, a manufatura deve ser realizada em território brasileiro. A qualificação de nacionais aos serviços deriva antes do sujeito prestador e de sua localização geográfica.

26. Tatiana M. Cymbalista, Marina F. Zago e Fernanda E. Rodrigues "O poder de compra estatal e a margem de preferência para produtos e serviços nacionais introduzida na lei de licitações", *RDPE* 35/144, Belo Horizonte, Fórum, julho-setembro/2011. Em sentido semelhante, Flávio Amaral Garcia fala da "função regulatória" ou "função social" da licitação para as micro e empresas de pequeno porte em decorrência da Lei Complementar 123/2006, bem como nas licitações emergenciais (*Licitações e Contratos Administrativos*, cit., 3ª ed., pp. 73-94 e 177-180) – tema que é tratado com profundidade por Pedro Costa Gonçalves (*Reflexões sobre o Estado Regulador e o Estado Contratante*, Coimbra: Coimbra Editora, 2013, pp. 91-142).

27. Já, o art. 25 do RDC acolheu os critérios de desempate do § 2º do art. 3º da LGL (sucessivamente, preferência a bens e serviços produzidos no País e àqueles produzidos ou prestados por empresas brasileiras), bem como os referentes a micro e pequenas empresas. Não se referiu às margens de preferência.

Isto significa dizer que a margem de preferência não se restringe a empresas nacionais (ou de capital nacional), mas, sim, se aplica a empresas estrangeiras que se subsumam às premissas normativas do art. 3º.[28]

Para que seja estabelecida a margem, são necessários estudos técnicos que considerem, sistemicamente, quatro componentes: (i) a geração de emprego e renda; (ii) o efeito na arrecadação tributária (federal, estadual e municipal); (iii) o desenvolvimento e inovação tecnológica realizados no Brasil; e (iv) o efetivo custo adicional dos respectivos produtos e serviços. Os quatro assuntos devem coexistir e ser considerados em harmonia (caso contrário bastaria o incremento na arrecadação tributária). Tais estudos devem ser formais, consistentes, de acesso público e realizados por instituições oficiais. Além disso, devem ser objeto de revisão periódica – a fim de que seja avaliada a concretização dos resultados visados. A periodicidade da revisão não poderá ser inferior a cinco anos, de molde a possibilitar o levantamento empírico das vantagens porventura experimentadas no respectivo setor econômico. Caso se comprove que estas não existem ou que instalam desvios, a margem de preferência deverá ser adaptada (ou, mesmo, extinta).

Uma vez divulgados tais estudos, o Poder Executivo federal deles se valerá para a definição da respectiva margem de preferência – que se dará para determinado produto ou serviço (ou respectivos grupos de). Isto significa que não basta a existência de estudos, mas que estes devem servir de fundamento (motivo de fato) para a edição de ato regulamentar da Presidência da República que definirá a aplicação da margem de preferência.

A margem de preferência pode ter dois níveis ou graus. O primeiro envolve os quatro parâmetros acima consignados (emprego e renda; arrecadação tributária; desenvolvimento e inovação tecnológica; impacto nos custos adicionais). Já, o segundo nível exige que o produto ou serviço seja *resultado* de desenvolvimento e inovação tecnológica nacionais. Aqui, é possível instalar margem de preferência adicional àquela inicialmente definida. Em ambos os casos a margem (ou soma delas) não poderá ser superior a 25%.

Porém, não será qualquer situação que autorizará a aplicação da margem de preferência. A Administração está impedida de aplicá-la ca-

---

28. Ampliar em Marçal Justen Filho, *Comentários à Lei de Licitaçoes e Contratos Administrativos*, cit., 16ª ed., pp. 104 e ss.

so a capacidade de produção ou prestação no Brasil seja inferior à quantidade a ser adquirida ou contratada (LGL, art. 3º, § 9º, I) e nos casos de quantitativos definidos por meio de "cotação de quantidade inferior à demandada na licitação" (LGL, art. 3º, § 9º, I, c/c o art. 23, § 7º). Editado em novembro/2011, o Decreto 7.601 foi o primeiro a dar aplicação aos §§ 5º, 6º e 8º do art. 3º da LGL, limitando-se ao que toca à "aquisição de produtos de confecções, cadastros e artefatos" (art. 1º). O anexo do decreto traz uma tabela com a descrição e os códigos dos produtos (camisetas, bermudas, calças, saias, tênis etc.), instalando a margem de preferência uniforme em 8%. O prazo para a aplicação de tais margens foi fixado em seis meses (art. 5º).

Em 2014, a Lei Complementar 147 trouxe dois adendos ao critério de preferências: em primeiro lugar, elas "devem privilegiar o tratamento diferenciado e favorecido às microempresas e empresas de pequeno porte na forma da lei" (LGL, art. 4º, § 14); em segundo, "as preferências dispostas neste artigo prevalecem sobre as demais preferências previstas na legislação quando estas forem aplicadas sobre produtos ou serviços estrangeiros" (LGL, art. 4º, § 15).

7.8 Critérios de desempate, as microempresas/ME e as empresas de pequeno porte/EPP

A edição do *Estatuto Nacional da Microempresa e Empresa de Pequeno Porte* (Lei Complementar 123/2006, com as modificações oriundas da Lei Complementar 139/2011) instalou quatro ordens de preferência distintas para a participação destas empresas: (i) simplificação das regras relativas à habilitação fiscal (arts. 42 e 43); (ii) regras relativas à disciplina do "empate" (arts. 44 e 45); (iii) facilitação do recebimento de obrigações derivadas do contrato (art. 46); e (iv) benefícios específicos para promoção do desenvolvimento econômico e social (arts. 47 a 49).[29]

---

29. O art. 170, IX, da CF do Brasil vale-se da expressão "empresa de pequeno porte". A Lei Complementar 123/2006 cindiu o gênero em "microempresa" e "empresa de pequeno porte" (de acordo com a respectiva receita bruta). Há autores que defendem exame mais apurado da constitucionalidade de algumas das previsões da Lei Complementar 123/2006 (Marçal Justen Filho, *O Estatuto da Microempresa e as Licitações Públicas*, 2ª ed., São Paulo, Dialética, 2007, pp. 32-36; José Anacleto Abduch

Na lição de José Anacleto Abduch Santos, a Lei Complementar 123/2006 criou esta ordem de *direitos subjetivos públicos* às empresas de pequeno porte, "inclusive o de ver incluídas no edital as prerrogativas legais".[30] Como constatou Cristiana Fortini, esta ordem de licitações tem o objetivo "não de encontrar a proposta ideal ou a mais próxima do interesse financeiro da Administração Pública, mas de concretizar o comando constitucional que vislumbra a necessidade de tratar de forma desigual as micro e pequenas empresas".[31] Por isto que – segundo Jair Eduardo Santana e Edgar Guimarães – "o instrumento convocatório deverá fixar, de forma clara e objetiva, o documento necessário para que o licitante receba o ***status*** *jurídico* de ME/EPP e, por conseguinte, os benefícios da Lei Complementar 123/2006".[32] A excepcionalidade da situação autoriza exigências mais claras e controláveis para que o interessado possa usufruir deste privilégio.

Tomando-se como ponto de partida o art. 179 da CF, este indica que não só foi eleita uma finalidade (*incentivo à empresa de pequeno porte*), mas também foram definidos os meios pelos quais este objetivo deve ser satisfeito (*simplificação, eliminação ou redução das suas obrigações administrativas, tributárias, previdenciárias e creditícias*). Este é o campo restrito no qual deve ser implementado o tratamento favorecido às microempresas e empresas de pequeno porte. Só serão válidos os benefícios que possam ser enquadrados como *simplificação, eliminação ou redução de obrigações administrativas, tributárias, previdenciárias e creditícias*. As normas que cuidam do tema na Constituição não permitem a criação de agravos desproporcionais aos demais agen-

---

Santos, *Licitações e o Estatuto da Microempresa e Empresa de Pequeno Porte*, Curitiba, Juruá, 2008, pp. 25 e 121 e ss.; Bernardo Strobel Guimarães, "O estatuto das empresas de pequeno porte e os benefícios em matéria de licitação – Uma proposta de avaliação da sua constitucionalidade", *ILC* 176/1003-1012, Curitiba, Zênite, 2008).

30. José Anacleto Abduch Santos, *Licitações e o Estatuto da Microempresa e Empresa de Pequeno Porte*, cit., pp. 28-29.

31. Cristiana Fortini, "Micro e pequenas empresas: as regras de habilitação, empate e desempate na Lei Complementar 123 e no Decreto 6.204/2007", in Cristiana Fortini, Maria Fernanda Pires de Carvalho Pereira e Tatiana Martins da Costa Camargo, *Licitações e Contratos: Aspectos Relevantes*, 2ª ed., Belo Horizonte, Fórum, 2008, p. 157.

32. Jair Eduardo Santana e Edgar Guimarães, *Licitações e o Novo Estatuto da Pequena e Microempresa*, 3ª ed., Belo Horizonte, Fórum, 2008, p. 36.

tes econômicos, especialmente os que ponham em causa a livre iniciativa e a livre concorrência (CF, arts. 1º e 170).

Dúvida não há de que as empresas de pequeno porte devem receber tratamento favorecido pelo Estado. Porém, onde está escrito "favorecido" não se pode ler "contrário à isonomia", nem se pode compreender "estímulo à permanência nessa condição". "Favorecimento" significa "auxílio", "proteção", "vantagem legítima"; não é sinônimo de "regalia". E o favorecimento constitucional às pequenas empresas visa a que elas *deixem de ser pequenas*; para que, com o passar do tempo, ganhem fôlego e se tornem médias e grandes (e não que se reproduzam e permaneçam pequenas para sempre, a fim de contar com benefícios extraordinários[33]). Neste sentido há julgado do STF a respeito de lei que impunha restrição a benefícios tributários a micro e pequenas empresas – porque dentre elas havia as que dispunham de capacidade contributiva plena: profissionais liberais prestadores de serviços (assim, impedidos de usufruir dos benefícios do regime). Consta da ementa: "Não há ofensa ao princípio da isonomia tributária se a lei, por motivos extrafiscais, imprime tratamento desigual a microempresas e empresas de pequeno porte de capacidade contributiva distinta, afastando do regime do SIMPLES aquelas cujos sócios têm condição de disputar o mercado de trabalho sem assistência do Estado".[34]

7.9 O empate e a solução via sorteio

Nos termos do § 2º do art. 45 da LGL, o *sorteio* deve ser obrigatoriamente instalado na hipótese de o julgamento implicar o empate das propostas – estas encaradas de modo unitário, em sua globalidade. Ante a igualdade de propostas para o atendimento do interesse públi-

---

33. Na advertência de Cristiana Fortini, "para o que já se vê na prática: temerosas de perderem espaço nas licitações e contratações públicas, as empresas que não se enquadram nos conceitos de pequenas e microempresas estão a criar 'seus filhotes'. Criam pequenas e microempresas com o fito de preencher todos os espaços e coibir que as reais destinatárias das normas venham a ser efetivamente prestigiadas" ("Micro e pequenas empresas: as regras de habilitação, empate e desempate na Lei Complementar 123 e no Decreto 6.204/07", cit., in Cristiana Fortini, Maria Fernanda Pires de Carvalho Pereira e Tatiana Martins da Costa Camargo, *Licitações e Contratos: Aspectos Relevantes*, 2ª ed., p. 160).

34. STF, ADI 1.643-DF, Min. Maurício Corrêa, *DJU* 14.3.2003.

co posto no edital, a LGL instalou um modo objetivo de ser realizada a contratação: os licitantes são colocados em situação equivalente e tira-se a sorte. Note-se que não se trata apenas do "menor preço" ou da "melhor técnica", mas do todo das propostas e da ponderação das respectivas notas. À evidência, não é necessária previsão expressa no edital do sorteio para desempate. A previsão legal aplica-se sem necessidade de sua reprodução supérflua no ato convocatório.

7.10 Classificação, homologação, adjudicação e controle judicial

As fases derradeiras do processo de licitação são a *classificação*, a *homologação* e a *adjudicação* (LGL, arts. 38, VII, e 43, VI). O verbo "classificar" designa o ato formal de organizar as propostas em ordem sucessiva, de acordo com o resultado do julgamento. A *classificação* é a última decisão atribuída à comissão de licitação, com o quê sua competência se exaure. Ato contínuo à divulgação da classificação, os autos do processo de licitação devem ser encaminhados à autoridade superior, a fim de que ela examine a possibilidade de homologar o certame e, assim, adjudicar o objeto contratual ao primeiro colocado.

Homologar significa a exteriorização, pela autoridade superior, de entendimento semelhante (homólogo) ao da comissão de licitação. A *homologação* confirma o resultado do julgamento da licitação, aprovando-o; e, assim, põe fim ao certame.

Logo, a homologação pressupõe o exame minucioso, por parte da autoridade competente (o ordenador da despesa), quanto à regularidade do certame e de seu resultado. Tal como expõe Lucas Rocha Furtado, a homologação "refere-se a dois aspectos: à legalidade dos atos praticados pela comissão e à conveniência de ser mantida a licitação".[35] Ao homologar o resultado celebrado pela comissão de licitação, o superior hierárquico afirma que aquele julgamento e a licitação que lhe deu origem são válidos, oportunos e convenientes. Porém, o resultado pode ser outro se forem encontrados vícios de validade ou na hipótese de superveniência de fato que autorize a revogação do certame.

---

35. Lucas Rocha Furtado, *Curso de Licitações e Contratos Administrativos*, Belo Horizonte, Fórum, 2007, p. 274.

Se constatado algum vício quanto à validade da licitação e/ou dos atos nela praticados, abrem-se duas possibilidades: ou bem a autoridade os convalida (por meio de ato que supra e/ou saneie as irregularidades pretéritas) ou os anula (só nos casos de vício insanável, visando sempre a preservar o maior número possível de atos processuais). Aqui tem aplicação o art. 49 da LGL, c/c os arts. 53 e 55 da Lei 9.784/1999. Para ambos os casos, necessárias se fazem a instalação do devido processo administrativo, com prévia intimação e manifestação de todos os interessados, bem como a lavratura de decisão motivada (CF, art. 5º, LIV e LV; LGL, art. 49, § 3º; Lei 9.784/1999, art. 50).

Diógenes Gasparini aponta duas ordens de efeitos da revogação da licitação, qualificando-os de "próprios" e "impróprios" (ou "consequências"): "O efeito próprio da revogação é desfazer o procedimento. É torná-lo inoperante para os fins a que estava preordenado ou destinado, ou seja, a seleção da melhor proposta para o negócio desejado pela Administração Pública licitante. Os efeitos impróprios desse ato são diversos. De fato, a revogação libera o vencedor de todas as obrigações decorrentes de sua integração no procedimento da licitação, tanto quanto impede, pelo menos em tese, a renovação do certame revogado. Esses, além de investir o vencedor da licitação no direito de ser indenizado, são seus principais efeitos impróprios, que alguns autores chamam de *consequências*".[36]

Caso ocorra a homologação, ela faz nascer o direito subjetivo à adjudicação do objeto da licitação. Como anota Bernardo Azevedo, a *adjudicação* é o "acto culminante" da licitação, "que marca o termo da 'série procedimental' e abre, concomitantemente, lugar ao início da 'série negocial'".[37] "Adjudicar" significa atribuir a alguém, por meio de ato unilateral, a titularidade sobre determinado bem ou direito (no

---

36. Diógenes Gasparini, "Revogação, anulação, desistência e convalidação da licitação", *ILC* 126/712, Curitiba, Zênite, agosto/2004.
37. Bernardo Azevedo, "Adjudicação e celebração do contrato no Código dos Contratos Públicos", in Pedro Costa Gonçalves (org.), *Estudos de Contratação Pública – II*, Coimbra, Coimbra Editora, 2010, p. 224. E, mais adiante, o autor consigna que o ato adjudicatório assume-se "como acto administrativo constitutivo de direitos e, além disso, como acto tendencialmente devido, mas não é dotado, por si só, da energia bastante para fazer emergir o vinculo contratual".

caso das licitações, o direito subjetivo público condicionado de celebrar o contrato administrativo).[38] A *adjudicação* não confere ao licitante vencedor o direito de ser contratado pela Administração, mas apenas e tão somente o de não ser preterido, na hipótese de o contrato vir a ser celebrado.

É importante destacar que a adjudicação não acarreta uma espécie de blindagem da licitação, tornando-a infensa ao controle judicial. A ressalva se põe em vista de orientação comum na jurisprudência dos tribunais afirmativa da impossibilidade de levar ao controle do Poder Judiciário atos decisórios praticados na licitação antes do advento da adjudicação. Muito inapropriadamente, alguns tribunais têm reconhecido a inexistência do interesse de agir do licitante que promove ações voltadas a atacar atos ocorridos antes da adjudicação. Sob o argumento de que o fim da licitação retira o objeto destas ações judiciais, há vasto repertório jurisprudencial neste sentido.[39]

A orientação é nitidamente improcedente. A nulidade de atos decisórios endoprocessuais na licitação não desaparece com o encerramento do certame. Há, inclusive, norma explícita na LGL que chancela o alegado. Segundo o § 2º do seu art. 49, a nulidade da licitação induz a nulidade do contrato. Logo, não há sentido em supor que os ilícitos praticados ao longo da licitação estariam afastados do controle judicial, seja mediante o reconhecimento da inexistência de interesse processual daqueles que proponham a discussão após o advento do fim da licitação, seja mediante a decretação da perda do objeto para ações que, ainda que propostas ao tempo da licitação, venham a ser julgadas apenas posteriormente ao seu encerramento, quando não houve deferimento de provimento liminar para tornar eficaz ao seu

---

38. Isto é, a adjudicação não cria apenas uma *expectativa de direito* (esta, a mera possibilidade ou esperança de adquirir um direito), mas, sim, vai um momento além e instala ao adjudicatário um *direito subjetivo condicionado*: aquele direito que existe mas é submetido a determinada condição (a hipótese de a Administração celebrar o contrato, o evento futuro e incerto que, se ocorrer, faz nascer o direito à contratação).

39. O TJPR, por exemplo, tem Enunciado (n. 5) sobre a questão: "Extingue-se, sem resolução de mérito, por superveniente perda de interesse processual, o processo – qualquer que seja a ação que o originou – no qual se impugna procedimento de licitação quando, durante o seu transcorrer, encerrar-se o certame com a homologação e adjudicação do seu objeto, desde que não haja liminar deferida anteriormente".

tempo a pretensão deduzida em juízo. Estas conclusões acabam por obstar ao controle judicial dos atos administrativos endoprocessuais na licitação, afigurando-se, por isso, claramente adversas à previsão expressa da Constituição brasileira.[40]

7.11 A negociação pré-contratual

A *negociação pré-contratual* pode ser entendida como *aquela que se desenvolve entre a Administração Pública e o licitante vencedor no momento posterior à proclamação da proposta vencedora, mas anterior à celebração do contrato*.[41] Isto é: o entendimento, recíproco e transparente, que tem por objetivo gerar o aperfeiçoamento da proposta proclamada vencedora, alinhando de modo republicano e consensual o interesse do contratante público e daquele que será o contratado privado.

Com a negociação pré-contratual todos têm a ganhar: a Administração, a pessoa privada e também aqueles que serão afetados indiretamente pela contratação pública (cidadãos, usuários e – por que não dizer? – contribuintes; afinal, estes arcarão com os custos do contrato administrativo). É o que se pretende demonstrar abaixo.

---

40. A questão assume contornos ainda mais graves no âmbito do pregão (Lei 10.520/2002). Sob esta modalidade, a adjudicação opera-se logo em seguida ao julgamento dos recursos administrativos, que são opostos e apreciados uma única vez durante todo o processo (cujo julgamento concentra todas as postulações relativamente aos diversos atos decisórios praticados ao longo da licitação). A prevalecer esta tese, em muitos casos estará praticamente inviabilizado o controle judicial sobre todos os atos decisórios da licitação, pois é usual que poucos dias após o julgamento dos recursos se encerre a licitação, com a produção dos atos de homologação e adjudicação.

41. Cf. Egon Bockmann Moreira, "Licitação pública e a negociação pré-contratual – A necessidade do diálogo público-privado", *RCP* 2/61-74, Belo Horizonte, Fórum, setembro/2012-fevereiro/2013. V. também: Luís Verde de Sousa, *A Negociação nos Procedimentos de Adjudicação: uma Análise do Código dos Contratos Públicos*, Coimbra, Livraria Almedina, 2010, *passim*; Marçal Justen Neto, "A negociação de condições mais vantajosas", in Marçal Justen Filho e Cesar A. Guimarães Pereira (coords.), *O Regime Diferenciado de Contratações Públicas: Comentários à Lei 12.462 e ao Decreto 7.581*, Belo Horizonte, Fórum, 2012, pp. 273-337; e Rafael Valim, "A negociação de condições mais vantajosas no Regime Diferenciado de Contratação (RDC)", in Márcio Cammarosano, Augusto Neves Dal Pozzo e Rafael Valim (coords.), *Regime Diferenciado de Contratações Públicas – RDC (Lei 12.462/2011): Aspectos Fundamentais*. Belo Horizonte, Fórum, 2011, pp. 185-194.

7.11.1 As negociações pré-contratuais na Lei Geral de Licitações e na Lei do Pregão

Para além das licitações, que nada mais são do que processos de negociação coletiva (todos negociando ao mesmo tempo com a Administração), as leis brasileiras permitem a negociação pré-contratual individual: trata-se das previsões do art. 46, § 1º, II, da LGL e do art. 4º, XVII, da Lei do Pregão.

Aqui, o legislador permitiu que fossem desenvolvidas negociações pré-contratuais, a serem instaladas entre o momento de proclamação do licitante vencedor e a formalização do contrato administrativo. Mas fato é que tais previsões são acanhadas quanto ao conteúdo negocial e limitadas a poucas espécies de licitações.

No caso da LGL, a negociação pré-contratual é exclusiva das licitações de "melhor técnica" e "técnica e preço", que incidem "exclusivamente para serviços de natureza predominantemente intelectual, em especial na elaboração de projetos, cálculos, fiscalização, supervisão e gerenciamento e de engenharia consultiva em geral e, em particular, para a elaboração de estudos técnicos preliminares e projetos básicos e executivos" (LGL, art. 46, *caput*). Assim, nestas licitações é possível, depois da habilitação e da classificação das propostas técnicas, mas antes da celebração do contrato, instalar-se a "negociação das condições propostas, com a proponente melhor classificada, com base nos orçamentos detalhados e respectivos preços unitários e tendo como referência o limite representado pela proposta de menor preço entre os licitantes que obtiveram a valorização mínima" (LGL, art. 46, § 1º, II).

No caso do pregão, a lei dispõe que "o pregoeiro poderá negociar diretamente com o proponente para que seja obtido preço melhor" (art. 4º, XVII, da Lei 10.520/2002).

Em ambos os casos a lei outorga competência negocial restrita ao preço (isso é explícito no pregão, mas implícito na LGL: afinal, aqui, a base da negociação são os orçamentos e respectivos preços unitários). Ora, na justa medida em que os licitantes sabem que o preço vencedor poderá ser negociado, têm eles todos os incentivos para aumentar o valor das suas propostas. Este estímulo fica atenuado no pregão – pois aqui de nada adiantaria aumentar em muito o preço, pois ele será definido, ao final, pelos lances dos demais concorrentes. Porém, fato é que todos os licitantes recebem o mesmo incentivo de oferecer um preço que, se negociado, ainda assim gere ganhos. Logo, a tendência natural é a de que o preço ofertado seja maior do que o de mercado, o que, no limite, pode implicar a revogação da licitação (STJ, MC 11.055, Min. Luiz Fux, *DJU* 8.6.2006).

Muito embora de forma tímida, as negociações pré-contratuais fazem parte do dia a dia de alguns dos processos de licitação pública. Porém, o RDC passou a autorizar algumas cogitações suplementares.

7.11.2 As peculiaridades da negociação pré-contratual no Regime Diferenciado de Contratações

Para que se avance na compreensão das negociações pré-contratuais brasileiras faz-se necessária a leitura da norma instituidora do RDC e da previsão do respectivo regulamento federal.

O art. 26 da Lei 12.462/2011 estabelece o seguinte:

"Art. 26. Definido o resultado do julgamento, a Administração Pública poderá negociar condições mais vantajosas com o primeiro colocado.

"Parágrafo único. A negociação poderá ser feita com os demais licitantes, segundo a ordem de classificação inicialmente estabelecida, quando o preço do primeiro colocado, mesmo após a negociação, for desclassificado por sua proposta permanecer acima do orçamento estimado."

Já, o Decreto 7.581/2011, que regulamenta o RDC ao nível federal, possui duas previsões:

"Art. 43. Após o encerramento da fase de apresentação de propostas, a comissão de licitação classificará as propostas por ordem decrescente de vantajosidade. [*Sic*]

"§ 1º. Quando a proposta do primeiro classificado estiver acima do orçamento estimado, a comissão de licitação poderá negociar com o licitante condições mais vantajosas.

"§ 2º. A negociação de que trata o § 1º poderá ser feita com os demais licitantes, segundo a ordem de classificação, quando o primeiro colocado, após a negociação, for desclassificado por sua proposta permanecer superior ao orçamento estimado."

Mais adiante, o decreto prevê que:

"Art. 59. Finalizada a fase recursal, a Administração Pública poderá negociar condições mais vantajosas com o primeiro colocado.

"Art. 60. Exaurida a negociação prevista no art. 59, o procedimento licitatório será encerrado e os autos encaminhados à autoridade superior, que poderá: I – determinar o retorno dos autos para saneamento de irregularidades que forem supríveis; II – anular o procedimento, no todo ou em parte, por vício insanável; III – revogar o procedimento, por motivo de conveniência e oportunidade; ou IV – adjudicar o objeto, homologar a licitação e convocar o licitante vencedor para a assinatura do contrato, preferencialmente em ato único."

Estas normas precisam ser esmiuçadas em ao menos em três aspectos: o primeiro é relativo ao motivo de a negociação ser instalada (*por quê*); o segundo é cronológico, o "momento" da negociação (*quando*); o terceiro diz respeito ao conteúdo da negociação (*o quê*). Todos estes três ângulos merecem ser compreendidos segundo a seguinte premissa: *negociar não significa impor unilateralmente*; quem negocia deve dialogar, para que a solução seja construída bilateralmente, em regime de reciprocidade negocial.

Em primeiro lugar, vejamos o *motivo* – a necessidade – de ser instalada a negociação. Estamos diante de competência discricionária ou vinculada? A lei fala que a Administração "poderá negociar condições mais vantajosas". Já, o decreto diz que, depois de classificadas as propostas, e desde que a do primeiro classificado esteja acima do orçamento, "a comissão de licitação poderá negociar com o licitante condições mais vantajosas". Ao consignar que a autoridade *pode* negociar, a norma quer significar que não é obrigatória a negociação. Mas por certo isso não autoriza a instalação de escolhas aleatórias. Ou seja: vai depender do caso concreto a instalação (ou não) da negociação; se a proposta for superior ao orçamento (sigiloso) e se ela comportar alternativas (de preço, de execução, de prazo etc.), a Administração deve negociar ao invés de simplesmente desclassificar. Porém, fato é que esta resposta é tão simplista como vazia.

Afinal, o problema está em como se constatar as "condições mais vantajosas" – requisito cujo cumprimento é exigido em lei. Por um lado, "mais vantajosas" para quem? A resposta é: para a concretização da escolha pública previamente declarada no edital; para o projeto de interesse público – o interesse público primário lá definido. Por outro, onde pode residir a "vantagem"? Caso a negociação seja no preço, como parece ser a racionalidade do RDC, basta a comparação com o orçamento sigiloso: se houver variações entre a proposta vencedora e o preço definido no orçamento sigiloso, o gestor público tem o dever de instalar a negociação antes da desclassificação.

Mas, caso a negociação seja na técnica, a resposta não é tão fácil assim, pois exige a conjugação do preço com o critério de julgamento. O que nos autoriza a cogitar do segundo e terceiro aspectos da negociação: o seu momento e o seu conteúdo.

Vejamos o *momento* de se instalar a negociação. O art. 26 da Lei 12.462/2011 fala em "definido o resultado do julgamento" como premissa, ao tempo em que seu art. 12 estabelece que o "julgamento" deve-se dar depois da apresentação de propostas ou lances, mas antes da habilitação. Logo, uma vez julgadas as propostas e definido qual delas ficará em primeiro lugar, instalado está o momento da negociação individual – a aqui denominada de *negociação pré-contratual* (o que pode implicar o desperdício de energia – pois ainda não se sabe se o primeiro classificado será habilitado).

Porém, o Decreto 7.581/2011 instala duas ordens de negociação: a do art. 43 e a do art. 59. O art. 43 fala em "classificação", mas quer significar o que o art. 12 da lei chamou de "resultado do julgamento": aqui é meramente reiterada a previsão daquele artigo da Lei 12.462/2011. Mas fato é que o art. 59 também fala em negociação pós-fase recursal – e no RDC a fase recursal é única, instalada depois da classificação das propostas e da habilitação do vencedor.

O que parece instalar o seguinte rito na esfera federal: (i) julgadas as propostas, podem ser negociadas condições mais vantajosas com o vencedor – ou, na sequência, com os demais licitantes classificados; (ii) encerrada a negociação, passa-se a examinar a habilitação do vencedor; (iii) definida a habilitação do vencedor, é instalada a fase recursal única; (iv) a autoridade superior só julga os recursos – o que instala dois caminhos: (iv.a) se der provimento a recurso que inabilite/desclassifique o vencedor, não adjudica nem homologa, devolvendo todo o processo para a comissão, que poderá renovar a negociação com o segundo colocado, ou (iv.b) se não der provimento a qualquer recurso e mantiver a licitação e o resultado encontrado pela comissão, adjudica e homologa a licitação, pondo fim à fase concorrencial e permitindo a instalação da fase contratual propriamente dita.

Em terceiro lugar, quais seriam as "condições mais vantajosas" passíveis de negociação? Para que avancemos neste ponto, é necessário investigar quais são os critérios de julgamento no RDC. Nos termos do art. 18, seriam cinco: (i) menor preço ou maior desconto; (ii) técnica e preço; (iii) melhor técnica ou conteúdo artístico; (iv) maior oferta de preço; (v) maior retorno econômico.

O primeiro, o quarto e o quinto critérios são os mais fáceis de cogitar a propósito das negociações pré-contratuais: tanto o de menor preço ou maior desconto como o de maior oferta de preço e o de maior retorno econômico consideram *ou* o menor dispêndio *ou* a maior receita para a Administração. Logo, aqui a margem de manobra negocial refere-se prioritariamente ao preço – e a negociação deverá ser instalada caso haja uma distância significativa entre o orçamento sigiloso e o preço vencedor. Se a diferença existir na primeira, segunda ou terceira casa decimal, a Administração instalará perdas – e não ganhos – se pretender negociar: *too much trouble for nothing.*

Ao seu tempo, o segundo e o terceiro critérios previstos no art. 18 tendem a complicar os parâmetros de negociação: afinal, como a Administração negociará critérios técnicos? Ou como negociará o preço que resulta de tais escolhas técnicas, que a própria Lei 12.462/2011, nos incisos do § 1º do art. 20, define como "de natureza predominantemente intelectual", "de inovação tecnológica" e "que possam ser executados com diferentes metodologias ou de domínio restrito no mercado"?

Indo avante, imagine-se a negociação numa "contratação integrada" (Lei 12.462/2011, arts. 8º, V, e 9º), em que o critério de julgamento deve ser o de técnica e preço (art. 9º, § 2º, III), mas na qual a comissão de licitação dispõe apenas do anteprojeto de engenharia (não existe o projeto básico). Lembre-se que, de usual, estas contratações versam sobre temas que não são do domínio comum da Administração Pública: justamente porque os contratos são altamente complexos que se instalam tais procedimentos. E para que alguém possa negociar condições mais vantajosas se faz necessário o conhecimento preciso daquilo que será colocado à mesa de negociações.

Nestes casos pode-se cogitar de negociação pré-contratual mais ampla no que respeita ao preço, mas nada proíbe que a solução técnica seja negociada – para se tornar mais adequada ao pretendido pelo edital (o que não impede de se encontrar obstáculos decorrentes do domínio da técnica e respectivas assimetrias de informação). Logo, tal ordem de negociações precisa ser conduzida por servidores de alto nível técnico, altamente especializados, que saibam do que se trata o objeto do contrato – a fim de que possam efetivamente negociar condições mais vantajosas para o projeto de interesse público. Isto é: que, sob um ângulo, não pretendam "impor" unilateralmente alterações "de perfumaria", "alegóricas" ou, mesmo, "burras" – as quais apenas prejudicariam o contrato a ser firmado e sua execução; ou, sob outro ângulo, que possam ser "capturadas" pelo vencedor da licitação – que certamente se valerá ao máximo da assimetria de informações e procurará, assim, aumentar ainda mais os seus ganhos.

Em que pese a tais dificuldades, três pontos podem ser destacados, *a contrario sensu* do texto normativo.

Em *primeiro lugar*, a negociação não deve se prestar a falsear a concorrência; não pode instalar condições ou situações as quais, se fossem de conhecimento dos demais licitantes (ou de terceiros interessados), teriam o potencial de gerar outras participações e/ou outras propostas. Aqui existe uma pauta, definida de modo certo e firme desde o edital: o que se pode negociar são condições internas ao certame, a ele imanentes, e, por isso, nele contidas. A negociação é pré-contratual, mas precisa ser, simultaneamente, endocontratual. Caso instale vantagens não previstas (ou ordinariamente não previsíveis), haverá a instalação de uma ilegalidade. Onde está escrito "negociar condições mais vantajosas" não se pode ler "fraude à concorrência".

Em *segundo lugar*, a negociação não se pode prestar a servir de apropriação indébita das soluções técnicas consignadas nas demais propostas. Não se pode negociar condições técnicas criadas por terceiros e protegidas pelo direito de autor e/ou pela propriedade intelectual (sobretudo se estes terceiros participaram do certame). Por isso se faz necessária a presença de técnicos públicos altamente especializados para o desenvolvimento da negociação. Mas se, no limite, as soluções criadas pelos demais licitantes comprovarem que a proposta vencedora deixa a desejar, o caso é o de revogação da licitação (e não de apropriação indébita de produção intelectual alheia).

Em *terceiro lugar*, a negociação não deve servir para gerar vantagens apenas ao licitante ou apenas à Administração Pública contratante. Quando a lei fala em "condições mais vantajosas", quer significar, objetivamente, mais vantajosas ao interesse público primário definido na escolha pública estampada no edital. Afinal, se forem vantagens só para a Administração, não será uma negociação – mas uma imposição; se forem vantagens só para o licitante vencedor, tampouco será uma negociação – mas algo potencialmente bem mais complicado. Chega a ser um lugar-comum a ideia de que negociar implica ceder reciprocamente. Pois nesta fase do certame, ao contrário do que se dá nas negociações que definem o primeiro colocado (em que, para uma parte ganhar, as outras têm de perder tudo – não há meio-termo), as negociações devem ser direcionadas ao ganho recíproco e colaborativo. O ideal é que não se negocie só o preço, mas também o prazo (de entrega, de pagamento etc.), a qualidade dos materiais, o aprimoramento de determinadas prestações etc. O ambiente já não é mais competitivo, mas, sim, colaborativo – em que Administração Pública e licitantes devem ser transparentes ao máximo na divulgação dos seus interesses, limites e prioridades (condições ideais para que ambas as partes ganhem com a negociação).

Por isso que as negociações do RDC devem – de modo público e motivado: (i) seguir um procedimento preestabelecido e tornado público (pauta e agenda predefinidas e depois de acesso público); (ii) contemplar explicitamente o seu objeto e certa "margem de manobra" para ambas as partes; (iii) respeitar a escolha pública estampada no edital; (iv) respeitar os limites internos da proposta vencedora; (v) respeitar os limites externos das demais propostas participantes.

Mas, para que isto ocorra de modo adequado, seria de todo adequado que houvesse uma previsão normativa – legal, preferencialmente – disciplinando estes parâmetros das negociações pré-contratuais no processo de licitação. Quando menos, seria de todo adequado que os editais de licitação contemplassem também este procedimento e os parâmetros de sua implementação e cronologia – sempre de forma explícita, legível e clara.

Caso a prática da negociação pré-contratual seja incrementada, sem dúvida alguma os contratos serão aperfeiçoados em seu primeiro momento – e poderão ser inibidos os futuros desequilíbrios econômico--financeiros e a prática das prerrogativas extraordinárias da Administração (que geram custos igualmente extravagantes para todos). O consenso e a colaboração público-privada precisam fazer parte do cotidiano das licitações e contratações públicas brasileiras, em todas as suas fases.

Capítulo 8
PROCESSAMENTO DA LICITAÇÃO NO REGIME DIFERENCIADO DE CONTRATAÇÕES

8.1 O tipo licitatório fechado do Regime Diferenciado de Contratações. 8.2 As fases do processo de licitação no Regime Diferenciado de Contratações. 8.3 A fase preparatória. 8.4 A fase de publicação do instrumento convocatório. 8.5 A fase de apresentação de propostas ou lances. 8.6 Os modos de disputa no Regime Diferenciado de Contratações: 8.6.1 O modo aberto – 8.6.2 O modo fechado – 8.6.3 Os modos combinados – 8.6.4 O reinício da fase de lances abertos – 8.6.5 Reelaboração pelo licitante vencedor das demonstrações financeiras exigidas com a proposta – Necessidade de adaptação da composição de custos. 8.7 A fase de habilitação. 8.8 As fases recursal e de encerramento. 8.9 A excepcional validade da inversão de fases.

8.1 O tipo licitatório fechado do Regime Diferenciado de Contratações

A Lei 12.462/2011 instalou nova modalidade de licitação, ao criar mais um – e um só – *tipo de processo administrativo licitatório*. Lembre-se de que, ao tratar das modalidades de licitação normativamente permitidas, a LGL disciplinou a tipologia dos processos administrativos pertinentes às licitações públicas. Isto é: quando o art. 22 da LGL fala de "modalidades de licitação", está a tratar de *tipos fechados de processo administrativo licitatório*.[1] A diferença substancial entre as modalidades

---

1. Não confundir com os *tipos de licitação* previstos no art. 45 da LGL, em que a distinção limita-se aos fins daquele artigo e se refere ao *critério de julgamento* (menor preço; melhor técnica; técnica e preço; maior lance ou oferta), como se dá no art. 18 do RDC (menor preço ou maior desconto; técnica e preço; melhor técnica ou con-

não está só no número de interessados, nem nos valores das contratações ou apenas no momento e/ou critérios de habilitação. Muito embora tais dados sejam relevantes, a verdadeira distinção entre as modalidades reside no *tipo de processo administrativo* a ser instalado como requisito à futura contratação. Constatação que autoriza a conclusão de que se está diante de outro tipo licitatório fechado, *o tipo licitatório do RDC*.

Note-se que a tipologia dos processos de licitação é fechada, pois é expressamente proibida a criação administrativa de outras modalidades e/ou de modalidades combinadas, seja pela via de ato regulamentar (decreto), seja por meio de ato convocatório (edital). No que respeita à modalidade licitatória, portanto, a competência é vinculada: em vista de determinados atos e fatos, muitos deles oriundos da competência gerencial da Administração, deverá ser escolhida esta ou aquela modalidade (que será submetida a este ou àquele regime jurídico-processual). E, mais que isso, tampouco será válida a tentativa de burlar o tipo de licitação por meio da fragmentação do objeto ou de outros expedientes inadequados.

A análise minuciosa da base objetiva do negócio combinada com a política pública a ser implementada serão decisivas para a aplicação deste ou daquele tipo de licitação e contratação pública.

8.2 As fases do processo de licitação no Regime Diferenciado de Contratações

Como processo administrativo, a licitação do RDC aplica uma sequência preestabelecida de atos sucessivos que se orientam a, conjuntamente, produzir a escolha da proposta mais vantajosa para contratar com a Administração. Diz-se que o processo licitatório está estruturado em *fases*, que se definem como subconjuntos de atos endoprocessuais destinados a decidir aspectos prévios e pressupostos à escolha do licitante vencedor. Estas fases, que se concluem sempre pela produção de atos decisórios, desenvolvem-se de modo sucessivo e cronologicamente integrado: no âmbito do processo licitatório, a fase posterior sempre pressupõe preclusivamente a conclusão da anterior.

teúdo artístico; maior oferta de preço; maior retorno econômico). O que o art. 12 do RDC e o art. 22 da LGL preveem são *tipos de processos licitatórios*, os quais podem comportar este ou aquele fator de julgamento.

Além disso, ainda que cada fase esteja vocacionada a finalidades específicas e imediatas (como a divulgação da licitação; a avaliação das propostas ou lances; a habilitação dos licitantes; o julgamento dos recursos etc.), todas e cada uma delas orientam-se mediatamente ao escopo último da licitação, qual seja: a escolha da proposta mais vantajosa à Administração. Por isso que se pode dizer que o processo de licitação é instrumental: ele não é um fim em si mesmo, mas sim o instrumento posto à disposição da Administração Pública, que tem o dever de manejá-lo de forma eficiente, de molde a atingir seu objetivo (a contratação) com os menores custos possíveis.

O art. 12 da Lei 12.462/2011 disciplina a sequência de atos administrativos a ser obedecida na licitação do RDC. A regra é clara ao fixar o procedimento com fases expressas e peculiares, cada qual a desempenhar determinado objetivo, cujo cumprimento é pressuposto necessário para a instalação da seguinte. Norma geral-especial (v. § 1.5.3, acima) que é, a Lei 12.462/2011 estabeleceu procedimento licitatório distinto de todos os demais. Trata-se, portanto, da atribuição de competência vinculada para as licitações do RDC: salvo a exceção expressa do parágrafo único, não é válida qualquer alteração da ordem de fases fixada no art. 12.

Cumpre examinar, com brevidade, cada uma destas fases.

8.3 A fase preparatória

Tal como exaustivamente tratado acima (Capítulo 4), a *fase preparatória* diz respeito à criação do estado de coisas (atos, estudos preliminares, designação de pessoal, definição de locais de trabalho, cronologia, técnicas etc.) que permite a instalação da licitação. Trata-se do conjunto de estudos técnicos e decisões gerenciais, o qual se presta, quando menos, a fundamentar: (i) o interesse público naquela específica contratação administrativa; (ii) o interesse público na escolha do tipo de contrato e a respectiva espécie de licitação sob o RDC (excluindo-se a licitação e o contrato administrativo tradicionais, nos moldes da LGL; a licitação e contrato de concessão comum, nos termos da Lei 8.987/1995; a licitação na modalidade de pregão, nos termos da Lei 10.520/2002; a licitação e o contrato de parceria público-privada, nos termos da Lei 10.079/2004; e a licitação e o contrato de serviços de publicidade, segundo a Lei 12.232/2010).

Por conseguinte, é preciso que sejam demonstrados os motivos de fato e as razões de direito que autorizam – se não determinam – a escolha do RDC. Os atos e providências imprescindíveis inerentes a esta fase estão discriminados no art. 4º do Decreto 7.581/2011.

A fase preparatória há de ser desenvolvida *interna corporis*, sobretudo em vista de casos que envolvam orçamentos sigilosos (v. § 4.7.2, acima). Aqui, cabe à Administração preparar a unanimidade dos documentos úteis e necessários para que a licitação possa ser lançada: todos ficam prontos para que possam ser utilizados no certame. Esta preparação pode-se dar diretamente por meio do pessoal administrativo designado ou com a contratação de terceiros (que assumirão o dever de confidencialidade dos dados), a fim de que desenvolvam trabalhos técnicos especializados.

Esta fase do RDC culmina no ato administrativo fundamentado que, ao mesmo tempo em que estampa a escolha pública por este regime diferenciado, convoca os interessados a tomar parte da licitação e lhes avisa da disponibilidade de todas as informações necessárias e suficientes à adequada participação no certame. Está-se a se falar do *instrumento convocatório* e respectiva *publicação*, a instalar a segunda fase do processo de licitação do RDC.

8.4 A fase de publicação do instrumento convocatório

Assim como faz a LGL, o RDC dispôs sobre prazos mínimos para a divulgação da licitação, com vistas a assegurar aos interessados lapso adequado à montagem da documentação e elaboração das propostas para participar do certame.

Tais prazos são diversos em relação ao regime geral e estão delimitados no art. 15 da Lei 12.462/2011. O tema teve tratamento específico neste livro, no § 5.7 (Capítulo 5).

8.5 A fase de apresentação de propostas ou lances

Uma vez publicado o instrumento convocatório e transposto o prazo nele previsto, deverá ser instalada a fase da *apresentação de propostas ou lances*. Tal como os demais, este momento procedimental é de cumprimento obrigatório: não é válida, a não ser se expressamente instalada a exceção do parágrafo único do art. 12 do RDC, a análise prévia dos documentos de habilitação. O que demanda especial atenção do intérprete: a fase competitiva do RDC começa com as propostas ou lances, seguidos da habilitação daquele que ofereceu a melhor proposta (que só pode ser feita depois de julgadas as propostas ou lances).

Por isso que é de se ter claro que, ao se falar em *inversão de fases* no RDC (art. 12, parágrafo único; art. 14, II e III; art. 27), não se está a tratar daquela inversão operada nas licitações da modalidade de concorrência (o procedimento-padrão da LGL, que exige a habilitação prévia), mas, sim, da alteração, formal e motivada, da ordem de fases prevista na própria Lei 12.462/2011, cuja regra é: primeiro, o preço; depois, o julgamento do preço, seguido do exame da habilitação do licitante classificado em primeiro lugar, e, por fim, os recursos administrativos.

No RDC a ordem prioritária é propostas (lances) primeiro, e habilitação depois, pela ordem de classificação dos preços. Esta é a forma pela qual a Lei 12.462/2011 determina que o certame seja *vertido*; caso se pretenda instalar a exceção do parágrafo único do art. 12 e *invertê-lo*, pode-se dar prioridade à habilitação e depois analisar os preços.

8.6 Os modos de disputa no Regime Diferenciado de Contratações

O RDC admitiu os modos de disputa aberto, fechado, assim como os modos combinados: aberto-fechado e fechado-aberto. A opção por cada um desses modos de disputa importa diferentes formas de estruturar o processo de licitação e, mais especificamente, a fase de apresentação-julgamento de propostas. Essa estruturação leva em conta a melhor dinâmica concorrencial para a seleção de propostas relativamente a certo objeto. Isso não é simples, e pressupõe a consideração das peculiaridades do objeto, assim como do mercado ofertante.

É iniludível que cada modo de disputa apresenta vantagens e desvantagens diversas, o que torna essa escolha sempre problemática. É notória, contudo, a preferência histórica por estruturas que comportem lances abertos (modo aberto), à equivalência dos denominados *leilão inglês* e *leilão holandês*. Isso se deve, particularmente, ao relativo êxito da experiência brasileira com a modalidade pregão, assim como com as tipologias licitatórias que a inspiraram (como, por exemplo, o modo de disputa configurado pela Resolução ANATEL-65/1998, em que já se previa a possibilidade da instituição de fase de lances para o julgamento das propostas comerciais – art. 26).

Todas essas opções para estruturar o processo de licitação conferem grande versatilidade à licitação do RDC. Ao derrogar a lógica das modalidades, disponibilizando ao administrador diferentes modos de estruturar a fase competitiva, o RDC conferiu maior versatilidade à disciplina do processo de licitação comparativamente ao regime da LGL.

8.6.1 O modo aberto

A licitação estruturada sob o modo aberto de disputa pressupõe a realização de sessão pública (presencial ou eletrônica) em que os licitantes apresentarão suas propostas por meio de lances públicos e sucessivos (crescentes ou decrescentes, conforme o critério de julgamento). Neste modo, já após a publicação do instrumento convocatório segue-se diretamente a apresentação de lances pelos licitantes, suprimida a fase prévia de depósito ou apresentação de propostas sigilosas.

A disciplina do RDC admitiu, para o desenvolvimento da fase de lances abertos, a oferta de *lances intermediários* pelos licitantes, considerados esses os lances "iguais ou inferiores ao maior já ofertado, quando adotado o julgamento pelo critério da maior oferta"; ou os lances "iguais ou superiores ao menor já ofertado, quando adotados os demais critérios de julgamento" (incisos I e II do § 2º do art. 17 da Lei 12.462/2011). A possibilidade da oferta de lances intermediários faz sentido, em vista do risco de ineficácia da melhor proposta para fins de adjudicação do objeto da licitação ou de inabilitação do licitante titular da melhor proposta.

Além disso, o edital de licitação poderá estabelecer intervalo mínimo de diferença de valores entre os lances, que incidirá tanto em relação aos lances intermediários quanto em relação à proposta que cobrir a melhor oferta (conforme dispõe o inciso I do § 1º do art. 17 da Lei 12.462/2011). O estabelecimento de intervalos mínimos para distanciamento dos lances justifica-se como artifício para inibir práticas de manipulação da licitação.

8.6.2 O modo fechado

Já, no modo fechado, diversamente, não há a possibilidade de uma pluralidade de lances, renováveis dentro da dinâmica concorrencial. O modo fechado pressupõe a apresentação pelos interessados de propostas sigilosas, guardadas em envelopes fechados e lacrados, que veiculam um único lance. Equivale àquilo que se denomina na experiência internacional de *leilão de lance fechado*. Cada licitante propõe sigilosamente um lance, sendo que o melhor lance, de acordo com o critério de julgamento, será o escolhido.

A estruturação segundo exclusivamente o *modo aberto* tem sido utilizada apenas para ambientes eletrônicos de disputa, como o *pregão eletrônico*. Não é usual para licitações presenciais. A opção pelo *modo fechado* marca a tradição em licitações mais complexas, disciplinadas pela Lei 8.666/1993. Tem sido essa a preferência para a licitação de obras e serviços de engenharia, por exemplo.

8.6.3 Os modos combinados

O RDC admitiu também – como não poderia deixar de ser – o uso dos modelos combinados: fechado-aberto ou aberto-fechado.

No modo *fechado-aberto*, a fase de apresentação e julgamento de propostas inicia-se com a *fase de lance fechado*, em que os licitantes apresentam seus envelopes lacrados contendo o lance sigiloso, que se segue da abertura de uma fase para a apresentação de lances públicos, abertos e sucessivos (fase de lances abertos).

Uma nota importante é que, conforme dispõe o inciso I do art. 24 do Decreto 7.581/2001, apenas serão classificados para a fase de lances abertos os licitantes titulares das *três melhores propostas*, com a desclassificação dos demais. A regra pretende evitar que os ofertantes deixem de apresentar preços vantajosos já para a etapa de lances fechados. Caso os licitantes tivessem garantida em qualquer caso sua participação para a fase de lances abertos, não teriam incentivo para ofertar preços competitivos em sua proposta fechada. Isso ampliaria o risco de adjudicação de propostas antieconômicas, num cenário de inexistência ou de ineficácia de uma fase de lances abertos.

Essa regra repete a sistemática criada pela Lei do Pregão e por outras leis especiais (como a Lei de PPP). A diferença em relação ao pregão está na supressão do raio classificatório criado a partir de um percentual de 10% relativamente à melhor proposta; no pregão a transição da fase de lances fechados para a fase de lances abertos pressupõe a classificação da oferta de valor mais baixo e de todas as ofertas com preços até 10% superiores àquela. Apenas quando não houver pelos menos três propostas situadas neste intervalo é que se admite a participação das melhores ofertas, até o limite de três.

O legislador do RDC optou por instalar diretamente a regra que delimita o raio classificatório para a fase de lances abertos para as três melhores ofertas.

Na fase de lances abertos, os licitantes titulares das três melhores propostas classificadas na etapa de *lance fechado* apresentarão, de viva voz, seus lances públicos, com vistas a superar o menor *lance fechado*, podendo renová-los, sucessivamente, segundo a ordem estabelecida e até o termo final da disputa, conforme a disciplina prescrita pelo instrumento convocatório.

No modo *aberto-fechado* inverte-se a lógica: a fase de julgamento de propostas inicia-se pela realização de uma fase de lances abertos, sendo que, ao seu final, os ofertantes titulares dos três melhores lances poderão oferecer propostas fechadas finais (etapa de lances fechados).

8.6.4 O reinício da fase de lances abertos

Em qualquer dos modelos em que se comporte uma fase de lances abertos (modo aberto), a comissão de licitação, nos termos definidos no edital de licitação, após a definição do melhor lance final, poderá admitir o *reinício* da fase de lances abertos, para o fim de propiciar a disputa para a definição dos demais colocados para a ordem classificatória. A hipótese só poderá ter lugar sempre que existir uma diferença de pelo menos 10% entre o melhor lance e o do licitante subsequente.

A finalidade dessa disciplina está em estimular a redução dos preços dos demais classificados, com vistas a aproximá-los da melhor oferta. O expediente destina-se a estimular a disputa entre os demais classificados, considerando-se o risco de desclassificação superveniente da melhor oferta ou de rescisão superveniente do contrato.

Lembre-se que, nos termos do parágrafo único do art. 26 da Lei 12.462/2011, abre-se a possibilidade de convocação e negociação com os demais classificados toda vez que a melhor proposta for desclassificada ante a hipótese de o preço ofertado permanecer acima do orçamento de referência, que é sigiloso, mesmo após levada a efeito a *negociação* pela Administração Pública (art. 26, *caput*, Lei 12.462/2011). Interessa à Administração, portanto, incentivar a disputa entre os demais classificados, ante o risco de a melhor proposta restar desclassificada, por permanecer acima do orçamento de referência (que, no RDC, funciona com um orçamento *máximo* para a classificação das propostas comerciais).

Da mesma forma, nasce o interesse em fomentar a competição entre os demais classificados ante a hipótese de uso da faculdade prevista no parágrafo único do art. 40 da Lei 12.462/2011, que possibilitou à Administração a convocação dos licitantes remanescentes, na ordem de classificação, para a celebração do contrato nas condições ofertadas por estes, desde que o respectivo valor seja igual ou inferior ao orçamento estimado para a contratação e desde que a convocação para assinar o contrato nos termos da proposta vencedora tenha restada infrutífera (conforme o *caput* da regra do art. 40).

Por fim, o risco de rescisão do contrato administrativo e o uso da via da contratação direta prevista no inciso XI do art. 24 da Lei 8.666, de 21.6.1993, nos termos, ainda, do previsto no art. 41 da Lei 12.462/2011, também concorre para o interesse administrativo em estimular a redução dos preços dos demais licitantes.

8.6.5 Reelaboração pelo licitante vencedor das demonstrações financeiras exigidas com a proposta – Necessidade de adaptação da composição de custos

É evidente que a alteração das ofertas propiciada pela realização da fase de lances, assim como pela *negociação* eventualmente levada a efeito pela comissão de licitação, impactará a composição original de custos das propostas. Caso o edital de licitação tenha exigido a demonstração analítica dos custos, o licitante vencedor deverá reelaborá-la após o exaurimento da fase de julgamento das propostas, adaptando-a ao novo preço.

Isso é uma decorrência lógica da dinâmica da competição aberta (modo aberto), assim como de expedientes que propiciem ajustes no preço em disputa, como a *negociação* prevista no art. 26 da Lei 12.462/2011. A hipótese não se aplica à contratação integrada, uma vez que a inexistência de projeto básico impede a exigência de planilhas de composição de custos a instruir a licitação.

A providência é particularmente relevante para obras e serviços de engenharia – embora a eles não se limite. A previsão do art. § 2º do art. 40 do Decreto 7.581/2011 normatiza a questão, estabelecendo que, nas licitações de obras ou serviços de engenharia, o licitante titular da melhor proposta deverá reelaborar planilha de composição de preços e quantitativos, apresentando-a à comissão de licitação por meio eletrônico, nas condições e prazo estabelecidos no edital de licitação.

A planilha, reelaborada, deverá contemplar: (i) indicação dos quantitativos e dos custos unitários, vedada a utilização de unidades genéricas ou indicadas como verba; (ii) composição dos custos unitários, quando diferirem daqueles constantes dos sistemas de referências adotados nas licitações; e (iii) detalhamento das Bonificações e Despesas Indiretas/BDI e dos Encargos Sociais/ES.

Embora a norma associe a providência a obras e serviços de engenharia, não se vê impedimento a que possa ser solicitada para objetos distintos. Afinal, desde que a disciplina da licitação tenha exigido demonstração analítica da composição de custos para objeto diverso, a reelaboração da planilha será sempre necessária, para adequar a composição aos novos valores resultantes das alterações no conteúdo econômico da proposta comercial.

Vale lembrar também que, salvo quando aprovado relatório técnico (nos termos previstos nos §§ 2º, II, e 4º, II, do art. 42 do Decreto 7.581/2011), o licitante titular da melhor proposta deverá adequar os custos unitários, tratando-se de empreitada por preço unitário ou tarefa, ou os custos das etapas propostos, tratando-se de empreitada por preço global ou empreitada por preço unitário, aos limites previstos nos §§ 2º, 4º ou 5º do art. 42 do mesmo decreto, sem alteração do valor global da proposta.

O não atendimento a esses parâmetros importará a desclassificação de sua proposta, o que desaguará ou na revogação da licitação ou na convocação dos demais colocados, nos termos do art. 62 do Decreto 7.581/2011.

8.7 A fase de habilitação

Julgada a proposta ou lance, nasce a importante fase da *habilitação* do licitante colocado em primeiro lugar, tal como proclamado no julgamento (ato devidamente fundamentado e tornado público). A contratação daquele licitante que ofereceu o melhor preço é, portanto, condicionada pela análise dos respectivos documentos de habilitação por ele oferecidos à Administração (o art. 14 da Lei 12.462/2011 – RDC – reporta-se aos arts. 27 a 33 da LGL).

Os requisitos mínimos devem ser objetivos e dizer respeito a condições-padrão, a serem em tese atendidas pelo maior número possível de interessados. O RDC preceitua que deve haver limites, mas não diz quais são: a tarefa é da Administração Pública, que tem o dever de definir os requisitos, motivar sua relevância e demonstrar que são efetivamente mínimos e pertinentes àquela licitação. No RDC a fase de habilitação constitui, portanto, formalidade jurídica necessária para que o licitante que ofereceu a melhor proposta de preço possa gozar do direito subjetivo de celebrar a futura contratação administrativa.

Isto é, desde o momento de abertura da licitação até a divulgação do ato de habilitação o que existe é um grupo de pessoas que se interessam em celebrar o contrato proposto pela Administração (as quais, na fase de habilitação do RDC, já se encontram escalonadas pela ordem de suas propostas ou lances). São sujeitos que percebem os incentivos lançados pelo edital, julgam-se aptos a bem executar o escopo contratual e obter o legítimo lucro. Este interesse econômico toma substância jurídica com a apresentação dos envelopes de proposta e habilitação, por meio dos quais os interessados tornam-se licitantes e, assim, anuem em se submeter ao regime estatutário daquele específico processo de seleção.

Pois bem, fato é que, dentre todos os licitantes, a Administração deverá selecionar apenas e tão somente aquele que, objetivamente, demonstre que pode executar o contrato sob a condição econômico-financeira mais vantajosa possível. Aqui não se está a falar só do preço da contratação, mas igualmente das condições materiais mínimas que permitam concluir que o objeto do contrato será bem executado. Isto exige a avaliação de um conjunto de informações detidas pelo licitante que fez a melhor oferta de preço – as quais o qualificarão (ou não).

Há na habilitação, portanto, um julgamento objetivo que se materializa juridicamente mediante a produção de ato administrativo, formal e motivado, que determina (ou não) a permanência do licitante. Caso positivo o julgamento da habilitação, instala-se a condição necessária e suficiente à celebração do contrato administrativo: afinal, o preço havia sido avaliado e o licitante cujos documentos foram submetidos ao exame de habilitação já estava submetido a uma situação especial e concreta. Caso negativo o julgamento, deverá ser inabilitado o licitante que havia feito a melhor oferta e iniciado o exame dos documentos tidos como habilitadores daquele que ficara em segundo lugar.

8.8 As fases recursal e de encerramento

O recurso é o direito subjetivo processual detido pela parte que sofreu uma perda em decorrência de decisão administrativa proferida no processo de licitação. O gravame (processual ou material) instala o interesse recursal, que poderá ser (ou não) exercitado pela parte. No RDC instalou-se a *fase recursal* única ou concentrada. Isto significa dizer que não é válida a interposição de recursos administrativos imediatamente depois de proferidas as decisões no curso da licitação – mas somente ao final, depois de proclamado o resultado. Se forem interpostos recursos, não podem nem sequer ser examinados, e devem ficar retidos nos autos para posterior exame – tanto pela autoridade que conduz o certame como pela superior (desde que persistentes a legitimidade e o interesse recursal do licitante).

O *encerramento* é o ato praticado pela autoridade competente para a condução da licitação (o chefe da comissão de licitação). Ao mesmo tempo em que se presta a divulgar o resultado do julgamento dos recursos em primeira instância administrativa, tem o efeito de exaurir a competência da comissão de licitação e de seu chefe. A partir da publicação do ato de encerramento, esgota-se a competência de primeiro grau e instala-se a da autoridade superior, que deverá praticar um dos atos previstos nos incisos do art. 28 do RDC.

8.9 A excepcional validade da inversão de fases

O tema da *inversão de fases* remete à modalidade da concorrência, prevista na LGL (v., acima, §§ 3.2.1 e 8.5). Logo, a regra na LGL é a exceção no RDC – fato, este, que permite descartar a "compreensão concorrencial" para a interpretação da Lei 12.462/2011.

A única hipótese plausível para que a racionalidade da LGL se aproxime do RDC é a da excepcional inversão de fases prevista no parágrafo único do art. 12. Mas note-se que a inversão de fases não implica a subsunção automática da modalidade concorrencial em sede de RDC, mas apenas e tão somente sua aplicação "no que couber". Aqui se torna possível o exame da habilitação como condição prévia ao conhecimento e análise dos preços.

Capítulo 9
LICITAÇÃO (E CONTRATAÇÃO DIRETA) PARA ALIENAÇÕES

9.1 A alienação de bens públicos: condições e requisitos. 9.2 Alienação, desafetação e extracomercialidade de bens públicos. 9.3 Dação em pagamento, doação e permuta. 9.4 As exceções à licitação: quando ela é dispensada. 9.5 Alienação e modalidade licitatória. 9.6 A alienação de bens públicos e o Programa Nacional de Desestatização. 9.7 Alienação de bens de empresas estatais. 9.8 Alienação de bens públicos e Lei de Responsabilidade Fiscal. 9.9 Habilitação para a compra e venda de imóveis.

9.1 A alienação de bens públicos: condições e requisitos

A alienação de bens públicos está disciplinada pelos arts. 17, 18 e 19 da LGL. Adotamos a conceituação de Floriano de Azevedo Marques Neto, para quem *bens* são "os objetos dotados de utilidade às quais se possa atribuir valor econômico. No universo destes há *'coisas'* (objetos dotados de materialidade) e *'não coisas'* (objetos desprovidos de materialidade, mas existentes independentemente de seu suporte material). Valor econômico não apenas de troca (ao que normalmente corresponde a relação jurídica de bem), mas também valor de uso".[1] Está-se a se falar, portanto, da transferência de um bem (corpóreo ou incorpóreo,

---

1. Floriano de Azevedo Marques Neto, *Bens Públicos*, Belo Horizonte, Fórum, 2009, p. 50. Mais adiante o autor apresenta seu conceito de *patrimônio público*: "conjunto de bens materiais e imateriais, inclusive direitos e receitas, de propriedade das pessoas de direito público. Trata-se, portanto, de um universo maior que o acervo dos bens detidos pela Administração Pública" (ob. cit., p. 55).

móvel ou imóvel), que deixará de integrar o patrimônio (ou a posse) de uma entidade da Administração Pública e integrará o de outra entidade estatal ou o patrimônio de uma pessoa privada (ou a ela será locado, concedido ou terá seu uso permitido).

Se o bem for transferido para outra entidade estatal de direito público, ele persistirá na condição de *bem público* (por exemplo, a doação de bem pertencente à Administração direta para uma autarquia). Aqui não se dá a *despublicatio* (a migração, do hemisfério público para o hemisfério privado, dos bens e fatores de produção), mas, sim, mera *transferência interadministrativa*: a circulação de bens no interior da Administração Pública (direta ou indireta, desta ou daquela esfera política).

Já, para que o bem deixe de integrar o patrimônio público (independentemente da pessoa que o possui), faz-se necessário que dele seja retirado o adjetivo que o qualifica: uma vez que *não mais é público*, pode se integrar ao patrimônio de pessoas privadas e livremente circular entre elas. Afinal – e como leciona Floriano de Azevedo Marques Neto –, *alienação de bem público* é "a transferência de domínio do bem, por qualquer negócio jurídico admitido em nosso Direito. Assim, quando da alienação do bem público, este deixa de ser público, pois passa a ser titularizado por outrem que não a pessoa de direito público interno que o titularizava".[2] Aqui se está diante de uma *despublicatio*: a *transferência extra-administrativa*. Quando se tratar de bens imóveis, isto exige prévia autorização legislativa: salvo exceções expressas, a competência administrativa de alienar tais bens depende de lei.

Em ambos os casos (transferência interadministrativa ou extra-administrativa) o processo de alienação tem como requisito primário a manifestação da autoridade competente indicando os motivos que demonstrem ser de interesse público a transferência de determinado bem. Este ato administrativo dá concretude existencial ao interesse público primário e deve justificar o porquê da futura transferência de específico bem público. Ademais, é necessário mencionar formalmente a razão de aquela escolha pública ser mais vantajosa que as demais disponíveis. A exigência do ato que justifique o interesse público aplica-se a todas as

---

2. Floriano de Azevedo Marques Neto, *Bens Públicos*, cit., pp. 304-305. Em seguida o autor caracteriza como "de constitucionalidade duvidosa" a exigência de autorização legislativa prévia para a alienação de todos os bens públicos imóveis.

transferências de bens da Administração (direta, autárquica, fundacional e demais entidades paraestatais – v., acima, §§ 1.5.1 a 1.5.4).

O mesmo se diga quanto à *avaliação* do bem a ser transferido: é imprescindível a prévia e tecnicamente fundamentada estimativa do valor do respectivo bem, que leve em conta suas reais condições e as peculiaridades do respectivo setor econômico. *Avaliação* é a estimativa da importância que, naquela data, determinado bem provavelmente encontraria numa negociação no respectivo mercado de referência – o que deve ser feito em obediência a normas técnicas e regras de boas práticas nos respectivos setores.[3] É de todo desejável que a avaliação corresponda ao preço a ser pago (a efetiva expressão monetária do bem), mas nem sempre isto é factível: desde que não sejam desproporcionais, são usuais as variações a maior (ágio) ou a menor (deságio) nas avaliações. Afinal, ela é apenas um cálculo aproximativo, feito com base nos dados disponíveis no presente.

Em vista da leitura conjugada dos incisos I e II, c/c o § 6º, do art. 17 da LGL, as modalidades de licitação para a venda de bens públicos são a concorrência (bens imóveis e móveis) e o leilão (bens móveis de determinado valor) – exceção feita àquelas vendas objeto do Programa Nacional de Desestatização/PND (Lei 9.491/1997 – que será tratada abaixo, no § 9.6).

9.2 Alienação, desafetação e extracomercialidade de bens públicos

Nos termos do art. 100 do CC, a *alienação* de determinados bens públicos (os de uso comum do povo e os de uso especial, nos termos do art. 99 daquele diploma) exige prévia *desqualificação* – ou, melhor dizendo, *desafetação*. Constatação que autoriza a dissociação dos conceitos: *alienar* significa *transferir para outrem*; já, a *desafetação* é o ato pelo qual se declara que o bem *deixa de dizer respeito* a determinada finalidade pública, desconstituindo-se sua qualificação. Tal especí-

---

3. Por exemplo, a Norma ABNT/NRB-14653-2 "visa a detalhar os procedimentos gerais da norma de avaliação de bens – ABNT/NBR-14653-1:2001 – no que diz respeito à avaliação de imóveis urbanos, inclusive glebas urbanizáveis, unidades padronizadas e servidões urbanas".

fica destinação pública é usualmente contida no já mencionado art. 99 do CC.[4]

Se a alienação pública pressupõe a titularidade estatal, o mesmo não se dá com a desafetação: afinal, aqui se está diante de bens que podem ser de titularidade privada, mas afetados a determinada finalidade pública. Confira-se a lição de Diogo de Figueiredo Moreira Neto, para quem *afetação* é a "destinação fática ou jurídica de um bem a uma determinada *utilização de interesse público*, o que o caracterizará, conforme o caso, como *bem público de uso comum* ou *bem público de uso especial*". Já. a *desafetação* é "a redução ou extinção, fática ou jurídica, da utilização de interesse público de um determinado bem".[5] Assim, a alienação de certos bens públicos exige a desafetação antecedente. Todo bem afetado, para ser alienado, necessita ser previamente desafetado.

Daí a qualificação de certos bens públicos como *res extra commercium* – bens que não podem ser objeto de direitos reais de terceiros nem de comércio, pois insuscetíveis de serem alienados. A fim de preservar a finalidade pública inerente a tais bens, veda-se sua livre comercialização. Neste ponto merece ser feita uma advertência, ainda que *en passant*: nem se diga que a antiga *doutrina romana* da *res extra commercium* seria apta a inibir toda a *potencialidade econômica atual* dos bens públicos. Afinal de contas, uma coisa é estabelecer barreiras à transmissão deles no comércio jurídico privado (graus de afetação, requisitos à alienabilidade, impossibilidade de usucapião, impossibilidade de gra-

---

4. Eis o texto dos dispositivos:
"Art. 99. São bens públicos: I – os de uso comum do povo, tais como rios, mares, estradas, ruas e praças; II – os de uso especial, tais como edifícios ou terrenos destinados a serviço ou estabelecimento da Administração federal, estadual, territorial ou municipal, inclusive os de suas autarquias; III – os dominicais, que constituem o patrimônio das pessoas jurídicas de direito público, como objeto de direito pessoal, ou real, de cada uma dessas entidades.
"Parágrafo único. Não dispondo a lei em contrário, consideram-se dominicais os bens pertencentes às pessoas jurídicas de direito público a que se tenha dado estrutura de direito privado.
"Art. 100. Os bens públicos de uso comum do povo e os de uso especial são inalienáveis, enquanto conservarem a sua qualificação, na forma que a lei determinar."
5. Diogo de Figueiredo Moreira Neto, *Curso de Direito Administrativo*, 15ª ed., Rio de Janeiro, Forense, 2009, p. 336.

vames etc.); outra, completamente diversa, é negar a existência da comercialidade típica de direito público, chegando a impedir que deles se possa colher todos os respectivos frutos (com as garantias públicas inerentes a essa colheita). Como pontuou Fernando Alves Correia, "por um lado, se os bens do domínio público estão subtraídos ao comércio jurídico privado, possuem uma ineliminável comercialidade de direito público; por outro lado, e em consequência, a necessidade de agilização do regime da dominialidade pode ser efectuada sem uma alteração do modelo, mediante uma adequada compreensão a respeito de figuras próprias do direito administrativo, designadamente da técnica concessionária".[6]

Assim, a indisponibilidade dos bens públicos "há de ser vista com alguma relatividade – como sublinha Floriano de Azevedo Marques Neto –, pois há que se distinguir a indisponibilidade da função para o exercício da qual o bem serve como suporte da disponibilidade condicionada do próprio bem. E isto se refere em todos os atributos conformadores do regime jurídico dos bens públicos".[7] O que merece ser ressaltado é que esta comercialidade de direito público está submetida a diversos níveis, em vista da ampla heterogeneidade dos bens públicos – afinal, os diferentes graus de afetação implicam o correspondente plano de incidência de sua exploração econômica (em intensidade e extensão). De toda sorte, a possibilidade de circulação econômica dos bens públicos é evidenciada pela própria redação do art. 17 da LGL, que estabelece o procedimento aplicável para tanto.

9.3 Dação em pagamento, doação e permuta

Dentre os contratos e atos que envolvem a transferência de bens públicos merecem análise específica a *dação em pagamento*, a *doação*

---

6. Fernando Alves Correia, "A concessão de uso privativo do domínio público", in J. L. M. López-Muñiz e F. de Quadros, *Direito e Justiça: VI Colóquio Luso-Espanhol de Direito Administrativo*, Lisboa, Universidade Católica Editora, 2005, p. 102. Ampliar em Egon Bockmann Moreira, *Direito das Concessões de Serviço Público: Inteligência da Lei 8.987/1995 (Parte Geral)*, São Paulo, Malheiros Editores, 2010, pp. 139-149.

7. Floriano de Azevedo Marques Neto, *Bens Públicos*, cit., p. 290. Mais adiante: "Fato é que não se sustenta mais, nos dias de hoje, a tese de uma extracomercialidade absoluta dos bens públicos" (ob. cit., p. 313).

e a *permuta*. Vejam-se, a seguir, algumas das peculiaridades de cada uma destas espécies.

A *dação em pagamento* é espécie indireta de extinção de obrigações, regida pelos arts. 356 a 359 do CC.[8] Para o direito público brasileiro sua racionalidade é a seguinte: em regra, as prestações devidas pela Administração devem ser pagas em dinheiro – e somente com o adimplemento pecuniário ela é liberada da obrigação. O credor tem o direito de exigir o pagamento em espécie. Pode haver hipóteses, contudo, em que se configure mais vantajoso para ambas as partes o recebimento de coisa diversa daquela pactuada: a entrega de um bem ao invés do pagamento em moeda corrente. Desde que o credor consinta e que o bem corresponda ao valor devido (antecedido, portanto, da justificação e da avaliação e, no caso de imóveis, da autorização legislativa), a Administração pode dar em pagamento determinado bem e, assim, obter a quitação de seu débito.

A *doação* é definida no art. 538 do CC como "o contrato em que uma pessoa, por liberalidade, transfere do seu patrimônio bens ou vantagens para o de outra". Ou – como prefere Orlando Gomes – é o "contrato pelo qual uma das partes se obriga a transferir gratuitamente um bem de sua propriedade para o patrimônio da outra, que se enriquece na medida em que aquela empobrece".[9] Logo, a doação de bens públicos deve ser compreendida em termos: afinal, quem doará é uma pessoa da Administração Pública, e o bem a ser doado é uma coisa pública (salvo alguns bens das empresas estatais). A "liberalidade", aqui, portanto, é *funcionalizada* tendo em vista o interesse público posto em jogo.

Não se trata de mero ato de vontade pelo qual alguém dispõe gratuitamente de seu patrimônio em benefício de terceiro, mas, sim, do atingir

---

8. Eis o texto dos dispositivos legais:
"Art. 356. O credor pode consentir em receber prestação diversa da que lhe é devida.
"Art. 357. Determinado o preço da coisa dada em pagamento, as relações entre as partes regular-se-ão pelas normas do contrato de compra e venda.
"Art. 358. Se for título de crédito a coisa dada em pagamento, a transferência importará em cessão.
"Art. 359. Se o credor for evicto da coisa recebida em pagamento, restabelecer-se-á a obrigação primitiva, ficando sem efeito a quitação dada, ressalvados os direitos de terceiros."
9. Orlando Gomes, *Contratos*, 12ª ed., Rio de Janeiro, Forense, 1990, p. 233.

de um interesse público primário por meio da transferência de específico bem público (o beneficiado, portanto, deve ser a coletividade).

A doação de bens públicos pode ser feita *com encargos* – e é de todo razoável que assim seja: na medida em que o *donatário* receberá gratuitamente o bem devido a uma razão de ordem pública (estampada no interesse público que fundamenta o ato administrativo de doação), é válida a exigência de que o prestígio a essa razão persista no tempo. Está-se diante de *modo coercitivo* que mais se aproxima do adimplemento dos encargos atribuídos ao donatário – mesmo porque, nos termos do § 4º do art. 17 da LGL, os encargos devem ser expressos desde o instrumento convocatório (ou no ato que dispense a licitação), definindo-se também o prazo de seu cumprimento e a cláusula de reversão expressa (cláusula resolutiva: o desfazimento da doação, com o retorno do bem ao doador).[10]

Ainda que haja cláusula de reversão expressa, convém ressaltar que, caso se dê o descumprimento do encargo mas a obrigação persista sendo possível e, assim, se possa dar cumprimento ao interesse público definido no ato justificador, é de todo aconselhável que não se dê a imediata resolução (mas a advertência formal do donatário para que cumpra o encargo). A lógica da constatação repousa no princípio da conservação dos negócios jurídicos, também aplicável à Administração Pública (que deve, sempre que possível, convalidar seus atos – Lei 9.874/1999, art. 55). Com efeito, se a doação foi feita com encargo a ser cumprido pelo donatário, é tanto melhor que este encargo seja executado (ainda que a destempo) que simplesmente haver o desfazimento da doação. O interesse imediato é o cumprimento da obrigação prevista no encargo, não o retorno do bem ao patrimônio público.

Já, a *permuta* – ou *troca*, nos termos do art. 533 do CC[11] – é o contrato por meio do qual as partes anuem em trocar bens entre si (sem que

---

10. Cf. a definição de *encargo* dada por Orlando Gomes: "O *modo* ou *encargo* é um ônus imposto a uma liberalidade (Dernburg), que não modifica os efeitos típicos do negócio, antes lhe acrescenta outros, que entretanto não reagem sobre os primeiros (Santoro Passarelli)" (*Introdução ao Direito Civil*, 8ª ed., Rio de Janeiro, Forense, 1986, p. 359).

11. Eis o dispositivo: "Art. 533. Aplicam-se à troca as disposições referentes à compra e venda, com as seguintes modificações: I – salvo disposição em contrário, cada um dos contratantes pagará por metade as despesas com o instrumento da troca; II – é anulável a troca de valores desiguais entre ascendentes e descendentes, sem consentimento dos outros descendentes e do cônjuge do alienante".

um destes seja o dinheiro). A permuta tem suas peculiaridades ressaltadas por Diógenes Gasparini: "Os bens envolvidos na permuta devem ter valores iguais, mas se aceita pequena diferença entre eles, compensada pela torna, valor em dinheiro entregue ao proprietário do bem de maior valor. Por fim, diga-se que no processo administrativo de permuta há de restar bem demonstrado que o interesse público só é conseguido à custa dessa específica transação e que por seu intermédio a Administração Pública obtém maior vantagem. Se assim não for, o bem deve ser alienado e com o preço recebido realiza-se o projeto desejado pela Administração Pública. Nesse processo administrativo essa comprovação deve ser obtida com a simulação das várias transações possíveis".[12] Como requer a individualização dos bens trocados, a permuta não exige licitação (que não é impossível, mas será sobremaneira complexa).

9.4 As exceções à licitação: quando ela é dispensada

As alíneas do inciso I do art. 17 da LGL trazem rol de transferências de *bens públicos imóveis* que prescindem de prévia licitação; em suma: (i) *dação em pagamento* (a entrega do bem como pagamento de dívida preexistente);[13] (ii) *doação interadministrativa* (exclusiva para outro órgão ou entidade administrativa); (iii) *permuta por outro imóvel* (desde que se dê entre bens de valor equivalente e seja motivada pelo atendimento ao interesse público); (iv) *investidura* (compreendida como as duas espécies de alienações descritas no § 3º do art. 17); (v) *venda interadministrativa*; (vi) *transferências em razão de programas habitacionais ou de regularização fundiária*; (vii) *procedimentos de*

---

12. Diógenes Gasparini, "Alienação de bens públicos: procedimento", *ILC* 122/317, Curitiba, Zênite, abril/2004.
13. A *dação em pagamento* é disciplinada no CC:
"Art. 356. O credor pode consentir em receber prestação diversa da que lhe é devida.
"Art. 357. Determinado o preço da coisa dada em pagamento, as relações entre as partes regular-se-ão pelas normas do contrato de compra e venda.
"Art. 358. Se for título de crédito a coisa dada em pagamento, a transferência importará em cessão.
"Art. 359. Se o credor for evicto da coisa recebida em pagamento, restabelecer-se-á a obrigação primitiva, ficando sem efeito a quitação dada, ressalvados os direitos de terceiros."

legitimação de posse de terras devolutas da União (Lei 6.383/1976 – *processo discriminatório de terras devolutas da União*);[14] (viii) *transferências de imóveis de uso comercial em razão de programas habitacionais ou de regularização fundiária*; (ix) *alienação e concessão de direito real de uso para determinadas áreas públicas, federais e rurais, da Amazônia*.

Já, as alíneas do inciso II do mesmo art. 17 trazem as hipóteses de dispensa de licitação quando de determinados negócios jurídicos de alienação de *bens públicos móveis*, quais sejam: (i) *doação com escopo social, desde que se configure como opção preponderante a outras formas de alienação*; (ii) *permuta interadministrativa*; (iii) *venda de ações*; (iv) *venda de títulos*; (v) *venda de bens que sejam produto da atividade de entidades administrativas*; (vi) *vendas interadministrativas de materiais e equipamentos inservíveis para o órgão ou entidade vendedor*.

9.5 Alienação e modalidade licitatória

A leitura conjugada dos arts. 17, 22, § 5º, e 19 da LGL permite concluir o seguinte quanto ao tipo de licitação a ser utilizado: (i) para os bens móveis, a modalidade preferencial será o leilão; (ii) para os bens imóveis, a modalidade preferencial é a concorrência.

Estas são as regras, que podem ser fundamentalmente excepcionadas – mas atente-se para o fato de que as modalidades próprias para as alienações são a concorrência e o leilão, tendo em vista a ampla publicidade gerada por tais certames.

9.6 A alienação de bens públicos e o Programa Nacional de Desestatização

Desde 1990 o Programa Nacional de Desestatização/PND é instrumento oficial de política pública (Lei 8.031/1990, sucedida pela Lei

---

14. Lei 6.383/1976: "Art. 29. O ocupante de terras públicas, que as tenha tornado produtivas com o seu trabalho e o de sua família, fará jus à legitimação da posse de área contínua até 100 (cem) hectares, desde que preencha os seguintes requisitos: (...)".

9.491/1997). A legislação instituidora do PND brasileiro disciplina tanto o tipo de empreendimentos que podem ser desestatizados como as respectivas formas operacionais e a competência da comissão diretora do programa, autorizando-a a definir quais empresas estatais serão alienadas à iniciativa privada. Tais preceitos foram objeto de várias ações de inconstitucionalidade, e o STF consolidou a desnecessidade de ato legislativo particular a descrever cada uma das empresas objeto de desestatização. Basta a *autorização genérica em lei*, a ser concretizada caso a caso pelo órgão administrativo competente.[15] Se é exigível lei individual para a criação das estatais (CF do Brasil, art. 37, XIX), a mesma lógica não se aplica à sua desestatização.

Quanto às empresas pertencentes ao Estado mas não vinculadas a serviços públicos, a legislação pode instalar a desestatização *substancial* ou *material*: "uma verdadeira privatização de actividades públicas, ou seja, de uma deslocação de certas tarefas do Estado para o mercado, do sector público para o sector privado".[16] Trata-se da hipótese prevista na Lei 9.491/1997 como "a alienação, pela União, de direitos que lhe assegurem, diretamente ou através de outras controladas, preponderância nas deliberações sociais e o poder de eleger a maioria dos administradores da sociedade" (art. 2º, § 1º, "a"). Caso contrário *substancial não será* a desestatização: ou se estará diante da denominada "respiração do sector público" (alienação de parcela do capital social, com ou sem ação de classe especial ao minoritário) ou "de uma mera circulação de capitais ao interior do sector público" (de uma pessoa estatal para outra); não diante de uma privatização material, a qual "exige que o bem em causa transite do 'hemisfério público' para o 'hemisfério privado' dos meios de produção".[17]

15. Os *leading cases* são: ADI 562-UF, Min. Ilmar Galvão, *DJU* 16.10.1998; ADI/MC 586-DF, Min. Ilmar Galvão, *DJU* 20.11.1992; ADI/MC 1.584-DF, Min. Nelson Jobim, *DJU* 2.4.2004.

16. Pedro Gonçalves e Licínio Lopes Martins, "Os serviços públicos económicos e a concessão no Estado regulador", in Vital Moreira (org.), *Estudos de Regulação Pública – I*, Coimbra, Coimbra Editora, 2004, p. 181.

17. Paulo Otero, *Privatizações, Reprivatizações e Transferências de Participações Sociais no Interior do Sector Público*, Coimbra, Coimbra Editora, 1999, p. 16 e 19. V. também Carlos Ari Sundfeld, "A participação privada nas empresas estatais", in Carlos Ari Sundfeld (org.), *Direito Administrativo Econômico*, 1ª ed., 3ª tir., São Paulo, Malheiros Editores, 2006, pp. 264-285.

LICITAÇÃO (E CONTRATAÇÃO DIRETA) PARA ALIENAÇÕES

A *privatização substancial* exige, portanto, a transferência integral do poder de controle e do acervo de empresa controlada (direta ou indiretamente) pelo Poder Público – sendo que a alienação deverá ser feita para pessoa cujo controle seja titularizado com exclusividade por particulares. "Controlar uma empresa significa poder dispor dos bens que lhe são destinados, de tal arte que o controlador se torna senhor de sua atividade econômica."[18] Transferem-se o poder decisório, as tarefas e o patrimônio outrora públicos, com o quê se dá a *despublicatio* deles todos. A partir de então, será o empresário privado quem autonomamente desenvolverá, em concorrência com os demais participantes do mercado, aquela "atividade econômica organizada para a produção ou circulação de bens ou de serviços" (CC, art. 966, *caput*).

Nos casos de *privatização formal* (ou *organizatória* ou *de gestão*) o que se dá é a mera transferência temporária da administração e prestação de determinado serviço público (por meio de concessão, permissão ou autorização – a depender do serviço e da combinação de dispositivos constitucionais e legais). Nestas espécies persiste íntegra a titularidade pública, pois a desestatização se dá na superfície do serviço a ser prestado, não na sua essência. A depender do serviço e/ou da obra, a maioria dos bens permanece no setor público dos meios de produção (*v.g.*, rodovias, ferrovias e usinas hidrelétricas). Apenas a gestão e o domínio imediato dos bens a ela essenciais são transferidos ao empreendedor privado, por prazo certo. A definição estampada na Lei 9.491/1997 é clara: "a transferência, para a iniciativa privada, da execução de serviços públicos explorados pela União, diretamente ou através de entidades controladas, bem como daqueles de sua responsabilidade" (art. 2º, § 1º, "b"). Dá-se a transposição *subjetiva* da *administração* de tarefa que persiste pública, pois não há mudança de fundo na natureza do serviço e respectiva titularidade: um *serviço público* passa a ter *execução privada*.

9.7 Alienação de bens de empresas estatais

Nos termos do inciso II do § 1º do art. 173 da CF do Brasil, as empresas estatais que explorem atividade econômica submetem-se "ao re-

---

[18]. Fábio Konder Comparato e Calixto Salomão Filho, *O Poder de Controle na Sociedade Anônima*, 4ª ed., Rio de Janeiro, Forense, 2005, p. 124.

gime jurídico próprio das empresas privadas, inclusive quanto aos direitos e obrigações civis, comerciais, trabalhistas e tributários". Os bens de tais empresas são, portanto, *bens privados*, submetidos ao regime de direito privado (reservando-se o respectivo controle externo, nos termos do art. 71, I, da CF). Daí por que não se aplica integralmente o art. 17 da LGL aos processos de venda de bens privados das empresas estatais: necessita-se apenas do ato motivado, conjugado com a avaliação e a licitação (que pode se dar nos termos da lei própria – cf. art. 173, § 1º, III, da CF).

A exceção residirá nos bens afetados ao interesse público – bens que, apesar de titularizados pelas empresas estatais, são normativamente caracterizados como bens públicos. Estes se submetem ao regime de alienação do art. 17 da LGL (não por pertencerem a estatais, mas por serem normativamente afetados como públicos).

9.8 Alienação de bens públicos e Lei de Responsabilidade Fiscal

A alienação de bens públicos instala preocupações concernentes ao regime fiscal e à avaliação das despesas e receitas públicas. A Lei 4.320/1964 (*normas gerais de direito financeiro*) classifica as despesas públicas em *correntes* e *de capital*. As despesas correntes são as *de custeio* (manutenção de serviços anteriormente criados – pessoal, material de consumo, serviços de terceiros e encargos diversos, cf. arts. 12, § 1º, e 13) e as *transferências correntes* ("dotações para despesas às quais não corresponda contraprestação direta em bens ou serviços, inclusive para contribuições e subvenções destinadas a atender à manifestação de outras entidades de direito público ou privado" – subvenções sociais ou econômicas, inativos, pensionistas, salário-família, juros da dívida pública, previdência social etc., cf. arts. 12, § 2º, e 13).

Ocorre que, nos termos do art. 44 da Lei Complementar 101/2000 (*Lei de Responsabilidade Fiscal*), é vedada "a aplicação da receita de capital derivada da alienação de bens e direitos que integram o patrimônio público para o financiamento de despesa corrente, salvo se destinada por lei aos regimes de previdência social, geral e próprio dos servidores públicos". Isto significa dizer que as despesas obrigatórias, ordinárias da Administração (pessoal, custos administrativos, previdenciárias etc.), não podem ser pagas com a receita oriunda da alienação de ativos públicos.

Com isto se visa à preservação do patrimônio público e à manutenção do equilíbrio e transparência das contas públicas. Afinal, o administrador deve desenvolver formas sustentáveis de custeio das despesas públicas – o que não se dá no caso de alienação de bens públicos (naturalmente escassos e em número limitado – ao contrário das sempre crescentes despesas públicas).

9.9 Habilitação para a compra e venda de imóveis

Conforme acima descrito (sobretudo no Capítulo 6), segundo os arts. 27 a 33 da LGL, *habilitação* é o termo técnico que significa determinado ônus para o interessado: para participar da licitação, tem ele de comprovar ser detentor de qualidades específicas no que se refere à aptidão para desempenhar o objeto do contrato (jurídica, técnica, econômico-financeira e fiscal). Por outro lado, segundo o § 1º do art. 22 da LGL, *concorrência* é a modalidade de licitação que exige a habilitação como fase preliminar ao exame das propostas de preço (e técnica, quando for o caso).

Pois o art. 18 da LGL estabeleceu exceção para as concorrências que tenham por objeto a venda de imóveis: neste caso existe imunidade às regras que exigem a demonstração prévia das qualidades subjetivas do licitante. Aqui, basta o depósito em dinheiro da quantia equivalente a 5% da avaliação previamente divulgada. Há a proibição de que o edital preveja a habilitação para além deste depósito: nada mais pode ser exigido do interessado para que possa se habilitar à compra do bem imóvel.

Assim, a habilitação para a compra e venda de bens imóveis sob a modalidade de concorrência recebeu tratamento diferenciado pela LGL. A demonstração da idoneidade dos licitantes para se candidatarem à adjudicação de bens imóveis licitados pela Administração está limitada ao recolhimento de quantia correspondente a 5% da avaliação. Com isso, o art. 18 eliminou a possibilidade de que outras exigências possam ser estipuladas para este fim, à exceção daquelas que se configuram pressupostos necessários a este tipo de negócio jurídico.

Mas note-se que é evidente que a alienação de bens pressupõe a capacidade jurídica do contratado à aquisição de imóveis. Tal supõe a aferição de sua habilitação jurídica (por exemplo, um menor de 16 anos é – nos termos do art. 3º, I, do CC – absolutamente incapaz de "exercer pessoalmente os atos da vida civil"). Além disso, o ato de alienação de bem imóvel requer o preenchimento de certas exigências de regularidade fiscal.

Já, exigências de habilitação técnica estão dispensadas, dada a irrelevância da aferição. O ato de adquirir bem não pressupõe qualquer habilidade especial que requeira avaliação da aptidão do contratado para esse fim. Exceção se faz para casos em que a alienação se atrela a certos encargos, hipótese em que se configurará contratação mista (alienação somada a prestação de outra natureza). É o caso, por exemplo, de um contrato de venda de área associada à obrigação da implementação de loteamento popular. Pode ser pertinente a aferição de certa aptidão do licitante na execução de loteamentos. Mas neste caso a experiência técnica aferida não se relacionará à aquisição do bem em si, mas ao outro objeto: a execução do loteamento.

A tipologia habilitatória que tem relevância na alienação de bens é a capacidade econômico-financeira, que a LGL limitou ao recolhimento de quantia correspondente a 5% da avaliação do imóvel. Trata-se de limite máximo, sendo lícita a estipulação de recolhimento em quantia inferior. A exigência de recolhimento prévio de percentual do valor de avaliação tem por finalidade delimitar o universo de ofertantes aos interessados capacitados economicamente para a celebração do negócio. O legislador desejou afastar da disputa interessados que não disponham previamente de recursos para a aquisição.

Capítulo 10
LICITAÇÃO PARA COMPRAS

10.1 A disciplina jurídica das compras. 10.2 A exigência da adequada caracterização do objeto. 10.3 O dever de padronização: 10.3.1 Padronização e preferência por marca – 10.3.2 Indicação de marca comercializada por mais de um fornecedor – 10.3.3 Indicação de marca e inexigibilidade de licitação – 10.3.4 A melhor identificação do objeto pela indicação de marca ou modelo de referência. 10.4 Indicação de recursos orçamentários para pagamento. 10.5 O registro de preços (Sistema de Registro de Preços/SRP): 10.5.1 Regulamentação do Sistema de Registro de Preços – 10.5.2 Modalidades aplicáveis ao Sistema de Registro de Preços, objeto e hipóteses de utilização – 10.5.3 Processamento do registro de preços – 10.5.4 O "efeito carona" no registro de preços – 10.5.5 A Ata de Registro de Preços – 10.5.6 Validade do registro de preços e prazo do contrato – 10.5.7 A prorrogação da Ata de Registro de Preços – 10.5.8 A ausência de obrigação quanto às aquisições no Sistema de Registro de Preços e o direito de preferência. 10.6 A submissão às condições de aquisição e pagamento semelhantes às do setor privado. 10.7 O parcelamento com fins de economicidade: 10.7.1 Preservação da modalidade licitatória mais exigente – 10.7.2 Compra de bens de natureza divisível: cotação de quantidade inferior e fracionamento no âmbito da própria licitação. 10.8 O dever de transparência das compras. 10.9 Dos casos de dispensa de licitação. 10.10 Outras exigências atinentes às compras e a carta de solidariedade. 10.11 As aquisições submetidas ao Regime Diferenciado de Contratações. 10.12 A indicação de marca em razão de padronização do objeto. 10.13 Indicação de marca (ou modelo) comercializada por mais de um fornecedor como a única capaz de atender às necessidades da Administração. 10.14 Quando a descrição do objeto a ser licitado puder ser mais bem compreendida pela identificação de determinada marca ou modelo de referência. 10.15 Exigência de amostra do bem no procedimento de pré-qualificação, na fase de julgamento das propostas ou de lances, desde que justificada a necessidade da sua apresentação. 10.16 Certificação da qualidade do produto ou do processo de fabri-

cação, inclusive sob o aspecto ambiental, por qualquer instituição oficial competente ou por entidade credenciada. 10.17 Exigência de carta de solidariedade emitida pelo fabricante, que assegure a execução do contrato, no caso de licitante revendedor ou distribuidor.

10.1 A disciplina jurídica das compras

A *disciplina das compras da Administração* está conformada pelos arts. 14, 15 e 16 da LGL. Estes dispositivos devem ser complementados pelas normas regulamentares que disciplinam o chamado *Sistema de Registro de Preços*/SRP (em especial o Decreto 7.892/2013, que *Regulamenta o Sistema de Registro de Preços* previsto no art. 15 da LGL).

10.2 A exigência da adequada caracterização do objeto

Do mesmo modo que se determina a precedência dos projetos básico e executivo para as licitações de serviços e obras, o art. 14 da LGL estipula a exigência da *adequada caracterização do objeto* das compras da Administração. É evidente que as aquisições da Administração, submetidas ou não a licitação, deverão realizar-se sempre a partir da adequada e suficiente delimitação e caracterização de seu objeto. A omissão quanto a isso acarretará a nulidade da licitação (e da contratação).

As deficiências na caracterização do objeto produzirão distorções no processo licitatório, que podem chegar à eliminação das condições objetivas de julgamento das ofertas. A vagueza e/ou a imprecisão na definição do que se pretende comprar importa o risco de os licitantes orçarem objetos distintos entre si, o que subtrairá as condições objetivas de comparação entre as propostas. Haverá ofensa ao *princípio do julgamento objetivo* (v., acima, § 2.3).

Da mesma forma, eventual exagero na delimitação do objeto pode vir a frustrar o caráter competitivo do certame, razão pela qual menção a marcas, modelos ou especificações técnicas não usuais somente se justifica quando essenciais ao cumprimento do objetivo precípuo do contrato. Significa dizer que, do mesmo modo que a licitação não pode ser vaga (sem indicar precisamente seu objeto), igualmente não pode ser minuciosa em demasiado, descendo a detalhes desnecessários para a caracterização do objeto, a ponto de frustrar a competitividade. A escolha, quando delimitadora do objeto da contratação, deverá ser feita fundamentadamente, sob pena de nulidade.

10.3 O dever de padronização

O art. 15 da LGL prevê o *dever de padronização* para a compra de *bens de consumo* pela Administração Pública.[1]

Para a Economia o conceito de "bens" compreende todos os objetos suscetíveis de utilização mediante certo custo. Prestam-se a satisfazer determinada necessidade – devem ser, portanto, úteis (instalando-se aqui uma relação entre a utilidade, a escassez e o custo). Segundo o respectivo critério de utilização, os bens podem ser de produção (ou bens de capital, os que servem para a produção de outros bens) e de consumo (aqueles diretamente aplicados à satisfação de necessidades). Estes são subdivididos em bens de consumo duradouros (ou duráveis – aqueles que não se esgotam no ato da utilização e são utilizáveis por um tempo relativamente longo – por exemplo, computadores e automóveis) e não duradouros (ou não duráveis – aqueles que se esgotam no ato da utilização, como alimentos, bebidas, papel para impressoras etc.).

A padronização implica, portanto, o dever de compatibilizar os bens de consumo não duradouro com os duradouros (e destes entre si), a fim de lhes conferir utilidade em todo seu tempo de vida útil. Caso haja incompatibilidade intransponível entre uns e outros haverá desperdício de dinheiro público. Um exemplo prático permite a compreensão: de nada adianta a aquisição de impressoras de determinada marca se não houver a possibilidade de compra de cartuchos de tinta de marca(s) compatível(is) pelo período de tempo estimado de uso das impressoras. Caso não haja cartuchos de tinta, o bem de consumo "impressora" torna-se inútil.

1. Sobre o tema, consultem-se: Alice Gonzalez Borges, "Informatização: ampliação do sistema, padronização, contratação direta, cautelas e formalidades", *BLC* 8/375-385, São Paulo, NDJ, agosto/1997; Eduardo Azeredo Rodrigues, "O princípio da padronização", *RF* 385/459-464, Rio de Janeiro, Forense, maio-junho/2006; Jorge Ulisses Jacoby Fernandes, "Padronização de produtos e marcas", *Fórum de Contratação e Gestão Pública* 50/6.722-6.724, Belo Horizonte, Fórum, fevereiro/2006.

Mas a padronização envolve outras cogitações.

A padronização presta-se a gerar a integração entre os bens da Administração Pública (e desta em relação aos seus fornecedores), diminuindo os preços e potencializando a vida útil dos produtos. A criação de padrões – ou modelos ou *standards* – permite a economia de escala, ao mesmo tempo em que previne conflitos e duplicações de esforços. A norma determina que, tanto quanto possível, as novas aquisições deverão compatibilizar-se tecnicamente com produtos já detidos pelo órgão ou entidade que promove a compra. A finalidade é evitar o desperdício de recursos no abandono de padrões previamente estabelecidos. Evitada a obsolescência, os modelos já existentes deverão reger as aquisições futuras. O dispositivo pode ser lido em ligação ao art. 11 da LGL, que também trata acerca da padronização, ainda que não em referência específica a compras.

Isso não quer dizer que estaria obstada a alteração de padrões, a partir do abandono de produtos obsoletos. O princípio não implica tornar a Administração refém de bens tecnológica e funcionalmente ultrapassados. Mas situação desta ordem exige a adequada justificação, evidenciando a atual inadequação das soluções do passado.

10.3.1 Padronização e preferência por marca

A exigência de padronização pode não apenas ensejar a *preferência* (motivada) *por marca*, como inclusive autorizar a contratação direta em face de inexigibilidade de licitação (art. 25 da LGL).[2] Isso ocorre quando os produtos adquiridos só podem compatibilizar-se com outros idênticos (ou terão uma melhora de desempenho desde que conectados a estes). Caso haja pluralidade de ofertantes para a referida marca, haverá a necessidade de licitação. Do contrário impõe-se a inexigibilidade.

2. Como já averbou o TCU, "a invocação do princípio da padronização como argumento para estreitar o campo da competição licitatória ou mesmo para declará-la inexigível requer justificação consubstanciada e objetiva dos motivos e condições que, no caso concreto, conduzem o administrador à conclusão de que sua preservação não se compatibiliza com a realização da licitação, ou que o certame, se realizado, deva circunscrever-se a equipamentos ou produtos de determinada procedência" (Processo 009.477/2003-3, Min. Humberto Guimarães Souto, *DOU* 12.2.2004).

10.3.2 Indicação de marca comercializada por mais de um fornecedor

Lembre-se que o inciso I do § 7º da LGL exige a especificação completa do bem a ser adquirido mediante a licitação, ressalvando a impossibilidade de indicação de marca. No entanto, esta vedação projeta-se aos casos em que a marca é definida como uma preferência destituída de razões técnicas e econômicas relevantes. Mais ainda, a vedação não alcança hipóteses em que a indicação de marca afigura-se apenas como um recurso à facilitação da configuração técnica de certo objeto, admitindo-se a apresentação de objetos similares.

São pedagógicas para a relativização daquela vedação as hipóteses explicitamente acolhidas pelo RDC, que admitem a indicação de marca para licitações de aquisição de bens. Além da *padronização*, o RDC admitiu a possibilidade de indicação de marca ou modelo *quando determinada marca ou modelo comercializado por mais de um fornecedor for a única capaz de atender às necessidades da entidade contratante*; ou *quando a descrição do objeto a ser licitado puder ser melhor compreendida pela identificação de determinada marca ou modelo aptos a servir como referência, situação em que será obrigatório o acréscimo da expressão "ou similar ou de melhor qualidade"* (conforme as alíneas "b" e "c", respectivamente, do inciso I do art. 7º da Lei 12.462/2011). Embora o conteúdo do RDC não se aplique aos contratos administrativos ordinários, as referidas hipóteses são perfeitamente admitidas sob a disciplina da LGL, como se extrai de uma interpretação inteligente e sistemática de seu art. 15.

A referência a certa marca exige sempre a adequada motivação. Caberá à Administração explicitar os motivos técnicos e práticos que justificam a opção. A justificação exigida para excepcionar a vedação há de demonstrar suficientemente as razões técnicas e práticas que impedem que outras marcas ou tecnologias possam atender de modo eficiente à necessidade da Administração que está subjacente à contratação. Sem essa justificação, devidamente apresentada com o lançamento do edital, a delimitação do objeto será inválida.

A indicação de marca ou modelo como fator de delimitação do objeto da licitação é, claramente, solução excepcional. É evidente que a Administração detém competência discricionária para realizar certas escolhas, inclusive no que se refere a tecnologias específicas para certas contratações. Mas esta discricionariedade deve ser exercida motivadamente e sob a projeção do princípio da universalidade da licitação. Ou seja: a delimitação técnica do objeto deverá prestigiar a menor especificação possível capaz de atender eficientemente à necessidade da Administração, buscada com a contratação. Isso impede que sejam eleitas marca específica ou tecnologia especial (com a exclusão de outras equivalentes) para a execução dos contratos, a não ser que haja justificativa técnica, necessária e suficiente ao atendimento do interesse público definido no edital.

10.3.3 Indicação de marca e inexigibilidade de licitação

Há situações, entretanto, em que a preferência justificada por certa marca conduz à *inviabilidade de competição*. São os casos em que só há um único fornecedor em condições de ofertar o produto à Administração.

A inexigibilidade decorrente da padronização não pode ter como fundamento um *standard* inexplicável em termos práticos (a porventura implicar um só fornecedor de bens de uso comum). Aqui entra em cena o *princípio da razoabilidade*: não seria razoável a compra de determinado produto que, devido às minúcias em sua composição, impedisse a concorrência com outros bens (ou a compra de bens de outras marcas).

É evidente que, como em toda contratação direta, o preço deverá ser muito bem justificado (inclusive quanto à sua compatibilidade com padrões de mercado, tomando-se por referência objetos similares), de modo que reste demonstrada, em termos globais, a eficiência na aquisição. Significa dizer que, em especial quando a padronização puder levar à dispensa do procedimento licitatório, a Administração Pública deve motivar sua escolha minuciosamente, sob pena de nulidade. Se é incontroverso que, mesmo quando não haja a contratação direta, os editais devem especificar os bens de maneira razoável e proporcional ao interesse público posto em jogo, este dever se acentua nos casos de dispensa – aqui, o contratante deve se ater ao mínimo (necessidade e utilidade).

10.3.4 A melhor identificação do objeto pela indicação de marca ou modelo de referência

A *indicação de marca ou modelo* poderá também ser utilizada como referência para a caracterização do objeto, hipótese em que o instrumento convocatório deverá admitir objetos similares ou de melhor qualidade. Neste caso, a indicação de marca ou modelo presta-se apenas à descrição/caracterização de certo objeto, e não se configura como elemento intrínseco do produto licitado. Outros objetos equivalentes e similares ou de melhor qualidade que aquele descrito pela indicação de marca deverão ser admitidos – o que denota o uso da marca não como fim em si mesmo, mas como mero instrumento para a adequada especificação técnica do produto requisitado.

De todo o modo, a indicação de marca com vistas à caracterização do objeto licitado deve ser evitada, tanto quanto possível. Esta solução deve ser acolhida como excepcional, utilizável apenas nos casos em que se revelar extremamente difícil ou onerosa a caracterização do objeto por outros meios.

10.4 Indicação de recursos orçamentários para pagamento

Além disso, as compras deverão contar com a indicação de *recursos orçamentários para seu pagamento*, sob pena de nulidade e responsabilidade de quem lhes tiver dado causa. Novamente se afirma, aqui, a regra, própria dos contratos administrativos gerais (*contratos de desembolso*), que exige disponibilização de recursos públicos prévios para a remuneração do contratado.

Lembre-se a vedação contida no § 3º do art. 7º da LGL, acerca da inclusão, no objeto da licitação, da exigência de obtenção de recursos financeiros para sua execução, qualquer que seja sua origem (exceto para contratos de concessão comum e parcerias público-privadas, que obedecem a regime diverso).

10.5 O registro de preços (Sistema de Registro de Preços/SRP)

O inciso II do art. 15 da LGL determina que, sempre que possível, as compras deverão processar-se mediante registros de preços (ou Sistema de Registro de Preços/SRP).

O registro de preços consiste num modelo de cotação formalizada de preços para itens unitários (bens ou serviços), decorrente de licitação (pela modalidade de concorrência ou pregão), com vistas à realização de subsequentes contratações para a aquisição dos produtos de melhor cotação. Após o processamento da licitação, o sujeito titular da melhor proposta é convidado a assinar a *Ata de Registro de Preços* (dispensando-se, na maioria dos casos, o contrato ou os contratos decorrentes), responsabilizando-se, daí, pelo fornecimento do produto cotado, nas quantidades demandáveis, futura e parceladamente, pela Administração (observando-se o limite máximo estabelecido para o fornecimento), durante todo o tempo de vigência do registro (cuja validade é limitada a 12 meses).

Será aplicável para as hipóteses em que não haja a delimitação precisa das quantidades que serão demandadas, sendo que o fornecimento se dará à medida da requisição de compra pela Administração, até o limite máximo estabelecido no instrumento convocatório da licitação. É, por isso, um modelo propício para atender a necessidades administrativas contínuas, cuja estimativa precisa do tempo e da quantidade da aquisição não seja de antemão plenamente possível. No entanto, é de todo aconselhável que o edital delimite o mínimo e o máximo de demanda dos itens licitados, inclusive como forma de propiciar a elaboração da melhor proposta. Imagine-se, por exemplo, a compra de papel, ou de feijão ou de café – em todos estes casos serão ineficientes a compra de quantidades exageradas e a estocagem dos bens (incremento de custos, perda de produtos, prazos de validade etc.). Por isso, nestes casos de bens usuais de consumo contínuo deve ser implementado o SRP.

O fornecedor que se candidata ao registro de preços e figura como adjudicatário do objeto fica obrigado ao fornecimento licitado, na quantidade máxima estabelecida e pelo prazo assinalado no edital. Mas a Administração não fica obrigada a adquirir os produtos. O registro de preços apenas lhe assegura a possibilidade de aquisição dos produtos cotados, o que se efetivará à medida de sua necessidade e ao longo da vigência do registro.

O SRP dirige-se a bens e serviços comumente utilizáveis pela Administração – excluindo-se os extraordinários ou excepcionais, como advertiu Diógenes Gasparini: "Atente-se a que os bens que podem integrar o registro de preços hão de ser intercambiáveis ou similares, isto é, que possam, qualquer um, satisfazer plenamente aos interesses da Administração Pública. Assim, só tem sentido o registro de preços de bens homogêneos, equivalentes. De revés, só pode ser objeto desse procedimento bem passível de aquisição mediante licitação, ou seja, bem licitável".[3] Constatação que exclui a possibilidade de registro de preços para bens e serviços únicos, singulares ou que contem com alta complexidade.

10.5.1 Regulamentação do Sistema de Registro de Preços

Cada órbita federativa deverá prover a *regulamentação específica do registro de preços* (§ 3º do art. 15 da LGL).

No âmbito federal a regulamentação foi dada pelo Decreto 7.892/2013, que revogou os Decretos 3.931/2001 e 4.342/2002.

10.5.2 Modalidades aplicáveis ao Sistema de Registro de Preços, objeto e hipóteses de utilização

O registro de preços será sempre precedido de licitação pela modalidade de *concorrência* (inciso I do § 3º do art. 15) ou *pregão* (art. 11 da Lei 10.520/2002). A prática tem revelado o pregão como a modalidade propícia para esse modelo de cotação e consignação de preços: afinal, trata-se de bens e serviços de uso comum, ordinários à vida administrativa – os quais são adquiridos de forma mais eficiente por meio do pregão (mais rápido e mais barato).

Aplicável à aquisição de *bens* ou à contratação de *serviços*, a utilização do sistema de registro de preços terá lugar, nos termos da regulamentação federal, quando, pelas características do bem ou do serviço, houver a necessidade de contratações frequentes ou parceladas ou, ainda, para a contratação de serviços remunerados por unidade de medida ou em regime de tarefa.

---

3. Diógenes Gasparini, "Do registro de preços nas contratações públicas", in Celso Antônio Bandeira de Mello (org.), *Estudos em Homenagem a Geraldo Ataliba 2 – Direito Administrativo e Constitucional*, São Paulo, Malheiros Editores, 1997, p. 293. Ampliar a investigação em: Edgar Guimarães e Joel de Menezes Niebuhr, *Registro de Preços: Aspectos Práticos e Jurídicos*, Belo Horizonte, Fórum, 2008, *passim*; Jorge Ulisses Jacoby Fernandes, *Sistema de Registro de Preços e Pregão*, 2ª ed., Belo Horizonte, Fórum, 2005, *passim*.

Alternativamente, quando não for possível ou conveniente definir previamente o quantitativo a ser demandado pela Administração.

E, por fim, quando for conveniente a aquisição de bens e serviços para atendimento a mais de um órgão ou entidade da Administração (ou a programas de governo). Aqui, interessam as vantagens que podem ser extraídas do compartilhamento de licitações por diversos órgãos ou entidades. Parece evidente supor que a unificação e a integração de contratações e licitações diversas podem significar economias importantes, seja pela otimização de tempo, seja pela subtração de custos com a realização material dos certames, seja pelo ganho de escala inerente.

A tendência pelo compartilhamento aparece reafirmada na criação, no âmbito da Administração federal, da Central de Compras e Contratações, conforme o Decreto 8.189/2014 (alterado pelo Decreto 8.391/2015).[4]

10.5.3 Processamento do registro de preços

O sistema de registro de preços envolve quatro grandes fases: (i) uma preliminar, em que serão realizados estudos e expedientes destinados a caracterizar a futura aquisição; (ii) a fase da licitação; (iii) a fase da assinatura da Ata de Registro de Preços; e (iv) a fase de acompanhamento e gestão da Ata de Registro de Preços.[5]

Dentre os órgãos encarregados de atuar no sistema destacam-se o *órgão gerenciador*, o *órgão participante*, o *órgão não participante* (ou aderente), o *órgão participante de compra nacional* e o *gestor do contrato*.

O *órgão gerenciador* é o órgão ou entidade da Administração Pública responsável pela administração e controle de todos os atos inerentes à contratação, desde a sua fase interna, passando pela condução da licitação, gerenciamento da Ata de Registro de Preços, renegociação de preços registrados, indo até a aplicação de sanções (relativamente ao descumprimento de obrigações contratuais e de obrigações derivadas da ata de re-

---

4. Com as atribuições definidas no art. 13 do Decreto.

5. Relativamente à organização e à cronologia do processamento do SRP, v. o estudo de Mariana Guimarães, "A adesão prévia em licitações para registro de preços – Procedimento para a conjugação de necessidades comuns", *ILC* 757/246, Curitiba, Zênite, 2014.

gistro de preços,[6] assim como às infrações no processo de licitação) e autorização (excepcional) de prorrogação de prazo. No âmbito federal, suas competências estão relacionadas no art. 5º do Decreto 7.892/2013.

O *órgão participante*, por sua vez, é o órgão ou entidade que integra a Ata de Registro de Preços, a partir de sua manifestação de interesse, a ocorrer durante os procedimentos iniciais do SRP. Para tanto, deverá providenciar ao órgão gerenciador suas estimativas de consumo, indicação de local de entrega e, ainda, informações suplementares como projetos, termos de referência e cronograma de execução, quando for o caso.

A fim de dar efetividade à sua participação, o órgão participante necessitará garantir que sua inclusão está devidamente autorizada pela autoridade competente, assim como formalizar sua concordância com o objeto licitado, ainda antes da licitação, mediante a utilização da Intenção de Registro de Preços/IRP, disciplinada no âmbito federal pelo Decreto 7.892/2013.

Vale notar, também, que o *órgão participante* detém, à semelhança do *órgão gerenciador*, competência para aplicar sanções por conta de descumprimento de obrigações contratuais ou derivadas da Ata de Registro de Preços, relativamente às suas próprias contratações (devendo informar a ocorrência ao órgão gerenciador). Não a tem, vale esclarecer, em relação às infrações cometidas no processo de licitação, cuja competência para aplicação das respectivas sanções (garantidos a ampla defesa e o contraditório) está reservada ao órgão *gerenciador*. Afinal, a relação jurídica que se estabelece, neste âmbito, com os licitantes não alcança o *órgão participante*.

Já, quanto à fase contratual, a relação se estabelece privativamente entre o contratado e cada *participante*, excluindo-se o órgão gerenciador, como explica Mariana Guimarães: "A relação contratual é com cada um dos participantes; portanto, eventuais descumprimentos contratuais sofridos devem ser apurados em cada esfera interna. Consequentemente, compete a cada um dos contratantes aplicar eventuais sanções decorrentes. Ressalta-se que ao órgão gerenciador incumbe o dever de sancionar atos ilícitos praticados na licitação ou pelo descumprimento do registro

---

6. Vale notar que essa competência não poderá sobrepor-se àquela reservada ao órgão participante, em relação especificamente às contratações titularizadas por este. Admitir-se, aqui, o paralelismo na aplicação de penalidades seria admitir o *bis in idem*, o que é proscrito pelo ordenamento jurídico brasileiro.

de preços (antes da assinatura do contrato), mas a inexecução contratual deve ser sancionada no âmbito interno do contratante".[7]

Além destes órgãos, é admitida a participação no SRP do chamado *órgão participante de compra nacional* e do *órgão não participante*.

O primeiro define-se como o órgão (ou entidade) administrativo que, por força de sua participação em projeto ou programa federal (*compra nacional*), é contemplado no registro de preço independentemente de manifestação formal. A hipótese prende-se a programas federais que pressupõem atividade descentralizada, o que envolve também a transferência de recursos para os demais entes federados com vistas à implementação de seus objetivos. Para a hipótese, os beneficiários (órgãos e entidades administrativas da esfera federal, estadual, municipal ou do Distrito Federal) indicarão suas demandas, que serão consolidadas pelo *órgão gerenciador* para a realização do registro de preços unificado. O *órgão gerenciador* promoverá a divulgação da ação, a pesquisa de mercado e a consolidação das quantidades. Os entes regionais ou locais têm sua participação assegurada na Ata de Registro de Preços independentemente de manifestação formal, e poderão utilizar recursos de transferências da União vinculados aos programas.

Já, o órgão *não participante* trata-se de órgão (ou entidade administrativa) que, não tendo aderido à estruturação da licitação como *órgão participante*, torna-se adepto do resultado do registro de preços, à Ata de Registro de Preços. Nesta qualidade, o órgão não participante ou participante extraordinário foi batizado pela doutrina de "órgão carona" – afinal, não participa do processamento do SRP nem arca com os respectivos custos, mas apenas se beneficia dos resultados lá obtidos.

10.5.4 O "efeito carona" no registro de preços

O "efeito carona" no registro de preços tem fundamento normativo, na esfera federal, no art. 8º do Decreto 7.892/2013. Trata-se da hipótese de outro órgão ou entidade administrativa, que não tenha participado da estruturação e do desenvolvimento do registro de preços, usar da Ata decorrente para suas aquisições.

---

7. Mariana Guimarães, "A adesão prévia em licitações para registro de preços – Procedimento para a conjugação de necessidades comuns", cit., *ILC* 757/246.

Para tanto, é necessário que o órgão ou entidade-"carona" solicite o uso da Ata de Registro de Preços ao *órgão gerenciador*, que se manifestará sobre a possibilidade de adesão, informando os fornecedores, seus respectivos preços e a ordem classificatória a ser observada. Os fornecedores poderão aceitar ou recusar o fornecimento requisitado pelo "carona", independentemente dos quantitativos registrados em Ata.

As aquisições adicionais a serem prestadas aos "caronas" não poderão exceder, por órgão ou entidade, a 100% dos quantitativos registrados na Ata de Registro de Preços, sendo que o quantitativo decorrente das adesões à Ata não poderá exceder, na totalidade, ao quíntuplo do quantitativo de cada item registrado para o *órgão gerenciador* e para os *órgãos participantes*.

Vale observar que, embora vedado aos órgãos e entidades da Administração federal a adesão a Ata de Registro de Preços gerenciada por órgão ou entidade municipal, distrital ou estadual, estes poderão aderir à Ata de Registro de Preços da Administração Pública federal, caso não tenha sido outra a orientação regulamentar regional ou local (§§ 8º e 9º do art. 22 do Decreto 7.892/2013).

A figura do "carona", entretanto, tem recebido diversas críticas da doutrina especializada.[8] Afinal, o terceiro não participa do processo de elaboração do SRP, não realiza a licitação e nem arca com os respectivos custos (acaba usufruindo dos benefícios sem ter contribuído para sua obtenção).[9] Isso à parte do aumento de potenciais condutas oportunistas (por exemplo, o desvio de finalidade por meio da rescisão de contratos vigentes e a contratação no novo registro de preços feito por outro órgão).

Em primeiro lugar, frise-se que desvios podem existir, mas isso não é uma exclusividade do "carona" no SRP. Como alertou Flávio

---

8. V.: Marçal Justen Filho, *Comentários à Lei de Licitações e Contratos Administrativos*, 16ª ed., São Paulo, Ed. RT, 2014, pp. 288-299; e Joel de Menezes Niebuhr, "'Carona' em Ata de Registro de Preços: atentado veemente aos princípios de direito administrativo", *ILC* 143/13-19, Curitiba, Zênite, janeiro/2006.

9. Questionava-se, também, se eventual prorrogação da Ata de Registro de Preços renovaria o estoque quantitativo para fins da "carona" – questão que parece ter sido superada (na órbita federal) com a edição do Decreto 7.892/2013, que vedou acréscimos nos quantitativos fixados na Ata de Registro de Preços (art. 12, § 1º).

Amaral Garcia, não se pode prestigiar a má-fé do contratante ao pretender que a "carona" seja "causa para a 'rescisão' (no sentido técnico da expressão) do contrato administrativo celebrado com terceiros". Se a Administração optar por denunciar unilateralmente o contrato (resilição), que arque com a indenização pelos prejuízos causados ao terceiro de boa-fé (LGL, art. 79, § 2º).[10]

Demais disso, fato é que a possibilidade da "carona", desde que transparente, é altamente eficiente e econômica para órgãos e entidades de menor envergadura, os quais porventura arcariam com custos proporcionalmente elevados para a realização da indispensável licitação. Mais ainda: muito embora não seja o próprio órgão-"carona" a efetivar o certame licitatório, é bem verdade que este é fielmente realizado pelo órgão participante – não se dá simplesmente a falta de licitação, mas, sim, a multiplicação dos resultados oriundos de um certame que legalmente admite essa rede compartilhada de compras. Por outro lado, em face da pessoa que promove a realização do registro de preços o efeito "carona" não incrementa os custos nem traz prejuízos em termos de disponibilidade dos bens. Logo, trata-se de perspectiva de colaboração interorgânica que deve ser prestigiada pela Administração Pública.

10.5.5 A Ata de Registro de Preços

No registro de preços o sujeito titular da melhor proposta será convidado para assinar a *Ata de Registro de Preços*, a partir do quê estará obrigado ao fornecimento licitado, nos termos indicados no instrumento convocatório da licitação. Esta Ata substitui o instrumento do contrato, pois cria direitos e deveres ao signatário-fornecedor e à Administração. O Decreto 3.931/2001 a define como o "documento vinculativo, obrigacional, com característica de compromisso para futura contratação, onde se registram os preços, fornecedores, órgãos participantes e condições a serem praticadas, conforme as disposições contidas no instrumento convocatório e propostas apresentadas" (art. 1º, II).

---

10. Flávio Amaral Garcia, *Licitações e Contratos Administrativos*, 3ª ed., Rio de Janeiro, Lumen Juris, 2010, p. 160.

10.5.6 Validade do registro de preços e prazo do contrato

A teor do disposto no inciso III do § 3º do art. 15 da LGL, a *validade do registro* não deverá ser superior a um ano, computadas, aí, eventuais prorrogações.

Não se deve confundir a validade da Ata de Registro de Preços com a validade do contrato que lhe é decorrente. O registro terá validade de 12 meses, para fins de produzir, no período, tantas contratações quantas forem admitidas pelo edital. Mas o prazo dos contratos que decorrem do registro será regido pela disciplina prevista no art. 57 da LGL. O prazo de validade do registro equivale ao prazo de validade das propostas na licitação comum, não se confundindo com o prazo do contrato por ele gerado.

10.5.7 A prorrogação da Ata de Registro de Preços

Por outro lado, admite-se a prorrogação da vigência da Ata de Registro de Preços, mas seu prazo-limite será de 12 meses. Logo, a Ata de Registro de Preços poderá ser prorrogada, excepcionalmente (tendo-se em vista que a hipótese do § 4º do art. 57 trata de hipótese de prorrogação extraordinária), desde que seu prazo-limite (computadas as prorrogações) não extrapole 12 meses (art. 12 do Decreto 7.892/2013).

O próprio TCU já vinha, ainda a propósito da regulamentação revogada, reputando incabível o entendimento de que eram viáveis prorrogações para além de 12 meses, por contrariar o art. 15 da LGL.[11]

10.5.8 A ausência de obrigação quanto às aquisições no Sistema de Registro de Preços e o direito de preferência

O § 4º do art. 15 da LGL prescreve a ausência de obrigação da Administração quanto à realização das contratações pretendidas por

11. "O prazo de vigência da Ata de Registro de Preços não poderá ser superior a um ano, admitindo-se prorrogações, desde que ocorram dentro desse prazo. 2. No caso de eventual prorrogação da Ata de Registro de Preços, dentro do prazo de vigência não superior a um ano, não se restabelecem os quantitativos inicialmente fixados, sob pena de se infringirem os princípios que regem o procedimento licitatório, indicados no art. 3º da Lei n. 8.666/1993" (TCU, Acórdão 991/2009, Min. Marcos Vilaça, *DOU* 13.5.2009).

meio do registro de preços. Isso significa que ela não estará obrigada a adquirir os quantitativos previstos. Mais que isso, poderá, inclusive, lançar mão de outra via para a satisfação de suas necessidades. Seria possível, por exemplo, que a Administração realizasse nova licitação para a aquisição dos objetos de preço registrado, desde que integrados em outra formatação e desde que comprovada a eficiência comparativa.

É evidente que a mera repetição do registro de preços, em condições idênticas ao registro anterior, poderia configurar via para a manipulação do resultado da licitação, infringindo, inclusive, os direitos do beneficiário da Ata de Registro de Preços.

10.6 A submissão às condições de aquisição e pagamento semelhantes às do setor privado

Uma diretriz encampada pela LGL está na aproximação das *condições de pagamento* para as aquisições da Administração com aquelas vigentes para o setor privado (art. 15, III). Trata-se de buscar a equiparação com as boas práticas do mercado privado, visando ao aproveitamento dos benefícios inerentes ao setor. A norma pretende evitar o fenômeno da elevação nos custos de transação na contratação administrativa. Diversas peculiaridades atinentes aos contratos administrativos acarretam o encarecimento das propostas encaminhadas à Administração comparativamente ao mercado privado.

Assim, e por exemplo, ao contrário do que ocorre no setor privado, não é usual a previsão nos contratos da Administração de compensações financeiras e penalizações (encargos moratórios, por exemplo) para hipóteses de mora da Administração. Mas os atrasos nos pagamentos são um fenômeno recorrente. É evidente que esta postura omissiva gera o encarecimento das propostas pelos interessados (que precificam sua insegurança em relação às compensações financeiras pelos eventuais atrasos). Imagine-se um fornecedor de materiais de escritório que planeja as respectivas compras de estoque em face das projeções de vendas, e assim estrutura suas receitas e despesas: caso não receba os pagamentos em dia, terá dificuldades adicionais (leia-se "custos extraordinários") para repor os estoques e atender à demanda de toda a clientela. É natural, quase instintivo, que a experiência com o mau pagador (apesar de grande comprador) implique a precificação do risco.

Por isso, é relevante esta previsão do inciso III do art. 15 da LGL. Práticas que notoriamente geram economias ao comprador, institucionalizadas no mercado privado, como o *pagamento antecipado*, podem e devem ser adotadas, quando convenientes. Não é cabível a neutralização desta regra sob o argumento de que a disciplina aplicável à Administração é diversa daquela vigente para os contratos jurídico-privados. A racionalidade legislativa não pode ser ignorada neste particular. Lembre-se o princípio hermenêutico fundamental de que não se pode presumir a inutilidade das palavras da lei. Logo, será necessário, tanto quanto possível, interpretar a disciplina legal atinente às compras da Administração tomando em consideração a diretriz acolhida na LGL.

10.7 O parcelamento com fins de economicidade

Sempre que possível, as compras deverão ser subdivididas em tantas parcelas quantas necessárias para aproveitar as peculiaridades do respectivo mercado, visando à *economicidade*. A previsão tem relação com o disposto no § 1º do art. 23 da LGL.[12] A premissa acolhida é a de que o *parcelamento* torna as licitações menos exigentes, amplia a competitividade e favorece o alcance da proposta mais vantajosa.

A vantagem do parcelamento pode ser explicada sob dois ângulos. De um prisma qualitativo, significará a divisão do objeto por tipo de fornecedor. Se a Administração desejar, por exemplo, adquirir (i) equipamentos de áudio e vídeo e (ii) mídias (CDs e DVDs) para gravação

12. No dizer de Ivan Barbosa Rigolin: "O § 1º do art. 23 se assemelha em natureza e concepção ao inciso IV do art. 15, porém é nitidamente mais amplo e abrangente que aquele. Não se refere apenas a compras, mas envolve também obras e serviços, e em todos os casos recomenda – e quase se pode dizer que manda dividir ('serão divididos', reza, e não apenas 'poderão ser divididos', ou algo assim) tais objetos em tantas parcelas quantas se revelarem economicamente viáveis, visando a vantagens do mercado para tanto e economia de escala. Não poderia ser mais eloquente o dispositivo. Parece nitidamente determinar a divisão, ou seja, o fracionamento, da obra, do serviço e da compra, se isso for economicamente viável e vantajoso ante circunstâncias do mercado quando da pretendida contratação. O verbo 'ser' no imperativo não tem outra conotação, e com isso o dispositivo reforça e repisa a regra do parcelamento, convertendo-a, como se percebe, praticamente em uma instituição jurídica. Sob uma tal ótica, e ironicamente, poderia mesmo ocorrer de uma fiscalização do Tribunal de Contas rejeitar a licitação e contrato do objeto integral, se puder demonstrar a desvantagem dessa contratação integral (...)" ("Fracionamento de objetos em licitação", *BLC* 8/755, São Paulo, NDJ, agosto/2007).

de arquivos, pode ser inconveniente que estes produtos sejam licitados de modo conjugado. Isso porque o mercado para fornecimento de mídias para gravação não é exatamente coincidente com o mercado para equipamentos de áudio e vídeo, sendo que em relação a um ou ao outro pode ocorrer a restrição do universo de ofertantes, com prejuízo ao alcance da proposta mais vantajosa. Por isso, as compras devem ser parceladas por tipo de fornecedor sempre que os mercados não sejam exatamente coincidentes, com vistas a ampliar a competitividade (e promover o princípio constitucional da universalidade da licitação).

Já, de um prisma quantitativo, a divisão do objeto significará a transformação de uma licitação de maior dimensão em diversas licitações menos exigentes. A redução da dimensão técnica e econômica da licitação favorece a ampliação do universo de ofertantes, estimulando a competitividade. Com isso, contribui-se para o alcance da maior vantagem à Administração.

A regra do parcelamento, contudo, comporta exceções. Tal como prescrito pela norma do § 1º do art. 23 da LGL, razões de ordem técnica ou, mesmo, econômica poderão recomendar a conjugação de objetos. No caso das compras, não será muito comum a verificação de motivos de natureza técnica a determinar a união de objetos. Mas a *economia de escala* pode ser razão relevante para que se evite o parcelamento. Tudo dependerá de avaliação prévia, devidamente fundamentada (técnica, jurídica e economicamente), que deverá ser realizada pela Administração.

Afinal, há casos em que apenas a conjugação técnica dos objetos da licitação a torna viável economicamente, razão pela qual se admite, desde que haja fundamentação idônea, a união de objetos que poderiam ou deveriam, em tese, ser licitados de forma autônoma.

10.7.1 Preservação da modalidade licitatória mais exigente

Evidentemente que o parcelamento não poderá, por outro lado, constituir-se em artifício para driblar a incidência dos valores-pisos para a definição da modalidade licitatória exigível. Ou seja, as regras do inciso IV do art. 15 e do § 1º do art. 23 devem ser interpretadas de modo sistemático com a norma do § 2º do mesmo art. 23 – todos da LGL. Há obrigatoriedade na preservação da *modalidade licitatória mais exigente* (pertinente ao objeto mais amplo), na hipótese de parcelamento.

10.7.2 Compra de bens de natureza divisível: cotação de quantidade inferior e fracionamento no âmbito da própria licitação

A disposição do § 7º do art. 23 da LGL também se revela, sob certo ângulo, manifestação do postulado que orienta no sentido da divisibilidade do objeto para o fim de ampliar a competitividade da licitação. Mas aqui o fracionamento não se impõe para o fim de originar novas licitações independentes, mas no âmbito interno da própria licitação.

Trata-se de instituir a possibilidade de *cotação pelos interessados de quantidade inferior* à demandada na licitação, quando se licita a *compra de bens de natureza divisível*. É uma forma de *fracionar* a própria licitação, permitindo-se aos interessados que manifestem propostas para o fornecimento de quantidades menos exigentes que a estimada para a contratação integral. Com isso, amplia-se a participação do mercado. Fornecedores de menor porte, que não têm condições para o fornecimento de quantidades expressivas, poderão disputar o certame, para a adjudicação de apenas parcela do fornecimento.

Para hipóteses assim o ato convocatório poderá estabelecer um quantitativo mínimo para preservar a economia de escala. A ausência de limites mínimos à divisibilidade quantitativa do objeto pode conduzir a uma excessiva multiplicidade de certames, o que produziria dificuldades e prejuízos à Administração.

Vale lembrar, aqui, o alvitre de Marçal Justen Filho quando observava a necessidade de adequada e suficiente regulação do tema pelo instrumento convocatório. Há questões fundamentais a serem disciplinadas, como os requisitos de habilitação, o limite quantitativo mínimo etc. Bem por isso, a eventual falta de autorização (e disciplina) pelo ato convocatório para a hipótese impede o exercício da cotação parcial.[13]

10.8 O dever de transparência das compras

O art. 16 da LGL dá aplicação específica ao *princípio da publicidade* no setor de compras estatais. Toda e qualquer compra exige, além

---

13. Marçal Justen Filho, *Comentários à Lei de Licitações e Contratos Administrativos*, cit., 16ª ed., p. 371.

da divulgação prévia do instrumento convocatório e publicação trimestral dos preços registrados (se for o caso), a respectiva prestação de contas (*accountability*). A periodicidade do dever de divulgação das compras efetivamente realizadas é mensal, integrando num só ato todas as aquisições feitas naquele período. Em vista do volume de negócios da Administração (direta e indireta), exige-se que tal informação seja *legível* e *compreensível* pelo público: nada de siglas, termos enigmáticos ou números de referência. A clareza é essencial para que o leigo entenda as informações.

Como em todo Estado que se pretenda Democrático de Direito, o Brasil admite como exceção absoluta os atos sigilosos dos Poderes Públicos: somente aqueles que digam respeito a questões de segurança da sociedade e do Estado. Por isso que o art. 23 da Lei 8.159/1991 (*Lei dos Arquivos Públicos*) assegura "o direito de acesso pleno aos documentos públicos". Isso sem se falar do princípio da publicidade, reiteradamente declarado no texto constitucional (art. 5º, XXXIII, XXXIV, LX e LXXII; art. 37, *caput* e § 3º; art. 93, IX). A insistência da Constituição em tratar do tema torna nítido que se trata de dever ativo dos Poderes Públicos: não basta dizer que o ato é público e guardar o documento na gaveta, mas ele deve ser imediatamente divulgado à luz do dia, em letras graúdas.

Como as compras são contratos públicos, elas devem ser expostas em locais públicos e por meio de *Diários Oficiais* (além da Internet – esta, sim, um meio eficaz de abrir as contas públicas). Essa proposição autoriza novas cogitações a respeito do dever de publicidade e sua amplitude, pois não existe publicidade atenuada, parcial ou restrita. A publicidade tem valor objetivo e absoluto: ou algo é público, ou não é. Tampouco se pode cogitar de momentos sigilosos e momentos públicos para os atos e contratos dos Poderes do Estado, pois a publicidade deve ser contemporânea à sua prática. Logo, ao se falar em dever de publicidade não se pode cogitar de meias-medidas: ou o ato foi tornado público desde o momento inicial de sua existência, ou ele é qualificado de sigiloso (e, por isso, vedada está sua divulgação).

A explicação para esse valor absoluto é fácil de ser percebida. Os atos e contratos dos Poderes estatais devem ser públicos desde seu nascimento não só para que se tenha conhecimento deles, mas em especial para que não possam ser modificados. Se o ato não for tornado público de imediato – por todos os meios e formas possíveis de exposição –, como saber se ele permanece o mesmo desde a sua edição? O risco mais grave, portanto, está nos atos de "publicidade latente": aquela que não se manifesta de imediato, mas que é capaz de se revelar quando as circunstâncias sejam favoráveis. Ou naqueles de "publicidade precária", que submete o conteúdo do ato a eventuais mudanças de ânimo daquele que o praticou. Nada disso é consoante com o que se pretende de um Estado Democrático de Direito. Também por estes motivos é que a LGL exige a periodicidade mensal para a publicidade das compras estatais: todos os meses, todas as compras, sem exceção.

Mas quais a natureza e os efeitos deste dever? Seu descumprimento poderia implicar a nulidade (ou anulabilidade) da compra? Imagine-se uma compra perfeita, válida e eficaz – enfim, *vantajosa*, no sentido que é dado a este termo pelo art. 3º da LGL (v., acima, § 2.4). A eventual desídia do agente incumbido da publicação da relação não pode ter o condão de contaminar retroativamente a validade do negócio jurídico de compra e venda. Logo, a resposta é negativa: o descumprimento do art. 16 da LGL resultará na responsabilização do agente competente (que se omitiu no dever de publicidade). Quando muito, poderá servir de indício à investigação sobre a validade da compra realizada (afinal, se não foi divulgada contemporaneamente, pode trazer algum vício oculto).

A transparência da relação de compras será feita fisicamente, por meio das publicações oficiais do respectivo órgão da Administração. O mesmo deve ser feito quanto ao "quadro de avisos" – este compreendido como de amplo e irrestrito acesso e conhecimento público. Um quadro instalado atrás da porta ou numa repartição pública remota não cumprirá a função exigida em lei.

Para que a publicidade de fato ocorra, a Administração tem de se esmerar na *legibilidade da informação*: a formal (a possibilidade de um cidadão a enxergar e a ler) e a material (a possibilidade de um leigo a compreender).

Além da divulgação física da relação de compras, é de todo indicado que se dê a publicidade por meio da Internet: a divulgação plena no endereço oficial do órgão contratante. A regra deve ser a da *cumulação de meios de divulgação*: a física (real, nos *Diários Oficiais* e quadros de aviso) somada à virtual (nos sítios oficiais da Internet).

10.9 Dos casos de dispensa de licitação

O parágrafo único do art. 16 da LGL estabelece que a publicidade das compras não se aplica na *dispensa de licitação* quando houver possibilidade de comprometimento da segurança nacional, nos casos estabelecidos em decreto do Presidente da República, ouvido o Conselho de Defesa Nacional. À luz do exposto acima, a norma justifica-se tendo em vista que a publicidade dos atos administrativos não é absoluta, podendo ceder à proteção de outros interesses – em específico, aqui, a segurança nacional.

Com efeito, seria inaceitável a convivência de ambas as situações (necessidade de publicidade e segurança nacional). Há determinadas compras cuja publicidade é naturalmente restrita. Como todas as exceções, também esta deve ser interpretada restritivamente.

10.10 Outras exigências atinentes às compras e a carta de solidariedade

Não tem sido incomum nas licitações para compras a exigência de *carta de solidariedade* emitida pelo fabricante. A exigência busca acautelar a Administração quanto a defeitos no objeto, na hipótese de o licitante constituir-se em mero intermediário na comercialização do bem, destituído da titularidade sobre o processo de sua fabricação. Nestes casos, a responsabilidade técnica repousa sobre o fabricante, que deverá assegurar o correto funcionamento do objeto.

Como a relação jurídica direta travada com a Administração será do agente revendedor/distribuidor, faz-se necessária a apresentação de carta de solidariedade fornecida pelo fabricante no específico propósito de responsabilizar-se pela perfeição técnica do objeto fornecido.

Examinada à luz da LGL, o TCU se posicionou contrariamente à exigência, por constituir cláusula restritiva do universo de ofertantes, desafiando o princípio da universalidade da licitação. No Acórdão 1.879/2011, do Plenário (TC-013.100/2005-4), cujo Relator foi o Min. Augusto Nardes, reconheceu-se, inclusive, que a matéria está consolidada na jurisprudência daquele Tribunal: "A exigência, como condição de habilitação, de declaração de solidariedade do fabricante do produto, por falta de amparo legal, além de constituir uma cláusula restritiva ao caráter competitivo das licitações desnecessariamente, também não é uma condição indispensável à garantia do cumprimento das obrigações contratuais".

Mas há uma tendência legislativa no sentido da incorporação desta exigência à disciplina das compras. Exemplo disso foi o acolhimento explícito deste requisito no art. 7º do RDC.[14]

10.11 As aquisições submetidas ao Regime Diferenciado de Contratações

O art. 7º da Lei 12.462/2011 destina-se a disciplinar as aquisições submetidas ao RDC. O tratamento não é propriamente diverso do regime jurídico vigente para as contratações ordinárias da Administração, mas a norma cuidou de definir explicitamente a disciplina a propósito de temas antes controvertidos, inclusive por falta de disposição expressa na LGL.

É o caso do reconhecimento da viabilidade da exigência de certificações do licitante ou de carta de solidariedade do fabricante na hipótese de licitante revendedor ou distribuidor. A apresentação de amostras também foi explicitamente admitida, consolidando uma prática que já vinha sendo recorrente em licitações para aquisição de bens. De resto, o dispositivo legal cuida de disciplinar as hipóteses em que é admitida a indicação de *marca*, ora como critério de delimitação do objeto, ora como critério para sua mera caracterização.

10.12 A indicação de marca em razão de padronização do objeto

A padronização de objetos autoriza – e até impõe – a busca por marcas ou modelos específicos para as aquisições da Administração. O recurso à *padronização* foi explicitamente admitido pelo RDC como ferramenta a orientar as aquisições da Administração.

14. "Art. 7º. No caso de licitação para aquisição de bens, a Administração Pública poderá: (...) IV – solicitar, motivadamente, carta de solidariedade emitida pelo fabricante, que assegure a execução do contrato, no caso de licitante revendedor ou distribuidor; (...)."

Todas as ponderações acerca da padronização realizadas acima são perfeitamente aplicáveis às licitações regidas pelo RDC (v., acima, §§ 10.3, 10.3.1 e 10.3.3).

10.13 Indicação de marca (ou modelo) comercializada por mais de um fornecedor como a única capaz de atender às necessidades da Administração

Já foi referido acima que a alínea "b" do inciso I do art. 7º da Lei 12.462/2011 (RDC) autoriza a *indicação de marca ou modelo* na descrição do objeto licitado, desde que tal se revele como a única solução hábil a atender às necessidades da Administração (§ 10.3.2). Como se vê, a hipótese foi acolhida de modo expresso pelo RDC.

De todo o modo, a indicação de marca ou modelo para esse fim não dispensa uma suficiente motivação. Será imperiosa a demonstração sob os ângulos técnico e/ou econômico acerca da conveniência ou necessidade quanto à indicação da marca ou modelo na descrição do objeto da licitação. Há razões técnicas e econômicas que podem autorizar a aplicação da hipótese, inclusive para fins do cumprimento do *princípio da padronização*.

10.14 Quando a descrição do objeto a ser licitado puder ser mais bem compreendida pela identificação de determinada marca ou modelo de referência

Assim como se passa com a LGL, a indicação de marca ou modelo poderá também ser utilizada como referência para a caracterização do objeto, hipótese em que o instrumento convocatório deverá admitir objetos similares ou de melhor qualidade. O RDC, entretanto, admitiu a hipótese de modo explícito (alínea "c" do inciso I do art. 7º). Trata-se de mero recurso à descrição do objeto que se pretende licitar. Muitas vezes é mais simples e econômico à Administração adotar como referência técnica determinada marca ou modelo que espelhe certa padronização no mercado.

Não haverá, na hipótese, a exigência de que o objeto ofertado provenha de certa marca ou modelo, mas apenas que apresente equivalência técnica com a referência que foi eleita. Será sempre viável, neste caso, que os licitantes ofertem objetos similares e que se enquadrem no padrão técnico retratado pela marca ou modelo de referência.

10.15 Exigência de amostra do bem no procedimento de pré-qualificação, na fase de julgamento das propostas ou de lances, desde que justificada a necessidade da sua apresentação

Foi explicitamente admitida pelo inciso II do art. 7º da Lei 12.462/2011 a exigência de *amostras*, seja na fase de pré-qualificação, seja na fase de avaliação das propostas e lances, desde que motivadas sua necessidade e pertinência.

Mas o RDC não disciplinou aspectos mais específicos do expediente de apresentação de amostras. De todo modo, a experiência acumulada relativamente às licitações sob a regência da LGL pode ser aproveitada para orientar a aplicação do RDC aos casos concretos, neste particular (v. § 7.5, acima). As ponderações feitas acima em relação à exigência de amostras no âmbito da LGL são perfeitamente aplicáveis às licitações regidas pelo RDC.

10.16 Certificação da qualidade do produto ou do processo de fabricação, inclusive sob o aspecto ambiental, por qualquer instituição oficial competente ou por entidade credenciada

O RDC também acolheu a exigência de *certificação da qualidade do produto ou do processo de fabricação, inclusive sob o aspecto ambiental, por qualquer instituição oficial competente ou por entidade credenciada* (inciso III do art. 7º da Lei 12.462/2011). A possibilidade de exigir certificação da qualidade do produto ou do processo de fabricação deve ser acolhida com ressalvas. Não é viável que a hipótese redunde na restrição excessiva do universo de ofertantes. Por isso, relevantes a notoriedade da entidade certificadora e a pertinência da exigência relativamente ao objeto licitado. A interpretação do inciso III do art. 7º deve se dar à luz dos princípios acolhidos no art. 3º do mesmo RDC.

Embora o RDC não a tenha requerido explicitamente, parece exigível uma adequada motivação para a hipótese. A exigência de certificação há de ser, como dito, relevante para aferir minimamente a *qualidade do produto ou do processo de fabricação*, sob pena de se afigurar uma cláusula excessivamente restritiva do universo de ofertantes. Logo, é imperiosa uma adequada e suficiente motivação a justificar tecnicamente o requisito.[15]

De todo modo, parece fora de dúvida que aos contratos submetidos ao RDC a exigência de certificação é viável em todos os casos, a depender apenas do exame de pertinência do conteúdo da certificação em relação ao objeto licitado.

10.17 Exigência de carta de solidariedade emitida pelo fabricante, que assegure a execução do contrato, no caso de licitante revendedor ou distribuidor

Outra inovação do RDC (em relação à LGL) está em permitir a exigência de *carta de solidariedade* emitida pelo fabricante que assegure a execução do contrato nas hipóteses de licitante revendedor ou distribuidor.

---

15. Lembre-se que a Instrução Normativa 1, de 19.1.2010, expedida pelo Secretário de Logística e Tecnologia da Informação do Ministério do Planejamento, Orçamento e Gestão, dispõe que os órgãos e entidades da Administração Pública federal direta, autárquica e fundacional, quando da aquisição de bens, poderão exigir os critérios de sustentabilidade ambiental, como a observância dos requisitos ambientais para a obtenção de certificação do Instituto Nacional de Metrologia, Normalização e Qualidade Industrial/INMETRO como produtos sustentáveis ou de menor impacto ambiental em relação aos seus similares (art. 5º). E autoriza que tal comprovação possa ser feita mediante apresentação de certificação emitida por instituição pública oficial ou instituição credenciada, ou por qualquer outro meio de prova que ateste que o bem fornecido cumpre com as exigências do edital. Como se observa, a norma, ao prever a possibilidade de exigir-se a referida certificação, admitiu que a demonstração do atendimento da adequação do produto aos critérios de sustentabilidade ambiental estabelecidos no instrumento convocatório possa se efetuar por outros meios de prova. Admitiu, inclusive, que o edital possa estabelecer que, selecionada a proposta, antes da assinatura do contrato, em caso de inexistência de certificação que ateste a adequação, o órgão ou entidade contratante poderá realizar diligências para verificar a adequação do produto às exigências do ato convocatório, correndo as despesas por conta da licitante selecionada (§ 2º).

A exigência vinha sendo vista como um elemento de caráter restritivo da competitividade sob a regência da LGL, como afirmado acima. De toda sorte, o acolhimento explícito da hipótese pelo RDC elimina dúvidas em relação à sua validade (relativamente, é claro, às licitações regidas pelo RDC). As ponderações acima sobre o tema podem ser emprestadas aos casos submetidos ao RDC (§ 10.10, acima).

Capítulo 11
CONTRATAÇÃO DIRETA: DISPENSA E INEXIGIBILIDADE DE LICITAÇÃO

11.1 Contratação direta: tipologia. 11.2 Contratação direta e o respeito ao caso concreto. 11.3 Dispensa de licitação e suas categorias legislativas: 11.3.1 A dispensa devido ao valor da contratação e economicidade – 11.3.2 A dispensa devido a situações sociais críticas – 11.3.3 A dispensa devido à ausência de propostas efetivas – 11.3.4 A dispensa devido a negócios interadministrativos – 11.3.5 A dispensa devido à ausência de competitividade – 11.3.6 A dispensa devido a atividades de ensino e pesquisa – 11.3.7 A dispensa devido a escolhas militares – 11.3.8 A dispensa devido a acordos internacionais – 11.3.9 A dispensa devido a casos esparsos previstos em lei. 11.4 Inexigibilidade de licitação: 11.4.1 Elenco exemplificativo das hipóteses tipificadas – 11.4.2 O caráter vinculante dos incisos do art. 25 da LGL – 11.4.3 O pressuposto da inexigibilidade: o conceito de "competição inviável" – 11.4.4 Competição inviável pela unicidade de fornecedor: 11.4.4.1 A demonstração da unicidade do fornecedor – 11.4.4.2 Os monopólios e os privilégios – 11.4.4.3 A vedação à preferência por marca – 11.4.5 Competição inviável pelas condições peculiares do sujeito – 11.4.6 Competição inviável pela ausência de condições objetivas entre propostas – 11.4.7 Contratação de serviços técnicos: singularidade e notório saber: 11.4.7.1 Os serviços técnicos profissionais especializados: categoria normativa especial: 11.4.7.1.1 Os graus de serviços técnicos profissionais especializados – 11.4.7.1.2 A cessão de direitos patrimoniais relativos ao serviço – 11.4.7.1.3 Contratações personalíssimas e a estabilidade do corpo técnico – 11.4.7.2 Pressupostos à configuração da inexigibilidade para serviços técnicos: 11.4.7.2.1 A singularidade do objeto – 11.4.7.2.2 Notória especialização do prestador – 11.4.7.2.3 Contratação de profissional do setor artístico – 11.4.7.2.4 A responsabilidade solidária entre contratado e agente público – 11.4.8 Inexigibilidade pela contratação de todos: o credenciamento. 11.5 Procedimentalização (ou processualização) da contratação direta: 11.5.1 Necessidade de aferição da habilitação – 11.5.2 Comunicação à autoridade superior, ratificação e publicidade da contratação direta: condição de sua eficácia – 11.5.3 Publicação do ato autorizativo da contratação direta como condição de eficácia – 11.5.4 Consequências jurídicas da violação do dever de publicação do ato autorizativo – 11.5.5 A instrução do processo de contratação direta – 11.5.6 A demonstração da razoabilidade do preço.

11.1 Contratação direta: tipologia

Como preceitua a Constituição brasileira, ordinariamente os contratos administrativos devem ser precedidos de licitação (art. 37, *caput* e inciso XXI). Esta é a regra geral. Mas, como é notório, as licitações são processos administrativos obedientes a prazos (às vezes longos) e geradores de custos de transação (às vezes altos). O que pode instalar a ocasião em que o certame venha a ser um empecilho à efetivação do interesse público definido pelo caso concreto. Em situações extremas, a existência do processo licitatório pode, inclusive, resultar em prejuízos irreversíveis ou instalar custos impeditivos.

Por isso, tanto a Constituição como a própria LGL e o RDC prescrevem quais situações fáticas autorizam a contratação direta, ausente de licitação. Como a contratação direta é exceção à regra geral (especialmente em casos de dispensa), as suas hipóteses devem ser aplicadas de modo restrito. Mas atenção: isso não importa dizer que a Administração deva ignorar aquelas situações em que a contratação direta é um dever – sobretudo em casos de inexigibilidade. Aqui, a situação de fato que torna impossível a competição e/ou a disputa entre os interessados. Isso faz com que a contratação por inexigibilidade seja também um dever – equivalente ao de licitar (e não propriamente uma exceção, pois ambas as situações estão no mesmo plano normativo). O tema será mais bem explorado mais abaixo.

A contratação direta poderá resultar tanto das hipóteses de *dispensa* – o que pressupõe o enquadramento da situação fática em uma das hipóteses tipificadas (exaustivamente) pelos arts. 24 e 17 da LGL – como da *inexigibilidade* de licitação – quando houver inviabilidade de competição, nos termos do art. 25 da mesma lei.[1]

1. Jorge Ulisses Jacoby Fernandes vai além, e apresenta a distinção entre licitações *dispensadas* e *dispensáveis*, além das *inexigíveis*: "A principal distinção entre

Muito embora o *caput* do art. 24 consigne apenas o adjetivo "dispensável", tem-se como pacífico que algumas de suas previsões referem-se à "inexigibilidade" de licitação (tratadas expressamente no art. 25 da LGL). Constatação que, desde já, autoriza que se examine a célebre classificação binária das contratações diretas, as quais instalam ou a *dispensa* ou a *inexigibilidade* de licitação.

A *dispensa de licitação* ocorre naquelas situações em que há prévia e explícita autorização normativa para que não se realize o certame: o servidor público está desobrigado do dever de instalar a licitação em decorrência da permissão que lhe concede a norma legal. "Dispensável" significa "desnecessário", que não é obrigatório; logo, aqui, a lei autoriza o servidor a escusar-se ou abster-se de promover a licitação. Não se trata de escolha inexorável, mas, sim, de uma licença, concedida em abstrato por lei e em concreto pela autoridade competente. Nestes casos, a Administração não precisa licitar (muito embora possa fazê-lo). Logo, está-se diante da atribuição de competência discricionária, a qual gerará o ato, motivado e pautado pelo caso concreto, de efetivar (ou não) a licitação.

Claro que haverá hipóteses em que a situação fática instalará o dever da dispensa (por exemplo, em vista da avaliação do interesse público e seu atendimento mais eficiente; ou sob pena de haver custos muito maiores etc.), mas isto depende do contexto. As hipóteses de dispensa dizem respeito a escolhas legislativas que autorizam a contratação direta. Aqui, a competição é possível, mas reconhecida legislativamente como passível de ser inoportuna e/ou inconveniente.

Ao seu tempo, a *inexigibilidade de licitação* diz respeito às situações fáticas que não concedem alternativa à autoridade competente, que se vê obrigada a realizar a contratação direta. Como é sabido, a exigibilidade da licitação é a regra, pois sua realização é imposta à Administração Pública por meio da Constituição e da legislação ordinária (máxime a LGL). Porém, fato é que haverá situações excepcionais as quais irão

licitação dispensada, tratada no art. 17, e as dispensas de licitação, estabelecidas no art. 24, repousa no sujeito ativo que promove a alienação, figurando no primeiro caso a Administração, no interesse de ceder parte do seu patrimônio, vender bens ou prestar serviços, e nos casos do art. 24 a situação é oposta, estando a Administração, como regra, na condição de compradora ou tomadora dos serviços" (*Contratação Direta sem Licitação*, 9ª ed., Belo Horizonte, Fórum, 2011, p. 178).

exigir justamente que *não se dê a licitação*, mas, sim, a contratação direta: aqui surge a inexigibilidade, a qual não atribui escolha discricionária ao administrador, mas impõe que ele realize a contratação de imediato, sob pena de violar o interesse público posto à sua guarda. Isto é: caso exista a situação de fato que impeça a licitação, a regra será a da contratação por inexigibilidade (e jamais a tentativa de se "fabricar" as condições de competitividade por meio do edital).

Inexigível é a licitação que ninguém – nem a lei, nem os fatos – pode exigir. A contratação direta aqui é um dever imputado à autoridade competente. As hipóteses de inexigibilidade dizem respeito ao reconhecimento legislativo de que há situações fáticas nas quais é impossível licitar. Aqui, a competição e/ou a disputa entre os competidores é impossível.

Logo, a dispensa e a inexigibilidade decorrem de fundamentos fáticos que não se confundem: nos casos de dispensa é recomendável a contratação direta; nos de inexigibilidade ela é imperiosa. Como anota Benjamin Zymler, "por imperativo lógico, a inexigibilidade precede a dispensa de licitação. Primeiro, deve o aplicador do Direito observar se a licitação é possível. Se não for, é caso imediato de inexigibilidade. Se for possível, poderá ser caso de dispensa de licitação".[2]

11.2 Contratação direta e o respeito ao caso concreto

A *contratação direta* será definida pelo conjunto de fatos inter-relacionados a qualificar o evento particular a que se vê submetida a escolha pública. A depender do caso concreto, imperioso será decidir pela dispensa ou inexigibilidade da licitação.

Pode-se afirmar, portanto, que a aplicação das hipóteses de contratação direta (tanto em casos de dispensa como de inexigibilidade) deve ser precedida da consideração minuciosa da *situação fática*, a fim de se desenhar com precisão a *situação jurídica* dela advinda. O caso concreto, no processo de aplicação normativa, é a mais fiel premissa cognitiva que permite a construção da solução adequada à LGL e à Constituição brasileira.

2. Benjamin Zymler, "Licitações e contratos administrativos", in *Direito Administrativo e Controle*, Belo Horizonte, Fórum, 2005, p. 95.

Está-se a defender a aplicação do Direito que preze *as circunstâncias do caso concreto* e instale a interpretação efetiva da realidade posta pela norma jurídica (não dela descolada, e muito menos que a menospreze).

Afinal, como leciona Eros Grau, "a norma é produzida, pelo intérprete, não apenas a partir de elementos colhidos no texto normativo (mundo do dever-ser), mas também a partir de elementos do caso ao qual será ela aplicada, isto é, a partir de dados da realidade (mundo do ser)".[3] O caso concreto não é um dado secundário (ou posterior) à aplicação do Direito, mas – na dicção de Castanheira Neves – configura um *"prius" metodológico*, "verdadeiramente a perspectiva problemática-intencional que tudo condiciona e em função da qual tudo deverá ser interrogado e resolvido".[4] A Constituição brasileira e a LGL, máxime nos casos de dispensa e inexigibilidade, são interpretadas tendo em vista o caso concreto, não em função de abstrações porventura formuladas pelo intérprete nem, tampouco, em razão da escolha arbitrária do agente público.

11.3 Dispensa de licitação e suas categorias legislativas

O art. 24 da LGL traz o elenco de algumas das situações fáticas que autorizam – se não determinam – a contratação direta de bens e serviços pela Administração Pública. Aqui está a sede de várias das exceções ao dever de licitar, instaladas a depender das circunstâncias concretas enfrentadas pelo agente público.

Os atuais 33 incisos do art. 24 da LGL podem ser classificados em 10 categorias, a depender do critério definido legislativamente para a dispensa, quais sejam: (i) valor da contratação e economicidade (incisos I, II, XI e XII); (ii) situações sociais críticas (incisos III, IV, VI, IX e XXXIII); (iii) ausência de propostas efetivas (incisos V e VII); (iv) negócios interadministrativos (incisos VIII, XVI, XXIII e XXVI); (v) ausência de competitividade (incisos X e XXII); (vi) atividades de ensino e pesquisa (incisos XIII, XXI, XXV e XXXI); (vii) escolhas militares (incisos XVIII, XIX e XXIX); (ix) acordos internacionais (inciso

---

3. Eros Grau, *Ensaio e Discurso sobre a Interpretação/Aplicação do Direito*, 5ª ed., São Paulo, Malheiros Editores, 2009, p. 35.

4. Castanheira Neves, *Metodologia Jurídica*, Coimbra, Coimbra Editora, 1993, p. 142.

XIV); (x) casos esparsos (incisos XV, XVII, XX, XXIV, XXVII, XXX e XXXII). A toda evidência, estes critérios não são exatos e/ou exaustivos (mesmo porque o elenco consignado em lei não tem tais atributos), mas prestam-se apenas a agrupar os casos de dispensa que tenham alguma identidade comum.

Mas note-se que, desde que obediente à Constituição, o legislador pode ampliar, modificar ou diminuir o rol de casos de dispensa – são escolhas de política legislativa. Aliás, foi exatamente o que se deu no art. 24 da LGL em decorrência das Leis 8.883/1994 (alterou a redação dos incisos VIII, X, XII, XIII e XIV e incluiu os incisos XVI, XVII, XVIII, XIX e XX); 9.648/1998 (alterou a redação dos incisos I e II e incluiu os incisos XXII, XXIII e XXIV); 10.973/2004 (incluiu o inciso XXV); 11.107/2005 (incluiu o inciso XXVI); 11.445/2007 (alterou a redação do inciso XXVII), 11.484/2007 (incluiu o inciso XXVIII); 11.783/2008 (incluiu o inciso XXIX); 12.188/2010 (incluiu o inciso XXX); 12.349/2010 (alterou a redação do inciso XXI e incluiu o inciso XXXI); 12.715/2012 (incluiu o inciso XXXII, bem como os §§ 1º e 2º); 12.873/2013 (incluiu o inc. XXXIII). Persistem íntegros, tal como oriundos da redação original, apenas os incisos III, IV, V, VI, VII, IX, XI e XV (isto é, somente 8 dos 33 vigentes).

A seguir serão examinadas cada uma das 10 categorias de dispensa acima propostas. O presente texto não se preocupará em tentar demonstrar que certas categorias configuram inexigibilidade ao invés de dispensa: o objetivo, aqui, é interpretar os dispositivos de lei e traçar os pressupostos e as hipóteses de sua aplicabilidade.

11.3.1 A dispensa devido ao valor da contratação e economicidade

No que respeita aos incisos I, II, XI e XII do art. 24 da LGL, o critério definido pelo legislador para a dispensa foi o do *valor das obras, serviços e compras* – seja ele definido em percentual do respectivo valor-referência previsto no art. 23 (incisos I e II), seja em decorrência de fatos que tornem por demais custosa e ineficaz a licitação (a existência anterior da licitação, seguida da rescisão contratual e saldo remanescente a ser executado – inciso XI; a existência posterior da licitação, antecedida da necessidade imediata das compras – inciso XII).

O que aqui está em jogo é a relação custo/benefício de determinadas contratações de obras, serviços e compras. Ao se comparar as vantagens porventura advindas da licitação com seus custos, chega-se à conclusão de que as perdas (de tempo e dinheiro) seriam por demais elevadas, desautorizando a realização do certame. Esta constatação há de ser comprovada pela autoridade competente, no ato que determinar a dispensa. São necessários estudos técnicos e prova documental que demonstrem a efetiva incidência de algum de tais incisos do art. 24. O tema merece ser apreciado à luz da teoria dos *custos de transação*, acima especialmente tratada no § 2.10.

Os incisos I e II do mencionado art. 24 reportam-se, respectivamente, às alíneas "a" dos incisos I e II do art. 23 – que, ao seu tempo, tratam do valor para as licitações de obras e serviços de engenharia (inciso I) e de obras e serviços que não os de engenharia (inciso II), na modalidade *convite*. Logo, o primeiro ponto está em que, nestes casos, a contratação não pode ter valor superior a 10% daquele definido para o convite. Para evitar a divisão fraudulenta do certame, os dispositivos do art. 24 vedam a multiplicação da contratação direta para os casos em que ela possa ser implementada de uma só vez.

Nos termos do parágrafo único do art. 24, os percentuais referidos nos incisos I e II são dobrados (20%) nas compras, obras e serviços realizados por estas pessoas estatais: consórcios públicos, sociedades de economia mista, empresas públicas e agências executivas. E, como anotou Renato Mendes, "o percentual de 20% é apenas para compras, obras e serviços, nos termos da lei. Isso significa que as alienações devem observar ao disposto no inciso II do art. 24. Ainda que se pudesse reconhecer que houve um lapso do legislador em não incluir o objeto alienação entre os referidos no parágrafo único, o fato é que não se pode interpretar extensivamente em matéria de dispensa. Portanto, a interpretação deve ser restritiva. As alienações a serem realizadas pelas sociedades de economia mista, empresas públicas e pelas autarquias e fundações qualificadas como agências executivas são dispensadas do processo licitatório até o valor de R$ 8.000,00, desde que presentes os demais pressupostos legais".[5]

---

5. Renato Mendes, "O que muda nas licitações e contratos com a edição da Lei 9.648, de 27.5.1998", *ILC* 52/535, Curitiba, Zênite, junho/1998.

11.3.2 A dispensa devido a situações sociais críticas

Por "situações sociais críticas" (art. 24, III, IV, VI, IX e XXXIII) entendam-se os fatos que comprometem (ou podem comprometer) a estabilidade da vida social de tal forma que demandam decisões administrativas de concretização instantânea. São situações extraordinárias, muitas das quais de consequências imprevisíveis, a instalar o dever da adoção de ações positivas em curtíssimo prazo. Aqui, a motivação da dispensa deverá demonstrar a sincronia da contratação direta com o reclamado pela situação social: é porque tais fatos ou circunstâncias críticas estão ocorrendo no presente que a contratação precisa ser feita de imediato, com a finalidade de inibi-los ou tentar atenuar seus efeitos. Não se justifica a dispensa, portanto, se a situação crítica tenha já transcorrido ou esteja devidamente contida.

O inciso III do art. 24 fala de "guerra ou grave perturbação da ordem", contemplando não só o conflito armado entre Nações, mas também aquele que ocorra entre grupos de cidadãos (guerra civil). Ao seu tempo, a perturbação da ordem pública há de ser suficientemente grave para justificar a hipótese de dispensa: sua dimensão infere-se do fato de o texto legal tê-la colocado ao lado da guerra (ou uma ou outra, são equivalentes para a dispensa). Breves perturbações da ordem ou de pequeno impacto social não autorizam a dispensa.

Os casos de emergência e calamidade previstos no inciso IV merecem análise mais detida. As *situações de calamidade pública* são os grandes infortúnios, os desastres coletivos: aqueles acontecimentos, naturais ou não, que geram destruição, mortes e perdas em massa (guerras, abalos sísmicos, secas, inundações, tempestades, furacões, *tsunamis* etc.). A Constituição brasileira tem dispositivos específicos a regular as situações de calamidade pública e respectiva prevenção e contenção.[6] A defesa civil e algumas das medidas a serem aplicadas em

---

6. São três os dispositivos constitucionais que tratam do tema:
"Art. 21. Compete à União: (...) XVIII – planejar e promover a defesa permanente contra as calamidades públicas, especialmente as secas e as inundações; (...)".
"Art. 22. Compete privativamente à União legislar sobre: (...) XXVIII – defesa territorial, defesa aeroespacial, defesa marítima, defesa civil e mobilização nacional; (...)."
"Art. 144. A segurança pública, dever do Estado, direito e responsabilidade de todos, é exercida para a preservação da ordem pública e da incolumidade das pessoas e do patrimônio, através dos seguintes órgãos: (...)."

casos de calamidades são previstas na Lei 12.340/2010 (*Sistema Nacional de Defesa Civil*/SINDEC). Atualmente, o SINDEC é regulado pelo Decreto 7.257/2010,[7] cujo art. 7º fixa as premissas para o reconhecimento da situação de emergência ou do estado de calamidade pública (previsões utilizadas para combater os efeitos de acidentes e desastres).

Já, as *situações emergenciais* são aquelas nas quais a Administração Pública vê-se diante de momento crítico, de grave perigo público, o qual pode (deve) ser solucionado por meio da celebração de específico contrato administrativo. As emergências podem ser diferenciadas das calamidades em vista da dimensão do seu impacto: as calamidades públicas são coletivas, geradoras de ampla comoção e grande número de vítimas; as emergências podem ser pontuais ou exclusivas de um bem ou pessoa. Mais ainda: nas calamidades, as medidas que autorizam a dispensa são normalmente adotadas *ex post facto*; já, as que se relacionam com as emergências podem ser *ex post* ou *ex ante*. Em ambos os casos, são exceções ditadas pelas circunstâncias, as quais estreitam (se não excluem) a esfera de discricionariedade administrativa. A depender dos fatos, à Administração não cabe tergiversar: o interesse público exige que a contratação seja feita de pronto. A previsão aproxima-se da inexigibilidade.

Tanto na calamidade como na emergência instala-se, portanto, específica situação de fato a exigir da Administração a adoção, em curto prazo, da solução administrativa mais eficiente possível, pena de os prejuízos futuros serem de muito difícil (ou de impossível) composição. As situações de emergência e de calamidade instalam o dever da Admi-

"(...).
"§ 5º. Às polícias militares cabem a polícia ostensiva e a preservação da ordem pública; aos corpos de bombeiros militares, além das atribuições definidas em lei, incumbe a execução de atividades de defesa civil."
7. Dentre os dispositivos do decreto, interessam duas das definições consignadas nos incisos III e IV do art. 2º: "III – situação de emergência: situação anormal, provocada por desastres, causando danos e prejuízos que impliquem o comprometimento parcial da capacidade de resposta do Poder Público do ente atingido; IV – estado de calamidade pública: situação anormal, provocada por desastres, causando danos e prejuízos que impliquem o comprometimento substancial da capacidade de resposta do Poder Público do ente atingido". A Secretaria de Defesa Civil, órgão do Ministério da Integração Nacional, tem maiores informações no sítio *http://www.defesacivil.gov.br/situacao/index.asp* (acesso em 5.3.2010).

nistração Pública de adotar, com a celeridade que o caso concreto exigir, as medidas necessárias para saná-las o quanto antes.

Não se trata de alternativa discricionária, a facultar à Administração a instalação de comissão de licitação, a fim de cogitar da elaboração de edital para eventualmente tentar corrigir os defeitos urgentes pelas vias ordinárias. Constatadas a calamidade ou a emergência com base nos levantamentos e/ou estudos técnicos disponíveis (os quais devem ser os mais precisos possíveis), é dever da Administração responsável promover a imediata contratação – pena de a emergência se transformar em calamidade (ou de a calamidade agravar-se), com consequente dano ao erário (e a particulares), e isso implicar a responsabilidade (civil, administrativa e, mesmo, penal) do agente público que se omitiu.

Ao contrário da calamidade pública, a emergência não necessita de um ato administrativo geral que a declare, ou de efetivos prejuízos coletivos. Muito embora as calamidades instalem situações de emergência, a recíproca não é verdadeira: podem existir emergências não calamitosas. A emergência existe nos casos concretos em que se constata a necessidade de intervenção preventiva, urgente ou de tratamento imediato. Por exemplo, não é necessário que a ponte ou o prédio desabem para que se constate a situação emergencial – basta que estudos técnicos abalizados demonstrem as falhas nas respectivas estruturas.

A rigor, o agente público não pode esperar que o desastre aconteça: a qualificação de situação emergencial surge com os laudos técnicos comprobatórios de que as normas de segurança foram vencidas; de que a estrutura da ponte ou do prédio está, segundo o consenso dos especialistas, comprometida. Tampouco o transcurso do tempo é hábil para inibir a emergência: não se pode jogar com a sorte, pois do fato de a ponte ou o prédio não terem desabado nos últimos anos não se pode inferir que eles não desabarão nesta noite (não existe relação de causalidade nem de correlação entre as premissas e o resultado). É justamente para isto que existem as normas técnicas de segurança e os respectivos índices de confiabilidade: a fim de evitar que se acredite demais na sorte e de impor que se adotem tempestivamente as medidas necessárias para impedir os desastres.

Mas note-se que não basta a mera cogitação de situação em tese tida por emergencial. Esta qualificação técnica não pode resultar da opinião de leigos ou de notícias de jornal. Conforme anotou Hely Lopes

Meirelles, o reconhecimento da emergência "é de valoração subjetiva, mas há de estar baseado em fatos consumados ou iminentes, comprovados ou previstos, que justifiquem a dispensa da licitação".[8] Fazem-se necessários o levantamento adequado das circunstâncias que redundaram nessa emergência, a comprovação efetiva do risco e o prestígio aos princípios da legalidade, moralidade e eficiência da Administração (CF, art. 37, *caput*). Se possível, deverá ser chamado a oferecer propostas o maior número de interessados – mediante convocação formal (com metodologia próxima da dos convites). Se inviável o chamamento público (ou desproporcionalmente custoso), deverá ser feita a contratação do interessado que estiver mais próximo do evento. De qualquer forma, e na medida do possível, o preço deverá atender à média do respectivo mercado, bem como se precisará atentar para a plena qualificação do futuro contratado.

Igualmente, é de se exigir a relação de causalidade necessária entre a situação de emergência ou de calamidade e a específica dispensa de licitação. Isto é: uma situação emergencial ou calamitosa não autoriza a dispensa de todas as licitações – mas só e tão somente daquelas que se destinem a atenuar ou fazer cessar tais efeitos deletérios oriundos do mundo dos fatos. Não basta uma correlação ou um vínculo secundário. Daí a necessidade da fundamentação adequada do ato de dispensa, prévia ou contemporânea à sua edição.

Mais ainda, é de se frisar que onde está escrito "emergência" não se pode ler "desídia". A situação de emergência autorizadora da dispensa não pode resultar da inépcia administrativa, da má gestão de verbas ou da falta de planejamento. Os agentes públicos que, por ação ou omissão, culposa ou dolosa, derem azo ao surgimento da emergência devem ser responsabilizados (administrativa, penal e civilmente). O exercício da função administrativa exige a adoção de condutas pró-ativas que preservem o patrimônio público e o bem-estar social: a não implementação das boas práticas administrativas configura um *non facere quod debeatur* e pode importar a responsabilização do servidor público. Claro que, se necessidade urgente houver, ela deverá ser atendida – mas com a responsabilização dos servidores negligentes.

---

8. Hely Lopes Meirelles, *Licitação e Contrato Administrativo*, 15ª ed., São Paulo, Malheiros Editores, 2010, p. 145.

Por fim, uma nota a respeito da prorrogação dos contratos emergenciais. Antônio Carlos Cintra do Amaral discorre com clareza sobre sua invalidade: "O contrato não pode conter cláusula de prorrogação, o que a torna juridicamente inviável". Válida é a *renovação do contrato* ante a persistência da situação de emergência: não se dá a prorrogação do mesmo contrato, mas, sim, a celebração de novel pacto entre os contratantes originais (ainda que com as mesmas cláusulas). "Se, vencido o prazo máximo previsto em lei, caracteriza-se uma situação de emergência, quer seja a continuidade da anterior, quer uma nova situação, juridicamente existe, para todos os efeitos, uma nova emergência. A essa nova emergência aplica-se a norma que prevê a dispensa de licitação, acarretando o *dever* para o agente público de efetuar uma nova contratação direta."[9]

Outro caso de dispensa desta categoria de *situações sociais críticas* abrange as hipóteses de *abuso de preços* e *desabastecimento de produtos* (art. 24, VI). O texto autoriza apenas a dispensa pela União (é norma federal),[10] para que ela intervenha no domínio econômico e, assim, regularize os preços de determinado bem ou serviço e/ou promova o abastecimento de um produto do qual o mercado esteja carente. Como

9. Antônio Carlos Cintra do Amaral, *Comentando as Licitações Públicas*, Rio de Janeiro, Temas & Ideias, 2002, p. 62. Frise-se que a renovação implica a celebração de novo contrato, não a prolongação temporal daquela relação jurídica originalmente celebrada (prorrogação). Trata-se de alternativas que dizem respeito à eficácia do contrato no tempo: de usual, a *renovação* tem efeitos *ex nunc*; ao passo que a *prorrogação* tem efeitos *ex tunc*. "Provavelmente, a diferença íntima entre prorrogação tácita e renovação deve colocar-se, extraindo indícios dos casos de aplicação, nisto: a *prorrogação* estende a *duração* do contrato, porém este é o mesmo de antes (não há contrato novo), enquanto a renovação dá lugar a um contrato *novo*, ainda que seja de conteúdo idêntico ao do contrato precedente" (Francesco Messineo, *Doctrina General del Contracto*, t. II, trad. de R. O. Fontanarrosa, Santiago Sentís Melendo e M. Volterra, Buenos Aires, EJEA, 1986, p. 205 – tradução livre).

10. Em sentido contrário, Joel de Menezes Niebuhr: "Nada obstante a univocidade do enunciado, os demais entes federativos não estão aliados de intervir no domínio econômico, já que dotados de autonomia. Em determinadas situações, as anomalias mercadológicas podem atingir ponto isolado do território nacional, reclamando a intervenção dos Estados, do Distrito Federal ou Municípios, sem que essa intervenção possa ser reputada como inconstitucional; antes disso, admiti-la significa prestigiar o princípio federativo, consagrado já no *caput* do primeiro artigo da Constituição Federal" (*Dispensa e Inexigibilidade de Licitação Pública*, São Paulo, Dialética, 2003, p. 283).

lecionam Sérgio Ferraz e Lúcia Valle Figueiredo, "o que aqui se tem, nessa figura, é um desdobramento da categoria da emergência, tornado recomendável à vista da disseminação das práticas lesivas, que a dispensa, aqui, visa a coartar. (...)".[11]

Esta regra excepcional deve ser compreendida à luz dos arts. 170 e ss. da CF brasileira, que disciplinam a ordem econômica e financeira nacional e fixam a intervenção do Estado na economia como exceção (que visa ou a garantir ou a corrigir o sistema). A ideia da natureza excepcional da intervenção do Estado na economia tem como fundamento primário o regime capitalista celebrado na Constituição brasileira. Somente se pode cogitar da intervenção em regimes que prestigiem a propriedade privada dos meios de produção, os contratos e a liberdade de empresa. O primeiro limite reside, portanto, justamente nessa natureza extraordinária da atividade interventiva do Estado num sistema que prestigia a livre iniciativa e a livre concorrência. A garantia constitucionalmente outorgada a essas liberdades constitui impeditivo à ação estatal – inclusive no que respeita à aplicação do inciso ora comentado.

Por outro lado, não será o abuso nos preços ou o desabastecimento de qualquer bem ou produto que autorizará a dispensa. Faz-se necessária a demonstração da necessidade social do acesso a tal bem e do motivo de interesse público primário que permite a contratação direta. Por exemplo, o abuso nos preços de automóveis e perfumes ou o desabastecimento de ovos de Páscoa jamais autorizariam a incidência do art. 24, VI, da LGL. O mesmo não pode ser dito quanto a bens de primeira necessidade (pão, arroz, carne etc.), desde que não haja produtos alternativos e/ou equivalentes à disposição do consumidor.

Assim, está-se diante de dupla exceção: tanto a intervenção (restrição constitucional) quanto sua implementação por meio de dispensa de licitação (restrição legal). Logo, não será qualquer hipótese de abuso de preços ou de desabastecimento de produtos que autorizará esta forma de intervenção, mesmo porque o ordenamento brasileiro dispõe de outros meios de preservação das relações econômicas, em especial a Lei 12.529/2011 (*estrutura o Sistema Brasileiro de Defesa da Concorrência*).

11. Sérgio Ferraz e Lúcia Valle Figueiredo, *Dispensa e Inexigibilidade de Licitação*, 3ª ed., São Paulo, Malheiros Editores, 1994, p. 52.

Quanto à dispensa, portanto, a comprovação da situação social crítica é dever reforçado – exigindo-se a prova incontroversa de que o bem ou serviço é indispensável e de que só aquela contratação direta é apta a resolver o problema em curto prazo, além de não gerar efeitos econômicos adversos (externalidades negativas). Demais disso, é de se cogitar como se dará essa intervenção por meio da contratação direta: tanto no abuso de preços como no desabastecimento, a hipótese mais clara é a de compra de produtos equivalentes no mercado internacional e seu oferecimento no respectivo mercado nacional a preço competitivo. Mas esta é uma prática pouco recomendada nos manuais de direito econômico, pois implica gastos públicos extraordinários e nem sempre consubstancia a escolha mais eficaz, pois atenta para pseudossoluções de curtíssimo prazo. Muitas vezes o fomento público à concorrência ou a regulação normativa produzem resultados mais eficientes.

Mais recentemente, a Lei 12.873/2013 incluiu o inciso XXXIII no art. 24 da Lei 8.666/1993, ao prever que são dispensáveis as licitações "na contratação de entidades privadas sem fins lucrativos, para a implementação de cisternas ou outras tecnologias sociais de acesso à água para consumo humano e produção de alimentos, para beneficiar as famílias rurais de baixa renda atingidas pela seca ou falta regular de água". A hipótese exige a conjugação de dois fatos: por um lado, a real existência de famílias rurais de baixa renda, que sejam efetivamente atingidas pelo fenômeno da seca (ou da falta, efetiva e regular, de água); por outro, que o contratado seja "entidade privada sem fins lucrativos", assim institucionalmente reconhecida. Desde que demonstrada essa combinação, pode-se dispensar a licitação exclusivamente para instalar "cisternas ou outras tecnologias sociais de acesso à água para consumo humano e produção de alimentos". Logo, também se trata de caso de situação social crítica, a qual demandou a positivação de caso específico de dispensa de licitação.

11.3.3 A dispensa devido à ausência de propostas efetivas

A categoria da *ausência de propostas efetivas* vem consignada nos incisos V e VII do art. 24 da LGL: o primeiro trata de licitação sem ofertas, cuja repetição geraria prejuízo para a Administração; o segundo, de licitação com ofertas cujos preços são significativamente superiores aos praticados no mercado ou aos fixados pelos órgãos oficiais competentes.

No caso da *licitação deserta*, persistindo a necessidade pública da contratação em curto prazo e se a repetição do certame se tornar inviável devido aos prejuízos, a contratação direta deverá observar todas as condições do ato convocatório original. Assim, faz-se necessária a conjugação dos seguintes elementos: (i) a existência de prévia e regular licitação, com o cumprimento de todos os seus prazos e requisitos (máxime a publicidade); (ii) a falta de qualquer interessado, com respectiva declaração em ata; (iii) a justificada impossibilidade de repetição do certame, com demonstração cabal dos danos que dela adviriam, e a razão de sua existência (prazos, custos, necessidade pública imediata dos bens e/ou serviços); (iv) a pronta contratação direta, observadora de todas as minúcias das condições fixadas no ato convocatório anterior (sobretudo critérios de habilitação, preço e modo de execução).

Já, a dispensa devido a *preços extraordinários* (aqueles que são, de modo notório e indiscutível, superiores aos praticados no mercado nacional ou incompatíveis com os oficialmente fixados) requer a aplicação do inciso VII do art. 24, c/c o § 3º do art. 48, todos da LGL.[12] Aqui, a licitação é promovida e conta com interessados que se habilitam mas oferecem preços anormalmente superiores. Uma vez demonstrada a indiscutível discrepância entre os preços ordinários – mercadológicos ou oficiais – e os da unanimidade das propostas, cabe à comissão *desclassificar* todos os licitantes. Então, ela pode noticiar aos licitantes habilitados que serão aceitas novas propostas, em dia e hora marcados (no oitavo dia útil depois da proclamação das desclassificações), desde que ausentes os preços excessivos. Caso nesta ocasião não surjam propostas ou se repitam as anomalias (mesmo se estampadas em novos preços abusivos), a Administração poderá realizar a contratação direta – esta, a toda evidência, dentro de preços comprovadamente equivalentes aos praticados no mercado nacional ou compatíveis com os fixados pelos órgãos oficiais.

11.3.4 A dispensa devido a negócios interadministrativos

Os incisos VIII, XVI, XXIII e XXVI do art. 24 têm em comum o fato de que se reportam a dispensas envolvendo *negócios interadminis-*

---

12. Trata-se da redação original do parágrafo único do art. 48, transformado em § 3º pela Lei 9.648/1998. O legislador não atentou para esta previsão do art. 24 e não atualizou o texto do inciso VII.

trativos (ou interorgânicos), aqueles realizados entre órgãos e entidades da Administração Pública, observadas determinadas limitações.[13] O inciso VIII trata de *aquisições de bens ou serviços* por pessoa jurídica de direito público interno (v., acima, §§ 1.5.1 a 1.5.4), celebradas com pessoa estatal de qualquer natureza, vinculada ou não ao contratante. Logo, estão excluídas da condição de contratantes as empresas estatais, as fundações de direito privado e alguns dos consórcios públicos. Igualmente não se submetem à previsão os contratos de obras. Ao seu tempo, o contratado tem que ter como fim específico aquele objeto do contrato e precisa ter sido criado antes de 21.6.1993. Mais que isso, o preço a ser pago deve ser compatível com o efetivamente praticado no mercado (requisito que exige a respectiva demonstração). Logo, se o Estado pretende contratar um banco estatal para gerir as respectivas contas, deverá comprovar que o preço (ou os benefícios) é equivalente àquele oferecido por bancos privados para a gestão do mesmo volume de recursos. O mesmo se diga quanto a contratações de empresas estatais que vendam bens ou prestem serviços em regime de concorrência com a iniciativa privada. Isto é: também este inciso VIII do art. 24 não autoriza o desperdício de verba pública.

O inciso XVI do art. 24 igualmente se reporta a contratações interadministrativas, mas com incidência limitada àquelas que tenham como objeto uma de duas atividades: (i) a *impressão* relativa a três ordens de documentos (*Diários Oficiais*, formulários padronizados de uso interno e edições técnicas oficiais – nada mais que isso) ou (ii) a prestação de *serviços de informática*. No caso da atividade de impressão, o con-

---

13. O Direito Europeu tem algumas especificidades neste tema. A esse respeito, v. Alexandra Leitão, "Os contratos interadministrativos", in Pedro Costa Gonçalves (org.), *Estudos de Contratação Pública – I*, Coimbra, Coimbra Editora, 2008, pp. 733-779. Especificamente sobre as chamadas "contratações *in house*", v.: Bernardo Azevedo, "Contratação *in house*: entre a liberdade de auto-organização administrativa e a liberdade de mercado", in Pedro Costa Gonçalves (org.), *Estudos de Contratação Pública – I*, Coimbra, Coimbra Editora, 2008, pp. 115-145; João Amaral e Almeida e Pedro Fernández Sánchez, "Contratação *in house*: o critério para a determinação da parte 'essencial' da atividade de uma entidade sujeita a um 'controlo análogo'", in *Temas de Contratação Pública – I*, Coimbra, Coimbra Editora, 2011, pp. 137-174; Carlos Luís Medeiros de Carvalho, "Breves notas a propósito das relações *in house* no âmbito da contratação pública", *Revista de Contratos Públicos/RCP* 1/85-103, Coimbra, CEDIPRE, janeiro/abril/2011.

tratante pode ser qualquer pessoa da Administração direta ou indireta; no caso dos serviços de informática, apenas as de direito público. Já, a dispensa para os "formulários padronizados" não pode abranger quaisquer papéis da Administração, mas apenas aqueles que devam obedecer a um padrão oficial, de uso predefinido, limitado e controlado. A razão de se autorizar a dispensa está no interesse e na segurança que devem orientar a produção de tais formulários padronizados.

Ainda para os serviços de informática, este deve ser o objeto social da empresa estatal, o "fim específico" que determinou sua criação. Em ambas as hipóteses não é necessário que a pessoa contratada tenha sido constituída antes da edição da LGL (tal como se dá no caso do inciso VIII).

Ao seu tempo, o inciso XXIII do art. 24 dispõe sobre as contratações de empresas estatais com as respectivas *subsidiárias* ou *controladas*. São contratações verticais, dentro da mesma coluna de empresas controladoras e controladas. O contrato pode ser relativo a bens (aquisição ou alienação) e serviços (prestação ou obtenção). Para o direito societário as companhias subsidiárias podem ser simples ou integrais: *simples* é aquela controlada por outra, que detém mais de 50% de seu capital acionário (o primeiro número inteiro depois da metade); já, a *subsidiária integral* é aquela cuja controladora detém a integralidade do capital acionário – a sociedade de um só sócio (arts. 251 a 253 da Lei 6.404/1976 – *Lei de Sociedades Anônimas*). Nestes casos, e desde que demonstrada a compatibilidade do preço com o praticado no respectivo mercado, é válida a contratação direta.

Por fim, resta examinar o *negócio interadministrativo* denominado de *contrato de programa* (art. 24, XXVI), cuja análise requer breve retrospecto quanto à gestão associada de serviços públicos.[14] Os contratos de programa são previstos no art. 13 da Lei 11.107/2005[15] (*consórcios*

---

14. Conforme dispõe o art. 241 da CF brasileira, com a redação que lhe foi dada na Emenda Constitucional 19/1998: "Art. 241. A União, os Estados, o Distrito Federal e os Municípios disciplinarão por meio de lei os consórcios públicos e os convênios de cooperação entre os entes federados, autorizando a gestão associada de serviços públicos, bem como a transferência total ou parcial de encargos, serviços, pessoal e bens essenciais à continuidade dos serviços transferidos".

15. Eis o texto legal:
"Art. 13. Deverão ser constituídas e reguladas por contrato de programa, como condição de sua validade, as obrigações que um ente da Federação constituir para

públicos) e definidos no inciso XVI do Decreto 6.017/2007 como o "instrumento pelo qual devem ser constituídas e reguladas as obrigações que um ente da Federação, inclusive sua Administração indireta, tenha para com outro ente da Federação, ou para com consórcio público, no âmbito da prestação de serviços públicos por meio de cooperação federativa". Com lastro nestes dispositivos pode-se concluir quanto aos

com outro ente da Federação ou para com consórcio público no âmbito de gestão associada em que haja a prestação de serviços públicos ou a transferência total ou parcial de encargos, serviços, pessoal ou de bens necessários à continuidade dos serviços transferidos.
"§ 1º. O contrato de programa deverá: I – atender à legislação de concessões e permissões de serviços públicos e, especialmente no que se refere ao cálculo de tarifas e de outros preços públicos, à de regulação dos serviços a serem prestados; e II – prever procedimentos que garantam a transparência da gestão econômica e financeira de cada serviço em relação a cada um de seus titulares.
"§ 2º. No caso de a gestão associada originar a transferência total ou parcial de encargos, serviços, pessoal e bens essenciais à continuidade dos serviços transferidos, o contrato de programa, sob pena de nulidade, deverá conter cláusulas que estabeleçam: I – os encargos transferidos e a responsabilidade subsidiária da entidade que os transferiu; II – as penalidades no caso de inadimplência em relação aos encargos transferidos; III – o momento de transferência dos serviços e os deveres relativos à sua continuidade; IV – a indicação de quem arcará com o ônus e os passivos do pessoal transferido; V – a identificação dos bens que terão apenas a sua gestão e administração transferidas e o preço dos que sejam efetivamente alienados ao contratado; VI – o procedimento para o levantamento, cadastro e avaliação dos bens reversíveis que vierem a ser amortizados mediante receitas de tarifas ou outras emergentes da prestação dos serviços.
"§ 3º. É nula a cláusula de contrato de programa que atribuir ao contratado o exercício dos poderes de planejamento, regulação e fiscalização dos serviços por ele próprio prestados.
"§ 4º. O contrato de programa continuará vigente mesmo quando extinto o consórcio público ou o convênio de cooperação que autorizou a gestão associada de serviços públicos.
"§ 5º. Mediante previsão do contrato de consórcio público, ou de convênio de cooperação, o contrato de programa poderá ser celebrado por entidades de direito público ou privado que integrem a Administração indireta de qualquer dos entes da Federação consorciados ou conveniados.
"§ 6º. O contrato celebrado na forma prevista no § 5º deste artigo será automaticamente extinto no caso de o contratado não mais integrar a Administração indireta do ente da Federação que autorizou a gestão associada de serviços públicos por meio de consórcio público ou de convênio de cooperação.
"§ 7º. Excluem-se do previsto no *caput* deste artigo as obrigações cujo descumprimento não acarrete qualquer ônus, inclusive financeiro, a ente da Federação ou a consórcio público."

sujeitos (entes da Federação; pessoas da Administração – direta e/ou indireta – e consórcios públicos), ao objeto (a gestão associada de serviços públicos) e ao regime jurídico (contrato administrativo, pois submetido à LGL e tem como objeto um serviço público) do contrato de programa.

O contrato de programa presta-se a definir o papel reservado a cada uma das pessoas signatárias do consórcio público, bem como os respectivos direitos, deveres e obrigações (entre si e para com a eventual pessoa privada prestadora do serviço). Também pode ele se prestar à formalização da outorga (transferência) de determinadas competências públicas, a fim de permitir a gestão associada do serviço público (exceção aos temas previstos no § 3º do art. 13 da Lei 11.107/2005). O contrato de programa é que dará especificidade à outorga de competências, à disponibilidade financeira, à cessão de bens e à transferência de servidores públicos.

A rigor, no caso de gestão associada de serviços públicos, a previsão de dispensa de licitação deste inciso XXVI é um preciosismo. Afinal, o consórcio público é constituído mediante procedimento que culmina na edição de leis pelas pessoas políticas que o criam. Estes diplomas normativos deverão prever as competências e as funções do respectivo consórcio, sobretudo a gestão e/ou prestação associada do serviço público – implicando, portanto, a escolha normativa certa (e vinculante para os entes públicos a ela submetidos).

11.3.5 A dispensa devido à ausência de competitividade

Os casos de contratação direta fundada em *ausência de competitividade* são os previstos nos incisos X e XXII do art. 24 da LGL. O primeiro deles é a *compra ou locação* de imóveis destinados às finalidades mais importantes da Administração – isto é, aqueles bens destinados à sustentação física de atividades normativamente imputadas ao Estado, à sua organização interna e à prestação de serviços (edifícios das repartições públicas, sedes dos tribunais, sedes administrativas dos órgãos e entidades etc.). Tais finalidades são precípuas devido à sua definição legal conjugada com a efetiva necessidade pública. Assim, e na medida em que seja oportuna e conveniente a proximidade geográfica de certos órgãos e entidades, visando à integração das esferas administrativas e à economia de custos, a licitação pode ser dispensada, tendo em vista a escassez de oferta: afinal, é muito rara a obtenção de mais de um imóvel de porte em locais próximos, com disponibilidade e características equivalentes. Caso haja uma só oferta de imóvel apto a satisfazer as necessidades da Administração, haverá a ausência de competitividade justificadora da dispensa. O preço a ser pago (compra ou aluguel) deverá ser obediente à avaliação prévia e adequado ao respectivo mercado naquele momento histórico. Também é oportuno esclarecer que, no caso das locações, o inciso X autoriza a renovação periódica do contrato.

O inciso XXII autoriza a dispensa para a *ausência de competitividade* no fornecimento de determinados serviços públicos – *energia elétrica* e *gás natural* – em contratos a serem firmados com concessionários, permissionários ou pessoas autorizadas à prestação de tais serviços. A previsão deve-se ao fato de que por ora, no Brasil, tais serviços são usualmente prestados em regime de *monopólio natural* – aquelas situações nas quais deve existir apenas um agente econômico no polo de oferta (sobretudo na comercialização). A depender das peculiaridades deste ou daquele serviço público, ele só poderá ser prestado por um e somente um fornecedor (aprofundar o tema dos monopólios abaixo, no § 11.4.4). Muito embora os serviços de água e saneamento sejam os exemplos clássicos de monopólio natural, o dispositivo ora comentado refere-se apenas a energia elétrica e gás. Mas claro que, havendo mais de um fornecedor e existindo efetiva competição (o que atualmente se dá com maior clareza no setor de energia elétrica), frustrada estará a aplicação do inciso XXII – cabendo ao órgão ou entidade contratante promover a respectiva licitação ou comprovar minuciosamente o porquê da excepcional dispensa.

11.3.6 A dispensa devido a atividades de ensino e pesquisa

O texto do art. 24 da LGL estabelece quatro possibilidades de dispensa em vista de específicas atividades de *ensino e pesquisa*: (i) o inciso XIII trata da contratação de instituição brasileira dirigida a pesquisa, ensino, desenvolvimento institucional ou dedicada à recuperação social do preso; (ii) o inciso XXI, de aquisição de bens destinados com exclusividade à pesquisa científica por meio de recursos oriundos de instituições de fomento (CAPES, FINEP, CNPq etc.); (iii) o inciso XXV reporta-se a contratações realizadas por Instituição Científica e Tecnológica/ICT ou por agência de fomento cujo objeto seja a transferência de tecnologia ou o licenciamento (direito de uso ou exploração de criação protegida); (iv) o inciso XXXI refere-se ao cumprimento do disposto nos arts. 3º, 4º, 5º e 20 da Lei 10.973/2004 (*incentivos à inovação e à pesquisa científica e tecnológica no ambiente produtivo*).[16]

16. Eis o teor dos dispositivos:
"Art. 3º. A União, os Estados, o Distrito Federal, os Municípios e as respectivas agências de fomento poderão estimular e apoiar a constituição de alianças estratégicas e o desenvolvimento de projetos de cooperação envolvendo empresas nacionais, ICTs e organizações de direito privado sem fins lucrativos voltadas para atividades de pesquisa e desenvolvimento, que objetivem a geração de produtos e processos inovadores.
"Parágrafo único. O apoio previsto neste artigo poderá contemplar as redes e os projetos internacionais de pesquisa tecnológica, bem como ações de empreendedorismo tecnológico e de criação de ambientes de inovação, inclusive incubadoras e parques tecnológicos.
"Art. 4º. As ICTs poderão, mediante remuneração e por prazo determinado, nos termos de contrato ou convênio: I – compartilhar seus laboratórios, equipamentos, instrumentos, materiais e demais instalações com microempresas e empresas de pequeno porte em atividades voltadas à inovação tecnológica, para a consecução de atividades de incubação, sem prejuízo de sua atividade finalística; II – permitir a utilização de seus laboratórios, equipamentos, instrumentos, materiais e demais instalações existentes em suas próprias dependências por empresas nacionais e organizações de direito privado sem fins lucrativos voltadas para atividades de pesquisa, desde que tal permissão não interfira diretamente na sua atividade-fim, nem com ela conflite.
"Parágrafo único. A permissão e o compartilhamento de que tratam os incisos I e II do *caput* deste artigo obedecerão às prioridades, critérios e requisitos aprovados e divulgados pelo órgão máximo da ICT, observadas as respectivas disponibilidades e assegurada a igualdade de oportunidades às empresas e organizações interessadas.
"Art. 5º. Ficam a União e suas entidades autorizadas a participar minoritariamente do capital de empresa privada de propósito específico que vise ao desenvolvimento de projetos científicos ou tecnológicos para obtenção de produto ou processo inovadores.
"Parágrafo único. A propriedade intelectual sobre os resultados obtidos pertencerá às instituições detentoras do capital social, na proporção da respectiva participação."
"Art. 20. Os órgãos e entidades da Administração Pública, em matéria de interesse público, poderão contratar empresa, consórcio de empresas e entidades nacionais de direito privado sem fins lucrativos voltadas para atividades de pesquisa, de reconhecida capacitação tecnológica no setor, visando à realização de atividades de pesquisa e desenvolvimento, que envolvam risco tecnológico, para solução de problema técnico específico ou obtenção de produto ou processo inovador.
"§ 1º. Considerar-se-á desenvolvida na vigência do contrato a que se refere o

Em todos estes quatro dispositivos, importante é destacar que o objeto da contratação dispensada há de ser atividades de ensino, pesquisa, desenvolvimento tecnológico ou fomento científico. Este é o motivo pelo qual a contratação direta é autorizada; se a Administração se afastar desses limites, atuará em *desvio de poder* – isto é, estará se valendo da competência cuja finalidade é a promoção de atividades de ensino e pesquisa para realizar contratações de obras, compras e serviços ordinários da vida administrativa. Exige-se, portanto, o nexo causal entre o objeto do contrato e o objeto social (ou estatuto) da contratada – ambos referindo-se a algumas das atividades estampadas nestes incisos do art. 24.

11.3.7 A dispensa devido a escolhas militares

Três das previsões do art. 24 da LGL referem-se a escolhas feitas pelos órgãos e entidades das Forças Armadas brasileiras, a justificar a dispensa no caso de *escolhas militares*: são os incisos XVIII, XIX e XXIX.[17] A leitura dos dispositivos é autoesclarecedora, limitando os fatos que podem dar origem à incidência das normas.

11.3.8 A dispensa devido a acordos internacionais

Os casos de dispensa com lastro em *acordos internacionais* (art. 24, XIV) exigem a conjugação de requisitos: (i) que o objeto da contra-

---

caput deste artigo a criação intelectual pertinente ao seu objeto cuja proteção seja requerida pela empresa contratada até 2 (dois) anos após o seu término.
"§ 2º. Findo o contrato sem alcance integral ou com alcance parcial do resultado almejado, o órgão ou entidade contratante, a seu exclusivo critério, poderá, mediante auditoria técnica e financeira, prorrogar seu prazo de duração ou elaborar relatório final dando-o por encerrado.
"§ 3º. O pagamento decorrente da contratação prevista no *caput* deste artigo será efetuado proporcionalmente ao resultado obtido nas atividades de pesquisa e desenvolvimento pactuadas."
17. O conceito de "Forças Armadas" está na Constituição brasileira: "Art. 142. As Forças Armadas, constituídas pela Marinha, pelo Exército e pela Aeronáutica, são instituições nacionais permanentes e regulares, organizadas com base na hierarquia e na disciplina, sob a autoridade suprema do Presidente da República, e destinam-se à defesa da Pátria, à garantia dos Poderes constitucionais e, por iniciativa de qualquer destes, da lei e da ordem".

tação seja apenas a aquisição de bens ou serviços; (ii) que o acordo internacional tenha sido aprovado pelo Congresso Nacional; (iii) que a contratação direta seja claramente vantajosa ao Poder Público.

11.3.9 A dispensa devido a casos esparsos previstos em lei

São oito os dispositivos que podem ser denominados de "casos esparsos", em vista sua relativa autonomia temática – sua identidade comum reside justamente no fato de que a lei autoriza a dispensa da licitação.

São contratações que têm as seguintes notas diferenciais: (i) aquelas cujo objeto seja obras de arte ou objetos históricos (inciso XV);[18] (ii) as compras acessórias à manutenção da garantia de determinados produtos (inciso XVII); (iii) as contratações de associações de pessoas com necessidades especiais (inciso XX); (iv) as contratações de organizações sociais (inciso XXIV); (v) as contratações de associações de pessoas de baixa renda no que respeita a coleta, processamento e comercialização de resíduos sólidos urbanos recicláveis ou reutilizáveis (inciso XXVII); (vi) aquelas de fornecimento de bens e serviços que conjuguem alta complexidade tecnológica e defesa nacional (inciso. XXVIII); (vii) as que digam respeito a serviços de assistência técnica e extensão rural no âmbito do Programa Nacional de Assistência Técnica e Extensão Rural na Agricultura Familiar e na Reforma Agrária (inciso XXX); e (viii) aquelas voltadas à contratação de serviços técnicos especializados, aquisição ou locação de equipamentos destinados à polícia judiciária, com vistas a preservar o sigilo na capacidade investigatória (§ 1º do art. 3º da Lei 12.850/2013, com a redação dada pela Lei 13.097/2015).

18. Aqui vale o alerta de Marcos Juruena Villela Souto: "O que se exige é a afinidade entre o bem e a atividade do órgão (caso típico de museus, bibliotecas, fundações artísticas ou centros culturais, por exemplo). Destarte, a aquisição de tais objetos para decorar mansão ministerial exigiria licitação (salvo demonstração de inexigibilidade). O mesmo se diga com relação à aquisição pelos órgãos de fomento à cultura com vistas ao posterior repasse a terceiros da Administração, que caracteriza simulação, repudiada pelo direito civil pátrio" (*Direito Administrativo Contratual*, Rio de Janeiro, Lumen Juris, 2004, p. 113).

11.4 Inexigibilidade de licitação

Ao contrário da dispensa, em que as hipóteses estão exaustivamente elencadas na LGL (por significarem casos escolhidos pelo legislador para a realização da contratação direta), a *inexigibilidade de licitação* (disciplinada no art. 25 da LGL) funda-se num pressuposto fático: a impossibilidade de competição e/ou de disputa entre os competidores. Sempre que a competição for faticamente inviável, a licitação será inexigível.[19] Trata-se da impossibilidade de realizar a licitação por inexistir um de seus pressupostos: a competição entre interessados no contrato.

Justamente por isso, a inexigibilidade não decorre de situações tipificadas na lei, mas da própria inexistência fática de condições para a instalação da licitação. Caso sejam constatados tais impedimentos fáticos, a licitação não pode ser artificialmente "construída" pelo edital – como se o administrador pudesse alterar uma situação de fato que não permite a instalação da disputa e/ou da competição.

Logo, a inexigibilidade pode ser qualificada como um *dever de contratação direta*, não uma escolha discricionária do administrador. Este dever existe em paralelo ao dever de licitar – são equivalentes e incidem (um ou outro) a depender da situação fática que permita (ou não) ser instalado o certame.

Daí por que os casos descritos nos incisos I, II e III do art. 25 da LGL são apenas ilustrativos, pois a locução adverbial "em especial" significa "principalmente", "com particular atenção a", prestando-se a confirmar aquilo que prevê o *caput*: a "inviabilidade de competição". O rol normativo é feito *numerus apertus*, meramente exemplificativo.

11.4.1 Elenco exemplificativo das hipóteses tipificadas

As situações tipificadas nos incisos do art. 25 da LGL como hipóteses de contratação direta por inexigibilidade não encerram elenco fe-

---

19. Sobre a inexigibilidade e alguns de seus desafios, sobretudo a dificuldade que alguns gestores têm de conviver com ela e a tentativa indevida de "fabricação" artificial de licitações em casos de inexigibilidade, v. os seguintes estudos de Renato Geraldo Mendes e Egon Bockmann Moreira: "A isonomia artificialmente construída pelo edital" (*ILC* 235/225-228, Curitiba, Zênite, 2015) e "A lógica do regime jurídico da contratação pública", *ILC* 251/5-9 (Curitiba, Zênite, 2015).

chado e exaustivo (como ocorre com o rol de dispensas do art. 24, que tem caráter de *numerus clausus*), mas catálogo meramente *exemplificativo*. Deste modo, a inviabilidade de competição está presente naquelas situações ali tipificadas mas também em diversas outras que podem ocorrer na realidade fática. Sempre que a situação fática for reconduzível ao conceito de *competição inviável* estar-se-á diante de hipótese de contratação direta por inexigibilidade.

Assim, e por exemplo, não são apenas os serviços técnicos enumerados no art. 13 da LGL que comportam contratação direta por inexigibilidade. Outras atividades desta natureza poderão ensejar a inexigibilidade de licitação. Basta que delas decorra a impossibilidade de competição. Evidência disso, aliás, está na redação do inciso II do art. 25, ao vedar a "inexigibilidade para serviços de publicidade e divulgação". A utilidade da vedação pressupõe a possibilidade de que outros serviços, além daqueles enumerados no art. 13, possam configurar a inexigibilidade, uma vez que a publicidade e a divulgação nem sequer fazem parte do rol do mencionado art. 13.[20]

11.4.2 O caráter vinculante dos incisos do art. 25 da LGL

O caráter meramente exemplificativo dos incisos do art. 25 da LGL não significa sua inutilidade. Ao tipificar tais hipóteses, especificando-as, o legislador cuidou de explicitar certas condicionantes, as quais não poderão ser desprezadas na aplicação do Direito aos casos concretos. Ou seja: a particularização dos casos (mesmo que meramente exemplificativa) pelos incisos do art. 25 trouxe pressupostos jurídicos específicos para aquelas situações, sem os quais não estará autorizada a contratação direta.

Por conseguinte, a contratação de profissional de qualquer setor artístico só caracterizará inexigibilidade quando o sujeito for "consagrado pela crítica especializada ou pela opinião pública". Bem assim, a demonstração da exclusividade para a hipótese de unicidade de fornecedor dependerá de "atestado fornecido pelo órgão de registro do comércio do local em que se realizaria a licitação ou a obra ou o serviço, pelo sindicato, federação ou confederação patronal, ou, ainda, pelas entidades equivalentes".

20. Consultem-se: Joel de Menezes Niebuhr, *Dispensa e Inexigibilidade de Licitação Pública*, cit., pp. 185-186; e Adilson Abreu Dallari, *Aspectos Jurídicos da Licitação*, 7ª ed., São Paulo, Saraiva, 2006, pp. 37-81.

11.4.3 O pressuposto da inexigibilidade: o conceito de "competição inviável"

É difícil sistematizar todas as hipóteses que possam caracterizar a inexigibilidade de licitação. Isso porque a inviabilidade de competição pode caracterizar-se por diversos fatores.

Uma tentativa de sistematização pressupõe a divisão em três classes de situações: a *competição inviável* configura-se quando verificar-se (i) a *unicidade de fornecedor* ou *singularidade do sujeito* para contratar com a Administração; (ii) a *inexistência de condições objetivas* para comparação entre propostas; (iii) *a intenção administrativa de contratar um universo indeterminado de ofertantes* (a inexistência de relação de excludência entre os ofertantes).

11.4.4 Competição inviável pela unicidade de fornecedor

A *unicidade de fornecedor* impede a realização da licitação. O inciso I do art. 25 da LGL tratou da hipótese, exemplificando que a contratação será inexigível "para aquisição de materiais, equipamentos, ou gêneros que só possam ser fornecidos por produtor, empresa ou representante comercial exclusivo". A unicidade do fornecedor poderá decorrer de situação *fática* ou *jurídica* que evidencie a inexistência de pluralidade de ofertantes.

Suponha-se que a Administração deseje adquirir produto específico que é comercializado por uma única empresa. Superada a dificuldade na demonstração probatória acerca da ausência de pluralidade de comerciantes do produto, haverá inexigibilidade diante de situação fática peculiar. Mas a unicidade poderá também decorrer do *status* jurídico do fornecedor. É o que ocorre, por exemplo, nas hipóteses de *representação exclusiva* de certo produto.

Havendo título jurídico de exclusividade no fornecimento do produto desejado, demonstrada estará a ausência de pluralidade de ofertantes. Porém, como esse título poderá ser demonstrado? Benjamin Zymler menciona o entendimento do TCU no sentido de que "a Administração deve, em razão de cautela, ir além da exigência dos atestados de exclusividade",[21] promovendo diligências e consultas aos fabricantes.

21. Benjamin Zymler, "Licitações e contratos administrativos", cit., in *Direito Administrativo e Controle*, p. 99.

11.4.4.1 *A demonstração da unicidade do fornecedor*

A grande dificuldade em demonstrar a *unicidade de fornecedor* decorre da suficiência da prova. É sempre difícil realizar prova negativa de um fato, pois a comprovação de que certo fornecedor seja o único fabricante ou comerciante de certo produto passa pela demonstração da inexistência de outros. É preciso mostrar que é verdadeira a ausência de uma pluralidade de ofertantes.

O inciso I do art. 25 preocupou-se com os meios de prova, indicando que a comprovação de exclusividade deve ser feita através de "atestado fornecido pelo órgão de registro do comércio do local em que se realizaria a licitação ou a obra ou o serviço, pelo sindicato, federação ou confederação patronal, ou, ainda, pelas entidades equivalentes". A letra da norma não deve ser desprezada. Reputa-se que a exclusividade *deverá* ser demonstrada mediante a apresentação de *atestado* fornecido pelas entidades referidas. O atestado consiste em declaração formalizada pela entidade dando conta de que, segundo seu banco de informações, não há notícia de pluralidade de fornecedores para certo produto.

A toda evidência, haverá casos e casos em que o atestado poderá (ou não), por si só, valer de comprovação. Suponha-se determinada cidade que tenha só um representante comercial exclusivo de específico produto necessário à Administração municipal, que ostente a declaração emitida pela competente associação local (ou, mesmo, pela Prefeitura), mas cujas cidades vizinhas tenham o mesmo produto em sistema de livre comércio, sem exclusividades: caso os custos de transporte não inviabilizem a contratação dos vizinhos, a inexigibilidade não existirá. Nos dias de hoje esse fato pode ser facilmente constatável pelos meios de informação digital. Logo, caberá à Administração contratante envidar os melhores esforços, fazer as mais abrangentes pesquisas, e, assim, comprovar documentalmente a impossibilidade da competição.

11.4.4.2 *Os monopólios e os privilégios*

O tema da inexigibilidade de licitação nos casos de unicidade de fornecedor (um só agente econômico no polo da oferta) exige que se examine o tema dos *monopólios* e *privilégios*. Como se dá em outros sistemas econômicos, no Brasil existem determinadas *situações de mo-*

nopólio, que podem, *grosso modo*, ser divididas em três: (i) monopólios naturais, (ii) monopólios resultantes de poder de mercado e (iii) monopólios legais (ou privilégios).

A situação de monopólio retrata a composição de mercado em que há apenas um agente econômico no polo da oferta (ou um agente com enorme poder de mercado, a tornar insignificante a concorrência). O monopolista vende quantidades menores a preços mais elevados (pode determinar ou o preço ou a quantidade). Seus preços estão acima do preço ideal num mercado competitivo. Por isso que se costuma dizer que o monopolista é *price maker*, não *price taker*: ele elabora o preço, não o recebe em decorrência do livre funcionamento do mercado. Na medida em que os lucros extraordinários do monopolista consolidam-se no longo prazo, ele tem todo o interesse de bloquear o acesso de novas empresas (barreiras à entrada).

Nas situações de monopólio o fornecedor não tem qualquer incentivo para aperfeiçoar seus produtos, diminuir os preços ou melhorar o atendimento ao consumidor – o que instala sérios problemas na distribuição de riqueza e no desenvolvimento social (afinal, o monopolista recebe dos consumidores pagamentos maiores – transferência de renda – do que os que receberia, para os mesmos produtos, num regime de concorrência). Pode-se dizer, portanto, que os consumidores (públicos ou privados) são verdadeiros reféns do monopolista. Igualmente devido a estes motivos que a LGL incentiva ao máximo a competição: as licitações são um meio à disposição do Estado para tentar quebrar o poder de monopólio, atenuar os oligopólios e instalar a democracia econômica.

Porém, e como demonstrado pela redação do art. 25 da LGL, há casos de bens e serviços que podem ser validamente prestados em regime de monopólio (desde que sem abuso do poder econômico), bem como existem os *monopólios naturais* e os *monopólios legais* (ou *privilégios*).

A expressão "monopólio natural" retrata a situação fática em que é economicamente ineficiente (se não impossível) a instalação de concorrência, "no sentido de a estrutura do mercado tornar mais eficiente a presença de um único produtor do que a presença de vários"[22] – seja

---

22. Fernando Araújo, *Introdução à Economia*, Coimbra, Livraria Almedina, 2002, p. 348. Ampliar em: Alexandre Wagner Nester, *Regulação e Concorrência*, São

devido a custos fixos muito elevados, seja em razão de economias de escala. O exemplo clássico de monopólio natural é a instalação de rede de distribuição de água canalizada: até o presente não se encontrou solução que permitisse a concorrência do lado da oferta, pois se exigem investimentos iniciais imobilizados muito elevados, com retorno em longo prazo e alto risco.

Já, os *monopólios legais* ou *privilégios* são aqueles cuja barreira de entrada é fixada em norma jurídica. "Quanto aos monopólios legais ou de direito – escreveu Fábio Konder Comparato –, eles podem ser públicos ou privados. Os primeiros têm como titular uma pessoa jurídica de direito público interno e existem exclusivamente no interesse coletivo. Os segundos são atribuídos por lei a particulares, mas sempre coordenando a satisfação do interesse próprio do monopolista ao interesse geral da coletividade".[23] Esta segunda hipótese é de mais difícil instalação, mas pode ser cogitada por prazo determinado em setores econômicos que alberguem a produção de bens ou o fornecimento de serviços, a fim de assegurar as projeções iniciais do investidor (por exemplo, o Poder Público tem interesse em que determinada atividade econômica inédita seja desenvolvida em determinado local e, assim, assegura, por prazo certo, a exclusividade na venda de um bem ou no fornecimento de um serviço; ou casos em que é autorizada determinada atividade, de interesse público, que necessita de significativo investimento inicial e longo prazo para captação de receita).

Mas é importante frisar que os monopólios legais privados devem ser concebidos como exceção absoluta (inclusive nos serviços públicos concedidos). Trata-se daqueles casos em que a autorização da atividade privada ou a concessão do serviço público são outorgadas em *regime de exclusividade*: aqui, não cabe a escolha quanto ao fornecedor, mas, sim, a escolha do usuário quanto ao uso (ou não) do serviço.

Paulo, Dialética, 2006, pp. 39 e ss.; W. Kipp Viscusi, John M. Vernon e Joseph E. Harrington, Jr., *Economics of Regulation and Antitrust*, 3ª ed., Cambridge, MIT Press, 2001, pp. 337-358; e Egon Bockmann Moreira, *Direito das Concessões de Serviço Público: Inteligência da Lei 8.987/1995 (Parte Geral)*, São Paulo, Malheiros Editores, 2010, pp. 335-340 (com amplas referências bibliográficas).

23. Fábio Konder Comparato, "Monopólio público e domínio público – Exploração indireta da atividade monopolizada", in *Direito Público*, São Paulo, Saraiva, 1996, p. 148.

O essencial para este tópico é o fato de que há situações nas quais pode *não existir* a *liberdade de escolha*: não haverá competição; logo, não poderá haver licitação. São monopólios naturais, de mercado e de direito, nos quais simplesmente não existe a possibilidade de escolher o futuro contratado.

11.4.4.3 A vedação à preferência por marca

Como não poderia deixar de ser, a LGL proscreveu a *preferência por marca* para fins de contratação direta por inexigibilidade. Ou seja: a unicidade de fornecedor não poderá resultar de preferência (injustificada) por certa marca (v., acima, o § 10.3).

A questão relaciona-se aos limites da discricionariedade técnica da Administração na delimitação do objeto. Observe-se que, a depender da delimitação técnica que se atribua a certo objeto, tal poderá conduzir a disputa a uma única marca, desaguando na unicidade de fornecedor. O problema, então, reside na legitimidade da caracterização do objeto. Somente pode ser admitida a especificação que se revele como necessária, útil e indispensável àquela contratação administrativa. Havendo nexo de pertinência entre as justificadas necessidades da Administração e a especificação técnica do objeto proposta, legitimada estará a inexigibilidade.

É evidente, por isso, que a vedação à preferência por marca se põe num contexto em que haverá mais de uma marca apta a atender às necessidades (técnicas, devidamente justificadas) da Administração. Se assim for, será ilegal a preferência por uma delas em detrimento das outras.

11.4.5 Competição inviável pelas condições peculiares do sujeito

Conforme acima referido, a inviabilidade de competição poderá, ainda, decorrer de *condições peculiares do sujeito*. Haverá situações em que a identidade do sujeito configura razão bastante para a contratação direta por inexigibilidade. Imagine-se hipótese em que certo Município pretenda contratar com a associação das empresas comerciantes do mercado municipal a cessão do direito de uso de determinada área, com vistas ao serviço de estacionamento que lhe seja anexo – trazendo, com isso, benefícios ao interno do próprio mercado. No caso, ainda que haja outros potenciais interessados em adquirir o uso da área e implementar o encargo, a condição peculiar da associação, comprometida com o melhor funcionamento do estabelecimento e com o aprimoramento das utilidades que lhe sejam acessórias, poderá revelar razão suficiente para a contratação direta. Trata-se de indicar que, no caso, o sujeito, pela sua natureza e qualidades intrínsecas, é o único em condições de melhor atender ao interesse da Administração.

Logo, pode-se dizer que as condições peculiares do sujeito contratado podem resultar não só do seu cabedal técnico ou da sua formação artística, mas igualmente dos dados cuja conjugação é detida unicamente por ele (técnicos, geográficos, históricos, culturais etc.), sempre em nexo causal com o objeto da licitação.

11.4.6 Competição inviável pela ausência de condições objetivas entre propostas

Por outro lado, não havendo *condições objetivas* a nortear a seleção da proposta mais vantajosa, a licitação torna-se impossível. Assim se passa porque a licitação depende de uma dimensão concorrencial que se realiza sob condições de isonomia entre os participantes. Sendo impossível a comparação entre propostas por critérios objetivos (e condições isonômicas), não há como proceder-se à licitação.

É claro que a objetividade dos critérios de seleção e avaliação de propostas é algo variável. Haverá critérios mais e menos objetivos, sendo muitas vezes difícil eliminar por completo a apreciação subjetiva derivada dos fatores de seleção de propostas. A licitação será inviável quando a prestação a ser contratada, dada sua natureza, comportar alto grau de criatividade e intelectualidade, impedindo a configuração de critérios minimamente objetivos de seleção.

Os incisos II e III do art. 25 retratam exemplos de competição impossível por inviabilidade objetiva mínima para a comparação das propostas – conforme será a seguir demonstrado.

11.4.7 Contratação de serviços técnicos: singularidade e notório saber

O inciso II do art. 25 da LGL exemplificou e disciplinou a contratação direta dos *serviços técnicos* relacionados nos incisos do art. 13. São as atividades de estudos técnicos, planejamentos e projetos básicos ou executivos; pareceres, perícias e avaliações em geral; assessorias ou consultorias técnicas e auditorias financeiras ou tributárias; fiscalização, supervisão ou gerenciamento de obras ou serviços; patrocínio ou defesa de causas judiciais ou administrativas; treinamento e aperfeiçoamento de pessoal; restauração de obras de arte e bens de valor histórico. Restou vedada a contratação direta para serviços de publicidade e divulgação – estes são literalmente excluídos.

Note-se que o elenco de atividades é meramente exemplificativo. Evidentemente, outros serviços técnicos poderão ser contratados diretamente, por inexigibilidade de licitação. Tal como referido acima, a explicitação da vedação da inexigibilidade para serviços de publicidade e divulgação bem elucida o caráter aberto da relação contida nos incisos do art. 13 para fins de contratação direta.

Fosse fechado o rol de casos, a vedação seria supérflua, o que não se pode presumir, em vista da aplicação de princípio hermenêutico fundamental.

11.4.7.1 Os serviços técnicos profissionais especializados: categoria normativa especial

O art. 13 da LGL, ao qual remete o art. 25 do mesmo diploma, traz a definição normativa de determinada categoria de serviços a serem prestados à Administração, triplamente qualificados: *técnicos* (próprios de determinada arte, ciência ou ofício), *profissionais* (exclusivos de determinadas profissões, aqui compreendidas como atividades que requerem instrução formal) e *especializados* (cuja singularidade exige aprimoramento e profundo conhecimento). São serviços que, devido à sua importância para a Administração e/ou para a coletividade, devem ser executados por sujeitos que detenham notável perícia para aquela atividade.

Com isto se pretende diferenciar e circunscrever alguns serviços normalmente pouco competitivos (seja devido à alta qualificação necessária para sua prestação, seja motivado pelo ineditismo do objeto, seja em razão da vaidade daqueles poucos profissionais que os prestam), cuja licitação exige especiais cuidados – tanto isto é verdade que tal categoria de serviços pode provocar a respectiva inexigibilidade (LGL, art. 25, II).

Por isso que se pode afirmar que a eventual qualificação normativa – legal ou regulamentar – de um serviço como técnico e/ou especializado não configura condição necessária e suficiente para que ele seja subsumido a alguma das hipóteses do art. 13 da LGL.[24] Isto é: não basta que surja lei ou regulamento que disponha ser esta ou aquela atividade um "serviço técnico profissional": é imprescindível o exame do caso concreto, das exigências do serviço a ser prestado naquele momento e respectivas circunstâncias, bem como a qualificação dos profissionais disponíveis naquele setor econômico. Desta forma, não será demais afirmar que há graus em cada categoria de serviços técnicos profissionais especializados.

11.4.7.1.1 Os graus de serviços técnicos profissionais especializados

Cada um dos serviços técnicos profissionais especializados tem níveis diferenciados de prestação. Por exemplo, tome-se a previsão do inciso V do art. 13 da LGL: "patrocínio ou defesa de causas judiciais ou administrativas". A depender do caso concreto e respectivas exigências, haverá diferentes graus de especialização do respectivo serviço, que instalarão escolhas administrativas que vão desde a desnecessidade de contrato administrativo (os servidores da Advocacia Pública detêm o

---

24. Como já decidiu o STF: "Não há que se confundir a simples nomenclatura de especialista, usada em decreto, com a relação contratual de prestação de serviços técnicos e especializados prevista na norma constitucional (art. 99, § 4º, da CF/1969)" (MS/AgR 25.054-DF, Min. Ellen Gracie, *DJU* 26.5.2006). Eis o texto da Emenda Constitucional 1/1969:
"Art. 99. É vedada a acumulação remunerada de cargos e funções públicas, exceto: (...).
"(...).
"§ 4º. A proibição de acumular proventos não se aplica aos aposentados, quanto ao exercício de mandato eletivo, quanto ao de um cargo em comissão ou quanto a contrato para prestação de serviços técnicos ou especializados."

respectivo conhecimento técnico especializado) até a inexigibilidade da licitação (questão inédita ou de elevada complexidade).

Afinal, como registrou Adilson Abreu Dallari: "Nem todo serviço técnico especializado enseja a pura e simples dispensa de licitação. Existem serviços que, não obstante requeiram acentuada habilitação técnica, podem ser realizados por uma pluralidade de profissionais ou empresas especializadas, indistintamente. A dispensa de licitação somente pode ocorrer quando o serviço técnico se tornar singular, ou seja, quando o fator determinante da contratação for o seu executante, isto é, quando não for indiferente ou irrelevante a pessoa, o grupo de pessoas ou a empresa executante".[25] Esta constatação revela a importância do exame do caso concreto como elemento indispensável da aplicação normativa.

A depender da real necessidade administrativa, o texto do art. 13 gerará (ou não) esta ou aquela norma jurídica a ser aplicada.

11.4.7.1.2 A cessão de direitos patrimoniais relativos ao serviço

O art. 111 da LGL,[26] mencionado no § 3º do seu art. 13, exige que determinados contratos públicos sejam condicionados à *cessão de todos os direitos patrimoniais* detidos pelo contratado. Isto significa dizer que os direitos sobre, por exemplo, projetos arquitetônicos, pareceres jurídicos ou técnicas de treinamento de pessoal não mais integrarão o patrimônio do contratado a partir da contratação – sendo integralmente transferidos à Administração Pública, que a eles poderá dar o destino que melhor lhe aprouver (respeitadas, aqui, a dignidade do trabalho e a de seu autor).

A condição, os termos e o momento da transferência deverão estar prévia e expressamente definidos no edital, a fim de que os interessados saibam com precisão que a única renda a ser obtida com o serviço reside naquela oriunda da contratação pública.

25. Adilson Abreu Dallari, *Aspectos Jurídicos da Licitação*, cit., 7ª ed., p. 58.
26. "Art. 111. A Administração só poderá contratar, pagar, premiar ou receber projeto ou serviço técnico especializado desde que o autor ceda os direitos patrimoniais a ele relativos e a Administração possa utilizá-lo de acordo com o previsto no regulamento de concurso ou no ajuste para sua elaboração."

11.4.7.1.3 Contratações personalíssimas e a estabilidade do corpo técnico

A previsão dos §§ 2º e 3º do art. 13 da LGL revela que as contratações de serviços técnicos especializados podem ser qualificadas de *personalíssimas*, oriundas da necessidade de serviço diferenciado em vista do seu respectivo prestador. Aqui se contrata com a intenção de que o sujeito com a qualificação especial execute pessoalmente o serviço. Daí a lei exigir que os especialistas "realizem pessoal e diretamente os serviços objeto do contrato" – pouco importa se a contratação se der com pessoas físicas ou jurídicas. Constatação que autoriza a revisão de um dos mitos celebrados do direito administrativo brasileiro: o de que todos os contratos administrativos são *intuitu personae*.

A qualificação de um contrato como *impessoal* ou como *personalíssimo* tem origem no direito privado tradicional e é associada a negócios como o mandato, a execução de obra de arte, a sociedade limitada, o atendimento médico etc.[27] A ideia central está em que tais contratos geralmente dão origem a "uma *obrigação de fazer*, cujo objeto é um serviço *infungível*, isto é, que não pode ser executado por outra pessoa, ou porque só aquela seja capaz de prestá-lo, ou porque à outra parte interessa que seja executado tão somente por ela".[28] A personalidade individual do sujeito contratado seria o *leitmotiv* da contratação – fazendo com que esta perdesse consistência frente a outros sujeitos.

Pois a verdade é que a contratação *personalíssima* é exceção no mundo dos fatos e sempre depende de previsão normativa expressa (legal e contratual). Clóvis do Couto e Silva, ao tratar da execução da

---

27. O contrato de empreitada gerou amplas discussões. Originalmente o tema dizia respeito a contrato civil firmado com o empreiteiro pessoa física: aquele profissional com aptidões especiais para a execução da obra; instalando-se o problema da *sucessão* do empreiteiro em decorrência da sua morte. Discussão afastada pelo art. 626 do atual CC, que traduz ser o contrato *intuitu personae* uma exceção na empreitada ("Não se extingue o contrato de empreitada pela morte de qualquer das partes, salvo se ajustado em consideração às qualidades pessoais do empreiteiro"). Sobre o debate, v.: Orlando Gomes, *Contratos*, 12ª ed., Rio de Janeiro, Forense, 1990, pp. 89-90 e 330-339; Caio Mário da Silva Pereira, *Instituições de Direito Civil*, 7ª ed., vol. III, Rio de Janeiro, Forense, 1986, pp. 221-229; Gustavo Tepedino, Heloísa Helena Barboza e Maria Celina Bodin de Moraes, *Código Civil Interpretado*, vol. II, Rio de Janeiro, Renovar, 2006, pp. 344-345 e 381-382.

28. Orlando Gomes, *Contratos*, cit., 12ª ed., p. 89.

obrigação de fazer, menciona a regra do Código Civil de 1916, "de que nesse tipo de obrigação o credor não se obriga a aceitar de terceiro a prestação, quando for convencionado que o credor a faça pessoalmente. As restrições ao princípio da possibilidade da prestação por terceiro decorrem da pessoalidade da prestação (encomenda de um quadro de um pintor célebre) ou derivam, como estatui o aludido art. 878, de convenção. Fora, portanto, dessa hipótese ou da pessoalidade da prestação, do interesse intrínseco da prática de determinado ato por alguém, possuidor de determinada qualidade que o estrema dos demais, princípio é que a prestação pode ser feita por terceiro".[29] Enfim, a expressão "contrato *intuitu personae*" tem, como todas as demais da linguagem normativa, limites externos e internos. Pretender utilizá-la para qualificar casos com os quais ela não tenha pertinência (normativa e contextual) é típica extrapolação desses limites.

Ocorre que boa parte da academia de direito administrativo brasileiro reputa que todos os contratos administrativos são personalíssimos.[30] Porém, exceção feita ao art. 13, ora comentado, e a algumas hipóteses de dispensa e inexigibilidade (arts. 24 e 25 da LGL), fato é que a seleção do contratado é realizada de modo objetivo (basta a lembrança aos princípios da *impessoalidade*, da *vinculação ao edital* e do *julgamento objetivo*). A regra é a da vedação à escolha subjetiva com lastro nas qualidades íntimas exclusivas do contratado: se assim fosse, concorrência não haveria. Afinal, se há mais de uma pessoa apta a contratar, executar as obras e prestar os serviços com a mesma qualidade e

---

29. Clóvis do Couto e Silva, *A Obrigação como Processo*, São Paulo, José Bushatsky Editor, 1976, p. 166. O atual CC regula as obrigações de fazer nos arts. 247 a 249.

30. Sempre com o devido respeito, merecem citação os valiosos estudos de: Hely Lopes Meirelles, *Licitação e Contrato Administrativo*, cit., 15ª ed., p. 430; Cármen Lúcia Antunes Rocha, *Estudo sobre Concessão e Permissão de Serviço Público no Direito Brasileiro*, São Paulo, Saraiva, 1996, p. 45; Arnoldo Wald, "Da competência das agências reguladoras para intervir na mudança de controle das empresas concessionárias", *RDM* 128/41-43, São Paulo, Malheiros Editores, outubro-dezembro/2002; Arnoldo Wald, Luíza Rangel de Moraes e Alexandre de M. Wald, *O Direito de Parceria e a Lei de Concessões*, 2ª ed., São Paulo, Saraiva, 2004, pp. 308 e 389-390; Benedicto Porto Neto, *Concessão de Serviço Público no Regime da Lei 8.987/1995: Conceitos e Princípios*, São Paulo, Malheiros Editores, 1998, p. 77; Lúcia Valle Figueiredo, *Curso de Direito Administrativo*, 9ª ed., São Paulo, Malheiros Editores, 2008, p. 551; Maria Sylvia Zanella Di Pietro, *Direito Administrativo*, 18ª ed., São Paulo, Atlas, 2005, p. 256.

eficiência (por isso é possível a licitação), como se falar em contratação personalíssima? Mais que isso: se houve pessoa qualificada técnica, operacional e economicamente mas que perdeu a licitação devido ao preço ofertado, como opor óbices personalíssimos à execução da obra, do serviço ou à alienação? Como cogitar dos lances no pregão eletrônico? Como conviver com o Sistema de Registro de Preços? Como cogitar das fases celebradas no RDC, em que o exame dos documentos de habilitação depende do menor preço ofertado?

Ao que se infere, esta concepção tem como causa remota o direito administrativo francês – em específica decorrência dos contratos de concessão (ao lado de tantas outras em sede de contratos administrativos). Como anota Cláudia Tosin Kubrusly, "a caracterização do contrato de concessão como *intuitu personae* tem origem em Países como a França, onde a seleção do particular para execução do serviço se dava de forma discricionária, permitindo que o Estado se vinculasse a aspectos subjetivos do selecionado".[31] Até a edição da *Loi Sapin*, de 29.1.1993, a escolha do contratado era discricionária, sem qualquer procedimento prévio, e recaía em pessoa da confiança subjetiva da autoridade administrativa responsável. Como sintetiza René Chapus, "porque a gestão do serviço público é confiada a uma pessoa (física ou jurídica) que será como um *parceiro* da Administração, aplica-se o princípio segundo o qual a escolha do *parceiro* é *uma livre escolha*, feita *intuitu personae*".[32] Assim, a qualificação de *personalíssimo* do contrato administrativo frente ao Direito Francês tinha sua razão de ser. O mesmo não pode ser dito para os contratos administrativos brasileiros (exceção feita às hipóteses de dispensa e inexigibilidade).

31. Cláudia Tosin Kubrusly, "Modificações subjetivas nos contratos de concessão", *RDPE* 6/228, Belo Horizonte, Fórum, abril-junho/2004 – com várias referências bibliográficas nacionais e estrangeiras. A respeito do assunto, Carlos Padrós Reig traça as exceções fáticas quanto à execução do contrato administrativo pelo adjudicatário, tais como a subcontratação, a cessão de contratos e as operações societárias, pondo em xeque a ortodoxia administrativa quanto à alteração subjetiva dos contratos ("Modificaciones subjetivas en la ejecución de contratos de concesión de servicios públicos: entre dogmática administrativa e realidad prática", *REDA* 135/459-503, Madri, Civitas, jul./set. 2007).

32. René Chapus, *Droit Administratif Général*, 12ª ed., t. 1, Paris, Montchrestien, 1998, p. 579 (tradução livre). Sobre a *Loi Sapin*, v. a obra coletiva de Eric Delacour (coord.), Julien Antoine, Jean-François Davignon e Catherine Ribot, *La Loi Sapin et les Délégations de Service Public: 10 Ans d'Application Jurisprudentielle*, Paris, Litec, 2003, *passim*.

Ora, para que a contratação administrativa se caracterize como *intuitu personae* é necessária a conjugação de: (i) uma relação causal absoluta, previamente definida, entre a pessoa do contratado e a obra e/ou o serviço a ser prestado; (ii) a impossibilidade legal e contratual de subcontratação; (iii) a impossibilidade legal e contratual de alterações societárias significativas (máxime as que atingem o poder de controle). Pois bem, estes três requisitos são antitéticos a dispositivos expressos e implícitos tanto da LGL (por exemplo, arts. 2º, 3º, 13, 72, 80, § 2º, e 111) como da Lei Geral de Concessões (Lei 8.987/1995: basta a leitura dos arts. 26 e 27 para se constatar que é válida a subconcessão e a alteração do poder de controle).

Assim, tudo indica que perdeu consistência a defesa da tese de que os contratos administrativos brasileiros são todos personalíssimos. As contratações *intuitu personae* são excepcionais, como bem o demonstra a leitura do art. 13 e dispositivos correlatos da LGL.

11.4.7.2 Pressupostos à configuração da inexigibilidade para serviços técnicos

Além de relacionar *serviços técnicos* que podem ser contratados por inexigibilidade,[33] a norma condicionou a viabilidade da hipótese à existência de *duas condições*, sempre *cumulativas*: (i) singularidade do objeto e (ii) notória especialização do prestador.[34]

11.4.7.2.1 A singularidade do objeto

Não é simples definir o que seja uma *prestação singular*. Até porque a singularidade poderá derivar de características diversas – que variam no tempo e no espaço (um serviço jurídico ou de engenharia extre-

---

33. Anote-se que, tal como prescrito pelo § 3º do art. 13 da LGL: "A empresa de prestação de serviços técnicos especializados que apresente relação de integrantes de seu corpo técnico em procedimento licitatório ou como elemento de justificação de dispensa ou inexigibilidade de licitação ficará obrigada a garantir que os referidos integrantes realizem pessoal e diretamente os serviços objeto do contrato".
34. "Os serviços descritos no art. 13 da Lei n. 8.666/1993, para que sejam contratados sem licitação, devem ter natureza singular e ser prestados por profissional notoriamente especializado, cuja escolha está adstrita à discricionariedade administrativa" (STJ, REsp 436.869-SP, Min. João Otávio de Noronha, *DJU* 1.2.2006).

mamente complexo nos dias de hoje pode tornar-se banal com o passar do tempo; os desafios das grandes metrópoles geram dilemas que exigem quadros de alta qualificação, e o mesmo não se dá em cidades pequenas, que podem carecer de pessoal apto a desenvolver determinados empreendimentos). Assim, a singularidade poderá ser consequência, por exemplo, da complexidade técnica do objeto; do vulto da prestação; de sua eventualidade e especificidade; de seu caráter predominantemente intelectual e criativo; etc. Pode também – como pontuou Marçal Justen Filho a propósito de serviços jurídicos – decorrer do conjunto de prestações que, isoladamente consideradas, poderiam afigurar-se comuns mas que, em conjunto unitário, assumem outra dimensão. Neste caso, a complexidade derivará da conjugação/acumulação das diversas prestações.[35]

Fato é que a singularidade pressupõe algo que não seja corriqueiro, rotineiro, e que possa ser desempenhado por qualquer prestador. Afasta-se de dados do cotidiano das respectivas profissões ou empreendimentos. Revela atividade específica, cujo resultado seja variável a depender da identidade do sujeito.

Assim, a singularidade será algo que frequentemente se entrosa com a singularidade do sujeito – "e até mesmo dela deriva", como explica Celso Antônio Bandeira de Mello: "De modo geral, são singulares todas as produções intelectuais, realizadas isolada ou conjuntamente – por equipe –, sempre que o trabalho a ser produzido se define pela marca pessoal (ou coletiva), vale dizer, subjetiva, expressada em características científicas, técnicas ou artísticas importantes para o preenchimento da necessidade administrativa a ser suprida. Nesse quadro cabem os mais variados serviços: uma monografia escrita por experiente jurista, uma intervenção cirúrgica realizada por qualificado cirurgião,

---

35. Como já explicou Marçal Justen Filho, a propósito da contratação direta de serviços jurídicos: "Nada impede que a singularidade derive da complexidade do conjunto de atividades e tarefas: individualmente, cada autuação poderia ser considerada como normal e comum, mas existem centenas ou milhares de processos e a singularidade decorre dessa circunstância quantitativa. É impossível sumariar todas as características aptas a produzir a singularidade de um serviço advocatício. Uma certa questão pode configurar natureza singular no âmbito de um órgão e não no de outro, tendo em vista a dimensão das atividades usualmente desenvolvidas e a qualificação dos serviços jurídicos existentes" (*Comentários à Lei de Licitações e Contratos Administrativos*, 16ª ed., São Paulo, Ed. RT, 2014, p. 507).

uma pesquisa sociológica empreendida por uma equipe de planejamento urbano, um ciclo de conferências efetuado por professores, uma exibição de orquestra sinfônica, uma perícia técnica sobre o estado de coisas ou das causas que o geraram. Todos esses serviços se singularizam por estilo ou por uma orientação pessoal. Repita-se que a mencionada singularidade não significa que outros não possam realizar o mesmo serviço, isto é, são serviços singulares, embora não sejam necessariamente únicos. A singularidade do serviço deriva de uma conexão indissociável com virtudes ou atributos do sujeito. Daí haver-se dito que é a singularidade do sujeito o que acaba por determinar a singularidade do objeto. Evidentemente, o que entra em causa, para o tema da exclusão de licitação, é a singularidade relevante, ou seja, cumpre que os fatores singularizadores de um dado serviço apresentem realce para a satisfação da necessidade administrativa. Em suma: que as diferenças advindas da singularidade de cada qual repercutam de maneira a autorizar a presunção de que o serviço de um é mais indicado que o serviço de outro".[36]

11.4.7.2.2 Notória especialização do prestador

Já, a *notória especialização* do prestador veio definida pelo § 1º do art. 25. Deterá notória especialização, para os efeitos da LGL, o profissional ou empresa cujo conceito no campo de sua especialidade, decorrente de desempenho anterior, estudos, experiências, publicações, organização, aparelhamento, equipe técnica ou de outros requisitos relacionados com suas atividades, permita inferir que seu trabalho é essencial e indiscutivelmente o adequado à plena satisfação do objeto do contrato.

É evidente que o enquadramento do prestador ao conceito de *notória especialização* comportará certa margem de apreciação pela Administração. Ela avaliará os atributos da pessoa (física e/ou jurídica), de acordo com demonstração documental e objetiva de sua qualificação (é imperioso que haja tal documentação). Mas, depois de indene de dúvi-

---

36. Celso Antônio Bandeira de Mello, "Pressupostos da licitação", *ILC* 98/236, Curitiba, Zênite, abril/2002. No mesmo sentido: Adilson Abreu Dallari, *Aspectos Jurídicos da Licitação*, cit., 7ª ed., p. 59.

das a respeito da elevada e diferenciada qualificação do prestador, haverá, sim, uma motivada escolha discricionária, feita em razão das peculiaridades do caso concreto e suas circunstâncias.

Observe-se, também, que o atributo de notória especialização comporta certa relatividade. Assim, suponha-se a contratação de advogado titularizado apenas com pós-graduação (*lato sensu*) para, no interesse de pequeno Município distante dos grandes centros, propor ação judicial dotada de alguma complexidade perante a comarca local. Estes mesmos objeto e prestador, que podem autorizar a contratação direta no âmbito de um Município com 5.000 habitantes, certamente não configurariam a hipótese numa contratação realizada pelos Municípios de São Paulo, Rio de Janeiro ou Brasília. Ou seja: a notória especialização é algo que varia também em função da disponibilidade de profissionais no âmbito de certa localidade.

O contexto fático revelará se o conhecimento técnico detido por determinado profissional sobre certa matéria é (ou não) corriqueiro entre os profissionais da região. Ou seja: a particularidade técnica do profissional, sua singularidade, revela-se no respectivo mercado relevante: cabe definir se há, quem são, onde estão localizados e qual a qualificação dos eventuais concorrentes daquele profissional (parâmetro geográfico conjugado com critério de produto ou serviço).

Mas, ainda que haja mais de um profissional altamente qualificado no mesmo mercado relevante, haverá casos em que a decisão será oriunda do legítimo exercício de competência discricionária: caberá ao agente público, fundamentadamente, fazer a opção de contratar aquele que lhe pareça mais apto a executar o contrato. É o servidor público, atento aos princípios constitucionais, que detém competência democrática para concretizar a eleição que melhor atenda ao interesse público primário sob sua guarda. Aqui está o cerne da inexigibilidade: na escolha discricionária, que de outra forma não poderia ser feita pela Administração.

11.4.7.2.3 Contratação de profissional
do setor artístico

O inciso III do art. 25 da LGL introduz a hipótese de contratação de profissional de qualquer *setor artístico* (diretamente ou por meio de seu empresário), desde que consagrado pela crítica especializada ou pela opinião pública. A notoriedade é exigida, e pode ser oriunda tanto da alta qualidade artística ou, mesmo, do amplo reconhecimento popular (ou da combinação de ambos).

A inviabilidade de competição, aqui, decorre do caráter criativo e artístico da prestação – o que elimina a possibilidade de comparação objetiva entre prestadores. Sob este aspecto, assemelha-se à hipótese da contratação de serviços técnicos. A diferença, quando ao objeto, reside em que a contratação de profissional do setor artístico independe da caracterização da prestação como singular (como se passa na contratação de serviços técnicos). Bastará que o artista tenha reconhecimento da crítica ou do público.

Portanto: o legislador presumiu que, diante da contratação de prestações artísticas, *de qualquer natureza*, a inviabilidade de competição estará sempre configurada desde que o prestador tenha o reconhecimento da crítica ou do público. Vale notar o caráter abrangente da locução veiculada pelo legislador, ao estender a hipótese a "qualquer setor artístico". As mais variadas manifestações das mais diversas artes poderão ser objeto de contratação direta, neste particular (escritores, cantores, músicos, pintores, dançarinos, cultura popular diversificada etc.).

É certo que caberá ao administrador demonstrar que o profissional tem o *reconhecimento da crítica* e/ou *do público*. Logo, não é necessário que o profissional seja bem acolhido pela crítica especializada – pode ser que esta o rejeite, mas que ele tenha ótima receptividade popular (o que muito se dá com escritores e músicos, por exemplo[37]). Tampouco

37. Basta conferir a opinião do célebre crítico literário Wilson Martins a respeito dos romances *best-sellers* de Jô Soares (*O Xangô de Baker Street*) e Chico Buarque (*Benjamin*): "Não li nenhum dos dois. Mas acredito sinceramente que o sucesso desses livros resulta menos de sua qualidade literária e mais da fama de seus autores, de seu prestígio na mídia. (...). Chico Buarque é um grande músico, mas como escritor é apenas um autor de segundo cozimento. Ainda não li *Benjamin*, mas estou curioso para ver de onde ele o tirou". E seu conceito a respeito da obra de Paulo Coelho: "Grande parte de seu sucesso, é verdade, não passa de um efeito de *marketing*. Mas não se pode reduzir as coisas a isso. Seus livros respondem a uma necessidade espiritual, que não é apenas brasileira, mas universal, tanto que seus romances se tornam sucesso de venda em todas as partes do Planeta. Paulo Coelho é autor de uma literatura que não faz pensar, ela apenas confirma aquilo que os leitores já estavam convencidos antes de abrir o livro. (...). Mas você não pode entender a literatura de um País

se exige que o profissional seja aclamado pelo público – basta que o seja pela crítica especializada. Tudo dependerá do que se pretenda com a contratação (um festival de teatro ou um de música erudita poderá exigir contratações diversas das que um espetáculo musical em festas populares). Trata-se de requisito imposto explicitamente pela norma, que adquire densidade específica no caso concreto. A demonstração importará documentar o processo com notícias, resenhas, críticas e currículo do prestador. Não há necessidade de que referido reconhecimento se projete em âmbito nacional ou internacional. Um artista agraciado com o prestígio local de público ou crítica no âmbito de certo Município, por exemplo, será detentor de situação subjetiva suficiente à contratação direta.

11.4.7.2.4 A responsabilidade solidária entre contratado e agente público

O § 2º do art. 25 da LGL estabelece a *responsabilidade solidária* entre o contratado e o agente público na hipótese de "superfaturamento" da contratação direta (o que envolve todos os casos de dispensa e inexigibilidade).

O *superfaturamento* consiste no artifício de incrementar, propositada e artificialmente, os preços com vistas a obter vantagem indevida no fornecimento do bem ou prestação do serviço. Trata-se, portanto, de algo que pressupõe necessariamente o *dolo* dos sujeitos envolvidos na sua prática. Mais ainda, superfaturamento é conceito que diz respeito ao respectivo setor econômico, à conceituação e à demanda pelo contratado: o fato de um cantor célebre cobrar cachês altíssimos não implica, necessariamente, a conclusão pelo superfaturamento. Aqui se exige uma pesquisa no respectivo mercado; os preços cobrados pelo próprio

---

sem levar em conta fenômenos como ele. O Brasil é Rui Barbosa, é Euclides da Cunha, mas também é Paulo Coelho" ("Diálogo com José Castello", in *Pontos de Vista (Crítica Literária)* 14/162-163 (1995-1997), São Paulo, T. A. Queiroz Editor, 2002). Ou, como advertiu Umberto Eco: "Quando se diz que com frequência os contemporâneos se enganam ao julgar o valor de um livro inclui-se na conta o erro dos doutos, ou seja, da crítica. Se tivéssemos dado ouvidos a Saverio Bettinelli, no século XVIII teríamos enviado Dante à picotadora" (*A Memória Vegetal*, 2ª ed., trad. de J. A. D'Ávila, Rio de Janeiro, Record, 2011, p. 23).

contratado nos seus negócios privados e/ou por artistas equivalentes ou próximos; a disponibilidade na agenda do contratado; o interesse ou relevância que ele desempenha no local de sua contratação; etc. Isto é: do fato de alguém cobrar caro pelos seus serviços não se pode concluir, automaticamente, que houve superfaturamento.

A ressalva é relevante para afastar a suposição de que, com base na norma, a Administração e os órgãos de controle estariam autorizados a requisitar o ressarcimento de valores que entendem decorrentes de preços excessivos, ainda que negociados e contratados à luz da boa-fé. Nem mesmo a falta de adequada justificação do preço ajustado para a contratação direta – exigência prescrita no inciso I do § 3º do art. 26 da LGL – poderia ser invocada como razão bastante para legitimar a pretensão de ressarcimento.

Quando muito, o vício responsabilizaria a Administração e o agente administrativo, não podendo o particular responder pelo não atendimento a pressupostos formais e procedimentais (de incumbência da Administração) inerentes à contratação. A questão soluciona-se pela aplicação do previsto no parágrafo único do art. 59 da LGL.[38] Eventual nulidade da contratação por defeito na justificativa do preço (infração ao disposto no inciso I do § 3º do art. 26) se resolveria pelo amplo ressarcimento ao contratado de boa-fé.

O fato é que a hipótese de *superfaturamento* pressupõe, em todos os casos, a má-fé: o dolo de elevar artificialmente os preços. Fora deste contexto as diferenças de preços deverão ser atribuídas à liberdade de estipulação comercial do contratado. Nenhum particular está adstrito a alinhar rigorosamente seus preços com aquilo que se poderia denominar de *padrão de mercado* – muito menos as celebridades e aqueles que disponham de qualificação técnica extraordinária. Na falta de norma que imponha limitação de preços para certo comércio, é inviável res-

---

38. Eis o teor do dispositivo legal:
"Art. 59. A declaração de nulidade do contrato administrativo opera retroativamente, impedindo os efeitos jurídicos que ele, ordinariamente, deveria produzir, além de desconstituir os já produzidos.
"Parágrafo único. A nulidade não exonera a Administração do dever de indenizar o contratado pelo que este houver executado até a data em que ela for declarada e por outros prejuízos regularmente comprovados, contanto que não lhe seja imputável, promovendo-se a responsabilidade de quem lhe deu causa."

ponsabilizar por indenização o particular que pratica preços altos. Não fosse assim, a norma do § 2º acabaria por se transformar num artifício para que a Administração revisasse sempre os preços contratados na esfera das contratações diretas (invocando o seu poder *ex officio* de invalidação dos contratos – de validade duvidosa, pontue-se de passagem), em prejuízo dos direitos do contratado. A hipótese retrataria uma espécie de alterabilidade unilateral do preço, o que é proscrito pelo § 1º do art. 58 da LGL.[39]

Por outro lado, configurada a má-fé, surge a responsabilização do contratado e do agente público responsável pela contratação direta. Haverá, nesta situação, nulidade da contratação, por superfaturamento. O ressarcimento não estará adstrito à mera devolução do valor excedente ao "patamar de mercado". Diante da nulidade da contratação por má-fé dos envolvidos, a Administração deverá ser ressarcida dos valores integralmente pagos; o particular, pelo custo suportado. Ou seja: como não é juridicamente viável à Administração beneficiar-se ilegitimamente da prestação alheia em benefício próprio (enriquecimento ilícito), ao particular caberá não o direito de praticar o preço de mercado (muito menos o preço contratado, que foi superfaturado), mas mera indenização pelo custo suportado no fornecimento do bem ou prestação do serviço. Afinal, ele não pode experimentar lucro em decorrência de ato ilícito. Os prejuízos da Administração a serem ressarcidos pela contratação ilegal, portanto, equivalem ao valor total contratado e pago, subtraído do custo suportado pelo contratado (ou que deveria ter sido suportado pelo contratado, segundo padrões de mercado) para o fornecimento do bem ou a prestação do serviço.

Note-se que a norma prescreve responsabilidade pessoal do agente público. Sem prejuízo de outras sanções cabíveis, o agente responsável envolvido na contratação (desde que demonstrada sua má-fé) será responsabilizado *solidariamente* com o contratado pelos prejuízos produzidos com o superfaturamento.

---

39. Cujo texto é o seguinte:
"Art. 58. O regime jurídico dos contratos administrativos instituído por esta Lei confere à Administração, em relação a eles, a prerrogativa de: (...).
"§ 1º. As cláusulas econômico-financeiras e monetárias dos contratos administrativos não poderão ser alteradas sem prévia concordância do contratado."

11.4.8 Inexigibilidade pela contratação de todos: o credenciamento

Há ainda outra hipótese de inexigibilidade derivada da inviabilidade de competição ante a inexistência de relação de excludência entre os ofertantes. Trata-se da hipótese em que a Administração pretende contratar ou convocar todos os potenciais ofertantes para a execução de certo objeto. Se há intenção administrativa de propiciar a contratação de uma universalidade indeterminada de interessados, inexistem condições de competição. Logo, a licitação afigura-se inexigível.

O sistema pelo qual se organizam e se formalizam contratações desta natureza é o *credenciamento*. Trata-se de figura atípica (na acepção de não estar definida em lei), mas que vem sendo utilizada pelas Administrações com vistas a lhes permitir uma sistemática de cadastramento de fornecedores de bens e serviços para o fim de possibilitar uma pluralidade de contratações administrativas, sequenciais.

Por meio do credenciamento institui-se a possibilidade de interessados se cadastrarem perante a Administração, a partir da adesão às condições preestabelecidas (inclusive quanto às cláusulas econômico-financeiras determinadas, como o preço do bem ou do serviço) e da apresentação de documentação para o fim de atendimento a requisitos exigidos, com vistas a compor uma relação de fornecedores e prestadores para serem sequencialmente contratados pela Administração (mesmo que a prestação se dê em favor de terceiros). O credenciamento deverá ter, como regra, um caráter *aberto*, permitindo-se que novos interessados possam ingressar na relação de fornecedores e prestadores; assim como poderá ter prazo de validade.

Como o credenciamento dará origem a contratações administrativas, é evidente que sua formatação depende do atendimento aos requisitos estabelecidos pela legislação específica. Daí Érica Requi lembrar que é requisito de validade do credenciamento a "garantia da igualdade de condições entre todos os interessados hábeis a contratar com a Administração, pelo preço por ela definido". Por essa razão, "o edital de chamamento deve contemplar apenas as condições mínimas indispensáveis para a garantia do adequado cumprimento da obrigação pretendida, de modo que todos aqueles que as atenderem devem ser credenciados".[40]

---

40. Érica Miranda dos Santos Requi, "Credenciamento como ferramenta para prestação de serviços – Registro eletrônico de contratos de financiamento no DETRAN", *ILC* 253/229-231, Curitiba, Zênite, março/2015.

O tema vem merecendo tratamento pelo TCU. Cite-se o Acórdão do Plenário 3.567/2014 (Representação, revisor Min. Benjamin Zymler), em que se definiu que: "O credenciamento é hipótese de inviabilidade de competição não expressamente mencionada no art. 25 da Lei n. 8.666/1993 (cujos incisos são meramente exemplificativos). Adota-se o credenciamento quando a Administração tem por objetivo dispor da maior rede possível de prestadores de serviços. Nessa situação, a inviabilidade de competição não decorre da ausência de possibilidade de competição, mas sim da ausência de interesse da Administração em restringir o número de contratados".

11.5 Procedimentalização (ou processualização) da contratação direta

A *contratação direta* não prescinde de procedimento regular. Embora signifique a ausência de licitação, depende – assim como a contratação por meio de licitação – de prévio processo que a justifique. Significa dizer que a contratação direta deve resultar de específica sucessão de atos formalizados que demonstrem o atendimento aos pressupostos materiais, formais e procedimentais impostos pela legislação à hipótese.

Assim, a contratação direta deverá estar retratada em processo devidamente autuado perante a entidade e órgão competente, cronologicamente ordenado e organizado, de molde a permitir às instâncias de controle, assim como a qualquer interessado, sua completa reconstrução histórica.

Não raro as contratações diretas são realizadas sem a precedência destas cautelas. Muitas vezes, inclusive, o atendimento aos seus pressupostos materiais está presente, mas defeitos formais e procedimentais na formação do processo conduzem à sua invalidade (ainda que eventualmente passíveis de convalidação subsequente, a depender da dimensão e da natureza do vício). Situações assim podem ser evitadas pela adoção de práticas adequadas na formalização e autuação do processo, com observância rigorosa das exigências previstas no art. 26 da LGL.

11.5.1 Necessidade de aferição da habilitação

É certo, também, que a contratação direta não significará a dispensa de todas as exigências aplicáveis à licitação. Há requisitos mínimos de habilitação cuja aferição não deve ser descurada. O atendimento à regularidade fiscal, à habilitação jurídica e, mesmo, a certas exigências de habilitação econômico-financeira e habilitação técnica do prestador deverá ser aferido. Bem assim o cumprimento do disposto no inciso V do art. 27 da LGL.

É claro que nem todas as exigências de qualificação econômico-financeira e de qualificação técnica deverão ser exigidas. Caberá à Administração dimensioná-las conforme as necessidades a serem atendidas pela execução do objeto.

11.5.2 Comunicação à autoridade superior, ratificação e publicidade da contratação direta: condição de sua eficácia

O *caput* do art. 26 da LGL exige que certas hipóteses de contratação direta estejam submetidas a um procedimento de *comunicação* à autoridade superior para *ratificação* e subsequente *publicação* nos veículos indicados. Trata-se das hipóteses de dispensas previstas nos §§ 2º e 4º do art. 17 e nos incisos III e ss. do art. 24, assim como dos casos de inexigibilidade (todos eles).

As contratações diretas deverão ser comunicadas no prazo de até três dias à autoridade superior, que deverá formalizar ato de *ratificação*. Com a produção do ato, a autoridade de superior hierarquia (tal como definida estatutariamente) *confirmará* a realização da contratação direta, acolhendo as justificativas explicitadas à contratação, assim como a regularidade do processo até então formalizado.

Após, ocorrerá a publicação do ato autorizativo da contratação direta na imprensa oficial. Não parece que esta publicação deva seguir os mesmos critérios estabelecidos pelo art. 21 para a fase de divulgação da licitação. Bastará, aqui, publicação na imprensa oficial do ente promotor da contratação.

11.5.3 Publicação do ato autorizativo da contratação direta como condição de eficácia

Vale notar que a LGL vinculou a *eficácia* da contratação direta ao atendimento destes atos prévios. Tal significa que, enquanto não publicado o ato de autorização da contratação direta – o que pressupõe a realização dos atos anteriores definidos na legislação (inclusive a justificação) –, aqueles atos e a própria contratação não produzirão seus efeitos (jurídicos) próprios.

Precisamente por esta razão, o particular que adere a uma contratação direta deve certificar-se da publicação deste ato como passo prévio à assinatura do contrato.

Explique-se que a publicação do ato de autorização dispensa a publicação do resumo do contrato, exigida pelo parágrafo único do art. 61 da LGL.[41] A norma do art. 61 explicitamente ressalvou o disposto no art. 26, precisamente por esta já exigir, nos procedimentos de contratação direta, publicação equivalente.

11.5.4 Consequências jurídicas da violação do dever de publicação do ato autorizativo

Quais as consequências jurídicas do não atendimento do dever de publicação do ato de autorização nas contratações diretas? Há uma infração a requisito procedimental, que produz a invalidade da contratação. Mas isso não significa que defeito desta ordem gere o desfazimento irreversível da contratação. Muito menos pode revelar a corresponsabilização do contratado para o fim de configurar a exceção prescrita no parágrafo único do art. 59 da LGL (como se o particular fosse também o destinatário do dever de publicação do ato).

A desobediência deste requisito formal deve ser focalizada e interpretada à luz do princípio da proporcionalidade. É evidente que um

---

41. "Parágrafo único. A publicação resumida do instrumento de contrato ou de seus aditamentos na imprensa oficial, que é condição indispensável para sua eficácia, será providenciada pela Administração até o quinto dia útil do mês seguinte ao de sua assinatura, para ocorrer no prazo de 20 (vinte) dias daquela data, qualquer que seja o seu valor, ainda que sem ônus, ressalvado o disposto no art. 26 desta Lei."

defeito de cunho exclusivamente formal ou procedimental não poderá ensejar a invalidação irreversível do ato de autorização da contratação direta, desde que juridicamente perfeita sua substância. Não é incomum que as instâncias de controle invoquem falha desta natureza para justificar o desfazimento de relações jurídico-contratuais decorrentes, por vezes em estágio bastante avançado. A hipótese pode significar ofensa aos princípios da razoabilidade e da proporcionalidade. Além de custos à própria Administração, a invalidação superveniente da contratação poderá ensejar ressarcimento dos prejuízos suportados pelo contratado, nos termos da legislação (LGL, art. 59, parágrafo único).

Pode-se recomendar, portanto, a manutenção da contratação, que poderá ser objeto de *convalidação*. Ou seja: a falta de tempestiva publicação do ato autorizativo consiste em vício suprível, que admite, como regra, a convalidação. Neste particular, vale lembrar as palavras de Márcio Cammarosano, quando anotou que "não vemos por que não considerar que em matéria de contratações administrativas se possa cogitar de convalidar procedimentos que as tenham ensejado, suprindo, com eficácia retroativa, alguma providência que à época deveria ter sido adotada, e por inadvertência não foi, como o reconhecimento formal, devidamente justificado, de situação concreta de inexigibilidade de licitação, assim como a publicação do ato formal de autorização da contratação e as devidas publicações oficiais".[42]

Muito menos se pode adotar a tese de que a falta de publicação do referido ato de autorização configuraria defeito atribuível também ao contratado, hipótese em que a nulidade superveniente da contratação não lhe produziria o direito de amplo ressarcimento quanto aos prejuízos por ele demonstrados (art. 59, parágrafo único, da LGL). Ora, o dever de publicação do ato de autorização é providência endereçada à Administração; consiste em burocracia gerenciada pelo Poder Público, gerada e tutelada na intimidade do aparato administrativo. O particular não pode ser penalizado por falha desta ordem, oriunda do desatendimento a providência alheia ao seu controle e à sua responsabilidade. Logo, seria descabido negar ao contratado o direito subjetivo à ampla indenização pelos prejuízos decorrentes de invalidação de contratação direta por falhas na publicação do ato de autorização.

42. Márcio Cammarosano, "Contratação direta, sem adequada observância de requisitos procedimentais, e a possibilidade de regularização", *ILC Versão Eletrônica*, disponível em *www.zenite.com.br* (acesso em 25.12.2010).

11.5.5 A instrução do processo de contratação direta

O ponto central a conferir legitimidade (e validade) à contratação direta reside na sua suficiente *instrução*. A LGL preocupou-se em exigir do administrador a adequada demonstração da necessidade e da legitimidade da contratação direta. O parágrafo único do art. 26 relaciona as exigências para a instrução do processo de dispensa (nos casos delimitados nos §§ 2º e 4º do art. 17 e nos incisos III e ss. do art. 24) e inexigibilidade como sendo: (i) caracterização da situação emergencial ou calamitosa que justifique a dispensa, quando for o caso; (ii) razão da escolha do fornecedor ou executante; e (iii) justificativa do preço.

Fundamentalmente, devem se explicitadas as razões fáticas e jurídicas que conduziram à opção pela contratação direta. Tanto a situação fática subjacente como o fundamento legal autorizativo devem ser devidamente explicados na motivação exigida pela norma. Mais que isso, o administrador haverá de demonstrar a correlação lógica entre a hipótese fática e o motivo legal (entendido, aqui, como a hipótese normativa autorizativa da dispensa ou inexigibilidade) que ensejou a contratação direta. A alegação fática deve estar devidamente comprovada, mediante documentos e diligências acostados ao processo.

11.5.6 A demonstração da razoabilidade do preço

Além da demonstração fundamental acerca da existência da situação fática e de seu enquadramento na hipótese prevista para a contratação direta, incumbirá ao administrador a demonstração da justificativa do *preço* proposto.

A justificação destina-se a demonstrar a razoabilidade do preço contratado e sua adequação ao serviço (ou obra) a ser prestado. Tanto quanto possível, a Administração deverá instruir o processo de contratação direta com pesquisa de preço para contratações similares. Em muitos casos, inclusive, será conveniente elaborar planilha de formação do preço (composição de custo). Assim já decidiu o TCU.[43]

---

43. TCU, 2ª Câmara, Acórdão 2.109/2008.

Ou, como já alertou o TRF-4ª Região: "É importante ter em mente que, sempre que se gere dispêndio público, os princípios da economicidade, legalidade e moralidade devem nortear qualquer contratação pública, mais notadamente acentuados no caso de inexigibilidade de licitação, em que a liberdade da fixação dos preços não pode ficar ao alvedrio do contratado, sem qualquer parâmetro e cotejo entre as obrigações e seu custo, em claro desrespeito aos princípios supradeclinados. Não se pode simplesmente deixar de realizar licitação, sob o argumento da notoriedade do contratado, e repassar a este a incumbência de fixar o valor a ser pago, sem exigir em contrapartida planilha de serviços confiável" (APELREEX 5005586-75.2010.404.7002, Des. federal Carlos Eduardo Thompson Flores Lenz, *DJe* 11.9.2013).

É preciso observar, contudo, que em muitos casos o preço atribuído a certa prestação não comportará demonstração de razoabilidade segundo critérios objetivos de análise. Isso se verificará particularmente nas hipóteses em que o objeto da contratação for único, inexistindo similaridade (exemplo: fornecimento de um objeto inédito, como um invento), ou quando a prestação depender da marca personalista e subjetiva do prestador. É o caso, por exemplo, da prestação de serviço jurídico por profissional de renome. Como se sabe, o valor dos serviços jurídicos singulares é variável conforme o perfil do prestador. O exame da razoabilidade, nestes casos, é dificultado, em vista da singularidade do prestador – ficando nítido apenas em hipóteses extremadas.

Capítulo 12
O CONTROLE DAS LICITAÇÕES
PELOS TRIBUNAIS DE CONTAS

12.1 O controle dos atos e contratos administrativos: generalidades. 12.2 O regime constitucional do Tribunal de Contas. 12.3 O controle exercido pelo Tribunal de Contas e seus limites. 12.4 A divisão federativa das competências dos Tribunais de Contas. 12.5 A divisão federativa das competências: os convênios e os consórcios públicos. 12.6 Despesas públicas, dever de prova da legitimidade e direito à participação. 12.7 A representação ao Tribunal de Contas. 12.8 O exame prévio do ato convocatório da licitação. 12.9 A sustação de atos e contratos pelo Tribunal de Contas. 12.10 A natureza dos atos praticados pelo Tribunal de Contas: consequências. 12.11 A competência do TCU e a Portaria Interministerial 507/2011.

12.1 O controle dos atos e contratos administrativos: generalidades

Os atos e contratos administrativos submetem-se a dois *sistemas de controle*: o *interno* (ou *controle administrativo*) e o *externo*. Enquanto o interno é desempenhado sob o princípio da autotutela, o outro é exercido por órgãos e entidades estranhos à estrutura da Administração Pública, situados nos demais Poderes do Estado (Poder Judiciário, Poder Legislativo e Tribunais de Contas).

Há três espécies de controle interno, de incidência simultânea. O primeiro deles é a *autotutela administrativa* – como lembra a doutrina de Edgar Guimarães: "O controle interno ou controle administrativo, previsto na Carta Magna, decorre do princípio da autotutela, constitucionalmente implícito, através do qual impõe-se à autoridade competente o dever de analisar a legitimidade e o mérito de seus próprios atos, devendo expurgar aqueles tidos por ilegítimos, inoportunos ou inconvenientes ao interesse público".[1]

Em segundo lugar, lembre-se que a desconcentração interna dos órgãos e entidades administrativas do Estado traz consigo o *controle hierárquico* (v., acima, § 1.5). Este se dá no interior da estrutura administrativa dos Poderes do Estado (e respectivos órgãos e entidades), permitindo (se não determinando) que o superior hierárquico discipline, supervisione e fiscalize os atos de seus subordinados – podendo tanto delegar competências como as avocar (ao nível federal, nos termos dos arts. 11 a 17 da Lei 9.784/1999).

No que diz respeito à Administração indireta, existe o *controle tutelar*: a possibilidade de a Administração central supervisionar os atos das entidades geradas pela descentralização administrativa. O inciso II do art. 1º da Lei 9.784/1999 define *entidade* como "a unidade de atuação dotada de personalidade jurídica", em face da qual existe o controle tutelar por parte da Administração direta. Na síntese de Odete Medauar: "Em essência, tutela administrativa é a fiscalização exercida pelos órgãos centrais sobre as pessoas jurídicas públicas administrativas descentralizadas".[2] Existe nos casos previstos em lei e submete-se a regime estrito quanto à revisão dos atos praticados pela Administração indireta – em especial a autárquica (o que pode envolver o chamado "recurso hierárquico impróprio").

Anote-se apenas A que o controle tutelar vem sendo submetido a novos desafios desde a criação das agências reguladoras independentes brasileiras, que são supervisionadas pelos respectivos Ministérios mas, em tese, não se submetem a recursos hierárquicos impróprios. Afinal de contas, se são mesmo independentes, de que valeria a adoção de decisões que possam ser reformadas pela Administração Central?[3] A natu-

1. Edgar Guimarães, "Controle dos atos admissionais pelos Tribunais de Contas", in Fabrício Motta, *Concurso Público e Constituição*, Belo Horizonte, Fórum, 2005, pp. 261-262.
2. Odete Medauar, *Controle Administrativo das Autarquias*, São Paulo, José Bushatsky Editor, 1976, p. 23.
3. Ampliar no artigo seminal de Sérgio Guerra, "Controle das agências reguladoras por meio de supervisão ministerial", *RDPE* 10/205-211, Belo Horizonte, Fó-

reza das agências independentes é hostil à temática do recurso hierárquico impróprio.

Em suma, o *sistema de controle interno* contempla uma tríplice forma quanto ao seu exercício: tanto pode o próprio administrador revogar ou anular os próprios atos (sempre respeitados os direitos de terceiros e, nesse caso, o devido processo administrativo) como podem fazê-lo o superior hierárquico e a Administração central quanto aos atos e contratos da Administração indireta.

12.2 O regime constitucional do Tribunal de Contas

A Constituição de 1988 ampliou sobremaneira os meios de controle em relação aos gastos públicos – tanto no que diz respeito ao conteúdo material da fiscalização como aos órgãos e entidades que a ela devem respeito. O Congresso Nacional detém a competência de pleno exame das contas públicas, avaliando a "legalidade, legitimidade, economicidade, aplicação das subvenções e renúncia de receitas" (art. 70, *caput*). Ao dever de prestar contas submete-se "qualquer pessoa física ou jurídica, pública ou privada, que utilize, arrecade, guarde, gerencie ou administre dinheiros, bens e valores públicos" (art. 70, parágrafo único, da CF, com redação dada pela Emenda Constitucional 19/1998).

O *Tribunal de Contas* exerce parcela constitucionalmente definida do controle externo da atividade administrativa e despesas do Estado. O Legislativo detém competência técnica e política (contas públicas, CPI, *impeachment* etc.) e o Tribunal de Contas exerce controle técnico relativo ao manejo do dinheiro público. Sua atividade dirige-se à função administrativa do Estado em sentido amplo, abrangendo os atos e contratos do Legislativo, do Judiciário, do Executivo (Administração direta e indireta) e do "Terceiro Setor". O dinheiro público leva consigo a fis-

---

rum, abril-junho/2005. É de se destacar que a AGU já lavrou o Parecer AC-051, que decidiu pelo cabimento de recurso hierárquico impróprio em situações excepcionais. Em outro plano, mas igualmente relevante, é o estudo de José Vicente Santos de Mendonça a propósito do controle das agências reguladoras pelos Tribunais de Contas: "A propósito do controle feito pelos Tribunais de Contas sobre as agências reguladoras – Em busca de alguns *standards* possíveis", *RDPE* 38/147-157, Belo Horizonte, Fórum, abril-junho/2012.

calização do respectivo Tribunal de Contas, qualquer que seja seu destino. Não é possível dissociar a alocação de verbas públicas desse controle específico, pois não há órgãos, entidades ou pessoas a ele imunes.

A Corte de Contas aprecia e julga as contas públicas (emitindo parecer a respeito delas), presta informações ao Congresso Nacional, fiscaliza e controla a atividade administrativa dos três Poderes da República e de suas Administrações indiretas, aplica sanções e determina a adoção das providências necessárias ao cumprimento dos preceitos legais (CF, art. 71 e incisos).

Em suma, o Tribunal de Contas é um órgão do Poder Legislativo com especialidade técnica, imparcialidade e independência. Como anota Benjamin Zymler, as competências dos Tribunais de Contas podem ser divididas em *parajudiciais* (julgamento de contas; processos de tomada e prestação de contas; exame dos atos de admissão; etc.) e *fiscalizadoras* (inspeções; auditorias; aplicação de sanções; apuração de denúncias; etc.), além de *competências extravagantes*, decorrentes da legislação infraconstitucional (Lei 8.031/1990 e os processos de privatização; Lei 8.730/1993 e a evolução patrimonial dos servidores públicos; etc. – além daquelas previstas na LGL).[4] Isso significa que seus atos, processos e decisões não podem abrigar quaisquer avaliações de natureza política: somente lhe é permitida a sindicância técnica especializada (jurídica, econômica, de engenharia, tecnologia da informação, administração, gestão pública etc.).[5] O que afasta a possibilidade de cogitações quanto ao mérito das decisões, atos e contratos objeto de exame.

Por outro lado, a imparcialidade importa o distanciamento, funcional e institucional, por parte da Corte de Contas – quer da Administração fiscalizada, quer dos particulares contratados. O processo adminis-

---

4. Benjamin Zymler, "Controle externo", in *Direito Administrativo e Controle*, Belo Horizonte, Fórum, 2005, pp. 268-272.
5. Na ótica de Carlos Ari Sundfeld e Jacintho Arruda Câmara, a atuação administrativa que não diga com a gestão financeira em sentido amplo apenas pode ser objeto da manifestação dos Tribunais de Contas para os fins da chamada *fiscalização operacional* ("destinada a avaliar o desempenho de um conjunto de operações administrativas sob o parâmetro da Economicidade, Eficiência e Efetividade/EEE") ("Competências de controle dos Tribunais de Contas – Possibilidades e limites", in Carlos Ari Sundfeld (org.), *Contratações Públicas e seu Controle*, São Paulo, Malheiros Editores, 2013, p. 187.

trativo há de ser orientado pela equidade e neutralidade técnica – desde sua instalação até a decisão final, passando pela instrução processual qualificada pelos princípios do devido processo legal, contraditório e da ampla defesa.

Por fim, a independência afasta qualquer espécie de subordinação (nem sequer em face do Poder Legislativo), pois as atividades dessas Cortes devem ser autônomas e não subordinadas a qualquer dos Poderes do Estado. Quem fiscaliza não pode ter relações de dependência ou submissão aos fiscalizados (ou terceiros a eles indiretamente vinculados).

Razões que levaram Marçal Justen Filho a fazer o alerta de que o Tribunal de Contas "não é um órgão acessório do Congresso Nacional, ainda que seja auxiliar dele na tarefa de fiscalização externa. Tanto é verdade que, ao fiscalizar os atos das unidades administrativas do Congresso Nacional, realiza controle externo. Ademais, sua competência, nesse campo, é mais ampla que a do Congresso Nacional".[6] No mesmo sentido – e indo além –, Carlos Ayres Britto fixa que o TCU "não é órgão do Congresso Nacional, não é órgão do Poder Legislativo". E mais, "além de não ser órgão do Poder Legislativo, o Tribunal de Contas da União *não é órgão auxiliar do Parlamento Nacional*, naquele sentido de inferioridade hierárquica ou subalternidade funcional".[7]

12.3 O controle exercido pelo Tribunal de Contas e seus limites

O controle atribuído ao Tribunal de Contas encontra óbices no aspecto puramente político e no denominado "mérito" das atividades administrativas do Estado. A sindicância não pode nem mesmo ter laivos políticos, tampouco se imiscuir no mérito das decisões, atos e contratos. São pronunciamentos oriundos de investigações técnicas quanto à legalidade, legitimidade e economicidade dos gastos. Mais que isso, a Corte de Contas não titulariza a competência para revogar os atos e contratos fiscalizados (ou determinar que a Administração os revogue), pois

---

6. Marçal Justen Filho, *Comentários à Lei de Licitações e Contratos Administrativos*, 16ª ed., São Paulo, Ed. RT, 2014, p. 1.207.

7. Carlos Ayres Britto, "O regime constitucional do Tribunal de Contas", *Revista Interesse Público* 13/178-179, Porto Alegre, Notadez, janeiro-março/2002.

não há previsão acerca dessa matéria nem na Constituição, nem na Lei 8.443/1992 (nem poderia haver, em face do princípio da separação dos Poderes do Estado). Ora, a revogação dos atos tem por lastro critérios de conveniência e oportunidade, detidos com exclusividade absoluta pela Administração. O núcleo duro da discricionariedade administrativa não pode ser invadido pelo Tribunal de Contas.

Essa compreensão não significa a defesa de um controle acanhado por parte da Corte de Contas, mas apenas destacar os limites normativos inerentes a qualquer sistema de controle. Dentro dessas fronteiras, o objeto e o conteúdo das investigações devem ser os mais intensos e extensos possíveis. Entendimento que igualmente é defendido pela doutrina de Edgar Guimarães: "O exame realizado pelas Cortes de Contas ultrapassa a análise meramente burocrática. Verifica não só os elementos formais que norteiam o processo de despesa, como também a relação custo/benefício, a aferição da atuação ótima das ações administrativas, a mais rentável possível em se considerando o interesse público envolvido, a legitimidade do ato e a consequente relação de adequação de seu conteúdo; enfim, a investigação do ato em sua intimidade".[8]

O Tribunal de Contas deve fiscalizar, apreciar e julgar as contas públicas, recomendando (ou não) sua aprovação ao Poder Legislativo. A depender do caso concreto, dirige-se diretamente ao órgão ou entidade responsável, indicando as medidas necessárias ao cumprimento da legalidade administrativa (ou à sua restauração). Se for o caso, deverá indicar as consequências de ordem normativa que poderão incidir caso persista o vício detectado na fiscalização.

12.4 A divisão federativa das competências dos Tribunais de Contas

Em vista da repartição de competências entre os entes federativos, os Tribunais de Contas submetem-se a limites equivalentes para a prática dos respectivos atos de controle. Assim, ao TCU é vedado o controle dos bens e despesas estaduais e municipais (e vice-versa). A Administração de cada unidade da Federação apenas se submete ao controle do tribunal competente dentro dessa mesma estrutura federal.

8. Edgar Guimarães, *Controle das Licitações Públicas*, São Paulo, Dialética, 2002, p. 89.

Note-se que acima se limitou a competência a um critério objetivo (bens e despesas). Isso porque os Tribunais de Contas podem examinar atos e contratos de outros entes da Federação, desde que envolvam bens e verbas oriundos da unidade federativa aos quais eles estão vinculados. Isto é: caso um convênio destine verba federal a um Estado – o qual, ao seu tempo, realizará, *v.g.*, uma licitação e um contrato administrativo –, os atos e contratos serão analisados pelo TCU. O mesmo se diga quanto a um convênio de delegação da administração de bens públicos, através do qual a União delegue a um Estado, por exemplo, a gestão de um porto marítimo: a sindicância quanto a esse complexo de bens federais será objetivamente detida pelo TCU.

Nesse sentido, o art. 113 da LGL é claro ao consignar que o controle "será feito pelo Tribunal de Contas competente, na forma da legislação pertinente". Cada Corte de Contas tem sua própria lei de regência (todas elas submetidas ao regime constitucional do TCU, nos termos do art. 75 da Constituição da República).

12.5 A divisão federativa das competências: os convênios e os consórcios públicos

Conforme acima descrito, questão sobremaneira interessante surge nos *convênios* firmados entre as unidades federativas – quando uma delas cede bens ou transfere verba para uso ou administração pela outra. Por exemplo, um convênio através do qual a União delega a um Estado a administração de bens federais: neste caso, a supervisão desses bens permanece sob a tutela do TCU. Isso porque, por óbvio, um convênio firmado pela Administração Pública federal não pode gerar o efeito de derrogar a competência constitucional do TCU. O mesmo se diga quanto à transferência de dinheiro: o controle externo permanece atado ao Tribunal vinculado à unidade da Federação originariamente titular da verba repassada (CF, arts. 70, *caput*, e 71, II e VI).

Constatação que tem especial desdobramento no que diz respeito aos *consórcios públicos* (CF, art. 241, e Lei 11.107/2005 – v., acima, § 1.6.6). Os incisos I e II do art. 6º da Lei 11.107/2005 preveem que o consórcio público adquirirá personalidade jurídica de direito público (caso das associações públicas) ou de direito privado (atendendo à legislação civil). Mas fato é que a União, os Estados, os Municípios e o

Distrito Federal podem contratar consórcios públicos para a realização de interesses comuns (art. 1º da Lei 11.107/2005). Imagine-se a hipótese de o Município de São Paulo constituir uma associação pública com três outros Municípios: a qual Tribunal de Contas (o municipal ou o estadual) caberia o controle externo dos atos do consórcio, ele mesmo? Indo além, cogite-se de um consórcio constituído pela União e três Estados. Ou de uma associação pública municipal que receba verbas federais.

Isso resulta na necessidade de, à luz do princípio da eficiência, ser instituído um controle partido, cada uma das Cortes a controlar os atos e contratos praticados com lastro em bens ou recursos originários da sua unidade federativa. Mesmo porque a autonomia conferida à pessoa jurídica "consórcio público" a isola dos entes que a constituíram (ao menos formalmente, não se confundindo a pessoa constituída com a personalidade jurídica daquelas que a constituíram). Logo, não seria eficiente um controle múltiplo por parte de mais de uma Corte de Contas sobre os mesmos atos e contratos (instalaria o risco de decisões incompatíveis entre si).

Reitere-se: a transferência de verbas e bens públicos leva consigo a fiscalização do Tribunal de Contas a eles (verbas e bens) vinculada. Caso não se tenha um sistema objetivo de partição de controles, correr-se-á o risco da instalação de um potencial e interminável conflito de competências. Por isso se defende uma divisão objetiva das competências em razão do objeto a ser controlado (bens e recursos públicos), desvinculada das pessoas públicas signatárias do consórcio.

12.6 Despesas públicas, dever de prova da legitimidade e direito à participação

O *caput* do art. 113 da LGL estabelece que "os órgãos interessados da Administração" são responsáveis "pela demonstração da legalidade e regularidade da despesa e execução" dos contratos administrativos (e demais instrumentos previstos em lei). O texto legal abriga um dever explícito e a respectiva premissa implícita.

A noção de *dever jurídico*, na pena de Eros Roberto Grau, "consubstancia precisamente uma vinculação ou limitação imposta à vontade de quem por ele alcançado. Definido como tal pelo ordenamento jurídico, o dever há de ser compulsoriamente cumprido, sob pena de sanção jurídica – o seu não atendimento configura comportamento ilícito".[9] Transladada a noção para o tema em comento: a Administração tem o dever de demonstrar, frente ao competente Tribunal de Contas, a licitude, economicidade e demais atributos da despesa e execução contratuais – pena das respectivas sanções.

Não se trata, portanto, de um "ônus da prova", eis que a noção de "ônus" não se caracteriza como um dever a ser cumprido, mas uma incumbência que, se praticada, gera uma vantagem ao seu emissor. "O ônus, destarte, é um vínculo imposto à vontade do sujeito em razão do seu próprio interesse. Nisto se distingue do *dever* – e da *obrigação* –, que consubstancia vínculo imposto àquela mesma vontade, porém no interesse de outrem."[10]

Ora, na justa medida em que a Administração Pública exerce *função administrativa*, a ela sempre cumpre a tutela positiva de interesses de outrem através do exercício de um *dever-poder* (Celso Antônio Bandeira de Mello). Logo, é dever da Administração prestar contas de seus atos e contratos ao Tribunal de Contas. Mais que isso, a comprovar que de ônus não se trata: por um lado, da efetiva prova da licitude e regularidade da despesa não advirá nenhuma "vantagem", nenhum "bônus", para a Administração; por outro, não se pode cogitar de a Administração "abrir mão" dessa incumbência e arcar com os efeitos negativos que de sua desídia advirão. Não há alternativa de escolha, nem tampouco discricionariedade quanto a prestar, ou não, as informações necessárias e pertinentes.

Ocorre que o exercício desse dever tem um requisito implícito, que é a garantia da ciência e da participação no respectivo processo administrativo. Claro que o dever de prestar contas deve ser praticado *ex officio*, nos termos da respectiva previsão normativa e ao tempo certo. Porém, se for instaurado processo administrativo específico – em face de determinado ato, contrato ou despesa –, a prestação de contas pressupõe a ciência prévia acerca da investigação (seu ato inaugural, limites e conteúdo). Constatação que envolve os princípios constitucionais da ampla defesa, contraditório, devido processo legal e eficiência administrativa.

9. Eros Roberto Grau, "Obrigação, dever e ônus", in *Direito, Conceitos e Normas Jurídicas*, São Paulo, Ed. RT, 1988, p. 115.
10. Idem, p. 118.

12.7 A representação ao Tribunal de Contas

O § 1º do art. 113 da LGL atribui legitimidade a amplo espectro de interessados para representar ao Tribunal de Contas contra irregularidades na aplicação da norma e demais legislação incidente nas licitações. "Representar", aqui, significa fazer chegar ao conhecimento da Corte um erro ou um desvio que requeira a adoção de determinadas providências (preventivas ou repressivas). Trata-se de garantia do exercício ativo da cidadania, visando a proteger a boa gestão da coisa pública. Por isso, não se pode exigir que o representante detenha capacidade postulatória ou que apresente sua manifestação ornamentada por linguagem técnica e precisa – o que resultaria numa restrição indevida à garantia. A participação popular não pode ser limitada por barreiras burocráticas – como se infere com clareza de vários dispositivos da Lei de Processo Administrativo Federal (Lei 9.784/1999, art. 2º, parágrafo único e incisos, e art. 6º).

Como leciona Edgar Guimarães, a representação "não visa a proteger direitos subjetivos ou interesses pessoais específicos, mas orienta-se objetivando um controle de regularidade da despesa pública, pautado por interesse público subjacente, ainda que em muitos casos o licitante ao representar defenda interesses próprios, mais relacionados com a sua permanência no certame".[11] Daí por que se pode concluir que a representação não seria um *minus* caso formulada pelo licitante derrotado no certame licitatório (ou às vésperas de o ser). O interesse econômico do particular é secundário, não configurando impeditivo ou atenuação da investigação a ser promovida pelo Tribunal de Contas. Ao contrário: aquele que participou da licitação tem conhecimento sobranceiro sobre o certame e dispõe de informações muitas vezes inacessíveis à própria Corte de Contas.

Destaque-se que o direito de representação (desdobramento legal do direito de petição) contém não apenas uma garantia ao protocolo do pedido de providências, mas todos os desdobramentos fático-processuais dele oriundos. Corolário desse direito é o dever de que o pedido de representação seja examinado e motivadamente deferido ou indeferido seu processamento. Na primeira hipótese as providências solicitadas devem ser adotadas (inclusive a produção de provas), intimando-se

---

11. Edgar Guimarães, *Controle das Licitações Públicas*, cit., p. 92.

o interessado, a Administração e terceiros de todos os atos e fatos do processo, e uma conclusão ser ao final proferida. O Tribunal de Contas tem o dever de, uma vez recebida a petição, instaurar o respectivo processo administrativo e instruí-lo adequadamente, a fim de proferir decisão imparcial e justa.[12]

Por outro lado, cabe destacar a advertência de Marcos Juruena Villela Souto quanto ao abuso das representações: "O ideal é estabelecer que qualquer cidadão, partido político ou sindicato pode formular denúncias à Corte de Contas (CF, art. 74, § 2º); o que não cabe é impedir, ante tal legitimação, o normal funcionamento da Administração, devendo a lei prever requisitos da petição e sanção para abusos e oportunismos".[13]

12.8 O exame prévio do ato convocatório da licitação

A LGL estabelece prazo certo para a solicitação do exame teórico do edital por parte do Tribunal de Contas e órgãos de controle interno: um dia útil imediatamente anterior à data de recebimento das propostas (art. 113, § 2º). Trata-se de uma análise de todo e qualquer ato convocatório, enquanto ato administrativo de chamamento para a apresentação de propostas.

Esse dispositivo reforça a legitimidade da atuação *ex officio* do Tribunal de Contas e dos órgãos de controle interno. Podem eles autonomamente instaurar o devido processo administrativo e requerer os documentos a serem examinados.

É de todo adequada a suspensão do certame caso seja formulada tal solicitação, pois a lei fixa que as conclusões do Tribunal ou dos órgãos do sistema interno de controle serão obrigatórias para a Administração. Não seria nem razoável nem eficiente dar prosseguimento à licitação correndo-se o risco de depois modificar o edital (muitas vezes, para reinstalar *ab ovo* o certame). Mesmo porque a recusa à implementação

---

12. Aprofundar em Egon Bockmann Moreira, *Processo Administrativo: Princípios Constitucionais e a Lei 9.784/1999*, 4ª ed., São Paulo, Malheiros Editores, 2010, pp. 359-369.

13. Marcos Juruena Villela Souto, *Direito Administrativo Contratual*, Rio de Janeiro, Lumen Juris, 2004, p. 437.

de conclusões pode gerar a sustação do ato convocatório impugnado (CF, art. 71, IX e X; LGL, art. 113, § 2º).[14]

Claro que não se pode defender alguma espécie de preclusão administrativa quanto ao exame do edital pelo Tribunal de Contas competente se este não requisitar as informações e documentos no prazo fixado no § 2º do art. 113. Entendimento que é prestigiado pela doutrina de Edgar Guimarães: "Por óbvio que o Tribunal de Contas, a qualquer momento, pode analisar não só o ato convocatório da licitação, mas todo e qualquer ato praticado no curso do procedimento, visando a garantir a absoluta conformidade com o sistema normativo. Apenas se não o fizer no prazo estabelecido pelo referido artigo não haverá, via de regra, qualquer suspensão no curso da licitação".[15]

12.9 A sustação de atos e contratos pelo Tribunal de Contas

O Tribunal de Contas detém competência para sustar a execução de ato administrativo em caso de ilegalidades se o órgão ou a entidade fiscalizada não adotar as providências necessárias "ao exato cumprimento da lei" dentro do prazo previamente estabelecido pela Corte. Decisão, essa, que deve ser comunicada de imediato à Câmara dos Deputados e ao Senado (CF, art. 71, IX e X; Lei 8.443/1992, art. 45, § 1º, I).

14. Vale referir a jurisprudência do STF acerca de inconstitucionalidade de normativa de Tribunal de Contas estadual que previu a obrigatoriedade quanto ao controle prévio dos editais sem que haja solicitação para a remessa do edital antes de realizada a licitação. Trata-se do acórdão no RE em MS 547.063-RJ, de relatoria do então Ministro Menezes Direito, assim ementado: "Tribunal de Contas estadual – Controle prévio das licitações – Competência privativa da União (art. 22, XXVII, da CF) – Legislação federal e estadual compatíveis – Exigência indevida feita por ato do Tribunal que impõe controle prévio sem que haja solicitação para a remessa do edital antes de realizada a licitação. 1. O art. 22, XXVII, da CF dispõe ser da União, privativamente, a legislação sobre normas gerais de licitação e contratação. 2. A Lei federal n. 8.666/1993 autoriza o controle prévio quando houver solicitação do Tribunal de Contas para a remessa de cópia do edital de licitação já publicado. 3. A exigência feita por atos normativos do Tribunal sobre a remessa prévia do edital, sem nenhuma solicitação, invade a competência legislativa distribuída pela Constituição Federal, já exercida pela Lei federal n. 8.666/1993, que não contém essa exigência. 4. Recurso extraordinário provido para conceder a ordem de segurança" (j. 7.10.2008).

15. Edgar Guimarães, *Controle das Licitações Públicas*, cit., pp. 94-95.

Mas sublinhe-se que a Corte de Contas só pode sustar – não anular ou cassar – o ato ilegal, praticando providência acauteladora, preventiva de risco iminente (consignada também no art. 45 da Lei 9.784/1999).

Na hipótese de contrato administrativo, a CF, no § 1º do art. 71, reza que "o ato de sustação será adotado diretamente pelo Congresso Nacional, que solicitará, de imediato, ao Poder Executivo as medidas cabíveis". Caso o Congresso ou o Executivo, no prazo de 90 dias, não efetivar as medidas previstas no § 1º, "o Tribunal decidirá a respeito" (art. 71, § 2º). Assim, no caso dos contratos, a competência para sustá-los é detida pelo Congresso, que solicitará ao Executivo a adoção das medidas cabíveis. Do decreto legislativo a ser promulgado advirão duas condutas possíveis para a Administração Pública: ou bem implementa a solicitação, ou a ela se opõe – voltando-se contra o decreto (de efeitos concretos) através de ação judicial.

Mas note-se que essa atribuição do Congresso Nacional não é autônoma, mas dependente de prévia manifestação da Corte de Contas, a quem cumpre representar ao Congresso e pedir a providência de sustação do contrato. O pedido do TCU tem a natureza de requisito (formal e substancial) para a solicitação do Legislativo: dirige-se a um contrato específico, com lastro em motivos razoáveis e proporcionais à sustação.

Decorrido o lapso de 90 dias sem adoção das "medidas cabíveis" pelo Congresso Nacional ou Poder Executivo, "o Tribunal decidirá a respeito" (CF, art. 71, §§ 1º e 2º). Note-se que o § 3º do art. 45 da Lei 8.443/1992 acrescentou ao texto constitucional a locução "da sustação do contrato" – conferindo ao TCU a possibilidade de decidir a respeito da sustação.

Antes do exame desse assunto, vale a menção ao fato de que muitas vezes o TCU vê-se diante de sérias irregularidades, casos teratológicos cuja permanência geraria prejuízos irreparáveis ao patrimônio público. Por exemplo, a Corte proferiu decisões em processos que envolvem: (i) autorização de aquisição de produtos sem indicação dos recursos orçamentários, pagamento antecipado sem cobertura orçamentária e atestado de compatibilidade de preços sem consulta junto ao mercado;[16] (ii) ausência de cláusulas essenciais nos contratos, prorrogação irregular de contratos e contratos verbais, ausência de instrumento

---

16. TCU, Processo 011.846/1995, Min. Iram Saraiva, *DOU* 17.3.1998.

contratual em concorrência internacional;[17] e (iii) contratação sem licitação, com pagamento antecipado, venda de ativos sem avaliação e preço mínimo, por valores irrisórios.[18] Tais casos, dentre tantos outros, saltam aos olhos, e demandam atuação imediata.

Por isso que a prática da sustação implica a supressão de todos os efeitos de um contrato administrativo. Na dicção de Jorge Ulisses Jacoby Fernandes, *sustar um contrato* "significa retirar-lhe a eficácia, a produção dos efeitos financeiros – pagamento, por exemplo – e executivos, realização do objeto".[19] É medida radical, a ser tomada apenas nos casos que a justifiquem de forma inequívoca (tanto no que diz respeito ao perigo na demora da decisão final quanto à questão da consistência jurídica da tese esposada pelo ato de sustação).

Ocorre que a construção constitucional deu margem a sério embate: se a expressão "decidirá a respeito" significa que o Tribunal de Contas pode, na omissão do Congresso e do Poder Executivo, praticar automaticamente o ato que determine a sustação do contrato.

Para Luís Roberto Barroso tal atribuição não emerge do texto constitucional, vez que não seria razoável "que o Tribunal de Contas possa, sobrepondo seu próprio juízo ao do administrador e ao do órgão a que presta auxílio, sustar aquilo que o Executivo e o Legislativo entendem ser válido".[20] Compreensão semelhante é a de Eros Roberto Grau, para quem "*a Administração não é diretamente alcançada pela decisão, do Tribunal, de sustação de contrato*; essa decisão apenas a vincula se assumida pelo Congresso Nacional".[21] Igualmente o saudoso Marcos Juruena Villela Souto compartilhava desse entendimento.[22]

Já, Caio Tácito consignou que: "Omissos o Congresso Nacional ou o Executivo, o Tribunal de Contas reassumirá competência plena para

---

17. TCU, Processo 250.226/1997, Min. Valmir Campelo, sessão de 23.3.2000.

18. TCU, Processo 575.889/1996, Min. Benjamin Zymler, *DOU* 23.10.1998.

19. Jorge Ulisses Jacoby Fernandes, "Sustação de contratos administrativos pelos Tribunais de Contas", *Revista Interesse Público* 29/303, Porto Alegre, Notadez, janeiro-fevereiro/2005.

20. Luís Roberto Barroso, "Tribunais de Contas: algumas incompetências", *RDA* 203/139, Rio de Janeiro, Renovar, janeiro-março/1996.

21. Eros Grau, "Tribunal de Contas – Decisão – Eficácia", *RDA* 210/335, Rio de Janeiro, Renovar, outubro-dezembro/1997.

22. Marcos Juruena Villela Souto, *Direito Administrativo Contratual*, cit., pp. 441-442.

decidir sobre a matéria, prevalecendo, portanto, sua deliberação final".[23] Entendimento que é compartilhado por Celso Antônio Bandeira de Mello,[24] Manoel Gonçalves Ferreira Filho[25] e Jorge Ulisses Jacoby Fernandes.[26]

A compreensão esposada por José Afonso da Silva vai um pouco além, pois considera que o conteúdo da decisão outorgada ao TCU pelo § 2º do art. 71 é o "da declaração da nulidade do contrato e eventual imputação de débito ou multa com eficácia de título executivo".[27]

Ao nosso juízo, a lei constitucional apenas definiu um regime diverso quanto ao rito, ao momento e aos requisitos para a suspensão dos contratos administrativos (diferente em face da sustação do ato administrativo). A competência primária é do Congresso Nacional, dependente apenas da comunicação do Tribunal de Contas (pressuposto externo). Mas essa competência deve ser exercida no prazo previsto de 90 dias: seja para rejeitar a comunicação da Corte de Contas, seja para a acolher e adotar diretamente o ato de sustação.

Se o Poder Legislativo expressamente rejeitar a comunicação do Tribunal de Contas, mediante provimento que indefira a sustação do contrato, a este nada mais restará fazer: deve conformar-se à decisão, pois a competência para ela foi atribuída ao Legislativo em sede constitucional.

Caso nenhuma dessas medidas cabíveis seja implementada (configurando omissão no exercício da competência), instala-se de imediato e de pleno direito a competência (secundária) do Tribunal de Contas: este deverá decidir a respeito da sustação e todas as demais medidas que deverão ser cumpridas pela Administração. Nesse sentido, o STF proferiu julgamento em que analisa tais competências de forma clara e precisa – como se infere da leitura da ementa da decisão: "O TCU tem

---

23. Caio Tácito, "A moralidade administrativa e a nova lei do Tribunal de Contas da União", *RDA* 190/51, Rio de Janeiro, Renovar, outubro-dezembro/1992.

24. Celso Antônio Bandeira de Mello, "Função controladora do Tribunal de Contas", *RDP* 99/163, São Paulo, Ed. RT, julho-setembro/1991.

25. Manoel Gonçalves Ferreira Filho, *Comentários à Constituição Brasileira de 1988*, vol. 2, São Paulo, Saraiva, 1992, pp. 131-132.

26. Jorge Ulisses Jacoby Fernandes, "Sustação de contratos administrativos pelos Tribunais de Contas", cit., *Revista Interesse Público* 29/300.

27. José Afonso da Silva, *Curso de Direito Constitucional Positivo*, 38ª ed., São Paulo, Malheiros Editores, 2015, p. 757.

competência para fiscalizar procedimentos de licitação, determinar suspensão cautelar (arts. 4º e 113, §§ 1º e 2º, da Lei n. 8.666/1993), examinar editais de licitação publicados e, nos termos do art. 276 do seu Regimento Interno, possui legitimidade para a expedição de medidas cautelares para prevenir lesão ao erário e garantir a efetividade de suas decisões".[28]

Porém, vêm sendo prestigiadas pelo STF liminares concedidas pelo TCU – inclusive no que respeita à indisponibilidade de bens. A 2ª Turma do STF já consolidou o entendimento de que "não haveria que se falar em ilegalidade ou abuso de poder em relação à atuação do TCU, que, ao determinar a indisponibilidade dos bens, teria agido em consonância com suas atribuições constitucionais, com as disposições legais e com a jurisprudência do STF. Com efeito, o ato impugnado estaria inserido no campo das atribuições constitucionais de controle externo exercido por aquela Corte de Contas (CF, art. 71). A jurisprudência do STF reconheceria assistir ao TCU um poder geral de cautela, que se consubstanciaria em prerrogativa institucional decorrente das próprias atribuições que a Constituição expressamente lhe outorgara para seu adequado funcionamento e alcance de suas finalidades. Seria possível, inclusive, ainda que de forma excepcional, a concessão, sem audiência da parte contrária, de medidas cautelares, por deliberação fundamentada daquela Corte, sempre que necessárias à neutralização imediata de situações de lesividade ao interesse público ou à garantia da utilidade prática de suas deliberações finais. Ademais, o TCU disporia de autorização legal expressa (Lei 8.443/1992, art. 44, § 2º) para decretação cautelar de indisponibilidade de bens, o que também encontraria previsão em seu Regimento Interno (arts. 273, 274 e 276)" (MS 33.092, Min. Gilmar Mendes, j. 24.3.2015, *Informativo* STF 779).

12.10 *A natureza dos atos praticados pelo Tribunal de Contas: consequências*

As peculiaridades do tema giram também em torno da *natureza das decisões do Tribunal de Contas* e se elas podem deter conteúdo mandamental, a ponto de decretar a nulidade de contrato firmado por

28. STF, MS 24.510-DF, Min. Ellen Gracie, *DJU* 19.3.2004.

terceiros (Administração e pessoas privadas) e expedir comando normativo instruído com ordem de fazer (ou não fazer).

Lembre-se que o conceito jurídico da atividade do Tribunal de Contas não se configura como jurisdicional em sentido estrito, mas seus provimentos têm a natureza jurídica de atos administrativos. Na lição de Lúcia Valle Figueiredo e Sérgio Ferraz, "A 'decisão', quer sobre a legalidade da despesa, quer sobre a legalidade do contrato, constitui-se, na verdade, em um ato administrativo de controle. Este ato administrativo de controle vai verificar a conformidade, ou não, do ato praticado pela Administração às normas legais. (...)".[29] Logo, permanece a observação de Victor Nunes Leal ao frisar que as decisões do Tribunal de Contas, "embora qualificadas de julgamentos pelo texto constitucional, não escapam ao contrôle judiciário".[30] As recomendações e determinações oriundas dos Tribunais de Contas são controláveis pelo Poder Judiciário, qualquer que seja seu conteúdo.

Quando a autoridade administrativa dá cumprimento a recomendação do Tribunal de Contas, pratica novo ato administrativo na esfera de sua competência. Não se trata de uma "continuação", nem tampouco de atos praticados sob regime hierárquico. Ao revogar ou anular o ato pretérito – seja espontaneamente, seja depois de sugestão da Corte de Contas –, a Administração sujeita-se a controle jurisdicional específico contra esse provimento de anulação ou revogação.

No que diz respeito aos contratos administrativos, o STF já decidiu: "O TCU – embora não tenha poder para anular ou sustar contratos administrativos – tem competência, conforme o art. 71, IX, para determinar à autoridade administrativa que promova a anulação do contrato e, se for o caso, da licitação de que se originou".[31]

Daí a conclusão de Jorge Ulisses Jacoby Fernandes: "Ao receber a comunicação para sustar o contrato, cabe à autoridade administrativa optar pela medida que melhor se harmonize com o interesse público. Divergindo da decisão, poderá impetrar recurso perante o próprio Tri-

---

29. Lúcia Valle Figueiredo e Sérgio Ferraz, *Dispensa e Inexigibilidade de Licitação*, 3ª ed., São Paulo, Malheiros Editores, 1994, pp. 88-89.
30. Victor Nunes Leal, "Valor das decisões do Tribunal de Contas", in *Problemas de Direito Público*, Rio de Janeiro, Forense, 1960, p. 236.
31. STF, MS 23.550-DF, Min. Sepúlveda Pertence, *DJU* 31.10.2001.

bunal ou iniciar a ação judicial pertinente. Concordando, verificará se a sustação deverá ter natureza cautelar, corrigindo/sanando o contrato, ou definitiva, rescindindo ou anulando-o".[32]

Por fim, não se olvide que a atividade dos Tribunais de Contas deve obediência aos princípios constitucionais da ampla defesa, contraditório e devido processo legal. Suas decisões pressupõem a participação ativa dos interessados (Administração e particulares envolvidos). No plano federal, ao TCU aplicam-se as previsões da Lei 9.784/1999 (art. 1º, § 1º), além de sua legislação de regência.

12.11 A competência do TCU e a Portaria Interministerial 507/2011

Em novembro/2011 os Ministérios do Planejamento, Orçamento e Gestão e da Fazenda e a Controladoria-Geral da União editaram a Portaria Interministerial 507, que "regula os convênios, os contratos de repasse e os termos de cooperação celebrados pelos órgãos e entidades da Administração Pública federal com órgãos ou entidades públicas ou privadas sem fins lucrativos para a execução de programas, projetos e atividades de interesse recíproco, que envolvam a transferência de recursos financeiros oriundos do Orçamento Fiscal e da Seguridade Social da União" (art. 1º).

Esta portaria trata especificamente dos atos e contratos descritos no seu art. 1º, regulando a execução do Decreto 6.170/2007 (*normas relativas às transferências de recursos da União mediante convênios e contratos de repasse*). O art. 77 da portaria traz a definição regulamentar de "obras e serviços de engenharia de pequeno valor", definindo-o como R$ 750.000,00. Assim se pretende diferenciar determinados negócios administrativos e a eles impor fiscalização mais eficiente.

Justamente por isso, a "Tomada de Contas Especial" (arts. 82 a 84) fixa procedimento administrativo célere e prévio ao exame das eventuais irregularidades pelo TCU. O § 2º do art. 80 da portaria especifica que, no caso de "vícios insanáveis que impliquem nulidade da licitação realizada", deverão ser implementadas ações corretivas, repressivas e

---

32. Jorge Ulisses Jacoby Fernandes, "Sustação de contratos administrativos pelos Tribunais de Contas", cit., *Revista Interesse Público* 29/303-304.

ressarcitórias, independentemente da comunicação ao TCU. A previsão disciplina uma modalidade de controle administrativo interno – o qual não impedirá, ao depois, seu reexame por parte da Corte de Contas (nem tampouco o controle prévio do TCU, caso provocado – afinal, as portarias são atos administrativos infralegais).

Todos estes dados bem como as informações sobre a liberação de recursos, acompanhamento, fiscalização e prestação de contas dos convênios que envolvam a Administração Pública federal deverão ser registrados no Sistema de Gestão de Convênios e Contratos de Repasse/ SICONV, nos termos do Decreto 7.641/2011 (*altera o Decreto 6.170, de 25.7.2007, que dispõe sobre as normas relativas às transferências de recursos da União mediante convênios e contratos de repasse; altera o Decreto 7.568, de 16.9.2011; e estabelece prazos para implantação de funcionalidades no Sistema de Gestão de Convênios e Contratos de Repasse/SICONV*).

BIBLIOGRAFIA

AKERLOF, George. "The market for lemons: quality uncertainty and the market mechanism". *Quarterly Journal of Economics* 84/488-500. 1970.

ALEXY, Robert. *Teoria dos Direitos Fundamentais*. 2ª ed., 4ª tir., trad. de Virgílio Afonso da Silva. São Paulo, Malheiros Editores, 2015.

ALTOUNIAN, Cláudio. *Obras Públicas: Licitação, Contratação, Fiscalização e Utilização*. 1ª ed., 2ª tir. Belo Horizonte, Fórum, 2007.

ALVIM, Agostinho. *Da Inexecução das Obrigações e suas Consequências*. 3ª ed. Rio de Janeiro, Jurídica e Universitária, 1965.

AMARAL E ALMEIDA, João. "As propostas de preço anormalmente baixo". In: GONÇALVES, Pedro Costa (org.). *Estudos de Contratação Pública – III*. Coimbra, Coimbra Editora, 2010.

——————. "Reflexões sobre o princípio do julgamento objetivo das propostas – Os desafios brasileiros e a experiência europeia". *RCP* 1. Belo Horizonte, Fórum, março-agosto/2012.

AMARAL E ALMEIDA, João, e SÁNCHEZ, Pedro Fernández. "A divisão em lotes e o princípio da adequação na escolha do procedimento pré-contratual". In: GONÇALVES, Pedro Costa (org.). *Temas de Contratação Pública – I*. Coimbra, Coimbra Editora, 2011.

——————. "Contratação *in house*: o critério para a determinação da parte 'essencial' da atividade de uma entidade sujeita a um 'controlo análogo'". In: GONÇALVES, Pedro Costa (org.). *Temas de Contratação Pública – I*. Coimbra, Coimbra Editora, 2011 (pp. 137-174).

AMORIM, Victor Aguiar Jardim de. "O parentesco como impedimento de participação nas licitações públicas". *Revista Zênite – Informativo de Licitações e Contratos/ILC* 183/453-459. Curitiba, Zênite, maio/2009.

ANDRADE, Manuel A. Domingues de. *Teoria Geral da Relação Jurídica*. vol. I. Coimbra, Livraria Almedina, 1987.

ANDRADE, Ricardo Barreto de, e VELOSO, Vitor Lanza. "Uma visão geral sobre o regime diferenciado de contratações públicas: objeto, objetivos, definições, princípios e diretrizes". In: JUSTEN FILHO, Marçal, e PEREIRA, Cesar A. Guimarães (coords.). *O Regime Diferenciado de Contratações Públicas: Comentários à Lei 12.462 e ao Decreto 7.581*. Belo Horizonte, Fórum, 2012.

ANTOINE, Julien, DAVIGNON, Jean-François, DELACOUR, Eric (coord.), e RIBOT, Catherine. *La Loi Sapin et les Délégations de Service Public: 10 Ans d'Application Jurisprudentielle*. Paris, Litec, 2003.

ANTUNES, Paulo de Bessa. *Direito Ambiental*. 16ª ed. São Paulo, Atlas, 2014.

ARAGÃO, Alexandre Santos de (coord.). *O Poder Normativo das Agências Reguladoras*. Rio de Janeiro, Forense, 2006.

ARAÚJO, Fernando. *Introdução à Economia*. Coimbra, Livraria Almedina, 2002.

—————. *Teoria Económica do Contrato*. Coimbra, Livraria Almedina, 2007.

—————. "Uma análise económica dos contratos, Parte I". *RDPE* 18/69-160. Belo Horizonte, Fórum, abril-junho/2007.

ASCENSÃO, José de Oliveira. *Introdução à Ciência do Direito*. 3ª ed. Rio de Janeiro, Renovar, 2005.

—————. *O Direito (Introdução e Teoria Geral)*. 13ª ed. Coimbra, Livraria Almedina, 2005.

ATALIBA, Geraldo. "Licitação – Acervo ou cabedal técnico e engenharia". *RDP* 41-42. São Paulo, Ed. RT, janeiro-junho/1977.

ÁVILA, Humberto. "A distinção entre princípios e regras e a redefinição do dever de proporcionalidade". *Revista Diálogo Jurídico* 4 (disponível em *http://www.direitopublico.com.br/pdf_4/dialogo-juridico-04-julho-2001-humberto-avila.pdf*, acesso em 30.12.2014).

—————. *Teoria dos Princípios*. 16ª ed. São Paulo, Malheiros Editores, 2015.

AZEVEDO, Antônio Junqueira de (coord.). *Comentários ao Código Civil*. vol. 13. São Paulo, Saraiva, 2003.

AZEVEDO, Antônio Junqueira de, CARBONE, P., e TÔRRES, Heleno Taveira (coords.). *Princípios do Novo Código Civil Brasileiro e Outros Temas: Homenagem a Tullio Ascarelli*. São Paulo, Quartier Latin, 2008.

AZEVEDO, Bernardo. "Adjudicação e celebração do contrato no Código dos Contratos Públicos". In: GONÇALVES, Pedro Costa (org.). *Estudos de Contratação Pública – II*. Coimbra, Coimbra Editora, 2010.

—————. "Contratação *in house*: entre a liberdade de auto-organização administrativa e a liberdade de mercado". In: GONÇALVES, Pedro Costa (org.). *Estudos de Contratação Pública – I*. Coimbra, Coimbra Editora, 2008 (pp. 115-145).

AZEVEDO, Paulo Furquim de. "Contratos – Uma perspectiva econômica". In: ZYL-BERSZTAJN, Décio, e SZTAJN, Rachel (orgs.). *Direito & Economia*. Rio de Janeiro, Elsevier, 2005.

AZEVEDO, Paulo Furquim de, SZTAJN, Rachel, e ZYLBERSZTAJN, Décio. "Economia dos contratos". In: SZTAJN, Rachel, e ZYLBERSZTAJN, Décio (orgs.). *Direito & Economia*. Rio de Janeiro, Elsevier, 2005 (pp. 102-136).

BAGATIN, Andreia Cristina, e MOREIRA, Egon Bockmann. "Contratos administrativos, direito à greve e os 'eventos de força maior'". *RT* 875. São Paulo, Ed. RT, setembro/2008.

—————. "Lei Anticorrupção e quatro de seus principais temas: responsabilidade objetiva, desconsideração societária, acordos de leniência e regulamentos administrativos". *RDPE* 47/55-84. Belo Horizonte, Fórum, julho-setembro/2014.

BAGATIN, Andreia Cristina, e NESTER, Alexandre Wagner. "Os limites para a divisão do objeto licitado". *ILC* 128. Curitiba, Zênite, outubro/2004.

BANDEIRA DE MELLO, Celso Antônio. "Contrato de obra pública com sociedade mista – Atraso no pagamento de faturas". *RDP* 74. São Paulo: Ed. RT.

—————. *Curso de Direito Administrativo*. 32ª ed. São Paulo, Malheiros Editores, 2015.

—————. "Função controladora do Tribunal de Contas". *RDP* 99. São Paulo, Ed. RT, julho-setembro/1991.

—————. *Licitação*. 1ª ed., 2ª tir. São Paulo, Ed. RT, 1985.

—————. "Pressupostos da licitação". *ILC* 98. Curitiba, Zênite, abril/2002.

—————. "Regularidade fiscal nas licitações". *RTDP* 21. São Paulo, Malheiros Editores, 1998.

—————. (org.) *Estudos em Homenagem a Geraldo Ataliba 2 – Direito Administrativo e Constitucional*. São Paulo, Malheiros Editores, 1997.

BANDEIRA DE MELLO, Oswaldo Aranha. *Princípios de Direito Administrativo*. 3ª ed., 2ª tir., vol. I. São Paulo, Malheiros Editores, 2010.

BARBOSA, M. E. B., e PIRES, M. C. S. (coords.). *Consórcios Públicos: Instrumentos do Federalismo Cooperativo*. Belo Horizonte, Fórum, 2008.

BARBOZA, Heloísa Helena, MORAES, Maria Celina Bodin de, e TEPEDINO, Gustavo. *Código Civil Interpretado*. vol. II. Rio de Janeiro, Renovar, 2006.

—————. *Código Civil Interpretado conforme a Constituição da República*. vol. I. Rio de Janeiro, Renovar, 2004.

BARCELLOS, Ana Paula de. "Alguns parâmetros normativos para a ponderação constitucional". In: BARROSO, Luís Roberto (org.). *A Nova Interpretação Constitucional*. 3ª ed. Rio de Janeiro, Renovar, 2008.

BARKI, Teresa Villac Pinheiro, e SANTOS, Murilo Giordan (coords.). *Licitações e Contratações Públicas Sustentáveis*. 2ª reimpr. Belo Horizonte, Fórum, 2013.

BARROSO, Luís Roberto. *O Direito Constitucional e a Efetividade de suas Normas: Limites e Possibilidades da Constituição Brasileira*. 7ª ed. Rio de Janeiro, Renovar, 2003.

——————. "Regime jurídico da PETROBRÁS, delegação legislativa e poder regulamentar: validade constitucional do procedimento licitatório simplificado instituído pelo Decreto 2.745/198". In: *Temas de Direito Constitucional*. t. V. Rio de Janeiro, Renovar, 2009.

——————. "Tribunais de Contas: algumas incompetências". *RDA* 203. Rio de Janeiro, Renovar, janeiro-março/1996.

—————— (org.). *A Nova Interpretação Constitucional*. 3ª ed. Rio de Janeiro, Renovar, 2008.

BERLE, Adolf A., e MEANS, Gardiner C. *The Modern Corporation & Private Property*. 5ª impr. New Brunswick, Transaction Publishers, 2003.

BERTONCINI, Mateus Eduardo Siqueira Nunes. *Ato de Improbidade Administrativa*. São Paulo, Ed. RT, 2007.

BERTONCINI, Mateus Eduardo Siqueira Nunes, CUSTÓDIO FILHO, Ubirajara, e SANTOS, José Anacleto Abduch. *Comentários à Lei 12.846/2013 – Lei Anticorrupção*. São Paulo, Ed. RT, 2014.

BETTI, Emilio. *Interpretazione della Legge e degli Atti Giuridici*. 2ª ed. Milão, Giuffrè, 1971.

BICALHO, Alécia Paolucci Nogueira, e MOTTA, Carlos Pinto Coelho. *RDC – Comentários ao Regime Diferenciado de Contratações*. 2ª ed. Belo Horizonte, Fórum, 2014.

BINENBOJM, Gustavo. "Regulamentos simplificados de licitações das empresas estatais: o caso da PETROBRÁS". *Biblioteca Digital Fórum de Contratação e Gestão Pública – FCGP* 68. Belo Horizonte, Fórum, agosto/2007 (disponível em *www.bidforum.com*).

BLANCHET, Luiz Alberto. *Roteiro Prático das Licitações*. 3ª ed. Curitiba, Juruá, 1995.

BORGES, Alice Gonzales. "A instrumentalização dos consórcios intermunicipais". *RERE* 28. Salvador/BA, dezembro/2011-fevereiro/2012 (disponível em *http://www.direitodoestado.com/revista/RERE-28-FEVEREIRO-2012-ALICE-GONZA LES-BORGES.pdf*, acesso em 29.12.2014).

——————. "Informatização: ampliação do sistema, padronização, contratação direta, cautelas e formalidades". *BLC* 8/375-385. São Paulo, NDJ, agosto/1997.

——————. "Reflexos do Código Civil nos contratos administrativos". *Revista Eletrônica de Direito Administrativo Econômico/REDAE* 9. Fevereiro-abril/2007 (disponível em *www.direitodoestado.com.br*, acesso em 15.4. 2011).

BRÄUNERT, Rolf Dieter Oskar Friedrich. *Como Licitar Obras e Serviços de Engenharia*. 2ª ed. Belo Horizonte, Fórum, 2010.

BRITTO, Carlos Ayres. "O regime constitucional do Tribunal de Contas". *Revista Interesse Público* 13. Porto Alegre, Notadez, janeiro-março/2002.

BRYSON, Bill. *Crônicas de um País Bem Grande*. São Paulo, Cia. das Letras, 2001.

BULGARELLI, Waldírio. *Manual das Sociedades Anônimas*. 3ª ed. São Paulo, Atlas, 1984.

CÂMARA, Jacintho Arruda, e SUNDFELD, Carlos Ari. "Competências de controle dos Tribunais de Contas – Possibilidades e limites". In: SUNDFELD, Carlos Ari (org.). *Contratações Públicas e seu Controle*. São Paulo, Malheiros Editores, 2013.

CÂMARA, Jacintho Arruda, SOUZA, Rodrigo Pagani de, e SUNDFELD, Carlos Ari. "Os atestados técnicos na licitação e o problema da cisão de empresas". *REDAE* 12. 2008 (disponível em *www.direitodoestado,com.br/redae.asp*, acesso em 7.9.2011).

CAMARGO, Tatiana Martins da Costa, FORTINI, Cristiana, e PEREIRA, Maria Fernanda Pires de Carvalho. *Licitações e Contratos: Aspectos Relevantes*. 2ª ed. Belo Horizonte, Fórum, 2008.

CAMMAROSANO, Márcio. "Arts. 5º a 7º da Lei 12.462, de 5.8.2011". In: CAMMAROSANO, Márcio, DAL POZZO, Augusto Neves, e VALIM, Rafael (coords.). *Regime Diferenciado de Contratações Públicas – RDC (Lei 12.462/2011): Aspectos Fundamentais*. Belo Horizonte, Fórum, 2011.

—————. "Contratação direta, sem adequada observância de requisitos procedimentais, e a possibilidade de regularização". *ILC Versão Eletrônica. Disponível em www.zenite.com.br (acesso em 25.12.2010)*.

CAMMAROSANO, Márcio, DAL POZZO, Augusto Neves, e VALIM, Rafael (coords.). *Regime Diferenciado de Contratações Públicas – RDC (Lei 12.462/2011): Aspectos Fundamentais*. Belo Horizonte, Fórum, 2011.

CAMPINHO, Sérgio. *O Direito de Empresa à Luz do Novo Código Civil*. 6ª ed. Rio de Janeiro, Renovar, 2005.

CANOTILHO, J. J. Gomes, e MOREIRA, Vital. *Constituição da República Portuguesa Anotada*. 3ª. ed. Coimbra, Coimbra Editora, 1993.

CARBONE, P., AZEVEDO, Antônio Junqueira de, e TÔRRES, Heleno Taveira (coords.). *Princípios do Novo Código Civil Brasileiro e Outros Temas: Homenagem a Tullio Ascarelli*. São Paulo, Quartier Latin, 2008.

CARDOSO, André Guskow. "O Regime Diferenciado de Contratações Públicas: a questão da publicidade do orçamento estimado". In: JUSTEN FILHO, Marçal, e

PEREIRA, Cesar A. Guimarães (coords.). *O Regime Diferenciado de Contratações Públicas: Comentários à Lei 12.462 e ao Decreto 7.581*. Belo Horizonte, Fórum, 2012.

CARVALHO, Carlos Luís Medeiros de. "Breves notas a propósito das relações *in house* no âmbito da contratação pública". *Revista de Contratos Públicos/RCP* 1/85-103. Coimbra, CEDIPRE, janeiro-abril/2011.

CARVALHO FILHO, José dos Santos. "Agências reguladoras e poder normativo". In: ARAGÃO, Alexandre Santos de (coord.). *O Poder Normativo das Agências Reguladoras*. Rio de Janeiro, Forense, 2006.

―――――. *Manual de Direito Administrativo*. 25ª ed. São Paulo, Atlas, 2012.

CARVALHO SANTOS, J. M. de. *Código Civil Brasileiro Interpretado*. 2ª ed., vol. XIV. Rio de Janeiro, Freitas Bastos, 1938.

CARVALHOSA, Modesto. *Comentários à Lei de Sociedades Anônimas*, 4ª ed., 1º vol. São Paulo, Saraiva, 2002; 2ª ed., 4º vol., t. II. São Paulo, Saraiva, 2003.

―――――. "Do direito de empresa". In: AZEVEDO, Antônio Junqueira de (coord.). *Comentários ao Código Civil*. vol. 13. São Paulo, Saraiva, 2003.

―――――(coord.). *O Livro Negro da Corrupção*. São Paulo, Paz e Terra, 1995.

CASTRO, Carlos Fernando Correa de. *Ética Profissional e o Exercício da Advocacia*. Curitiba, Juruá, 2010.

CHAPUS, René. *Droit Administratif Général*. 12ª ed., t. 1. Paris, Montchrestien, 1998.

CINTRA DO AMARAL, Antônio Carlos. *Comentando as Licitações Públicas*. Rio de Janeiro, Temas & Ideias, 2002.

―――――. *Concessão de Serviço Público*. 2ª ed. São Paulo, Malheiros Editores, 2002.

CIRNE LIMA, Ruy. *Princípios de Direito Administrativo*. 7ª ed., revista e reelaborada por Paulo Alberto Pasqualini. São Paulo, Malheiros Editores, 2007.

CLÈVE, Clèmerson Merlin. *Medidas Provisórias*. 3ª ed. São Paulo, Ed. RT, 2010.

COASE, Ronald. "O problema do custo social". Trad. de F. K. F. Alves e R. V. Caovilla. *RDPE* 26/135-191. Belo Horizonte, Fórum, abril-junho/2009.

COMPARATO, Fábio Konder. "Monopólio público e domínio público – Exploração indireta da atividade monopolizada". In: *Direito Público*. São Paulo, Saraiva, 1996.

―――――. "Obrigações de meio, de resultado e de garantia". In: *Ensaios e Pareceres de Direito Empresarial*. Rio de Janeiro, Forense, 1978.

COMPARATO, Fábio Konder, e SALOMÃO FILHO, Calixto. *O Poder de Controle na Sociedade Anônima*. 4ª ed. Rio de Janeiro, Forense, 2005.

CONSULTORIA ZÊNITE DE LICITAÇÕES E CONTRATOS. "A planilha de quantitativos e preços unitários e sua obrigatoriedade como anexo do edital". *ILC* 119. Curitiba, Zênite, janeiro/2004 (disponível em *www.zenite.com.br*, acesso em 20.11.2011).

──────────. "Indicação do responsável técnico na inscrição da pessoa jurídica junto ao CREA – Orientação da Consultoria". *ILC* 163. Curitiba, Zênite, setembro/2007.

COOPER, Phillip J. *Governing by Contract: Challenges and Opportunities for Public Managers*. Washington, CQ Press, 2003.

COPI, Irving M. *Introdução à Lógica*. Trad. de A. Cabral. São Paulo, Mestre Jou, 1978.

CORDONI JR., Nilton. "Análise das demonstrações contábeis em processos de licitação e contratos". *ILC* 31. Curitiba, Zênite, janeiro/2003.

CORREIA, Fernando Alves. "A concessão de uso privativo do domínio público". In: LÓPEZ-MUÑIZ, J. L. M., e QUADROS, F. de. *Direito e Justiça: VI Colóquio Luso-Espanhol de Direito Administrativo*. Lisboa, Universidade Católica Editora, 2005.

CORREIA, Sérvulo. *Legalidade e Autonomia Contratual nos Contratos Administrativos*. Coimbra, Livraria Almedina, 2003.

COUTO E SILVA, Almiro do. "A Administração direta e as autarquias: autarquias especiais, agências reguladoras e agências executivas". In: MODESTO, Paulo (coord.). *Nova Organização Administrativa Brasileira*. Belo Horizonte, Fórum, 2009.

COUTO E SILVA, Clóvis do. *A Obrigação como Processo*. São Paulo, José Bushatsky Editor, 1976.

CUÉLLAR, Leila. "Abuso de posição dominante no direito de concorrência brasileiro". In: CUÉLLAR, Leila, e MOREIRA, Egon Bockmann. *Estudos de Direito Econômico*. 1ª reimpr., vol. I. Belo Horizonte, Fórum, 2010.

──────────. *Introdução às Agências Reguladoras Brasileiras*. Belo Horizonte, Fórum, 2008.

CUÉLLAR, Leila, e MOREIRA, Egon Bockmann. *Estudos de Direito Econômico*. 1ª reimpr., vol. I. Belo Horizonte, Fórum, 2010.

CUÉLLAR, Leila, e PINHO, Clóvis Alberto. "Reflexões sobre a Lei federal 12.846/2013 ('Lei Anticorrupção')". *RDPE* 46/131-170. Belo Horizonte, Fórum, abril-junho/2014.

CUNHA, Carlos Eduardo Bergamini, e MARQUES NETO, Floriano de Azevedo. "A possibilidade jurídica de alteração da configuração de consórcio de empresas contratado pela Administração Pública". *RCP* 1/141-167. Belo Horizonte, Fórum, março-agosto/2012.

CUSTÓDIO FILHO, Ubirajara, BERTONCINI, Mateus Eduardo Siqueira Nunes, e SANTOS, José Anacleto Abduch. *Comentários à Lei 12.846/2013 – Lei Anticorrupção*. São Paulo, Ed. RT, 2014.

CYMBALISTA, Tatiana M., RODRIGUES, Fernanda E., e ZAGO, Marina F. "O poder de compra estatal e a margem de preferência para produtos e serviços nacionais introduzida na Lei de Licitações". *RDPE* 35. Belo Horizonte, Fórum, julho-setembro/2011.

DAL POZZO, Augusto Neves. "Panorama geral dos regimes de execução previstos no Regime Diferenciado de Contratações: a contratação integrada e seus reflexos". In: CAMMAROSANO, Márcio, DAL POZZO, Augusto Neves, e VALIM, Rafael (coords.). *Regime Diferenciado de Contratações Públicas – RDC (Lei 12.462/2011): Aspectos Fundamentais*. Belo Horizonte, Fórum, 2011 (pp. 52-58).

DAL POZZO, Augusto Neves, CAMMAROSANO, Márcio, e VALIM, Rafael (coords.). *Regime Diferenciado de Contratações Públicas – RDC (Lei 12.462/2011): Aspectos Fundamentais*. Belo Horizonte, Fórum, 2011.

DALLARI, Adilson Abreu. *Aspectos Jurídicos da Licitação*. 7ª ed. São Paulo, Saraiva, 2006.

DALLARI, Adilson Abreu, e FERRAZ, Sérgio. *Processo Administrativo*. 3ª ed. São Paulo, Malheiros Editores, 2012.

DAVIGNON, Jean-François, ANTOINE, Julien, DELACOUR, Eric (coord.), e RIBOT, Catherine. *La Loi Sapin et les Délégations de Service Public: 10 Ans d'Application Jurisprudentielle*. Paris, Litec, 2003.

DE VITA, Pedro Henrique Braz. "O sigilo do orçamento estimado no Regime Diferenciado de Contratações (RDC)". *ILC* 235/938-947. Curitiba, Zênite, setembro/2013.

DELACOUR, Eric (coord.), ANTOINE, Julien, DAVIGNON, Jean-François, e RIBOT, Catherine. *La Loi Sapin et les Délégations de Service Public: 10 Ans d'Application Jurisprudentielle*. Paris, Litec, 2003.

DI PIETRO, Maria Sylvia Zanella. *Direito Administrativo*. 18ª ed. São Paulo, Atlas, 2005.

—————. "Habilitação. Qualificação técnica. Exigência de profissional habilitado no quadro permanente da empresa". In: DI PIETRO, Maria Sylvia Zanella (org.). *Temas Polêmicos sobre Licitações e Contratos*. 5ª ed., 3ª tir. São Paulo, Malheiros Editores, 2006.

—————. "Instrumento convocatório, orçamento detalhado, vinculação da Administração". In: DI PIETRO, Maria Sylvia Zanella (org.). *Temas Polêmicos sobre Licitações e Contratos*. 5ª ed., 3ª tir. São Paulo, Malheiros Editores, 2006.

————————. *Parcerias na Administração Pública*. 5ª ed. São Paulo, Atlas, 2006.

———————— (org.). *Temas Polêmicos sobre Licitações e Contratos*. 5ª ed., 3ª tir. São Paulo, Malheiros Editores, 2006.

DINAMARCO, Cândido Rangel. *Instituições de Direito Processual Civil*. 6ª ed., vol. II. São Paulo, Malheiros Editores, 2009.

Diretrizes para Aquisições Financiadas por Empréstimos do BIRD e Créditos da AID. Disponível em *http://webworldbank.org* (acesso em 9.8.2011)

DUTRA, Pedro. "Concorrência em mercado regulado: a ação da ANP". In: *Livre Concorrência e Regulação de Mercados*. Rio de Janeiro, Renovar, 2003.

ECO, Humberto. *A Memória Vegetal*. 2ª ed., trad. de J. A. D'Ávila. Rio de Janeiro, Record, 2011.

ENEI, José Virgílio Lopes. *Project Finance: Financiamento com Foco em Empreendimentos*. São Paulo, Saraiva, 2007.

FERNANDES, Jorge Ulisses Jacoby. *Contratação Direta sem Licitação*. 9ª ed. Belo Horizonte, Fórum, 2011.

————————. "Padronização de produtos e marcas". *Fórum de Contratação e Gestão Pública* 50. Belo Horizonte, Fórum, fevereiro/2006.

————————. *Sistema de Registro de Preços e Pregão*. Belo Horizonte, Fórum, 2003.

————————. "Sustação de contratos administrativos pelos Tribunais de Contas". *Revista Interesse Público* 29. Porto Alegre, Notadez, janeiro-fevereiro/2005.

FERNANDES, Jorge Ulisses Jacoby, e REOLON, Jaques Fernando. "Regime Diferenciado de Contratações Públicas (RDC)". *Fórum de Contratação e Gestão Pública* 117/20-43. Belo Horizonte, Fórum, setembro/2011.

FERRAZ, Sérgio, e DALLARI, Adilson Abreu. *Processo Administrativo*. 3ª ed. São Paulo, Malheiros Editores, 2012.

FERRAZ, Sérgio, e FIGUEIREDO, Lúcia Valle. *Dispensa e Inexigibilidade de Licitação*. 3ª ed. São Paulo, Malheiros Editores, 1994.

FERRAZ JR., Tércio Sampaio. "Normas gerais e competência concorrente – Uma exegese do art. 24 da CF". *RTDP* 7/16-20. São Paulo, Malheiros Editores, 1994.

FERREIRA, Daniel, e SANTOS, José Anacleto Abduch. "Licitações para a Copa do Mundo e Olimpíadas – Comentários sobre algumas inovações da Lei 12.462/2011". *Fórum de Contratação e Gestão Pública* 117/46-58. Belo Horizonte, Fórum, setembro/2011.

FERREIRA, Ivo. *Diligências nas Licitações Públicas*. Curitiba, JM, 2001.

FERREIRA FILHO, Manoel Gonçalves. *Comentários à Constituição Brasileira de 1988*. vol. 2. São Paulo, Saraiva, 1992.

FIGUEIREDO, Lúcia Valle. "Competências administrativas dos Estados e Municípios – Licitações". *RTDP* 8/24-39. São Paulo, Malheiros Editores, 1994.

──────────. *Curso de Direito Administrativo*. 9ª ed. São Paulo, Malheiros Editores, 2008.

──────────. *Direitos dos Licitantes*. 4ª ed. São Paulo, Malheiros Editores, 1994.

──────────. "Instrumentos da Administração consensual: a audiência pública e sua finalidade". *REDAE* 11. Agosto-outubro/2007 (disponível em *www.direitodoestado.com.br*, acesso em 3.11.2011).

FIGUEIREDO, Lúcia Valle, e FERRAZ, Sérgio. *Dispensa e Inexigibilidade de Licitação*. 3ª ed. São Paulo, Malheiros Editores, 1994.

FIGUEIREDO, Marcelo. *Probidade Administrativa*. 6ª ed. São Paulo, Malheiros Editores, 2009.

FONSECA, Arnoldo Medeiros da. *Caso Fortuito e Teoria da Imprevisão*. 3ª ed. Rio de Janeiro, Forense, 1958.

FORTINI, Cristiana. "Micro e pequenas empresas: as regras de habilitação, empate e desempate na Lei Complementar 123 e no Decreto 6.204/2007". In: CAMARGO, Tatiana Martins da Costa, FORTINI, Cristiana, e PEREIRA, Maria Fernanda Pires de Carvalho. *Licitações e Contratos: Aspectos Relevantes*. 2ª ed. Belo Horizonte, Fórum, 2008.

FORTINI, Cristiana, CAMARGO, Tatiana Martins da Costa, e PEREIRA, Maria Fernanda Pires de Carvalho. *Licitações e Contratos: Aspectos Relevantes*. 2ª ed. Belo Horizonte, Fórum, 2008.

FORTINI, Cristiana, e PEREIRA, Maria Fernanda Pires de Carvalho. "Licitação compartilhada e dispensa de licitação". In: BARBOSA, M. E. B., e PIRES, M. C. S. (coords.). *Consórcios Públicos: Instrumentos do Federalismo Cooperativo*. Belo Horizonte, Fórum, 2008.

FURTADO, Lucas Rocha. *Curso de Licitações e Contratos Administrativos*. Belo Horizonte, Fórum, 2007.

GARCIA, Flávio Amaral. "A participação do mercado na definição do objeto das parcerias público-privadas – O procedimento de Manifestação de Interesse". *RDPE* 42/67-79. Belo Horizonte, Fórum, abril-junho/2013.

──────────. *Licitações e Contratos Administrativos*, 3ª ed. Rio de Janeiro, Lumen Juris, 2010.

GARCIA, Flávio Amaral, e RIBEIRO, Leonardo Coelho. "Licitações públicas sustentáveis". *RDA* 260/245-251. Rio de Janeiro, FGV/Fórum, maio-agosto/2012 (disponível em *http://bibliotecadigital.fgv.br/ojs/index.php/rda/article/viewFile/8836/7629*, acesso em 31.12.2014).

GASPARINI, Diógenes. "Alienação de bens públicos: procedimento". *ILC* 122. Curitiba, Zênite, abril/2004.

——————. *Direito Administrativo*. 15ª ed., atualizada por F. Motta. São Paulo, Saraiva, 2010.

——————. "Do registro de preços nas contratações públicas". In: BANDEIRA DE MELLO, Celso Antônio (org.). *Estudos em Homenagem a Geraldo Ataliba 2 – Direito Administrativo e Constitucional*. São Paulo, Malheiros Editores, 1997.

——————. "Instrumento convocatório das licitações". *ILC* 131. Curitiba, Zênite, janeiro/2005.

——————. "Revogação, anulação, desistência e convalidação da licitação". *ILC* 126. Curitiba, Zênite, agosto/2004.

GAUDEMET, Yves, LAUBADÈRE, André de, e VENEZIA, Jean-Claude. *Traité de Droit Administratif*. 15ª ed., t. I. Paris, LGDJ, 1999.

GOMES, Orlando. "A caminho dos microssistemas". In: *Novos Temas de Direito Civil*. Rio de Janeiro, Forense, 1983.

——————. *Contratos*, 12ª ed. Rio de Janeiro, Forense, 1990.

——————. *Introdução ao Direito Civil*. 8ª ed. Rio de Janeiro, Forense, 1986.

——————. *Obrigações*. 8ª ed. Rio de Janeiro, Forense, 1986.

GONÇALVES, Pedro Costa. "Cumprimento e incumprimento do contrato administrativo". In: GONÇALVES, Pedro Costa (org.). *Estudos de Contratação Pública – I*. Coimbra, Coimbra Editora, 2008.

——————. *O Contrato Administrativo*. Coimbra, Livraria Almedina, 2003.

——————. *Reflexões sobre o Estado Regulador e o Estado Contratante*. Coimbra, Coimbra Editora, 2013.

—————— (org.). *Estudos de Contratação Pública – I*. Coimbra, Coimbra Editora, 2008; *Estudos de Contratação Pública – II*. Coimbra, Coimbra Editora, 2010; *Estudos de Contratação Pública – III*. Coimbra, Coimbra Editora, 2010; *Estudos de Contratação Pública – IV*. Coimbra, Coimbra Editora, 2013.

——————. *Temas de Contratação Pública – I*. Coimbra, Coimbra Editora, 2011.

GONÇALVES, Pedro Costa, e MARTINS, Licínio Lopes. "Os serviços públicos económicos e a concessão no Estado Regulador". In: MOREIRA, Vital (org.). *Estudos de Regulação Pública – I*. Coimbra, Coimbra Editora, 2004.

GONÇALVES NETO, Alfredo de Assis. *Direito de Empresa*. 2ª ed. São Paulo, Ed. RT, 2008; 3ª ed. São Paulo, Ed. RT, 2010.

GORDILLO, Agustín. *Tratado de Derecho Administrativo*. 2ª ed., t. 2. Buenos Aires: Fundación de Derecho Administrativo, 1998 (disponível em: *http://www.gordillo.com*).

GRAU, Eros Roberto. "Ascarelli, a interpretação, o texto e a norma". In: AZEVEDO, Antônio Junqueira de, CARBONE, P., e TÔRRES, Heleno Taveira (coords.). *Princípios do Novo Código Civil Brasileiro e Outros Temas: Homenagem a Tullio Ascarelli.* São Paulo, Quartier Latin, 2008.

―――――. "Despesa pública – Conflito entre princípio e eficácia das regras jurídicas – O princípio da sujeição da Administração às decisões do Poder Judiciário e o princípio da legalidade da despesa pública". *RTDP* 2/130-148. São Paulo, Malheiros Editores, 1993.

―――――. *Ensaio e Discurso sobre a Interpretação/Aplicação do Direito.* 5ª ed. São Paulo, Malheiros Editores, 2009.

―――――. "Obrigação, dever e ônus". In: *Direito, Conceitos e Normas Jurídicas.* São Paulo, Ed. RT, 1988.

―――――. "Tribunal de Contas – Decisão – Eficácia". *RDA* 210. Rio de Janeiro, Renovar, outubro-dezembro/1997.

GUERRA, Sérgio. "Controle das agências reguladoras por meio de supervisão ministerial". *RDPE* 10/205-211. Belo Horizonte, Fórum, abril-junho/2005.

GUERRA, Sérgio, e GUERRA, Sydney. *Curso de Direito Ambiental.* Belo Horizonte, Fórum, 2009.

GUERRA, Sydney, e GUERRA, Sérgio. *Curso de Direito Ambiental.* Belo Horizonte, Fórum, 2009.

GUIMARÃES, Bernardo Strobel. "O estatuto das empresas de pequeno porte e os benefícios em matéria de licitação – Uma proposta de avaliação da sua constitucionalidade". *ILC* 176/1.003-1.012. Curitiba, Zênite, 2008.

―――――. "Princípio da continuidade do serviço público e dever de licitar". *RDPE* 18/221-252. Belo Horizonte, Fórum, abril-junho/2007.

GUIMARÃES, Bernardo Strobel, e MOREIRA, Egon Bockmann. "Sociedades de Propósito Específico na Lei de PPP (considerações em torno do art. 9º da Lei 11.079/2004)". In: JUSTEN FILHO, Marçal, e SCHWIND, Rafael Wallbach (coords.). *Parcerias Público-Privadas: Reflexões sobre os 10 Anos da Lei 11.079/2004.* São Paulo, Ed. RT, 2015.

GUIMARÃES, Edgar. *Controle das Licitações Públicas.* São Paulo, Dialética, 2002.

―――――. "Controle dos atos admissionais pelos Tribunais de Contas". In: MOTTA, Fabrício. *Concurso Público e Constituição.* Belo Horizonte, Fórum, 2005.

GUIMARÃES, Edgar, e NIEBUHR, Joel de Menezes. *Registro de Preços: Aspectos Práticos e Jurídicos.* Belo Horizonte, Fórum, 2008.

GUIMARÃES, Edgar, e SANTANA, Jair Eduardo. *Licitações e o Novo Estatuto da Pequena e Microempresa.* 3ª ed. Belo Horizonte, Fórum, 2008.

GUIMARÃES, Fernando Vernalha. "A recomposição de preço nos contratos administrativos gerais por elevação imprevisível no custo de insumos". *ILC* 194. Curitiba, Zênite, 2006.

──────────. *Alteração Unilateral do Contrato Administrativo*. São Paulo, Malheiros Editores, 2003.

──────────. *Concessão de Serviço Público*. 2ª ed. São Paulo, Saraiva, 2013.

──────────. "Contratos administrativos". In: HARGER, Marcelo (coord.). *Curso de Direito Administrativo*. Rio de Janeiro, Forense, 2007.

──────────. *PPP – Parceria Público-Privada*. 2ª ed. São Paulo: Saraiva, 2013.

GUIMARÃES, Fernando Vernalha, e MOREIRA, Egon Bockmann. "Contratação integrada: um novo regime de execução para os contratos administrativos no Direito Brasileiro". *Revista de Contratos Públicos* 4/5-30. Coimbra, CEDIPRE, 2012.

──────────. "Regime Diferenciado de Contratações: alguns apontamentos". *RCP* 1/81-124. Belo Horizonte, Fórum, março-agosto/2012.

GUIMARÃES, Mariana. "A adesão prévia em licitações para registro de preços – Procedimento para a conjugação de necessidades comuns". *ILC* 757. Curitiba, Zênite, agosto/2014.

GUIMARÃES, Mariana, e REQUI, Érica Miranda dos Santos. "O saneamento do BDI e a impossibilidade de reduzir o valor global do contrato mesmo quando identificadas parcelas correspondentes ao IRPJ e à CSLL". *ILC* 370. Curitiba, Zênite, abril/2015.

HARGER, Marcelo (coord.). *Curso de Direito Administrativo*. Rio de Janeiro, Forense, 2007.

HARRINGTON, JR., Joseph E., VERNON, John M., e VISCUSI, W. Kipp. *Economics of Regulation and Antitrust*. 3ª ed. Cambridge, MIT Press, 2001.

JONAS, Hans. *O Princípio Responsabilidade: Ensaio de uma Ética para a Civilização Tecnológica*. Trad. de M. Lisboa e L. B. Montez. Rio de Janeiro, Contraponto, 2006.

JURKSAITIS, Guilherme Jardim. *Em Defesa do Regime Diferenciado de Contratações*. Disponível em *http://www.sbdp.org.br arquivos/material/961_Guilherme_Jardim_Jurksaitis_Em_defesa_do_RDC_-_versao_pa..pdf* (acesso em 11.7.2011).

JUSTEN, Mônica Spezia, e TALAMINI, Eduardo (coords.). *Parcerias Público-Privadas: um Enfoque Multidisciplinar*. São Paulo, Ed. RT, 2005.

JUSTEN FILHO, Marçal. "Capacitação técnico-operacional em licitações de obra e serviço de engenharia – Cessão de acervo técnico". *ILC* 79. Curitiba, Zênite, setembro/2000.

──────────. *Comentários à Lei de Licitações e Contratos Administrativos*. 16ª ed. São Paulo, Ed. RT, 2014.

──────────. *Comentários ao RDC*. São Paulo, Dialética, 2013.

──────────. "Consórcios, o somatório de quantitativos e o problema da proporcionalidade". *RDPE* 36/153-171. Belo Horizonte, Fórum, outubro-dezembro/2011.

──────────. *Curso de Direito Administrativo*. 10ª ed. São Paulo, Ed. RT, 2014.

──────────. "Desenvolvimento nacional sustentado – Contratações administrativas e o regime introduzido pela Lei 12.349/2010". *ILC* 210/745-751. Curitiba, Zênite, agosto/2011.

──────────. *O Estatuto da Microempresa e as Licitações Públicas*. 2ª ed. São Paulo, Dialética, 2007.

──────────. *Pregão*. 5ª ed. São Paulo, Dialética, 2009.

──────────. *Pregão – Comentários à Legislação do Pregão Comum e Eletrônico*. 2ª ed. São Paulo, Dialética, 2003.

──────────. *Teoria Geral das Concessões de Serviço Público*. São Paulo, Dialética, 2003.

JUSTEN FILHO, Marçal, e PEREIRA, Cesar A. Guimarães (coords.). *O Regime Diferenciado de Contratações Públicas: Comentários à Lei 12.462 e ao Decreto 7.581*. Belo Horizonte, Fórum, 2012.

JUSTEN FILHO, Marçal, e SCHWIND, Rafael Wallbach (coords.). *Parcerias Público-Privadas: Reflexões sobre os 10 Anos da Lei 11.079/2004*. São Paulo, Ed. RT, 2015.

JUSTEN NETO, Marçal. "A negociação de condições mais vantajosas". In: JUSTEN FILHO, Marçal, e PEREIRA, Cesar A. Guimarães (coords.). *O Regime Diferenciado de Contratações Públicas: Comentários à Lei 12.462 e ao Decreto 7.581*. Belo Horizonte, Fórum, 2012.

KIRKBY, Mark. "O diálogo concorrencial". In: GONÇALVES, Pedro Costa (org.). *Estudos de Contratação Pública – II*. Coimbra, Coimbra Editora, 2010.

KRELL, Andreas Joachim. "A constitucionalidade da regulamentação da Lei de Consórcios Públicos (n. 11.107/2005) por decreto presidencial". *RDE* 5/341-395. Rio de Janeiro, Renovar, janeiro-março/2007.

KUBRUSLY, Cláudia Tosin. "Modificações subjetivas nos contratos de concessão". *RDPE* 6. Belo Horizonte, Fórum, abril-junho/2004.

LARENZ, Karl. *Base del Negocio Jurídico y Cumplimiento de los Contratos*. Trad. de C. Fernández Rodriguez. Granada, Comares, 2002.

LAUBADÈRE, André de. *Direito Público Económico*. Trad. de Maria Teresa Costa. Coimbra, Livraria Almedina, 1985.

LAUBADÈRE, André de, GAUDEMET, Yves, e VENEZIA, Jean-Claude. *Traité de Droit Administratif*. 15ª ed., t. 1. Paris, LGDJ, 1999.

LEÃES, Luís Gastão Paes de Barros. "A obrigação de melhores esforços (*best effords*)". *RDM* 134/7-11. São Paulo, Ed. RT.

——————. *Direito Comercial*. São Paulo, José Bushatsky Editor, 1976.

LEAL, Victor Nunes. "Valor das decisões do Tribunal de Contas". In: *Problemas de Direito Público*. Rio de Janeiro, Forense, 1960.

LEITÃO, Alexandra. "Os contratos interadministrativos". In: GONÇALVES, Pedro Costa (org.), *Estudos de Contratação Pública – I*. Coimbra, Coimbra Editora, 2008.

Licitações e Contratos: Orientações e Jurisprudência do TCU. 4ª ed. Brasília, TCU, 2010 (disponível em *http://portal2.tcu.gov.br/portal/pls/portal/docs/2057620. PDF*, acesso em 10.1.2015).

LIRA, Bruno, e NÓBREGA, Marcos. "O estatuto do RDC é contrário aos cartéis em licitação? Uma breve análise baseada na teoria dos leilões". *RBDP* 35. Outubro-dezembro/2011 (disponível em *www.bidforum.com.br*).

LÔBO, Paulo N. *Direito Civil: Parte Geral*. 2ª ed. São Paulo, Saraiva, 2010.

LÓPEZ-MUÑIZ, J. L. M., e QUADROS, F. de. *Direito e Justiça: VI Colóquio Luso-
-Espanhol de Direito Administrativo*. Lisboa, Universidade Católica Editora, 2005.

MANUEL, Luís Eduardo Coimbra. "Breves comentários ao Decreto 7.174/2010". *ILC* 199. Curitiba, Zênite, setembro/2010.

MARQUES NETO, Floriano de Azevedo. *Bens Públicos*. Belo Horizonte, Fórum, 2009.

——————. "Normas gerais de licitação – Doação e permuta de bens de Estados e de Municípios – Aplicabilidade de disposições da Lei Federal 8.666/1993 aos entes federados". *RTDP* 12/173-191. São Paulo, Malheiros Editores, 1995.

——————. "Reorganização societária, cisão empresarial e contrato administrativo". *BDA* 5. São Paulo, NDJ, maio/2001.

MARQUES NETO, Floriano de Azevedo, e CUNHA, Carlos Eduardo Bergamini. "A possibilidade jurídica de alteração da configuração de consórcio de empresas contratado pela Administração Pública". *RCP* 1/141-167. Belo Horizonte, Fórum, março-agosto/2012.

MARTINS, Licínio Lopes. "Alguns aspectos do contrato de empreitadas de obras públicas no Código de Contratos Públicos". In: GONÇALVES, Pedro Costa (org.). *Estudos de Contratação Pública – II*. Coimbra, Coimbra Editora, 2010 (pp. 347 e ss.).

—————. *Empreitada de Obras Públicas*. Coimbra, Livraria Almedina, 2014.

—————. "O contrato de empreitada por preço global no Código dos Contratos Públicos". *Revista de Direito Público e Regulação* 5 (disponível em *http://www.fd.uc.pt/cedipre/pdfs/revista_dpr/revista_5.pdf*, acesso em 28/12/2010).

MARTINS, Licínio Lopes, e GONÇALVES, Pedro Costa. "Os serviços públicos económicos e a concessão no Estado regulador". In: MOREIRA, Vital (org.). *Estudos de Regulação Pública – I*. Coimbra, Coimbra Editora, 2004.

MARTINS, Wilson. "Diálogo com José Castello". In: *Pontos de Vista (Crítica Literária)* 14 (1995-1997). São Paulo, T. A. Queiroz Editor, 2002.

MARTINS-COSTA, Judith. In: TEIXEIRA, Sálvio de Figueiredo (coord.). *Comentários ao Novo Código Civil*. 2ª ed., vol. V, t. I. Rio de Janeiro, Forense, 2005 (pp. 60-85 e 278-315).

MEANS, Gardiner C., e BERLE, Adolf A. *The Modern Corporation & Private Property*. 5ª impr. New Brunswick, Transactions Publishers, 2003.

MEDAUAR, Odete. *Controle Administrativo das Autarquias*. São Paulo, José Bushatsky Editor, 1976.

—————. *Direito Administrativo Moderno*. 12ª ed. São Paulo, Ed. RT, 2008.

—————. *Processualidade no Direito Administrativo*. São Paulo, Ed. RT, 1993.

MEDAUAR, Odete, e OLIVEIRA, Gustavo Justino de. *Consórcios Públicos*. São Paulo, Ed. RT, 2006.

MEIRELLES, Hely Lopes. *Licitação e Contrato Administrativo*. 15ª ed., atualizada por José Emmanuel Burle Filho, Carla Rosado Burle e Luís Fernando Pereira Franchini. São Paulo, Malheiros Editores, 2010.

MENDES, Renato Geraldo. *Lei de Licitações e Contratos Anotada*. 8ª ed. Curitiba, Zênite, 2011.

—————. *O Processo de Contratação Pública*. Curitiba, Zênite, 2012.

—————. "O que muda nas licitações e contratos com a edição da Lei 9.648, de 27.5.1998". *ILC* 52. Curitiba, Zênite, junho/1998.

—————. *O Regime Jurídico da Contratação Pública*. Curitiba, Zênite, 2008.

MENDES, Renato Geraldo, e MOREIRA, Egon Bockmann. "A isonomia artificialmente construída pelo edital". *ILC* 235/225-228. Curitiba, Zênite, 2015.

—————. "A lógica do regime jurídico da contratação pública". *ILC* 251/5-9. Curitiba, Zênite, 2015.

MENDONÇA, José Vicente Santos de. "A propósito do controle feito pelos Tribunais de Contas sobre as agências reguladoras – Em busca de alguns *standards* possíveis". *RDPE* 38/147-157. Belo Horizonte, Fórum, abril-junho/2012.

MENEZES CORDEIRO, António. *Da Boa-Fé no Direito Civil*. 3ª reimpr. Coimbra, Livraria Almedina, 2007.

MESSINEO, Francesco. *Doctrina General del Contracto*. t. II, trad. de R. O. Fontanarrosa, Santiago Sentís Melendo e M. Volterra. Buenos Aires, EJEA, 1986.

MODESTO, Paulo. "As fundações estatais de direito privado e o debate sobre a nova estrutura orgânica da Administração Pública". *RERE* 14. Junho-agosto/2008 (disponível em *www.direitodoestado.com.br/rere.asp*, acesso em 1.10.2011).

——————. "Globalização e Administração Pública indireta: agências executivas e a transplantação linguística". *REDAE* 7. Agosto-outubro/2006 (disponível em *www.direitodoestado.com.br*, acesso em 22.8.2011).

—————— (coord.). *Nova Organização Administrativa Brasileira*. Belo Horizonte, Fórum, 2009.

MONTEIRO, Vera Monteiro. *Licitação na Modalidade de Pregão*. 2ª ed. São Paulo, Malheiros Editores, 2010.

MORAES, Luíza Rangel de, WALD, Alexandre de M., e WALD, Arnoldo. *O Direito de Parceria e a Lei de Concessões*. 2ª ed. São Paulo, Saraiva, 2004.

MORAES, Maria Celina Bodin de, BARBOZA, Heloísa Helena, e TEPEDINO, Gustavo. *Código Civil Interpretado*. vol. II. Rio de Janeiro, Renovar, 2006.

——————. *Código Civil Interpretado conforme a Constituição da República*. vol. I. Rio de Janeiro, Renovar, 2004.

MOREIRA, Egon Bockmann. "Agências administrativas, contratos de serviços públicos e mutabilidade regulatória". *RDPE* 25. Belo Horizonte, Fórum, janeiro-março/2009.

——————. "As agências executivas brasileiras e os 'contratos de gestão'". In: CUÉLLAR, Leila, e MOREIRA, Egon Bockmann. *Estudos de Direito Econômico*. 1ª ed., 1ª reimpr. Belo Horizonte, Fórum, 2010.

——————. "As várias dimensões do processo administrativo". *RePro* 228/37-49. São Paulo, Ed. RT, fevereiro/2014.

——————. *Direito das Concessões de Serviço Público: Inteligência da Lei 8.987/1995 (Parte Geral)*. São Paulo, Malheiros Editores, 2010.

——————. "Exploração privada dos portos brasileiros: concessão *versus* autorização". *ReDac* 0/31-45. São Paulo, Ed. RT, maio-junho/2013.

——————. "Licitação pública e a negociação pré-contratual – A necessidade do diálogo público-privado". *RCP* 2/61-74. Belo Horizonte, Fórum, setembro/2012--fevereiro/2013.

——————. "O contrato administrativo como instrumento de governo". In: GONÇALVES, Pedro Costa (org.). *Estudos de Contratação Pública – IV*. Coimbra, Coimbra Editora, 2013.

──────────. "O processo de licitação, a Lei 9.784/1999 e o princípio da legalidade". *ILC* 85. Curitiba, Zênite, março/2001.

──────────. "O Sistema Brasileiro de Defesa da Concorrência (SBDC) e o devido processo legal". *RDPE* 40/129-153. Belo Horizonte, Fórum, outubro-dezembro/2012.

──────────. *Processo Administrativo: Princípios Constitucionais e a Lei 9.784/1999*. 4ª ed. São Paulo, Malheiros Editores, 2010.

────────── (coord.). *Portos e seus Regimes Jurídicos*. Belo Horizonte, Fórum, 2014.

MOREIRA, Egon Bockmann, e BAGATIN, Andreia Cristina. "Contratos administrativos, direito à greve e os 'eventos de força maior'". *RT* 875. São Paulo, Ed. RT, setembro/2008.

──────────. "Lei Anticorrupção e quatro de seus principais temas: responsabilidade objetiva, desconsideração societária, acordos de leniência e regulamentos administrativos". *RDPE* 47/55-84. Belo Horizonte, Fórum, julho-setembro/2014.

MOREIRA, Egon Bockmann, e CUÉLLAR, Leila. *Estudos de Direito Econômico*. 1ª ed., 1ª reimpr., vol. I. Belo Horizonte, Fórum, 2010.

MOREIRA, Egon Bockmann, e GUIMARÃES, Bernardo Strobel. "Sociedades de Propósito Específico na Lei de PPP (considerações em torno do art. 9º da Lei 11.079/2004)". In: JUSTEN FILHO, Marçal, e SCHWIND, Rafael Wallbach (coords.). *Parcerias Público-Privadas: Reflexões sobre os 10 Anos da Lei 11.079/2004*. São Paulo, Ed. RT, 2015.

MOREIRA, Egon Bockmann, e GUIMARÃES, Fernando Vernalha. "Contratação integrada: um novo regime de execução para os contratos administrativos no Direito Brasileiro". *Revista de Contratos Públicos* 4/5-30. Coimbra, CEDIPRE, 2012.

──────────. "Regime Diferenciado de Contratações: alguns apontamentos". *RCP* 1/81-124. Belo Horizonte, Fórum, março-agosto/2012.

MOREIRA, Egon Bockmann, e MENDES, Renato Geraldo. "A isonomia artificialmente construída pelo edital". *ILC* 235/225-228. Curitiba, Zênite, 2015.

──────────. "A lógica do regime jurídico da contratação pública". *ILC* 251/5-9. Curitiba, Zênite, 2015.

MOREIRA, João. "Cartelização em contratação pública: a exclusão de ofertas susceptíveis de falsear a concorrência". In: GONÇALVES, Pedro Costa (org.). *Estudos de Contratação Pública – III*. Coimbra, Coimbra Editora, 2010 (pp. 201-259).

MOREIRA, Vital (org.). *Estudos de Regulação Pública – I*. Coimbra, Coimbra Editora, 2004.

MOREIRA, Vital, e CANOTILHO, J. J. Gomes. *Constituição da República Portuguesa Anotada*. 3ª ed. Coimbra, Coimbra Editora, 1993.

MOREIRA NETO, Diogo de Figueiredo. *Curso de Direito Administrativo*. 15ª Rio de Janeiro, Forense, 2009; 16ª ed. Rio de Janeiro, Forense, 2014.

MOREIRA NETO, Diogo de Figueiredo, e VÉRAS, Rafael. *A Juridicidade da Lei Anticorrupção: Reflexões e Interpretações Prospectivas*. Disponível em *http:// www.editoraforum.com.br/ef/wp-content/uploads/2014/01/ART_Diogo-Figueiredo-Moreira-Neto-et-al_Lei-Anticorrupcao.pdf* (acesso em 10.6.2014).

MOTTA, Carlos Pinto Coelho. *Aplicação do Código Civil às Licitações e Contratos*. Belo Horizonte, Del Rey, 2004.

—————. *Eficácia nas Licitações e Contratos*. 9ª ed. Belo Horizonte, Del Rey, 2002.

MOTTA, Carlos Pinto Coelho, e BICALHO, Alécia Paolucci Nogueira. *RDC – Comentários ao Regime Diferenciado de Contratações*. 2ª ed. Belo Horizonte, Fórum, 2014.

MOTTA, Fabrício. *Concurso Público e Constituição*. Belo Horizonte, Fórum, 2005.

NEGRINI NETO, João. "Hipóteses de desclassificação das propostas e critérios de desempate previstos no Regime Diferenciado de Contratações". In: CAMMAROSANO, Márcio, DAL POZZO, Augusto Neves, e VALIM, Rafael (coords.). *Regime Diferenciado de Contratações Públicas – RDC (Lei 12.462/2011): Aspectos Fundamentais*. Belo Horizonte, Fórum, 2011.

NESTER, Alexandre Wagner. "Os critérios de julgamento previstos no Regime Diferenciado de Contratações Públicas". In: JUSTEN FILHO, Marçal, e PEREIRA, Cesar A. Guimarães (coords.). *O Regime Diferenciado de Contratações Públicas: Comentários à Lei 12.462 e ao Decreto 7.581*. Belo Horizonte, Fórum, 2012.

—————. *Regulação e Concorrência*. São Paulo, Dialética, 2006.

NESTER, Alexandre Wagner, e BAGATIN, Andreia Cristina. "Os limites para a divisão do objeto licitado". *ILC* 128. Curitiba, Zênite, outubro/2004.

NEVES, Castanheira. *Metodologia Jurídica*. Coimbra, Coimbra Editora, 1993.

NICINSKI, Sophie. *Droit Public des Affaires*. Paris, Montchrestien, 2009.

NIEBUHR, Joel de Menezes. "'Carona' em Ata de Registro de Preços: atentado veemente aos princípios de direito administrativo". *ILC* 143/13-19. Curitiba, Zênite, janeiro/2006.

—————. *Dispensa e Inexigibilidade de Licitação Pública*. São Paulo, Dialética, 2003.

—————. *Licitação Pública e Contrato Administrativo*. 2ª ed. Belo Horizonte, Fórum, 2011.

—————. *Pregão: Presencial e Eletrônico*. 4ª ed. Curitiba, Zênite, 2006.

_____. "Responsabilidade de advogados pela emissão de pareceres jurídicos para a Administração Pública". *ILC* 129. Curitiba, Zênite, novembro/2004.

NIEBUHR, Joel de Menezes, e GUIMARÃES, Edgar. *Registro de Preços: Aspectos Práticos e Jurídicos*. Belo Horizonte, Fórum, 2008.

NÓBREGA, Marcos. *Os Tribunais de Contas e o Controle dos Programas Sociais*. Belo Horizonte, Fórum, 2011.

NÓBREGA, Marcos, e LIRA, Bruno. "O estatuto do RDC é contrário aos cartéis em licitação? Uma breve análise baseada na teoria dos leilões". *RBDP* 35. Outubro-dezembro/2011 (disponível em *www.bidforum.com.br*).

OECD. *Diretrizes para Combater o Conluio entre Concorrentes em Contratações Públicas*. Disponível em *http://www.oecd.org/dataoecd/34/29/44162082.pdf* (acesso em 9.8.2011).

OLIVEIRA, Gustavo Justino de. *Contrato de Gestão*. São Paulo, Ed. RT, 2008.

OLIVEIRA, Gustavo Justino de, e MEDAUAR, Odete. *Consórcios Públicos*. São Paulo, Ed. RT, 2006.

OLIVEIRA, Rodrigo Esteves de. "Empresas em relação de grupo e contratação pública". *Revista de Contratos Públicos/RCP* 2/89-109. Coimbra, CEDIPRE, maio--agosto/2011.

_____. "Os princípios gerais da contratação pública". In: GONÇALVES, Pedro Costa (org.). *Estudos de Contratação Pública – I*. Coimbra, Coimbra Editora, 2008.

OTERO, Paulo. *Privatizações, Reprivatizações e Transferências de Participações Sociais no Interior do Sector Público*. Coimbra, Coimbra Editora, 1999.

PADRÓS REIG, Carlos. "Modificaciones subjetivas em la ejecución de contratos de concesión de servicios públicos: entre dogmática administrativa e realidad prática". *REDA* 135/459-503. Madri, Civitas, julho-setembro/2007.

PEREIRA, Caio Mário da Silva. *Instituições de Direito Civil*. 7ª ed., vol. III. Rio de Janeiro, Forense, 1986.

PEREIRA, Cesar A. Guimarães. "O processo licitatório das parcerias público-privadas (PPPs) na Lei 11.079/2004". In: JUSTEN, Mônica Spezia, e TALAMINI, Eduardo (coords.). *Parcerias Público-Privadas: um Enfoque Multidisciplinar*. São Paulo, Ed. RT, 2005 (pp. 198-239).

PEREIRA, Cesar A. Guimarães, e JUSTEN FILHO, Marçal (coords.). *O Regime Diferenciado de Contratações Públicas: Comentários à Lei 12.462 e ao Decreto 7.581*. Belo Horizonte, Fórum, 2012.

PEREIRA, Maria Fernanda Pires de Carvalho. "Da impossibilidade de inabilitação do licitante por não apresentação de certidão de regularidade fiscal quando a ausência do documento não puder ser debitada à licitante". In: CAMARGO, Tatiana Martins da Costa, FORTINI, Cristiana, e PEREIRA, Maria Fernanda Pires de Carvalho. *Licitações e Contratos: Aspectos Relevantes*. 2ª ed. Belo Horizonte, Fórum, 2008.

PEREIRA, Maria Fernanda Pires de Carvalho, CAMARGO, Tatiana Martins da Costa, e FORTINI, Cristiana. *Licitações e Contratos: Aspectos Relevantes*. 2ª ed. Belo Horizonte, Fórum, 2008.

PEREIRA, Maria Fernanda Pires de Carvalho, e FORTINI, Cristiana. "Licitação compartilhada e dispensa de licitação". In: BARBOSA, M. E. B., e PIRES, M. C. S. (coords.). *Consórcios Públicos: Instrumentos do Federalismo Cooperativo*. Belo Horizonte, Fórum, 2008.

PEREIRA JR., Jessé Torres. *Comentários à Lei das Licitações e Contratações da Administração Pública*. 6ª ed. Rio de Janeiro, Renovar, 2003.

——————. "Desenvolvimento sustentável: a nova cláusula geral das contratações públicas brasileiras". *Revista Interesse Público* 67. Belo Horizonte, Fórum, maio-julho/2011.

PINHEIRO, Armando Castellar, e SADDI, Jairo. *Direito, Economia e Mercados*. Rio de Janeiro, Elsevier, 2005.

PINHO, Clóvis Alberto, e CUÉLLAR, Leila. "Reflexões sobre a Lei federal 12.846/2013 ('Lei Anticorrupção')". *RDPE* 46/131-170. Belo Horizonte, Fórum, abril-junho/2014.

PINTO JR., Mário Engler, PRADO, Lucas Navarro, e RIBEIRO, Maurício Portugal. *Regime Diferenciado de Contratação*. São Paulo, Atlas, 2012.

PIRES, A., e TÔRRES, Heleno Taveira (coords.). *Princípios de Direito Financeiro e Tributário*. Rio de Janeiro, Renovar, 2006.

PIRES, M. C. S., e BARBOSA, M. E. B. (coords.). *Consórcios Públicos: Instrumentos do Federalismo Cooperativo*. Belo Horizonte, Fórum, 2008.

PONTES DE MIRANDA, F. C. *Tratado de Direito Privado*. 2ª ed., t. XXIII. Rio de Janeiro, Borsói, 1958.

PORTELLA, Gualter Ramalho, e SILVA, Ângelo Henrique Lopes da. "O Imposto de Renda Pessoa Jurídica (IRPJ) nas licitações e contratos de obras públicas". *RDPE* 32/35-56. Belo Horizonte, Fórum, outubro-dezembro/ 2010.

PORTO NETO, Benedicto. *Concessão de Serviço Público no Regime da Lei 8.987/1995: Conceitos e Princípios*. São Paulo, Malheiros Editores, 1998.

——————. "Licitação para contratação de parceria público-privada". In: SUNDFELD, Carlos Ari (org.). *Parcerias Público-Privadas*. 2ª ed. São Paulo, Malheiros Editores, 2011 (pp. 138-156).

PRADO, Lucas Navarro, e RIBEIRO, Maurício Portugal. *Comentários à Lei de PPP – Parceria Público-Privada: Fundamentos Econômico-Jurídicos*. 1ª ed., 2ª tir. São Paulo, Malheiros Editores, 2010.

PRADO, Lucas Navarro, PINTO JR., Mário Engler, e RIBEIRO, Maurício Portugal. *Regime Diferenciado de Contratação*. São Paulo, Atlas, 2012.

QUADROS, F. de, e LÓPEZ-MUÑIZ, J. L. M. *Direito e Justiça: VI Colóquio Luso--Espanhol de Direito Administrativo*. Lisboa, Universidade Católica Editora, 2005.

REISDORFER, Guilherme F. Dias. "A contratação integrada no Regime Diferenciado de Contratações Públicas". In: JUSTEN FILHO, Marçal, e PEREIRA, Cesar A. Guimarães (coords.). *O Regime Diferenciado de Contratações Públicas: Comentários à Lei 12.462 e ao Decreto 7.581*. Belo Horizonte, Fórum, 2012.

REOLON, Jaques Fernando, e FERNANDES, Jorge Ulisses Jacoby. "Regime Diferenciado de Contratações Públicas (RDC)". *Fórum de Contratação e Gestão Pública* 117/20-43. Belo Horizonte, Fórum, setembro/2011.

REQUI, Érica Miranda dos Santos. "Credenciamento como ferramenta para prestação de serviços – Registro eletrônico de contratos de financiamento no DETRAN". *ILC* 253. Curitiba, Zênite, março/2015.

REQUI, Érica Miranda dos Santos, e GUIMARÃES, Mariana. "O saneamento do BDI e a impossibilidade de reduzir o valor global do contrato mesmo quando identificadas parcelas correspondentes ao IRPJ e à CSLL". *ILC* 370. Curitiba, Zênite, abril/2015.

RIBEIRO, Leonardo Coelho, e GARCIA, Flávio Amaral. "Licitações públicas sustentáveis". *RDA* 260/245-251. Rio de Janeiro, FGV/Fórum, maio-agosto/2012 (disponível em *http://bibliotecadigital.fgv.br/ojs/index.php/rda/article/viewFile/8836/7629*, acesso em 31.12.2014).

RIBEIRO, Maurício Portugal, e PRADO, Lucas Navarro. *Comentários à Lei de PPP – Parceria Público-Privada: Fundamentos Econômico-Jurídicos*. 1ª ed., 2ª tir. São Paulo, Malheiros Editores, 2010.

RIBEIRO, Maurício Portugal, PINTO JR., Mário Engler, e PRADO, Lucas Navarro. *Regime Diferenciado de Contratação*. São Paulo, Atlas, 2012.

RIBOT, Catherine, ANTOINE, Julien, DAVIGNON, Jean-François, e DELACOUR, Eric (coord.). *La Loi Sapin et les Délégations de Service Public: 10 Ans d'Application Jurisprudentielle*. Paris, Litec, 2003.

RIGOLIN, Ivan Barbosa. "Fracionamento de objetos em licitação". *BLC* 8. São Paulo, NDJ, agosto/2007.

———. "RDC (Regime Diferenciado de Contratações Públicas)". *Fórum de Contratação e Gestão Pública* 117/59-64. Belo Horizonte, Fórum, setembro/2011.

ROCHA, Cármen Lúcia Antunes. *Estudo sobre Concessão e Permissão de Serviço Público no Direito Brasileiro*. São Paulo, Saraiva, 1996.

RODRIGUES, Eduardo Azeredo. "O princípio da padronização". *RF* 385/459-464. Rio de Janeiro, Forense, maio-junho/2006.

RODRIGUES, Fernanda E., CYMBALISTA, Tatiana M., e ZAGO, Mariana F. "O poder de compra estatal e a margem de preferência para produtos e serviços nacionais introduzida na Lei de Licitações". *RDPE* 35. Belo Horizonte, Fórum, julho-setembro/2011.

RODRIGUES, Nuno Cunha. *A Contratação Pública como Instrumento de Política Económica*. Coimbra, Livraria Almedina, 2013.

———. *Golden Shares: as Empresas Participadas e os Privilégios do Estado enquanto Accionista Minoritário*. Coimbra, Coimbra Editora, 2004.

RODRIGUES, Sílvio. *Direito Civil*. 30ª ed., vol. 2. São Paulo, Saraiva, 2002.

ROPPO, Enzo. *O Contrato*. Coimbra, Livraria Almedina, 1988.

ROSILHO, André. *Licitação no Brasil*. São Paulo, Malheiros Editores/*sbdp*, 2013.

ROST, Maria Augusta. "As exigências de amostra e de carta de solidariedade". In: JUSTEN FILHO, Marçal, e PEREIRA, Cesar A. Guimarães (coords.). *O Regime Diferenciado de Contratações Públicas: Comentários à Lei 12.462 e ao Decreto 7.581*. Belo Horizonte, Fórum, 2012.

SADDI, Jairo, e PINHEIRO, Armando Castellar. *Direito, Economia e Mercados*. Rio de Janeiro, Elsevier, 2005.

SALOMÃO FILHO, Calixto. "Direito como instrumento de transformação social e econômica". *RDPE* 1. Belo Horizonte, Fórum, janeiro-março/2003.

———. "*Golden share*: utilidade e limites". In: *O Novo Direito Societário*. 4ª ed., 2ª tir. São Paulo, Malheiros Editores, 2015.

———. *Histoire Critique des Monopoles: une Perspective Juridique et Économique*. Paris, LGDJ, 2010.

SALOMÃO FILHO, Calixto, e COMPARATO, Fábio Konder. *O Poder de Controle na Sociedade Anônima*. 4ª ed. Rio de Janeiro, Forense, 2005.

SÁNCHEZ, Pedro Fernández, e AMARAL E ALMEIDA, João. "A divisão em lotes e o princípio da adequação na escolha do procedimento pré-contratual". In: GONÇALVES, Pedro Costa (org.). *Temas de Contratação Pública – I*. Coimbra, Coimbra Editora, 2011.

———. "Contratação *in house*: o critério para a determinação da parte 'essencial' da atividade de uma entidade sujeita a um 'controlo análogo'". In: GON-

ÇALVES, Pedro Costa (org.). *Temas de Contratação Pública – I*. Coimbra, Coimbra Editora, 2011 (pp. 137-174).

SANTANA, Jair Eduardo, e GUIMARÃES, Edgar. *Licitações e o Novo Estatuto da Pequena e Microempresa*. 3ª ed. Belo Horizonte, Fórum, 2008.

SANTOS, José Anacleto Abduch. *Licitações e o Estatuto da Microempresa e Empresa de Pequeno Porte*. Curitiba, Juruá, 2008.

SANTOS, José Anacleto Abduch, BERTONCINI, Mateus Eduardo Siqueira Nunes, e CUSTÓDIO FILHO, Ubirajara. *Comentários à Lei 12.846/2013 – Lei Anticorrupção*. São Paulo, Ed. RT, 2014.

SANTOS, José Anacleto Abduch, e FERREIRA, Daniel. "Licitações para a Copa do Mundo e Olimpíadas – Comentários sobre algumas inovações da Lei 12.462/2011". *Fórum de Contratação e Gestão Pública* 117/46-58. Belo Horizonte, Fórum, setembro/2011.

SANTOS, Murilo Giordan, e BARKI, Teresa Villac Pinheiro (coords.). *Licitações e Contratações Públicas Sustentáveis*. 2ª reimpr. Belo Horizonte, Fórum, 2013.

SCHWIND, Rafael Wallbach. "Remuneração variável e contratos de eficiência no Regime Diferenciado de Contratações Públicas". In: JUSTEN FILHO, Marçal, e PEREIRA, Cesar A. Guimarães (coords.). *O Regime Diferenciado de Contratações Públicas: Comentários à Lei 12.462 e ao Decreto 7.581*. Belo Horizonte, Fórum, 2012.

SCHWIND, Rafael Wallbach, e JUSTEN FILHO, Marçal (coords.). *Parcerias Público-Privadas: Reflexões sobre os 10 Anos da Lei 11.079/2004*. São Paulo, Ed. RT, 2015.

SILVA, Ângelo Henrique Lopes da. "Capturando economias de escala no Sistema de Registro de Preços". *RDPE* 35/9-30. Belo Horizonte, Fórum, julho-setembro/2011.

SILVA, Ângelo Henrique Lopes da, e PORTELLA, Gualter Ramalho. "O Imposto de Renda Pessoa Jurídica (IRPJ) nas licitações e contratos de obras públicas". *RDPE* 32/35-56. Belo Horizonte, Fórum, outubro-dezembro/2010.

SILVA, José Afonso da. *Curso de Direito Constitucional Positivo*. 38ª ed. São Paulo, Malheiros Editores, 2015.

SILVA, Vasco Pereira da. *Em Busca do Acto Administrativo Perdido*. Coimbra, Livraria Almedina, 1998.

—————. *Por um Contencioso Administrativo dos Particulares*. Coimbra, Livraria Almedina, 1997.

SILVA, Virgílio Afonso da. *Direitos Fundamentais: Conteúdo Essencial, Restrições e Eficácia*. 2ª ed., 3ª tir. São Paulo, Malheiros Editores, 2014.

—————. "O proporcional e o razoável". *RT* 798/23-50. São Paulo, Ed. RT, abril/2002.

SODRÉ, Ruy de Azevedo. *A Ética Profissional e o Estatuto do Advogado*. 4ª ed. São Paulo, LTr, 1991.

SOUSA, Luís Verde de. *A Negociação nos Procedimentos de Adjudicação: uma Análise do Código dos Contratos Públicos*. Coimbra, Livraria Almedina, 2010.

SOUTO, Marcos Juruena Vilela. *Direito Administrativo Contratual*. Rio de Janeiro, Lumen Juris, 2004.

—————. *Direito Administrativo das Concessões*. 5ª ed. Rio de Janeiro, Lumen Juris, 2004.

SOUZA, Rodrigo Pagani de, CÂMARA, Jacintho Arruda, e SUNDFELD, Carlos Ari. "Os atestados técnicos na licitação e o problema da cisão de empresas". *REDAE* 12. 2008 (disponível em *www.direitodoestado.com.br/redae.asp*, acesso em 7.9.2011).

STEINER, Renata. *Descumprimento Contratual – Boa-Fé e Violação Positiva do Contrato*. São Paulo, Quartier Latin, 2013.

STIGLITZ, Joseph E., e WALSH, Carl E. *Introdução à Microeconomia*. Trad. de M. J. C. Monteiro. Rio de Janeiro, Campus, 2003.

SUNDFELD, Carlos Ari. "A participação privada nas empresas estatais". In: SUNDFELD, Carlos Ari (org.). *Direito Administrativo Econômico*. 1ª ed., 3ª tir. São Paulo, Malheiros Editores, 2006 (pp. 264-285).

—————. "Contratações públicas e o princípio da concorrência". *RCP* 1. Belo Horizonte, Fórum, março-agosto/2012.

—————. "Guia jurídico das parcerias público-privadas". In: SUNDFELD, Carlos Ari (org.). *Parcerias Público-Privadas*. 2ª ed. São Paulo, Malheiros Editores, 2011 (pp. 17-46).

—————. *Licitação e Contrato Administrativo*. 2ª ed. São Paulo, Malheiros Editores, 1995.

—————. "O caminho do desenvolvimento na Lei dos Portos – Centralizar para privatizar?". In: MOREIRA, Egon Bockmann (coord.). *Portos e seus Regimes Jurídicos*. Belo Horizonte, Fórum, 2014.

—————. "O direito administrativo entre os *clips* e os negócios". *RDPE* 18. Belo Horizonte, Fórum, abril-junho/2007.

————— (coord.). *Parcerias Público-Privadas*. 2ª ed. São Paulo, Malheiros Editores, 2011.

————— (org.). *Contratações Públicas e seu Controle*. São Paulo, Malheiros Editores, 2013.

—————. *Direito Administrativo Econômico*. 1ª ed., 3ª tir. São Paulo, Malheiros Editores, 2006.

SUNDFELD, Carlos Ari, CÂMARA, Jacintho Arruda, e SOUZA, Rodrigo Pagani de. "Os atestados técnicos na licitação e o problema da cisão de empresas". *REDAE* 12. 2008 (disponível em *www.direitodoestado.com.br/redae.asp*, acesso em 7.9.2011).

SUNDFELD, Carlos Ari, e CÂMARA, Jacintho Arruda. "Competências de controle dos Tribunais de Contas – Possibilidades e limites". In: SUNDFELD, Carlos Ari (org.). *Contratações Públicas e seu Controle*. São Paulo, Malheiros Editores, 2013.

SUSTEIN, Cass. "Para além do princípio da precaução". Trad. de Letícia Garcia Ribeiro Dyniewicz, Luciana Rampato Schena e Michelle Denise Durieux Lopes Destri, revisão técnica de Diego Werneck Arguelhes. *RDA* 259/11-71. Rio de Janeiro, FGV/Fórum, janeiro-abril/2012 (disponível em *http://bibliotecadigital.fgv. br/ojs/index.php/rda/article/viewFile/8629/7373*, acesso em 5.1.2015).

SZTAJN, Rachel, AZEVEDO, Paulo Furquim de, e ZYLBERSZTAJN, Décio. "Economia dos contratos". In: SZTAJN, Rachel, e ZYLBERSZTAJN, Décio (orgs.). *Direito & Economia*. Rio de Janeiro, Elsevier, 2005 (pp. 102-136).

SZTAJN, Rachel, e ZYLBERSZTAJN, Décio (orgs.). *Direito & Economia*. Rio de Janeiro, Elsevier, 2005.

TÁCITO, Caio. "A moralidade administrativa e a nova lei do Tribunal de Contas da União". *RDA* 190. Rio de Janeiro, Renovar, outubro-dezembro/1992.

――――――. "Concessão real de uso. Licitação" (parecer). In: *Temas de Direito Público (Estudos e Pareceres)*. 2º vol. Rio de Janeiro, Renovar, 1997.

――――――. *Direito Administrativo*. São Paulo, Saraiva, 1975.

TALAMINI, Eduardo, e JUSTEN, Mônica Spezia (coords.). *Parcerias Público-Privadas: um Enfoque Multidisciplinar*. São Paulo, Ed. RT, 2005.

TEIXEIRA, Sálvio de Figueiredo (coord.). *Comentários ao Novo Código Civil*. 2ª ed., vol. V, t. I. Rio de Janeiro, Forense, 2005; vol. XIV. Rio de Janeiro, Forense, 2005.

TEPEDINO, Gustavo, BARBOZA, Heloísa Helena, e MORAES, Maria Celina Bodin de. *Código Civil Interpretado*. vol. II, Rio de Janeiro, Renovar, 2006.

――――――. *Código Civil Interpretado conforme a Constituição da República*. vol. I. Rio de Janeiro, Renovar, 2004.

The New Enciclopædia Britannica. 15ª ed., vols. 1 (verbete "Aral Sea") e 15 (verbete "Central Asia"). Chicago, Enciclopædia Britannica, 1995 (respectivamente pp. 514 e 701-714).

TIMM, Luciano. "Ainda sobre a função social do direito contratual no Código Civil: justiça distributiva *versus* eficiência econômica". In: TIMM, Luciano (org.). *Direito & Economia*. 2ª ed. Porto Alegre, Livraria do Advogado, 2008 (pp. 63-96).

——————— (org.). *Direito & Economia*. 2ª ed. Porto Alegre, Livraria do Advogado, 2008.

TOLOSA FILHO, Benedito de. "Impedimento para licitar ou contratar com a Administração Pública". *ILC* 161. Curitiba, Zênite, julho/2007.

TORNAGHI, Hélio. *Comentários ao Código de Processo Civil*. 2ª ed., vol. I. São Paulo, Ed. RT, 1976.

TÔRRES, Heleno Taveira. "Fundos especiais para prestação de serviços públicos e os limites da competência reservada em matéria financeira". In: PIRES, A., e TÔRRES, Heleno Taveira (coords.). *Princípios de Direito Financeiro e Tributário*. Rio de Janeiro, Renovar, 2006.

TÔRRES, Heleno Taveira, AZEVEDO, Antônio Junqueira de, e CARBONE, P. (coords.). *Princípios do Novo Código Civil Brasileiro e Outros Temas: Homenagem a Tullio Ascarelli*. São Paulo, Quartier Latin, 2008.

TÔRRES, Heleno Taveira, e PIRES, A. (coords.). *Princípios de Direito Financeiro e Tributário*. Rio de Janeiro, Renovar, 2006.

TRIBUNAL DE CONTAS DA UNIÃO/Secretaria de Controle Interno. *Licitações e Contratos: Orientações Básicas*. 3ª ed. Brasília, 2006 (disponível em *www.portal2.tcu.gov.br/portal/pls/portal/docs/2057620.PDF*, acesso em 9.1.2015).

VALIM, Rafael. "A negociação de condições mais vantajosas no Regime Diferenciado de Contratação (RDC)". In: CAMMAROSANO, Márcio, DAL POZZO, Augusto Neves, e VALIM, Rafael (coords.). *Regime Diferenciado de Contratações Públicas – RDC (Lei 12.462/2011): Aspectos Fundamentais*. Belo Horizonte, Fórum, 2011.

VALIM, Rafael, CAMMAROSANO, Márcio, e DAL POZZO, Augusto Neves (coords.). *Regime Diferenciado de Contratações Públicas – RDC (Lei 12.462/2011): Aspectos Fundamentais*. Belo Horizonte, Fórum, 2011.

VELOSO, Vitor Lanza, e ANDRADE, Ricardo Barreto de. "Uma visão geral sobre o regime diferenciado de contratações públicas: objeto, objetivos, definições, princípios e diretrizes". In: JUSTEN FILHO, Marçal, e PEREIRA, Cesar A. Guimarães (coords.). *O Regime Diferenciado de Contratações Públicas: Comentários à Lei 12.462 e ao Decreto 7.581*. Belo Horizonte, Fórum, 2012.

VENEZIA, Jean-Claude, GAUDEMET, Yves, e LAUBADÈRE, André de. *Traité de Droit Administratif*. 15ª ed., t. I. Paris, LGDJ, 1999.

VÉRAS, Rafael, e MOREIRA NETO, Diogo de Figueiredo. *A Juridicidade da Lei Anticorrupção: Reflexões e Interpretações Prospectivas*. Disponível em *http://www.editoraforum.com.br/ef/wp-content/uploads/2014/01/ART_Diogo-Figueiredo-Moreira-Neto-et-al_Lei-Anticorrupcao.pdf* (acesso em 10.6.2014).

VERNON, John M., HARRINGTON, JR., Joseph E., e VISCUSI, W. Kipp. *Economics of Regulation and Antitrust*. 3ª ed. Cambridge, MIT Press, 2001.

VINCENT-JONES, Peter. *The New Public Contracting*. Oxford, Oxford University Press, 2006.

VISCUSI, W. Kipp, HARRINGTON, JR., Joseph E., e VERNON, John M. *Economics of Regulation and Antitrust*, 3ª ed., Cambridge, MIT Press, 2001.

VITAL, André Luiz Francisco da Silva. "A Teoria dos Jogos no contexto social e a visão de controle". *RDPE* 32/17-33. Belo Horizonte, Fórum, outubro-dezembro/2010.

WALD, Alexandre de M., MORAES, Luíza Rangel de, e WALD, Arnoldo. *O Direito de Parceria e a Lei de Concessões*. 2ª ed. São Paulo, Saraiva, 2004.

WALD, Arnoldo. "Da competência das agências reguladoras para intervir na mudança de controle das empresas concessionárias". *RDM* 128/41-53. São Paulo, Malheiros Editores, outubro-dezembro/2002.

_____. "Livro II – Do Direito de Empresa". In: TEIXEIRA, Sálvio de Figueiredo (coord.). *Comentários ao Novo Código Civil*. vol. XIV. Rio de Janeiro, Forense, 2005.

_____. "Obra pública – Contrato – Equilíbrio econômico-financeiro". *RDP* 93. São Paulo, Ed. RT.

WALD, Arnoldo, MORAES, Luíza Rangel de, e WALD, Alexandre de M. *O Direito de Parceria e a Lei de Concessões*. 2ª ed. São Paulo, Saraiva, 2004.

WALSH, Carl E., e STIGLITZ, Joseph E. *Introdução à Microeconomia*. Trad. de M. J. C. Monteiro. Rio de Janeiro, Campus, 2003.

ZAGO, Mariana F., CYMBALISTA, Tatiana M., e RODRIGUES, Fernanda E. "O poder de compra estatal e a margem de preferência para produtos e serviços nacionais introduzida na Lei de Licitações". *RDPE* 35. Belo Horizonte, Fórum, julho-setembro/2011.

ZARDO, Francisco. *Infrações e Sanções em Licitações e Contratos Administrativos*. São Paulo, Ed. RT, 2014.

ZOCKUN, Maurício. "Apontamentos do Regime Diferenciado de Contratação à luz da Constituição da República". In: CAMMAROSANO, Márcio, DAL POZZO, Augusto Neves, e VALIM, Rafael (coords.). *Regime Diferenciado de Contratações Públicas – RDC (Lei 12.462/2011): Aspectos Fundamentais*. Belo Horizonte, Fórum, 2011.

ZYLBERSZTAJN, Décio, AZEVEDO, Paulo Furquim de, e SZTAJN, Rachel. "Economia dos contratos". In: SZTAJN, Rachel, e ZYLBERSZTAJN, Décio (orgs.). *Direito & Economia*. Rio de Janeiro, Elsevier, 2005 (pp. 102-136).

ZYLBERSZTAJN, Décio, e SZTAJN, Rachel (orgs.). *Direito & Economia*. Rio de Janeiro, Elsevier, 2005.

ZYMLER, Benjamin. "Controle externo". In: *Direito Administrativo e Controle*. Belo Horizonte, Fórum, 2005.

――――――. "Licitações e contratos administrativos". In: *Direito Administrativo e Controle*. Belo Horizonte, Fórum, 2005.

APÊNDICES

I – Lei 8.666, de 21.6.1993[1]
(Lei Geral de Licitações/LGL)

Regulamenta o art. 37, inciso XXI, da Constituição Federal, institui normas para licitações e contratos da Administração Pública e dá outras providências.

Capítulo I – DAS DISPOSIÇÕES GERAIS
Seção I – Dos Princípios

Art. 1º. Esta Lei estabelece normas gerais sobre licitações e contratos administrativos pertinentes a obras, serviços, inclusive de publicidade, compras, alienações e locações no âmbito dos Poderes da União, dos Estados, do Distrito Federal e dos Municípios.

Parágrafo único. Subordinam-se ao regime desta Lei, além dos órgãos da administração direta, os fundos especiais, as autarquias, as fundações públicas, as empresas públicas, as sociedades de economia mista e demais entidades controladas direta ou indiretamente pela União, Estados, Distrito Federal e Municípios.

Art. 2º. As obras, serviços, inclusive de publicidade, compras, alienações, concessões, permissões e locações da Administração Pública, quando contratadas com terceiros, serão necessariamente precedidas de licitação, ressalvadas as hipóteses previstas nesta Lei.

1. Texto de acordo com as alterações introduzidas pelas Leis 8.883, de 1994; 9.032, de 1995; 9.648, de 1998; 9.854, de 1999; 10.973, de 2004; 11.079, de 2004; 11.107, de 2005; 11.196, de 2005; 11.445, de 2007; 11.481, de 2007; 11.484, de 2007; 11.763, de 2008; 11.952, de 2009; 11.952, de 2009; 12.349, de 2010; 12.440, de 2011; 12.715, de 2012; Lei Complementar 147, de 2014.

Parágrafo único. Para os fins desta Lei, considera-se contrato todo e qualquer ajuste entre órgãos ou entidades da Administração Pública e particulares, em que haja um acordo de vontades para a formação de vínculo e a estipulação de obrigações recíprocas, seja qual for a denominação utilizada.

Art. 3º. A licitação destina-se a garantir a observância do princípio constitucional da isonomia, a seleção da proposta mais vantajosa para a administração e a promoção do desenvolvimento nacional sustentável e será processada e julgada em estrita conformidade com os princípios básicos da legalidade, da impessoalidade, da moralidade, da igualdade, da publicidade, da probidade administrativa, da vinculação ao instrumento convocatório, do julgamento objetivo e dos que lhes são correlatos.

§ 1º. É vedado aos agentes públicos:

I – admitir, prever, incluir ou tolerar, nos atos de convocação, cláusulas ou condições que comprometam, restrinjam ou frustrem o seu caráter competitivo, inclusive nos casos de sociedades cooperativas, e estabeleçam preferências ou distinções em razão da naturalidade, da sede ou domicílio dos licitantes ou de qualquer outra circunstância impertinente ou irrelevante para o específico objeto do contrato, ressalvado o disposto nos §§ 5º a 12 deste artigo e no art. 3º da Lei n. 8.248, de 23 de outubro de 1991;

II – estabelecer tratamento diferenciado de natureza comercial, legal, trabalhista, previdenciária ou qualquer outra, entre empresas brasileiras e estrangeiras, inclusive no que se refere a moeda, modalidade e local de pagamentos, mesmo quando envolvidos financiamentos de agências internacionais, ressalvado o disposto no parágrafo seguinte e no art. 3º da Lei n. 8.248, de 23 de outubro de 1991.

§ 2º. Em igualdade de condições, como critério de desempate, será assegurada preferência, sucessivamente, aos bens e serviços:

I – (*Revogado*);

II – produzidos no País;

III – produzidos ou prestados por empresas brasileiras.

IV – produzidos ou prestados por empresas que invistam em pesquisa e no desenvolvimento de tecnologia no País.

§ 3º. A licitação não será sigilosa, sendo públicos e acessíveis ao público os atos de seu procedimento, salvo quanto ao conteúdo das propostas, até a respectiva abertura.

§ 4º. (*Vetado*).

§ 5º. Nos processos de licitação previstos no *caput*, poderá ser estabelecido margem de preferência para produtos manufaturados e para serviços nacionais que atendam a normas técnicas brasileiras.

§ 6º. A margem de preferência de que trata o § 5º será estabelecida com base em estudos revistos periodicamente, em prazo não superior a 5 (cinco) anos, que levem em consideração:

I – geração de emprego e renda;

II – efeito na arrecadação de tributos federais, estaduais e municipais;

III – desenvolvimento e inovação tecnológica realizados no País;

IV – custo adicional dos produtos e serviços; e

V – em suas revisões, análise retrospectiva de resultados.

§ 7º. Para os produtos manufaturados e serviços nacionais resultantes de desenvolvimento e inovação tecnológica realizados no País, poderá ser estabelecido margem de preferência adicional àquela prevista no § 5º.

§ 8º. As margens de preferência por produto, serviço, grupo de produtos ou grupo de serviços, a que se referem os §§ 5º e 7º, serão definidas pelo Poder Executivo federal, não podendo a soma delas ultrapassar o montante de 25% (vinte e cinco por cento) sobre o preço dos produtos manufaturados e serviços estrangeiros.

§ 9º. As disposições contidas nos §§ 5º e 7º deste artigo não se aplicam aos bens e aos serviços cuja capacidade de produção ou prestação no País seja inferior:

I – à quantidade a ser adquirida ou contratada; ou

II – ao quantitativo fixado com fundamento no § 7º do art. 23 desta Lei, quando for o caso.

§ 10. A margem de preferência a que se refere o § 5º poderá ser estendida, total ou parcialmente, aos bens e serviços originários dos Estados Partes do Mercado Comum do Sul-Mercosul.

§ 11. Os editais de licitação para a contratação de bens, serviços e obras poderão, mediante prévia justificativa da autoridade competente, exigir que o contratado promova, em favor de órgão ou entidade integrante da Administração Pública ou daqueles por ela indicados a partir de processo isonômico, medidas de compensação comercial, industrial, tecnológica ou acesso a condições vantajosas de financiamento, cumulativamente ou não, na forma estabelecida pelo Poder Executivo federal.

§ 12. Nas contratações destinadas à implantação, manutenção e ao aperfeiçoamento dos sistemas de tecnologia de informação e comunicação, considerados estratégicos em ato do Poder Executivo federal, a licitação poderá ser restrita a bens e serviços com tecnologia desenvolvida no País e produzidos de acordo com o processo produtivo básico de que trata a Lei n. 10.176, de 11 de janeiro de 2001.

§ 13. Será divulgada na internet, a cada exercício financeiro, a relação de empresas favorecidas em decorrência do disposto nos §§ 5º, 7º, 10, 11 e 12 deste artigo, com indicação do volume de recursos destinados a cada uma delas.

§ 14. As preferências definidas neste artigo e nas demais normas de licitação e contratos devem privilegiar o tratamento diferenciado e favorecido às microempresas e empresas de pequeno porte na forma da lei.

§ 15. As preferências dispostas neste artigo prevalecem sobre as demais preferências previstas na legislação quando estas forem aplicadas sobre produtos ou serviços estrangeiros.

Art. 4º. Todos quantos participem de licitação promovida pelos órgãos ou entidades a que se refere o art. 1º. têm direito público subjetivo à fiel observância do pertinente procedimento estabelecido nesta lei, podendo qualquer cidadão acompanhar o seu desenvolvimento, desde que não interfira de modo a perturbar ou impedir a realização dos trabalhos.

Parágrafo único. O procedimento licitatório previsto nesta lei caracteriza ato administrativo formal, seja ele praticado em qualquer esfera da Administração Pública.

Art. 5º. Todos os valores, preços e custos utilizados nas licitações terão como expressão monetária a moeda corrente nacional, ressalvado o disposto no art. 42 desta Lei, devendo cada unidade da Administração, no pagamento das obrigações relativas ao fornecimento de bens, locações, realização de obras e prestação de serviços, obedecer, para cada fonte diferenciada de recursos, a estrita ordem cronológica das datas de suas exigibilidades, salvo quando presentes relevantes razões de interesse público e mediante prévia justificativa da autoridade competente, devidamente publicada.

§ 1º. Os créditos a que se refere este artigo terão seus valores corrigidos por critérios previstos no ato convocatório e que lhes preservem o valor.

§ 2º. A correção de que trata o parágrafo anterior cujo pagamento será feito junto com o principal, correrá à conta das mesmas dotações orçamentárias que atenderam aos créditos a que se referem.

§ 3º. Observados o disposto no *caput*, os pagamentos decorrentes de despesas cujos valores não ultrapassem o limite de que trata o inciso II do art. 24, sem prejuízo do que dispõe seu parágrafo único, deverão ser efetuados no prazo de até 5 (cinco) dias úteis, contados da apresentação da fatura.

Art. 5º-A. As normas de licitações e contratos devem privilegiar o tratamento diferenciado e favorecido às microempresas e empresas de pequeno porte na forma da lei.

Seção II – Das Definições

Art. 6º. Para os fins desta Lei, considera-se:

I – Obra – toda construção, reforma, fabricação, recuperação ou ampliação, realizada por execução direta ou indireta;

II – Serviço – toda atividade destinada a obter determinada utilidade de interesse para a Administração, tais como: demolição, conserto, instalação, montagem, operação, conservação, reparação, adaptação, manutenção, transporte, locação de bens, publicidade, seguro ou trabalhos técnico-profissionais;

III – Compra – toda aquisição remunerada de bens para fornecimento de uma só vez ou parceladamente;

IV – Alienação – toda transferência de domínio de bens a terceiros;

V – Obras, serviços e compras de grande vulto – aquelas cujo valor estimado seja superior a 25 (vinte e cinco) vezes o limite estabelecido na alínea "c" do inciso I do art. 23 desta Lei;

VI – Seguro-Garantia – o seguro que garante o fiel cumprimento das obrigações assumidas por empresas em licitações e contratos;

VII – Execução direta – a que é feita pelos órgãos e entidades da Administração, pelos próprios meios;

VIII – Execução indireta – a que o órgão ou entidade contrata com terceiros sob qualquer dos seguintes regimes:

a) empreitada por preço global – quando se contrata a execução da obra ou do serviço por preço certo e total;

b) empreitada por preço unitário – quando se contrata a execução da obra ou do serviço por preço certo de unidades determinadas;

c) (*Vetado*).

d) tarefa – quando se ajusta mão de obra para pequenos trabalhos por preço certo, com ou sem fornecimento de materiais;

e) empreitada integral – quando se contrata um empreendimento em sua integralidade, compreendendo todas as etapas das obras, serviços e instalações necessárias, sob inteira responsabilidade da contratada até a sua entrega ao contratante em condições de entrada em operação, atendidos os requisitos técnicos e legais para sua utilização em condições de segurança estrutural e operacional e com as características adequadas às finalidades para que foi contratada;

IX – Projeto Básico – conjunto de elementos necessários e suficientes, com nível de precisão adequado, para caracterizar a obra ou serviço, ou complexo de obras ou serviços objeto da licitação, elaborado com base nas indicações dos estudos técnicos preliminares, que assegurem a viabilidade técnica e o adequado tratamento do impacto ambiental do empreendimento, e que possibilite a avaliação do custo da obra e a definição dos métodos e do prazo de execução, devendo conter os seguintes elementos:

a) desenvolvimento da solução escolhida de forma a fornecer visão global da obra e identificar todos os seus elementos constitutivos com clareza;

b) soluções técnicas globais e localizadas, suficientemente detalhadas, de forma a minimizar a necessidade de reformulação ou de variantes durante as fases de elaboração do projeto executivo e de realização das obras e montagem;

c) identificação dos tipos de serviços a executar e de materiais e equipamentos a incorporar à obra, bem como suas especificações que assegurem os melhores resultados para o empreendimento, sem frustrar o caráter competitivo para a sua execução;

d) informações que possibilitem o estudo e a dedução de métodos construtivos, instalações provisórias e condições organizacionais para a obra, sem frustrar o caráter competitivo para a sua execução;

e) subsídios para montagem do plano de licitação e gestão da obra, compreendendo a sua programação, a estratégia de suprimentos, as normas de fiscalização e outros dados necessários em cada caso;

f) orçamento detalhado do custo global da obra, fundamentado em quantitativos de serviços e fornecimentos propriamente avaliados;

X – Projeto Executivo – o conjunto dos elementos necessários e suficientes à execução completa da obra, de acordo com as normas pertinentes da Associação Brasileira de Normas Técnicas-ABNT;

XI – Administração Pública – a administração direta e indireta da União, dos Estados, do Distrito Federal e dos Municípios, abrangendo inclusive as entidades com personalidade jurídica de direito privado sob controle do poder público e das fundações por ele instituídas ou mantidas;

XII – Administração – órgão, entidade ou unidade administrativa pela qual a Administração Pública opera e atua concretamente;

XIII – Imprensa Oficial – veículo oficial de divulgação da Administração Pública, sendo para a União o Diário Oficial da União, e, para os Estados, o Distrito Federal e os Municípios, o que for definido nas respectivas leis;

XIV – Contratante – é o órgão ou entidade signatária do instrumento contratual;

XV – Contratado – a pessoa física ou jurídica signatária de contrato com a Administração Pública;

XVI – Comissão – comissão, permanente ou especial, criada pela Administração com a função de receber, examinar e julgar todos os documentos e procedimentos relativos às licitações e ao cadastramento de licitantes.

XVII – produtos manufaturados nacionais – produtos manufaturados, produzidos no território nacional de acordo com o processo produtivo básico ou com as regras de origem estabelecidas pelo Poder Executivo federal;

XVIII – serviços nacionais – serviços prestados no País, nas condições estabelecidas pelo Poder Executivo federal;

XIX – sistemas de tecnologia de informação e comunicação estratégicos – bens e serviços de tecnologia da informação e comunicação cuja descontinuidade provoque dano significativo à Administração Pública e que envolvam pelo menos um dos seguintes requisitos relacionados às informações críticas: disponibilidade, confiabilidade, segurança e confidencialidade.

Seção III – Das Obras e Serviços

Art. 7º. As licitações para a execução de obras e para a prestação de serviços obedecerão ao disposto neste artigo e, em particular, à seguinte sequência:

I – projeto básico;

II – projeto executivo;

III – execução das obras e serviços.

§ 1º. A execução de cada etapa será obrigatoriamente precedida da conclusão e aprovação, pela autoridade competente, dos trabalhos relativos às etapas anteriores, à exceção do projeto executivo, o qual poderá ser desenvolvido concomitantemente com a execução das obras e serviços, desde que também autorizado pela Administração.

§ 2º. As obras e os serviços somente poderão ser licitados quando:

I – houver projeto básico aprovado pela autoridade competente e disponível para exame dos interessados em participar do processo licitatório;

II – existir orçamento detalhado em planilhas que expressem a composição de todos os seus custos unitários;

III – houver previsão de recursos orçamentários que assegurem o pagamento das obrigações decorrentes de obras ou serviços a serem executadas no exercício financeiro em curso, de acordo com o respectivo cronograma;

IV – o produto dela esperado estiver contemplado nas metas estabelecidas no Plano Plurianual de que trata o art. 165 da Constituição Federal, quando for o caso.

§ 3º. É vedado incluir no objeto da licitação a obtenção de recursos financeiros para sua execução, qualquer que seja a sua origem, exceto nos casos de empreendimentos executados e explorados sob o regime de concessão, nos termos da legislação específica.

§ 4º. É vedada, ainda, a inclusão, no objeto da licitação, de fornecimento de materiais e serviços sem previsão de quantidades ou cujos quantitativos não correspondam às previsões reais do projeto básico ou executivo.

§ 5º. É vedada a realização de licitação cujo objeto inclua bens e serviços sem similaridade ou de marcas, características e especificações exclusivas, salvo nos casos em que for tecnicamente justificável, ou ainda quando o fornecimento de tais materiais e serviços for feito sob o regime de administração contratada, previsto e discriminado no ato convocatório.

§ 6º. A infringência do disposto neste artigo implica a nulidade dos atos ou contratos realizados e a responsabilidade de quem lhes tenha dado causa.

§ 7º. Não será ainda computado como valor da obra ou serviço, para fins de julgamento das propostas de preços, a atualização monetária das obrigações de pagamento, desde a data final de cada período de aferição até a do respectivo pagamento, que será calculada pelos mesmos critérios estabelecidos obrigatoriamente no ato convocatório.

§ 8º. Qualquer cidadão poderá requerer à Administração Pública os quantitativos das obras e preços unitários de determinada obra executada.

§ 9º. O disposto neste artigo aplica-se também, no que couber, aos casos de dispensa e de inexigibilidade de licitação.

Art. 8º. A execução das obras e dos serviços deve programar-se, sempre, em sua totalidade, previstos seus custos atual e final e considerados os prazos de sua execução.

Parágrafo único. É proibido o retardamento imotivado da execução de obra ou serviço, ou de suas parcelas, se existente previsão orçamentária para sua execução total, salvo insuficiência financeira ou comprovado motivo de ordem técnica, justificados em despacho circunstanciado da autoridade a que se refere o art. 26 desta Lei.

Art. 9º. Não poderá participar, direta ou indiretamente, da licitação ou da execução de obra ou serviço e do fornecimento de bens a eles necessários:

I – o autor do projeto, básico ou executivo, pessoa física ou jurídica;

II – empresa, isoladamente ou em consórcio, responsável pela elaboração do projeto básico ou executivo ou da qual o autor do projeto seja dirigente, gerente, acionista ou detentor de mais de 5% (cinco por cento) do capital com direito a voto ou controlador, responsável técnico ou subcontratado;

III – servidor ou dirigente de órgão ou entidade contratante ou responsável pela licitação.

§ 1º. É permitida a participação do autor do projeto ou da empresa a que se refere o inciso II deste artigo, na licitação de obra ou serviço, ou na execução, como consultor ou técnico, nas funções de fiscalização, supervisão ou gerenciamento, exclusivamente a serviço da Administração interessada.

§ 2º. O disposto neste artigo não impede a licitação ou contratação de obra ou serviço que inclua a elaboração de projeto executivo como encargo do contratado ou pelo preço previamente fixado pela Administração.

§ 3º. Considera-se participação indireta, para fins do disposto neste artigo, a existência de qualquer vínculo de natureza técnica, comercial, econômica, financeira ou trabalhista entre o autor do projeto, pessoa física ou jurídica, e o licitante ou responsável pelos serviços, fornecimentos e obras, incluindo-se os fornecimentos de bens e serviços a estes necessários.

§ 4º. O disposto no parágrafo anterior aplica-se aos membros da comissão de licitação.

Art. 10. As obras e serviços poderão ser executados nas seguintes formas:

I – execução direta;

II – execução indireta, nos seguintes regimes:

a) empreitada por preço global;

b) empreitada por preço unitário;

c) (*Vetado*).

d) tarefa;

e) empreitada integral.

Parágrafo único. (*Vetado*).

Art. 11. As obras e serviços destinados aos mesmos fins terão projetos padronizados por tipos, categorias ou classes, exceto quando o projeto-padrão não atender às condições peculiares do local ou às exigências específicas do empreendimento.

Art. 12. Nos projetos básicos e projetos executivos de obras e serviços serão considerados principalmente os seguintes requisitos:

I – segurança;

II – funcionalidade e adequação ao interesse público;

III – economia na execução, conservação e operação;

IV – possibilidade de emprego de mão de obra, materiais, tecnologia e matérias-primas existentes no local para execução, conservação e operação;

V – facilidade na execução, conservação e operação, sem prejuízo da durabilidade da obra ou do serviço;

VI – adoção das normas técnicas, de saúde e de segurança do trabalho adequadas;

VII – impacto ambiental.

Seção IV – Dos Serviços Técnicos Profissionais Especializados

Art. 13. Para os fins desta Lei, consideram-se serviços técnicos profissionais especializados os trabalhos relativos a:

I – estudos técnicos, planejamentos e projetos básicos ou executivos;

II – pareceres, perícias e avaliações em geral;

III – assessorias ou consultorias técnicas e auditorias financeiras ou tributárias;

IV – fiscalização, supervisão ou gerenciamento de obras ou serviços;
V – patrocínio ou defesa de causas judiciais ou administrativas;
VI – treinamento e aperfeiçoamento de pessoal;
VII – restauração de obras de arte e bens de valor histórico.
VIII – (*Vetado*).

§ 1º. Ressalvados os casos de inexigibilidade de licitação, os contratos para a prestação de serviços técnicos profissionais especializados deverão, preferencialmente, ser celebrados mediante a realização de concurso, com estipulação prévia de prêmio ou remuneração.

§ 2º. Aos serviços técnicos previstos neste artigo aplica-se, no que couber, o disposto no art. 111 desta Lei.

§ 3º. A empresa de prestação de serviços técnicos especializados que apresente relação de integrantes de seu corpo técnico em procedimento licitatório ou como elemento de justificação de dispensa ou inexigibilidade de licitação, ficará obrigada a garantir que os referidos integrantes realizem pessoal e diretamente os serviços objeto do contrato.

Seção V – Das Compras

Art. 14. Nenhuma compra será feita sem a adequada caracterização de seu objeto e indicação dos recursos orçamentários para seu pagamento, sob pena de nulidade do ato e responsabilidade de quem lhe tiver dado causa.

Art. 15. As compras, sempre que possível, deverão:

I – atender ao princípio da padronização, que imponha compatibilidade de especificações técnicas e de desempenho, observadas, quando for o caso, as condições de manutenção, assistência técnica e garantia oferecidas;

II – ser processadas através de sistema de registro de preços;

III – submeter-se às condições de aquisição e pagamento semelhantes às do setor privado;

IV – ser subdivididas em tantas parcelas quantas necessárias para aproveitar as peculiaridades do mercado, visando economicidade;

V – balizar-se pelos preços praticados no âmbito dos órgãos e entidades da Administração Pública.

§ 1º. O registro de preços será precedido de ampla pesquisa de mercado.

§ 2º. Os preços registrados serão publicados trimestralmente para orientação da Administração, na imprensa oficial.

§ 3º. O sistema de registro de preços será regulamentado por decreto, atendidas as peculiaridades regionais, observadas as seguintes condições:

I – seleção feita mediante concorrência;

II – estipulação prévia do sistema de controle e atualização dos preços registrados;

III – validade do registro não superior a um ano.

§ 4º. A existência de preços registrados não obriga a Administração a firmar as contratações que deles poderão advir, ficando-lhe facultada a utilização de outros meios, respeitada a legislação relativa às licitações, sendo assegurado ao beneficiário do registro preferência em igualdade de condições.

§ 5º. O sistema de controle originado no quadro geral de preços, quando possível, deverá ser informatizado.

§ 6º. Qualquer cidadão é parte legítima para impugnar preço constante do quadro geral em razão de incompatibilidade desse com o preço vigente no mercado.

§ 7º. Nas compras deverão ser observadas, ainda:

I – a especificação completa do bem a ser adquirido sem indicação de marca;

II – a definição das unidades e das quantidades a serem adquiridas em função do consumo e utilização prováveis, cuja estimativa será obtida, sempre que possível, mediante adequadas técnicas quantitativas de estimação;

III – as condições de guarda e armazenamento que não permitam a deterioração do material.

§ 8º. O recebimento de material de valor superior ao limite estabelecido no art. 23 desta Lei, para a modalidade de convite, deverá ser confiado a uma comissão de, no mínimo, 3 (três) membros.

Art. 16. Será dada publicidade, mensalmente, em órgão de divulgação oficial ou em quadro de avisos de amplo acesso público, à relação de todas as compras feitas pela Administração Direta ou Indireta, de maneira a clarificar a identificação do bem comprado, seu preço unitário, a quantidade adquirida, o nome do vendedor e o valor total da operação, podendo ser aglutinadas por itens as compras feitas com dispensa e inexigibilidade de licitação.

Parágrafo único. O disposto neste artigo não se aplica aos casos de dispensa de licitação previstos no inciso IX do art. 24.

Seção VI – Das Alienações

Art. 17. A alienação de bens da Administração Pública, subordinada à existência de interesse público devidamente justificado, será precedida de avaliação e obedecerá às seguintes normas:

I – quando imóveis, dependerá de autorização legislativa para órgãos da administração direta e entidades autárquicas e fundacionais, e, para todos, inclusive as entidades paraestatais, dependerá de avaliação prévia e de licitação na modalidade de concorrência, dispensada esta nos seguintes casos:

a) dação em pagamento;

b) doação, permitida exclusivamente para outro órgão ou entidade da Administração Pública, de qualquer esfera de governo, ressalvado o disposto nas alíneas "f", "h" e "i";

c) permuta, por outro imóvel que atenda aos requisitos constantes do inciso X do art. 24 desta Lei;

d) investidura;

e) venda a outro órgão ou entidade da Administração Pública, de qualquer esfera de governo;

f) alienação gratuita ou onerosa, aforamento, concessão de direito real de uso, locação ou permissão de uso de bens imóveis residenciais construídos, destinados ou efetivamente utilizados no âmbito de programas habitacionais ou de regularização fundiária de interesse social desenvolvidos por órgãos ou entidades da Administração Pública;

g) procedimentos de legitimação de posse de que trata o art. 29 da Lei n. 6.383, de 7 de dezembro de 1976, mediante iniciativa e deliberação dos órgãos da Administração Pública em cuja competência legal inclua-se tal atribuição;

h) alienação gratuita ou onerosa, aforamento, concessão de direito real de uso, locação ou permissão de uso de bens imóveis de uso comercial de âmbito local com área de até 250 m² (duzentos e cinquenta metros quadrados) e inseridos no âmbito de programas de regularização fundiária de interesse social desenvolvidos por órgãos ou entidades da Administração Pública;

i) alienação e concessão de direito real de uso, gratuita ou onerosa, de terras públicas rurais da União na Amazônia Legal onde incidam ocupações até o limite de 15 (quinze) módulos fiscais ou 1.500ha (mil e quinhentos hectares), para fins de regularização fundiária, atendidos os requisitos legais;

II – quando móveis, dependerá de avaliação prévia e de licitação, dispensada esta nos seguintes casos:

a) doação, permitida exclusivamente para fins e uso de interesse social, após avaliação de sua oportunidade e conveniência socioeconômica, relativamente à escolha de outra forma de alienação;

b) permuta, permitida exclusivamente entre órgãos ou entidades da Administração Pública;

c) venda de ações, que poderão ser negociadas em bolsa, observada a legislação específica;

d) venda de títulos, na forma da legislação pertinente;

e) venda de bens produzidos ou comercializados por órgãos ou entidades da Administração Pública, em virtude de suas finalidades;

f) venda de materiais e equipamentos para outros órgãos ou entidades da Administração Pública, sem utilização previsível por quem deles dispõe.

§ 1º. Os imóveis doados com base na alínea "b" do inciso I deste artigo, cessadas as razões que justificaram a sua doação, reverterão ao patrimônio da pessoa jurídica doadora, vedada a sua alienação pelo beneficiário.

§ 2º. A Administração também poderá conceder título de propriedade ou de direito real de uso de imóveis, dispensada licitação, quando o uso destinar-se:

I – a outro órgão ou entidade da Administração Pública, qualquer que seja a localização do imóvel;

II – a pessoa natural que, nos termos da lei, regulamento ou ato normativo do órgão competente, haja implementado os requisitos mínimos de cultura, ocupação mansa e pacífica e exploração direta sobre área rural situada na Amazônia Legal, superior a 1 (um) módulo fiscal e limitada a 15 (quinze) módulos fiscais, desde que não exceda 1.500ha (mil e quinhentos hectares);

§ 2º-A. As hipóteses do inciso II do § 2º ficam dispensadas de autorização legislativa, porém submetem-se aos seguintes condicionamentos:

I – aplicação exclusivamente às áreas em que a detenção por particular seja comprovadamente anterior a 1º de dezembro de 2004;

II – submissão aos demais requisitos e impedimentos do regime legal e administrativo da destinação e da regularização fundiária de terras públicas;

III – vedação de concessões para hipóteses de exploração não contempladas na lei agrária, nas leis de destinação de terras públicas, ou nas normas legais ou administrativas de zoneamento ecológico-econômico; e

IV – previsão de rescisão automática da concessão, dispensada notificação, em caso de declaração de utilidade, ou necessidade pública ou interesse social.

§ 2º-B. A hipótese do inciso II do § 2º deste artigo:

I – só se aplica a imóvel situado em zona rural, não sujeito a vedação, impedimento ou inconveniente a sua exploração mediante atividades agropecuárias;

II – fica limitada a áreas de até quinze módulos fiscais, desde que não exceda mil e quinhentos hectares, vedada a dispensa de licitação para áreas superiores a esse limite;

III – pode ser cumulada com o quantitativo de área decorrente da figura prevista na alínea g do inciso I do *caput* deste artigo, até o limite previsto no inciso II deste parágrafo.

IV – (*Vetado*).

§ 3º. Entende-se por investidura, para os fins desta lei:

I – a alienação aos proprietários de imóveis lindeiros de área remanescente ou resultante de obra pública, área esta que se tornar inaproveitável isoladamente, por preço nunca inferior ao da avaliação e desde que esse não ultrapasse a 50% (cinquenta por cento) do valor constante da alínea "a" do inciso II do art. 23 desta lei;

II – a alienação, aos legítimos possuidores diretos ou, na falta destes, ao Poder Público, de imóveis para fins residenciais construídos em núcleos urbanos anexos a usinas hidrelétricas, desde que considerados dispensáveis na fase de operação dessas unidades e não integrem a categoria de bens reversíveis ao final da concessão.

§ 4º. A doação com encargo será licitada e de seu instrumento constarão, obrigatoriamente os encargos, o prazo de seu cumprimento e cláusula de reversão, sob pena de nulidade do ato, sendo dispensada a licitação no caso de interesse público devidamente justificado;

§ 5º. Na hipótese do parágrafo anterior, caso o donatário necessite oferecer o imóvel em garantia de financiamento, a cláusula de reversão e demais obrigações serão garantidas por hipoteca em segundo grau em favor do doador.

§ 6º. Para a venda de bens móveis avaliados, isolada ou globalmente, em quantia não superior ao limite previsto no art. 23, inciso II, alínea "b" desta Lei, a Administração poderá permitir o leilão.

§ 7º. (*Vetado*).

Art. 18. Na concorrência para a venda de bens imóveis, a fase de habilitação limitar-se-á à comprovação do recolhimento de quantia correspondente a 5% (cinco por cento) da avaliação.

Parágrafo único. (*Revogado*).

Art. 19. Os bens imóveis da Administração Pública, cuja aquisição haja derivado de procedimentos judiciais ou de dação em pagamento, poderão ser alienados por ato da autoridade competente, observadas as seguintes regras:

I – avaliação dos bens alienáveis;

II – comprovação da necessidade ou utilidade da alienação;

III – adoção do procedimento licitatório, sob a modalidade de concorrência ou leilão.

Capítulo II – DA LICITAÇÃO

Seção I – Das Modalidades, Limites e Dispensa

Art. 20. As licitações serão efetuadas no local onde se situar a repartição interessada, salvo por motivo de interesse público, devidamente justificado.

Parágrafo único. O disposto neste artigo não impedirá a habilitação de interessados residentes ou sediados em outros locais.

Art. 21. Os avisos contendo os resumos dos editais das concorrências, das tomadas de preços, dos concursos e dos leilões, embora realizados no local da repartição interessada, deverão ser publicados com antecedência, no mínimo, por uma vez:

I – no Diário Oficial da União, quando se tratar de licitação feita por órgão ou entidade da Administração Pública Federal e, ainda, quando se tratar de obras financiadas parcial ou totalmente com recursos federais ou garantidas por instituições federais;

II – no Diário Oficial do Estado, ou do Distrito Federal quando se tratar, respectivamente, de licitação feita por órgão ou entidade da Administração Pública Estadual ou Municipal, ou do Distrito Federal;

III – em jornal diário de grande circulação no Estado e também, se houver, em jornal de circulação no Município ou na região onde será realizada a obra, prestado o serviço, fornecido, alienado ou alugado o bem, podendo ainda a Administração, conforme o vulto da licitação, utilizar-se de outros meios de divulgação para ampliar a área de competição.

§ 1º. O aviso publicado conterá a indicação do local em que os interessados poderão ler e obter o texto integral do edital e todas as informações sobre a licitação.

§ 2º. O prazo mínimo até o recebimento das propostas ou da realização do evento será:

I – quarenta e cinco dias para:

a) concurso;

b) concorrência, quando o contrato a ser celebrado contemplar o regime de empreitada integral ou quando a licitação for do tipo "melhor técnica" ou "técnica e preço";

II – trinta dias para:

a) concorrência, nos casos não especificados na alínea "b" do inciso anterior;

b) tomada de preços, quando a licitação for do tipo "melhor técnica" ou "técnica e preço";

III – quinze dias para a tomada de preços, nos casos não especificados na alínea "b" do inciso anterior, ou leilão;

IV – cinco dias úteis para convite.

§ 3º. Os prazos estabelecidos no parágrafo anterior serão contados a partir da última publicação do edital resumido ou da expedição do convite, ou ainda da efetiva disponibilidade do edital ou do convite e respectivos anexos, prevalecendo a data que ocorrer mais tarde.

§ 4º. Qualquer modificação no edital exige divulgação pela mesma forma que se deu o texto original, reabrindo-se o prazo inicialmente estabelecido, exceto quando, inquestionavelmente, a alteração não afetar a formulação das propostas.

Art. 22. São modalidades de licitação:

I – concorrência;

II – tomada de preços;

III – convite;

IV – concurso;

V – leilão.

§ 1º. Concorrência é a modalidade de licitação entre quaisquer interessados que, na fase inicial de habilitação preliminar, comprovem possuir os requisitos mínimos de qualificação exigidos no edital para execução de seu objeto.

§ 2º. Tomada de preços é a modalidade de licitação entre interessados devidamente cadastrados ou que atenderem a todas as condições exigidas para cadastramento até o terceiro dia anterior à data do recebimento das propostas, observada a necessária qualificação.

§ 3º. Convite é a modalidade de licitação entre interessados do ramo pertinente ao seu objeto, cadastrados ou não, escolhidos e convidados em número mínimo de 3 (três) pela unidade administrativa, a qual afixará, em local apropriado, cópia do instrumento convocatório e o estenderá aos demais cadastrados na correspondente especialidade que manifestarem seu interesse com antecedência de até 24 (vinte e quatro) horas da apresentação das propostas.

§ 4º. Concurso é a modalidade de licitação entre quaisquer interessados para escolha de trabalho técnico, científico ou artístico, mediante a instituição de prêmios ou remuneração aos vencedores, conforme critérios constantes de edital publicado na imprensa oficial com antecedência mínima de 45 (quarenta e cinco) dias.

§ 5º. Leilão é a modalidade de licitação entre quaisquer interessados para a venda de bens móveis inservíveis para a administração ou de produtos legalmente apreendidos ou penhorados, ou para a alienação de bens imóveis prevista no art. 19, a quem oferecer o maior lance, igual ou superior ao valor da avaliação.

§ 6º. Na hipótese do § 3º deste artigo, existindo na praça mais de 3 (três) possíveis interessados, a cada novo convite, realizado para objeto idêntico ou assemelhado, é obrigatório o convite a, no mínimo, mais um interessado, enquanto existirem cadastrados não convidados nas últimas licitações.

§ 7º. Quando, por limitações do mercado ou manifesto desinteresse dos convidados, for impossível a obtenção do número mínimo de licitantes exigidos no § 3º deste artigo, essas circunstâncias deverão ser devidamente justificadas no processo, sob pena de repetição do convite.

§ 8º. É vedada a criação de outras modalidades de licitação ou a combinação das referidas neste artigo.

§ 9º. Na hipótese do parágrafo 2º deste artigo, a administração somente poderá exigir do licitante não cadastrado os documentos previstos nos arts. 27 a 31, que comprovem habilitação compatível com o objeto da licitação, nos termos do edital.

Art. 23. As modalidades de licitação a que se referem os incisos I a III do artigo anterior serão determinadas em função dos seguintes limites, tendo em vista o valor estimado da contratação:

I – para obras e serviços de engenharia:

a) convite – até R$ 150.000,00 (cento e cinquenta mil reais);

b) tomada de preços – até R$ 1.500.000,00 (um milhão e quinhentos mil reais);

c) concorrência: acima de R$ 1.500.000,00 (um milhão e quinhentos mil reais);

II – para compras e serviços não referidos no inciso anterior:

a) convite – até R$ 80.000,00 (oitenta mil reais);

b) tomada de preços – até R$ 650.000,00 (seiscentos e cinquenta mil reais);

c) concorrência – acima de R$ 650.000,00 (seiscentos e cinquenta mil reais).

§ 1º. As obras, serviços e compras efetuadas pela Administração serão divididas em tantas parcelas quantas se comprovarem técnica e economicamente viáveis, procedendo-se à licitação com vistas ao melhor aproveitamento dos recursos disponíveis no mercado e à ampliação da competitividade sem perda da economia de escala.

§ 2º. Na execução de obras e serviços e nas compras de bens, parceladas nos termos do parágrafo anterior, a cada etapa ou conjunto de etapas da obra, serviço ou compra, há de corresponder licitação distinta, preservada a modalidade pertinente para a execução do objeto em licitação.

§ 3º. A concorrência é a modalidade de licitação cabível, qualquer que seja o valor de seu objeto, tanto na compra ou alienação de bens imóveis, ressalvado o disposto no art. 19, como nas concessões de direito real de uso e nas licitações internacionais, admitindo-se neste último caso, observados os limites deste artigo, a tomada de preços, quando o órgão ou entidade dispuser de cadastro internacional de fornecedores ou o convite, quando não houver fornecedor do bem ou serviço no País.

§ 4º. Nos casos em que couber convite, a Administração poderá utilizar a tomada de preços e, em qualquer caso, a concorrência.

§ 5º. É vedada a utilização da modalidade "convite" ou "tomada de preços", conforme o caso, para parcelas de uma mesma obra ou serviço, ou ainda para obras e serviços da mesma natureza e no mesmo local que possam ser realizadas conjunta e concomitantemente, sempre que o somatório de seus valores caracterizar o caso de "tomada de preços" ou "concorrência", respectivamente, nos termos deste artigo, exceto para as parcelas de natureza específica que possam ser executadas por pessoas ou empresas de especialidade diversa daquela do executor da obra ou serviço.

§ 6º. As organizações industriais da Administração Federal direta, em face de suas peculiaridades, obedecerão aos limites estabelecidos no inciso I deste artigo também para suas compras e serviços em geral, desde que para a aquisição de materiais aplicados exclusivamente na manutenção, reparo ou fabricação de meios operacionais bélicos pertencentes à União.

§ 7º. Na compra de bens de natureza divisível e desde que não haja prejuízo para o conjunto ou complexo, é permitida a cotação de quantidade inferior à demandada na licitação, com vistas a ampliação da competitividade, podendo o edital fixar quantitativo mínimo para preservar a economia de escala.

§ 8º. No caso de consórcios públicos, aplicar-se-á o dobro dos valores mencionados no *caput* deste artigo quando formado por até 3 (três) entes da Federação, e o triplo, quando formado por maior número.

Art. 24. É dispensável a licitação:

I – para obras e serviços de engenharia de valor até 10% (dez por cento) do limite previsto na alínea "a", do inciso I do artigo anterior, desde que não se refiram a parcelas de uma mesma obra ou serviço ou ainda para obras e serviços da mesma natureza e no mesmo local que possam ser realizadas conjunta e concomitantemente;

II – para outros serviços e compras de valor até 10% (dez por cento) do limite previsto na alínea "a", do inciso II do artigo anterior e para alienações, nos casos previstos nesta Lei, desde que não se refiram a parcelas de um mesmo serviço, compra ou alienação de maior vulto que possa ser realizada de uma só vez;

III – nos casos de guerra ou grave perturbação da ordem;

IV – nos casos de emergência ou de calamidade pública, quando caracterizada urgência de atendimento de situação que possa ocasionar prejuízo ou comprometer a segurança de pessoas, obras, serviços, equipamentos e outros bens, públicos ou particulares, e somente para os bens necessários ao atendimento da situação emergencial ou calamitosa e para as parcelas de obras e serviços que possam ser concluídas no prazo máximo de 180 (cento e oitenta) dias consecutivos e ininterruptos, contados da ocorrência da emergência ou calamidade, vedada a prorrogação dos respectivos contratos;

V – quando não acudirem interessados à licitação anterior e esta, justificadamente, não puder ser repetida sem prejuízo para a Administração, mantidas, neste caso, todas as condições preestabelecidas;

VI – quando a União tiver que intervir no domínio econômico para regular preços ou normalizar o abastecimento;

VII – quando as propostas apresentadas consignarem preços manifestamente superiores aos praticados no mercado nacional, ou forem incompatíveis com os fixados pelos órgãos oficiais competentes, casos em que, observado o parágrafo único do art. 48 desta Lei e, persistindo a situação, será admitida a adjudicação direta dos bens ou serviços, por valor não superior ao constante do registro de preços, ou dos serviços;

VIII – para a aquisição, por pessoa jurídica de direito público interno, de bens produzidos ou serviços prestados por órgão ou entidade que integre a Administração Pública e que tenha sido criado para esse fim específico em data anterior à vigência desta Lei, desde que o preço contratado seja compatível com o praticado no mercado;

IX – quando houver possibilidade de comprometimento da segurança nacional, nos casos estabelecidos em decreto do Presidente da República, ouvido o Conselho de Defesa Nacional;

X – para a compra ou locação de imóvel destinado ao atendimento das finalidades precípuas da administração, cujas necessidades de instalação e localização condicionem a sua escolha, desde que o preço seja compatível com o valor de mercado, segundo avaliação prévia;

XI – na contratação de remanescente de obra, serviço ou fornecimento, em consequência de rescisão contratual, desde que atendida a ordem de classificação da licitação anterior e aceitas as mesmas condições oferecidas pelo licitante vencedor, inclusive quanto ao preço, devidamente corrigido;

XII – nas compras de hortifrutigranjeiros, pão e outros gêneros perecíveis, no tempo necessário para a realização dos processos licitatórios correspondentes, realizadas diretamente com base no preço do dia;

XIII – na contratação de instituição brasileira incumbida regimental ou estatutariamente da pesquisa, do ensino ou do desenvolvimento institucional, ou de instituição dedicada à recuperação social do preso, desde que a contratada detenha inquestionável reputação ético-profissional e não tenha fins lucrativos;

XIV – para a aquisição de bens ou serviços nos termos de acordo internacional específico aprovado pelo Congresso Nacional, quando as condições ofertadas forem manifestamente vantajosas para o Poder Público;

XV – para a aquisição ou restauração de obras de arte e objetos históricos, de autenticidade certificada, desde que compatíveis ou inerentes às finalidades do órgão ou entidade;

XVI – para a impressão dos diários oficiais, de formulários padronizados de uso da administração, e de edições técnicas oficiais, bem como para prestação de serviços de informática a pessoa jurídica de direito público interno, por órgãos ou entidades que integrem a Administração Pública, criados para esse fim específico;

XVII – para a aquisição de componentes ou peças de origem nacional ou estrangeira, necessários à manutenção de equipamentos durante o período de garantia técnica, junto ao fornecedor original desses equipamentos, quando tal condição de exclusividade for indispensável para a vigência da garantia;

XVIII – nas compras ou contratações de serviços para o abastecimento de navios, embarcações, unidades aéreas ou tropas e seus meios de deslocamento quando em estada eventual de curta duração em portos, aeroportos ou localidades diferentes de suas sedes, por motivo de movimentação operacional ou de adestramento, quando a exiguidade dos prazos legais puder comprometer a normalidade e os propósitos das operações e desde que seu valor não exceda ao limite previsto na alínea "a" do inciso II do art. 23 desta Lei;

XIX – para as compras de material de uso pelas Forças Armadas, com exceção de materiais de uso pessoal e administrativo, quando houver necessidade de manter a padronização requerida pela estrutura de apoio logístico dos meios navais, aéreos e terrestres, mediante parecer de comissão instituída por decreto;

XX – na contratação de associação de portadores de deficiência física, sem fins lucrativos e de comprovada idoneidade, por órgãos ou entidades da Administração Pública, para a prestação de serviços ou fornecimento de mão de obra, desde que o preço contratado seja compatível com o praticado no mercado;

XXI – para a aquisição de bens e insumos destinados exclusivamente à pesquisa científica e tecnológica com recursos concedidos pela Capes, pela Finep, pelo CNPq ou por outras instituições de fomento a pesquisa credenciadas pelo CNPq para esse fim específico;

XXII – na contratação de fornecimento ou suprimento de energia elétrica e gás natural com concessionário, permissionário ou autorizado, segundo as normas da legislação específica;

XXIII – na contratação realizada por empresa pública ou sociedade de economia mista com suas subsidiárias e controladas, para a aquisição ou alienação de bens, prestação ou obtenção de serviços, desde que o preço contratado seja compatível com o praticado no mercado;

XXIV – para a celebração de contratos de prestação de serviços com as organizações sociais, qualificadas no âmbito das respectivas esferas de governo, para atividades contempladas no contrato de gestão;

XXV – na contratação realizada por Instituição Científica e Tecnológica-ICT ou por agência de fomento para a transferência de tecnologia e para o licenciamento de direito de uso ou de exploração de criação protegida;

XXVI – na celebração de contrato de programa com ente da Federação ou com entidade de sua administração indireta, para a prestação de serviços públicos de forma associada nos termos do autorizado em contrato de consórcio público ou em convênio de cooperação;

XXVII – na contratação da coleta, processamento e comercialização de resíduos sólidos urbanos recicláveis ou reutilizáveis, em áreas com sistema de coleta seletiva de lixo, efetuados por associações ou cooperativas formadas exclusivamente por pessoas físicas de baixa renda reconhecidas pelo poder público como catadores de materiais recicláveis, com o uso de equipamentos compatíveis com as normas técnicas, ambientais e de saúde pública;

XXVIII – para o fornecimento de bens e serviços, produzidos ou prestados no País, que envolvam, cumulativamente, alta complexidade tecnológica e defesa nacional, mediante parecer de comissão especialmente designada pela autoridade máxima do órgão;

XXIX – na aquisição de bens e contratação de serviços para atender aos contingentes militares das Forças Singulares brasileiras empregadas em operações de paz no exterior, necessariamente justificadas quanto ao preço e à escolha do fornecedor ou executante e ratificadas pelo Comandante da Força;

XXX – na contratação de instituição ou organização, pública ou privada, com ou sem fins lucrativos, para a prestação de serviços de assistência técnica e extensão rural no âmbito do Programa Nacional de Assistência Técnica e Extensão Rural na Agricultura Familiar e na Reforma Agrária, instituído por lei federal;

XXXI – nas contratações visando ao cumprimento do disposto nos arts. 3º, 4º, 5º e 20 da Lei n. 10.973, de 2 de dezembro de 2004, observados os princípios gerais de contratação dela constantes;

XXXII – na contratação em que houver transferência de tecnologia de produtos estratégicos para o Sistema Único de Saúde – SUS, no âmbito da Lei n. 8.080, de 19 de setembro de 1990, conforme elencados em ato da direção nacional do SUS, inclusive por ocasião da aquisição destes produtos durante as etapas de absorção tecnológica;

XXXIII – na contratação de entidades privadas sem fins lucrativos, para a implementação de cisternas ou outras tecnologias sociais de acesso à água para consumo humano e produção de alimentos, para beneficiar as famílias rurais de baixa renda atingidas pela seca ou falta regular de água.

§ 1º. Os percentuais referidos nos incisos I e II do *caput* deste artigo serão 20% (vinte por cento) para compras, obras e serviços contratados por consórcios públicos, sociedade de economia mista, empresa pública e por autarquia ou fundação qualificadas, na forma da lei, como Agências Executivas.

§ 2º. O limite temporal de criação do órgão ou entidade que integre a Administração Pública estabelecido no inciso VIII do *caput* deste artigo não se aplica aos órgãos ou entidades que produzem produtos estratégicos para o SUS, no âmbito da Lei n. 8.080, de 19 de setembro de 1990, conforme elencados em ato da direção nacional do SUS.

Art. 25. É inexigível a licitação quando houver inviabilidade de competição, em especial:

I – para aquisição de materiais, equipamentos, ou gêneros que só possam ser fornecidos por produtor, empresa ou representante comercial exclusivo, vedada a preferência de marca, devendo a comprovação de exclusividade ser feita através de atestado fornecido pelo órgão de registro do comércio do local em que se realizaria a licitação ou a obra ou o serviço, pelo Sindicato, Federação ou Confederação Patronal, ou, ainda, pelas entidades equivalentes;

II – para a contratação de serviços técnicos enumerados no art. 13 desta Lei, de natureza singular, com profissionais ou empresas de notória especialização, vedada a inexigibilidade para serviços de publicidade e divulgação;

III – para contratação de profissional de qualquer setor artístico, diretamente ou através de empresário exclusivo, desde que consagrado pela crítica especializada ou pela opinião pública.

§ 1º. Considera-se de notória especialização o profissional ou empresa cujo conceito no campo de sua especialidade, decorrente de desempenho anterior, estudos, experiências, publicações, organização, aparelhamento, equipe técnica, ou de outros requisitos relacionados com suas atividades, permita inferir que o seu trabalho é essencial e indiscutivelmente o mais adequado à plena satisfação do objeto do contrato.

§ 2º. Na hipótese deste artigo e em qualquer dos casos de dispensa, se comprovado superfaturamento, respondem solidariamente pelo dano causado à Fazenda Pública o fornecedor ou o prestador de serviços e o agente público responsável, sem prejuízo de outras sanções legais cabíveis.

Art. 26. As dispensas previstas nos §§ 2º e 4º do art. 17 e no inciso III e seguintes do art. 24, as situações de inexigibilidade referidas no art. 25, necessariamente justificadas, e o retardamento previsto no final do parágrafo único do art. 8º desta Lei deverão ser comunicados, dentro de 3 (três) dias, à autoridade superior, para ratificação e publicação na imprensa oficial, no prazo de 5 (cinco) dias, como condição para a eficácia dos atos.

Parágrafo único. O processo de dispensa, de inexigibilidade ou de retardamento, previsto neste artigo, será instruído, no que couber, com os seguintes elementos:

I – caracterização da situação emergencial ou calamitosa que justifique a dispensa, quando for o caso;

II – razão da escolha do fornecedor ou executante;

III – justificativa do preço.

IV – documento de aprovação dos projetos de pesquisa aos quais os bens serão alocados.

Seção II – Da Habilitação

Art. 27. Para a habilitação nas licitações exigir-se-á dos interessados, exclusivamente, documentação relativa a:

I – habilitação jurídica;

II – qualificação técnica;

III – qualificação econômico-financeira;

IV – regularidade fiscal e trabalhista;

V – cumprimento do disposto no inciso XXXIII do art. 7º da Constituição Federal.

Art. 28. A documentação relativa à habilitação jurídica, conforme o caso, consistirá em:

I – cédula de identidade;

II – registro comercial, no caso de empresa individual;

III – ato constitutivo, estatuto ou contrato social em vigor, devidamente registrado, em se tratando de sociedades comerciais, e, no caso de sociedades por ações, acompanhado de documentos de eleição de seus administradores;

IV – inscrição do ato constitutivo, no caso de sociedades civis, acompanhada de prova de diretoria em exercício;

V – decreto de autorização, em se tratando de empresa ou sociedade estrangeira em funcionamento no País, e ato de registro ou autorização para funcionamento expedido pelo órgão competente, quando a atividade assim o exigir.

Art. 29. A documentação relativa à regularidade fiscal e trabalhista, conforme o caso, consistirá em:

I – prova de inscrição no Cadastro de Pessoas Físicas (CPF) ou no Cadastro Geral de Contribuintes (CGC);

II – prova de inscrição no cadastro de contribuintes estadual ou municipal, se houver, relativo ao domicílio ou sede do licitante, pertinente ao seu ramo de atividade e compatível com o objeto contratual;

III – prova de regularidade para com a Fazenda Federal, Estadual e Municipal do domicílio ou sede do licitante, ou outra equivalente, na forma da lei;

IV – prova de regularidade relativa à Seguridade Social e ao Fundo de Garantia por Tempo de Serviço (FGTS), demonstrando situação regular no cumprimento dos encargos sociais instituídos por lei.

V – prova de inexistência de débitos inadimplidos perante a Justiça do Trabalho, mediante a apresentação de certidão negativa, nos termos do Título VII-A da Consolidação das Leis do Trabalho, aprovada pelo Decreto-lei n. 5.452, de 1º de maio de 1943.

Art. 30. A documentação relativa à qualificação técnica limitar-se-á a:

I – registro ou inscrição na entidade profissional competente;

II – comprovação de aptidão para desempenho de atividade pertinente e compatível em características, quantidades e prazos com o objeto da licitação, e indicação das instalações e do aparelhamento e do pessoal técnico adequados e disponíveis para a realização do objeto da licitação, bem como da qualificação de cada um dos membros da equipe técnica que se responsabilizará pelos trabalhos;

III – comprovação, fornecida pelo órgão licitante, de que recebeu os documentos, e, quando exigido, de que tomou conhecimento de todas as informações e das condições locais para o cumprimento das obrigações objeto da licitação;

IV – prova de atendimento de requisitos previstos em lei especial, quando for o caso.

§ 1º. A comprovação de aptidão referida no inciso II do *caput* deste artigo, no caso das licitações pertinentes a obras e serviços, será feita por atestados fornecidos por pessoas jurídicas de direito público ou privado, devidamente registrados nas entidades profissionais competentes, limitadas as exigências a:

I – capacitação técnico-profissional: comprovação do licitante de possuir em seu quadro permanente, na data prevista para entrega da proposta, profissional de nível superior ou outro devidamente reconhecido pela entidade competente, detentor de atestado de responsabilidade técnica por execução de obra ou serviço de características semelhantes, limitadas estas exclusivamente às parcelas de maior relevância e valor significativo do objeto da licitação, vedadas as exigências de quantidades mínimas ou prazos máximos;

II – (Vetado).

§ 2º. As parcelas de maior relevância técnica e de valor significativo, mencionadas no parágrafo anterior, serão definidas no instrumento convocatório.

§ 3º. Será sempre admitida a comprovação de aptidão através de certidões ou atestados de obras ou serviços similares de complexidade tecnológica e operacional equivalente ou superior.

§ 4º. Nas licitações para fornecimento de bens, a comprovação de aptidão, quando for o caso, será feita através de atestados fornecidos por pessoa jurídica de direito público ou privado.

§ 5º. É vedada a exigência de comprovação de atividade ou de aptidão com limitações de tempo ou de época ou ainda em locais específicos, ou quaisquer outras não previstas nesta Lei, que inibam a participação na licitação.

§ 6º. As exigências mínimas relativas a instalações de canteiros, máquinas, equipamentos e pessoal técnico especializado, considerados essenciais para o cumprimento do objeto da licitação, serão atendidas mediante a apresentação de relação explícita e da declaração formal da sua disponibilidade, sob as penas cabíveis, vedada as exigências de propriedade e de localização prévia.

§ 7º. (Vetado).

§ 8º. No caso de obras, serviços e compras de grande vulto, de alta complexidade técnica, poderá a Administração exigir dos licitantes a metodologia de execução, cuja avaliação, para efeito de sua aceitação ou não, antecederá sempre à análise dos preços e será efetuada exclusivamente por critérios objetivos.

§ 9º. Entende-se por licitação de alta complexidade técnica aquela que envolva alta especialização, como fator de extrema relevância para garantir a execução do objeto a ser contratado, ou que possa comprometer a continuidade da prestação de serviços públicos essenciais.

§ 10. Os profissionais indicados pelo licitante para fins de comprovação da capacitação técnico-profissional de que trata o inciso I do § 1º deste artigo deverão participar da obra ou serviço objeto da licitação, admitindo-se a substituição por profissionais de experiência equivalente ou superior, desde que aprovada pela administração.

§ 11. (*Vetado*).

§ 12. (*Vetado*).

Art. 31. A documentação relativa à qualificação econômico-financeira limitar-se-á a:

I – balanço patrimonial e demonstrações contábeis do último exercício social, já exigíveis e apresentados na forma da lei, que comprovem a boa situação financeira da empresa, vedada a sua substituição por balancetes ou balanços provisórios, podendo ser atualizados por índices oficiais quando encerrado há mais de 3 (três) meses da data de apresentação da proposta;

II – certidão negativa de falência ou concordata expedida pelo distribuidor da sede da pessoa jurídica, ou de execução patrimonial, expedida no domicílio da pessoa física;

III – garantia, nas mesmas modalidades e critérios previstos no *caput* e § 1º do art. 56 desta Lei, limitada a 1% (um por cento) do valor estimado do objeto da contratação.

§ 1º. A exigência de índices limitar-se-á à demonstração da capacidade financeira do licitante com vistas aos compromissos que terá que assumir caso lhe seja adjudicado o contrato, vedada a exigência de valores mínimos de faturamento anterior, índices de rentabilidade ou lucratividade.

§ 2º. A Administração, nas compras para entrega futura e na execução de obras e serviços, poderá estabelecer, no instrumento convocatório da licitação, a exigência de capital mínimo ou de patrimônio líquido mínimo, ou ainda as garantias previstas no § 1º do art. 56 desta Lei, como dado objetivo de comprovação da qualificação econômico-financeira dos licitantes e para efeito de garantia ao adimplemento do contrato a ser ulteriormente celebrado.

§ 3º. O capital mínimo ou o valor do patrimônio líquido a que se refere o parágrafo anterior não poderá exceder a 10% (dez por cento) do valor estimado da contratação, devendo a comprovação ser feita relativamente à data da apresentação da proposta, na forma da lei, admitida a atualização para esta data através de índices oficiais.

§ 4º. Poderá ser exigida, ainda, a relação dos compromissos assumidos pelo licitante que importem diminuição da capacidade operativa ou absorção de disponibilidade financeira, calculada esta em função do patrimônio líquido atualizado e sua capacidade de rotação.

§ 5º. A comprovação de boa situação financeira da empresa será feita de forma objetiva, através do cálculo de índices contábeis previstos no edital e devidamente justificados no processo administrativo da licitação que tenha dado início ao certame licitatório, vedada a exigência de índices e valores não usualmente adotados para correta avaliação de situação financeira suficiente ao cumprimento das obrigações decorrentes da licitação.

§ 6º. (*Vetado*).

Art. 32. Os documentos necessários à habilitação poderão ser apresentados em original, por qualquer processo de cópia autenticada por cartório competente ou por servidor da administração ou publicação em órgão da imprensa oficial.

§ 1º. A documentação de que tratam os arts. 28 a 31 desta Lei poderá ser dispensada, no todo ou em parte, nos casos de convite, concurso, fornecimento de bens para pronta entrega e leilão.

§ 2º. O certificado de registro cadastral a que se refere o § 1º do art. 36 substitui os documentos enumerados nos arts. 28 a 31, quanto às informações disponibilizadas em sistema informatizado de consulta direta indicado no edital, obrigando-se a parte a declarar, sob as penalidades legais, a superveniência de fato impeditivo da habilitação.

§ 3º. A documentação referida neste artigo poderá ser substituída por registro cadastral emitido por órgão ou entidade pública, desde que previsto no edital e o registro tenha sido feito em obediência ao disposto nesta Lei.

§ 4º. As empresas estrangeiras que não funcionem no País, tanto quanto possível, atenderão, nas licitações internacionais, às exigências dos parágrafos anteriores mediante documentos equivalentes, autenticados pelos respectivos consulados e traduzidos por tradutor juramentado, devendo ter representação legal no Brasil com poderes expressos para receber citação e responder administrativa ou judicialmente.

§ 5º. Não se exigirá, para a habilitação de que trata este artigo, prévio recolhimento de taxas ou emolumentos, salvo os referentes a fornecimento do edital, quando solicitado, com os seus elementos constitutivos, limitados ao valor do custo efetivo de reprodução gráfica da documentação fornecida.

§ 6º. O disposto no § 4º deste artigo, no § 1º do art. 33 e no § 2º do art. 55, não se aplica às licitações internacionais para a aquisição de bens e serviços cujo pagamento seja feito com o produto de financiamento concedido por organismo financeiro internacional de que o Brasil faça parte, ou por agência estrangeira de cooperação, nem nos casos de contratação com empresa estrangeira, para a compra de equipamentos fabricados e entregues no exterior, desde que para este caso tenha havido prévia autorização do Chefe do Poder Executivo, nem nos casos de aquisição de bens e serviços realizada por unidades administrativas com sede no exterior.

Art. 33. Quando permitida na licitação a participação de empresas em consórcio, observar-se-ão as seguintes normas:

I – comprovação do compromisso público ou particular de constituição de consórcio, subscrito pelos consorciados;

II – indicação da empresa responsável pelo consórcio que deverá atender às condições de liderança, obrigatoriamente fixadas no edital;

III – apresentação dos documentos exigidos nos arts. 28 a 31 desta Lei por parte de cada consorciado, admitindo-se, para efeito de qualificação técnica, o somatório dos quantitativos de cada consorciado, e, para efeito de qualificação econômico-financeira, o somatório dos valores de cada consorciado, na proporção de sua respectiva participação, podendo a Administração estabelecer, para o consórcio, um acréscimo de até 30% (trinta por cento) dos valores exigidos para licitante individual, inexigível este acréscimo para os consórcios compostos, em sua totalidade, por micro e pequenas empresas assim definidas em lei;

IV – impedimento de participação de empresa consorciada, na mesma licitação, através de mais de um consórcio ou isoladamente;

V – responsabilidade solidária dos integrantes pelos atos praticados em consórcio, tanto na fase de licitação quanto na de execução do contrato.

§ 1º. No consórcio de empresas brasileiras e estrangeiras a liderança caberá, obrigatoriamente, à empresa brasileira, observado o disposto no inciso II deste artigo.

§ 2º. O licitante vencedor fica obrigado a promover, antes da celebração do contrato, a constituição e o registro do consórcio, nos termos do compromisso referido no inciso I deste artigo.

Seção III – Dos Registros Cadastrais

Art. 34. Para os fins desta Lei, os órgãos e entidades da Administração Pública que realizem frequentemente licitações manterão registros cadastrais para efeito de habilitação, na forma regulamentar, válidos por, no máximo, um ano.

§ 1º. O registro cadastral deverá ser amplamente divulgado e deverá estar permanentemente aberto aos interessados, obrigando-se a unidade por ele responsável a proceder, no mínimo anualmente, através da imprensa oficial e de jornal diário, a chamamento público para a atualização dos registros existentes e para o ingresso de novos interessados.

§ 2º. É facultado às unidades administrativas utilizarem-se de registros cadastrais de outros órgãos ou entidades da Administração Pública.

Art. 35. Ao requerer inscrição no cadastro, ou atualização deste, a qualquer tempo, o interessado fornecerá os elementos necessários à satisfação das exigências do art. 27 desta Lei.

Art. 36. Os inscritos serão classificados por categorias, tendo-se em vista sua especialização, subdivididas em grupos, segundo a qualificação técnica e econômica avaliada pelos elementos constantes da documentação relacionada nos arts. 30 e 31 desta Lei.

§ 1º. Aos inscritos será fornecido certificado, renovável sempre que atualizarem o registro.

§ 2º. A atuação do licitante no cumprimento de obrigações assumidas será anotada no respectivo registro cadastral.

Art. 37. A qualquer tempo poderá ser alterado, suspenso ou cancelado o registro do inscrito que deixar de satisfazer as exigências do art. 27 desta Lei, ou as estabelecidas para classificação cadastral.

Seção IV – Do Procedimento e Julgamento

Art. 38. O procedimento da licitação será iniciado com a abertura de processo administrativo, devidamente autuado, protocolado e numerado, contendo a autorização respectiva, a indicação sucinta de seu objeto e do recurso próprio para a despesa, e ao qual serão juntados oportunamente:

I – edital ou convite e respectivos anexos, quando for o caso;

II – comprovante das publicações do edital resumido, na forma do art. 21 desta Lei, ou da entrega do convite;

III – ato de designação da comissão de licitação, do leiloeiro administrativo ou oficial, ou do responsável pelo convite;

IV – original das propostas e dos documentos que as instruírem;

V – atas, relatórios e deliberações da Comissão Julgadora;

VI – pareceres técnicos ou jurídicos emitidos sobre a licitação, dispensa ou inexigibilidade;

VII – atos de adjudicação do objeto da licitação e da sua homologação;

VIII – recursos eventualmente apresentados pelos licitantes e respectivas manifestações e decisões;

IX – despacho de anulação ou de revogação da licitação, quando for o caso, fundamentado circunstanciadamente;

X – termo de contrato ou instrumento equivalente, conforme o caso;

XI – outros comprovantes de publicações;

XII – demais documentos relativos à licitação.

Parágrafo único. As minutas de editais de licitação, bem como as dos contratos, acordos, convênios ou ajustes devem ser previamente examinadas e aprovadas por assessoria jurídica da Administração.

Art. 39. Sempre que o valor estimado para uma licitação ou para um conjunto de licitações simultâneas ou sucessivas for superior a 100 (cem) vezes o limite previsto no art. 23, inciso I, alínea "c" desta Lei, o processo licitatório será iniciado, obrigatoriamente, com uma audiência pública concedida pela autoridade responsável com antecedência mínima de 15 (quinze) dias úteis da data prevista para a publicação do edital, e divulgada, com a antecedência mínima de 10 (dez) dias úteis de sua realização, pelos mesmos meios previstos para a publicidade da licitação, à qual terão acesso e direito a todas as informações pertinentes e a se manifestar todos os interessados.

Parágrafo único. Para os fins deste artigo, consideram-se licitações simultâneas aquelas com objetos similares e com realização prevista para intervalos não superiores a trinta dias e licitações sucessivas aquelas em que, também com objetos similares, o edital subsequente tenha uma data anterior a cento e vinte dias após o término do contrato resultante da licitação antecedente.

Art. 40. O edital conterá no preâmbulo o número de ordem em série anual, o nome da repartição interessada e de seu setor, a modalidade, o regime de execução e o tipo da licitação, a menção de que será regida por esta Lei, o local, dia e hora para recebimento da documentação e proposta, bem como para início da abertura dos envelopes, e indicará, obrigatoriamente, o seguinte:

I – objeto da licitação, em descrição sucinta e clara;

II – prazo e condições para assinatura do contrato ou retirada dos instrumentos, como previsto no art. 64 desta Lei, para execução do contrato e para entrega do objeto da licitação;

III – sanções para o caso de inadimplemento;

IV – local onde poderá ser examinado e adquirido o projeto básico;

V – se há projeto executivo disponível na data da publicação do edital de licitação e o local onde possa ser examinado e adquirido;

VI – condições para participação na licitação, em conformidade com os arts. 27 a 31 desta Lei, e forma de apresentação das propostas;

VII – critério para julgamento, com disposições claras e parâmetros objetivos;

VIII – locais, horários e códigos de acesso dos meios de comunicação à distância em que serão fornecidos elementos, informações e esclarecimentos relativos à licitação e às condições para atendimento das obrigações necessárias ao cumprimento de seu objeto;

IX – condições equivalentes de pagamento entre empresas brasileiras e estrangeiras, no caso de licitações internacionais;

X – o critério de aceitabilidade dos preços unitário e global, conforme o caso, permitida a fixação de preços máximos e vedados a fixação de preços mínimos, critérios estatísticos ou faixas de variação em relação a preços de referência, ressalvado o disposto nos §§ 1º e 2º do art. 48;

XI – critério de reajuste, que deverá retratar a variação efetiva do custo de produção, admitida a adoção de índices específicos ou setoriais, desde a data prevista para apresentação da proposta, ou do orçamento a que essa proposta se referir, até a data do adimplemento de cada parcela;

XII – (*Vetado*).

XIII – limites para pagamento de instalação e mobilização para execução de obras ou serviços que serão obrigatoriamente previstos em separado das demais parcelas, etapas ou tarefas;

XIV – condições de pagamento, prevendo:

a) prazo de pagamento não superior a trinta dias, contado a partir da data final do período de adimplemento de cada parcela;

b) cronograma de desembolso máximo por período, em conformidade com a disponibilidade de recursos financeiros;

c) critério de atualização financeira dos valores a serem pagos, desde a data final do período de adimplemento de cada parcela até a data do efetivo pagamento;

d) compensações financeiras e penalizações, por eventuais atrasos, e descontos, por eventuais antecipações de pagamentos;

e) exigência de seguros, quando for o caso;

XV – instruções e normas para os recursos previstos nesta Lei;

XVI – condições de recebimento do objeto da licitação;

XVII – outras indicações específicas ou peculiares da licitação.

§ 1º. O original do edital deverá ser datado, rubricado em todas as folhas e assinado pela autoridade que o expedir, permanecendo no processo de licitação, e dele extraindo-se cópias integrais ou resumidas, para sua divulgação e fornecimento aos interessados.

§ 2º. Constituem anexos do edital, dele fazendo parte integrante:

I – o projeto básico e/ou executivo, com todas as suas partes, desenhos, especificações e outros complementos;

II – orçamento estimado em planilhas de quantitativos e preços unitários;

III – a minuta do contrato a ser firmado entre a Administração e o licitante vencedor;

IV – as especificações complementares e as normas de execução pertinentes à licitação.

§ 3º. Para efeito do disposto nesta Lei, considera-se como adimplemento da obrigação contratual a prestação do serviço, a realização da obra, a entrega do bem ou de parcela destes, bem como qualquer outro evento contratual a cuja ocorrência esteja vinculada a emissão de documento de cobrança.

§ 4º. Nas compras para entrega imediata, assim entendidas aquelas com prazo de entrega até trinta dias da data prevista para apresentação da proposta, poderão ser dispensadas:

I – o disposto no inciso XI deste artigo;

II – a atualização financeira a que se refere a alínea "c" do inciso XIV deste artigo, correspondente ao período compreendido entre as datas do adimplemento e a prevista para o pagamento, desde que não superior a quinze dias.

Art. 41. A Administração não pode descumprir as normas e condições do edital, ao qual se acha estritamente vinculada.

§ 1º. Qualquer cidadão é parte legítima para impugnar edital de licitação por irregularidade na aplicação desta Lei, devendo protocolar o pedido até 5 (cinco) dias úteis antes da data fixada para a abertura dos envelopes de habilitação, devendo a Administração julgar e responder à impugnação em até 3 (três) dias úteis, sem prejuízo da faculdade prevista no § 1º do art. 113.

§ 2º. Decairá do direito de impugnar os termos do edital de licitação perante a administração o licitante que não o fizer até o segundo dia útil que anteceder a abertura dos envelopes de habilitação em concorrência, a abertura dos envelopes com as propostas em convite, tomada de preços ou concurso, ou a realização de leilão, as falhas ou irregularidades que viciariam esse edital, hipótese em que tal comunicação não terá efeito de recurso.

§ 3º. A impugnação feita tempestivamente pelo licitante não o impedirá de participar do processo licitatório até o trânsito em julgado da decisão a ela pertinente.

§ 4º. A inabilitação do licitante importa preclusão do seu direito de participar das fases subsequentes.

Art. 42. Nas concorrências de âmbito internacional, o edital deverá ajustar-se às diretrizes da política monetária e do comércio exterior e atender às exigências dos órgãos competentes.

§ 1º. Quando for permitido ao licitante estrangeiro cotar preço em moeda estrangeira, igualmente o poderá fazer o licitante brasileiro.

§ 2º. O pagamento feito ao licitante brasileiro eventualmente contratado em virtude da licitação de que trata o parágrafo anterior será efetuado em moeda brasileira, à taxa de câmbio vigente no dia útil imediatamente anterior à data do efetivo pagamento.

§ 3º. As garantias de pagamento ao licitante brasileiro serão equivalentes àquelas oferecidas ao licitante estrangeiro.

§ 4º. Para fins de julgamento da licitação, as propostas apresentadas por licitantes estrangeiros serão acrescidas dos gravames consequentes dos mesmos tributos que oneram exclusivamente os licitantes brasileiros quanto à operação final de venda.

§ 5º. Para a realização de obras, prestação de serviços ou aquisição de bens com recursos provenientes de financiamento ou doação oriundos de agência oficial de cooperação estrangeira ou organismo financeiro multilateral de que o Brasil seja parte, poderão ser admitidas, na respectiva licitação, as condições decorrentes de acordos, protocolos, convenções ou tratados internacionais aprovados pelo Congresso Nacional, bem como as normas e procedimentos daquelas entidades, inclusive quanto ao critério de seleção da proposta mais vantajosa para a administração, o qual poderá contemplar, além do preço, outros fatores de avaliação, desde que por elas exigidos para a obtenção do financiamento ou da doação, e que também não conflitem com o princípio do julgamento objetivo e sejam objeto de despacho motivado do órgão executor do contrato, despacho esse ratificado pela autoridade imediatamente superior.

§ 6º. As cotações de todos os licitantes serão para entrega no mesmo local de destino.

Art. 43. A licitação será processada e julgada com observância dos seguintes procedimentos:

I – abertura dos envelopes contendo a documentação relativa à habilitação dos concorrentes, e sua apreciação;

II – devolução dos envelopes fechados aos concorrentes inabilitados, contendo as respectivas propostas, desde que não tenha havido recurso ou após sua denegação;

III – abertura dos envelopes contendo as propostas dos concorrentes habilitados, desde que transcorrido o prazo sem interposição de recurso, ou tenha havido desistência expressa, ou após o julgamento dos recursos interpostos;

IV – verificação da conformidade de cada proposta com os requisitos do edital e, conforme o caso, com os preços correntes no mercado ou fixados por órgão oficial competente, ou ainda com os constantes do sistema de registro de preços, os quais deverão ser devidamente registrados na ata de julgamento, promovendo-se a desclassificação das propostas desconformes ou incompatíveis;

V – julgamento e classificação das propostas de acordo com os critérios de avaliação constantes do edital;

VI – deliberação da autoridade competente quanto à homologação e adjudicação do objeto da licitação.

§ 1º. A abertura dos envelopes contendo a documentação para habilitação e as propostas será realizada sempre em ato público previamente designado, do qual se lavrará ata circunstanciada, assinada pelos licitantes presentes e pela Comissão.

§ 2º. Todos os documentos e propostas serão rubricados pelos licitantes presentes e pela Comissão.

§ 3º. É facultada à Comissão ou autoridade superior, em qualquer fase da licitação, a promoção de diligência destinada a esclarecer ou a complementar a instrução do processo, vedada a inclusão posterior de documento ou informação que deveria constar originariamente da proposta.

§ 4º. O disposto neste artigo aplica-se à concorrência e, no que couber, ao concurso, ao leilão, à tomada de preços e ao convite.

§ 5º. Ultrapassada a fase de habilitação dos concorrentes (incisos I e II) e abertas as propostas (inciso III), não cabe desclassificá-los por motivo relacionado com a habilitação, salvo em razão de fatos supervenientes ou só conhecidos após o julgamento.

§ 6º. Após a fase de habilitação, não cabe desistência de proposta, salvo por motivo justo decorrente de fato superveniente e aceito pela Comissão.

Art. 44. No julgamento das propostas, a Comissão levará em consideração os critérios objetivos definidos no edital ou convite, os quais não devem contrariar as normas e princípios estabelecidos por esta Lei.

§ 1º. É vedada a utilização de qualquer elemento, critério ou fator sigiloso, secreto, subjetivo ou reservado que possa ainda que indiretamente elidir o princípio da igualdade entre os licitantes.

§ 2º. Não se considerará qualquer oferta de vantagem não prevista no edital ou no convite, inclusive financiamentos subsidiados ou a fundo perdido, nem preço ou vantagem baseada nas ofertas dos demais licitantes.

§ 3º. Não se admitirá proposta que apresente preços global ou unitários simbólicos, irrisórios ou de valor zero, incompatíveis com os preços dos insumos e salários de mercado, acrescidos dos respectivos encargos, ainda que o ato convocatório da licitação não tenha estabelecido limites mínimos, exceto quando se referirem a materiais e instalações de propriedade do próprio licitante, para os quais ele renuncie a parcela ou à totalidade da remuneração.

§ 4º. O disposto no parágrafo anterior aplica-se também às propostas que incluam mão de obra estrangeira ou importações de qualquer natureza.

Art. 45. O julgamento das propostas será objetivo, devendo a Comissão de licitação ou o responsável pelo convite realizá-lo em conformidade com os tipos de licitação, os critérios previamente estabelecidos no ato convocatório e de acordo com os fatores exclusivamente nele referidos, de maneira a possibilitar sua aferição pelos licitantes e pelos órgãos de controle.

§ 1º. Para os efeitos deste artigo, constituem tipos de licitação, exceto na modalidade concurso:

I – a de menor preço – quando o critério de seleção da proposta mais vantajosa para a Administração determinar que será vencedor o licitante que apresentar a proposta de acordo com as especificações do edital ou convite e ofertar o menor preço;

II – a de melhor técnica;

III – a de técnica e preço.

IV – a de maior lance ou oferta – nos casos de alienação de bens ou concessão de direito real de uso.

§ 2º. No caso de empate entre duas ou mais propostas, e após obedecido o disposto no § 2º do art. 3º desta Lei, a classificação se fará, obrigatoriamente, por sorteio, em ato público, para o qual todos os licitantes serão convocados, vedado qualquer outro processo.

§ 3º. No caso da licitação do tipo "menor preço", entre os licitantes considerados qualificados a classificação se dará pela ordem crescente dos preços propostos, prevalecendo, no caso de empate, exclusivamente o critério previsto no parágrafo anterior.

§ 4º. Para contratação de bens e serviços de informática, a administração observará o disposto no art. 3º da Lei n. 8.248, de 23 de outubro de 1991, levando em conta os fatores especificados em seu § 2º e adotando obrigatoriamente o tipo de licitação "técnica e preço", permitido o emprego de outro tipo de licitação nos casos indicados em decreto do Poder Executivo.

§ 5º. É vedada a utilização de outros tipos de licitação não previstos neste artigo.

§ 6º. Na hipótese prevista no art. 23, § 7º, serão selecionadas tantas propostas quantas necessárias até que se atinja a quantidade demandada na licitação.

Art. 46. Os tipos de licitação "melhor técnica" ou "técnica e preço" serão utilizados exclusivamente para serviços de natureza predominantemente intelectual, em especial na elaboração de projetos, cálculos, fiscalização, supervisão e gerenciamento e de engenharia consultiva em geral e, em particular, para a elaboração de estudos técnicos preliminares e projetos básicos e executivos, ressalvado o disposto no § 4º do artigo anterior.

§ 1º. Nas licitações do tipo "melhor técnica" será adotado o seguinte procedimento claramente explicitado no instrumento convocatório, o qual fixará o preço máximo que a Administração se propõe a pagar:

I – serão abertos os envelopes contendo as propostas técnicas exclusivamente dos licitantes previamente qualificados e feita então a avaliação e classificação destas propostas de acordo com os critérios pertinentes e adequados ao objeto licitado, definidos com clareza e objetividade no instrumento convocatório e que considerem a capacitação e a experiência do proponente, a qualidade técnica da proposta, compreendendo metodologia, organização, tecnologias e recursos materiais a serem utilizados nos trabalhos, e a qualificação das equipes técnicas a serem mobilizadas para a sua execução;

II – uma vez classificadas as propostas técnicas, proceder-se-á à abertura das propostas de preço dos licitantes que tenham atingido a valorização mínima estabelecida no instrumento convocatório e à negociação das condições propostas, com a proponente melhor classificada, com base nos orçamentos detalhados apresentados e respectivos preços unitários e tendo como referência o limite representado pela proposta de menor preço entre os licitantes que obtiveram a valorização mínima;

III – no caso de impasse na negociação anterior, procedimento idêntico será adotado, sucessivamente, com os demais proponentes, pela ordem de classificação, até a consecução de acordo para a contratação;

IV – as propostas de preços serão devolvidas intactas aos licitantes que não forem preliminarmente habilitados ou que não obtiverem a valorização mínima estabelecida para a proposta técnica.

§ 2º. Nas licitações do tipo "técnica e preço" será adotado, adicionalmente ao inciso I do parágrafo anterior, o seguinte procedimento claramente explicitado no instrumento convocatório:

I – será feita a avaliação e a valorização das propostas de preços, de acordo com critérios objetivos preestabelecidos no instrumento convocatório;

II – a classificação dos proponentes far-se-á de acordo com a média ponderada das valorizações das propostas técnicas e de preço, de acordo com os pesos preestabelecidos no instrumento convocatório.

§ 3º. Excepcionalmente, os tipos de licitação previstos neste artigo poderão ser adotados, por autorização expressa e mediante justificativa circunstanciada da maior autoridade da Administração promotora constante do ato convocatório, para fornecimento de bens e execução de obras ou prestação de serviços de grande vulto majoritariamente dependentes de tecnologia nitidamente sofisticada e de domínio restrito, atestado por autoridades técnicas de reconhecida qualificação, nos casos em que o objeto pretendido admitir soluções alternativas e variações de execução, com repercussões significativas sobre sua qualidade, produtividade, rendimento e durabilidade concretamente mensuráveis, e estas puderem ser adotadas à livre escolha dos licitantes, na conformidade dos critérios objetivamente fixados no ato convocatório.

§ 4º. (*Vetado*).

Art. 47. Nas licitações para a execução de obras e serviços, quando for adotada a modalidade de execução de empreitada por preço global, a Administração deverá fornecer obrigatoriamente, junto com o edital, todos os elementos e informações necessários para que os licitantes possam elaborar suas propostas de preços com total e completo conhecimento do objeto da licitação.

Art. 48. Serão desclassificadas:

I – as propostas que não atendam às exigências do ato convocatório da licitação;

II – propostas com valor global superior ao limite estabelecido ou com preços manifestamente inexequíveis, assim considerados aqueles que não venham a ter demonstrada sua viabilidade através de documentação que comprove que os custos dos insumos são coerentes com os de mercado e que os coeficientes de produtividade são compatíveis com a execução do objeto do contrato, condições estas necessariamente especificadas no ato convocatório da licitação.

§ 1º. Para os efeitos do disposto no inciso II deste artigo consideram-se manifestamente inexequíveis, no caso de licitações de menor preço para obras e serviços de engenharia, as propostas cujos valores sejam inferiores a 70% (setenta por cento) do menor dos seguintes valores:

a) média aritmética dos valores das propostas superiores a 50% (cinquenta por cento) do valor orçado pela administração, ou

b) valor orçado pela administração.

§ 2º. Dos licitantes classificados na forma do parágrafo anterior cujo valor global da proposta for inferior a 80% (oitenta por cento) do menor valor a que se referem as alíneas "a" e "b", será exigida, para a assinatura do contrato, prestação de garantia adicional, dentre as modalidades previstas no § 1º do art. 56, igual a diferença entre o valor resultante do parágrafo anterior e o valor da correspondente proposta.

§ 3º. Quando todos os licitantes forem inabilitados ou todas as propostas forem desclassificadas, a administração poderá fixar aos licitantes o prazo de oito dias úteis para a apresentação de nova documentação ou de outras propostas escoimadas das causas referidas neste artigo, facultada, no caso de convite, a redução deste prazo para três dias úteis.

Art. 49. A autoridade competente para a aprovação do procedimento somente poderá revogar a licitação por razões de interesse público decorrente de fato superveniente devidamente comprovado, pertinente e suficiente para justificar tal conduta, devendo anulá-la por ilegalidade, de ofício ou por provocação de terceiros, mediante parecer escrito e devidamente fundamentado.

§ 1º. A anulação do procedimento licitatório por motivo de ilegalidade não gera obrigação de indenizar, ressalvado o disposto no parágrafo único do art. 59 desta Lei.

§ 2º. A nulidade do procedimento licitatório induz à do contrato, ressalvado o disposto no parágrafo único do art. 59 desta Lei.

§ 3º. No caso de desfazimento do processo licitatório, fica assegurado o contraditório e a ampla defesa.

§ 4º. O disposto neste artigo e seus parágrafos aplica-se aos atos do procedimento de dispensa e de inexigibilidade de licitação.

Art. 50. A Administração não poderá celebrar o contrato com preterição da ordem de classificação das propostas ou com terceiros estranhos ao procedimento licitatório, sob pena de nulidade.

Art. 51. A habilitação preliminar, a inscrição em registro cadastral, a sua alteração ou cancelamento, e as propostas serão processadas e julgadas por comissão permanente ou especial de, no mínimo, 3 (três) membros, sendo pelo menos 2 (dois) deles servidores qualificados pertencentes aos quadros permanentes dos órgãos da Administração responsáveis pela licitação.

§ 1º. No caso de convite, a Comissão de licitação, excepcionalmente, nas pequenas unidades administrativas e em face da exiguidade de pessoal disponível, poderá ser substituída por servidor formalmente designado pela autoridade competente.

§ 2º. A Comissão para julgamento dos pedidos de inscrição em registro cadastral, sua alteração ou cancelamento, será integrada por profissionais legalmente habilitados no caso de obras, serviços ou aquisição de equipamentos.

§ 3º. Os membros das Comissões de licitação responderão solidariamente por todos os atos praticados pela Comissão, salvo se posição individual divergente estiver devidamente fundamentada e registrada em ata lavrada na reunião em que tiver sido tomada a decisão.

§ 4º. A investidura dos membros das Comissões permanentes não excederá a 1 (um) ano, vedada a recondução da totalidade de seus membros para a mesma comissão no período subsequente.

§ 5º. No caso de concurso, o julgamento será feito por uma comissão especial integrada por pessoas de reputação ilibada e reconhecido conhecimento da matéria em exame, servidores públicos ou não.

Art. 52. O concurso a que se refere o § 4º do art. 22 desta Lei deve ser precedido de regulamento próprio, a ser obtido pelos interessados no local indicado no edital.

§ 1º. O regulamento deverá indicar:

I – a qualificação exigida dos participantes;

II – as diretrizes e a forma de apresentação do trabalho;

III – as condições de realização do concurso e os prêmios a serem concedidos.

§ 2º. Em se tratando de projeto, o vencedor deverá autorizar a Administração a executá-lo quando julgar conveniente.

Art. 53. O leilão pode ser cometido a leiloeiro oficial ou a servidor designado pela Administração, procedendo-se na forma da legislação pertinente.

§ 1º. Todo bem a ser leiloado será previamente avaliado pela Administração para fixação do preço mínimo de arrematação.

§ 2º. Os bens arrematados serão pagos à vista ou no percentual estabelecido no edital, não inferior a 5% (cinco por cento) e, após a assinatura da respectiva ata lavrada no local do leilão, imediatamente entregues ao arrematante, o qual se obrigará ao pagamento do restante no prazo estipulado no edital de convocação, sob pena de perder em favor da Administração o valor já recolhido.

§ 3º. Nos leilões internacionais, o pagamento da parcela à vista poderá ser feito em até vinte e quatro horas.

§ 4º. O edital de leilão deve ser amplamente divulgado, principalmente no município em que se realizará.

Capítulo III – DOS CONTRATOS

Seção I – Disposições Preliminares

Art. 54. Os contratos administrativos de que trata esta Lei regulam-se pelas suas cláusulas e pelos preceitos de direito público, aplicando-se-lhes, supletivamente, os princípios da teoria geral dos contratos e as disposições de direito privado.

§ 1º. Os contratos devem estabelecer com clareza e precisão as condições para sua execução, expressas em cláusulas que definam os direitos, obrigações e responsabilidades das partes, em conformidade com os termos da licitação e da proposta a que se vinculam.

§ 2º. Os contratos decorrentes de dispensa ou de inexigibilidade de licitação devem atender aos termos do ato que os autorizou e da respectiva proposta.

Art. 55. São cláusulas necessárias em todo contrato as que estabeleçam:

I – o objeto e seus elementos característicos;

II – o regime de execução ou a forma de fornecimento;

III – o preço e as condições de pagamento, os critérios, data-base e periodicidade do reajustamento de preços, os critérios de atualização monetária entre a data do adimplemento das obrigações e a do efetivo pagamento;

IV – os prazos de início de etapas de execução, de conclusão, de entrega, de observação e de recebimento definitivo, conforme o caso;

V – o crédito pelo qual correrá a despesa, com a indicação da classificação funcional programática e da categoria econômica;

VI – as garantias oferecidas para assegurar sua plena execução, quando exigidas;

VII – os direitos e as responsabilidades das partes, as penalidades cabíveis e os valores das multas;

VIII – os casos de rescisão;

IX – o reconhecimento dos direitos da Administração, em caso de rescisão administrativa prevista no art. 77 desta Lei;

X – as condições de importação, a data e a taxa de câmbio para conversão, quando for o caso;

XI – a vinculação ao edital de licitação ou ao termo que a dispensou ou a inexigiu, ao convite e à proposta do licitante vencedor;

XII – a legislação aplicável à execução do contrato e especialmente aos casos omissos;

XIII – a obrigação do contratado de manter, durante toda a execução do contrato, em compatibilidade com as obrigações por ele assumidas, todas as condições de habilitação e qualificação exigidas na licitação.

§ 1º. (*Vetado*).

§ 2º. Nos contratos celebrados pela Administração Pública com pessoas físicas ou jurídicas, inclusive aquelas domiciliadas no estrangeiro, deverá constar necessariamente cláusula que declare competente o foro da sede da Administração para dirimir qualquer questão contratual, salvo o disposto no § 6º do art. 32 desta Lei.

§ 3º. No ato da liquidação da despesa, os serviços de contabilidade comunicarão, aos órgãos incumbidos da arrecadação e fiscalização de tributos da

União, Estado ou Município, as características e os valores pagos, segundo o disposto no art. 63 da Lei n. 4.320, de 17 de março de 1964.

Art. 56. A critério da autoridade competente, em cada caso, e desde que prevista no instrumento convocatório, poderá ser exigida prestação de garantia nas contratações de obras, serviços e compras.

§ 1º. Caberá ao contratado optar por uma das seguintes modalidades de garantia:

I – caução em dinheiro ou em títulos da dívida pública, devendo estes ter sido emitidos sob a forma escritural, mediante registro em sistema centralizado de liquidação e de custódia autorizado pelo Banco Central do Brasil e avaliados pelos seus valores econômicos, conforme definido pelo Ministério da Fazenda;

II – seguro-garantia;

III – fiança bancária.

§ 2º. A garantia a que se refere o *caput* deste artigo não excederá a cinco por cento do valor do contrato e terá seu valor atualizado nas mesmas condições daquele, ressalvado o previsto no § 3º deste artigo.

§ 3º. Para obras, serviços e fornecimentos de grande vulto envolvendo alta complexidade técnica e riscos financeiros consideráveis, demonstrados através de parecer tecnicamente aprovado pela autoridade competente, o limite de garantia previsto no parágrafo anterior poderá ser elevado para até dez por cento do valor do contrato.

§ 4º. A garantia prestada pelo contratado será liberada ou restituída após a execução do contrato e, quando em dinheiro, atualizada monetariamente.

§ 5º. Nos casos de contratos que importem na entrega de bens pela Administração, dos quais o contratado ficará depositário, ao valor da garantia deverá ser acrescido o valor desses bens.

Art. 57. A duração dos contratos regidos por esta Lei ficará adstrita à vigência dos respectivos créditos orçamentários, exceto quanto aos relativos:

I – aos projetos cujos produtos estejam contemplados nas metas estabelecidas no Plano Plurianual, os quais poderão ser prorrogados se houver interesse da Administração e desde que isso tenha sido previsto no ato convocatório;

II – à prestação de serviços a serem executados de forma contínua, que poderão ter a sua duração prorrogada por iguais e sucessivos períodos com vistas à obtenção de preços e condições mais vantajosas para a administração, limitada a sessenta meses;

III – (*Vetado*).

IV – ao aluguel de equipamentos e à utilização de programas de informática, podendo a duração estender-se pelo prazo de até 48 (quarenta e oito) meses após o início da vigência do contrato.

V – às hipóteses previstas nos incisos IX, XIX, XXVIII e XXXI do art. 24, cujos contratos poderão ter vigência por até 120 (cento e vinte) meses, caso haja interesse da administração.

§ 1º. Os prazos de início de etapas de execução, de conclusão e de entrega admitem prorrogação, mantidas as demais cláusulas do contrato e assegurada a manutenção de seu equilíbrio econômico-financeiro, desde que ocorra algum dos seguintes motivos, devidamente autuados em processo:

I – alteração do projeto ou especificações, pela Administração;

II – superveniência de fato excepcional ou imprevisível, estranho à vontade das partes, que altere fundamentalmente as condições de execução do contrato;

III – interrupção da execução do contrato ou diminuição do ritmo de trabalho por ordem e no interesse da Administração;

IV – aumento das quantidades inicialmente previstas no contrato, nos limites permitidos por esta Lei;

V – impedimento de execução do contrato por fato ou ato de terceiro reconhecido pela Administração em documento contemporâneo à sua ocorrência;

VI – omissão ou atraso de providências a cargo da Administração, inclusive quanto aos pagamentos previstos de que resulte, diretamente, impedimento ou retardamento na execução do contrato, sem prejuízo das sanções legais aplicáveis aos responsáveis.

§ 2º. Toda prorrogação de prazo deverá ser justificada por escrito e previamente autorizada pela autoridade competente para celebrar o contrato.

§ 3º. É vedado o contrato com prazo de vigência indeterminado.

§ 4º. Em caráter excepcional, devidamente justificado e mediante autorização da autoridade superior, o prazo de que trata o inciso II do *caput* deste artigo poderá ser prorrogado por até doze meses.

Art. 58. O regime jurídico dos contratos administrativos instituído por esta Lei confere à Administração, em relação a eles, a prerrogativa de:

I – modificá-los, unilateralmente, para melhor adequação às finalidades de interesse público, respeitados os direitos do contratado;

II – rescindi-los, unilateralmente, nos casos especificados no inciso I do art. 79 desta Lei;

III – fiscalizar-lhes a execução;

IV – aplicar sanções motivadas pela inexecução total ou parcial do ajuste;

V – nos casos de serviços essenciais, ocupar provisoriamente bens móveis, imóveis, pessoal e serviços vinculados ao objeto do contrato, na hipótese da necessidade de acautelar apuração administrativa de faltas contratuais pelo contratado, bem como na hipótese de rescisão do contrato administrativo.

§ 1º. As cláusulas econômico-financeiras e monetárias dos contratos administrativos não poderão ser alteradas sem prévia concordância do contratado.

§ 2º. Na hipótese do inciso I deste artigo, as cláusulas econômico-financeiras do contrato deverão ser revistas para que se mantenha o equilíbrio contratual.

Art. 59. A declaração de nulidade do contrato administrativo opera retroativamente impedindo os efeitos jurídicos que ele, ordinariamente, deveria produzir, além de desconstituir os já produzidos.

Parágrafo único. A nulidade não exonera a Administração do dever de indenizar o contratado pelo que este houver executado até a data em que ela for declarada e por outros prejuízos regularmente comprovados, contanto que não lhe seja imputável, promovendo-se a responsabilidade de quem lhe deu causa.

Seção II – Da Formalização dos Contratos

Art. 60. Os contratos e seus aditamentos serão lavrados nas repartições interessadas, as quais manterão arquivo cronológico dos seus autógrafos e registro sistemático do seu extrato, salvo os relativos a direitos reais sobre imóveis, que se formalizam por instrumento lavrado em cartório de notas, de tudo juntando-se cópia no processo que lhe deu origem.

Parágrafo único. É nulo e de nenhum efeito o contrato verbal com a Administração, salvo o de pequenas compras de pronto pagamento, assim entendidas aquelas de valor não superior a 5% (cinco por cento) do limite estabelecido no art. 23, inciso II, alínea "a" desta Lei, feitas em regime de adiantamento.

Art. 61. Todo contrato deve mencionar os nomes das partes e os de seus representantes, a finalidade, o ato que autorizou a sua lavratura, o número do processo da licitação, da dispensa ou da inexigibilidade, a sujeição dos contratantes às normas desta Lei e às cláusulas contratuais.

Parágrafo único. A publicação resumida do instrumento de contrato ou de seus aditamentos na imprensa oficial, que é condição indispensável para sua eficácia, será providenciada pela Administração até o quinto dia útil do mês seguinte ao de sua assinatura, para ocorrer no prazo de vinte dias daquela data, qualquer que seja o seu valor, ainda que sem ônus, ressalvado o disposto no art. 26 desta Lei.

Art. 62. O instrumento de contrato é obrigatório nos casos de concorrência e de tomada de preços, bem como nas dispensas e inexigibilidades cujos preços estejam compreendidos nos limites destas duas modalidades de licitação, e facultativo nos demais em que a Administração puder substituí-lo por outros instrumentos hábeis, tais como carta-contrato, nota de empenho de despesa, autorização de compra ou ordem de execução de serviço.

§ 1º. A minuta do futuro contrato integrará sempre o edital ou ato convocatório da licitação.

§ 2º. Em "carta contrato", "nota de empenho de despesa", "autorização de compra", "ordem de execução de serviço" ou outros instrumentos hábeis aplica-se, no que couber, o disposto no art. 55 desta Lei.

§ 3º. Aplica-se o disposto nos arts. 55 e 58 a 61 desta Lei e demais normas gerais, no que couber:

I – aos contratos de seguro, de financiamento, de locação em que o Poder Público seja locatário, e aos demais cujo conteúdo seja regido, predominantemente, por norma de direito privado;

II – aos contratos em que a Administração for parte como usuária de serviço público.

§ 4º. É dispensável o "termo de contrato" e facultada a substituição prevista neste artigo, a critério da Administração e independentemente de seu valor, nos casos de compra com entrega imediata e integral dos bens adquiridos, dos quais não resultem obrigações futuras, inclusive assistência técnica.

Art. 63. É permitido a qualquer licitante o conhecimento dos termos do contrato e do respectivo processo licitatório e, a qualquer interessado, a obtenção de cópia autenticada, mediante o pagamento dos emolumentos devidos.

Art. 64. A Administração convocará regularmente o interessado para assinar o termo de contrato, aceitar ou retirar o instrumento equivalente, dentro do prazo e condições estabelecidos, sob pena de decair o direito à contratação, sem prejuízo das sanções previstas no art. 81 desta Lei.

§ 1º. O prazo de convocação poderá ser prorrogado uma vez, por igual período, quando solicitado pela parte durante o seu transcurso e desde que ocorra motivo justificado aceito pela Administração.

§ 2º. É facultado à Administração, quando o convocado não assinar o termo de contrato ou não aceitar ou retirar o instrumento equivalente no prazo e condições estabelecidos, convocar os licitantes remanescentes, na ordem de classificação, para fazê-lo em igual prazo e nas mesmas condições propostas pelo primeiro classificado, inclusive quanto aos preços atualizados de conformidade com o ato convocatório, ou revogar a licitação independentemente da cominação prevista no art. 81 desta Lei.

§ 3º. Decorridos 60 (sessenta) dias da data da entrega das propostas, sem convocação para a contratação, ficam os licitantes liberados dos compromissos assumidos.

Seção III – Da Alteração dos Contratos

Art. 65. Os contratos regidos por esta Lei poderão ser alterados, com as devidas justificativas, nos seguintes casos:

I – unilateralmente pela Administração:

a) quando houver modificação do projeto ou das especificações, para melhor adequação técnica aos seus objetivos;

b) quando necessária a modificação do valor contratual em decorrência de acréscimo ou diminuição quantitativa de seu objeto, nos limites permitidos por esta Lei;

II – por acordo das partes:

a) quando conveniente a substituição da garantia de execução;

b) quando necessária a modificação do regime de execução da obra ou serviço, bem como do modo de fornecimento, em face de verificação técnica da inaplicabilidade dos termos contratuais originários;

c) quando necessária a modificação da forma de pagamento, por imposição de circunstâncias supervenientes, mantido o valor inicial atualizado, vedada a antecipação do pagamento, com relação ao cronograma financeiro fixado, sem a correspondente contraprestação de fornecimento de bens ou execução de obra ou serviço;

d) para restabelecer a relação que as partes pactuaram inicialmente entre os encargos do contratado e a retribuição da administração para a justa remuneração da obra, serviço ou fornecimento, objetivando a manutenção do equilíbrio econômico-financeiro inicial do contrato, na hipótese de sobrevirem fatos imprevisíveis, ou previsíveis porém de consequências incalculáveis, retardadores ou impeditivos da execução do ajustado, ou, ainda, em caso de força maior, caso fortuito ou fato do príncipe, configurando álea econômica extraordinária e extracontratual.

§ 1º. O contratado fica obrigado a aceitar, nas mesmas condições contratuais, os acréscimos ou supressões que se fizerem nas obras, serviços ou compras, até 25% (vinte e cinco por cento) do valor inicial atualizado do contrato, e, no caso particular de reforma de edifício ou de equipamento, até o limite de 50% (cinquenta por cento) para os seus acréscimos.

§ 2º. Nenhum acréscimo ou supressão poderá exceder os limites estabelecidos no parágrafo anterior, salvo:

I – (*Vetado*).

II – as supressões resultantes de acordo celebrado entre os contratantes.

§ 3º. Se no contrato não houverem sido contemplados preços unitários para obras ou serviços, esses serão fixados mediante acordo entre as partes, respeitados os limites estabelecidos no § 1º deste artigo.

§ 4º. No caso de supressão de obras, bens ou serviços, se o contratado já houver adquirido os materiais e posto no local dos trabalhos, estes deverão ser pagos pela Administração pelos custos de aquisição regularmente comprovados e monetariamente corrigidos, podendo caber indenização por outros danos eventualmente decorrentes da supressão, desde que regularmente comprovados.

§ 5º. Quaisquer tributos ou encargos legais criados, alterados ou extintos, bem como a superveniência de disposições legais, quando ocorridas após a data da apresentação da proposta, de comprovada repercussão nos preços contratados, implicarão a revisão destes para mais ou para menos, conforme o caso.

§ 6º. Em havendo alteração unilateral do contrato que aumente os encargos do contratado, a Administração deverá restabelecer, por aditamento, o equilíbrio econômico-financeiro inicial.

§ 7º. (*Vetado*).

§ 8º. A variação do valor contratual para fazer face ao reajuste de preços previsto no próprio contrato, as atualizações, compensações ou penalizações financeiras decorrentes das condições de pagamento nele previstas, bem como o empenho de dotações orçamentárias suplementares até o limite do seu valor corrigido, não caracterizam alteração do mesmo, podendo ser registrados por simples apostila, dispensando a celebração de aditamento.

Seção IV – Da Execução dos Contratos

Art. 66. O contrato deverá ser executado fielmente pelas partes, de acordo com as cláusulas avençadas e as normas desta Lei, respondendo cada uma pelas consequências de sua inexecução total ou parcial.

Art. 67. A execução do contrato deverá ser acompanhada e fiscalizada por um representante da Administração especialmente designado, permitida a contratação de terceiros para assisti-lo e subsidiá-lo de informações pertinentes a essa atribuição.

§ 1º. O representante da Administração anotará em registro próprio todas as ocorrências relacionadas com a execução do contrato, determinando o que for necessário à regularização das faltas ou defeitos observados.

§ 2º. As decisões e providências que ultrapassarem a competência do representante deverão ser solicitadas a seus superiores em tempo hábil para a adoção das medidas convenientes.

Art. 68. O contratado deverá manter preposto, aceito pela Administração, no local da obra ou serviço, para representá-lo na execução do contrato.

Art. 69. O contratado é obrigado a reparar, corrigir, remover, reconstruir ou substituir, às suas expensas, no total ou em parte, o objeto do contrato em que se verificarem vícios, defeitos ou incorreções resultantes da execução ou de materiais empregados.

Art. 70. O contratado é responsável pelos danos causados diretamente à Administração ou a terceiros, decorrentes de sua culpa ou dolo na execução do contrato, não excluindo ou reduzindo essa responsabilidade a fiscalização ou o acompanhamento pelo órgão interessado.

Art. 71. O contratado é responsável pelos encargos trabalhistas, previdenciários, fiscais e comerciais resultantes da execução do contrato.

§ 1º. A inadimplência do contratado, com referência aos encargos trabalhistas, fiscais e comerciais não transfere à Administração Pública a responsabilidade por seu pagamento, nem poderá onerar o objeto do contrato ou restringir a regularização e o uso das obras e edificações, inclusive perante o Registro de Imóveis.

§ 2º. A Administração Pública responde solidariamente com o contratado pelos encargos previdenciários resultantes da execução do contrato, nos termos do art. 31 da Lei n. 8.212, de 24 de julho de 1991.

§ 3º. (*Vetado*).

Art. 72. O contratado, na execução do contrato, sem prejuízo das responsabilidades contratuais e legais, poderá subcontratar partes da obra, serviço ou fornecimento, até o limite admitido, em cada caso, pela Administração.

Art. 73. Executado o contrato, o seu objeto será recebido:

I – em se tratando de obras e serviços:

a) provisoriamente, pelo responsável por seu acompanhamento e fiscalização, mediante termo circunstanciado, assinado pelas partes em até 15 (quinze) dias da comunicação escrita do contratado;

b) definitivamente, por servidor ou comissão designada pela autoridade competente, mediante termo circunstanciado, assinado pelas partes, após o decurso do prazo de observação, ou vistoria que comprove a adequação do objeto aos termos contratuais, observado o disposto no art. 69 desta Lei;

II – em se tratando de compras ou de locação de equipamentos:

a) provisoriamente, para efeito de posterior verificação da conformidade do material com a especificação;

b) definitivamente, após a verificação da qualidade e quantidade do material e consequente aceitação.

§ 1º. Nos casos de aquisição de equipamentos de grande vulto, o recebimento far-se-á mediante termo circunstanciado e, nos demais, mediante recibo.

§ 2º. O recebimento provisório ou definitivo não exclui a responsabilidade civil pela solidez e segurança da obra ou do serviço, nem ético-profissional pela perfeita execução do contrato, dentro dos limites estabelecidos pela lei ou pelo contrato.

§ 3º. O prazo a que se refere a alínea "b" do inciso I deste artigo não poderá ser superior a 90 (noventa) dias, salvo em casos excepcionais, devidamente justificados e previstos no edital.

§ 4º. Na hipótese de o termo circunstanciado ou a verificação a que se refere este artigo não serem, respectivamente, lavrado ou procedida dentro dos prazos fixados, reputar-se-ão como realizados, desde que comunicados à Administração nos 15 (quinze) dias anteriores à exaustão dos mesmos.

Art. 74. Poderá ser dispensado o recebimento provisório nos seguintes casos:

I – gêneros perecíveis e alimentação preparada;

II – serviços profissionais;

III – obras e serviços de valor até o previsto no art. 23, inciso II, alínea "a", desta Lei, desde que não se componham de aparelhos, equipamentos e instalações sujeitos à verificação de funcionamento e produtividade.

Parágrafo único. Nos casos deste artigo, o recebimento será feito mediante recibo.

Art. 75. Salvo disposições em contrário constantes do edital, do convite ou de ato normativo, os ensaios, testes e demais provas exigidos por normas técnicas oficiais para a boa execução do objeto do contrato correm por conta do contratado.

Art. 76. A Administração rejeitará, no todo ou em parte, obra, serviço ou fornecimento executado em desacordo com o contrato.

Seção V – Da Inexecução e da Rescisão dos Contratos

Art. 77. A inexecução total ou parcial do contrato enseja a sua rescisão, com as consequências contratuais e as previstas em lei ou regulamento.

Art. 78. Constituem motivo para rescisão do contrato:

I – o não cumprimento de cláusulas contratuais, especificações, projetos ou prazos;

II – o cumprimento irregular de cláusulas contratuais, especificações, projetos e prazos;

III – a lentidão do seu cumprimento, levando a Administração a comprovar a impossibilidade da conclusão da obra, do serviço ou do fornecimento, nos prazos estipulados;

IV – o atraso injustificado no início da obra, serviço ou fornecimento;

V – a paralisação da obra, do serviço ou do fornecimento, sem justa causa e prévia comunicação à Administração;

VI – a subcontratação total ou parcial do seu objeto, a associação do contratado com outrem, a cessão ou transferência, total ou parcial, bem como a fusão, cisão ou incorporação, não admitidas no edital e no contrato;

VII – o desatendimento das determinações regulares da autoridade designada para acompanhar e fiscalizar a sua execução, assim como as de seus superiores;

VIII – o cometimento reiterado de faltas na sua execução, anotadas na forma do § 1º do art. 67 desta Lei;

IX – a decretação de falência ou a instauração de insolvência civil;

X – a dissolução da sociedade ou o falecimento do contratado;

XI – a alteração social ou a modificação da finalidade ou da estrutura da empresa, que prejudique a execução do contrato;

XII – razões de interesse público, de alta relevância e amplo conhecimento, justificadas e determinadas pela máxima autoridade da esfera administrativa a que está subordinado o contratante e exaradas no processo administrativo a que se refere o contrato;

XIII – a supressão, por parte da Administração, de obras, serviços ou compras, acarretando modificação do valor inicial do contrato além do limite permitido no § 1º do art. 65 desta Lei;

XIV – a suspensão de sua execução, por ordem escrita da Administração, por prazo superior a 120 (cento e vinte) dias, salvo em caso de calamidade pública, grave perturbação da ordem interna ou guerra, ou ainda por repetidas suspensões que totalizem o mesmo prazo, independentemente do pagamento obrigatório de indenizações pelas sucessivas e contratualmente imprevistas desmobilizações e mobilizações e outras previstas, assegurado ao contratado, nesses casos, o direito de optar pela suspensão do cumprimento das obrigações assumidas até que seja normalizada a situação;

XV – o atraso superior a 90 (noventa) dias dos pagamentos devidos pela Administração decorrentes de obras, serviços ou fornecimento, ou parcelas destes, já recebidos ou executados, salvo em caso de calamidade pública, grave perturbação da ordem interna ou guerra, assegurado ao contratado o direito de optar pela suspensão do cumprimento de suas obrigações até que seja normalizada a situação;

XVI – a não liberação, por parte da Administração, de área, local ou objeto para execução de obra, serviço ou fornecimento, nos prazos contratuais, bem como das fontes de materiais naturais especificadas no projeto;

XVII – a ocorrência de caso fortuito ou de força maior, regularmente comprovada, impeditiva da execução do contrato.

Parágrafo único. Os casos de rescisão contratual serão formalmente motivados nos autos do processo, assegurado o contraditório e a ampla defesa.

XVIII – descumprimento do disposto no inciso V do art. 27, sem prejuízo das sanções penais cabíveis.

Art. 79. A rescisão do contrato poderá ser:

I – determinada por ato unilateral e escrito da Administração, nos casos enumerados nos incisos I a XII e XVII do artigo anterior;

II – amigável, por acordo entre as partes, reduzida a termo no processo da licitação, desde que haja conveniência para a Administração;

III – judicial, nos termos da legislação;

IV – (*Vetado*).

§ 1º. A rescisão administrativa ou amigável deverá ser precedida de autorização escrita e fundamentada da autoridade competente.

§ 2º. Quando a rescisão ocorrer com base nos incisos XII a XVII do artigo anterior, sem que haja culpa do contratado, será este ressarcido dos prejuízos regularmente comprovados que houver sofrido, tendo ainda direito a:

I – devolução de garantia;

II – pagamentos devidos pela execução do contrato até a data da rescisão;

III – pagamento do custo da desmobilização.

§ 3º. (*Vetado*).

§ 4º. (*Vetado*).

§ 5º. Ocorrendo impedimento, paralisação ou sustação do contrato, o cronograma de execução será prorrogado automaticamente por igual tempo.

Art. 80. A rescisão de que trata o inciso I do artigo anterior acarreta as seguintes consequências, sem prejuízo das sanções previstas nesta Lei:

I – assunção imediata do objeto do contrato, no estado e local em que se encontrar, por ato próprio da Administração;

II – ocupação e utilização do local, instalações, equipamentos, material e pessoal empregados na execução do contrato, necessários à sua continuidade, na forma do inciso V do art. 58 desta Lei;

III – execução da garantia contratual, para ressarcimento da Administração, e dos valores das multas e indenizações a ela devidos;

IV – retenção dos créditos decorrentes do contrato até o limite dos prejuízos causados à Administração.

§ 1º. A aplicação das medidas previstas nos incisos I e II deste artigo fica a critério da Administração, que poderá dar continuidade à obra ou ao serviço por execução direta ou indireta.

§ 2º. É permitido à Administração, no caso de concordata do contratado, manter o contrato, podendo assumir o controle de determinadas atividades de serviços essenciais.

§ 3º. Na hipótese do inciso II deste artigo, o ato deverá ser precedido de autorização expressa do Ministro de Estado competente, ou Secretário Estadual ou Municipal, conforme o caso.

§ 4º. A rescisão de que trata o inciso IV do artigo anterior permite à Administração, a seu critério, aplicar a medida prevista no inciso I deste artigo.

Capítulo IV – DAS SANÇÕES ADMINISTRATIVAS E DA TUTELA JUDICIAL
Seção I – Disposições Gerais

Art. 81. A recusa injustificada do adjudicatário em assinar o contrato, aceitar ou retirar o instrumento equivalente, dentro do prazo estabelecido pela Administração, caracteriza o descumprimento total da obrigação assumida, sujeitando-o às penalidades legalmente estabelecidas.

Parágrafo único. O disposto neste artigo não se aplica aos licitantes convocados nos termos do art. 64, § 2º, desta Lei, que não aceitarem a contratação, nas mesmas condições propostas pelo primeiro adjudicatário, inclusive quanto ao prazo e preço.

Art. 82. Os agentes administrativos que praticarem atos em desacordo com os preceitos desta Lei ou visando a frustrar os objetivos da licitação sujeitam-se às sanções previstas nesta Lei e nos regulamentos próprios, sem prejuízo das responsabilidades civil e criminal que seu ato ensejar.

Art. 83. Os crimes definidos nesta Lei, ainda que simplesmente tentados, sujeitam os seus autores, quando servidores públicos, além das sanções penais, à perda do cargo, emprego, função ou mandato eletivo.

Art. 84. Considera-se servidor público, para os fins desta Lei, aquele que exerce, mesmo que transitoriamente ou sem remuneração, cargo, função ou emprego público.

§ 1º. Equipara-se a servidor público, para os fins desta Lei, quem exerce cargo, emprego ou função em entidade paraestatal, assim consideradas, além das fundações, empresas públicas e sociedades de economia mista, as demais entidades sob controle, direto ou indireto, do Poder Público.

§ 2º. A pena imposta será acrescida da terça parte, quando os autores dos crimes previstos nesta Lei forem ocupantes de cargo em comissão ou de função de confiança em órgão da Administração direta, autarquia, empresa pública, sociedade de economia mista, fundação pública, ou outra entidade controlada direta ou indiretamente pelo Poder Público.

Art. 85. As infrações penais previstas nesta Lei pertinem às licitações e aos contratos celebrados pela União, Estados, Distrito Federal, Municípios, e respectivas autarquias, empresas públicas, sociedades de economia mista, fundações públicas, e quaisquer outras entidades sob seu controle direto ou indireto.

Seção II – Das Sanções Administrativas

Art. 86. O atraso injustificado na execução do contrato sujeitará o contratado à multa de mora, na forma prevista no instrumento convocatório ou no contrato.

§ 1º. A multa a que alude este artigo não impede que a Administração rescinda unilateralmente o contrato e aplique as outras sanções previstas nesta Lei.

§ 2º. A multa, aplicada após regular processo administrativo, será descontada da garantia do respectivo contratado.

§ 3º. Se a multa for de valor superior ao valor da garantia prestada, além da perda desta, responderá o contratado pela sua diferença, a qual será descontada dos pagamentos eventualmente devidos pela Administração ou ainda, quando for o caso, cobrada judicialmente.

Art. 87. Pela inexecução total ou parcial do contrato a Administração poderá, garantida a prévia defesa, aplicar ao contratado as seguintes sanções:

I – advertência;

II – multa, na forma prevista no instrumento convocatório ou no contrato;

III – suspensão temporária de participação em licitação e impedimento de contratar com a Administração, por prazo não superior a 2 (dois) anos;

IV – declaração de inidoneidade para licitar ou contratar com a Administração Pública enquanto perdurarem os motivos determinantes da punição ou até que seja promovida a reabilitação perante a própria autoridade que aplicou a penalidade, que será concedida sempre que o contratado ressarcir a Administração pelos prejuízos resultantes e após decorrido o prazo da sanção aplicada com base no inciso anterior.

§ 1º. Se a multa aplicada for superior ao valor da garantia prestada, além da perda desta, responderá o contratado pela sua diferença, que será descontada dos pagamentos eventualmente devidos pela Administração ou cobrada judicialmente.

§ 2º. As sanções previstas nos incisos I, III e IV deste artigo poderão ser aplicadas juntamente com a do inciso II, facultada a defesa prévia do interessado, no respectivo processo, no prazo de 5 (cinco) dias úteis.

§ 3º. A sanção estabelecida no inciso IV deste artigo é de competência exclusiva do Ministro de Estado, do Secretário Estadual ou Municipal, conforme o caso, facultada a defesa do interessado no respectivo processo, no prazo de 10 (dez) dias da abertura de vista, podendo a reabilitação ser requerida após 2 (dois) anos de sua aplicação.

Art. 88. As sanções previstas nos incisos III e IV do artigo anterior poderão também ser aplicadas às empresas ou aos profissionais que, em razão dos contratos regidos por esta Lei:

I – tenham sofrido condenação definitiva por praticarem, por meios dolosos, fraude fiscal no recolhimento de quaisquer tributos;

II – tenham praticado atos ilícitos visando a frustrar os objetivos da licitação;

III – demonstrem não possuir idoneidade para contratar com a Administração em virtude de atos ilícitos praticados.

Seção III – Dos Crimes e das Penas

Art. 89. Dispensar ou inexigir licitação fora das hipóteses previstas em lei, ou deixar de observar as formalidades pertinentes à dispensa ou à inexigibilidade: Pena – detenção, de 3 (três) a 5 (cinco) anos, e multa.

Parágrafo único. Na mesma pena incorre aquele que, tendo comprovadamente concorrido para a consumação da ilegalidade, beneficiou-se da dispensa ou inexigibilidade ilegal, para celebrar contrato com o Poder Público.

Art. 90. Frustrar ou fraudar, mediante ajuste, combinação ou qualquer outro expediente, o caráter competitivo do procedimento licitatório, com o intuito de obter, para si ou para outrem, vantagem decorrente da adjudicação do objeto da licitação: Pena – detenção, de 2 (dois) a 4 (quatro) anos, e multa.

Art. 91. Patrocinar, direta ou indiretamente, interesse privado perante a Administração, dando causa à instauração de licitação ou à celebração de contrato, cuja invalidação vier a ser decretada pelo Poder Judiciário: Pena – detenção, de 6 (seis) meses a 2 (dois) anos, e multa.

Art. 92. Admitir, possibilitar ou dar causa a qualquer modificação ou vantagem, inclusive prorrogação contratual, em favor do adjudicatário, durante a execução dos contratos celebrados com o Poder Público, sem autorização em lei, no ato convocatório da licitação ou nos respectivos instrumentos contratuais, ou, ainda, pagar fatura com preterição da ordem cronológica de sua exigibilidade, observado o disposto no art. 121 desta Lei: Pena – detenção, de dois a quatro anos, e multa.

Parágrafo único. Incide na mesma pena o contratado que, tendo comprovadamente concorrido para a consumação da ilegalidade, obtém vantagem indevida ou se beneficia, injustamente, das modificações ou prorrogações contratuais.

Art. 93. Impedir, perturbar ou fraudar a realização de qualquer ato de procedimento licitatório: Pena – detenção, de 6 (seis) meses a 2 (dois) anos, e multa.

Art. 94. Devassar o sigilo de proposta apresentada em procedimento licitatório, ou proporcionar a terceiro o ensejo de devassá-lo: Pena – detenção, de 2 (dois) a 3 (três) anos, e multa.

Art. 95. Afastar ou procura afastar licitante, por meio de violência, grave ameaça, fraude ou oferecimento de vantagem de qualquer tipo: Pena – detenção, de 2 (dois) a 4 (quatro) anos, e multa, além da pena correspondente à violência.

Parágrafo único. Incorre na mesma pena quem se abstém ou desiste de licitar, em razão da vantagem oferecida.

Art. 96. Fraudar, em prejuízo da Fazenda Pública, licitação instaurada para aquisição ou venda de bens ou mercadorias, ou contrato dela decorrente:

I – elevando arbitrariamente os preços;

II – vendendo, como verdadeira ou perfeita, mercadoria falsificada ou deteriorada;

III – entregando uma mercadoria por outra;

IV – alterando substância, qualidade ou quantidade da mercadoria fornecida;

V – tornando, por qualquer modo, injustamente, mais onerosa a proposta ou a execução do contrato: Pena – detenção, de 3 (três) a 6 (seis) anos, e multa.

Art. 97. Admitir à licitação ou celebrar contrato com empresa ou profissional declarado inidôneo: Pena – detenção, de 6 (seis) meses a 2 (dois) anos, e multa.

Parágrafo único. Incide na mesma pena aquele que, declarado inidôneo, venha a licitar ou a contratar com a Administração.

Art. 98. Obstar, impedir ou dificultar, injustamente, a inscrição de qualquer interessado nos registros cadastrais ou promover indevidamente a alteração, suspensão ou cancelamento de registro do inscrito: Pena – detenção, de 6 (seis) meses a 2 (dois) anos, e multa.

Art. 99. A pena de multa cominada nos arts. 89 a 98 desta Lei consiste no pagamento de quantia fixada na sentença e calculada em índices percentuais, cuja base corresponderá ao valor da vantagem efetivamente obtida ou potencialmente auferível pelo agente.

§ 1º. Os índices a que se refere este artigo não poderão ser inferiores a 2% (dois por cento), nem superiores a 5% (cinco por cento) do valor do contrato licitado ou celebrado com dispensa ou inexigibilidade de licitação.

§ 2º. O produto da arrecadação da multa reverterá, conforme o caso, à Fazenda Federal, Distrital, Estadual ou Municipal.

Seção IV – Do Processo e do Procedimento Judicial

Art. 100. Os crimes definidos nesta Lei são de ação penal pública incondicionada, cabendo ao Ministério Público promovê-la.

Art. 101. Qualquer pessoa poderá provocar, para os efeitos desta Lei, a iniciativa do Ministério Público, fornecendo-lhe, por escrito, informações sobre o fato e sua autoria, bem como as circunstâncias em que se deu a ocorrência.

Parágrafo único. Quando a comunicação for verbal, mandará a autoridade reduzi-la a termo, assinado pelo apresentante e por duas testemunhas.

Art. 102. Quando em autos ou documentos de que conhecerem, os magistrados, os membros dos Tribunais ou Conselhos de Contas ou os titulares dos órgãos integrantes do sistema de controle interno de qualquer dos Poderes verificarem a existência dos crimes definidos nesta Lei, remeterão ao Ministério Público as cópias e os documentos necessários ao oferecimento da denúncia.

Art. 103. Será admitida ação penal privada subsidiária da pública, se esta não for ajuizada no prazo legal, aplicando-se, no que couber, o disposto nos arts. 29 e 30 do Código de Processo Penal.

Art. 104. Recebida a denúncia e citado o réu, terá este o prazo de 10 (dez) dias para apresentação de defesa escrita, contado da data do seu interrogatório, podendo juntar documentos, arrolar as testemunhas que tiver, em número não superior a 5 (cinco), e indicar as demais provas que pretenda produzir.

Art. 105. Ouvidas as testemunhas da acusação e da defesa e praticadas as diligências instrutórias deferidas ou ordenadas pelo juiz, abrir-se-á, sucessivamente, o prazo de 5 (cinco) dias a cada parte para alegações finais.

Art. 106. Decorrido esse prazo, e conclusos os autos dentro de 24 (vinte e quatro) horas, terá o juiz 10 (dez) dias para proferir a sentença.

Art. 107. Da sentença cabe apelação, interponível no prazo de 5 (cinco) dias.

Art. 108. No processamento e julgamento das infrações penais definidas nesta Lei, assim como nos recursos e nas execuções que lhes digam respeito, aplicar-se-ão, subsidiariamente, o Código de Processo Penal e a Lei de Execução Penal.

Capítulo V – DOS RECURSOS ADMINISTRATIVOS

Art. 109. Dos atos da Administração decorrentes da aplicação desta Lei cabem:

I – recurso, no prazo de 5 (cinco) dias úteis a contar da intimação do ato ou da lavratura da ata, nos casos de:

a) habilitação ou inabilitação do licitante;

b) julgamento das propostas;

c) anulação ou revogação da licitação;

d) indeferimento do pedido de inscrição em registro cadastral, sua alteração ou cancelamento;

e) rescisão do contrato, a que se refere o inciso I do art. 79 desta Lei;

f) aplicação das penas de advertência, suspensão temporária ou de multa;

II – representação, no prazo de 5 (cinco) dias úteis da intimação da decisão relacionada com o objeto da licitação ou do contrato, de que não caiba recurso hierárquico;

III – pedido de reconsideração, de decisão de Ministro de Estado, ou Secretário Estadual ou Municipal, conforme o caso, na hipótese do § 4º do art. 87 desta Lei, no prazo de 10 (dez) dias úteis da intimação do ato.

§ 1º. A intimação dos atos referidos no inciso I, alíneas "a", "b", "c" e "e", deste artigo, excluídos os relativos a advertência e multa de mora, e no inciso III, será feita mediante publicação na imprensa oficial, salvo para os casos previstos nas alíneas "a" e "b", se presentes os prepostos dos licitantes no ato em que foi adotada a decisão, quando poderá ser feita por comunicação direta aos interessados e lavrada em ata.

§ 2º. O recurso previsto nas alíneas "a" e "b" do inciso I deste artigo terá efeito suspensivo, podendo a autoridade competente, motivadamente e presentes razões de interesse público, atribuir ao recurso interposto eficácia suspensiva aos demais recursos.

§ 3º. Interposto, o recurso será comunicado aos demais licitantes, que poderão impugná-lo no prazo de 5 (cinco) dias úteis.

§ 4º. O recurso será dirigido à autoridade superior, por intermédio da que praticou o ato recorrido, a qual poderá reconsiderar sua decisão, no prazo de 5 (cinco) dias úteis, ou, nesse mesmo prazo, fazê-lo subir, devidamente informado, devendo, neste caso, a decisão ser proferida dentro do prazo de 5 (cinco) dias úteis, contado do recebimento do recurso, sob pena de responsabilidade.

§ 5º. Nenhum prazo de recurso, representação ou pedido de reconsideração se inicia ou corre sem que os autos do processo estejam com vista franqueada ao interessado.

§ 6º. Em se tratando de licitações efetuadas na modalidade de "carta convite" os prazos estabelecidos nos incisos I e II e no § 3º deste artigo serão de dois dias úteis.

Capítulo VI – DISPOSIÇÕES FINAIS E TRANSITÓRIAS

Art. 110. Na contagem dos prazos estabelecidos nesta Lei, excluir-se-á o dia do início e incluir-se-á o do vencimento, e considerar-se-ão os dias consecutivos, exceto quando for explicitamente disposto em contrário.

Parágrafo único. Só se iniciam e vencem os prazos referidos neste artigo em dia de expediente no órgão ou na entidade.

Art. 111. A Administração só poderá contratar, pagar, premiar ou receber projeto ou serviço técnico especializado desde que o autor ceda os direitos patrimoniais a ele relativos e a Administração possa utilizá-lo de acordo com o previsto no regulamento de concurso ou no ajuste para sua elaboração.

Parágrafo único. Quando o projeto referir-se a obra imaterial de caráter tecnológico, insuscetível de privilégio, a cessão dos direitos incluirá o fornecimento de todos os dados, documentos e elementos de informação pertinentes à tecnologia de concepção, desenvolvimento, fixação em suporte físico de qualquer natureza e aplicação da obra.

Art. 112. Quando o objeto do contrato interessar a mais de uma entidade pública, caberá ao órgão contratante, perante a entidade interessada, responder pela sua boa execução, fiscalização e pagamento.

§ 1º. Os consórcios públicos poderão realizar licitação da qual, nos termos do edital, decorram contratos administrativos celebrados por órgãos ou entidades dos entes da Federação consorciados.

§ 2º. É facultado à entidade interessada o acompanhamento da licitação e da execução do contrato.

Art. 113. O controle das despesas decorrentes dos contratos e demais instrumentos regidos por esta Lei será feito pelo Tribunal de Contas competente, na forma da legislação pertinente, ficando os órgãos interessados da Administração responsáveis pela demonstração da legalidade e regularidade da despesa e execução, nos termos da Constituição e sem prejuízo do sistema de controle interno nela previsto.

§ 1º. Qualquer licitante, contratado ou pessoa física ou jurídica poderá representar ao Tribunal de Contas ou aos órgãos integrantes do sistema de controle interno contra irregularidades na aplicação desta Lei, para os fins do disposto neste artigo.

§ 2º. Os Tribunais de Contas e os órgãos integrantes do sistema de controle interno poderão solicitar para exame, até o dia útil imediatamente anterior à data de recebimento das propostas, cópia de edital de licitação já publicado, obrigando-se os órgãos ou entidades da Administração interessada à adoção de medidas corretivas pertinentes que, em função desse exame, lhes forem determinadas.

Art. 114. O sistema instituído nesta Lei não impede a pré-qualificação de licitantes nas concorrências, a ser procedida sempre que o objeto da licitação recomende análise mais detida da qualificação técnica dos interessados.

§ 1º. A adoção do procedimento de pré-qualificação será feita mediante proposta da autoridade competente, aprovada pela imediatamente superior.

§ 2º. Na pré-qualificação serão observadas as exigências desta Lei relativas à concorrência, à convocação dos interessados, ao procedimento e à analise da documentação.

Art. 115. Os órgãos da Administração poderão expedir normas relativas aos procedimentos operacionais a serem observados na execução das licitações, no âmbito de sua competência, observadas as disposições desta Lei.

Parágrafo único. As normas a que se refere este artigo, após aprovação da autoridade competente, deverão ser publicadas na imprensa oficial.

Art. 116. Aplicam-se as disposições desta Lei, no que couber, aos convênios, acordos, ajustes e outros instrumentos congêneres celebrados por órgãos e entidades da Administração.

§ 1º. A celebração de convênio, acordo ou ajuste pelos órgãos ou entidades da Administração Pública depende de prévia aprovação de competente plano de trabalho proposto pela organização interessada, o qual deverá conter, no mínimo, as seguintes informações:

I – identificação do objeto a ser executado;

II – metas a serem atingidas;

III – etapas ou fases de execução;

IV – plano de aplicação dos recursos financeiros;

V – cronograma de desembolso;

VI – previsão de início e fim da execução do objeto, bem assim da conclusão das etapas ou fases programadas;

VII – se o ajuste compreender obra ou serviço de engenharia, comprovação de que os recursos próprios para complementar a execução do objeto estão devidamente assegurados, salvo se o custo total do empreendimento recair sobre a entidade ou órgão descentralizador.

§ 2º. Assinado o convênio, a entidade ou órgão repassador dará ciência do mesmo à Assembleia Legislativa ou à Câmara Municipal respectiva.

§ 3º. As parcelas do convênio serão liberadas em estrita conformidade com o plano de aplicação aprovado, exceto nos casos a seguir, em que as mesmas ficarão retidas até o saneamento das impropriedades ocorrentes:

I – quando não tiver havido comprovação da boa e regular aplicação da parcela anteriormente recebida, na forma da legislação aplicável, inclusive mediante procedimentos de fiscalização local, realizados periodicamente pela entidade ou órgão descentralizador dos recursos ou pelo órgão competente do sistema de controle interno da Administração Pública;

II – quando verificado desvio de finalidade na aplicação dos recursos, atrasos não justificados no cumprimento das etapas ou fases programadas, práticas atentatórias aos princípios fundamentais de Administração Pública nas contratações e demais atos praticados na execução do convênio, ou o inadimplemento do executor com relação a outras cláusulas conveniais básicas;

III – quando o executor deixar de adotar as medidas saneadoras apontadas pelo partícipe repassador dos recursos ou por integrantes do respectivo sistema de controle interno.

§ 4º. Os saldos de convênio, enquanto não utilizados, serão obrigatoriamente aplicados em cadernetas de poupança de instituição financeira oficial se a previsão de seu uso for igual ou superior a um mês, ou em fundo de aplicação financeira de curto prazo ou operação de mercado aberto lastreada em títulos da dívida pública, quando a utilização dos mesmos verificar-se em prazos menores que um mês.

§ 5º. As receitas financeiras auferidas na forma do parágrafo anterior serão obrigatoriamente computadas a crédito do convênio e aplicadas, exclusivamente, no objeto de sua finalidade, devendo constar de demonstrativo específico que integrará as prestações de contas do ajuste.

§ 6º. Quando da conclusão, denúncia, rescisão ou extinção do convênio, acordo ou ajuste, os saldos financeiros remanescentes, inclusive os provenientes das receitas obtidas das aplicações financeiras realizadas, serão devolvidos à entidade ou órgão repassador dos recursos, no prazo improrrogável de 30 (trinta) dias do evento, sob pena da imediata instauração de tomada de contas especial do responsável, providenciada pela autoridade competente do órgão ou entidade titular dos recursos.

Art. 117. As obras, serviços, compras e alienações realizados pelos órgãos dos Poderes Legislativo e Judiciário e do Tribunal de Contas regem-se pelas normas desta Lei, no que couber, nas três esferas administrativas.

Art. 118. Os Estados, o Distrito Federal, os Municípios e as entidades da administração indireta deverão adaptar suas normas sobre licitações e contratos ao disposto nesta Lei.

Art. 119. As sociedades de economia mista, empresas e fundações públicas e demais entidades controladas direta ou indiretamente pela União e pelas entidades referidas no artigo anterior editarão regulamentos próprios devidamente publicados, ficando sujeitas às disposições desta Lei.

Parágrafo único. Os regulamentos a que se refere este artigo, no âmbito da Administração Pública, após aprovados pela autoridade de nível superior a que estiverem vinculados os respectivos órgãos, sociedades e entidades, deverão ser publicados na imprensa oficial.

Art. 120. Os valores fixados por esta Lei poderão ser anualmente revistos pelo Poder Executivo Federal, que os fará publicar no Diário Oficial da União, observando como limite superior a variação geral dos preços do mercado, no período.

Art. 121. O disposto nesta Lei não se aplica às licitações instauradas e aos contratos assinados anteriormente à sua vigência, ressalvado o disposto no art. 57, nos §§ 1º, 2º e 8º do art. 65, no inciso XV do art. 78, bem assim o disposto no *caput* do art. 5º, com relação ao pagamento das obrigações na ordem cronológica, podendo esta ser observada, no prazo de noventa dias contados da vigência desta Lei, separadamente para as obrigações relativas aos contratos regidos por legislação anterior à Lei n. 8.666, de 21 de junho de 1993.

Parágrafo único. Os contratos relativos a imóveis do patrimônio da União continuam a reger-se pelas disposições do Decreto-Lei n. 9.760, de 5 de setembro de 1946, com suas alterações, e os relativos a operações de crédito interno ou externo celebrados pela União ou a concessão de garantia do Tesouro Nacional continuam regidos pela legislação pertinente, aplicando-se esta Lei, no que couber.

Art. 122. Nas concessões de linhas aéreas, observar-se-á procedimento licitatório específico, a ser estabelecido no Código Brasileiro de Aeronáutica.

Art. 123. Em suas licitações e contratações administrativas, as repartições sediadas no exterior observarão as peculiaridades locais e os princípios básicos desta Lei, na forma de regulamentação específica.

Art. 124. Aplicam-se às licitações e aos contratos para permissão ou concessão de serviços públicos os dispositivos desta Lei que não conflitem com a legislação específica sobre o assunto.

Parágrafo único. As exigências contidas nos incisos II a IV do § 2º do art. 7º serão dispensadas nas licitações para concessão de serviços com execução prévia de obras em que não foram previstos desembolso por parte da Administração Pública concedente.

Art. 125. Esta Lei entra em vigor na data de sua publicação.

Art. 126. Revogam-se as disposições em contrário, especialmente os Decretos-leis ns 2.300, de 21 de novembro de 1986, 2.348, de 24 de julho de 1987, 2.360, de 16 de setembro de 1987, a Lei n. 8.220, de 4 de setembro de 1991, e o art. 83 da Lei n. 5.194, de 24 de dezembro de 1966.

Brasília, 21 de junho de 1993, 172º da Independência e 105º da República.

II – Lei 12.462, de 4.8.2011[1]
(Regime Diferenciado de Contratações Públicas/RDC)

Institui o Regime Diferenciado de Contratações Públicas – RDC; altera a Lei n. 10.683, de 28 de maio de 2003, que dispõe sobre a organização da Presidência da República e dos Ministérios, a legislação da Agência Nacional de Aviação Civil (ANAC) e a legislação da Empresa Brasileira de Infraestrutura Aeroportuária (INFRAERO); cria a Secretaria de Aviação Civil, cargos de Ministro de Estado, cargos em comissão e cargos de Controlador de Tráfego Aéreo; autoriza a contratação de controladores de tráfego aéreo temporários; altera as Leis ns. 11.182, de 27 de setembro de 2005, 5.862, de 12 de dezembro de 1972, 8.399, de 7 de janeiro de 1992, 11.526, de 4 de outubro de 2007, 11.458, de 19 de março de 2007, e 12.350, de 20 de dezembro de 2010, e a Medida Provisória n. 2.185-35, de 24 de agosto de 2001; e revoga dispositivos da Lei n. 9.649, de 27 de maio de 1998.

Capítulo I – DO REGIME DIFERENCIADO DE CONTRATAÇÕES PÚBLICAS – RDC
Seção I – Aspectos Gerais

Art. 1º. É instituído o Regime Diferenciado de Contratações Públicas (RDC), aplicável exclusivamente às licitações e contratos necessários à realização:

I – dos Jogos Olímpicos e Paraolímpicos de 2016, constantes da Carteira de Projetos Olímpicos a ser definida pela Autoridade Pública Olímpica (APO); e

II – da Copa das Confederações da Federação Internacional de Futebol Associação – Fifa 2013 e da Copa do Mundo Fifa 2014, definidos pelo Grupo

---

1. Com as alterações introduzidas pelas Leis 12.648, de 2012; 12.688, de 2012; 12.702, de 2012; 12.722, de 2012; 12.745, de 2012; 12.833, de 2013; 12.980, de 2014.

Executivo – Gecopa 2014 do Comitê Gestor instituído para definir, aprovar e supervisionar as ações previstas no Plano Estratégico das Ações do Governo Brasileiro para a realização da Copa do Mundo Fifa 2014 – CGCOPA 2014, restringindo-se, no caso de obras públicas, às constantes da matriz de responsabilidades celebrada entre a União, Estados, Distrito Federal e Municípios;

III – de obras de infraestrutura e de contratação de serviços para os aeroportos das capitais dos Estados da Federação distantes até 350 km (trezentos e cinquenta quilômetros) das cidades sedes dos mundiais referidos nos incisos I e II;

IV – das ações integrantes do Programa de Aceleração do Crescimento (PAC);

V – das obras e serviços de engenharia no âmbito do Sistema Único de Saúde – SUS;

VI – das obras e serviços de engenharia para construção, ampliação e reforma de estabelecimentos penais e unidades de atendimento socioeducativo.

§ 1º. O RDC tem por objetivos:

I – ampliar a eficiência nas contratações públicas e a competitividade entre os licitantes;

II – promover a troca de experiências e tecnologias em busca da melhor relação entre custos e benefícios para o setor público;

III – incentivar a inovação tecnológica; e

IV – assegurar tratamento isonômico entre os licitantes e a seleção da proposta mais vantajosa para a Administração Pública.

§ 2º. A opção pelo RDC deverá constar de forma expressa do instrumento convocatório e resultará no afastamento das normas contidas na Lei n. 8.666, de 21 de junho de 1993, exceto nos casos expressamente previstos nesta Lei.

§ 3º. Além das hipóteses previstas no *caput*, o RDC também é aplicável às licitações e contratos necessários à realização de obras e serviços de engenharia no âmbito dos sistemas públicos de ensino.

Art. 2º. Na aplicação do RDC, deverão ser observadas as seguintes definições:

I – empreitada integral: quando se contrata um empreendimento em sua integralidade, compreendendo a totalidade das etapas de obras, serviços e instalações necessárias, sob inteira responsabilidade da contratada até a sua entrega ao contratante em condições de entrada em operação, atendidos os requisitos técnicos e legais para sua utilização em condições de segurança estrutural e operacional e com as características adequadas às finalidades para a qual foi contratada;

II – empreitada por preço global: quando se contrata a execução da obra ou do serviço por preço certo e total;

III – empreitada por preço unitário: quando se contrata a execução da obra ou do serviço por preço certo de unidades determinadas;

IV – projeto básico: conjunto de elementos necessários e suficientes, com nível de precisão adequado, para, observado o disposto no parágrafo único deste artigo:

a) caracterizar a obra ou serviço de engenharia, ou complexo de obras ou serviços objeto da licitação, com base nas indicações dos estudos técnicos preliminares;

b) assegurar a viabilidade técnica e o adequado tratamento do impacto ambiental do empreendimento; e

c) possibilitar a avaliação do custo da obra ou serviço e a definição dos métodos e do prazo de execução;

V – projeto executivo: conjunto dos elementos necessários e suficientes à execução completa da obra, de acordo com as normas técnicas pertinentes; e

VI – tarefa: quando se ajusta mão de obra para pequenos trabalhos por preço certo, com ou sem fornecimento de materiais.

Parágrafo único. O projeto básico referido no inciso IV do *caput* deste artigo deverá conter, no mínimo, sem frustrar o caráter competitivo do procedimento licitatório, os seguintes elementos:

I – desenvolvimento da solução escolhida de forma a fornecer visão global da obra e identificar seus elementos constitutivos com clareza;

II – soluções técnicas globais e localizadas, suficientemente detalhadas, de forma a restringir a necessidade de reformulação ou de variantes durante as fases de elaboração do projeto executivo e de realização das obras e montagem a situações devidamente comprovadas em ato motivado da Administração Pública;

III – identificação dos tipos de serviços a executar e de materiais e equipamentos a incorporar à obra, bem como especificações que assegurem os melhores resultados para o empreendimento;

IV – informações que possibilitem o estudo e a dedução de métodos construtivos, instalações provisórias e condições organizacionais para a obra;

V – subsídios para montagem do plano de licitação e gestão da obra, compreendendo a sua programação, a estratégia de suprimentos, as normas de fiscalização e outros dados necessários em cada caso, exceto, em relação à respectiva licitação, na hipótese de contratação integrada;

VI – orçamento detalhado do custo global da obra, fundamentado em quantitativos de serviços e fornecimentos propriamente avaliados.

Art. 3º. As licitações e contratações realizadas em conformidade com o RDC deverão observar os princípios da legalidade, da impessoalidade, da moralidade, da igualdade, da publicidade, da eficiência, da probidade administrativa, da economicidade, do desenvolvimento nacional sustentável, da vinculação ao instrumento convocatório e do julgamento objetivo.

Art. 4º. Nas licitações e contratos de que trata esta Lei serão observadas as seguintes diretrizes:

I – padronização do objeto da contratação relativamente às especificações técnicas e de desempenho e, quando for o caso, às condições de manutenção, assistência técnica e de garantia oferecidas;

II – padronização de instrumentos convocatórios e minutas de contratos, previamente aprovados pelo órgão jurídico competente;

III – busca da maior vantagem para a Administração Pública, considerando custos e benefícios, diretos e indiretos, de natureza econômica, social ou ambiental, inclusive os relativos à manutenção, ao desfazimento de bens e resíduos, ao índice de depreciação econômica e a outros fatores de igual relevância;

IV – condições de aquisição, de seguros, de garantia e de pagamento compatíveis com as condições do setor privado, inclusive mediante pagamento de remuneração variável conforme desempenho, na forma do art. 10;

V – utilização, sempre que possível, nas planilhas de custos constantes das propostas oferecidas pelos licitantes, de mão de obra, materiais, tecnologias e matérias-primas existentes no local da execução, conservação e operação do bem, serviço ou obra, desde que não se produzam prejuízos à eficiência na execução do respectivo objeto e que seja respeitado o limite do orçamento estimado para a contratação; e

VI – parcelamento do objeto, visando à ampla participação de licitantes, sem perda de economia de escala.

§ 1º. As contratações realizadas com base no RDC devem respeitar, especialmente, as normas relativas à:

I – disposição final ambientalmente adequada dos resíduos sólidos gerados pelas obras contratadas;

II – mitigação por condicionantes e compensação ambiental, que serão definidas no procedimento de licenciamento ambiental;

III – utilização de produtos, equipamentos e serviços que, comprovadamente, reduzam o consumo de energia e recursos naturais;

IV – avaliação de impactos de vizinhança, na forma da legislação urbanística;

V – proteção do patrimônio cultural, histórico, arqueológico e imaterial, inclusive por meio da avaliação do impacto direto ou indireto causado pelas obras contratadas; e

VI – acessibilidade para o uso por pessoas com deficiência ou com mobilidade reduzida.

§ 2º. O impacto negativo sobre os bens do patrimônio cultural, histórico, arqueológico e imaterial tombados deverá ser compensado por meio de medidas determinadas pela autoridade responsável, na forma da legislação aplicável.

Seção II – Das Regras Aplicáveis às Licitações no Âmbito do RDC

Subseção I – Do Objeto da Licitação

Art. 5º. O objeto da licitação deverá ser definido de forma clara e precisa no instrumento convocatório, vedadas especificações excessivas, irrelevantes ou desnecessárias.

Art. 6º. Observado o disposto no § 3º, o orçamento previamente estimado para a contratação será tornado público apenas e imediatamente após o encerramento da licitação, sem prejuízo da divulgação do detalhamento dos quantitativos e das demais informações necessárias para a elaboração das propostas.

§ 1º. Nas hipóteses em que for adotado o critério de julgamento por maior desconto, a informação de que trata o *caput* deste artigo constará do instrumento convocatório.

§ 2º. No caso de julgamento por melhor técnica, o valor do prêmio ou da remuneração será incluído no instrumento convocatório.

§ 3º. Se não constar do instrumento convocatório, a informação referida no *caput* deste artigo possuirá caráter sigiloso e será disponibilizada estrita e permanentemente aos órgãos de controle externo e interno.

Art. 7º. No caso de licitação para aquisição de bens, a Administração Pública poderá:

I – indicar marca ou modelo, desde que formalmente justificado, nas seguintes hipóteses:

a) em decorrência da necessidade de padronização do objeto;

b) quando determinada marca ou modelo comercializado por mais de um fornecedor for a única capaz de atender às necessidades da entidade contratante; ou

c) quando a descrição do objeto a ser licitado puder ser melhor compreendida pela identificação de determinada marca ou modelo aptos a servir como referência, situação em que será obrigatório o acréscimo da expressão "ou similar ou de melhor qualidade";

II – exigir amostra do bem no procedimento de pré-qualificação, na fase de julgamento das propostas ou de lances, desde que justificada a necessidade da sua apresentação;

III – solicitar a certificação da qualidade do produto ou do processo de fabricação, inclusive sob o aspecto ambiental, por qualquer instituição oficial competente ou por entidade credenciada; e

IV – solicitar, motivadamente, carta de solidariedade emitida pelo fabricante, que assegure a execução do contrato, no caso de licitante revendedor ou distribuidor.

Art. 8º. Na execução indireta de obras e serviços de engenharia, são admitidos os seguintes regimes:

I – empreitada por preço unitário;

II – empreitada por preço global;

III – contratação por tarefa;

IV – empreitada integral; ou

V – contratação integrada.

§ 1º. Nas licitações e contratações de obras e serviços de engenharia serão adotados, preferencialmente, os regimes discriminados nos incisos II, IV e V do *caput* deste artigo.

§ 2º. No caso de inviabilidade da aplicação do disposto no § 1º deste artigo, poderá ser adotado outro regime previsto no *caput* deste artigo, hipótese em que serão inseridos nos autos do procedimento os motivos que justificaram a exceção.

§ 3º. O custo global de obras e serviços de engenharia deverá ser obtido a partir de custos unitários de insumos ou serviços menores ou iguais à mediana de seus correspondentes ao Sistema Nacional de Pesquisa de Custos e Índices da Construção Civil (SINAPI), no caso de construção civil em geral, ou na tabela do Sistema de Custos de Obras Rodoviárias (SICRO), no caso de obras e serviços rodoviários.

§ 4º. No caso de inviabilidade da definição dos custos consoante o disposto no § 3º deste artigo, a estimativa de custo global poderá ser apurada por meio da utilização de dados contidos em tabela de referência formalmente aprovada por órgãos ou entidades da Administração Pública federal, em publicações técnicas especializadas, em sistema específico instituído para o setor ou em pesquisa de mercado.

§ 5º. Nas licitações para a contratação de obras e serviços, com exceção daquelas onde for adotado o regime previsto no inciso V do *caput* deste artigo, deverá haver projeto básico aprovado pela autoridade competente, disponível para exame dos interessados em participar do processo licitatório.

§ 6º. No caso de contratações realizadas pelos governos municipais, estaduais e do Distrito Federal, desde que não envolvam recursos da União, o custo global de obras e serviços de engenharia a que se refere o § 3º. deste artigo poderá também ser obtido a partir de outros sistemas de custos já adotados pelos respectivos entes e aceitos pelos respectivos tribunais de contas.

§ 7º. É vedada a realização, sem projeto executivo, de obras e serviços de engenharia para cuja concretização tenha sido utilizado o RDC, qualquer que seja o regime adotado.

Art. 9º. Nas licitações de obras e serviços de engenharia, no âmbito do RDC, poderá ser utilizada a contratação integrada, desde que técnica e economicamente justificada e cujo objeto envolva, pelo menos, uma das seguintes condições:

I – inovação tecnológica ou técnica;

II – possibilidade de execução com diferentes metodologias; ou

III – possibilidade de execução com tecnologias de domínio restrito no mercado.

§ 1º. A contratação integrada compreende a elaboração e o desenvolvimento dos projetos básico e executivo, a execução de obras e serviços de engenharia, a montagem, a realização de testes, a pré-operação e todas as demais operações necessárias e suficientes para a entrega final do objeto.

§ 2º. No caso de contratação integrada:

I – o instrumento convocatório deverá conter anteprojeto de engenharia que contemple os documentos técnicos destinados a possibilitar a caracterização da obra ou serviço, incluindo:

a) a demonstração e a justificativa do programa de necessidades, a visão global dos investimentos e as definições quanto ao nível de serviço desejado;

b) as condições de solidez, segurança, durabilidade e prazo de entrega, observado o disposto no *caput* e no § 1º do art. 6º desta Lei;

c) a estética do projeto arquitetônico; e

d) os parâmetros de adequação ao interesse público, à economia na utilização, à facilidade na execução, aos impactos ambientais e à acessibilidade;

II – o valor estimado da contratação será calculado com base nos valores praticados pelo mercado, nos valores pagos pela Administração Pública em serviços e obras similares ou na avaliação do custo global da obra, aferida mediante orçamento sintético ou metodologia expedita ou paramétrica; e

III – (*Revogado*).

§ 3º. Caso seja permitida no anteprojeto de engenharia a apresentação de projetos com metodologias diferenciadas de execução, o instrumento convocatório estabelecerá critérios objetivos para avaliação e julgamento das propostas.

§ 4º. Nas hipóteses em que for adotada a contratação integrada, é vedada a celebração de termos aditivos aos contratos firmados, exceto nos seguintes casos:

I – para recomposição do equilíbrio econômico-financeiro decorrente de caso fortuito ou força maior; e

II – por necessidade de alteração do projeto ou das especificações para melhor adequação técnica aos objetivos da contratação, a pedido da Administração Pública, desde que não decorrentes de erros ou omissões por parte do contratado, observados os limites previstos no § 1º do art. 65 da Lei n. 8.666, de 21 de junho de 1993.

Art. 10. Na contratação das obras e serviços, inclusive de engenharia, poderá ser estabelecida remuneração variável vinculada ao desempenho da contratada, com base em metas, padrões de qualidade, critérios de sustentabilidade ambiental e prazo de entrega definidos no instrumento convocatório e no contrato.

Parágrafo único. A utilização da remuneração variável será motivada e respeitará o limite orçamentário fixado pela Administração Pública para a contratação.

Art. 11. A Administração Pública poderá, mediante justificativa expressa, contratar mais de uma empresa ou instituição para executar o mesmo serviço, desde que não implique perda de economia de escala, quando:

I – o objeto da contratação puder ser executado de forma concorrente e simultânea por mais de um contratado; ou

II – a múltipla execução for conveniente para atender à Administração Pública.

§ 1º. Nas hipóteses previstas no *caput* deste artigo, a Administração Pública deverá manter o controle individualizado da execução do objeto contratual relativamente a cada uma das contratadas.

§ 2º. O disposto no *caput* deste artigo não se aplica aos serviços de engenharia.

Subseção II – Do Procedimento Licitatório

Art. 12. O procedimento de licitação de que trata esta Lei observará as seguintes fases, nesta ordem:

I – preparatória;

II – publicação do instrumento convocatório;

III – apresentação de propostas ou lances;

IV – julgamento;

V – habilitação;

VI – recursal; e

VII – encerramento.

Parágrafo único. A fase de que trata o inciso V do *caput* deste artigo poderá, mediante ato motivado, anteceder as referidas nos incisos III e IV do *caput* deste artigo, desde que expressamente previsto no instrumento convocatório.

Art. 13. As licitações deverão ser realizadas preferencialmente sob a forma eletrônica, admitida a presencial.

Parágrafo único. Nos procedimentos realizados por meio eletrônico, a Administração Pública poderá determinar, como condição de validade e eficácia, que os licitantes pratiquem seus atos em formato eletrônico.

Art. 14. Na fase de habilitação das licitações realizadas em conformidade com esta Lei, aplicar-se-á, no que couber, o disposto nos arts. 27 a 33 da Lei n. 8.666, de 21 de junho de 1993, observado o seguinte:

I – poderá ser exigida dos licitantes a declaração de que atendem aos requisitos de habilitação;

II – será exigida a apresentação dos documentos de habilitação apenas pelo licitante vencedor, exceto no caso de inversão de fases;

III – no caso de inversão de fases, só serão recebidas as propostas dos licitantes previamente habilitados; e

IV – em qualquer caso, os documentos relativos à regularidade fiscal poderão ser exigidos em momento posterior ao julgamento das propostas, apenas em relação ao licitante mais bem classificado.

Parágrafo único. Nas licitações disciplinadas pelo RDC:

I – será admitida a participação de licitantes sob a forma de consórcio, conforme estabelecido em regulamento; e

II – poderão ser exigidos requisitos de sustentabilidade ambiental, na forma da legislação aplicável.

Art. 15. Será dada ampla publicidade aos procedimentos licitatórios e de pré-qualificação disciplinados por esta Lei, ressalvadas as hipóteses de informações cujo sigilo seja imprescindível à segurança da sociedade e do Estado, devendo ser adotados os seguintes prazos mínimos para apresentação de propostas, contados a partir da data de publicação do instrumento convocatório:

I – para aquisição de bens:

a) 5 (cinco) dias úteis, quando adotados os critérios de julgamento pelo menor preço ou pelo maior desconto; e

b) 10 (dez) dias úteis, nas hipóteses não abrangidas pela alínea "a" deste inciso;

II – para a contratação de serviços e obras:

a) 15 (quinze) dias úteis, quando adotados os critérios de julgamento pelo menor preço ou pelo maior desconto; e

b) 30 (trinta) dias úteis, nas hipóteses não abrangidas pela alínea "a" deste inciso;

III – para licitações em que se adote o critério de julgamento pela maior oferta: 10 (dez) dias úteis; e

IV – para licitações em que se adote o critério de julgamento pela melhor combinação de técnica e preço, pela melhor técnica ou em razão do conteúdo artístico: 30 (trinta) dias úteis.

§ 1º. A publicidade a que se refere o *caput* deste artigo, sem prejuízo da faculdade de divulgação direta aos fornecedores, cadastrados ou não, será realizada mediante:

I – publicação de extrato do edital no Diário Oficial da União, do Estado, do Distrito Federal ou do Município, ou, no caso de consórcio público, do ente de maior nível entre eles, sem prejuízo da possibilidade de publicação de extrato em jornal diário de grande circulação; e

II – divulgação em sítio eletrônico oficial centralizado de divulgação de licitações ou mantido pelo ente encarregado do procedimento licitatório na rede mundial de computadores.

§ 2º. No caso de licitações cujo valor não ultrapasse R$ 150.000,00 (cento e cinquenta mil reais) para obras ou R$ 80.000,00 (oitenta mil reais) para bens e serviços, inclusive de engenharia, é dispensada a publicação prevista no inciso I do § 1º deste artigo.

§ 3º. No caso de parcelamento do objeto, deverá ser considerado, para fins da aplicação do disposto no § 2º deste artigo, o valor total da contratação.

§ 4º. As eventuais modificações no instrumento convocatório serão divulgadas nos mesmos prazos dos atos e procedimentos originais, exceto quando a alteração não comprometer a formulação das propostas.

Art. 16. Nas licitações, poderão ser adotados os modos de disputa aberto e fechado, que poderão ser combinados na forma do regulamento.

Art. 17. O regulamento disporá sobre as regras e procedimentos de apresentação de propostas ou lances, observado o seguinte:

I – no modo de disputa aberto, os licitantes apresentarão suas ofertas por meio de lances públicos e sucessivos, crescentes ou decrescentes, conforme o critério de julgamento adotado;

II – no modo de disputa fechado, as propostas apresentadas pelos licitantes serão sigilosas até a data e hora designadas para que sejam divulgadas; e

III – nas licitações de obras ou serviços de engenharia, após o julgamento das propostas, o licitante vencedor deverá reelaborar e apresentar à Administração Pública, por meio eletrônico, as planilhas com indicação dos quantitativos e dos custos unitários, bem como do detalhamento das Bonificações e Despesas Indiretas (BDI) e dos Encargos Sociais (ES), com os respectivos valores adequados ao lance vencedor.

§ 1º. Poderão ser admitidos, nas condições estabelecidas em regulamento:

I – a apresentação de lances intermediários, durante a disputa aberta; e

II – o reinício da disputa aberta, após a definição da melhor proposta e para a definição das demais colocações, sempre que existir uma diferença de pelo menos 10% (dez por cento) entre o melhor lance e o do licitante subsequente.

§ 2º. Consideram-se intermediários os lances:

I – iguais ou inferiores ao maior já ofertado, quando adotado o julgamento pelo critério da maior oferta; ou

II – iguais ou superiores ao menor já ofertado, quando adotados os demais critérios de julgamento.

Art. 18. Poderão ser utilizados os seguintes critérios de julgamento:

I – menor preço ou maior desconto;

II – técnica e preço;

III – melhor técnica ou conteúdo artístico;

IV – maior oferta de preço; ou

V – maior retorno econômico.

§ 1º. O critério de julgamento será identificado no instrumento convocatório, observado o disposto nesta Lei.

§ 2º. O julgamento das propostas será efetivado pelo emprego de parâmetros objetivos definidos no instrumento convocatório.

§ 3º. Não serão consideradas vantagens não previstas no instrumento convocatório, inclusive financiamentos subsidiados ou a fundo perdido.

Art. 19. O julgamento pelo menor preço ou maior desconto considerará o menor dispêndio para a Administração Pública, atendidos os parâmetros mínimos de qualidade definidos no instrumento convocatório.

§ 1º. Os custos indiretos, relacionados com as despesas de manutenção, utilização, reposição, depreciação e impacto ambiental, entre outros fatores, poderão ser considerados para a definição do menor dispêndio, sempre que objetivamente mensuráveis, conforme dispuser o regulamento.

§ 2º. O julgamento por maior desconto terá como referência o preço global fixado no instrumento convocatório, sendo o desconto estendido aos eventuais termos aditivos.

§ 3º. No caso de obras ou serviços de engenharia, o percentual de desconto apresentado pelos licitantes deverá incidir linearmente sobre os preços de todos os itens do orçamento estimado constante do instrumento convocatório.

Art. 20. No julgamento pela melhor combinação de técnica e preço, deverão ser avaliadas e ponderadas as propostas técnicas e de preço apresentadas pelos licitantes, mediante a utilização de parâmetros objetivos obrigatoriamente inseridos no instrumento convocatório.

§ 1º. O critério de julgamento a que se refere o *caput* deste artigo será utilizado quando a avaliação e a ponderação da qualidade técnica das propostas que superarem os requisitos mínimos estabelecidos no instrumento convocatório forem relevantes aos fins pretendidos pela Administração Pública, e destinar-se-á exclusivamente a objetos:

I – de natureza predominantemente intelectual e de inovação tecnológica ou técnica; ou

II – que possam ser executados com diferentes metodologias ou tecnologias de domínio restrito no mercado, pontuando-se as vantagens e qualidades que eventualmente forem oferecidas para cada produto ou solução.

§ 2º. É permitida a atribuição de fatores de ponderação distintos para valorar as propostas técnicas e de preço, sendo o percentual de ponderação mais relevante limitado a 70% (setenta por cento).

Art. 21. O julgamento pela melhor técnica ou pelo melhor conteúdo artístico considerará exclusivamente as propostas técnicas ou artísticas apresentadas pelos licitantes com base em critérios objetivos previamente estabelecidos no instrumento convocatório, no qual será definido o prêmio ou a remuneração que será atribuída aos vencedores.

Parágrafo único. O critério de julgamento referido no *caput* deste artigo poderá ser utilizado para a contratação de projetos, inclusive arquitetônicos, e trabalhos de natureza técnica, científica ou artística, excluindo-se os projetos de engenharia.

Art. 22. O julgamento pela maior oferta de preço será utilizado no caso de contratos que resultem em receita para a Administração Pública.

§ 1º. Quando utilizado o critério de julgamento pela maior oferta de preço, os requisitos de qualificação técnica e econômico-financeira poderão ser dispensados, conforme dispuser o regulamento.

§ 2º. No julgamento pela maior oferta de preço, poderá ser exigida a comprovação do recolhimento de quantia a título de garantia, como requisito de habilitação, limitada a 5% (cinco por cento) do valor ofertado.

§ 3º. Na hipótese do § 2º deste artigo, o licitante vencedor perderá o valor da entrada em favor da Administração Pública caso não efetive o pagamento devido no prazo estipulado.

Art. 23. No julgamento pelo maior retorno econômico, utilizado exclusivamente para a celebração de contratos de eficiência, as propostas serão consideradas de forma a selecionar a que proporcionará a maior economia para a Administração Pública decorrente da execução do contrato.

§ 1º. O contrato de eficiência terá por objeto a prestação de serviços, que pode incluir a realização de obras e o fornecimento de bens, com o objetivo de proporcionar economia ao contratante, na forma de redução de despesas correntes, sendo o contratado remunerado com base em percentual da economia gerada.

§ 2º. Na hipótese prevista no *caput* deste artigo, os licitantes apresentarão propostas de trabalho e de preço, conforme dispuser o regulamento.

§ 3º. Nos casos em que não for gerada a economia prevista no contrato de eficiência:

I – a diferença entre a economia contratada e a efetivamente obtida será descontada da remuneração da contratada;

II – se a diferença entre a economia contratada e a efetivamente obtida for superior à remuneração da contratada, será aplicada multa por inexecução contratual no valor da diferença; e

III – a contratada sujeitar-se-á, ainda, a outras sanções cabíveis caso a diferença entre a economia contratada e a efetivamente obtida seja superior ao limite máximo estabelecido no contrato.

Art. 24. Serão desclassificadas as propostas que:

I – contenham vícios insanáveis;

II – não obedeçam às especificações técnicas pormenorizadas no instrumento convocatório;

III – apresentem preços manifestamente inexequíveis ou permaneçam acima do orçamento estimado para a contratação, inclusive nas hipóteses previstas no art. 6º desta Lei;

IV – não tenham sua exequibilidade demonstrada, quando exigido pela Administração Pública; ou

V – apresentem desconformidade com quaisquer outras exigências do instrumento convocatório, desde que insanáveis.

§ 1º. A verificação da conformidade das propostas poderá ser feita exclusivamente em relação à proposta mais bem classificada.

§ 2º. A Administração Pública poderá realizar diligências para aferir a exequibilidade das propostas ou exigir dos licitantes que ela seja demonstrada, na forma do inciso IV do *caput* deste artigo.

§ 3º. No caso de obras e serviços de engenharia, para efeito de avaliação da exequibilidade e de sobrepreço, serão considerados o preço global, os quantitativos e os preços unitários considerados relevantes, conforme dispuser o regulamento.

Art. 25. Em caso de empate entre 2 (duas) ou mais propostas, serão utilizados os seguintes critérios de desempate, nesta ordem:

I – disputa final, em que os licitantes empatados poderão apresentar nova proposta fechada em ato contínuo à classificação;

II – a avaliação do desempenho contratual prévio dos licitantes, desde que exista sistema objetivo de avaliação instituído;

III – os critérios estabelecidos no art. 3º da Lei n. 8.248, de 23 de outubro de 1991, e no § 2º do art. 3º da Lei n. 8.666, de 21 de junho de 1993; e

IV – sorteio.

Parágrafo único. As regras previstas no *caput* deste artigo não prejudicam a aplicação do disposto no art. 44 da Lei Complementar n. 123, de 14 de dezembro de 2006.

Art. 26. Definido o resultado do julgamento, a Administração Pública poderá negociar condições mais vantajosas com o primeiro colocado.

Parágrafo único. A negociação poderá ser feita com os demais licitantes, segundo a ordem de classificação inicialmente estabelecida, quando o preço do primeiro colocado, mesmo após a negociação, for desclassificado por sua proposta permanecer acima do orçamento estimado.

Art. 27. Salvo no caso de inversão de fases, o procedimento licitatório terá uma fase recursal única, que se seguirá à habilitação do vencedor.

Parágrafo único. Na fase recursal, serão analisados os recursos referentes ao julgamento das propostas ou lances e à habilitação do vencedor.

Art. 28. Exauridos os recursos administrativos, o procedimento licitatório será encerrado e encaminhado à autoridade superior, que poderá:

I – determinar o retorno dos autos para saneamento de irregularidades que forem supríveis;

II – anular o procedimento, no todo ou em parte, por vício insanável;

III – revogar o procedimento por motivo de conveniência e oportunidade; ou

IV – adjudicar o objeto e homologar a licitação.

Subseção III – Dos Procedimentos Auxiliares das Licitações no Âmbito do RDC

Art. 29. São procedimentos auxiliares das licitações regidas pelo disposto nesta Lei:

I – pré-qualificação permanente;

II – cadastramento;

III – sistema de registro de preços; e

IV – catálogo eletrônico de padronização.

Parágrafo único. Os procedimentos de que trata o *caput* deste artigo obedecerão a critérios claros e objetivos definidos em regulamento.

Art. 30. Considera-se pré-qualificação permanente o procedimento anterior à licitação destinado a identificar:

I – fornecedores que reúnam condições de habilitação exigidas para o fornecimento de bem ou a execução de serviço ou obra nos prazos, locais e condições previamente estabelecidos; e

II – bens que atendam às exigências técnicas e de qualidade da Administração Pública.

§ 1º. O procedimento de pré-qualificação ficará permanentemente aberto para a inscrição dos eventuais interessados.

§ 2º. A Administração Pública poderá realizar licitação restrita aos pré-qualificados, nas condições estabelecidas em regulamento.

§ 3º. A pré-qualificação poderá ser efetuada nos grupos ou segmentos, segundo as especialidades dos fornecedores.

§ 4º. A pré-qualificação poderá ser parcial ou total, contendo alguns ou todos os requisitos de habilitação ou técnicos necessários à contratação, assegurada, em qualquer hipótese, a igualdade de condições entre os concorrentes.

§ 5º. A pré-qualificação terá validade de 1 (um) ano, no máximo, podendo ser atualizada a qualquer tempo.

Art. 31. Os registros cadastrais poderão ser mantidos para efeito de habilitação dos inscritos em procedimentos licitatórios e serão válidos por 1 (um) ano, no máximo, podendo ser atualizados a qualquer tempo.

§ 1º. Os registros cadastrais serão amplamente divulgados e ficarão permanentemente abertos para a inscrição de interessados.

§ 2º. Os inscritos serão admitidos segundo requisitos previstos em regulamento.

§ 3º. A atuação do licitante no cumprimento de obrigações assumidas será anotada no respectivo registro cadastral.

§ 4º. A qualquer tempo poderá ser alterado, suspenso ou cancelado o registro do inscrito que deixar de satisfazer as exigências de habilitação ou as estabelecidas para admissão cadastral.

Art. 32. O Sistema de Registro de Preços, especificamente destinado às licitações de que trata esta Lei, reger-se-á pelo disposto em regulamento.

§ 1º. Poderá aderir ao sistema referido no *caput* deste artigo qualquer órgão ou entidade responsável pela execução das atividades contempladas no art. 1º desta Lei.

§ 2º. O registro de preços observará, entre outras, as seguintes condições:

I – efetivação prévia de ampla pesquisa de mercado;

II – seleção de acordo com os procedimentos previstos em regulamento;

III – desenvolvimento obrigatório de rotina de controle e atualização periódicos dos preços registrados;

IV – definição da validade do registro; e

V – inclusão, na respectiva ata, do registro dos licitantes que aceitarem cotar os bens ou serviços com preços iguais ao do licitante vencedor na sequência da classificação do certame, assim como dos licitantes que mantiverem suas propostas originais.

§ 3º. A existência de preços registrados não obriga a Administração Pública a firmar os contratos que deles poderão advir, sendo facultada a realização de licitação específica, assegurada ao licitante registrado preferência em igualdade de condições.

Art. 33. O catálogo eletrônico de padronização de compras, serviços e obras consiste em sistema informatizado, de gerenciamento centralizado, destinado a permitir a padronização dos itens a serem adquiridos pela Administração Pública que estarão disponíveis para a realização de licitação.

Parágrafo único. O catálogo referido no *caput* deste artigo poderá ser utilizado em licitações cujo critério de julgamento seja a oferta de menor preço ou de maior desconto e conterá toda a documentação e procedimentos da fase interna da licitação, assim como as especificações dos respectivos objetos, conforme disposto em regulamento.

Subseção IV – Da Comissão de Licitação

Art. 34. As licitações promovidas consoante o RDC serão processadas e julgadas por comissão permanente ou especial de licitações, composta majoritariamente por servidores ou empregados públicos pertencentes aos quadros permanentes dos órgãos ou entidades da Administração Pública responsáveis pela licitação.

§ 1º. As regras relativas ao funcionamento das comissões de licitação e da comissão de cadastramento de que trata esta Lei serão estabelecidas em regulamento.

§ 2º. Os membros da comissão de licitação responderão solidariamente por todos os atos praticados pela comissão, salvo se posição individual divergente estiver registrada na ata da reunião em que houver sido adotada a respectiva decisão.

Subseção V – Da Dispensa e Inexigibilidade de Licitação

Art. 35. As hipóteses de dispensa e inexigibilidade de licitação estabelecidas nos arts. 24 e 25 da Lei n. 8.666, de 21 de junho de 1993, aplicam-se, no que couber, às contratações realizadas com base no RDC.

Parágrafo único. O processo de contratação por dispensa ou inexigibilidade de licitação deverá seguir o procedimento previsto no art. 26 da Lei n. 8.666, de 21 de junho de 1993.

Subseção VI – Das Condições Específicas para a Participação nas Licitações e para a Contratação no RDC

Art. 36. É vedada a participação direta ou indireta nas licitações de que trata esta Lei:

I – da pessoa física ou jurídica que elaborar o projeto básico ou executivo correspondente;

II – da pessoa jurídica que participar de consórcio responsável pela elaboração do projeto básico ou executivo correspondente;

III – da pessoa jurídica da qual o autor do projeto básico ou executivo seja administrador, sócio com mais de 5% (cinco por cento) do capital votante, controlador, gerente, responsável técnico ou subcontratado; ou

IV – do servidor, empregado ou ocupante de cargo em comissão do órgão ou entidade contratante ou responsável pela licitação.

§ 1º. Não se aplica o disposto nos incisos I, II e III do *caput* deste artigo no caso das contratações integradas.

§ 2º. O disposto no *caput* deste artigo não impede, nas licitações para a contratação de obras ou serviços, a previsão de que a elaboração de projeto executivo constitua encargo do contratado, consoante preço previamente fixado pela Administração Pública.

§ 3º. É permitida a participação das pessoas físicas ou jurídicas de que tratam os incisos II e III do *caput* deste artigo em licitação ou na execução do contrato, como consultor ou técnico, nas funções de fiscalização, supervisão ou gerenciamento, exclusivamente a serviço do órgão ou entidade pública interessados.

§ 4º. Para fins do disposto neste artigo, considera-se participação indireta a existência de qualquer vínculo de natureza técnica, comercial, econômica, financeira ou trabalhista entre o autor do projeto, pessoa física ou jurídica, e o licitante ou responsável pelos serviços, fornecimentos e obras, incluindo-se os fornecimentos de bens e serviços a estes necessários.

§ 5º. O disposto no § 4º deste artigo aplica-se aos membros da comissão de licitação.

Art. 37. É vedada a contratação direta, sem licitação, de pessoa jurídica na qual haja administrador ou sócio com poder de direção que mantenha relação de parentesco, inclusive por afinidade, até o terceiro grau civil com:

I – detentor de cargo em comissão ou função de confiança que atue na área responsável pela demanda ou contratação; e

II – autoridade hierarquicamente superior no âmbito de cada órgão ou entidade da Administração Pública.

Art. 38. Nos processos de contratação abrangidos por esta Lei, aplicam-se as preferências para fornecedores ou tipos de bens, serviços e obras previstos na legislação, em especial as referidas:

I – no art. 3º da Lei n. 8.248, de 23 de outubro de 1991;

II – no art. 3º da Lei n. 8.666, de 21 de junho de 1993; e

III – nos arts. 42 a 49 da Lei Complementar n. 123, de 14 de dezembro de 2006.

Seção III – Das Regras Específicas
Aplicáveis aos Contratos Celebrados no Âmbito do RDC

Art. 39. Os contratos administrativos celebrados com base no RDC reger-se-ão pelas normas da Lei n. 8.666, de 21 de junho de 1993, com exceção das regras específicas previstas nesta Lei.

Art. 40. É facultado à Administração Pública, quando o convocado não assinar o termo de contrato ou não aceitar ou retirar o instrumento equivalente no prazo e condições estabelecidos:

I – revogar a licitação, sem prejuízo da aplicação das cominações previstas na Lei n. 8.666, de 21 de junho de 1993, e nesta Lei; ou

II – convocar os licitantes remanescentes, na ordem de classificação, para a celebração do contrato nas condições ofertadas pelo licitante vencedor.

Parágrafo único. Na hipótese de nenhum dos licitantes aceitar a contratação nos termos do inciso II do *caput* deste artigo, a Administração Pública poderá convocar os licitantes remanescentes, na ordem de classificação, para a celebração do contrato nas condições ofertadas por estes, desde que o respectivo valor seja igual ou inferior ao orçamento estimado para a contratação, inclusive quanto aos preços atualizados nos termos do instrumento convocatório.

Art. 41. Na hipótese do inciso XI do art. 24 da Lei n. 8.666, de 21 de junho de 1993, a contratação de remanescente de obra, serviço ou fornecimento de bens em consequência de rescisão contratual observará a ordem de classificação dos licitantes remanescentes e as condições por estes ofertadas, desde que não seja ultrapassado o orçamento estimado para a contratação.

Art. 42. Os contratos para a execução das obras previstas no plano plurianual poderão ser firmados pelo período nele compreendido, observado o disposto no *caput* do art. 57 da Lei n. 8.666, de 21 de junho de 1993.

Art. 43. Na hipótese do inciso II do art. 57 da Lei n. 8.666, de 21 de junho de 1993, os contratos celebrados pelos entes públicos responsáveis pelas atividades descritas nos incisos I a III do art. 1º desta Lei poderão ter sua vigência estabelecida até a data da extinção da APO.

Art. 44. As normas referentes à anulação e revogação das licitações previstas no art. 49 da Lei n. 8.666, de 21 de junho de 1993, aplicar-se-ão às contratações realizadas com base no disposto nesta Lei.

Seção IV – Dos Pedidos de Esclarecimento, Impugnações e Recursos

Art. 45. Dos atos da Administração Pública decorrentes da aplicação do RDC caberão:

I – pedidos de esclarecimento e impugnações ao instrumento convocatório no prazo mínimo de:

a) até 2 (dois) dias úteis antes da data de abertura das propostas, no caso de licitação para aquisição ou alienação de bens; ou

b) até 5 (cinco) dias úteis antes da data de abertura das propostas, no caso de licitação para contratação de obras ou serviços;

II – recursos, no prazo de 5 (cinco) dias úteis contados a partir da data da intimação ou da lavratura da ata, em face:

a) do ato que defira ou indefira pedido de pré-qualificação de interessados;

b) do ato de habilitação ou inabilitação de licitante;

c) do julgamento das propostas;

d) da anulação ou revogação da licitação;

e) do indeferimento do pedido de inscrição em registro cadastral, sua alteração ou cancelamento;

f) da rescisão do contrato, nas hipóteses previstas no inciso I do art. 79 da Lei n. 8.666, de 21 de junho de 1993;

g) da aplicação das penas de advertência, multa, declaração de inidoneidade, suspensão temporária de participação em licitação e impedimento de contratar com a Administração Pública; e

III – representações, no prazo de 5 (cinco) dias úteis contados a partir da data da intimação, relativamente a atos de que não caiba recurso hierárquico.

§ 1º. Os licitantes que desejarem apresentar os recursos de que tratam as alíneas "a", "b" e "c" do inciso II do *caput* deste artigo deverão manifestar imediatamente a sua intenção de recorrer, sob pena de preclusão.

§ 2º. O prazo para apresentação de contrarrazões será o mesmo do recurso e começará imediatamente após o encerramento do prazo recursal.

§ 3º. É assegurado aos licitantes vista dos elementos indispensáveis à defesa de seus interesses.

§ 4º. Na contagem dos prazos estabelecidos nesta Lei, excluir-se-á o dia do início e incluir-se-á o do vencimento.

§ 5º. Os prazos previstos nesta Lei iniciam e expiram exclusivamente em dia de expediente no âmbito do órgão ou entidade.

§ 6º. O recurso será dirigido à autoridade superior, por intermédio da autoridade que praticou o ato recorrido, cabendo a esta reconsiderar sua decisão no prazo de 5 (cinco) dias úteis ou, nesse mesmo prazo, fazê-lo subir, devidamente informado, devendo, neste caso, a decisão do recurso ser proferida dentro do prazo de 5 (cinco) dias úteis, contados do seu recebimento, sob pena de apuração de responsabilidade.

Art. 46. Aplica-se ao RDC o disposto no art. 113 da Lei n. 8.666, de 21 de junho de 1993.

Seção V – Das Sanções Administrativas

Art. 47. Ficará impedido de licitar e contratar com a União, Estados, Distrito Federal ou Municípios, pelo prazo de até 5 (cinco) anos, sem prejuízo das multas previstas no instrumento convocatório e no contrato, bem como das demais cominações legais, o licitante que:

I – convocado dentro do prazo de validade da sua proposta não celebrar o contrato, inclusive nas hipóteses previstas no parágrafo único do art. 40 e no art. 41 desta Lei;

II – deixar de entregar a documentação exigida para o certame ou apresentar documento falso;

III – ensejar o retardamento da execução ou da entrega do objeto da licitação sem motivo justificado;

IV – não mantiver a proposta, salvo se em decorrência de fato superveniente, devidamente justificado;

V – fraudar a licitação ou praticar atos fraudulentos na execução do contrato;

VI – comportar-se de modo inidôneo ou cometer fraude fiscal; ou

VII – der causa à inexecução total ou parcial do contrato.

§ 1º. A aplicação da sanção de que trata o *caput* deste artigo implicará ainda o descredenciamento do licitante, pelo prazo estabelecido no *caput* deste artigo, dos sistemas de cadastramento dos entes federativos que compõem a Autoridade Pública Olímpica.

§ 2º. As sanções administrativas, criminais e demais regras previstas no Capítulo IV da Lei n. 8.666, de 21 de junho de 1993, aplicam-se às licitações e aos contratos regidos por esta Lei.

Capítulo II – OUTRAS DISPOSIÇÕES
Seção I – Alterações da Organização da Presidência
da República e dos Ministérios

Art. 48. A Lei n. 10.683, de 28 de maio de 2003, passa a vigorar com as seguintes alterações:

"Art. 1º. A Presidência da República é constituída, essencialmente:

I – pela Casa Civil;

II – pela Secretaria-Geral;

III – pela Secretaria de Relações Institucionais;

IV – pela Secretaria de Comunicação Social;

V – pelo Gabinete Pessoal;

VI – pelo Gabinete de Segurança Institucional;

VII – pela Secretaria de Assuntos Estratégicos;

VIII – pela Secretaria de Políticas para as Mulheres;

IX – pela Secretaria de Direitos Humanos;

X – pela Secretaria de Políticas de Promoção da Igualdade Racial;

XI – pela Secretaria de Portos; e

XII – pela Secretaria de Aviação Civil.

§ 1º. ....

X – o Conselho de Aviação Civil.

...."

"Art. 2º. À Casa Civil da Presidência da República compete:

I – assistir direta e imediatamente ao Presidente da República no desempenho de suas atribuições, especialmente:

a) na coordenação e na integração das ações do Governo;

b) na verificação prévia da constitucionalidade e legalidade dos atos presidenciais;

c) na análise do mérito, da oportunidade e da compatibilidade das propostas, inclusive das matérias em tramitação no Congresso Nacional, com as diretrizes governamentais;

d) na avaliação e monitoramento da ação governamental e da gestão dos órgãos e entidades da Administração Pública federal;

II – promover a publicação e a preservação dos atos oficiais.

Parágrafo único. A Casa Civil tem como estrutura básica:

I – o Conselho Deliberativo do Sistema de Proteção da Amazônia;

II – a Imprensa Nacional;

III – o Gabinete;

IV – a Secretaria-Executiva; e

V – até 3 (três) Subchefias."

"Art. 3º. (…)

§ 1º. À Secretaria-Geral da Presidência da República compete ainda:

I – supervisão e execução das atividades administrativas da Presidência da República e, supletivamente, da Vice-Presidência da República; e

II – avaliação da ação governamental e do resultado da gestão dos administradores, no âmbito dos órgãos integrantes da Presidência da República e Vice-Presidência da República, além de outros determinados em legislação específica, por intermédio da fiscalização contábil, financeira, orçamentária, operacional e patrimonial.

§ 2º. A Secretaria-Geral da Presidência da República tem como estrutura básica:

I – o Conselho Nacional de Juventude;

II – o Gabinete;

III – a Secretaria-Executiva;

IV – a Secretaria Nacional de Juventude;

V – até 5 (cinco) Secretarias; e

VI – 1 (um) órgão de Controle Interno.

§ 3º. Caberá ao Secretário-Executivo da Secretaria-Geral da Presidência da República exercer, além da supervisão e da coordenação das Secretarias integrantes da estrutura da Secretaria-Geral da Presidência da República subordinadas ao Ministro de Estado, as funções que lhe forem por este atribuídas."

"Art. 6º. Ao Gabinete de Segurança Institucional da Presidência da República compete:

I – assistir direta e imediatamente ao Presidente da República no desempenho de suas atribuições;

II – prevenir a ocorrência e articular o gerenciamento de crises, em caso de grave e iminente ameaça à estabilidade institucional;

III – realizar o assessoramento pessoal em assuntos militares e de segurança;

IV – coordenar as atividades de inteligência federal e de segurança da informação;

V – zelar, assegurado o exercício do poder de polícia, pela segurança pessoal do Chefe de Estado, do Vice-Presidente da República e respectivos familiares, dos titulares dos órgãos essenciais da Presidência da República e de outras autoridades ou personalidades quando determinado pelo Presidente da República, bem como pela segurança dos palácios presidenciais e das residências do Presidente e do Vice-Presidente da República.

§ 1º. (Revogado).

§ 2º. (Revogado).

....

§ 4º. O Gabinete de Segurança Institucional da Presidência da República tem como estrutura básica:

I – a Agência Brasileira de Inteligência (Abin);

II – o Gabinete;

III – a Secretaria-Executiva; e

IV – até 3 (três) Secretarias."

"Art. 11-A. Ao Conselho de Aviação Civil, presidido pelo Ministro de Estado Chefe da Secretaria de Aviação Civil da Presidência da República, com composição e funcionamento estabelecidos pelo Poder Executivo, compete estabelecer as diretrizes da política relativa ao setor de aviação civil."

"Art. 24-D. À Secretaria de Aviação Civil compete:

I – formular, coordenar e supervisionar as políticas para o desenvolvimento do setor de aviação civil e das infraestruturas aeroportuária e aeronáutica civil, em articulação, no que couber, com o Ministério da Defesa;

II – elaborar estudos e projeções relativos aos assuntos de aviação civil e de infraestruturas aeroportuária e aeronáutica civil e sobre a logística do transporte aéreo e do transporte intermodal e multimodal, ao longo de eixos e fluxos de produção em articulação com os demais órgãos governamentais competentes, com atenção às exigências de mobilidade urbana e acessibilidade;

III – formular e implementar o planejamento estratégico do setor, definindo prioridades dos programas de investimentos;

IV – elaborar e aprovar os planos de outorgas para exploração da infraestrutura aeroportuária, ouvida a Agência Nacional de Aviação Civil (ANAC);

V – propor ao Presidente da República a declaração de utilidade pública, para fins de desapropriação ou instituição de servidão administrativa, dos bens necessários à construção, manutenção e expansão da infraestrutura aeronáutica e aeroportuária;

VI – administrar recursos e programas de desenvolvimento da infraestrutura de aviação civil;

VII – coordenar os órgãos e entidades do sistema de aviação civil, em articulação com o Ministério da Defesa, no que couber; e

VIII – transferir para Estados, Distrito Federal e Municípios a implantação, administração, operação, manutenção e exploração de aeródromos públicos, direta ou indiretamente.

Parágrafo único. A Secretaria de Aviação Civil tem como estrutura básica o Gabinete, a Secretaria-Executiva e até 3 (três) Secretarias."

"Art. 25. ....

Parágrafo único. São Ministros de Estado:

I – os titulares dos Ministérios;

II – os titulares das Secretarias da Presidência da República;

III – o Advogado-Geral da União;

IV – o Chefe da Casa Civil da Presidência da República;

V – o Chefe do Gabinete de Segurança Institucional da Presidência da República;

VI – o Chefe da Controladoria-Geral da União;

VII – o Presidente do Banco Central do Brasil."

"Art. 27. ....
....

VII – Ministério da Defesa:

....

y) infraestrutura aeroespacial e aeronáutica;

z) operacionalização do Sistema de Proteção da Amazônia (SIPAM);

....

XII – ....

....

i) ....

....

6. (Revogado);

....

XIV – ....

....

m) articulação, coordenação, supervisão, integração e proposição das ações do Governo e do Sistema Nacional de Políticas sobre Drogas nos aspectos relacionados com as atividades de prevenção, repressão ao tráfico ilícito e à produção não autorizada de drogas, bem como aquelas relacionadas com o tratamento, a recuperação e a reinserção social de usuários e dependentes e ao Plano Integrado de Enfrentamento ao Crack e outras Drogas;

n) política nacional de arquivos; e

o) assistência ao Presidente da República em matérias não afetas a outro Ministério;

...."

"Art. 29. ....

....

VI – do Ministério da Cultura: o Conselho Superior do Cinema, o Conselho Nacional de Política Cultural, a Comissão Nacional de Incentivo à Cultura e até 6 (seis) Secretarias;

VII – do Ministério da Defesa: o Conselho Militar de Defesa, o Comando da Marinha, o Comando do Exército, o Comando da Aeronáutica, o Estado-Maior Conjunto das Forças Armadas, a Escola Superior de Guerra, o Centro Gestor e Operacional do Sistema de Proteção da Amazônia (CENSIPAM), o Hospital das Forças Armadas, a Representação Brasileira na Junta Interamericana de Defesa, até 3 (três) Secretarias e um órgão de Controle Interno;

....

XIV – o Ministério da Justiça: o Conselho Nacional de Política Criminal e Penitenciária, o Conselho Nacional de Segurança Pública, o Conselho Federal Gestor do Fundo de Defesa dos Direitos Difusos, o Conselho Nacional de Combate à Pirataria e Delitos contra a Propriedade Intelectual, o Conselho Nacional de Arquivos, o Conselho Nacional de Políticas sobre Drogas, o Departamento de Polícia Federal, o Departamento de Polícia Rodoviária Federal, o Departamento de Polícia Ferroviária Federal, a Defensoria Pública da União, o Arquivo Nacional e até 6 (seis) Secretarias;

....

§ 3º. (*Revogado*).

....

§ 8º. Os profissionais da Segurança Pública Ferroviária oriundos do grupo Rede, Rede Ferroviária Federal (RFFSA), da Companhia Brasileira de Trens Urbanos (CBTU) e da Empresa de Trens Urbanos de Porto Alegre (Trensurb) que estavam em exercício em 11 de dezembro de 1990, passam a integrar o Departamento de Polícia Ferroviária Federal do Ministério da Justiça."

Art. 49. São transferidas as competências referentes à aviação civil do Ministério da Defesa para a Secretaria de Aviação Civil.

Art. 50. O acervo patrimonial dos órgãos transferidos, incorporados ou desmembrados por esta Lei será transferido para os Ministérios, órgãos e entidades que tiverem absorvido as correspondentes competências.

Parágrafo único. O quadro de servidores efetivos dos órgãos de que trata este artigo será transferido para os Ministérios e órgãos que tiverem absorvido as correspondentes competências.

Art. 51. O Ministério da Defesa e o Ministério do Planejamento, Orçamento e Gestão adotarão, até 1º de junho de 2011, as providências necessárias para a efetivação das transferências de que trata esta Lei, inclusive quanto à movimentação das dotações orçamentárias destinadas aos órgãos transferidos.

Parágrafo único. No prazo de que trata o *caput*, o Ministério da Defesa prestará o apoio administrativo e jurídico necessário para garantir a continuidade das atividades da Secretaria de Aviação Civil.

Art. 52. Os servidores e militares requisitados pela Presidência da República em exercício, em 31 de dezembro de 2010, no Centro Gestor e Operacional do Sistema de Proteção da Amazônia, no Arquivo Nacional e na Secretaria Nacional de Políticas sobre Drogas, poderão permanecer à disposição, respectivamente, do Ministério da Defesa e do Ministério da Justiça, para exercício naquelas unidades, bem como ser novamente requisitados caso tenham retornado aos órgãos ou entidades de origem antes de 18 de março de 2011.

§ 1º. Os servidores e militares de que trata o *caput* poderão ser designados para o exercício de Gratificações de Representação da Presidência da República ou de Gratificação de Exercício em Cargo de Confiança nos órgãos da Presidência da República devida aos militares enquanto permanecerem nos órgãos para os quais foram requisitados.

§ 2º. (*Revogado*).

§ 3º. Aplica-se o disposto no parágrafo único do art. 2º da Lei n. 9.007, de 17 de março de 1995, aos servidores referidos neste artigo.

Seção II – Das Adaptações da Legislação da ANAC

Art. 53. A Lei n. 11.182, de 27 de setembro de 2005, passa a vigorar com as seguintes alterações:

"Art. 3º. A ANAC, no exercício de suas competências, deverá observar e implementar as orientações, diretrizes e políticas estabelecidas pelo governo federal, especialmente no que se refere a:

...."

"Art. 8º. ....

....

XXII – aprovar os planos diretores dos aeroportos;

XXIII – (*Revogado*);

....

XXVII – (*Revogado*);

XXVIII – fiscalizar a observância dos requisitos técnicos na construção, reforma e ampliação de aeródromos e aprovar sua abertura ao tráfego;

....

XXXIX – apresentar ao Ministro de Estado Chefe da Secretaria de Aviação Civil da Presidência da República proposta de orçamento;

XL – elaborar e enviar o relatório anual de suas atividades à Secretaria de Aviação Civil da Presidência da República e, por intermédio da Presidência da República, ao Congresso Nacional;

....

XLVII – (*Revogado*);

...."

"Art. 11 ....

I – propor, por intermédio do Ministro de Estado Chefe da Secretaria de Aviação Civil da Presidência da República, ao Presidente da República, alterações do regulamento da ANAC;

...."

"Art. 14. ....
....

§ 2º. Cabe ao Ministro de Estado Chefe da Secretaria de Aviação Civil da Presidência da República instaurar o processo administrativo disciplinar, que será conduzido por comissão especial constituída por servidores públicos federais estáveis, competindo ao Presidente da República determinar o afastamento preventivo, quando for o caso, e proferir julgamento."

Seção III – Da Adaptação da Legislação da INFRAERO

Art. 54. O art. 2º da Lei n. 5.862, de 12 de dezembro de 1972, passa a vigorar com a seguinte redação:

"Art. 2º. A INFRAERO terá por finalidade implantar, administrar, operar e explorar industrial e comercialmente a infraestrutura aeroportuária que lhe for atribuída pela Secretaria de Aviação Civil da Presidência da República.

...."

Seção IV – Da Adaptação do Programa Federal de Auxílio a Aeroportos

Art. 55. O art. 1º da Lei n. 8.399, de 7 de janeiro de 1992, passa a vigorar com as seguintes alterações:

"Art. 1º. ....

§ 2º. A parcela de 20% (vinte por cento) especificada neste artigo constituirá o suporte financeiro do Programa Federal de Auxílio a Aeroportos a ser proposto e instituído de acordo com os Planos Aeroviários Estaduais e estabelecido por meio de convênios celebrados entre os Governos Estaduais e a Secretaria de Aviação Civil da Presidência da República.

§ 3º. Serão contemplados com os recursos dispostos no § 2º os aeroportos estaduais constantes dos Planos Aeroviários e que sejam objeto de convênio específico firmado entre o Governo Estadual interessado e a Secretaria de Aviação Civil da Presidência da República.

...."

Seção V – Dos Cargos Decorrentes da Reestruturação da Secretaria de Aviação Civil

Art. 56. É criado o cargo de Ministro de Estado Chefe da Secretaria de Aviação Civil da Presidência da República.

Art. 57. É criado o cargo em comissão, de Natureza Especial, de Secretário-Executivo da Secretaria de Aviação Civil da Presidência da República.

Art. 58. São criados, no âmbito da Administração Pública federal, os seguintes cargos em comissão do Grupo-Direção e Assessoramento Superiores destinados à Secretaria de Aviação Civil:

I – 2 (dois) DAS-6;

II – 9 (nove) DAS-5;

III – 23 (vinte e três) DAS-4;

IV – 39 (trinta e nove) DAS-3;

V – 35 (trinta e cinco) DAS-2;

VI – 19 (dezenove) DAS-1.

Art. 59. É transformado o cargo, de Natureza Especial, de Secretário Nacional de Políticas sobre Drogas no cargo, de Natureza Especial, de Assessor Chefe da Assessoria Especial do Presidente da República.

Art. 60. A Tabela "a" do Anexo I da Lei n. 11.526, de 4 de outubro de 2007, passa a vigorar acrescida da seguinte linha:

Assessor Chefe da Assessoria Especial do Presidente da República – R$ 11.179,36

Seção VI – Do Pessoal Destinado ao Controle de Tráfego Aéreo

Art. 61. O art. 2º da Lei n. 11.458, de 19 de março de 2007, passa a vigorar com a seguinte redação:

"Art. 2º. A contratação de que trata esta Lei será de, no máximo, 160 (cento e sessenta) pessoas, com validade de até 2 (dois) anos, podendo ser prorrogada por sucessivos períodos até 18 de março de 2013.

§ 1º. Prorrogações para períodos posteriores à data prevista no *caput* deste artigo poderão ser autorizadas, por ato conjunto dos Ministros de Estado da Defesa e do Planejamento, Orçamento e Gestão, mediante justificativa dos motivos que impossibilitaram a total substituição dos servidores temporários por servidores efetivos admitidos nos termos do inciso II do art. 37 da Constituição Federal.

§ 2º. Na hipótese do § 1º deste artigo, regulamento estabelecerá critérios de substituição gradativa dos servidores temporários.

§ 3º. Nenhum contrato de que trata esta Lei poderá superar a data limite de 1º de dezembro de 2016."

Art. 62. São criados, no Quadro de Pessoal do Comando da Aeronáutica, 100 (cem) cargos efetivos de Controlador de Tráfego Aéreo, de nível intermediário, integrantes do Grupo-Defesa Aérea e Controle de Tráfego Aéreo, código Dacta-1303.

Seção VII – Da Criação do Fundo Nacional de Aviação Civil (FNAC)

Art. 63. É instituído o Fundo Nacional de Aviação Civil (FNAC), de natureza contábil e financeira, vinculado à Secretaria de Aviação Civil da Presidência da República, para destinação dos recursos do sistema de aviação civil.

§ 1º. São recursos do FNAC:

I – os referentes ao adicional tarifário previsto no art. 1º da Lei n. 7.920, de 12 de dezembro de 1989;

II – os referidos no art. 1º da Lei n. 9.825, de 23 de agosto de 1999;

III – os valores devidos como contrapartida à União em razão das outorgas de infraestrutura aeroportuária;

IV – os rendimentos de suas aplicações financeiras; e

V – os que lhe forem atribuídos para os fins de que trata o art. 63-A; e

VI – outros que lhe forem atribuídos.

§ 2º. Os recursos do FNAC serão aplicados exclusivamente no desenvolvimento e fomento do setor de aviação civil e das infraestruturas aeroportuária e aeronáutica civil.

§ 3º. As despesas do FNAC correrão à conta de dotações orçamentárias específicas alocadas no orçamento geral da União, observados os limites anuais de movimentação e empenho e de pagamento.

§ 4º. Deverão ser disponibilizadas, anualmente, pela Secretaria de Aviação Civil da Presidência da República, em seu sítio eletrônico, informações contábeis e financeiras, além de descrição dos resultados econômicos e sociais obtidos pelo FNAC.

§ 5º. Os recursos do FNAC também poderão ser aplicados no desenvolvimento, na ampliação e na reestruturação de aeroportos concedidos, desde que tais ações não constituam obrigação do concessionário, conforme estabelecido no contrato de concessão, nos termos das normas expedidas pela Agência Nacional de Aviação Civil – ANAC e pela Secretaria de Aviação Civil da Presidência da República – SAC, observadas as respectivas competências.

§ 6º. Os recursos do FNAC, enquanto não destinados às finalidades previstas no art. 63-A, ficarão depositados na Conta Única do Tesouro Nacional.

Art. 63-A. Os recursos do FNAC serão geridos e administrados pela Secretaria de Aviação Civil da Presidência da República ou, a seu critério, por instituição financeira pública federal, quando destinados à modernização, construção, ampliação ou reforma de aeródromos públicos.

§ 1º. Para a consecução dos objetivos previstos no *caput*, a Secretaria de Aviação Civil da Presidência da República, diretamente ou, a seu critério, por intermédio de instituição financeira pública federal, realizará procedimento licitatório, podendo, em nome próprio ou de terceiros, adquirir bens, contratar obras e serviços de engenharia e de técnicos especializados e utilizar-se do Regime Diferenciado de Contratações Públicas – RDC.

§ 2º. Ato conjunto dos Ministros da Fazenda e da Secretaria de Aviação Civil da Presidência da República fixará a remuneração de instituição financeira que prestar serviços, na forma deste artigo.

Capítulo III – DISPOSIÇÕES FINAIS

Art. 64. O Poder Executivo federal regulamentará o disposto no Capítulo I desta Lei.

Art. 65. Até que a Autoridade Pública Olímpica defina a Carteira de Projetos Olímpicos, aplica-se, excepcionalmente, o disposto nesta Lei às contratações decorrentes do inciso I do art. 1º desta Lei, desde que sejam imprescindíveis para o cumprimento das obrigações assumidas perante o Comitê Olímpico Internacional e o Comitê Paraolímpico Internacional, e sua necessidade seja fundamentada pelo contratante da obra ou serviço.

Art. 66. Para os projetos de que tratam os incisos I a III do art. 1º desta Lei, o prazo estabelecido no inciso II do § 1º do art. 8º da Medida Provisória n. 2.185-35, de 24 de agosto de 2001, passa a ser o de 31 de dezembro de 2013.

Art. 67. A Lei n. 12.350, de 20 de dezembro de 2010, passa a vigorar acrescida do seguinte art. 62-A:

"Art. 62-A. Para efeito da análise das operações de crédito destinadas ao financiamento dos projetos para os Jogos Olímpicos e Paraolímpicos, para a Copa das Confederações da Federação Internacional de Futebol Associação – Fifa 2013 e para a Copa do Mundo Fifa 2014, a verificação da adimplência será efetuada pelo número do registro no Cadastro Nacional da Pessoa Jurídica (CNPJ) principal que represente a pessoa jurídica do mutuário ou tomador da operação de crédito."

Art. 68. O inciso II do § 1º do art. 8º da Medida Provisória n. 2.185-35, de 24 de agosto de 2001, passa a vigorar com a seguinte redação:

"Art. 8º. ....

§ 1º. ....

II – os empréstimos ou financiamentos tomados perante organismos financeiros multilaterais e instituições de fomento e cooperação ligadas a governos estrangeiros, o Banco Nacional de Desenvolvimento Econômico e Social (BNDES) e a Caixa Econômica Federal, que tenham avaliação positiva da agência financiadora, e desde que contratados no prazo de 2 (dois) anos, contados a partir da publicação da Lei de conversão da Medida Provisória n. 527, de 18 de março de 2011, e destinados exclusivamente à complementação de programas em andamento;

...."

Capítulo IV – DAS REVOGAÇÕES

Art. 69. Revogam-se:

I – os §§ 1º e 2º do art. 6º, o item 6 da alínea "i" do inciso XII do art. 27 e o § 3º do art. 29, todos da Lei n. 10.683, de 28 de maio de 2003;

II – os §§ 4º e 5º do art. 16 da Lei n. 9.649, de 27 de maio de 1998; e

III – os incisos XXIII, XXVII e XLVII do art. 8º e o § 2º do art. 10 da Lei n. 11.182, de 27 de setembro de 2005.

Art. 70. Esta Lei entra em vigor na data de sua publicação, produzindo efeitos financeiros, no tocante ao art. 52 desta Lei, a contar da transferência dos órgãos ali referidos.

Brasília, 4 de agosto de 2011; 190º da Independência e 123º da República.

III – Decreto 7.581, de 11.10.2011
(Regulamenta o Regime Diferenciado de Contratações/RDC)[1]

Regulamenta o Regime Diferenciado de Contratações Públicas – RDC, de que trata a Lei n. 12.462, de 5 de agosto de 2011.

Art. 1º. O Regime Diferenciado de Contratações Públicas – RDC, de que trata a Lei n. 12.462, de 5 de agosto de 2011, fica regulamentado por este Decreto.

TÍTULO I – DISPOSIÇÕES GERAIS

Art. 2º. O RDC aplica-se exclusivamente às licitações e contratos necessários à realização:

I – dos Jogos Olímpicos e Paraolímpicos de 2016, constantes da Carteira de Projetos Olímpicos a ser definida pela Autoridade Pública Olímpica – APO;

II – da Copa das Confederações da *Fedération Internationale de Football Association* – FIFA 2013 e da Copa do Mundo FIFA 2014, definidos em instrumento próprio pelo Grupo Executivo da Copa do Mundo FIFA 2014 – GECOPA, vinculado ao Comitê Gestor da Copa do Mundo FIFA 2014 – CGCOPA; e

III – de obras de infraestrutura e à contratação de serviços para os aeroportos das capitais dos Estados distantes até trezentos e cinquenta quilômetros das cidades sedes das competições referidas nos incisos I e II do *caput*.

Parágrafo único. Nos casos de obras públicas necessárias à realização da Copa das Confederações da FIFA 2013 e da Copa do Mundo FIFA 2014, aplica-

---

1. Com as alterações introduzidas pelos Decretos 8.080/2013 e 8.251/2014.

-se o RDC às obras constantes da matriz de responsabilidade celebrada entre a União, Estados, Distrito Federal e Municípios.

TÍTULO II – DO PROCEDIMENTO DA LICITAÇÃO
Capítulo I – DAS VEDAÇÕES

Art. 3º. É vedada a participação direta ou indireta nas licitações:

I – da pessoa física ou jurídica que elaborar o projeto básico ou executivo correspondente;

II – da pessoa jurídica que participar de consórcio responsável pela elaboração do projeto básico ou executivo correspondente;

III – da pessoa jurídica na qual o autor do projeto básico ou executivo seja administrador, sócio com mais de cinco por cento do capital votante, controlador, gerente, responsável técnico ou subcontratado; ou

IV – do servidor, empregado ou ocupante de cargo em comissão do órgão ou entidade contratante ou responsável pela licitação.

§ 1º. Caso adotado o regime de contratação integrada:

I – não se aplicam as vedações previstas nos incisos I, II e III do *caput*; e

II – é vedada a participação direta ou indireta nas licitações da pessoa física ou jurídica que elaborar o anteprojeto de engenharia.

§ 2º. O disposto no *caput* não impede, nas licitações para a contratação de obras ou serviços, a previsão de que a elaboração do projeto executivo constitua encargo do contratado, consoante preço previamente fixado pela Administração Pública.

§ 3º. É permitida a participação das pessoas jurídicas de que tratam os incisos II e III do *caput* em licitação ou na execução do contrato como consultores ou técnicos, nas funções de fiscalização, supervisão ou gerenciamento, exclusivamente a serviço do órgão ou entidade pública interessados.

§ 4º. Para fins do disposto neste artigo, considera-se participação indireta a existência de qualquer vínculo de natureza técnica, comercial, econômica, financeira ou trabalhista entre o autor do projeto, pessoa física ou jurídica, e o licitante ou responsável pelos serviços, fornecimentos e obras, incluindo-se o fornecimento de bens e serviços a estes necessários.

§ 5º. O disposto no § 4º aplica-se aos membros da comissão de licitação.

Capítulo II – DA FASE INTERNA
Seção I – Dos atos preparatórios

Art. 4º. Na fase interna a Administração Pública elaborará os atos e expedirá os documentos necessários para caracterização do objeto a ser licitado e para definição dos parâmetros do certame, tais como:

I – justificativa da contratação e da adoção do RDC;

II – definição:

a) do objeto da contratação;

b) do orçamento e preço de referência, remuneração ou prêmio, conforme critério de julgamento adotado;

c) dos requisitos de conformidade das propostas;

d) dos requisitos de habilitação;

e) das cláusulas que deverão constar do contrato, inclusive as referentes a sanções e, quando for o caso, a prazos de fornecimento; e

f) do procedimento da licitação, com a indicação da forma de execução, do modo de disputa e do critério de julgamento;

III – justificativa técnica, com a devida aprovação da autoridade competente, no caso de adoção da inversão de fases prevista no parágrafo único do art. 14;

IV – justificativa para:

a) a fixação dos fatores de ponderação na avaliação das propostas técnicas e de preço, quando escolhido o critério de julgamento por técnica e preço;

b) a indicação de marca ou modelo;

c) a exigência de amostra;

d) a exigência de certificação de qualidade do produto ou do processo de fabricação; e

e) a exigência de carta de solidariedade emitida pelo fabricante;

V – indicação da fonte de recursos suficiente para a contratação;

VI – declaração de compatibilidade com o plano plurianual, no caso de investimento cuja execução ultrapasse um exercício financeiro;

VII – termo de referência que contenha conjunto de elementos necessários e suficientes, com nível de precisão adequado, para caracterizar os serviços a serem contratados ou os bens a serem fornecidos;

VIII – projeto básico ou executivo para a contratação de obras e serviços de engenharia;

IX – justificativa da vantajosidade da divisão do objeto da licitação em lotes ou parcelas para aproveitar as peculiaridades do mercado e ampliar a competitividade, desde que a medida seja viável técnica e economicamente e não haja perda de economia de escala;

X – instrumento convocatório;

XI – minuta do contrato, quando houver; e

XII – ato de designação da comissão de licitação.

Art. 5º. O termo de referência, projeto básico ou projeto executivo poderá prever requisitos de sustentabilidade ambiental, além dos previstos na legislação aplicável.

Seção II – Da Comissão de Licitação

Art. 6º. As licitações serão processadas e julgadas por comissão permanente ou especial.

§ 1º. As comissões de que trata o *caput* serão compostas por, no mínimo, três membros tecnicamente qualificados, sendo a maioria deles servidores ou empregados públicos pertencentes aos quadros permanentes dos órgãos ou entidades responsáveis pela licitação.

§ 2º. Os membros da comissão de licitação responderão solidariamente por todos os atos praticados pela comissão, salvo se posição individual divergente estiver registrada na ata da reunião em que adotada a decisão.

Art. 7º. São competências da comissão de licitação:

I – elaborar as minutas dos editais e contratos ou utilizar minuta padrão elaborada pela Comissão do Catálogo Eletrônico de Padronização, e submetê-las ao órgão jurídico;

II – processar licitações, receber e responder a pedidos de esclarecimentos, receber e decidir as impugnações contra o instrumento convocatório;

III – receber, examinar e julgar as propostas conforme requisitos e critérios estabelecidos no instrumento convocatório;

IV – desclassificar propostas nas hipóteses previstas no art. 40;

V – receber e examinar os documentos de habilitação, declarando habilitação ou inabilitação de acordo com os requisitos estabelecidos no instrumento convocatório;

VI – receber recursos, apreciar sua admissibilidade e, se não reconsiderar a decisão, encaminhá-los à autoridade competente;

VII – dar ciência aos interessados das decisões adotadas nos procedimentos;

VIII – encaminhar os autos da licitação à autoridade competente para adjudicar o objeto, homologar a licitação e convocar o vencedor para a assinatura do contrato;

IX – propor à autoridade competente a revogação ou a anulação da licitação; e

X – propor à autoridade competente a aplicação de sanções.

§ 1º. É facultado à comissão de licitação, em qualquer fase da licitação, promover as diligências que entender necessárias.

§ 2º. É facultado à comissão de licitação, em qualquer fase da licitação, desde que não seja alterada a substância da proposta, adotar medidas de saneamento destinadas a esclarecer informações, corrigir impropriedades na documentação de habilitação ou complementar a instrução do processo.

Seção III – Do instrumento convocatório

Art. 8º. O instrumento convocatório definirá:

I – o objeto da licitação;

II – a forma de execução da licitação, eletrônica ou presencial;

III – o modo de disputa, aberto, fechado ou com combinação, os critérios de classificação para cada etapa da disputa e as regras para apresentação de propostas e de lances;

IV – os requisitos de conformidade das propostas;

V – o prazo de apresentação de proposta pelos licitantes, que não poderá ser inferior ao previsto no art. 15 da Lei n. 12.462, de 2011;

VI – os critérios de julgamento e os critérios de desempate;

VII – os requisitos de habilitação;

VIII – a exigência, quando for o caso:

a) de marca ou modelo;

b) de amostra;

c) de certificação de qualidade do produto ou do processo de fabricação; e

d) de carta de solidariedade emitida pelo fabricante;

IX – o prazo de validade da proposta;

X – os prazos e meios para apresentação de pedidos de esclarecimentos, impugnações e recursos;

XI – os prazos e condições para a entrega do objeto;

XII – as formas, condições e prazos de pagamento, bem como o critério de reajuste, quando for o caso;

XIII – a exigência de garantias e seguros, quando for o caso;

XIV – os critérios objetivos de avaliação do desempenho do contratado, bem como os requisitos da remuneração variável, quando for o caso;

XV – as sanções;

XVI – a opção pelo RDC; e

XVII – outras indicações específicas da licitação.

§ 1º. Integram o instrumento convocatório, como anexos:

I – o termo de referência mencionado no inciso VII do *caput* do art. 4º, o projeto básico ou executivo, conforme o caso;

II – a minuta do contrato, quando houver;

III – o acordo de nível de serviço, quando for o caso; e

IV – as especificações complementares e as normas de execução.

§ 2º. No caso de obras ou serviços de engenharia, o instrumento convocatório conterá ainda:

I – o cronograma de execução, com as etapas necessárias à medição, ao monitoramento e ao controle das obras;

II – a exigência de que os licitantes apresentem, em suas propostas, a composição analítica do percentual dos Benefícios e Despesas Indiretas – BDI e dos Encargos Sociais – ES, discriminando todas as parcelas que o compõem, exceto no caso da contratação integrada prevista no art. 9º da Lei n. 12.462, de 2011; e

III – a exigência de que o contratado conceda livre acesso aos seus documentos e registros contábeis, referentes ao objeto da licitação, para os servidores ou empregados do órgão ou entidade contratante e dos órgãos de controle interno e externo.

Art. 9º. O orçamento previamente estimado para a contratação será tornado público apenas e imediatamente após a adjudicação do objeto, sem prejuízo da divulgação no instrumento convocatório do detalhamento dos quantitativos e das demais informações necessárias para a elaboração das propostas.

§ 1º. O orçamento previamente estimado estará disponível permanentemente aos órgãos de controle externo e interno.

§ 2º. O instrumento convocatório deverá conter:

I – o orçamento previamente estimado, quando adotado o critério de julgamento por maior desconto;

II – o valor da remuneração ou do prêmio, quando adotado o critério de julgamento por melhor técnica ou conteúdo artístico; e

III – o preço mínimo de arrematação, quando adotado o critério de julgamento por maior oferta.

Art. 10. A possibilidade de subcontratação de parte da obra ou dos serviços de engenharia deverá estar prevista no instrumento convocatório.

§ 1º. A subcontratação não exclui a responsabilidade do contratado perante a Administração Pública quanto à qualidade técnica da obra ou do serviço prestado.

§ 2º. Quando permitida a subcontratação, o contratado deverá apresentar documentação do subcontratado que comprove sua habilitação jurídica, regularidade fiscal e a qualificação técnica necessária à execução da parcela da obra ou do serviço subcontratado.

Seção IV – Da publicação

Art. 11. A publicidade do instrumento convocatório, sem prejuízo da faculdade de divulgação direta aos fornecedores, cadastrados ou não, será realizada mediante:

I – publicação de extrato do instrumento convocatório no Diário Oficial da União, do Estado, do Distrito Federal ou do Município, conforme o caso, ou, no caso de consórcio público, do ente de maior nível entre eles, sem prejuízo da possibilidade de publicação em jornal diário de grande circulação; e

II – divulgação do instrumento convocatório em sítio eletrônico oficial centralizado de publicidade de licitações ou sítio mantido pelo órgão ou entidade responsável pelo procedimento licitatório.

§ 1º. O extrato do instrumento convocatório conterá a definição precisa, suficiente e clara do objeto, a indicação dos locais, dias e horários em que poderá ser consultada ou obtida a íntegra do instrumento convocatório, bem como o endereço onde ocorrerá a sessão pública, a data e hora de sua realização e a indicação de que a licitação, na forma eletrônica, será realizada por meio da internet.

§ 2º. A publicação referida no inciso I do *caput* também poderá ser feita em sítios eletrônicos oficiais da Administração Pública, desde que certificados digitalmente por autoridade certificadora credenciada no âmbito da Infraestrutura de Chaves Públicas Brasileira-ICP-Brasil.

§ 3º. No caso de licitações cujo valor não ultrapasse R$ 150.000,00 (cento e cinquenta mil reais) para obras ou R$ 80.000,00 (oitenta mil reais) para bens e serviços, inclusive de engenharia, fica dispensada a publicação prevista no inciso I do *caput*.

§ 4º. No caso de parcelamento do objeto, deverá ser considerado, para fins da aplicação do disposto no § 3º, o valor total da contratação.

§ 5º. Eventuais modificações no instrumento convocatório serão divulgadas nos mesmos prazos dos atos e procedimentos originais, exceto quando a alteração não comprometer a formulação das propostas.

Art. 12. Caberão pedidos de esclarecimento e impugnações ao instrumento convocatório nos prazos e conforme descrito no art. 45, inciso I do *caput*, da Lei n. 12.462, de 2011.

Capítulo III – DA FASE EXTERNA

Seção I – Disposições Gerais

Art. 13. As licitações deverão ser realizadas preferencialmente sob a forma eletrônica.

§ 1º. Nos procedimentos sob a forma eletrônica, a Administração Pública poderá determinar, como condição de validade e eficácia, que os licitantes pratiquem seus atos em formato eletrônico.

§ 2º. As licitações sob a forma eletrônica poderão ser processadas por meio do sistema eletrônico utilizado para a modalidade pregão, de que trata o Decreto n. 5.450, de 31 de maio de 2005.

Art. 14. Após a publicação do instrumento convocatório inicia-se a fase de apresentação de propostas ou lances.

Parágrafo único. A fase de habilitação poderá, desde que previsto no instrumento convocatório, anteceder à fase de apresentação de propostas ou lances.

Seção II – Da Apresentação das Propostas ou Lances
Subseção I – Disposições gerais

Art. 15. As licitações poderão adotar os modos de disputa aberto, fechado ou combinado.

Art. 16. Os licitantes deverão apresentar na abertura da sessão pública declaração de que atendem aos requisitos de habilitação.

§ 1º. Os licitantes que se enquadrem como microempresa ou empresa de pequeno porte deverão apresentar também declaração de seu enquadramento.

§ 2º. Nas licitações sob a forma eletrônica, constará do sistema a opção para apresentação pelos licitantes das declarações de que trata este artigo.

§ 3º. Os licitantes, nas sessões públicas, deverão ser previamente credenciados para oferta de lances nos termos do art. 19.

Art. 17. A comissão de licitação verificará a conformidade das propostas com os requisitos estabelecidos no instrumento convocatório quanto ao objeto e ao preço.

Parágrafo único. Serão imediatamente desclassificados, mediante decisão motivada, os licitantes cujas propostas não estejam em conformidade com os requisitos.

Subseção II – Do modo de disputa aberto

Art. 18. No modo de disputa aberto, os licitantes apresentarão suas propostas em sessão pública por meio de lances públicos e sucessivos, crescentes ou decrescentes, conforme o critério de julgamento adotado.

Parágrafo único. O instrumento convocatório poderá estabelecer intervalo mínimo de diferença de valores entre os lances, que incidirá tanto em relação aos lances intermediários quanto em relação à proposta que cobrir a melhor oferta.

Art. 19. Caso a licitação de modo de disputa aberto seja realizada sob a forma presencial, serão adotados, adicionalmente, os seguintes procedimentos:

I – as propostas iniciais serão classificadas de acordo com a ordem de vantajosidade;

II – a comissão de licitação convidará individual e sucessivamente os licitantes, de forma sequencial, a apresentar lances verbais, a partir do autor da proposta menos vantajosa, seguido dos demais; e

III – a desistência do licitante em apresentar lance verbal, quando convocado, implicará sua exclusão da etapa de lances verbais e a manutenção do último preço por ele apresentado, para efeito de ordenação das propostas, exceto no caso de ser o detentor da melhor proposta, hipótese em que poderá apresentar novos lances sempre que esta for coberta, observado o disposto no parágrafo único do art. 18.

Art. 20. O instrumento convocatório poderá estabelecer a possibilidade de apresentação de lances intermediários pelos licitantes durante a disputa aberta.

Parágrafo único. São considerados intermediários os lances:

I – iguais ou inferiores ao maior já ofertado, mas superiores ao último lance dado pelo próprio licitante, quando adotado o julgamento pelo critério da maior oferta de preço; ou

II – iguais ou superiores ao menor já ofertado, mas inferiores ao último lance dado pelo próprio licitante, quando adotados os demais critérios de julgamento.

Art. 21. Após a definição da melhor proposta, se a diferença em relação à proposta classificada em segundo lugar for de pelo menos dez por cento, a comissão de licitação poderá admitir o reinício da disputa aberta, nos termos estabelecidos no instrumento convocatório, para a definição das demais colocações.

§ 1º. Após o reinício previsto no *caput*, os licitantes serão convocados a apresentar lances.

§ 2º. Os licitantes poderão apresentar lances nos termos do parágrafo único do art. 20.

§ 3º. Os lances iguais serão classificados conforme a ordem de apresentação.

Subseção III – Do modo de disputa fechado

Art. 22. No modo de disputa fechado, as propostas apresentadas pelos licitantes serão sigilosas até a data e hora designadas para sua divulgação.

Parágrafo único. No caso de licitação presencial, as propostas deverão ser apresentadas em envelopes lacrados, abertos em sessão pública e ordenadas conforme critério de vantajosidade.

Subseção IV – Da combinação dos modos de disputa

Art. 23. O instrumento convocatório poderá estabelecer que a disputa seja realizada em duas etapas, sendo a primeira eliminatória.

Art. 24. Os modos de disputa poderão ser combinados da seguinte forma:

I – caso o procedimento se inicie pelo modo de disputa fechado, serão classificados para a etapa subsequente os licitantes que apresentarem as três melhores propostas, iniciando-se então a disputa aberta com a apresentação de lances sucessivos, nos termos dos arts. 18 e 19; e

II – caso o procedimento se inicie pelo modo de disputa aberto, os licitantes que apresentarem as três melhores propostas oferecerão propostas finais, fechadas.

Seção III – Do Julgamento das Propostas

Subseção I – Disposições gerais

Art. 25. Poderão ser utilizados como critérios de julgamento:

I – menor preço ou maior desconto;

II – técnica e preço;

III – melhor técnica ou conteúdo artístico;

IV – maior oferta de preço; ou

V – maior retorno econômico.

§ 1º. O julgamento das propostas observará os parâmetros definidos no instrumento convocatório, sendo vedado computar vantagens não previstas, inclusive financiamentos subsidiados ou a fundo perdido.

§ 2º. O julgamento das propostas deverá observar a margem de preferência prevista no art. 3º da Lei n. 8.666, de 21 de junho de 1993, observado o disposto no Decreto n. 7.546, de 2 de agosto de 2011.

Subseção II – Menor preço ou maior desconto

Art. 26. O critério de julgamento pelo menor preço ou maior desconto considerará o menor dispêndio para a Administração Pública, atendidos os parâmetros mínimos de qualidade definidos no instrumento convocatório.

§ 1º. Os custos indiretos, relacionados às despesas de manutenção, utilização, reposição, depreciação e impacto ambiental, entre outros fatores, poderão ser considerados para a definição do menor dispêndio, sempre que objetivamente mensuráveis, conforme parâmetros definidos no instrumento convocatório.

§ 2º. Parâmetros adicionais de mensuração de custos indiretos poderão ser estabelecidos em ato do Secretário de Logística e Tecnologia da Informação do Ministério do Planejamento, Orçamento e Gestão.

Art. 27. O critério de julgamento por maior desconto utilizará como referência o preço total estimado, fixado pelo instrumento convocatório.

Parágrafo único. No caso de obras ou serviços de engenharia, o percentual de desconto apresentado pelos licitantes incidirá linearmente sobre os preços de todos os itens do orçamento estimado constante do instrumento convocatório.

Subseção III – Técnica e preço

Art. 28. O critério de julgamento pela melhor combinação de técnica e preço será utilizado exclusivamente nas licitações destinadas a contratar objeto:

I – de natureza predominantemente intelectual e de inovação tecnológica ou técnica; ou

II – que possa ser executado com diferentes metodologias ou tecnologias de domínio restrito no mercado, pontuando-se as vantagens e qualidades oferecidas para cada produto ou solução.

Parágrafo único. Será escolhido o critério de julgamento a que se refere o *caput* quando a avaliação e a ponderação da qualidade técnica das propostas que superarem os requisitos mínimos estabelecidos no instrumento convocatório forem relevantes aos fins pretendidos.

Art. 29. No julgamento pelo critério de melhor combinação de técnica e preço, deverão ser avaliadas e ponderadas as propostas técnicas e de preço apresentadas pelos licitantes, segundo fatores de ponderação objetivos previstos no instrumento convocatório.

§ 1º. O fator de ponderação mais relevante será limitado a setenta por cento.

§ 2º. Poderão ser utilizados parâmetros de sustentabilidade ambiental para a pontuação das propostas técnicas.

§ 3º. O instrumento convocatório estabelecerá pontuação mínima para as propostas técnicas, cujo não atingimento implicará desclassificação.

Subseção IV – Melhor técnica ou conteúdo artístico

Art. 30. O critério de julgamento pela melhor técnica ou pelo melhor conteúdo artístico poderá ser utilizado para a contratação de projetos e trabalhos de natureza técnica, científica ou artística, incluídos os projetos arquitetônicos e excluídos os projetos de engenharia.

Art. 31. O critério de julgamento pela melhor técnica ou pelo melhor conteúdo artístico considerará exclusivamente as propostas técnicas ou artísticas apresentadas pelos licitantes, segundo parâmetros objetivos inseridos no instrumento convocatório.

§ 1º. O instrumento convocatório definirá o prêmio ou a remuneração que será atribuída ao vencedor.

§ 2º. Poderão ser utilizados parâmetros de sustentabilidade ambiental para a pontuação das propostas nas licitações para contratação de projetos.

§ 3º. O instrumento convocatório poderá estabelecer pontuação mínima para as propostas, cujo não atingimento implicará desclassificação.

Art. 32. Nas licitações que adotem o critério de julgamento pelo melhor conteúdo artístico a comissão de licitação será auxiliada por comissão especial integrada por, no mínimo, três pessoas de reputação ilibada e notório conhecimento da matéria em exame, que podem ser servidores públicos.

Parágrafo único. Os membros da comissão especial a que se refere o *caput* responderão por todos os atos praticados, salvo se posição individual divergente estiver registrada na ata da reunião em que adotada a decisão.

Subseção V – Maior oferta de preço

Art. 33. O critério de julgamento pela maior oferta de preço será utilizado no caso de contratos que resultem em receita para a Administração Pública.

§ 1º. Poderá ser dispensado o cumprimento dos requisitos de qualificação técnica e econômico-financeira.

§ 2º. Poderá ser requisito de habilitação a comprovação do recolhimento de quantia como garantia, limitada a cinco por cento do valor mínimo de arrematação.

§ 3º. Na hipótese do § 2º, o licitante vencedor perderá a quantia em favor da Administração Pública caso não efetue o pagamento devido no prazo estipulado.

Art. 34. Os bens e direitos a serem licitados pelo critério previsto no art. 33 serão previamente avaliados para fixação do valor mínimo de arrematação.

Art. 35. Os bens e direitos arrematados serão pagos à vista, em até um dia útil contado da data da assinatura da ata lavrada no local do julgamento ou da data de notificação.

§ 1º. O instrumento convocatório poderá prever que o pagamento seja realizado mediante entrada em percentual não inferior a cinco por cento, no prazo referido no *caput*, com pagamento do restante no prazo estipulado no mesmo instrumento, sob pena de perda em favor da Administração Pública do valor já recolhido.

§ 2º. O instrumento convocatório estabelecerá as condições para a entrega do bem ao arrematante.

Subseção VI – Maior retorno econômico

Art. 36. No critério de julgamento pelo maior retorno econômico as propostas serão consideradas de forma a selecionar a que proporcionar a maior economia para a Administração Pública decorrente da execução do contrato.

§ 1º. O critério de julgamento pelo maior retorno econômico será utilizado exclusivamente para a celebração de contrato de eficiência.

§ 2º. O contrato de eficiência terá por objeto a prestação de serviços, que poderá incluir a realização de obras e o fornecimento de bens, com o objetivo de proporcionar economia ao órgão ou entidade contratante, na forma de redução de despesas correntes.

§ 3º. O instrumento convocatório deverá prever parâmetros objetivos de mensuração da economia gerada com a execução do contrato, que servirá de base de cálculo da remuneração devida ao contratado.

§ 4º. Para efeito de julgamento da proposta, o retorno econômico é o resultado da economia que se estima gerar com a execução da proposta de trabalho, deduzida a proposta de preço.

Art. 37. Nas licitações que adotem o critério de julgamento pelo maior retorno econômico, os licitantes apresentarão:

I – proposta de trabalho, que deverá contemplar:

a) as obras, serviços ou bens, com respectivos prazos de realização ou fornecimento; e

b) a economia que se estima gerar, expressa em unidade de medida associada à obra, bem ou serviço e expressa em unidade monetária; e

II – proposta de preço, que corresponderá a um percentual sobre a economia que se estima gerar durante determinado período, expressa em unidade monetária.

Subseção VII – Preferência e desempate

Art. 38. Nos termos da Lei Complementar n 123, de 14 de dezembro de 2006, considera-se empate aquelas situações em que a proposta apresentada pela microempresa ou empresa de pequeno porte seja igual ou até dez por cento superior à proposta mais bem classificada.

§ 1º. Nas situações descritas no *caput*, a microempresa ou empresa de pequeno porte que apresentou proposta mais vantajosa poderá apresentar nova proposta de preço inferior à proposta mais bem classificada.

§ 2º. Caso não seja apresentada a nova proposta de que trata o § 1º, as demais microempresas ou empresas de pequeno porte licitantes com propostas até dez por cento superiores à proposta mais bem classificada serão convidadas a exercer o mesmo direito, conforme a ordem de vantajosidade de suas propostas.

Art. 39. Nas licitações em que após o exercício de preferência de que trata o art. 38 esteja configurado empate em primeiro lugar, será realizada disputa final entre os licitantes empatados, que poderão apresentar nova proposta fechada, conforme estabelecido no instrumento convocatório.

§ 1º. Mantido o empate após a disputa final de que trata o *caput*, as propostas serão ordenadas segundo o desempenho contratual prévio dos respectivos licitantes, desde que haja sistema objetivo de avaliação instituído.

§ 2º. Caso a regra prevista no § 1º não solucione o empate, será dada preferência:

I – em se tratando de bem ou serviço de informática e automação, nesta ordem:

a) aos bens e serviços com tecnologia desenvolvida no País;

b) aos bens e serviços produzidos de acordo com o processo produtivo básico definido pelo Decreto n. 5.906, de 26 de setembro de 2006;

c) produzidos no País;

d) produzidos ou prestados por empresas brasileiras; e

e) produzidos ou prestados por empresas que invistam em pesquisa e no desenvolvimento de tecnologia no País; ou

II – em se tratando de bem ou serviço não abrangido pelo inciso I do § 2º, nesta ordem:

a) produzidos no País;

b) produzidos ou prestados por empresas brasileiras; e

c) produzidos ou prestados por empresas que invistam em pesquisa e no desenvolvimento de tecnologia no País.

§ 3º. Caso a regra prevista no § 2º não solucione o empate, será realizado sorteio.

Subseção VIII – Análise e classificação de proposta

Art. 40. Na verificação da conformidade da melhor proposta apresentada com os requisitos do instrumento convocatório, será desclassificada aquela que:

I – contenha vícios insanáveis;

II – não obedeça às especificações técnicas previstas no instrumento convocatório;

III – apresente preço manifestamente inexequível ou permaneça acima do orçamento estimado para a contratação, inclusive nas hipóteses previstas no *caput* do art. 9º;

IV – não tenha sua exequibilidade demonstrada, quando exigido pela Administração Pública; ou

V – apresente desconformidade com quaisquer outras exigências do instrumento convocatório, desde que insanável.

§ 1º. A comissão de licitação poderá realizar diligências para aferir a exequibilidade da proposta ou exigir do licitante que ela seja demonstrada.

§ 2º. Com exceção da contratação integrada prevista no art. 9º da Lei n. 12.462, de 2011, nas licitações de obras ou serviços de engenharia, o licitante da melhor proposta apresentada deverá reelaborar e apresentar à comissão de licitação, por meio eletrônico, conforme prazo estabelecido no instrumento convocatório, planilha com os valores adequados ao lance vencedor, em que deverá constar:

a) indicação dos quantitativos e dos custos unitários, vedada a utilização de unidades genéricas ou indicadas como verba;

b) composição dos custos unitários quando diferirem daqueles constantes dos sistemas de referências adotados nas licitações; e

c) detalhamento das Bonificações e Despesas Indiretas – BDI e dos Encargos Sociais – ES.

§ 3º. No caso da contratação integrada prevista no art. 9º da Lei n. 12.462, de 2011, o licitante que ofertou a melhor proposta deverá apresentar o valor do lance vencedor distribuído pelas etapas do cronograma físico, definido no ato de convocação e compatível com o critério de aceitabilidade por etapas previsto no § 5º do art. 42.

§ 4º. Salvo quando aprovado relatório técnico conforme previsto no § 2º, II, e § 4º, II, do art. 42, o licitante da melhor proposta deverá adequar os custos unitários ou das etapas propostos aos limites previstos nos § 2º, § 4º ou § 5º do art. 42, sem alteração do valor global da proposta, sob pena de aplicação do art. 62.

Art. 41. Nas licitações de obras e serviços de engenharia, consideram-se inexequíveis as propostas com valores globais inferiores a setenta por cento do menor dos seguintes valores:

I – média aritmética dos valores das propostas superiores a cinquenta por cento do valor do orçamento estimado pela Administração Pública, ou

II – valor do orçamento estimado pela Administração Pública.

§ 1º. A administração deverá conferir ao licitante a oportunidade de demonstrar a exequibilidade da sua proposta.

§ 2º. Na hipótese de que trata o § 1º, o licitante deverá demonstrar que o valor da proposta é compatível com a execução do objeto licitado no que se refere aos custos dos insumos e aos coeficientes de produtividade adotados nas composições de custos unitários.

§ 3º. A análise de exequibilidade da proposta não considerará materiais e instalações a serem fornecidos pelo licitante em relação aos quais ele renuncie a parcela ou à totalidade da remuneração, desde que a renúncia esteja expressa na proposta.

Art. 42. Nas licitações de obras e serviços de engenharia, a economicidade da proposta será aferida com base nos custos globais e unitários.

§ 1º. O valor global da proposta não poderá superar o orçamento estimado pela Administração Pública com base nos parâmetros previstos nos §§ 3º, 4º ou 6º do art. 8º da Lei n. 12.462, de 2011, e, no caso da contratação integrada, na forma estabelecida no art. 9º, § 2º, inciso II, da Lei n. 12.462, de 2011.

§ 2º. No caso de adoção do regime de empreitada por preço unitário ou de contratação por tarefa, os custos unitários dos itens materialmente relevantes das propostas não podem exceder os custos unitários estabelecidos no orçamento estimado pela Administração Pública, observadas as seguintes condições:

I – serão considerados itens materialmente relevantes aqueles de maior impacto no valor total da proposta e que, somados, representem pelo menos oitenta por cento do valor total do orçamento estimado ou sejam considerados essenciais à funcionalidade da obra ou do serviço de engenharia; e

II – em situações especiais, devidamente comprovadas pelo licitante em relatório técnico circunstanciado aprovado pela Administração Pública, poderão ser aceitos custos unitários superiores àqueles constantes do orçamento estimado em relação aos itens materialmente relevantes, sem prejuízo da avaliação dos órgãos de controle, dispensada a compensação em qualquer outro serviço do orçamento de referência.

§ 3º. Se o relatório técnico de que trata o inciso II do § 2º não for aprovado pela Administração Pública, aplica-se o disposto no art. 62, salvo se o licitante apresentar nova proposta, com adequação dos custos unitários propostos aos limites previstos no § 2º, sem alteração do valor global da proposta.

§ 4º. No caso de adoção do regime de empreitada por preço global ou de empreitada integral, serão observadas as seguintes condições:

I – no cálculo do valor da proposta, poderão ser utilizados custos unitários diferentes daqueles previstos nos §§ 3º, 4º ou 6º do art. 8º da Lei n. 12.462, de 2011, desde que o valor global da proposta e o valor de cada etapa prevista no cronograma físico-financeiro seja igual ou inferior ao valor calculado a partir do sistema de referência utilizado;

II – em situações especiais, devidamente comprovadas pelo licitante em relatório técnico circunstanciado, aprovado pela Administração Pública, os valores das etapas do cronograma físico-financeiro poderão exceder o limite fixado no inciso I; e

III – as alterações contratuais sob alegação de falhas ou omissões em qualquer das peças, orçamentos, plantas, especificações, memoriais ou estudos técnicos preliminares do projeto básico não poderão ultrapassar, no seu conjunto, dez por cento do valor total do contrato.

§ 5º. No caso de adoção do regime de contratação integrada, deverão ser previstos no instrumento convocatório critérios de aceitabilidade por etapa, estabelecidos de acordo com o orçamento estimado na forma prevista no art. 9º da Lei n. 12.462, de 2011, e compatíveis com o cronograma físico do objeto licitado.

§ 6º. O orçamento estimado das obras e serviços de engenharia será aquele resultante da composição dos custos unitários diretos do sistema de referência utilizado, acrescida do percentual de BDI de referência, ressalvado o disposto no art. 9º da Lei n. 12.462, de 2011, para o regime de contratação integrada.

§ 7º. A diferença percentual entre o valor global do contrato e o valor obtido a partir dos custos unitários do orçamento estimado pela Administração Pública não poderá ser reduzida, em favor do contratado, em decorrência de aditamentos contratuais que modifiquem a composição orçamentária.

Art. 43. Após o encerramento da fase de apresentação de propostas, a comissão de licitação classificará as propostas por ordem decrescente de vantajosidade.

§ 1º. Quando a proposta do primeiro classificado estiver acima do orçamento estimado, a comissão de licitação poderá negociar com o licitante condições mais vantajosas.

§ 2º. A negociação de que trata o § 1º poderá ser feita com os demais licitantes, segundo a ordem de classificação, quando o primeiro colocado, após a negociação, for desclassificado por sua proposta permanecer superior ao orçamento estimado.

§ 3º. Encerrada a etapa competitiva do processo, poderão ser divulgados os custos dos itens ou das etapas do orçamento estimado que estiverem abaixo dos custos ou das etapas ofertados pelo licitante da melhor proposta, para fins de reelaboração da planilha com os valores adequados ao lance vencedor, na forma prevista no art. 40.

Art. 44. Encerrado o julgamento, será disponibilizada a respectiva ata, com a ordem de classificação das propostas.

Seção IV – Da Habilitação

Art. 45. Nas licitações regidas pelo RDC será aplicado, no que couber, o disposto nos arts. 27 a 33 da Lei n. 8.666, de 1993.

Art. 46. Será exigida a apresentação dos documentos de habilitação apenas pelo licitante classificado em primeiro lugar.

§ 1º. Poderá haver substituição parcial ou total dos documentos por certificado de registro cadastral e certificado de pré-qualificação, nos termos do instrumento convocatório.

§ 2º. Em caso de inabilitação, serão requeridos e avaliados os documentos de habilitação dos licitantes subsequentes, por ordem de classificação.

Art. 47. O instrumento convocatório definirá o prazo para a apresentação dos documentos de habilitação.

Art. 48. Quando utilizado o critério de julgamento pela maior oferta de preço, nas licitações destinadas à alienação, a qualquer título, dos bens e direitos da Administração Pública, os requisitos de qualificação técnica e econômico-financeira poderão ser dispensados, se substituídos pela comprovação do recolhimento de quantia como garantia, limitada a cinco por cento do valor mínimo de arrematação.

Parágrafo único. O disposto no *caput* não dispensa os licitantes da apresentação dos demais documentos exigidos para a habilitação.

Art. 49. Em qualquer caso, os documentos relativos à regularidade fiscal poderão ser exigidos em momento posterior ao julgamento das propostas, apenas em relação ao licitante mais bem classificado.

Art. 50. Caso ocorra a inversão de fases prevista no parágrafo único do art. 14:

I – os licitantes apresentarão simultaneamente os documentos de habilitação e as propostas;

II – serão verificados os documentos de habilitação de todos os licitantes; e

III – serão julgadas apenas as propostas dos licitantes habilitados.

Seção V – Da Participação em Consórcio

Art. 51. Quando permitida a participação na licitação de pessoas jurídicas organizadas em consórcio, serão observadas as seguintes condições:

I – comprovação do compromisso público ou particular de constituição de consórcio, subscrito pelos consorciados;

II – indicação da pessoa jurídica responsável pelo consórcio, que deverá atender às condições de liderança fixadas no instrumento convocatório;

III – apresentação dos documentos exigidos no instrumento convocatório quanto a cada consorciado, admitindo-se, para efeito de qualificação técnica, o somatório dos quantitativos de cada consorciado;

IV – comprovação de qualificação econômico-financeira, mediante:

a) apresentação do somatório dos valores de cada consorciado, na proporção de sua respectiva participação, podendo a Administração Pública estabelecer, para o consórcio, um acréscimo de até trinta por cento dos valores exigidos para licitante individual; e

b) demonstração, por cada consorciado, do atendimento aos requisitos contábeis definidos no instrumento convocatório; e

V – impedimento de participação de consorciado, na mesma licitação, em mais de um consórcio ou isoladamente.

§ 1º. O instrumento convocatório deverá exigir que conste cláusula de responsabilidade solidária:

I – no compromisso de constituição de consórcio a ser firmado pelos licitantes; e

II – no contrato a ser celebrado pelo consórcio vencedor.

§ 2º. No consórcio de empresas brasileiras e estrangeiras, a liderança caberá, obrigatoriamente, à empresa brasileira, observado o disposto no inciso II do *caput*.

§ 3º. O licitante vencedor fica obrigado a promover, antes da celebração do contrato, a constituição e o registro do consórcio, nos termos do compromisso referido no inciso I do *caput*.

§ 4º. A substituição de consorciado deverá ser expressamente autorizada pelo órgão ou entidade contratante.

§ 5º. O instrumento convocatório poderá, no interesse da Administração Pública, fixar a quantidade máxima de pessoas jurídicas organizadas por consórcio.

§ 6º. O acréscimo previsto na alínea "a" do inciso IV do *caput* não será aplicável aos consórcios compostos, em sua totalidade, por microempresas e empresas de pequeno porte.

Seção VI – Dos Recursos

Art. 52. Haverá fase recursal única, após o término da fase de habilitação.

Art. 53. Os licitantes que desejarem recorrer em face dos atos do julgamento da proposta ou da habilitação deverão manifestar imediatamente, após o término de cada sessão, a sua intenção de recorrer, sob pena de preclusão.

Parágrafo único. Nas licitações sob a forma eletrônica, a manifestação de que trata o *caput* deve ser efetivada em campo próprio do sistema.

Art. 54. As razões dos recursos deverão ser apresentadas no prazo de cinco dias úteis contado a partir da data da intimação ou da lavratura da ata, conforme o caso.

§ 1º. O prazo para apresentação de contrarrazões será de cinco dias úteis e começará imediatamente após o encerramento do prazo a que se refere o *caput*.

§ 2º. É assegurado aos licitantes obter vista dos elementos dos autos indispensáveis à defesa de seus interesses.

Art. 55. Na contagem dos prazos estabelecidos no art. 54, exclui-se o dia do início e inclui-se o do vencimento.

Parágrafo único. Os prazos se iniciam e expiram exclusivamente em dia útil no âmbito do órgão ou entidade responsável pela licitação.

Art. 56. O recurso será dirigido à autoridade superior, por intermédio da autoridade que praticou o ato recorrido, que apreciará sua admissibilidade, cabendo a esta reconsiderar sua decisão no prazo de cinco dias úteis ou, nesse mesmo prazo, fazê-lo subir, devidamente informado, devendo, neste caso, a decisão do recurso ser proferida dentro do prazo de cinco dias úteis, contado do seu recebimento, sob pena de apuração de responsabilidade.

Art. 57. O acolhimento de recurso implicará invalidação apenas dos atos insuscetíveis de aproveitamento.

Art. 58. No caso da inversão de fases prevista no parágrafo único do art. 14, os licitantes poderão apresentar recursos após a fase de habilitação e após a fase de julgamento das propostas.

Seção VII – Do Encerramento

Art. 59. Finalizada a fase recursal, a Administração Pública poderá negociar condições mais vantajosas com o primeiro colocado.

Art. 60. Exaurida a negociação prevista no art. 59, o procedimento licitatório será encerrado e os autos encaminhados à autoridade superior, que poderá:

I – determinar o retorno dos autos para saneamento de irregularidades que forem supríveis;

II – anular o procedimento, no todo ou em parte, por vício insanável;

III – revogar o procedimento por motivo de conveniência e oportunidade; ou

IV – adjudicar o objeto, homologar a licitação e convocar o licitante vencedor para a assinatura do contrato, preferencialmente em ato único.

§ 1º. As normas referentes a anulação e revogação de licitações previstas no art. 49 da Lei n. 8.666, de 1993, aplicam-se às contratações regidas pelo RDC.

§ 2º. Caberá recurso no prazo de cinco dias úteis contado a partir da data da anulação ou revogação da licitação, observado o disposto nos arts. 53 a 57, no que couber.

Art. 61. Convocado para assinar o termo de contrato, aceitar ou retirar o instrumento equivalente, o interessado deverá observar os prazos e condições estabelecidos, sob pena de decair o direito à contratação, sem prejuízo das sanções previstas em lei.

Art. 62. É facultado à Administração Pública, quando o convocado não assinar o termo de contrato, ou não aceitar ou retirar o instrumento equivalente, no prazo e condições estabelecidos:

I – revogar a licitação, sem prejuízo da aplicação das cominações previstas na Lei n. 8.666, de 1993, e neste Decreto; ou

II – convocar os licitantes remanescentes, na ordem de classificação, para a celebração do contrato nas condições ofertadas pelo licitante vencedor.

Parágrafo único. Na hipótese de nenhum dos licitantes aceitar a contratação nos termos do inciso II do *caput*, a Administração Pública poderá convocar os licitantes remanescentes, na ordem de classificação, para a celebração do contrato nas condições ofertadas por estes, desde que o valor seja igual ou inferior ao orçamento estimado para a contratação, inclusive quanto aos preços atualizados, nos termos do instrumento convocatório.

TÍTULO III – DOS CONTRATOS E DE SUA EXECUÇÃO

Art. 63. Os contratos administrativos celebrados serão regidos pela Lei n. 8.666, de 1993, com exceção das regras específicas previstas na Lei n. 12.462, de 2011, e neste Decreto.

Art. 64. Os contratos para a execução das obras previstas no plano plurianual poderão ser firmados pelo período nele compreendido, observado o disposto no *caput* do art. 57 da Lei n. 8.666, de 1993.

Art. 65. Na hipótese do inciso II do *caput* do art. 57 da Lei n. 8.666, de 1993, os contratos regidos por este Decreto poderão ter sua vigência estabelecida até a data da extinção da APO.

Art. 66. Nos contratos de obras e serviços de engenharia, a execução de cada etapa será precedida de projeto executivo para a etapa e da conclusão e aprovação, pelo órgão ou entidade contratante, dos trabalhos relativos às etapas anteriores.

§ 1º. O projeto executivo de etapa posterior poderá ser desenvolvido concomitantemente com a execução das obras e serviços de etapa anterior, desde que autorizado pelo órgão ou entidade contratante.

§ 2º. No caso da contratação integrada prevista no art. 9º da Lei n. 12.462, de 2011, a análise e a aceitação do projeto deverá limitar-se à sua adequação técnica em relação aos parâmetros definidos no instrumento convocatório, em conformidade com o art. 74, devendo ser assegurado que as parcelas desembolsadas observem ao cronograma financeiro apresentado na forma do art. 40, § 3º.

§ 3º. A aceitação a que se refere o § 2º não enseja a assunção de qualquer responsabilidade técnica sobre o projeto pelo órgão ou entidade contratante.

§ 4º. O disposto no § 3º do art. 8º da Lei n. 12.462 não se aplica à determinação do custo global para execução das obras e serviços de engenharia contratados mediante o regime de contratação integrada.

Art. 67. A inexecução total ou parcial do contrato enseja a sua rescisão, com as consequências contratuais, legais e regulamentares.

§ 1º. Não haverá rescisão contratual em razão de fusão, cisão ou incorporação do contratado, ou de substituição de consorciado, desde que mantidas as condições de habilitação previamente atestadas.

§ 2º. Os contratos de eficiência referidos no art. 36 deverão prever que nos casos em que não for gerada a economia estimada:

I – a diferença entre a economia contratada e a efetivamente obtida será descontada da remuneração do contratado;

II – será aplicada multa por inexecução contratual se a diferença entre a economia contratada e a efetivamente obtida for superior à remuneração do contratado, no valor da referida diferença; e

III – aplicação de outras sanções cabíveis, caso a diferença entre a economia contratada e a efetivamente obtida seja superior ao limite máximo estabelecido no contrato.

Art. 68. Caberá recurso no prazo de cinco dias úteis a partir da data da intimação ou da lavratura da ata da rescisão do contrato, nas hipóteses previstas no inciso I do *caput* do art. 79 da Lei n. 8.666, de 1993, observado o disposto nos arts. 53 a 57, no que couber.

Art. 69. Na hipótese do inciso XI do *caput* do art. 24 da Lei n. 8.666, de 1993, a contratação de remanescente de obra, serviço ou fornecimento de bens em consequência de rescisão contratual observará a ordem de classificação dos licitantes e as condições por estes ofertadas, desde que não seja ultrapassado o orçamento estimado para a contratação.

TÍTULO IV – DISPOSIÇÕES ESPECÍFICAS
Capítulo I – DA REMUNERAÇÃO VARIÁVEL

Art. 70. Nas licitações de obras e serviços, inclusive de engenharia, poderá ser estabelecida remuneração variável, vinculada ao desempenho do contratado, com base em metas, padrões de qualidade, parâmetros de sustentabilidade ambiental e prazo de entrega definidos pela Administração Pública no instrumento convocatório, observado o conteúdo do projeto básico, do projeto executivo ou do termo de referência.

§ 1º. A utilização da remuneração variável respeitará o limite orçamentário fixado pela Administração Pública para a contratação e será motivada quanto a:

I – aos parâmetros escolhidos para aferir o desempenho do contratado;

II – ao valor a ser pago; e

III – ao benefício a ser gerado para a Administração Pública.

§ 2º. Eventuais ganhos provenientes de ações da Administração Pública não serão considerados no cômputo do desempenho do contratado.

§ 3º. O valor da remuneração variável deverá ser proporcional ao benefício a ser gerado para a Administração Pública.

§ 4º. Nos casos de contratação integrada, deverá ser observado o conteúdo do anteprojeto de engenharia na definição dos parâmetros para aferir o desempenho do contratado.

Capítulo II – DA CONTRATAÇÃO SIMULTÂNEA

Art. 71. A Administração Pública poderá, mediante justificativa, contratar mais de uma empresa ou instituição para executar o mesmo serviço, desde que não implique perda de economia de escala, quando:

I – o objeto da contratação puder ser executado de forma concorrente e simultânea por mais de um contratado; e

II – a múltipla execução for conveniente para atender à Administração Pública.

Parágrafo único. A contratação simultânea não se aplica às obras ou serviços de engenharia.

Art. 72. A Administração Pública deverá manter o controle individualizado dos serviços prestados por contratado.

Parágrafo único. O instrumento convocatório deverá disciplinar os parâmetros objetivos para a alocação das atividades a serem executadas por contratado.

Capítulo III – DA CONTRATAÇÃO INTEGRADA

Art. 73. Nas licitações de obras e serviços de engenharia, poderá ser utilizada a contratação integrada, desde que técnica e economicamente justificada.

§ 1º. O objeto da contratação integrada compreende a elaboração e o desenvolvimento dos projetos básico e executivo, a execução de obras e serviços de engenharia, a montagem, a realização de testes, a pré-operação e todas as demais operações necessárias e suficientes para entrega final do objeto.

§ 2º. Será adotado o critério de julgamento técnica e preço.

Art. 74. O instrumento convocatório das licitações para contratação de obras e serviços de engenharia sob o regime de contratação integrada deverá conter anteprojeto de engenharia com informações e requisitos técnicos destinados a possibilitar a caracterização do objeto contratual, incluindo:

I – a demonstração e a justificativa do programa de necessidades, a visão global dos investimentos e as definições quanto ao nível de serviço desejado;

II – as condições de solidez, segurança, durabilidade e prazo de entrega;

III – a estética do projeto arquitetônico; e

IV – os parâmetros de adequação ao interesse público, à economia na utilização, à facilidade na execução, aos impactos ambientais e à acessibilidade.

§ 1º. Deverão constar do anteprojeto, quando couber, os seguintes documentos técnicos:

I – concepção da obra ou serviço de engenharia;

II – projetos anteriores ou estudos preliminares que embasaram a concepção adotada;

III – levantamento topográfico e cadastral;

IV – pareceres de sondagem; e

V – memorial descritivo dos elementos da edificação, dos componentes construtivos e dos materiais de construção, de forma a estabelecer padrões mínimos para a contratação.

§ 2º. Caso seja permitida no anteprojeto de engenharia a apresentação de projetos com metodologia diferenciadas de execução, o instrumento convocatório estabelecerá critérios objetivos para avaliação e julgamento das propostas.

§ 3º. O anteprojeto deverá possuir nível de definição suficiente para proporcionar a comparação entre as propostas recebidas das licitantes.

§ 4º. Os Ministérios supervisores dos órgãos e entidades da Administração Pública poderão definir o detalhamento dos elementos mínimos necessários para a caracterização do anteprojeto de engenharia.

Art. 75. O orçamento e o preço total para a contratação serão estimados com base nos valores praticados pelo mercado, nos valores pagos pela Administração Pública em contratações similares ou na avaliação do custo global da obra, aferida mediante orçamento sintético ou metodologia expedita ou paramétrica.

§ 1º. Na elaboração do orçamento estimado na forma prevista no *caput*, poderá ser considerada taxa de risco compatível com o objeto da licitação e as contingências atribuídas ao contratado, devendo a referida taxa ser motivada de acordo com metodologia definida em ato do Ministério supervisor ou da entidade contratante.

§ 2º. A taxa de risco a que se refere o § 1º não integrará a parcela de Benefícios e Despesas Indiretas – BDI do orçamento estimado, devendo ser considerada apenas para efeito de análise de aceitabilidade das propostas ofertadas no processo licitatório.

Art. 76. Nas hipóteses em que for adotada a contratação integrada, fica vedada a celebração de termos aditivos aos contratos firmados, exceto se verificada uma das seguintes hipóteses:

I – recomposição do equilíbrio econômico-financeiro, devido a caso fortuito ou força maior;

II – necessidade de alteração do projeto ou das especificações para melhor adequação técnica aos objetivos da contratação, a pedido da Administração Pública, desde que não decorrentes de erros ou omissões por parte do contratado, observados os limites previstos no § 1º do art. 65 da Lei n. 8.666, de 1993.

TÍTULO V – DOS PROCEDIMENTOS AUXILIARES

Capítulo I – DISPOSIÇÕES GERAIS

Art. 77. São procedimentos auxiliares das licitações regidas por este Decreto:

I – cadastramento;

II – pré-qualificação;

III – sistema de registro de preços; e

IV – catálogo eletrônico de padronização.

Capítulo II – DO CADASTRAMENTO

Art. 78. Os registros cadastrais serão feitos por meio do Sistema de Cadastramento Unificado de Fornecedores – SICAF, conforme disposto Decreto n. 3.722, de 9 de janeiro de 2001.

Art. 79. Caberá recurso no prazo de cinco dias úteis contado a partir da data da intimação ou do indeferimento do pedido de inscrição em registro cadastral, de sua alteração ou de seu cancelamento, observado o disposto nos arts. 53 a 57, no que couber.

Capítulo III – DA PRÉ-QUALIFICAÇÃO

Art. 80. A Administração Pública poderá promover a pré-qualificação destinada a identificar:

I – fornecedores que reúnam condições de qualificação técnica exigidas para o fornecimento de bem ou a execução de serviço ou obra nos prazos, locais e condições previamente estabelecidos; e

II – bens que atendam às exigências técnicas e de qualidade estabelecida pela Administração Pública.

§ 1º. A pré-qualificação poderá ser parcial ou total, contendo alguns ou todos os requisitos de habilitação técnica necessários à contratação, assegurada, em qualquer hipótese, a igualdade de condições entre os concorrentes.

§ 2º. A pré-qualificação de que trata o inciso I do *caput* poderá ser efetuada por grupos ou segmentos de objetos a serem contratados, segundo as especialidades dos fornecedores.

Art. 81. O procedimento de pré-qualificação ficará permanentemente aberto para a inscrição dos eventuais interessados.

Art. 82. A pré-qualificação terá validade máxima de um ano, podendo ser atualizada a qualquer tempo.

Parágrafo único. A validade da pré-qualificação de fornecedores não será superior ao prazo de validade dos documentos apresentados pelos interessados.

Art. 83. Sempre que a Administração Pública entender conveniente iniciar procedimento de pré-qualificação de fornecedores ou bens, deverá convocar os interessados para que demonstrem o cumprimento das exigências de qualificação técnica ou de aceitação de bens, conforme o caso.

§ 1º. A convocação de que trata o *caput* será realizada mediante:

I – publicação de extrato do instrumento convocatório no *Diário Oficial da União*, do Estado, do Distrito Federal ou do Município, conforme o caso, sem prejuízo da possibilidade de publicação de extrato em jornal diário de grande circulação; e

II – divulgação em sítio eletrônico oficial centralizado de publicidade de licitações ou sítio mantido pelo órgão ou entidade.

§ 2º. A convocação explicitará as exigências de qualificação técnica ou de aceitação de bens, conforme o caso.

Art. 84. Será fornecido certificado aos pré-qualificados, renovável sempre que o registro for atualizado.

Art. 85. Caberá recurso no prazo de cinco dias úteis contado a partir da data da intimação ou da lavratura da ata do ato que defira ou indefira pedido de pré-qualificação de interessados, observado o disposto nos arts. 53 a 57, no que couber.

Art. 86. A Administração Pública poderá realizar licitação restrita aos pré-qualificados, justificadamente, desde que:

I – a convocação para a pré-qualificação discrimine que as futuras licitações serão restritas aos pré-qualificados;

II – na convocação a que se refere o inciso I do *caput* conste estimativa de quantitativos mínimos que a Administração Pública pretende adquirir ou contratar nos próximos doze meses e de prazos para publicação do edital; e

III – a pré-qualificação seja total, contendo todos os requisitos de habilitação técnica necessários à contratação.

§ 1º. O registro cadastral de pré-qualificados deverá ser amplamente divulgado e deverá estar permanentemente aberto aos interessados, obrigando-se a unidade por ele responsável a proceder, no mínimo anualmente, a chamamento público para a atualização dos registros existentes e para o ingresso de novos interessados.

§ 2º. Só poderão participar da licitação restrita aos pré-qualificados os licitantes que, na data da publicação do respectivo instrumento convocatório:

I – já tenham apresentado a documentação exigida para a pré-qualificação, ainda que o pedido de pré-qualificação seja deferido posteriormente; e

II – estejam regularmente cadastrados.

§ 3º. No caso de realização de licitação restrita, a Administração Pública enviará convite por meio eletrônico a todos os pré-qualificados no respectivo segmento.

§ 4º. O convite de que trata o § 3º não exclui a obrigação de atendimento aos requisitos de publicidade do instrumento convocatório.

Capítulo IV – DO SISTEMA DE REGISTRO DE PREÇOS

Art. 87. O Sistema de Registro de Preços destinado especificamente ao RDC-SRP/RDC será regido pelo disposto neste Decreto.

Art. 88. Para os efeitos deste Decreto, considera-se:

I – Sistema de Registro de Preços-SRP – conjunto de procedimentos para registro formal de preços para contratações futuras, relativos à prestação de serviços, inclusive de engenharia, de aquisição de bens e de execução de obras com características padronizadas;

II – ata de registro de preços – documento vinculativo, obrigacional, com característica de compromisso para futura contratação, em que se registram os preços, fornecedores, órgãos participantes e condições a serem praticadas, conforme as disposições contidas no instrumento convocatório e propostas apresentadas;

III – órgão gerenciador – órgão ou entidade pública responsável pela condução do conjunto de procedimentos do certame para registro de preços e gerenciamento da ata de registro de preços dele decorrente;

IV – órgão participante – órgão ou entidade da Administração Pública que participe dos procedimentos iniciais do SRP e integre a ata de registro de preços; e

V – órgão aderente – órgão ou entidade da Administração Pública que, não tendo participado dos procedimentos iniciais da licitação, adere a uma ata de registro de preços;

VI – órgão participante de compra nacional – órgão ou entidade da Administração Pública que, em razão de participação em programa ou projeto federal, é contemplado no registro de preços independentemente de manifestação formal; e

VII – compra nacional – compra ou contratação de bens, serviços e obras com características padronizadas, inclusive de engenharia, em que o órgão gerenciador conduz os procedimentos para registro de preços destinado à execução descentralizada de programa ou projeto federal, mediante prévia indicação da demanda pelos entes federados beneficiados.

Art. 89. O SRP/RDC poderá ser adotado para a contratação de bens, de obras com características padronizadas e de serviços, inclusive de engenharia quando:

I – pelas características do bem ou serviço, houver necessidade de contratações frequentes;

II – for mais conveniente a aquisição de bens com previsão de entregas parceladas ou contratação de serviços remunerados por unidade de medida ou em regime de tarefa;

III – for conveniente para atendimento a mais de um órgão ou entidade, ou a programas de governo; e

IV – pela natureza do objeto, não for possível definir previamente o quantitativo a ser demandado pela Administração Pública.

Parágrafo único. O SRP/RDC, no caso de obra, somente poderá ser utilizado:

I – nas hipóteses dos incisos III ou IV do *caput*; e

II – desde que atendidos, cumulativamente, os seguintes requisitos:

a) as licitações sejam realizadas pelo Governo Federal;

b) as obras tenham projeto de referência padronizado, básico ou executivo, consideradas as regionalizações necessárias; e

c) haja compromisso do órgão aderente de suportar as despesas das ações necessárias à adequação do projeto-padrão às peculiaridades da execução.

Art. 90. A licitação para o registro de preços:

I – poderá ser realizada por qualquer dos modos de disputa previstos neste Decreto, combinados ou não;

II – poderá utilizar os critérios de julgamento menor preço, maior desconto ou técnica e preço; e

III – será precedida de ampla pesquisa de mercado.

Art. 91. Na licitação para registro de preços, a indicação da dotação orçamentária só será necessária para a formalização do contrato ou instrumento equivalente.

Art. 92. A licitação para registro de preços será precedida de divulgação de intenção de registro de preços com a finalidade de permitir a participação de outros órgãos ou entidades públicas.

§ 1º. Observado o prazo estabelecido pelo órgão gerenciador, os órgãos ou entidades públicas interessados em participar do registro de preços deverão:

I – manifestar sua concordância com o objeto do registro de preços; e

II – indicar a sua estimativa de demanda e o cronograma de contratações.

§ 2º. Esgotado o prazo para a manifestação de interesse em participar do registro de preços, o órgão gerenciador:

I – consolidará todas as informações relativas às estimativas individuais de demanda;

II – promoverá a adequação de termos de referência ou projetos básicos encaminhados, para atender aos requisitos de padronização e racionalização;

III – realizará ampla pesquisa de mercado para a definição dos preços estimados; e

IV – apresentará as especificações, termos de referência, projetos básicos, quantitativos e preços estimados aos órgãos ou entidades públicas interessados, para confirmação da intenção de participar do registro de preço;

V – estabelecerá, quando for o caso, o número máximo de participantes, em conformidade com sua capacidade de gerenciamento;

VI – aceitará ou recusará, justificadamente, os quantitativos considerados ínfimos ou a inclusão de novos itens; e

VII – deliberará quanto à inclusão posterior de participantes que não manifestaram interesse durante o período de divulgação da intenção de registro de preços.

§ 3º. No caso de compra nacional, o órgão gerenciador promoverá a divulgação da ação, a pesquisa de mercado e a consolidação da demanda dos órgãos e entidades da Administração direta e indireta da União, dos Estados, do Distrito Federal e dos Municípios.

Art. 93. O órgão gerenciador poderá subdividir a quantidade total de cada item em lotes, sempre que comprovada a viabilidade técnica e econômica, de forma a possibilitar maior competitividade, observada a quantidade mínima, o prazo e o local de entrega ou de prestação dos serviços.

§ 1º. No caso de serviços, a subdivisão se dará em função da unidade de medida adotada para aferição dos produtos e resultados esperados, e será observada a demanda específica de cada órgão ou entidade participante.

§ 2º. Na situação prevista no § 1º, será evitada a contratação de mais de uma empresa para a execução do mesmo serviço em uma mesma localidade no âmbito do mesmo órgão ou entidade, com vistas a assegurar a responsabilidade contratual e o princípio da padronização.

Art. 94. Constará do instrumento convocatório para registro de preços, além das exigências previstas no art. 8º:

I – a especificação ou descrição do objeto, explicitando o conjunto de elementos necessários e suficientes, com nível de precisão adequado, para a caracterização do bem ou serviço, inclusive definindo as respectivas unidades de medida usualmente adotadas;

II – a estimativa de quantidades a serem adquiridas no prazo de validade do registro;

III – a quantidade mínima de unidades a ser cotada, por item ou lote, no caso de bens;

IV – as condições quanto aos locais, prazos de entrega, forma de pagamento e, complementarmente, nos casos de serviços, quando cabíveis, a frequência, periodicidade, características do pessoal, materiais e equipamentos a serem fornecidos e utilizados, procedimentos a serem seguidos, cuidados, deveres, disciplina e controles a serem adotados;

V – o prazo de validade do registro de preço;

VI – os órgãos e entidades participantes;

VII – os modelos de planilhas de custo, quando couber;

VIII – as minutas de contratos decorrentes do SRP/RDC, quando for o caso; e

IX – as penalidades a serem aplicadas por descumprimento das condições estabelecidas.

§ 1º. Quando o instrumento convocatório previr o fornecimento de bens ou prestação de serviços em locais diferentes, é facultada a exigência de apresentação de proposta diferenciada por região, de modo que os custos variáveis por região sejam acrescidos aos respectivos preços.

§ 2º. O exame e a aprovação das minutas do instrumento convocatório e do contrato serão efetuados exclusivamente pela assessoria jurídica do órgão gerenciador

Art. 95. Caberá ao órgão gerenciador:

I – promover os atos preparatórios à licitação para registro de preços, conforme o art. 92;

II – definir os itens a serem registrados, os respectivos quantitativos e os órgãos ou entidades participantes;

III – realizar todo o procedimento licitatório;

IV – providenciar a assinatura da ata de registro de preços;

V – encaminhar cópia da ata de registro de preços aos órgãos ou entidades participantes;

VI – gerenciar a ata de registro de preços, indicando os fornecedores que poderão ser contratados e os respectivos quantitativos e preços, conforme as regras do art. 103;

VII – manter controle do saldo da quantidade global de bens e serviços que poderão ser contratados pelos órgãos aderentes, observado o disposto nos §§ 3º e 4º do art. 102;

VIII – aplicar eventuais sanções que decorrerem:

a) do procedimento licitatório;

b) de descumprimento da ata de registro de preços, ressalvado o disposto no art. 96, inciso III do *caput*, alínea "a"; e

c) do descumprimento dos contratos que celebrarem, ainda que não haja o correspondente instrumento;

IX – conduzir eventuais negociações dos preços registrados, conforme as regras do art. 105; e

X – anular ou revogar o registro de preços;

XI – autorizar, excepcional e justificadamente, a prorrogação do prazo previsto no § 4º do art. 103 deste Decreto, respeitado o prazo de vigência da ata, quando solicitada pelo órgão aderente; e

XII – realizar pesquisa de mercado para identificação do valor estimado da licitação e consolidar os dados das pesquisas de mercado realizadas pelos órgãos e entidades participantes, inclusive nas hipóteses previstas no § 3º do art. 92 e no § 2º do art. 96 deste Decreto.

§ 1º. O órgão gerenciador realizará todos os atos de controle e administração do SRP/RDC.

§ 2º. O órgão gerenciador somente considerará os itens e quantitativos referentes aos órgãos ou entidades que confirmarem a intenção de participar do registro de preços, na forma do inciso IV do § 2º do art. 92.

Art. 96. Caberá aos órgãos ou entidades participantes:

I – consultar o órgão gerenciador para obter a indicação do fornecedor e respectivos quantitativos e preços que poderão ser contratados;

II – fiscalizar o cumprimento dos contratos que celebrarem; e

III – aplicar eventuais sanções que decorrerem:

a) do descumprimento da ata de registro de preços, no que se refere às suas demandas; e

b) do descumprimento dos contratos que celebrarem, ainda que não haja o correspondente instrumento.

§ 1º. Os órgãos participantes deverão informar ao órgão gerenciador:

I – as sanções que aplicarem; e

II – o nome do responsável pelo acompanhamento e fiscalização dos contratos que celebrarem.

§ 2º. Na hipótese prevista no § 3º do art. 92, comprovada a vantajosidade, fica facultada aos órgãos ou entidades participantes de compra nacional a execução da ata de registro de preços vinculada ao programa ou projeto federal.

§ 3º. Os entes federados participantes de compra nacional poderão utilizar recursos de transferências legais ou voluntárias da União, vinculados aos processos ou projetos objeto de descentralização e de recursos próprios para suas demandas de aquisição no âmbito da ata de registro de preços de compra nacional.

§ 4º. Caso o órgão gerenciador aceite a inclusão de novos itens, o órgão participante demandante elaborará sua especificação ou termo de referência ou projeto básico, conforme o caso, e a pesquisa de mercado, observado o disposto no art. 96.

§ 5º. Caso o órgão gerenciador aceite a inclusão de novas localidades para entrega do bem ou execução do serviço, o órgão participante responsável pela demanda elaborará, ressalvada a hipótese de § 3º do art. 92, pesquisa de mercado que contemple a variação de custos locais ou regionais.

Art. 97. Após o encerramento da etapa competitiva, os licitantes poderão reduzir seus preços ao valor igual ao da proposta do licitante mais bem classificado.

§ 1º. Havendo apresentação de novas propostas na forma do *caput*, o órgão gerenciador estabelecerá nova ordem de classificação, observadas as regras do art. 98.

§ 2º. A apresentação de novas propostas na forma do *caput* não prejudicará o resultado do certame em relação ao licitante mais bem classificado.

Art. 98. Serão registrados na ata de registro de preços os preços e os quantitativos do licitante mais bem classificado durante a etapa competitiva.

§ 1º. Será incluído na ata de registro de preços, na forma de anexo, o registro dos licitantes que aceitarem cotar os bens ou serviços com preços iguais aos do licitante vencedor na sequência da classificação do certame, excluído o percentual referente à margem de preferência, quando o objeto não atender aos requisitos previstos no art. 3º da Lei n. 8.666, de 1993.

§ 2º. Se houver mais de um licitante na situação de que trata o § 1º, os licitantes serão classificados segundo a ordem da última proposta apresentada durante a fase competitiva.

§ 3º. A habilitação dos fornecedores que comporão o cadastro de reserva, nos termos do § 1º, será efetuada nas hipóteses previstas no art. 62 e quando da necessidade de contratação de fornecedor remanescente, nas hipóteses previstas no art. 107.

§ 4º. O anexo de que trata o § 1º consiste na ata de realização da sessão pública, que conterá a informação dos licitantes que aceitarem cotar os bens ou serviços com preços iguais ao do licitante vencedor do certame.

Art. 99. A ata de registro de preços obriga os licitantes ao fornecimento de bens ou à prestação de serviço, conforme o caso, observados os preços, quantidades e demais condições previstas no instrumento convocatório.

Parágrafo único. O prazo de validade da ata de registro de preços será definido pelo instrumento convocatório, limitado ao mínimo de três meses e ao máximo de doze meses.

Art. 100. Os contratos decorrentes do SRP/RDC terão sua vigência conforme as disposições do instrumento convocatório, observadas, no que couber, as normas da Lei n. 8.666, de 1993.

§ 1º. Os contratos decorrentes do SRP/RDC não poderão sofrer acréscimo de quantitativos.

§ 2º. Os contratos decorrentes do SRP/RDC poderão ser alterados conforme as normas da Lei n. 8.666, de 1993, ressalvado o disposto no § 1º.

Art. 101. A existência de preços registrados não obriga a Administração Pública a firmar os contratos que deles poderão advir.

Parágrafo único. Será facultada a realização de licitação específica para contratação de objetos cujos preços constam do sistema, desde que assegurada aos fornecedores registrados a preferência em igualdade de condições.

Art. 102. O órgão ou entidade pública responsável pela execução das obras ou serviços contemplados no art. 2º que não tenha participado do certame licitatório, poderá aderir à ata de registro de preços, respeitado o seu prazo de vigência.

§ 1º. Os órgãos aderentes deverão observar o disposto no art. 96.

§ 2º. Os órgãos aderentes não poderão contratar quantidade superior à soma das estimativas de demanda dos órgãos gerenciador e participantes.

§ 3º. A quantidade global de bens ou de serviços que poderão ser contratados pelos órgãos aderentes e gerenciador, somados, não poderá ser superior a cinco vezes a quantidade prevista para cada item e, no caso de obras, não poderá ser superior a três vezes.

§ 4º. Os fornecedores registrados não serão obrigados a contratar com órgãos aderentes.

§ 5º. O fornecimento de bens ou a prestação de serviços a órgãos aderentes não prejudicará a obrigação de cumprimento da ata de registro de preços em relação aos órgãos gerenciador e participantes.

Art. 103. Quando solicitado, o órgão gerenciador indicará os fornecedores que poderão ser contratados pelos órgãos ou entidades participantes ou aderentes, e os respectivos quantitativos e preços, conforme a ordem de classificação.

§ 1º. O órgão gerenciador observará a seguinte ordem quando da indicação de fornecedor aos órgãos participantes:

I – o fornecedor registrado mais bem classificado, até o esgotamento dos respectivos quantitativos oferecidos;

II – os fornecedores registrados que registraram seus preços em valor igual ao do licitante mais bem classificado, conforme a ordem de classificação; e

III – os demais fornecedores registrados, conforme a ordem de classificação, pelos seus preços registrados.

§ 2º. No caso de solicitação de indicação de fornecedor por órgão aderente, o órgão gerenciador indicará o fornecedor registrado mais bem classificado e os demais licitantes que registraram seus preços em valor igual ao do licitante mais bem classificado.

§ 3º. Os órgãos aderentes deverão propor a celebração de contrato aos fornecedores indicados pelo órgão gerenciador seguindo a ordem de classificação.

§ 4º. Os órgãos aderentes deverão concretizar a contratação no prazo de até trinta dias após a indicação do fornecedor pelo órgão gerenciador, respeitado o prazo de vigência da ata.

Art. 104. O órgão gerenciador avaliará trimestralmente a compatibilidade entre o preço registrado e o valor de mercado.

Parágrafo único. Constatado que o preço registrado é superior ao valor de mercado, ficarão vedadas novas contratações até a adoção das providências cabíveis, conforme o art. 105.

Art. 105. Quando o preço registrado tornar-se superior ao preço praticado no mercado por motivo superveniente, o órgão gerenciador convocará os fornecedores para negociarem a redução dos preços aos valores praticados pelo mercado.

§ 1º. Os fornecedores que não aceitarem reduzir seus preços aos valores praticados pelo mercado serão liberados do compromisso assumido, sem aplicação de penalidade.

§ 2º. A ordem de classificação dos fornecedores que aceitarem reduzir seus preços aos valores de mercado observará a classificação original.

Art. 106. Os órgãos ou entidades da Administração Pública federal não poderão participar ou aderir a ata de registro de preços cujo órgão gerenciador integre a Administração Pública de Estado, do Distrito Federal ou de Município, ressalvada a faculdade de a APO aderir às atas gerenciadas pelos respectivos consorciados.

Parágrafo único. Os órgãos ou entidades públicas estaduais, municipais ou do Distrito Federal poderão participar ou aderir a ata de registro de preços gerenciada pela Administração Pública federal, observado o disposto no § 1º do art. 92 e no *caput* do art. 102.

Art. 107. O registro de preços será revogado quando o fornecedor:

I – descumprir as condições da ata de registro de preços;

II – não retirar a respectiva nota de empenho ou instrumento equivalente, no prazo estabelecido pela Administração Pública, sem justificativa aceitável;

III – não aceitar reduzir o seu preço registrado, na hipótese de este se tornar superior àqueles praticados no mercado; e

IV – sofrer as sanções previstas nos incisos III e IV do *caput* do art. 87 da Lei n. 8.666, de 1993, e no art. 7º da Lei n. 10.520, de 17 de julho de 2002.

§ 1º. A revogação do registro poderá ocorrer:

I – por iniciativa da Administração Pública, conforme conveniência e oportunidade; ou

II – por solicitação do fornecedor, com base em fato superveniente devidamente comprovado que justifique a impossibilidade de cumprimento da proposta.

§ 2º. A revogação do registro nas hipóteses previstas nos incisos I, II e IV do *caput* será formalizado por decisão da autoridade competente do órgão gerenciador, assegurados o contraditório e a ampla defesa.

§ 3º. A revogação do registro em relação a um fornecedor não prejudicará o registro dos preços dos demais licitantes.

Art. 108. No âmbito da Administração Pública federal competirá ao Ministro de Estado do Planejamento, Orçamento e Gestão estabelecer normas complementares necessárias para a operação do SRP/RDC.

Capítulo V – DO CATÁLOGO ELETRÔNICO
DE PADRONIZAÇÃO

Art. 109. O Catálogo Eletrônico de Padronização é o sistema informatizado destinado à padronização de bens, serviços e obras a serem adquiridos ou contratados pela Administração Pública.

Parágrafo único. O Catálogo Eletrônico de Padronização será gerenciado de forma centralizada pela Secretaria de Logística e Tecnologia da Informação do Ministério do Planejamento, Orçamento e Gestão.

Art. 110. O Catálogo Eletrônico de Padronização conterá:

I – a especificação de bens, serviços ou obras;

II – descrição de requisitos de habilitação de licitantes, conforme o objeto da licitação; e

III – modelos de:

a) instrumentos convocatórios;

b) minutas de contratos;

c) termos de referência e projetos referência; e

d) outros documentos necessários ao procedimento de licitação que possam ser padronizados.

§ 1º. O Catálogo Eletrônico de Padronização será destinado especificamente a bens, serviços e obras que possam ser adquiridos ou contratados pela Administração Pública pelo critério de julgamento menor preço ou maior desconto.

§ 2º. O projeto básico da licitação será obtido a partir da adaptação do "projeto de referência" às peculiaridades do local onde a obra será realizada, considerando aspectos relativos ao solo e à topografia do terreno, bem como aos preços dos insumos da região que será implantado o empreendimento.

TÍTULO VI – DAS SANÇÕES

Art. 111. Serão aplicadas sanções nos termos do art. 47 da Lei n. 12.462, de 2011, sem prejuízo das multas previstas no instrumento convocatório.

§ 1º. Caberá recurso no prazo de cinco dias úteis contado a partir da data da intimação ou da lavratura da ata da aplicação das penas de advertência, multa, suspensão temporária de participação em licitação, impedimento de contratar com a Administração Pública e declaração de inidoneidade, observado o disposto nos arts. 53 a 57, no que couber.

§ 2º. As penalidades serão obrigatoriamente registradas no SICAF.

TÍTULO VII – DISPOSIÇÕES FINAIS

Art. 112. Na contagem dos prazos estabelecidos neste Decreto, exclui-se o dia do início e inclui-se o do vencimento.

Parágrafo único. Os prazos estabelecidos neste Decreto se iniciam e expiram exclusivamente em dia útil no âmbito do órgão ou entidade responsável pela licitação ou contratante.

Art. 113. Competirá ao Ministro de Estado do Planejamento, Orçamento e Gestão expedir normas e procedimentos complementares para a execução deste Decreto n. âmbito da Administração Pública federal.

Art. 114. Este Decreto entra em vigor na data de sua publicação.

Brasília, 11 de outubro de 2011; 190º da Independência e 123º da República.

Índice por Artigos da Lei Geral de Licitações/LGL
(Lei 8.666/1993)

(Os números se referem aos parágrafos.)

Art. 1º: 1.5, 7.7
Art. 2º: 1.7.1, 7.7, 11.4.7.1.3
Art. 2º, parágrafo único: 1.7
Art. 3º: 1.4, 1.5.3, 1.5.4, 2.1, 2.2, 2.2.2, 2.3, 2.4, 2.5, 4.4.2, 4.4.7, 4.12, 5.6, 5.6.2, 6.6.8.5 (rodapé), 6.6.9, 7.7, 10.8, 11.4.7.1.3
Art. 3º, § 1º: 2.2.1
Art. 3º, § 1º,I: 2.2.1, 6.8.4.8.2
Art. 3º, § 2º: 1.5.3, 7.7
Art. 3º, § 3º: 2.2
Art. 3º, § 5º: 2.2.1, 2.5, 7.7
Art. 3º, § 6º: 2.2.1, 2.5, 7.7
Art. 3º, § 7º: 2.2.1, 2.5
Art. 3º, § 8º: 2.2.1, 2.5, 7.7
Art. 3º, § 9º: 2.2.1, 2.5
Art. 3º, § 9º, I: 7.7
Art. 3º, § 10: 2.2.1, 2.5
Art. 3º, § 11: 2.2.1
Art. 3º, § 12: 2.2.1
Art. 4º: 1.8, 1.9, 12.9
Art. 4º, § 14: 7.7
Art. 4º, § 15: 7.7
Art. 5º: 4.4.1, 7.7
Art. 5º-A: 2.5
Art. 6º: 4.4.7
Art. 6º, V: 3.5.6 (rodapé), 6.8.8
Art. 6º, VIII: 3.5.1.2, 4.13
Art. 6º, IX: 2.3, 4.4.1 (e rodapé), 4.4.5, 4.7.1 (rodapé)
Art. 6º, IX, "d": 4.4.3
Art. 6º, XI: 1.7.1
Art. 7º: 4.3
Art. 7º, I: 2.3
Art. 7º, § 1º: 3.4.6
Art. 7º, § 2º, I: 4.4, 4.4.1, 4.5
Art. 7º, § 2º, II: 4.7.1
Art. 7º, § 2º, IV: 4.9
Art. 7º, § 3º: 4.10, 10.4
Art. 7º, § 4º: 4.11
Art. 7º, § 5º: 4.12.1
Art. 7º, § 8º: 4.11
Art. 8º: 3.4.6
Art. 8º, V: 4.4.1
Art. 9º, I: 2.2.2
Art. 10: 4.13
Art. 11: 4.4.4, 10.3
Art. 12, VII: 4.4.7
Art. 13: 11.4.1, 11.4.7.1, 11.4.7.1.3
Art. 13, I: 11.4.7, 11.4.7.1
Art. 13, V: 11.4.7.1.1
Art. 13, § 2º: 11.4.7.1.3
Art. 13, § 3º: 11.4.7.1.2, 11.4.7.1.3
Art. 14: 10.1, 10.2

Art. 15: 4.4.4, 8.4, 10.1, 10.3, 10.3.2, 10.5.7
Art. 15, II: 10.5
Art. 15, III: 10.6
Art. 15, IV: 3.4, 3.4.1, 3.4.3, 10.7.1
Art. 15, § 3º: 1.5.4, 10.5.1
Art. 15, § 3º, I: 1.5.4, 3.2.1, 10.5.2
Art. 15, § 3º, III: 10.5.6
Art. 15, § 4º: 10.5.8
Art. 16: 10.1, 10.8
Art. 17: 9.1, 9.2, 9.5, 9.6, 11.1
Art. 17, I: 3.2.1, 9.1, 9.4
Art. 17, II: 9.1, 9.4
Art. 17, § 2º: 11.5.2, 11.5.5
Art. 17, § 3º: 9.4
Art. 17, § 4º: 9.3, 11.5.2, 11.5.5
Art. 17, § 6º: 3.2.5, 9.1
Art. 18: 3.5.8, 9.1, 9.8
Art. 19: 9.1, 9.5
Art. 21: 4.7, 5.4, 5.5, 5.5.1, 11.5.2
Art. 21, § 2º: 5.4, 5.5.3
Art. 21, § 2º, I, "a": 3.2.4
Art. 21, § 2º, III: 3.2.5
Art. 21, § 2º, IV: 3.2.3
Art. 21, § 4º: 5.6, 6.6.8.3
Art. 22: 3.2 (e rodapé), 3.3, 8.1, 9.2
Art. 22, § 1º: 3.2.2, 9.8
Art. 22, § 2º: 3.2.2
Art. 22, § 3º: 3.2.3
Art. 22, § 5º: 9.5
Art. 22, § 6º: 3.2.3
Art. 22, § 7º: 3.2.3
Art. 22, § 8º: 3.2
Art. 23: 3.3
Art. 23, I: 3.4.4, 6.8.8
Art. 23, I, "c": 3.2.1, 5.3
Art. 23, II: 3.4.4
Art. 23, II, "b": 3.2.5
Art. 23, II, "c": 3.2.1
Art. 23, § 1º: 3.4, 3.4.1-3.4.4, 4.13.6.2, 6.6.8.11, 10.7, 10.7.1
Art. 23, § 2º: 3.2.1, 3.4.4, 3.4.5, 10.7.1
Art. 23, § 3º: 3.2.1
Art. 23, § 4º: 3.2.1
Art. 23, § 5º: 3.2.1, 3.4.4, 3.4.5, 3.4.5.1, 3.4.5.2, 3.4.7
Art. 23, § 6º: 3.2.1
Art. 23, § 7º: 7.7, 10.7.2
Art. 24: 1.5.3, 1.7.1, 7.4.2, 11.1, 11.3, 11.4.1, 11.4.7.1.3
Art. 24, I: 3.4.4, 11.3
Art. 24, II: 3.4.4, 11.3
Art. 24, III: 3.4.4, 11.3, 11.5.2, 11.5.5
Art. 24, IV: 11.3
Art. 24, V: 11.3, 11.3.3
Art. 24, VI: 11.3, 11.3.2
Art. 24, VII: 11.3, 11.3.3
Art. 24, VIII: 11.3, 11.3.4
Art. 24, IX: 11.3
Art. 24, X: 11.3, 11.3.5
Art. 24, XI: 8.6.4, 11.3
Art. 24, XII: 11.3
Art. 24, XIII: 1.6.2, 11.3.6
Art. 24, XIV: 11.3, 11.3.8
Art. 24, XV: 11.3, 11.3.9
Art. 24, XVI: 11.3, 11.3.4
Art. 24, XVII: 11.3, 11.3.7, 11.3.9
Art. 24, XVIII: 11.3
Art. 24, XIX: 11.3, 11.3.7
Art. 24, XX: 11.3, 11.3.9
Art. 24, XXI: 11.3.6
Art. 24, XXII: 11.3.5
Art. 24, XXIII: 11.3, 11.3.4
Art. 24, XXIV: 11.3, 11.3.9
Art. 24, XXV: 11.3.6
Art. 24, XXVI: 11.3, 11.3.4
Art. 24, XXVII: 11.3, 11.3.9
Art. 24, XXVIII: 11.3, 11.3.9
Art. 24, XXIX: 11.3, 11.3.7
Art. 24, XXX: 11.3, 11.3.9
Art. 24, XXXI: 11.3.6

Art. 24, XXXIII: 11.3.2
Art. 24, § 3º: 11.3.2
Art. 25: 1.5.3, 1.7.1, 10.3.1, 11.1, 11.4, 11.4.1, 11.4.2, 11.4.4, 11.4.4.2, 11.4.7.1.3
Art. 25, I: 11.4, 11.4.4.1
Art. 25, II: 11.4, 11.4.1, 11.4.6, 11.4.7.1
Art. 25, III: 11.4, 11.4.6
Art. 25, § 1º: 11.4.7.2.2
Art. 25, § 2º: 11.4.7.2.4
Art. 26: 1.5.3, 11.5, 11.5.2, 11.5.3
Art. 26, parágrafo único: 7.11.2
Art. 26, § 3º, I: 11.4.7.2.4
Art. 27: 1.5.3, 3.2.2, 6.1, 6.2, 6.2.1, 6.3, 6.6.8.10, 9.8
Art. 27, V: 11.5.1
Art. 28: 1.5.3, 3.2.2, 6.2, 6.2.1, 6.3, 6.6.1, 6.6.3, 9.8
Art. 28, II: 6.6.8.4, 9.8
Art. 28, III: 6.6.4, 6.6.6, 9.8
Art. 28, V: 6.6.7, 9.8
Art. 29: 1.5.3, 3.2.2, 6.2, 6.2.1, 6.3, 6.7, 9.8
Art. 30: 1.5.3, 3.2.2, 6.2, 6.2.1, 6.3, 6.8, 6.8.3, 6.8.4, 6.8.7, 9.8
Art. 30, II: 6.8.4, 6.8.4.6, 6.8.4.7
Art. 30, § 1º: 6.8.4.1, 6.8.5.1
Art. 30, § 1º, I: 6.8.4.4, 6.8.4.6, 6.8.4.7, 6.8.5, 6.8.5.1
Art. 30, § 2º: 6.8.4.3, 6.8.4.8.2
Art. 30, § 3º: 6.8.4.5, 6.8.4.7
Art. 30, § 4º: 6.8.4.1
Art. 30, § 9º: 6.8.8
Art. 30, § 10: 6.8.5.2
Art. 31: 1.5.3, 3.2.2, 6.2, 6.2.1, 6.3, 6.6.8.10, 6.9, 6.9.2, 9.8
Art. 31, § 2º: 6.9.2
Art. 32: 1.5.3, 6.2.1, 9.8
Art. 33: 1.5.3, 3.4.3, 6.6.8.2, 6.6.8.3, 6.6.8.5, 6.6.8.7, 9.8

Art. 33, I: 6.6.8.4
Art. 33, II: 6.6.8.3, 6.6.8.7, 6.6.8.9
Art. 33, III: 6.6.8, 6.6.8.10, 6.8.4.9
Art. 33, IV: 6.6.8.11
Art. 33, V: 6.6.8.12
Art. 33, § 1º: 6.6.8.7, 6.6.8.8
Art. 33, § 2º: 6.6.8.13
Art. 34: 1.5.4
Art. 38: 4.3, 4.14
Art. 38, VII: 7.10
Art. 39: 1.9, 3.2.6.3, 5.3
Art. 40: 3.5, 3.5.1.2, 4.12, 4.12.2.1, 4.12.3.6, 4.12.3.8, 4.13, 4.13.5
Art. 40, VII: 3.5.1.2
Art. 40, VIII: 5.6, 6.6.8.3
Art. 40, X: 7.3.1
Art. 40, XI: 4.12.2, 4.12.2.1-4.12.2.3
Art. 40, XIII: 4.12.2
Art. 40, XIV: 4.12.2, 4.12.3, 4.12.3.1
Art. 40, XIV, "d": 4.12.3.3, 4.12.3.8
Art. 40, § 1º: 4.3
Art. 40, § 2º: 4.12
Art. 40, § 3º: 4.12.3.1
Art. 41: 2.3, 5.6
Art. 41, § 1º: 4.12.3.6, 5.6
Art. 42, § 5º: 2.4
Art. 43, § 1º, I: 7.2
Art. 43, § 1º, II: 7.2
Art. 43, § 3º: 6.5, 6.7.1.8, 6.8.4.1, 7.1, 7.6, 7.6.2-7.6.4
Art. 44: 3.5.1.2, 4.4.2
Art. 45: 3.5.1.2, 8.1
Art. 45, I: 3.5.1.2
Art. 45, II, "f": 1.5.3
Art. 45, § 1º, I: 2.4
Art. 45, § 2º: 7.9
Art. 45, § 4º: 3.5.1.2
Art. 45, § 5º: 3.5
Art. 46: 7.11.1
Art. 46, § 1º: 3.5.2

Art. 46, § 1º, I: 3.5.3
Art. 46, § 1º, II: 3.5.4, 7.11.1
Art. 46, § 2º: 3.5.2
Art. 46, § 3º: 3.5.3, 3.5.6
Art. 47: 4.13.2
Art. 48: 4.7.1, 7.4, 7.4.1, 11.3.3
Art. 48, II: 7.4, 7.4.1
Art. 48, § 1º: 7.4, 7.4.1
Art. 48, § 1º, "b": 7.4.1 (rodapé)
Art. 48, § 3º: 11.3.3
Art. 49: 5.6, 6.7.1.7, 7.9, 7.10
Art. 49, § 1º: 7.9
Art. 49, § 2º: 7.10
Art. 49, § 3º: 5.6
Art. 51, § 5º: 3.2.4
Art. 52: 1.5.4
Art. 53, § 1º: 3.2.5
Art. 54: 4.12.3.3
Art. 55, XI: 2.3, 5.6
Art. 56: 6.9.2
Art. 57: 1.5.3, 4.8, 10.5.6
Art. 57, § 4º: 10.5.7
Art. 58, § 1º: 7.3.2.1, 11.4.7.2.4
Art. 59: 2.2, 11.5.4
Art. 59, parágrafo único: 3.4.7, 11.4.7.2.4, 11.5.3
Art. 61: 11.5.3

Art. 65: 1.5.2, 1.5.3, 4.13.1 (rodapé), 4.13.2, 7.3.2.1
Art. 65, § 1º: 4.13.6.9
Art. 67, § 1º: 10.5.3
Art. 67, § 2º: 10.5.3
Art. 72: 11.4.7.1.3
Art. 78, XV: 4.12.3.2
Art. 79, § 1º: 1.5.3
Art. 79, § 2º: 10.5.4
Art. 80, § 2º: 11.4.7.1.3
Art. 81: 1.5.3, 6.6.8.13, 6.7.1.5
Art. 82: 1.5.4
Art. 87: 6.7.1.5
Art. 94: 6.6.8.11
Art. 108: 1.5.3
Art. 109, I, "b": 7.1, 7.2
Art. 109, II: 7.1
Art. 110: 5.5.3 (e rodapé)
Art. 111: 3.2.4, 11.4.7.1.2, 11.4.7.1.3
Art. 112, § 1º: 1.6.6, 1.6.7.1 (rodapé)
Art. 112, § 2º: 1.6.7.1 (rodapé)
Art. 113: 1.5.3, 12.4, 12.6
Art. 113, § 1º: 12.7, 12.9
Art. 113, § 2º: 12.8, 12.9
Art. 119: 1.6.5
Art. 119, III: 1.6.7

Índice por Artigos do RDC
(Lei 12.462, de 4.8.2011)
(Os números se referem aos parágrafos.)

Art. 1º: 1.6.7, 1.6.7.3
Art. 1º, II: 1.6.7.2
Art. 1º, IV: 1.6.7.3
Art. 1º, V: 1.6.7.3
Art. 1º, VI: 1.6.7.3
Art. 1º, § 1º, IV: 2.4
Art. 1º, § 2º: 1.5.3, 1.6.7.3 (rodapé), 3.2.6.3
Art. 1º, § 3º: 1.6.7.3
Art. 2º, I: 3.2.6.3
Art. 2º, parágrafo único, VI: 4.7.2.1
Art. 3º: 2.1, 2.5, 5.6.2
Art. 4º, III: 2.4
Art. 4º, IV: 3.2.6.3
Art. 4º, V: 4.7.2.1
Art. 4º, VI: 3.4, 4.13.6.2
Art. 5º: 4.7.2 (rodapé)
Art. 6º: 3.2.6.3, 4.7, 4.7.2 (e rodapé)
Art. 6º, § 1º: 4.7.2 (e rodapé)
Art. 6º, § 2º: 4.7.2 (rodapé)
Art. 6º, § 3º: 4.7.2 (rodapé), 4.7 A.2.4
Art. 7º: 4.7.2 (rodapé) rt. 7º, I, "b": 10.3.2, 10.13
Art. 7º, I, "c": 10.3.2, 10.14
Art. 7º, II: 7.5 (rodapé), 10.15
Art. 7º, III: 10.16
Art. 7º, IV: 10.10, 10.11
Art. 8º: 4.7.1 (rodapé)
Art. 8º, IV: 3.2.6.3
Art. 8º, V: 7.11.2
Art. 8º, § 1º: 4.13.6.2 (rodapé)
Art. 9º: 2 2.2, 3.2.6.3, 4.13.6.2, 7.11.2
Art. 9º, § 1º: 4.13.6.1, 4.13.6.6
Art. 9º, § 2º, I: 4.13.6.7
Art. 9º, § 2º, II: 4.7.2.1
Art. 9º, § 3º: 4.13.6.2 (rodapé)
Art. 9º, § 4º: 4.13.6.9
Art. 9º, § 4º, II: 1.5.3
Art. 10: 2.5, 2.5.2, 3.2.6.3, 4.12.4, 4.12.4.1, 4.12.4.3, 4.13.6.4
Art. 10, parágrafo único: 4.7.2.1, 4.12.4.2
Art. 11: 3.2.6.3
Art. 12: 3.2 (rodapé), 7.11.2, 8.1 (rodapé), 8.2, 8.5
Art. 12, I: 3.2.6.3
Art. 12, III: 3.2.6.3, 3.3
Art. 12, IV: 3.2.6.3, 3.3
Art. 12, V: 3.2.6.3, 3.3
Art. 12, parágrafo único: 8.5
Art. 13: 3.2.6.3, 3.3, 5.5.2.1
Art. 14: 1.5.3
Art. 14, II: 8.5

ÍNDICE POR ARTIGOS DO RDC (LEI 12.462, DE 4.8.2011) 711

Art. 14, III: 3.3, 8.5
Art. 14, parágrafo único, I: 6.6.8.2
Art. 14, parágrafo único, II: 2.5
Art. 15: 3.2.6.3, 5.7, 5.7.5
Art. 15, I: 5.7.1
Art. 15, § 1º: 5.7.2, 5.7.3
Art. 15, § 1º, II: 5.5.1
Art. 15, § 3º: 5.7.3
Art. 15, § 4º: 5.7.5, 5.7.6
Art. 16: 3.2.6.3
Art. 17: 3.2.6.3, 3.3
Art. 17, § 2º, I: 8.6.1
Art. 17, § 2º, II: 8.6.1
Art. 18: 7.11.2, 8.1 (rodapé)
Art. 18, I: 3.2 (rodapé), 4.7.2
Art. 19: 3.5.8, 4.7.2
Art. 19, § 3º: 4.7.2.1
Art. 20: 3.5.8
Art. 20, § 1º: 4.13.6.2 (rodapé)
Art. 20, § 1º, I: 7.11.2
Art. 20, § 1º, II: 4.13.6.2 (rodapé), 7.11.2
Art. 20, § 2º: 3.5.8
Art. 21: 3.5.8
Art. 22: 3.5.8
Art. 22, § 2º: 3.5.8
Art. 23: 3.5.8
Art. 23, I: 11.3.1
Art. 23, II: 11.3.1
Art. 23, XI: 11.3.1
Art. 23, XII: 11.3.1
Art. 23, § 2º: 3.5.8
Art. 23, § 3º: 3.5.8
Art. 23, § 3º, I: 3.5.8
Art. 23, § 3º, II: 3.5.8
Art. 23, § 3º, III: 3.5.8
Art. 24, I: 7.6, 11.3.1

Art. 24, II: 11.3.1
Art. 24, III: 4.7.2.1, 7.4.2, 11.3.2
Art. 24, IV: 7.4.2, 11.3.2
Art. 24, VI: 11.3.2
Art. 24, IX: 11.3.2
Art. 24, XI: 11.3.1
Art. 24, XII: 11.3.1
Art. 25: 7.7 (rodapé)
Art. 25, III: 1.5.3
Art. 26: 3.2.6.3, 7.11.2, 8.6.4, 8.6.5
Art. 26, parágrafo único: 4.7.2.1, 7.11.2, 8.6.4
Art. 27: 3.2.6.3, 8.5
Art. 28: 8.8
Art. 29: 3.2.6.3
Art. 30: 3.2.6.3
Art. 31: 3.2.6.3
Art. 32: 3.2.6.3
Art. 33: 3.2.6.3
Art. 35: 1.5.3, 3.2.6.3
Art. 35, parágrafo único: 1.5.3
Art. 36: 2.2.2
Art. 36, § 1º: 2.2.2
Art. 37: 2.2.2
Art. 39: 1.5.3, 4.13.6.9
Art. 40: 8.6.4
Art. 40, I: 1.5.3
Art. 40, parágrafo único: 4.7.2.1, 8.6.4
Art. 41: 4.7.2.1, 8.6.4
Art. 42: 1.5.3
Art. 43: 1.5.3
Art. 44: 1.5.3
Art. 46: 1.5.3
Art. 47, § 2º: 1.5.3
Art. 63-A, § 1º: 1.6.7.3
Art. 119: 1.6.5

Índice por Artigos do Decreto 7.581, de 11.10.2011 (Regulamenta o RDC)

(Os números se referem aos parágrafos.)

Art. 4º: 8.3
Art. 9º: 4.7.2, 4.7.2.4
Art. 13: 5.5.2.1
Art. 13, § 2º: 5.5.2.1
Art. 24, I: 8.6.3
Art. 26: 3.5.8
Art. 27: 3.5.8
Art. 28: 3.5.8
Art. 29: 3.5.8
Art. 30: 3.5.8
Art. 31: 3.5.8
Art. 33: 3.5.8
Art. 34: 3.5.8
Art. 35: 3.5.8
Art. 36: 3.5.8
Art. 37: 3.5.8
Art. 40, § 2º: 8.6.5
Art. 41, § 1º: 7.4.2
Art. 41, § 2º: 7.4.2
Art. 41, § 3º: 7.4.2
Art. 42, § 2º: 8.6.5
Art. 42, § 2º, II: 8.6.5
Art. 42, § 4º: 8.6.5
Art. 42, § 4º, II: 8.6.5
Art. 42, § 4º, III: 4.13.6.9 (rodapé)
Art. 42, § 5º: 8.6.5
Art. 43: 7.11.2
Art. 43, § 1º: 7.11.2
Art. 43, § 2º: 7.11.2
Art. 51: 6.6.8.2
Art. 59: 7.11.2
Art. 60: 7.11.2
Art. 62: 8.6.5
Art. 67: 3.5.8
Art. 74: 4.13.6.7 (e rodapé)
Art. 74, § 1º: 4.13.6.7 (rodapé)
Art. 74, § 2º: 4.13.6.7 (rodapé)
Art. 74, § 3º: 4.13.6.7 (rodapé)
Art. 74, § 4º: 4.13.6.7 (rodapé)
Art. 75, § 1º: 4.13.6.8 (rodapé)
Art. 75, § 2º: 4.13.6.8 (rodapé)

Índice Alfabético-Remissivo
(Os números referem-se aos parágrafos.)

Abuso de direito: 2.7
Ação de classe especial: 1.7.1
Acervo técnico: e cessão, 6.8.4.10
Adjudicação: 7.10
– e orçamento sigiloso, 4.7.2
Agência executiva: 1.6.3
Agência reguladora: 1.6.3
Alienação:
– e dação em pagamento, 9.3
– e habilitação, 9.8
– e responsabilidade fiscal, 9.7
– v. tb. **Bem público**
Amostras: 7.5, 10.15
Anteprojeto: 4.13.6.7
Assessoria jurídica: parecer jurídico, 4.14
Assimetria de informações: 2.2.2, 2.10, 4.12.3.7, 6.6.8.11
Atestados: 6.8.4.1
– e cessão de acervo, 6.8.4.10
– e conjugação, 6.8.4.8.2
– e reestruturação societária, 6.8.4.10
– e somatórios, 6.8.4.8
Audiência pública: 1.9, 5.3
Autarquia: 1.6.1
Autarquias especiais: 1.6.3
Autoridade Pública Olímpica: 1.6.7.1
– v. tb. **RDC**

Avaliação de Impacto Ambiental/AIA: 4.4.6
Aviso do edital: 5.5

Base objetiva do negócio: 2.6
BDI: 7.3.1
Bem e serviço comum: v. **Pregão**
Bem e serviço de informática: 3.5.7
Bem público: 9.1
– afetação, 9.2
– alienação, 9.1
– dação em pagamento, 9.3
– doação, 9.3
– extracomercialidade, 9.2
– permuta, 9.3
– v. tb. **Concessão de uso de bem público**, **Permissão de uso de bem público**
Boa-fé objetiva: 2.6

Capacitação técnico-operacional: 6.8.4
Capacitação técnico-profissional: 6.8.5
– e metodologia de execução, 6.8.8
Capital social: 6.9.2
Carta de solidariedade: 10.10, 10.17
Cartel: 2.8
Caso fortuito: 4.13.6.9

Certificação de qualidade: 10.16
Certificado de Registro Cadastral/ CRC: 3.2.2
Classificação: 7.10
Compras: 10.1
– caracterização do objeto, 10.2
– carta de solidariedade, 10.10, 10.17
– dispensa, 10.9
– e marca, 10.12
– "efeito carona", 10.5.4
– padronização, 10.3
– parcelamento, 10.7
– RDC, 10.12
– Sistema de Registro de Preços, 10.5
CONAMA: 4.4.7
Concessão de serviço público: 1.7.2
Concessão de uso de bem público: 1.7.3
Concorrência: 3.2.1
Concorrência-pregão: 3.2.6.2
Concurso: 3.2.4
Consórcio empresarial: 3.4.3, 6.6.8
– atestados, 6.8.4.9
– conceito, 6.6.8.1
– empresa estrangeira, 6.6.8.8
– empresa líder, 6.6.8.7
– legitimidade processual, 6.6.8.9
– qualificação econômico-financeira, 6.6.8.10
– responsabilidade solidária, 6.6.8.12
– termo de compromisso, 6.6.8.4, 6.6.8.13
Consórcio público: 1.6.6, 11.3.4
– controle, 12.5
Consulta: v. Edital
Contratação direta: procedimento, 11.5
– condições de eficácia, 11.5.2
– habilitação, 11.5.1
– razoabilidade do preço, 11.5.6
– v. tb. Dispensa de licitação, Inexigibilidade de licitação

Contratação *in house*: 11.3.4 (rodapé 369)
Contratação integrada: 4.13.6
– alocação de riscos, 4.13.6.4
– anteprojeto, 4.13.6.7
– e obrigações de resultado, 4.13.6.3
– e termo aditivo, 4.13.6.9
– projeto básico, 4.13.6.6
Contratação *intuitu personae*, 11.4.7.1.3
Contrato administrativo: conceito, 1.7
Contrato de programa: 11.3.4
Contrato de rateio: 1.6.7.1
Controle
– e Tribunal de Contas, 12.3
– interno, 12.1
Convênio: 12.5
Convite: 3.2.3
Copa do Mundo: v. RDC
Correção monetária: 4.12.3.3
Corrupção: 2.8
Credenciamento: 11.4.8
Critério de julgamento: 3.5
– e RDC, 3.5.8
Custos de transação: v. Teoria dos custos de transação
Custos unitários: 7.3.1
– v. tb. Orçamento

Dação em pagamento: v. Bem público
Desafetação: v. Bem público
Descentralização administrativa: 1.6
Desconcentração administrativa: 1.6
Desempate: 7.7
– e margem de preferência, 7.7
– empresas de pequeno porte, 7.8
– microempresas, 7.8
Desenvolvimento sustentável: v. Princípio do desenvolvimento nacional sustentável

Desestatização: 9.6
Diligências: 6.5, 7.6
- amostras e testes, 7.5
- atestados, 6.8.4.1
- e documento novo, 7.6.3
- e habilitação, 6.5
- vícios sanáveis, 7.6.1
Direito autoral: v. Convite
Direito subjetivo público: 1.8
Discricionariedade técnica: 3.5.3, 6.8.8
Dispensa de licitação: 11.1
- abuso de preços, 11.3.2
- acordos internacionais, 11.3.8
- alienação de bem público, 9.4
- ausência de propostas, 11.3.3
- calamidade, 11.3.2
- categorias, 11.3
- compras, 10.9
- consórcio público, 11.3.4
- emergência, 11.3.2
- desabastecimento de produtos, 11.3.2
- ensino e pesquisa, 11.3.6
- negócios interadministrativos, 11.3.4
- valor da contratação, 11.3.1
Disputa aberta: 8.6.1
Disputa aberta-fechada: 8.6.3
Disputa fechada: 8.6.2
Doação: v. Bem público
Dotação orçamentária: 4.8

Economia de escala: 3.4, 3.4.6, 10.3
Edital: 2.3
- alteração, 5.5.4, 5.7.6
- anulação, 5.6
- cláusula penal, 4.12.3.10
- cláusulas econômicas, 4.12.2
- conteúdo, 4.12
- divulgação eletrônica, 5.5.2
- esclarecimentos, 5.5.5
- exame prévio, 12.8

- prazos, 5.5.3
- RDC, 5.7
- reajuste, 4.12.2.1
- revogação, 5.6
- sustação, 12.9
"Efeito carona": 10.5.4
Elementos de projeto básico: v. Projeto básico
Empreitada: 4.13.1, 11.4.7.1.3 (rodapé 382)
Empreitada integral: 4.13.5
Empreitada por preço global: 4.13.2
Empreitada por preço unitário: 4.13.3
Empresa coligada: 6.6.8.11
Empresa de pequeno porte:
- desempate, 7.8
- regularidade fiscal tardia, 6.7.1
- tratamento diferenciado, 6.7.1.1
Empresa estatal: 1.7.1
- alienação de bens, 9.6
- e a EC 19/1998, 1.6.5
Empresa *holding*: 6.6.8.11
Empresa individual: v. **Empresário individual**
Empresa pública: v. **Empresa estatal**
Empresário individual: 6.6.3
Entidade administrativa: conceito legal, 1.6
EPC: 4.13.6.1
Esclarecimentos ao edital: 5.6
- efeitos, 5.6.1
- preclusão processual, 5.6.2
Estatuto da Ordem dos Advogados do Brasil/OAB: 4.14
Estudo de Impacto Ambiental/EIA: 4.4.6
Etapa interna da licitação: 4.1, 4.2
Etapa externa da licitação: 5.1
Exequibilidade das propostas: 7.4
- e RDC, 7.4.2

Exercício fiscal: v. Planejamento da licitação
Externalidades: 2.5 (rodapé)
Federalismo cooperativo: 1.5.1, 1.6.6
Força maior: 4.13.6.9
Formalidade: v. Princípio do formalismo moderado
Fundação
– de direito privado, 1.6.1
– de direito público, 1.6.1
Fundações de apoio: 1.6.2
Fundos especiais: 1.6.4

Garantia de proposta: 6.9.2
Gecopa: 1.6.7.2
– v. tb. RDC
Golden share: v. Ação de classe especial

Habilitação
– alienação, 9.8
– ato de habilitação, 6.1.2
– ato vinculado, 6.1.2
– capacitação técnico-operacional, 6.8.4
– contratação direta, 11.5.1
– diligências, 6.5
– exigências, 6.2
– fase de habilitação, 6.1.1
– formalismo, 6.6.9
– modalidade concorrencial, 3.2.1
– regularidade fiscal, 6.7
– requisitos, 6.2.1, 6.4
Habilitação econômico-financeira: 6.9
– e índices contábeis, 6.9.1
Habilitação jurídica: 6.6
Habilitação técnica: 6.8
– cunho eliminatório, 6.8.1
– e registro profissional, 6.8.3
Homologação: 7.10

IBAMA: 4.4.7
Impedimentos subjetivos: 2.2.2
Inadimplemento: 4.12.3.3
Índices contábeis: 6.9.1
Inexequibilidade: 7.4, 11.1
– e RDC, 7.4.2
Inexigibilidade de licitação: 11.4
– contratações *intuitu personae*, 11.4.7.
1.3
– e credenciamento, 11.4.8
– e dever de contratar, 11.4.1
– marca, 10.3.3
– monopólio, 11.4.4.2
– notória especialização, 11.4.7.2.2
– responsabilidade solidária, 11.4.7.2.4
– serviços técnicos, 11.4.7
– setor artístico, 11.4.7.2.3
– singularidade, 11.4.5, 11.4.7.2.1
– unicidade de fornecedor, 11.4.4
Informática: v. Bem e serviço de informática
Instrumento convocatório
– publicação, 8.4
– v. tb. Edital

Jogos de planilha: 7.3.1
Jogos Olímpicos: v. RDC
Julgamento de propostas: 7.1
– e conteúdo econômico, 7.3
Juros: v. Mora

Lances: 8.5
Lei de Responsabilidade Fiscal: 9.7
Leilão: 3.2.5
Licença prévia ambiental: 4.4.7
Licenciamento ambiental: 4.4.7
Licitação
– conceito, 1.1
– critério de julgamento, 3.5
– deserta, 11.3.3

ÍNDICE ALFABÉTICO-REMISSIVO 717

– diligências, 7.6
– estrutural procedimental, 4.1
– planejamento, 3.4.6
– revogação, 7.10
– sustação, 12.9
Licitação compartilhada: 1.6.6
Licitação sustentável: 2.5
Logística reversa: 2.5.2

Maior oferta: 3.5
Marca: 10.3.1
Margem de preferência: 7.7
Medição: empreitada por preço unitário, 4.13.3
Melhor técnica: 3.5, 3.5.2, 3.5.4
Menor preço: 3.5, 3.5.1
Metodologia de execução: 6.8.8
Microempresa
– e desempate, 7.8
– regularidade fiscal tardia, 6.7.1
– tratamento diferenciado, 6.7.1.1
Modalidades de licitação: 3.2
– critérios de escolha, 3.3
– parcelamento, 3.4
Monopólio natural: 11.3.5, 11.4.4.2
Mora: 4.12.3.2, 4.12.3.4
– compensações financeiras, 4.12.3.6, 4.12.3.11
– omissão do edital, 4.12.3.8
– perdas e danos, 4.12.3.9

Negociação pré-contratual: 7.11
– na LGL e no pregão, 7.11.1
– no RDC, 7.11.2
Negócios interadministrativos: 11.3.4
Normas gerais de licitação e contratação: 1.5 e ss.
– RDC, 1.5.3
– regulamentos administrativos, 1.5.4
Objeto da licitação: 4.12.1

Obrigações de meio e de resultado: 4.13.6.3
Orçamento: 4.7
– dotação orçamentária, 4.8
– plano plurianual, 4.9
– remuneração variável, 4.12.4.2
Orçamento sigiloso
– e pregão, 4.7.2.5
– e princípio da publicidade, 4.7.2.3
– e quantitativos, 4.7.2.2
– e regras de sigilo, 4.7.2.5
– e remuneração por desempenho, 4.12.4.2
– v. tb. RDC
Ordem dos Advogados do Brasil/OAB: 4.14
Órgão administrativo: conceito legal, 1.6 (rodapé)

Padronização
– compras, 10.3
– e projetos, 4.4.4
Parcelamento da licitação: 3.4
– compras, 10.7
– e consórcio empresarial, 3.4.3
– e modalidade licitatória, 3.4.4
– motivação, 3.4.1
Parceria público-privada: 3.2.6.2
Patrimônio líquido: 6.9.2
Permissão de serviço público: 1.7.2
Permissão de uso de bem público: 1.7.3
Permuta: v. Bem público
PETROBRÁS: v. Procedimento licitatório simplificado
Planejamento da licitação: 3.4.6
Plano plurianual: 4.9
Plano Real: 4.12.2.2
Plurilicitação: v. Licitação compartilhada
Poder de controle: 1.7.1

Ponderação de princípios: 7.4.1
Prazos: 5.5.3
Preclusão: 5.6.2
Pregão: 3.2.6.1
– e norma geral, 1.5.3, 1.5.4
Princípio da boa-fé objetiva: 2.6
Princípio da eficiência: 2.9
– e custos de transação, 2.10
– e impacto ambiental, 4.4.8
Princípio da igualdade: 2.2, 2.2.1, 2.2.2
– e projeto básico, 4.4.2
– proibição à igualdade artificial, 11.4
Princípio da impessoalidade: 2.2
Princípio da legalidade: 2.2
Princípio da livre concorrência: 2.8
– e abuso de poder econômico, 6.8.4.10
– e habilitação, 3.2.1
Princípio da moralidade: 2.2
Princípio da precaução: 2.5.1, 4.4.6
Princípio da prevenção: 2.5.1, 4.4.6
Princípio da probidade: 2.2
Princípio da proporcionalidade: 2.2, 7.6.1
Princípio da publicidade: 2.2
– edital, 5.5
Princípio da universalidade da licitação: e habilitação, 6.2.2
Princípio da vinculação ao instrumento convocatório: 2.3
Princípio do desenvolvimento nacional sustentável: 1.4, 2.5, 2.5.1, 4.4.7
Princípio do formalismo moderado: 1.2
– custos de transação, 2.10
– e diligências, 7.6
– e habilitação, 6.6.9
– margem de preferência, 7.7
Princípio do julgamento objetivo: 2.3
– habilitação, 6.2.2
– projeto básico, 4.4.2
Princípios de Direito Administrativo: 2.1

Privatização: 9.6
Procedimento licitatório simplificado: 1.6.5
Produto interno Bruto/PIB: 2.5
Produto manufaturado: 7.7
Programa de Aceleração de Crescimento/PAC: 1.6.7.3
Programa Nacional de Desestatização: 9.6
Projeto básico: 4.3, 4.4.1
– contratação integrada, 4.13.6, 4.13.6.6
– e impacto ambiental, 4.4.6
– e isonomia, 4.4.2
– e licenciamento ambiental, 4.4.7
– elementos, 4.4.1
– padronização de projetos, 4.4.4
Projeto executivo: 4.3, 4.5
Proposta
– avaliação, 7.1
– conteúdo econômico, 7.3
– garantia, 6.9.2
– inalterabilidade, 7.3.2.1
– inexequibilidade, 7.4
– mais vantajosa, 2.4
Proposta técnica: 3.5.3

Quadro permanente: 6.8.5.1
Qualificação: v. Habilitação

RDC: 1.6.7, 3.2.6.3, 8.1
– compras, 10.11
– e Cia. Nacional de Abastecimento/CONAB, 1.6.7.3
– e critérios de julgamento, 3.5.8
– divulgação eletrônica, 5.5.2.1
– e estabelecimentos penais, 1.6.7.3
– e modalidade de licitação, 3.3
– e portos, 1.6.7.3
– e Programa de Aceleração de Crescimento/PAC, 1.6.7.3

ÍNDICE ALFABÉTICO-REMISSIVO   719

- e regime de contratação integrada, 4.13.6
- e Secretaria de Aviação Civil, 1.6.7.3
- e sistema público de ensino, 1.6.7.3
- e Sistema Único de Saúde/SUS, 1.6.7.3
- edital, 5.7
- encerramento, 8.8
- fases, 8.2
- inexequibilidade, 7.4.2
- lances, 8.5
- marca, 10.3.2
- modos de disputa, 8.6
- negociação pré-contratual, 7.11.2
- norma geral, 1.5.3
- orçamento sigiloso, 4.7.2
- primeira fase, 1.6.7.1, 1.6.7.2
- recursos, 8.8
- remuneração variável, 4.12.4
- tipo licitatório, 8.1

Reajuste: 4.12.2.1
Regime de execução: 4.13
Regime Diferenciado de Contratação: v. **RDC**
Registro profissional: 6.8.3
Regulamento administrativo: 1.5.4
Regularidade fiscal: 6.7
Relatório de Impacto Ambiental/RIMA: 4.4.6
Remuneração: 4.12.3
- variável, v. **RDC**
- vinculação ao desempenho, 4.12.4

Responsabilidade do parecerista: 4.14
Revogação da licitação: 7.10

SICAF: 3.2.2
SINAPI: 7.3.1
SISNAMA: 4.4.7
Sistema Nacional de Defesa Civil: 11.3.2

Sistema de Registro de Preços: 10.5
- Ata de Registro de Preços, 10.5.5
- direito de preferência, 10.5.8
- "efeito carona", 10.5.4
- gestor do contrato, 10.5.3
- órgão participante, 10.5.3
- órgão gerenciador, 10.5.3

Sociedade civil: v. **Sociedade simples**
Sociedade comercial: v. **Sociedade empresária**
Sociedade de economia mista: v. **Empresa estatal**
Sociedade empresária: 6.6.4
Sociedade estrangeira: 6.6.7
Sociedade por ações: 6.6.6
Sociedade simples: 6.6.5
Sorteio: 7.9
Subsidiária: 11.3.4
Sustentabilidade: v. **Princípio do desenvolvimento nacional sustentável**

Tarefa: 4.13.4
Técnica e preço: 3.5, 3.5.2, 3.5.5
Teoria dos custos de transação: 2.10, 4.12.3.7, 7.3.2.1
Teoria dos jogos: e leilão, 3.2.5
Termo aditivo: e contratação integrada, 4.13.6.9
Testes: 7.5
Tipo de licitação: 3.5
- e RDC, 8.1
- maior lance ou oferta, 3.5.1
- melhor técnica, 3.5.2, 3.5.4,
- menor preço, 3.5.1
- técnica e preço, 3.5.2, 3.5.5

Tomada de contas especial: 12.11
Tomada de preços: 3.2.2
Tribunal de Contas: 12.2

- e devido processo legal, 12.6
- e divisão federativa, 12.4
- e orçamento sigiloso, 4.7.2.5
- exame prévio do edital, 12.8
- natureza administrativa, 12.10
- representação, 12.7
- sustação de atos e contratos, 12.9

Value for Money: 2.9

* * *